예레미야 · 애가 주해

철학 박사 김수홍 지음

도서출판 언약

Exposition of Jeremiah, Lamentations

by

Rev. Soo Heung Kim, S.T.M., Ph.D.

Published by
Eonyak Publishing Company
Suwon, Korea
2021

"성경의 원어를 읽든지 혹은 우리 번역문을 읽든지,
성경을 읽는 것은 성부 하나님, 성자 예수님, 성령 하나님을 읽는 것이고,
본문을 아는 것이 하나님을 아는 것이며,
성경 본문을 붙잡는 것이 하나님을 붙잡는 것이고,
성경본문을 연구하는 것이 하나님을 연구하는 것(신학)이다".

머리말

예레미야서(Jeremiah)와 예레미야애가서(Lamentations)를 주해(주석과 강해를 겸한 작업)한다는 것은 필자에게 커다란 흥미가 아닐 수 없었다.

필자가 평소 예레미야와 예레미야애가를 읽을 때마다 큰 은혜를 받았기에 이 두 권을 주해하며 더 큰 은혜 받을 일이 기대되었기 때문이다. 아니나 다를까 주해를 시작하면서 큰 은혜를 받았다.

받은 은혜를 일일이 다 열거할 수는 없으나 그 중에 첫째는, '예레미야는 어떻게 하나님의 심판과 멸망을 끊임없이 전했을까'라는 생각이었다. 즉, '백성들이 하나님의 말씀을 거부하며 불순종했을 때, 선지자로서 힘듦이 많았을 텐데, 어떻게 끝까지 또 계속해서 하나님의 말씀을 전할 수 있었을까?'란 생각이었다. 이런 생각 속에서 필자는 예레미야를 통한 하나님의 심판과 멸망의 말씀을 들으면 들을수록 참으로 은혜가 되었다. 필자는 특히 우리 민족을 생각하면서 예레미야의 외침에 더욱 귀를 기울이게 되었다. 왜냐하면 우리 민족의 현재 모습이 하나님의 심판을 받기에 아주 안성맞춤이라는 생각을 지울 수 없기 때문이다. 그러면서 '필자가 메시지를 전하여 우리 대한민국의 심판을 막을 수가 있을 것인가?', '교회나 정치권 사회 전반에 걸친 이 무서운 타락을 막을 수 있을 것인가?', '참으로 예레미야처럼 외칠 수 있을까?' 등등의 생각이 많이 들었다. 만일 '필자의 앞날에 너무 크고 어두운 그림자가 몰려오는 것 같이 느껴질 때, 과연 필자가 하나님의 말씀을 가감 없이 전할 수 있을 것인가?'라는 자문(自問) 앞에 예레미야의 모습은 분명 큰 산처럼 여겨졌다.

그리고 둘째는, 예레미야가 하나님의 심판과 멸망을 전할 때 직설적이었다는 사실이 크게 다가왔다. 거짓 선지자들과 거짓 제사장들이 우글거리는 당시 유다 사회에서 직설적인 메시지를 전하는 것이 참 쉽지 않았을 텐데, 직설적으로 전했다는 사실이 매우 놀랍게 다가온 것이다. 오늘 우리 사회 또한 예레미야 당시와 같이 직설적으로 메시지를 전하기 어려운 풍토가 되어버렸다. 어찌나 미끄러운 사회가 되었는지. 1960년대와 1970년대만 해도 직설적으로 무엇을 말할 수가 있었는데, 이제는 무엇을 직설적으로 말하지 못하고 에둘러서 말하는 사회가 된 것이다. 필자가 1975년에 미국에 유학을 떠나서 미국에서 공부도 하고, 목회도 하다가 30년이 지난 2005년도에 귀국했는데, 한국에서 지내지 않았던 30년이 진리 선포의 어려움을 온몸으로 느끼게 하는 공백으로 다가왔다. 이제는 일반 사회의 인물들이나 교회의 인물들이 너무도 말과 글을 돌려 말하는 것을 느낀다. 한 예로, 예수님을 영접하지 않았고, 믿지도 않았던 부모님이나 친척 되는 분이 별세하시는 경우 모두 하늘나라에 갔다고 말한다. 그래서 이 세상에서 죽은 뒤, 지옥에 간 사람이 하나도 없는 것처럼 말한다. 심지어 자기의 반려견(伴侶犬)이 죽었을 경우에도 하늘나라에 갔을 것으로 믿는다고 말한다. 이렇게 주위 사람들이나 반려견의 죽음을 두고, 살아있는 자들의 가짜 평안을 위해 모두 천국에 갔다고 말하는 시대가 되었다. 이제는 목사들의 설교도 참으로 미끄러운 것을 느낀다. 여러 목회자들이 하나님의 말씀을 바르게 가르치는 것에 집중하기보다 상황을 모면하거나 자신의 유익을 위해 설교 하는 모습을 보면 큰 안타까움을 느끼며 통탄하게 된다.

필자는 예레미야서와 애가를 주해할 때 직설법으로 말했다. 예레미야와 똑같은 입장을 취했다. 오늘 우리나라에서 말하기 어려운 직설법으로 말한 것이다. 이제는 이 주해를 세상에 내 놓는다. 극소수만이라도 이 주해서를 통해 은혜 받는다면 감사할 따름이다.

2021년 6월
수원 원천동 우거에서
저자 김수홍

일러두기
: 본 주해를 쓰면서 주력한 것

1. 성경을 성경으로 해석해야 한다는 원리를 따랐다. 따라서 외경이나 위경에서는 인용하지 않았다.
2. 본 주해를 집필함에 있어 문법적 해석, 역사적 해석, 정경적 해석의 원리를 따랐다. 성경을 많이 읽는 중에 문단의 양식과 구조와 배경을 파악해냈다.
3. 문맥을 살펴 주해하는 일에 심혈을 기울였다.
4. 매절마다 빼놓지 않고 주해하였다. 난해 구절도 모두 해결하느라 노력했다.
5. 매절을 주해하면서도 군더더기 글이 되지 않도록 노력했다. 군더더기 글은 오히려 성경을 더 복잡하게 만들어 놓기 때문이다.
6. 절이 바뀔 때마다 독자의 편의를 위하여 한 줄씩 떼어놓아 눈의 피로를 덜도록 했다.
7. 본 주해를 집필하는 데 취한 순서는 먼저 개요를 쓰고, 다음 한절 한절을 주해했다. 그리고 실생활을 위하여 적용을 시도했다.
8. 매절(every verse)을 주해할 때 히브리어 원어의 어순을 따르지 않고 한글 개역개정판 성경의 어순(語順)을 따랐다. 이유는 우리의 독자들을 위해야 했기 때문이다.
9. 구약 원어 히브리어는 주해에 필요한 때에만 인용했다.
10. 소위 자유주의자의 주석이나 주해 또는 강해는 개혁주의 입장에 맞는 것만 참고했다.
11. 주해의 흐름을 거스르는 말은 각주(footnote)로 처리했다.
12. 본 주해는 성경학자들과 목회자를 위하여 집필했지만 일반 성도들도 얼마든지 이해할 수 있도록 평이하게 집필했다. 특히 남북통일이 되는 날 북한 주민들도 읽고 이해할 수 있도록 가능한 쉽게 집필했다.

13. 영어 번역이 필요할 경우는 English Standard Version(ESV)을 인용했다. 그러나 때로는 RSV(1946-52년의 개정표준역)나 NIV(new international version)나 다른 번역판들(NASB 등)을 인용하기도 했다.

14. 틀린 듯이 보이는 다른 학자의 주석을 반박할 때는 "혹자는"이라고 말했고 그 학자의 이름은 기재하지 않았다. 그러나 단지 필자와 다른 견해를 제시하는 학자의 이름은 기재했다.

15. 성경 본문에서 벗어난 해석들이나 주장들을 반박할 때는 간단히 했다. 너무 많은 지면을 쓰는 것은 바람직하지 않고 독자들을 피곤하게 만들기 때문이다.

16. 성경 장절(Bible references)을 빨리 알아볼 수 있도록 매절마다 장절을 표기했다(예: 창 1:1; 출 1:1; 레 1:1; 민 1:1 등).

17. 가능한 한 성경 장절을 많이 넣어 주해 사용자들의 편의를 도모했다.

18. 필자가 주해하고 있는 성경 책명 약자는 기재하지 않았다(예: 1:1; 출 1:1; 막 1:1; 눅 1:1; 요 1:1; 롬 1:1 등). 제일 앞의 1:1은 욥기 1장 1절이란 뜻이다.

19. 신구약 성경을 지칭할 때는 '성서'라는 낱말을 사용하지 않고 줄곧 '성경'이라는 용어를 사용했다. '성서'라는 용어는 다른 경건 서적에도 붙일 수 있는 용어이므로 반드시 '성경'이라는 용어를 사용했다.

20. 목회자들의 성경공부 준비와 설교 작성을 염두에 두고 집필했다.

21. QT에도 적절하게 사용할 수 있도록 주해했다.

22. 가정 예배의 교재로 사용할 수 있도록 쉽게 집필했다.

23. 오늘날 믿음을 잃은 수많은 젊은이들이 주님 앞으로 돌아오기를 바라면서 주해를 집필하고 있다.

참고도서

아가페 굿모닝 성경(개역개정 제 4판), 서울특별시: 아가페출판사, 2006.

강병도편. *호크마 종합 주석, 예레미야, 예레미야애가,* 서울특별시: 기독지혜사, 1993.

그랜드 종합 주석 11, 예레미야, 예레미야애가, 경기도 고양시: 제자원, 2004.

김수홍. *그리스도의 말씀이 연합에 미친 영향,* 수원시: 도서출판 영음사, 2021.

김수홍. *열왕기상,하 주해,* 김수홍목사의 구약성경 시리즈 09, 수원시: 도서출판 언약, 2017.

김희보. *구약 예레미야, 애가 주해*, 서울특별시: 총신대학 출판부, 1998.

박윤선. *성경주석, 예레미야서, 예레미야애가,* 서울특별시: 영음사. 1965.

옥스퍼드 원어 성경 대전, 예레미야 제 39-49장, 서울시: 제자원 바이블네트, 2007.

이상근. *예레미야, 예레미야애가,* 대구광역시: 성등사, 1993.

찰스 다이어. *예레미야, 예레미야 애가 14*, 서울특별시: 도서출판 두란노, 1994.

톰슨. J.A. *예레미야(상),* 서울특별시: 크리스찬서적, 1992.

_________. *예레미야(하),* 서울특별시: 크리스찬서적, 1992.

트렘퍼롱맨 3세. *예레미야, 예레미야애가,* 이철민 역, 한국 성서 유니온 선교회 2017.

카일. 델리취. *구약주석, 예레미야, 애가(상) 30,* 서울특별시: 기독교문화협회, 1984.

__________. *구약주석, 예레미야, 애가(하) 31*, 서울특별시: 기독교문화협회, 1984.

칼빈, 존. *칼빈성경주석 16, 예레미야 II*, 서울특별시: 성서교재간행사, 1990.

________. *칼빈성경주석 17, 예레미야 II*, 서울특별시: 성서교재간행사, 1990.

________. *칼빈성경주석 18, 예레미야 III*, 서울특별시: 성서교재간행사, 1990.

________. *칼빈성경주석 20, 예레미야 V*, 서울특별시: 성서교재간행사, 1990.

헨리, 매튜. 예레미야, 애가, 박문재 옮김, 경기도 고양: 크리스천다이제스트, 2008.

Baxter, J. Sidlow. *Explore the Book*. Grand Rapids: Zondervan Publishing House, 1966.

Black, Matthew & Rowley, H.H. *Peake's Commentary on the Bible*, Nashville: Thomas Nelson, 1962.

Bozak, Barbara A. *Life 'Anew': A Literary-Theological Study of Jeremiah 30-31* (Analecta Biblica), Pontificio Istituto Biblico, 1991.

Brueggemann, Walter. *Exile and Homecoming*, Eerdmans, 1998.

Carroll, Robert P. *From Chaos to Covenant: Prophecy in the Book of Jeremiah*, Crossroad, 1981.

Craigie, Peter C. *Jeremiah 1-25* (Word Biblical Commentary) Nelson-Word, 1992.

Guthrie D. & Motyer, J.A. *The New Bible Commentary*, Grand Rapids: Eerdmans, 1970.

Holladay, William. *Jeremiah* (Hermeneia), Fortress, 1986. (two vols.)

Holladay, William L. *The Architecture of Jeremiah 1-20*, Bucknell University Press, 1976.

Huey Jr., F. B. *Jeremiah, Lamentations* (New American Commentary), Broadman and Holman, 1993.

Jamieson, R. Fausset, A. R. & Brown D. *Commentary on the Whole Bible,* Grand Rapids: Zondervan, 1976.

Lange, John Peter. *Commentary on the Whole Scripture*, Grand Rapids: Zondervan, 1876.

Lundbom, Lundbom Jack R. *Jeremiah 1-20* (Anchor Bible), Doubleday, 1999. (first of two vols.)

Lundbom, Jack R. *Jeremiah: A Study in Ancient Hebrew Rhetoric*, Eisenbrauns, 1997.

Maclaren, Alexander. *Expositions of Holy Scripture*, Grand Rapids: Baker Book House, 1984.

McConville, J. G. *Judgment and Promise: An Interpretation of Jeremiah*, Eisenbrauns, 1993.

Morgan, G. Campbell. *An Exposition of the Whole Bible*, Old Tapen: Fleming H. Revell, 1959.

Myer, F. B. *Bible Commentary*, Wheaton: Tyndale, 1984.

Nicoll W. Robertson ed. *The Expositor's Bible*, Chicago: W.P. Blessing Co. n.d.

Walvoord, John F. & Zuck Roy B. ed. *The Bible Knowledge Commentary*, Wheaton: Victor, 1985.

【 사전 】

바이블렉스 8.0

데릭 윌리엄스, *IVP 성경사전.* 이정석 외 한국기독학생회 출판부 역, 한국기독학생회 출판부(IVP), 1992,

Achtemeier, Paul J. *Harper's Bible Dictionary*, New York: A Division of Harper Collins Publishers, 1985.

Baker, David W. *Dictionary of the Old Testament: Pentateuch,* Leichester: InterVarsity Press, 2003.

Douglas, J. D. *New Bible Dictionary*, (2nd edition), Wheaton: Tyndale House Publishers, 1982.

Tenney, Merrill C. *The Zondervan Pictorial Bible Dictionary,* Grand Rapids: Regency, 1967.

Tregelles, Samuel Prideaux. *Gesenius' Hebrew and Chaldee Lexicon,* Grand Rapids: Eerdmans, 1969.

Unger, M. F. *Unger's Bible Dictionary.* Chicago: Moody, 1957.

【 지도 】

Personal Map Insert. Ft. Smith: Son Light Publishers, Inc, 1997.

예레미야 주해

Exposition of Jeremiah

■ 총 론

예레미야서의 책 명칭은 어떻게 해서 생겼나

본서의 명칭은 "예레미야"(יִרְמְיָה)라는 이름에서 딴 것이다. 예레미야라는 명칭의 뜻은 '여호와께서 높이신다'는 뜻이다.

예레미야서의 저자는 누구인가

예레미야서의 저자는 예레미야로 알려져 있다. 예레미야는 예루살렘 동북쪽 4.8km 지점에 있는 "아나돗"(Anathoth)에서 제사장 힐기야의 아들로 태어났다(1:1). 그가 태어난 때는 남 왕국 유다의 역사에서 가장 악한 왕이었던 므낫세 왕(주전 697-642년 통치)의 긴 통치 시대 말기였다.

므낫세의 아들 아몬은 그의 통치 2년 만에 피살되었고(왕하 21:19-26), 예레미야는 아몬의 아들 요시야 왕(주전 640-609년 통치)의 13년(주전 627년 경), 약 20세 때인 젊은 나이에 예언자로 부르심을 받았다(1:6). 그리고 예레미야의 예언 생활은 느부갓네살에 의해 예루살렘이 함락된 주전 586년 때까지 이르렀는데(1:2-3), 이후 그가 애굽에 끌려갔던 수년 동안에도 활동했으므로 그의 예언 활동은 거의 50년에 달한 것으로 보인다.

예레미야의 사역은 어땠는가

예레미야는 예언자로 부르심을 받은 초기부터 예루살렘이 북방 바벨론에 의하여 멸망 받을 것을 말했는데(1:11-16), 그것이 그가 전한 예언 전체의 주지(主旨)였다. 예레미야가 일생 동안 핍박 받았던 이유 또한 그가 전한 예언 때문이었다.

예레미야가 부름 받은 때로부터 5년 후, 즉 요시야 왕의 18년(주전

622년 경)에 율법 책이 발견되었고, 왕은 이 책에 의해 일대 종교 개혁을 단행했다(왕하 22-23장). 본서에는 이 일에 대한 명백한 언급이 없고, 예레미야의 관여 여부에 대해서도 명확히 드러내고 있지 않지만 일반적으로는 그가 이를 지지했고, 협조했던 것으로 알려져 있다(11:1-8).

요시야 왕의 죽음 후 유다 왕국이 멸망의 위기에 직면한 것을 보고 예레미야는 더 이상 참을 수 없어 요시야 왕을 위해 애가를 지어 발표하면서 국사의 일선에 나섰다(대하 35:25). 이때 또 하나의 외적 상황은 "갈그미스"의 대회전이었다(주전 605년). 북상한 애굽 왕 바로 느고는 바벨론의 느부갓네살과 힘을 겨루다가 갈그미스 대회전에서 패배한 후 다시는 애굽 국경 밖으로 나오지 못했다.

이제 예레미야는 북방에서의 재앙(1:11-16)이 바벨론인 것을 밝히고, 범죄한 유다를 바벨론에 붙이시는 것이 하나님의 뜻임을 본격적으로 가르쳤다. 그 결과 예레미야는 전 국민으로부터 매국노, 반역자라는 흉한 이름과 더불어 격렬한 박해를 받게 되었다.

예루살렘이 함락될 때 바벨론의 침략을 예언한 예레미야는 친 바벨론파로 오인되어 느부갓네살로부터 후의의 제안을 받았으나 예레미야는 이를 거부하고, 그대로 남은 백성과 더불어 거주했다(렘 40:1-6). 이때 바벨론 왕은 유다의 명문가인 그달랴를 총독으로 임명했고, 그는 착실하고 덕망이 높은 사람으로 미스바에서 선정을 베풀었다. 그달랴의 선정에 남은 백성들은 미스바에 집결했고, 멸망한 나라에는 다시 서광이 보이기 시작했다. 그러나 야심에 찬 이스마엘이 일어나 그달랴를 암살하고 애굽으로 도망감으로 나라의 소망은 완전히 무너지고 만 것이었다. 그때 예레미야도 함께 끌려갔다(왕하 25:22-26). 애굽에 끌려간 예레미야의 동정에 대해서는 확실하지 않으나 다바네스에 거하면서(43:7-9) 애굽의 우상 숭배를 공격하다가 그의 동족에 의해서 돌에 맞아 죽었다는 전설이 남아 있다(K.&D., Lange, Cheyne). 그때 예레미야의 나이를 근 70세로 보고, 그의 애굽 체재 기간은 수년이 지난 것으로 본다(이상근).

예레미야의 인간성은 어떘는가

예레미야는 무엇과도 비길 데 없는 약한 모습을 소유하였고, 또 다른 한편으로는 매우 크게 진실하면서 강한 사람이었다. 즉, 그는 자신이 심히 유약한 인간임을 고백하면서도(1:6), 백성의 죄에 대한 의분을 금치 못했고(15:10-21), 그의 무거운 사명에 대해 스스로 약함을 토로하면서도(20:8-9), 불타는 사명의 확신을 보였던 것이다(20:9).

예레미야가 받은 사명은 사랑하는 조국이 범죄로 인해 바벨론에게 멸망당함을 전하는 것이었다. 그것은 누구나 감당하기 어려운 일이었고, 더구나 예레미야와 같은 유약한 정의 사람으로서는 더더욱 견디기 어려운 일이었다. 그러나 그의 순전한 정직성이 그로 하여금 이 어려운 사명에 순종하게 했다. 그는 나라의 멸망을 공적으로 예언함으로 민중들의 거부와 미움을 받아 홀로 고민하게 되었다.

제사장들과 선지자들이 입을 모아 태평을 구가할 때 예레미야는 홀로 서서 조국이 멸망한다는 것을 홀로 예언했고, 과연 조국이 멸망하여 전 국민이 절망에 빠졌을 때 그는 홀로 자기 조국의 회복을 예언했다. 이런고로 그는 오해받은 선지자로서 일생을 살았고, 수없이 투옥되었다(11:18-23; 12:16; 18:18; 20:1-3; 20:1-24; 37:11-38:28).

실로 그는 눈물의 예언자였고(9:1; 13:17), 결혼까지 금지당하여 고독하게 산 예언자였으며(16:2), 미움을 당한 예언자로서(1:6), 그의 일생은 인간적으로 따져보면 완전히 실패작이었다. 그는 자신의 이와 같은 실패 인생을 통하여 회복의 소망을 안겨 주었다. 그런 의미에서 예레미야는 그리스도의 그림자가 되었다(마 16:14).

예레미야서의 순정성은 믿을만한 것인가

본서가 기록된 사정은 36장에 비교적 상세히 기록되어 있다. 즉, 예레미야는 여호와의 명에 의해 여호야김(주전 609-598년 통치) 4년 그의 비서 바룩에게 구술하여 본서를 기록하여 왕에게 바쳤으나 왕이 본서를 불태웠으므로 다시 기록했다. 그리하여 본서는 예레미야의 예언서로 전승되어 왔으나 19세기에 이르러 저자 문제에 이의 제기가 시작되었다. 문제 제기된 내용은 본서가 대체적으로 예레미야의 예언인 것은 시인하나 비예레미야적인 문서가 혼합되었다는 주장이다. 그것은 대체로 다음과 같이 정리된다.

1. 예레미야의 비서 바룩의 편집이다. 본서의 전기적 부분은 바룩의 직접 집필이고 예레미야의 설교는 바룩이 가필하여 "신명기적 체제"(Deuteromic style)로 되어 있다는 것이다(Pfeiffer).

2. 본서는 여러 단편들을 주전 4세기경에 수집한 것이라고 한다. 그 단편들은 1) 시체로 된 예언집, 2) 산문체인 예레미야의 전기집, 3) 예언집이면서 제1인칭으로 된 "수사적인 산문체"(Rhetorical prose)들이었다는 것이다(Oesterley, Robinson).

3. 본서의 3분의 1정도가 예레미야의 작품이고, 그 외에는 후대의 첨가로 보아야 한다는 것이다(Duhm).

4. 10:17은 9장 끝에 연결됨으로 10:1-16은 후대인의 삽입구이며, 전후 구절과 조화되지 않고, 그 문체도 독특하다는 것이다. 또 17:19-27; 25:15-38; 30-31장; 46-51장 등도 예레미야의 다른 부분과 조화되지 않는다는 것이다(Cornill) 등이다.

위와 같은 비판들은 순전히 내증에 의한 것이고, 외증적 근거는 전혀 없으며, 그 이론 자체도 너무 빈약하다고 볼 수 있다. 위에 지적한 점들은 성경의 어느 책에서든지 쉽게 발견되는 것이므로 이를 특히 다룰 가치가 없는 것으로 여겨진다(위의 이의 제기에 대한 비판은 여러 학자들이 시도했다. Young, G. Ch. Aalders, 박윤선, 이상근).

예레미야서는 언제 저작되었는가

36:1-2에 의하면 여호야김 4년(주전 605년)에 예레미야는 여호와의 명령에 따라 그 메시지를 두루마리에 기록했다고 한다. 29:1; 30:2; 51:60 등의 구절들은 바룩의 두루마리에 기록된 것 외에는 대부분 여호와의 메시지

가 주어지자마자 곧바로 기록되었음을 시사한다. 그리고 본서에 수록된 내용은 52장 끝부분을 제외하면 거의 전체가 예레미야 사망(주전 585년) 직후에는 완성되었을 것으로 보인다. 요컨대 본서의 대부분은 예언을 시작한 요시야 13년(주전 627년)으로부터 예루살렘 함락(주전 586년) 직후까지 기록되었을 것으로 본다.

예레미야서는 무슨 내용을 담고 있는가

본서는 크게 4부로 나누어진다. 1) 첫째는 유다의 앞날을 예언하는 부분으로 예언자는 자신을 제1인칭으로 묘사한다(1-25장). 2) 둘째는 여전히 유다에 대해 예언하는 것인데 전기적 예언으로 자신을 제3인칭으로 드러낸다(26-45장). 3) 셋째는 열방에 대한 예언이고(46-51장), 4) 넷째는 부록으로 역사적 사건을 다룬 것이다(52장; 왕하 24:18-25:21, 27-30과 일치한다(이상근).

예레미야서가 보여주는 그리스도

신약 성경과 구약 성경 66권은 그 내용에 있어서 각각 서로 다른 시대의 역사를 기록하고 있거나 아니면 서로 다른 주제를 드러내고 있다. 그리고 그 다루는 범위는 매우 광범위하고 심오하다. 또한 그 문학적 양식도 법전, 역사서, 예언집, 시가서, 격언집, 서신서, 묵시서 등으로 매우 다양하다. 그러나 그 근본 주제나 목적은 다 '전 역사를 통해 진행되는 주 예수 그리스도의 구속 사역을 통해 우리 죄인의 구원'으로 동일하다.

그러므로 종합해보면 성경은 예수의 구속 사역으로 인한 성도의 구원이라는 동일한 주제의 여러 측면과 그 전개의 역사를 다양하게 보여주는 책이다. 그리하여 우리는 성경이 동시에 가지고 있는 이 같은 통일성과 다양성 때문에 성경 각 부분을 대할 때 그것을 그 자체로서는 물론 성경 전체의 일부로서도 필히 고창(高唱)하게 되는 것이다. 또한 성경 전체를 하나의 획일화된 교리나 역사의 반복된 진술로 보지 않고 생동감 있는 계시의 모음집으로 고찰하고 있는 것이다. 다시 말해 부분을 대할 때 통일성을, 전체를 대할 때 다양성을 동시에 고려하는 것이다. 예레미야서가 예수 그리스도와 관련하여 직접적으로 그리고 간접적으로 가르치는 바를 살펴보아야 할 것이다. 1) 생수의 근원이신 그리스도, 2) 다윗의 자손으로 오실 그리스도, 3) 공평과 정의로 통치되는 메시아 왕국을 도래케 하실 그리스도, 4) 선한 목자이신 그리스도, 5) 새 언약의 주체로서의 그리스도를 살펴보아야 할 것이다.

예레미야서의 특징들은 무엇인가

1) 예레미야서는 연대적인 배열로 진행되는 것이 아니라 주제별로 배열되어 있다. 그 주제별 역시 조직적이지 않기 때문에 흔히 무질서한 책이라 불린다.

2) 예레미야서는 고발적인 예언서라고 할 수 있다. 예레미야는 멸망에 직면한 조국의 운명을 확신하고 담대하게 그들의 죄를 고발하고 그 멸망을 예언했다.

3) 예언자의 조국에 대한 섬세한 사랑과 담대한 예언자의 모습이 전 책에 잘 조화되고 있다.

4) 예레미야서는 시체와 산문체로 되어 있다. 그런데 그 시체에 애수까지 가미되어 있으므로 예레미야서를 구약 최대의 시라고 부른다.

5) 본서는 또 "고백의 책"이라고 불린다. 선지자의 의분과 불안, 공포와 고뇌, 그리고 확신과 결단이 하나님을 상대로 고백되고 있는 독특한 기록이라고 할 수 있다(10:23-24; 11:18-23; 12:1-6; 15:10-21; 17:9, 14:18; 18:18-23).

■ 내용분해

【예레미야】

I. 표제어(1:1-3)

II. 예레미야가 부름 받은 일(1:4-10)과 두 환상(1:11-19)

  (1) 예레미야가 부름을 받다(1:4-10)

  (2) 두 환상(1:11-16)

  (3) 하나님께서 격려하신 일과 약속하신 일(1:17-19)

III. 유다에게 임할 하나님의 심판(2:1-25:38)

  A. 유다가 범죄한 일과 벌 받을 일(2:1-6:30)

    1. 유다의 범죄에 대한 기소(2:1-37)

      (1) 유다의 소년 때의 충성(2:1-3)

      (2) 유다의 배도(2:4-13)

      (3) 유다의 배도의 결과들(2:14-19)

      (4) 유다의 타락의 참상(2:20-28)

      (5) 유다 백성이 스스로 의롭다 하다(2:29-37)

    2. 유다의 회개를 촉구하다(3:1-4:4)

      (1) 불충한 아내 유다(3:1-5)

      (2) 배역한 이스라엘보다 더 심히 패역한 유다(3:6-10)

      (3) 하나님께서 이스라엘에게 돌아오라 하시다(3:11-18)

      (4) 이스라엘이 회개하면 용서하신다 하심(3:19-25)

      (5) 묵은 땅을 갈라(4:1-4)

    3. 임박한 심판(4:5-6:30)

      (1) 바벨론 침략이 다가온다고 경고하다(4:5-10)

      (2) 지극히 뜨거운 심판의 바람(4:11-18)

(3) 예레미야가 고통스럽게 부르짖다(4:19-22)
(4) 임박한 파멸에 관한 혼돈의 환상(4:23-28)
(5) 죽음에 이르는 시온의 고통(4:29-31)
(6) 예루살렘의 부패(5:1-9)
(7) 하나님을 무시하는 유다에게 적군이 침략함(5:10-19)
(8) 남쪽 유다의 죄악을 다시 경고하다(5:20-31)
(9) 예루살렘이 포위를 당하다(6:1-8)
(10) 유다 사람들의 부패와 그에 따르는 벌(6:9-21)
(11) 북쪽에서 원수가 침략해 온다(6:22-26)
(12) 예레미야가 유다 백성을 안타깝게 살피다(6:27-30)

B. 거짓 종교와 그 거짓 종교에 따른 벌(7:1-10:25)

1. 성전 안에서의 설교와 거짓 종교(7:1-8:3)
(1) 성전 안에서의 설교(7:1-15)
(2) 하늘 황후에게 제사를 드리다(7:16-20)
(3) 제사보다 순종을 하나님께서 원하시다(7:21-28)
(4) 힌놈 골짜기에서의 우상 숭배 죄를 벌하신다 함(7:29-34)
(5) 천체를 향해 드린 제사와 그에 대한 벌(8:1-3)

2. 유다의 한심함과 그들의 운명(8:4-10:25)
(1) 유다가 벌을 받을 수밖에 없는 형편(8:4-12)
(2) 포도 열매가 맺히지 않은 포도나무(8:13-17)
(3) 선지자 예레미야의 탄식(8:18-22)
(4) 예레미야가 나라의 운명을 생각하고 슬퍼하다(9:1-11)
(5) 예루살렘의 멸망은 당연한 결과이다(9:12-16)
(6) 예루살렘의 멸망을 애도하다(9:17-22)
(7) 인간의 유일한 자랑의 근거(9:23-24)
(8) 할례는 무가치하다(9:25-26)
(9) 우상 숭배는 헛된 행위이다(10:1-5)

(10) 여호와 하나님은 전능하시다(10:6-11)
(11) 여호와의 전능하신 증거 3가지(10:12-16)
(12) 유다 민족이 포로가 된 일과 그들의 탄원(10:17-25)

C. 경고와 심판(11:1-15:9)
1. 언약을 파기하니 여호와께서 심판을 경고하시다(11:1-13:27)
(1) 하나님께서 유다 민족에게 언약을 기억시키다(11:1-7)
(2) 유다 민족이 언약을 파기함으로 꾸짖으시다(11:8-10)
(3) 유다 민족이 불순종함으로 벌하신다고 하심(11:11-17)
(4) 예레미야의 목숨을 노리는 음모(11:18-23)
(5) 예레미야가 악인들의 악행이 끝나기를 탄원함(12:1-4)
(6) 하나님께서 예레미야를 위로하시다(12:5-6)
(7) 유다 민족의 타락과 그에 따른 환난(12:7-13)
(8) 이웃 나라의 생사에 여호와의 조건적 약속(12:14-17)
(9) 베 띠의 상징적 예언(13:1-11)
(10) 포도주 병의 상징적 예언(13:12-14)
(11) 하나님의 벌이 임하기 전에 회개하라 권함(13:15-21)
(12) 장차 임할 벌이 임하는 이유(13:22-27)
2. 유다의 가뭄과 참사에 대한 애가(14:1-15:9)
(1) 유다 땅에 임한 큰 가뭄(14:1-6)
(2) 가뭄 해갈을 위한 예레미야의 기도(14:7-9)
(3) 여호와께서 기도를 듣지 않으시는 이유(14:10-18)
(4) 예레미야의 두 번째 기도(14:19-22)
(5) 유다 나라가 용서 없이 받을 벌(15:1-9)

D. 예레미야의 고백과 설교(15:10-25:38)
1. 예레미야의 시련과 여러 가지 어록(15:10-20:18)
(1) 예레미야의 내적인 투쟁과 여호와의 위로(15:10-14)
(2) 예레미야의 기도와 여호와의 응답(15:15-21)

(3) 유다의 황폐와 그 원인(16:1-13)
(4) 새로운 출애굽(16:14-15)
(5) 심판을 하시겠다는 계속적인 말씀(16:16-18)
(6) 열방들의 회심(16:19-21)
(7) 잡다한 어록(語錄)(17:1-14)
(a) 유다가 지은 죄와 받을 벌(17:1-4)
(b) 사람을 신뢰하지 말고 하나님을 신뢰하라(17:5-8)
(c) 하나님은 사람을 공정하게 보상하심(17:9-11)
(d) 유다의 희망이신 여호와(17:12-14)
(8) 선지자를 조롱하는 자들 때문에 드리는 기도(17:15-18)
(9) 안식일 성수를 권면하는 설교(17:19-27)
(10) 토기장이 비유로 하나님의 주권을 보이다(18:1-12)
(11) 유다의 죄와 받을 벌에 대한 경고(18:13-17)
(13) 선지자가 음모자들을 하나님께 고하다(18:18-23)
(14) 유다 땅에 재앙을 내리시는 이유(19:1-5)
(15) 유다 땅에 내리시는 재앙의 내용(19:6-9)
(16) 오지병을 깨뜨리시는 상징적 행위(19:10-13)
(17) 유다에 내릴 재앙에 대하여 다시 예언함(19:14-15)
(18) 바스훌이 예레미야를 때리고 가둠(20:1-2)
(19) 바스훌에게 내릴 재앙을 예언하다(20:3-6)
(20) 예레미야가 당할 고난에 대하여 탄식함(20:7-10)
(21) 예레미야가 믿음으로 위로를 얻다(20:11-13)
(22) 예레미야가 자기의 고민을 기록하다(20:14-18)

2. 비난 받는 왕들과 거짓 선지자들(21:23-40)
(1) 시드기야가 예레미야에게 기도를 부탁함(21:1-2)
(2) 하나님께서 시드기야에게 유다가 망하리라 함(21:3-7)
(3) 백성들은 바벨론에게 항복하라 함(21:8-10)

(4) 유다가 회개함으로 구원 받으라 함(21:11-14)
(5) 유다 왕의 집에 회개를 권고하다(22:1-9)
(6) 유다 왕들의 장래에 대하여 예언하다(22:10-30)
(7) 하나님께서 유다의 회복을 약속하시다(23:1-4)
(8) 의로운 다윗의 가지가 일어나리라(23:5-8)
(9) 거짓 선지자들(23:9-32)
(10) 거짓 선지자들이 예레미야를 조롱하다(23:33-40)
3. 두 환상과 하나의 개요(24:1-25:38)
(1) 좋은 무화과와 나쁜 무화과(24:1-3)
(2) 무화과나무 비유를 설명하다(24:4-10)
(3) 선지자에게 불순종하는 죄를 책망하다(25:1-7)
(4) 유다 민족이 바벨론에 포로될 것을 예언하다(25:8-11)
(5) 열국이 하나님의 진노를 당할 것이라 예언함(25:12-38)
IV. 예레미야와 거짓 선지자들의 논쟁(26:1-29:32)
A. 성전 설교와 그 결과(26:1-24)
1. 회개를 권면하는 설교를 하다(26:1-7)
2. 예레미야가 당시의 종교가들에게 체포되다(26:8-9)
3. 예레미야가 해(害)를 면하다(26:10-24)
B. 예레미야와 거짓 선지자들(27:1-29:32)
1. 예레미야가 열국이 바벨론에게 정복될 것을 예언함(27:1-7)
2. 예레미야가 열국을 향하여 바벨론을 섬기라 함(27:8-15)
3. 성전기구를 바벨론으로 옮겨가게 될 것을 예언함(27:16-22)
4. 거짓 선지자의 예언(28:1-4)
5. 참 선지자 예레미야가 대항하다(28:5-17)
6. 예레미야가 바벨론 포로들에게 그 땅에서 안정하라 함(29:1-14)
7. 유다에 남아 있는 자들도 포로가 될 것을 예언하다(29:15-20)
8. 거짓 선지자들의 비참한 장래에 대해 예언하다(29:21-32)

V. 위로의 말씀(30:1-33:26)

A. 이스라엘과 유다의 회복(30:1-31:40)

1. 유다의 회복에 대한 확언(30:1-11)
2. 징계를 받으나 필경 고침을 받을 것이다(30:12-17)
3. 회복될 내용(30:18-24)
   (1) 국토를 회복해 주심(30:18)
   (2) 국운을 회복해 주심(30:19-20)
   (3) 이상적 군주(君主)를 회복해 주실 것임(30:21)
   (4) 하나님과의 관계가 회복될 것임(30:22-24)
4. 평화, 영광, 기쁨, 풍부함이 회복될 것임(31:1-17)
5. 유다 민족은 회개하고 하나님은 그들을 영접하신다(31:18-20)
6. 유다 민족은 번성하고 가축들도 왕성하여질 것임(31:21-30)
7. 하나님께서 새 언약을 주심(31:31-37)
8. 이 언약의 보증으로 예루살렘이 재건될 것임(31:38-40)

B. 유다와 예루살렘의 회복(32:1-33:26)

1. 예레미야가 옥에 갇히다(32:1-5)
2. 밭을 사서 유다의 귀국 소망을 보여주다(32:6-15)
3. 예레미야가 밭을 사게 된 이유를 더 알기 위해 기도함(32:16-44)
4. 이스라엘이 회복되리라(33:1-13)
5. 여호와께서 메시아를 보내리라고 하시다(33:14-16)
6. 영원히 계속될 왕권과 제사장(33:17-26)

VI. 여호야김과 시드기야 시대의 여러 사건들(34:1-39:18)

A. 시드기야가 사로잡혀서 평안히 죽을 것이다(34:1-7)

B. 시드기야가 자유케 했던 노예들을 다시 종으로 삼다(34:8-11)

C. 여호와께서 노예에 대한 시드기야 왕의 행위를 책망하시다(34:12-22)

D. 레갑 족속이 순종을 보이다(35:1-11)
E. 여호와께서 유다의 불순종을 책망하시다(35:12-17)
F. 여호와께서 레갑 족속에게 복을 약속하시다(35:18-19)
G. 예레미야가 바룩으로 하여금 예언을 베끼게 하고 전파하게 함 (36:1-10)
H. 여호야김 왕이 예언의 두루마리를 불사르다(36:11-26)
I. 예레미야가 다시 왕에게 심판 예언을 하고 예언을 베끼게 함 (36:27-32)
J. 시드기야가 예레미야에게 기도해 주기를 청원하다(37:1-5)
K. 예레미야는 갈대아(바벨론)가 예루살렘을 불사르리라고 하다 (37:6-10)
L. 예레미야가 옥에 갇혔다가 놓여 감옥 뜰에 갇히다(37:11-21)
M. 예레미야가 예언한고로 진흙 구덩이에 던져지다(38:1-6)
N. 에벳멜렉이 시드기야에게 고하여 예레미야를 구출하다(38:7-13)
O. 예레미야가 시드기야에게 비밀히 예언하다(38:14-28)
P. 예루살렘은 함락되고 유다 왕과 백성은 포로가 되다(39:1-10)
Q. 느부갓네살이 예레미야를 보호하라고 하다(39:11-14)
R. 에벳멜렉이 복을 받다(39:15-18)

VII. 예루살렘 함락 후의 예레미야가 경험한 일들(40:1-45:5)
A. 유다에서(40:1-43:7)
1. 느부사라단이 예레미야를 석방하다(40:1-6)
2. 그다랴가 유다 패잔병에게 바벨론을 섬기라 권하다(40:7-12)
3. 요하난이 그다랴에 대한 이스마엘의 살해 음모를 고발하다 (40:13-16)
4. 이스마엘이 반란을 일으키다(41:1-10)
5. 요하난이 이스마엘을 치려고 일어나다(41:11-18)
6. 요하난파(派)가 예레미야에게 하나님의 뜻을 알기 원함(42:1-6)

7. 예레미야가 요하난파에게 애굽으로 가지 말라 하다(42:7-18)
8. 예레미야가 요하난파의 외식을 책망하다(42:19-22)
9. 요하난이 부하들을 거느리고 애굽으로 가다(43:1-7)

B. 애굽에서(43:8-45:5)

1. 예레미야가 애굽이 바벨론에게 정복될 것을 예언하다(43:8-13)
2. 애굽의 유다인들에게 유다의 황폐의 원인이 우상 숭배에 있다고 말함(44:1-14)
3. 유다인들의 고집(44:15-19)
4. 예레미야가 유다인들과 애굽인들에게 임박한 벌을 경고하다. (44:20-30)
5. 예레미야가 바룩을 위로하다(45:1-5)

VIII. 열방에 대한 하나님의 예언(46:1-51:64)

1. 애굽이 유브라데에서 패할 것이라고 예언하다(46:1-12)
2. 느부갓네살이 애굽으로 원정할 것이라고 예언하다(46:13-26)
3. 이스라엘(야곱)을 위로하다(46:27-28)
4. 블레셋이 애굽에 의해 망할 것을 예언하다(47:1-7)
5. 모압이 심판을 받을 것이다(48:1-6)
6. 모압이 심판을 받을 이유(48:7-46)
   (1) 모압이 자기 힘을 믿었기 때문이다(48:7-10)
   (2) 스스로 안전할 것이라고 여겼기 때문이다(48:11-13)
   (3) 자기의 무력을 의지했기 때문이다(48:14-25)
   (4) 하나님과 선민을 멸시했기 때문이다(48:26-46)
   (5) 모압이 회복될 것이다(48:47)

6\. 암몬이 심판 받을 것이다(49:1-6)
7\. 에돔이 심판을 받을 것이다(49:7-22)
8\. 다메섹이 심판을 받을 것이다(49:23-27)
9\. 게달과 하솔이 심판을 받을 것이다(49:28-33)

10. 엘람이 심판을 받고(49:34-38), 회복될 것이다(39:49)
11. 바벨론의 멸망이 유다의 구원이 된다(50:1-10)
12. 바벨론이 수치를 당함이 유다의 영광이 됨(50:11-20)
13. 바벨론의 권세가 무너지다(50:21-28)
14. 바벨론의 교만이 거꾸러지다(50:29-32)
15. 하나님께서 바벨론에게 칼을 보내시다(50:33-40)
16. 바벨론이 북쪽의 원수에 의해 파멸됨(50:41-46)
17. 하나님께서 바벨론을 파괴할 자를 보내심(51:1-6)
18. 금잔이 깨어지다(51:7-10)
19. 여호와께서 메대 사람을 보내셔서 바벨론에 대하여 보수하심. (51:11-14)
20. 우상은 하나님을 대항하지 못한다(51:15-19)
21. 방망이가 부서지다(51:20-24)
22. 멸망의 산이 파괴되다(51:25-26)
23. 바벨론이 패전하다(51:27-32)
24. 이스라엘의 호소에 대하여 하나님께서 답변하시다(51:33-40)
25. 패전한 바벨론의 참상(51:41-44)
26. 유다가 바벨론으로부터 해방되다(51:45-46)
27. 바벨론의 멸망을 열국과 바벨론이 기뻐하다(51:47-49)
28. 바벨론의 죄가 가져올 최후적 결론(51:50-58)
29. 예레미야가 스라야를 통해 바벨론의 멸망을 예언함(51:59-64)

IX. 부록-예루살렘이 함락되다(52:1-34)

A. 시드기야 왕의 종말(52:1-11)

1. 시드기야 왕의 악한 정치(52:1-3)
2. 바벨론이 침략하다(52:4-7)
3. 시드기야 왕이 형벌을 받다(52:8-11)

B. 예루살렘과 성전이 파멸하다(52:12-14)

C. 백성이 포로로 끌려가고 성전 기명이 약탈되다(52:15-23)

D. 제사장들과 지도자들이 죽임 당하다(52:24-27a)

E. 사로잡힌 자들의 수효(52:27b-30)

F. 여호야긴 왕이 석방되다(52:31-34)

예레미야 주해

제 1 장

I. 표제어(1:1-3)

표제란 그 책의 기원을 밝히는 것을 말한다. 본서의 표제는 연대적이고 보다 상세하다. 그리고 저자와 그의 예언에 대하여 분명하게 알리고 있다.

렘 1:1. 베냐민 땅 아나돗의 제사장들 중 힐기야의 아들 예레미야의 말이라(The words of Jeremiah, the son of Hilkiah, one of the priests who were in Anathoth in the land of Benjamin ESV).

본 절 이하 예레미야서 전체는 베냐민 땅 아나돗의 제사장들 중 한 가정인 힐기야의 아들 예레미야가 여호와로부터 받은 말씀이라는 것을 밝힌다.

본 절의 "베냐민 땅"이란 남쪽 유다와 북쪽 에브라임(이스라엘) 사이에 위치한 땅으로 길이는 42km, 너비 19km가 되는 영토이다. 이곳은 이스라엘의 초대 왕 사울의 고향이었고, 신약 사도 바울의 고향이기도 하다(빌 3:5). 그리고 "아나돗"이란 지역은 예루살렘 동북쪽 4.8km 지점으로 사람이 걸어서 1시간 정도의 거리에 위치한 곳이다(수 21:18). 이곳은 바로 솔로몬이 왕으로 등극할 때 아도니야를 좇다가 좌천된 아비아달의 고향이다(왕상 2:26).

본서 저자 예레미야는 제사장 가문에서 태어난데 비하여 아모스 선지자는 농민의 집에서 태어났다. 하나님은 종들을 세우실 때 어떤 한 계통의 사람들에게 매이지 않으신다.

렘 1:2. 아몬의 아들 유다 왕 요시야가 다스린 지 십삼 년에 여호와의 말씀이 예레미야에게 임하였고.

본 절은 여호와께서 예레미야를 선지자로 부르신 때를 말해주고 있다. 때는 "아몬의 아들 유다 왕 요시야가 다스린 지 십삼 년에 여호와의 말씀이 예레미야에게 임하므로" 선지자로 부름을 받았다. 본 절의 "아몬"(주전 642-640년 통치)은 므낫세의 아들로서, 그의 아버지 므낫세처럼 악했기 때문에 통치 2년 만에 피살되었다. 그리고 "요시야"(주전 640-609년 통치)는 8세의 어린 나이로 왕에 등극했으나 선한 왕으로 유명했고, 종교 개혁을 단행하여 유월절을 엄수하기도 했다(왕하 22:1; 23:30). 그의 "13년"이란 말은 주전 627년경으로 이 때 예레미야는 20세 정도의 젊은 나이였던 것으로 보인다.

"여호와의 말씀이 예레미야에게 임하였다"(אֲשֶׁר הָיָה דְבַר־ יְהוָה אֵלָיו)는 말은 '여호와의 말씀이 예레미야에게 생생하게 들려왔다'는 뜻으로 예레미야가 선지자가 된 것을 말하는 것이다. 예레미야뿐 아니라 모든 선지자들은 자기들의 사상을 전하지 않고 오직 여호와의 말씀만 전하는 것을 사명으로 알았다.

렘 1:3. 요시야의 아들 유다의 왕 여호야김 시대부터 요시야의 아들 유다의 왕 시드기야의 십일년 말까지 곧 오월에 예루살렘이 사로잡혀 가기까지 임하니라.

본 절은 예레미야의 사역 기간을 말해준다. 예레미야에게 여호와의 말씀이 임한 것은 "요시야의 아들 유다 왕 여호야김 시대부터 요시야의 아들 유다의 왕 시드기야의 십일년 말까지" 임했다는 것이다. 좀 더 짧게 말하면 여호야김 초기 시대부터 시드기야 왕의 11년 말까지 임했다는 것이다.

여기 요시야 임금은 31년간 통치한 왕이었다. 예레미야는 부름을 받은 후, 요시야 시대 18년간, 그의 아들 여호아하스 시대 3개월간(주전 609년, 왕하 23:31-34), 여호야김 시대 11년간(주전 609-598년, 왕하 23:36-24:4),

그의 아들 여호야긴 시대 3개월간(주전 598년, 왕하 24:8-16), 요시야의 아들 시드기야 시대 11년간(주전 597-586년 통치, 왕하 24:19-25:7) 예언자의 생애를 보냈다. 본 절에 여호아하스와 여호야긴에 대한 언급이 없는 이유는 그들이 모두 단기간 통치했고, 또 그들 시대에 특별한 예언이 없었기 때문으로 보인다. 이 시대의 예언은 본서 1-39장까지의 예언임으로 40장 이후의 예언에 대해 문제가 되나 거기에서는 별도의 표제를 통해 구분하여 알게 했다(40:1; 46:1; 47:1; 49:34; 52:12, 28).

"오월에"란 말은 예루살렘이 함락된(주전 586년 4월 9일, 왕하 25:3) 다음 달을 의미한다(왕하 25:8). 성이 함락되고 난 한 달 후에 예루살렘의 왕 이하 모든 귀족과 백성들이 사로잡혔고, 성전은 파괴되었으며, 귀물들을 모두 빼앗겼다(이상근).

"예루살렘이 사로잡혀 가기까지 임하니라"는 말은 그 때까지 여호와의 말씀이 예레미야에게 임했다는 뜻이다. 그 때에 바벨론 왕 느부갓네살이 보낸 느부사라단이 예루살렘의 주민들을 붙잡아 데려간 일을 말함인데(왕하 25:8, 11), 이 사건보다 유다의 시드기야 왕이 도망하는 중에 사로잡혀 립나에서 두 눈이 뽑혔고, 바벨론까지 수갑을 차고 포로가 되어 갔던 사건이 더 앞선 사건이다(왕하 25:5-7). 만일 시드기야가 여호와의 말씀대로 살고 기도했더라면 이런 불행한 일은 절대로 일어나지 않았을 것이다.

II. 예레미야가 부름 받은 일(1:4-10)과 두 환상(1:11-19)

(1) 예레미야가 부름을 받다(1:4-10)

<여호와의 말씀이 예레미야에게 임하다>

렘 1:4. 여호와의 말씀이 내게 임하니라 이르시되.

본 절은 선지자 예레미야가 사역을 시작하게 된 내력을 설명하고 있다. 예레미야가 선지 사역을 시작하게 된 이유가 "여호와의 말씀"이 예레미야에게 임했기 때문이다. 결코 다른 이유는 없었다.

렘 1:5. 내가 너를 모태에 짓기 전에 너를 알았고 네가 배에서 나오기 전에 너를 성별하였고 너를 여러 나라의 선지자로 세웠노라 하시기로.

본 절은 여호와께서 예레미야 선지자의 정체를 드러내신다. 여호와께서 예레미야를 짓기 전에 예레미야를 알았다 하시고 예레미야가 모태에서 나오기 전에 예레미야를 성별하셨다고 말씀하신다.

여호와께서 예레미야를 짓기 전에 여호와께서 예레미야를 알았다는 말씀을 통해서는 예레미야가 여호와의 피조물임을 드러내고 계신다. 이는 예레미야만 아니라 오늘 우리도 모두 여호와의 지으신 피조물임을 드러내는 말씀이다. 그런데 여기 여호와께서 예레미야를 "알았다"(יְדַעְתִּיךָ)고 하시는 말씀은 예레미야를 '사랑하셔서 예정하셨음'을 드러내는 말씀이다(창 39:6; 시 144:3; 사 68:3; 암 3:2). 따라서 이 말씀은 우리로 하여금 여호와께서 예레미야만이 아니라 모든 성도를 사랑하고 계심을 알게 한다.

또 "네가 배에서 나오기 전에 너를 성별하였다"는 말씀도 예레미야가 모친의 배에서 나오기 전에 여호와께서 예레미야를 '예정하여 세우셨다'는 뜻을 드러내신다. 여호와께서 이렇게 예레미야를 지으셨고, 또 예정하여 세우셨다는 사실을 예레미야가 알고, 믿음으로 예레미야는 세상의 모든 풍진과 환난을 이길 수 있었다.

"너를 여러 나라의 선지자로 세웠노라"는 말은 예레미야에게 엄청난 힘을 주시는 말씀이었다. 예레미야는 유다 나라만 아니라 여러 나라를 위한 선지자로 세움 받은 줄 알았기에 탄압에도 굽히지 않고, 그의 사명을 감당할 수 있었다. 오늘 우리 신자들도 이 땅에 살면서 소금과 빛의 역할을 잘 감당할 수 있도록 주께로부터 힘을 받은 것이 사실이다.

렘 1:6. 내가 이르되 슬프도소이다 주 여호와여 보소서 나는 아이라 말할

줄을 알지 못하나이다 하니.

예레미야는 여호와의 임명을 듣고(5절) 말씀드리기를 "아닙니다. 여호와여! 보소서! 저는 말을 잘 할 줄 모릅니다. 저는 아직 너무나 어립니다"라는 반응을 보인다. 예레미야의 첫 반응은 자기가 너무 어려서(창 34:19; 삿 9:54; 삼하 18:5; 왕상 3:7) 말을 잘 할 줄 모른다는 것이었다. 예레미야는 자기가 여호와의 부름을 받기에 너무 미숙하다고 말씀드린 것이었다. 예레미야는 여호와의 부름을 받기에는 전적으로 무능한 자임을 고백했다. 여호와께 쓰임 받는 자들의 공통점은 역설적이게도 주 앞에서 전적 무능을 고백하게 된다.

렘 1:7. 여호와께서 내게 이르시되 너는 아이라 말하지 말고 내가 너를 누구에게 보내든지 너는 가며 내가 네게 무엇을 명령하든지 너는 말할지니라.

본 절은 앞 절의 예레미야의 말(6절), 자신이 아이라고 말씀드린데 대해 여호와께서 예레미야에게 용기를 주신 내용이다. "너는 아직 너무나 어리다고 말하지 말라. 내가 너를 누구에게 보내든지 너는 그 사람에게로 가고, 내가 너에게 무슨 명령을 내리든지 너는 그대로 말하라"고 하신다. 오늘 우리의 사명도 주님의 명령에 순종하는 것뿐이다.

렘 1:8. 너는 그들 때문에 두려워하지 말라 내가 너와 함께 하여 너를 구원하리라 나 여호와의 말이니라 하시고.

본 절도 역시 예레미야가 자신이 자격이 없다고 말한 것(6절)에 대해 여호와께서 "너는 그런 사람들을 두려워하지 말라. 내가 늘 너와 함께 있으면서 보호해 주겠다"고 용기를 주시는 말씀이다.

본 절과 같은 여호와의 격려는 모세에게도(출 3:12; 4:15; 신 31:6, 8), 여호수아에게도(수 1:5-7), 에스겔에게도(겔 2:6) 주어졌다. 놀랍게도 이런 격려는 신약의 우리에게도 주어진다.

렘 1:9. 여호와께서 그의 손을 내밀어 내 입에 대시며 여호와께서 내게 이르시되 보라 내가 내 말을 네 입에 두었노라.

여호와께서 7-8절의 말씀을 하신 다음 "그의 손을 내밀어 예레미야의 입에 대시면서" 여호와께서 친히 예레미야에게 이르시기를 "보라 내가 내 말을 네 입에 두었노라"고 하신다. 여기 "보라"(הִנֵּה)란 말은 뒤따르는 말씀이 아주 중요하니 마음 속 깊이 간직하라는 의미의 말이다. 뒤따르는 말씀, 즉 "내가 내 말을 네 입에 두었노라"는 말씀처럼 전도자에게 중요한 말씀은 없는 것이다. 여호와의 말씀이 전도자의 속에 없고서야 어떻게 하나님의 말씀을 전하겠는가. 예레미야는 이 자리에서 장엄한 임직 예식을 가진 것이다.

오늘 우리 신약의 전도자들이나 성도들에게는 여호와께서 이런 장엄한 임직예식을 치러 주시지 않는다 할지라도 우리가 주의 말씀을 친히 묵상하고 (시 1:1-3), 간직하여 복음을 전해야 할 것이다. 우리는 말씀을 깊이 묵상한 만큼 또 간절히 기도한 만큼 위대한 전도자가 되는 것이다.

렘 1:10. 보라 내가 오늘 너를 여러 나라와 여러 왕국 위에 세워 네가 그것들을 뽑고 파괴하며 파멸하고 넘어뜨리며 건설하고 심게 하였느니라 하시니라(See, I have set you this day over nations and over kingdoms, to pluck up and to break down, to destroy and to overthrow, to build and to plant-RSV, ESV**).**

여호와께서 예레미야를 임직하신(9절) 후에 "예레미야! 똑똑히 보아라. 오늘 내가 뭇 민족과 나라들 위에 너를 임직하여 세워서, 네가 그것들을 뽑으며 허물며, 멸망시키며 파괴하며, 또 한편 세우며 심게 하였노라"고 말씀하신다.

본 절의 "여러 나라"란 말과 "여러 왕국"이란 말은 동의어이다. 예레미야는 유다 나라 한 나라를 위한 전도자가 아니라 세계 여러 나라의 전도자로 세움을 받았다. 예레미야는 여러 나라의 전도자로 세움을 받아 여러 나라를 파괴하며(죄악을 뽑고, 불의한 일들을 파괴하며, 멸망을 예언해야 했고 넘어뜨려야 했다), 다음으로는 건설하는(다시 세우는 일을 해야 했다) 두 사명을 감당해야 했다. 먼저 파괴의 사역을 감당하고 파괴된 나라와 지역을 다시 세우는 일을 감당해야 했다. 전도자로서 쉽지 않은 일이지만 전도자는 주께서 주시는 말씀대로 망할 것을 예언해야 하고, 또한 다시 회복됨을 선언하는 사역을 해야 한다.

(2) 두 환상(1:11-16)

살구나무 가지 환상(11-12절)은 예레미야에게 확신을 주기 위해 여호와께서 주신 환상으로 그 어떤 위험 가운데서도 예레미야를 보호하실 것이라는 여호와의 의지를 드러내신 환상이고, 끓는 가마 환상은 예레미야가 앞으로 선포해야 할 예언의 핵심 내용을 보여주신 환상이다. 이 두 번째 환상은 유다가 북방 민족 바벨론의 침공을 받아 황폐화될 것을 보여준다.

<살구나무 가지와 끓는 가마 환상>

렘 1:11. 여호와의 말씀이 또 내게 임하니라 이르시되 예레미야야 네가 무엇을 보느냐 하시매 내가 대답하되 내가 살구나무 가지를 보나이다.

여호와께서 또 예레미야에게 말씀하셨다. "예레미야야! 너는 무엇을 보고 있느냐?" 예레미야가 대답하기를 "저는 살구나무 가지를 보고 있습니다"라고 대답 드린다.

"여호와의 말씀이 또 내게 임했다"는 말씀은 중요한 말씀이다. 이는 벌써 예레미야에게 한번 말씀이 임했던 적이 있음을 시사한다. 즉, 4-10절까지 예레미야에게 임한 임직 예식 때에 여호와의 말씀이 임하셨다는 것을 드러내는 말이다. 임직 예식 때 예레미야에게 여호와의 말씀이 임했고, 이제 본 절에 다시 여호와의 말씀이 임한 것을 말한다. 여호와의 말씀은 계속해서 전도자들에게 임하신다. 지금도 여호와의 말씀은 여전히 우리에게 임하고 있다. 우리는 이 말씀을 계속해서 묵상해야 하는 것이다.

여호와께서 또 예레미야에게 "너는 무엇을 보고 있느냐?"고 물으신다.

살구나무 가지를 보고 있는 예레미야에게 의미심장한 무엇을 말씀하시기 위해 무엇을 보고 있느냐고 물으신다. 예레미야는 대답하기를 "저는 살구나무 가지를 보고 있습니다"라고 대답한다. 여기 "살구나무"(שָׁקֵד)는 "깨어 있다"는 뜻이다. "살구나무"는 다른 나무들이 겨울철에 겨울잠을 자는 동안 일찍이 정월 중에 발화(發花)한다고 한다(팔레스타인에서). 그러므로 이 나무가 깨어있는 것처럼 하나님 말씀도 깨어있어서 때가 되면 반드시 실현된다는 것을 말씀한다. 12절에 보면 살구나무는 하나님께서 말씀하신 것을 "지켜 그대로 이루신다"는 뜻이다. 예레미야의 전 생애 동안 살구나무의 환상은 예레미야에게 큰 격려가 되었다. 하나님께서 한번 말씀하신 것을 그대로 지켜 이루신다는 약속은 그것을 믿는 자들에게 큰 힘이 되지 않을 수 없다.

렘 1:12. 여호와께서 내게 이르시되 네가 잘 보았도다 이는 내가 내 말을 지켜 그대로 이루려 함이라 하시니라.

본 절은 살구나무를 가지고 여호와께서 말씀하신 것을 "지켜 그대로 이루신다"(שָׁקֵד)는 것을 보여주신 것이다. "살구나무"와 "지켜 그대로 이루신다"는 말은 모두 똑같은 단어를 사용하고 있다.

렘 1:13. 여호와의 말씀이 다시 내게 임하니라 이르시되 네가 무엇을 보느냐 대답하되 끓는 가마를 보나이다 그 윗면이 북에서부터 기울어졌나이다 하니.

여호와께서 예레미야에게 살구나무 환상을 보여주신 다음 여호와의 말씀이 "다시" 예레미야에게 임하여 네가 무엇을 보느냐고 질문하신다. 이 질문을 받은 예레미야는 "끓는 가마를 보는데" 그 끓는 가마가 "그 윗면이 북에서부터 기울어졌음"을 본다고 말씀드린다.

여기 "가마"는 큰 솥을 말함인데, 그것이 끓는다는 말은 그 안에 있는 물질이 끓는다는 뜻이다. 다시 말해 그 물질이 쏟아져 유다가 환난을 당한다는 것을 의미한다. 북쪽은 북쪽에 있는 바벨론을 의미한다. 예레미야는 그의 예언에 이 말을 여러 번 사용하고 있다(4:6; 6:1, 22; 10:22; 13:20; 25:9, 26; 46:24; 47:2).

렘 1:14. 여호와께서 내게 이르시되 재앙이 북방에서 일어나 이 땅의 모든 주민들에게 부어지리라.

본 절은 13절의 말씀을 여호와께서 예레미야에게 설명하는 말씀이다. "재앙이 북방에서 일어나 이 땅의 모든 주민들에게 부어지리라"는 것이다. '끓는 물질이 북쪽 바벨론에서 일어나 유다의 모든 주민들에게 부어지리라'는 뜻이다. 끓는 물질이 사람들의 몸에 닿는다는 것은 큰 재앙이 아닐 수 없다. 우리는 이런 환난이 닥치기 전에 죄를 깊이 자복해야만 한다.

렘 1:15. 내가 북방 왕국들의 모든 족속들을 부를 것인즉 그들이 와서 예루살렘 성문 어귀에 각기 자리를 정하고 그 사방 모든 성벽과 유다 모든 성읍들을 치리라 여호와의 말이니라(For behold, I am calling all the tribes of the kingdoms of the north, declares the LORD, and they shall come, and every one shall set his throne at the entrance of the gates of Jerusalem, against all its walls all around and against all the cities of Judah-ESV).

본 절은 여호와께서 이 북방에서 오는 재앙을 실지로 주관하셔서 일어나게 하신다는 것을 보여준다. 북쪽에서 오는 바벨론의 연합군은 여러 족속들을 의미한다. 바벨론은 맹주가 되고 여러 왕들과 족속들이 바벨론군의 지휘 아래 있는 것을 알게 한다.

"그들이 와서 예루살렘 성문 어귀에 각기 자리를 정하고 그 사방 모든 성벽과 유다 모든 성읍들을 치리라"는 말은 그들 바벨론 연합군들이 와서 예루살렘 성을 포위했고, 또 예루살렘 모든 성벽을 허물어 버렸으며, 유다의 모든 성읍들을 쳤다는 것이다. 하나님께서 이렇게 바벨론 연합군을 사용하신 것은 유다의 죄가 심히 컸기 때문이다. 유다가 이렇게까지 당한 것에 대해서는 다음 절이 보여주고 있다.

렘 1:16. 무리가 나를 버리고 다른 신들에게 분향하며 자기 손으로 만든 것들에 절하였은즉 내가 나의 심판을 그들에게 선고하여 그들의 모든 죄악을 징계하리라.

본 절은 여호와께서 심판하시겠다는 계획을 발표한 것이다. 심판하시는 이유는 두 가지이다. 하나는 무리(유다 국민)가 여호와를 버린 것이었다. 무리가 점진적으로 여호와를 멀리 한 것이 죄였다는 것이다. 그리고 또 하나는 유다 민족이 다른 신들에게 분향한 것이었다. 즉, 바알 신에게 제사를 드린 일, 아세라 신들에게 제사를 드린 일, 몰렉 신에게 제사를 드린 일 등 많은 신들에게 제사를 드린 일 등이었다. 우리나라 사람들도 수많은 신들에게 비는 것을 볼 수 있다(심지어 바다를 주관하는 신으로 용왕님도 있다는 것이다)[1]. 그리고 일본에는 800만 신들이 있고, 인도와 파키스탄 같은 나라들에는 3억 3,000개의 신들이 존재한다는 것이다. 그런데 하나님의 백성들인 유다가 이렇게 사람들이 만든 수없는 신들을 섬기고, 제사를 드렸다는 것이다.

그런고로 여호와께서는 그에 대한 심판을 그들에게 선고하셨다. 여호와께서는 모든 죄를 그냥 두시지 않고 반드시 징계하신다.

(3) 하나님께서 격려하신 일과 약속하신 일(1:17-19)

렘 1:17. 그러므로 너는 네 허리를 동이고 일어나 내가 네게 명령한 바를 다 그들에게 말하라 그들 때문에 두려워하지 말라 네가 그들 앞에서 두려움을 당하지 않게 하리라(But you, dress yourself for work; arise, and say to them everything that I command you. Do not be dismayed by them,

1) 용왕님: 바다를 주관하는 신으로 믿고 그 신에게 기도한다, 이 용왕이란 불교에서 이르는 용족(龍族)을 거느리는 여덟 왕을 뜻한다. 이 용왕이란 불법(佛法)을 수호한다고 함.

lest I dismay you before them-ESV).

본 절 초두의 "그러므로"(But)란 말은 위의 구절에 대한 어떤 결론을 내는 말이 아니라, "그러나"라는 의미로서 유다 민족은 불신앙의 죄를 짓고 있는데 반해 여호와께서는 예레미야에게 "그러나 너는 이제 허리를 동이고 일어나 내(여호와)가 너에게 명하는 모든 말을 그들에게 전하라"는 말을 하기 위하여 사용된 "그러나" 이다. "그러나" 너 예레미야는 유다 민족과는 달리 "네 허리를 동이고 일어나 내가 네게 명령한 바를 다 그들에게 말하라"는 것이다.

여기 "네 허리를 동이고 일어나라"는 말은 하나님의 사역을 하기 위하여 준비를 단단히 하라는 말이다(출 12:11; 왕상 18:46; 왕하 4:29; 9:1; 욥 38:3). 우리는 여호와의 사역을 위해서 항상 허리를 동이고 일어나 있는 상태를 유지해야 한다. 목회자와 성도의 경우는 은퇴가 없다. 항상 긴장해서 사역을 해야 하는 것이다. 항상 기도하고 항상 말씀을 묵상하며 말씀을 전해야 하겠다.

"너는 그들을 두려워하지 말라. 네가 그들을 두려워하면, 오히려 내가 너를 그들 앞에서 무서워 떨게 하겠다"고 하신다. 전도자가 사람을 두려워하면 그 죗값으로 하나님의 두렵게 하시는 벌을 받는다(박윤선).

렘 1:18. 보라 내가 오늘 너를 그 온 땅과 유다 왕들과 그 지도자들과 그 제사장들과 그 땅 백성 앞에 견고한 성읍, 쇠기둥, 놋성벽이 되게 하였은즉.

본 절 초두의 "보라"라는 말은 본 절의 내용이 아주 중요하니 주의해서 읽으라는 뜻으로 쓴 것이다. 본 절은 여호와께서 예레미야를 아주 흔들림 없이 강하게 만들어 주셨음을 나타낸다. 즉, 내(여호와)가 오늘 너(예레미야)를 튼튼하게 방비된 성읍과 쇠기둥과 놋성벽으로 만들어서, 이 나라의 모든 사람들, 곧 유다의 왕들(요시아 이하 시드기아에 이르는 왕들)과 관리들에게 맞대응하고, 제사장들에게 맞대응하며, 이 땅의 모든 백성에게 맞대응할 수 있게 하겠다고 하신다. 여호와께서 예레미야를 아주 강한 전도자로 삼아

주신다는 내용이다. 오늘 우리 역시 여호와께서 아주 강한 전도자로 만들어 주시면 그렇게 쓰임 받을 수 있는 것이다.

렘 1:19. 그들이 너를 치나 너를 이기지 못하리니 이는 내가 너와 함께 하여 너를 구원할 것임이니라 여호와의 말이니라.

본 절은 여호와께서 예레미야를 결코 패하지 않는 전도자로 만드셔서 그들로 하여금 예레미야를 이기지 못하게 하실 것이란 말씀이다. 즉, "그들(나라의 모든 사람들)이 너에게 맞서서 덤벼들겠지만, 하나님의 보호하심과 함께하심의 결과 예레미야가 결단코 패배하지 않는다"는 여호와의 말씀이다. 하나님께서 함께 하시는 전도자를 누가 이길 수 있겠는가.

III. 유다에게 임할 하나님의 심판(2:1-25:38)

A. 유다가 범죄한 일과 벌 받을 일(2:1-6:30)

제 2 장

1. 유다의 범죄에 대한 기소(2:1-37)

(1) 유다의 소년 때의 충성(2:1-3)

2-6장은 예레미야의 예언 중 초기의 예언으로 요시야 왕 시대의 예언이다. 내용은 유다의 불신(2:1-3:5), 여호와의 신실하심(3:6-4:4), 및 유다를 심판하신 일이다(4:5-6:30).

1) 유다의 불신(2:1-3:5)

이 부분(2:1-3:5)은 예레미야의 최초의 예언으로 그가 아나돗에서 한 예언으로 보인다. 이 부분의 내용은 유다가 불신한 일(2:1-13), 우상 숭배의 죄(2:14-28), 유다의 도덕적 죄(2:29-37), 유다는 이혼당한 아내가 되다(3:1-5).

<여호와께서 기억하시다>

렘 2:1. 여호와의 말씀이 내게 임하니라 이르시되.

본 절은 여호와께서 유다가 불신한 일(1-3절)을 드러내시기 위해 또 말씀을 시작하신다. 유다는 더 이상 불신하지 않아야 했다.

렘 2:2. 가서 예루살렘의 귀에 외칠지니라 여호와께서 이와 같이 말씀하시기를 내가 너를 위하여 네 청년 때의 인애와 네 신혼 때의 사랑을 기억하노니 곧 씨 뿌리지 못하는 땅, 그 광야에서 나를 따랐음이니라.

여호와께서는 예레미야에게 "가서 예루살렘의 귀에 다음과 같은 내용을 외치라"고 하신다. 즉, "내(여호와)가 너(유다)를 위하여 네 청년 때의 인애와 네 신혼 때의 사랑을 기억하노니 곧 씨 뿌리지 못하는 땅, 그 광야에서 나를 따랐다"고 하신다. 즉, "네(유다)가 젊은 시절에 광야에서 얼마나 나에게 성실하였는지, 네가 신부 시절에 얼마나 나를 사랑하였는지, 저 광야에서, 씨 뿌리지 못하는 저 땅에서, 네가 어떻게 나를 따랐는지, 내가 잘 기억하고 있다는 말을 전하라"고 하신다. 여호와께서는 유다가 광야에서 여호와를 향한 신앙 안에서 여호와를 사랑함으로 순종했음을 칭찬하신다.

렘 2:3. 이스라엘은 여호와를 위한 성물 곧 그의 소산 중 첫 열매이니 그를 삼키는 자면 모두 벌을 받아 재앙이 그들에게 닥치리라. 여호와의 말씀이니라(Israel was holy to the LORD, the firstfruits of his harvest. All who ate of it incurred guilt; disaster came upon them, declares the LORD-ESV).

본 절은 여호와께서 과거에 이스라엘에 대해 베푸신 사랑을 회상한다. 즉, 이스라엘은 나 여호와에게 거룩하게 구별된 성물, 곧 나의 수확물 중 첫 열매였다. 누구든지 그 첫 열매를 가져다 먹기만 하면 벌을 받아 재앙이 닥쳤다고 여호와께서 선언하신다.

본 절의 "이스라엘은 여호와를 위한 선물"(출 19:5-6; 신 7:6; 14:2; 26:19)이란 말과 "이스라엘의 소산 중 첫 열매"(출 23:19; 레 22:10, 13; 민 18:12; 암 6:2)라는 말은 같은 뜻이다. 즉, 여기 "이스라엘은 여호와를 위한 선물"이란 말은 '이스라엘은 여호와께서 세계 만국 중에서 구별해내신 거룩한 민족'이란 뜻이다. 그리고 "첫 열매"란 말은 '하나님께 바치는 열매'를 뜻하는 말이다. 그러니까 이스라엘은 하나님의 것으로 성별하신 족속이요 모든 백성들 중에서 하나님께 바쳐진 첫 열매였다.

"그를 삼키는 자면 모두 벌을 받아 재앙이 그들에게 닥쳤다"는 말은 이스라엘을 괴롭히는 민족은 어느 민족이든지 모두 벌을 받아 재앙이 하늘에서 내려와 그들을 다치게 했다는 것이다. 과거에 아말렉 민족이 이스라엘을 괴롭혔다가 벌을 받았다(출 17:8-16). 본 절의 이 말씀은 앞으로 바벨론이 유다 민족을 심히 괴롭히다가 벌을 받을 것을 암시하기도 한다. 오늘도 여호와께서는 우리를 거룩한 성물로 아신다. 다시 말해 우리를 첫 열매로 여겨 주셔서 우리를 건드리는 사람들은 벌을 받는 것을 볼 수 있다.

(2) 유다의 배도(2:4-13)

<조상들이 여호와를 멀리하였다>

렘 2:4. 야곱의 집과 이스라엘의 집 모든 족속들아 여호와의 말씀을 들으라.

여호와께서는 이스라엘 민족을 광야에서 엄청나게 사랑하신 것을 회상하셔서 지금도 "야곱의 백성 곧 이스라엘 백성 모두는 주님의 말씀을 들으라"고 말씀하신다. 여기 "야곱의 집"과 "이스라엘의 집"이라는 말은 동의어로서 모두 여호와의 말씀을 온전히 경청하여 타락하지 말라는 뜻이다.

렘 2:5. 나 여호와가 이와 같이 말하노라 너희 조상들이 내게서 무슨 불의함을 보았기에 나를 멀리 하고 가서 헛된 것을 따라 헛되이 행하였느냐.

나 여호와가 말하기를, "너희의 조상들이 광야에서 나(여호와)에게 무슨 좋지 않은 것을 발견하였기에 나(여호와)에게서 이렇게 멀리 떠나 헛된 우상(10:15; 14:22; 16:19)을 좇아다니며 너희 자신들도 우상처럼 허무하게 되었느냐"고 책망하신다.

렘 2:6. 그들이 우리를 애굽 땅에서 인도하여 내시고 광야 곧 사막과 구덩이 땅, 건조하고 사망의 그늘진 땅, 사람이 그 곳으로 다니지 아니하고 그 곳에 사람이 거주하지 아니하는 땅을 우리가 통과하게 하시던 여호와께서 어디 계시냐 하고 말하지 아니하였도다.

본 절은 유다 민족이 과거 광야에서 자기들을 돌보시던 여호와 하나님을 잊어버리고 찾지도 않았다는 것을 한탄한다. 즉, 애굽 땅에서 우리를 이끌고 홍해를 건너 올라오신 분, 광야에서 우리를 계속해서 인도하시던 여호와, 그 황량하고 구덩이가 많은 땅에서, 그리고 죽음의 그림자가 짙은 그 메마른 땅에서, 어느 누구도 지나다니지 않고, 어느 누구도 살지 않는 그 땅에서, 우리를 인도하신 여호와는 어디에 계시는지에 대해 유다 민족이 묻지도 관심두지도 않는다고 한탄하신다.

렘 2:7. 내가 너희를 기름진 땅에 인도하여 그것의 열매와 그것의 아름다운 것을 먹게 하였거늘 너희가 이리로 들어와서는 내 땅을 더럽히고 내 기업을 역겨운 것으로 만들었으며.

본 절은 여호와께서 유다 민족을 가나안 땅으로 인도하여 들이신 후 유다 민족이 가나안 땅에서 생산되는 열매와 가나안 땅에서 나오는 아름다운 식물을 먹도록 해주셨는데, 유다 민족이 가나안 땅에서 우상 숭배를 하여 여호와께서 주신 땅을 더럽히고 여호와께서 유다 민족에게 주신 기업인 가나안 땅을 역겨운 곳으로 만들었다고 개탄하신다. 왜냐하면 살아계신 유일한 하나님 앞에 우상 숭배는 부적절하고, 부당한 것이기 때문이다. 오늘날 우리가 여호와를 탐하지 않고, 다른 것을 탐한다면 그것만큼 더러운 일이 없는 것이다. 즉, 하나님보다 돈이나 명예, 이성을 탐하는 것만큼 더럽고 역겨운 것은 없다는 뜻이다.

렘 2:8. 제사장들은 여호와께서 어디 계시냐 말하지 아니하였으며 율법을 다루는 자들은 나를 알지 못하며 관리들도 나에게 반역하며 선지자들은 바알의 이름으로 예언하고 무익한 것들을 따랐느니라.

본 절은 이스라엘의 중요한 직분에 있는 사람들이 여호와께 대해 무관심했고, 엉뚱하게 행한 것을 말한다. 즉, 제사장들 곧 종교 지도자들은 여호와께서 어디에 있는지를 찾지 않았고, 율법 학자들도 여호와를 알지 못한 채 지냈으며, 왕이나 통치자들도 여호와에게 맞서서 범죄했고, 예언자들도 바알 신(23:9-32, 이는 농경의 신이었다)의 이름으로 예언했으며, 도움도 주지 못하는 우상들만 좇아다녔다는 것이다. 여러 영역의 지도자들이 여호와께 이렇게 행했으니, 백성들 또한 여호와를 알 턱이 없었고, 신앙할 수 없었다. 그렇기에 나라는 아주 망할 수밖에 없었다.

<백성이 행한 악> 9절부터 13절까지는 유다의 불신의 어리석음을 드러내고 있다.

렘 2:9. 그러므로 내가 다시 싸우고 너희 자손들과도 싸우리라 여호와의 말씀이니라.

본 절 초두의 "그러므로"란 말은 4절부터 8절까지 이스라엘의 조상들이 여호와를 멀리 했기 때문에 생긴 결과를 드러낸다. 즉, 반복된 유다의 거역 때문에 여호와의 반복된 질책과 형벌이 있음을 말한다.

렘 2:10. 너희는 깃딤 섬들에 건너가 보며 게달에도 사람을 보내 이같은 일이 있었는지를 자세히 살펴보라.

여호와께서는 유다 민족에게 한 번 구부로 섬들(야벳 계통의 야와의 자손들)로 건너가서 보고, 게달(아라비아의 유목민들)에도 사람을 보내서, 일찍이 그곳 사람들이 다음 절과 같이 여호와를 등한히 하고 거역한 일이 있었는가를 잘 살피고 알아보라고 권하신다.

렘 2:11. 어느 나라가 그들의 신들을 신 아닌 것과 바꾼 일이 있느냐 그러나 나의 백성은 그의 영광을 무익한 것과 바꾸었도다.

어느 나라(구부로 섬사람들, 게달 사람들) 사람들이 그들이 믿는 신들을 신 아닌 것들과 바꾼 일이 있는가를 살펴보아라. 그러나 유다 백성은 그들이 영광스럽게 여겨야 할 여호와를 무익한 우상과 바꾸어서 우상을 섬기고 있다는 것이 한심하지 않느냐 하는 것이다. 우상과 바꾸는 민족은 없다는 것이다(2:8; 시 106:20; 사 30:5, 22).

렘 2:12. 너 하늘아 이 일로 말미암아 놀랄지어다 심히 떨지어다 두려워할지어다 여호와의 말씀이니라.

본 절은 여호와께서 하늘을 증인으로 불러서 유다 민족의 우상 숭배하는 짓을 보고 놀라고 떨다가 아주 새파랗게 질려 버리라고 명령하는 것이다.

세계의 다른 나라들은 자기들이 섬기는 신을 다른 것으로 바꾸어 섬기는 나라가 없는데, 유다 나라는 참신 여호와를 섬기다가 거짓 신 우상을 섬기는 것을 보시고 기가 막히셔서 하늘을 불러 증인으로 세워서 유다 나라의 이 꼴을 보고 놀라고 떨다가 아주 새파랗게 질려버리라고 말씀하는 것이다.

오늘도 여호와 하나님을 섬긴다고 하는 신자들이 세상에 속한 돈과 명예, 이성(異性)을 하나님보다 더 좋아한다는 것은 참으로 놀랍고, 안타까운 일이 아닐 수 없다.

렘 2:13. 내 백성이 두 가지 악을 행하였나니 곧 그들이 생수의 근원되는 나를 버린 것과 스스로 웅덩이를 판 것인데 그것은 그 물을 가두지 못할 터진 웅덩이들이니라(for my people have committed two evils: they have forsaken me, the fountain of living waters, and hewed out cisterns for themselves, broken cisterns, that can hold no water-RSV, ESV)**.**

본 절 초두에는 "왜냐하면"(כִּי)이란 이유 접속사가 있어 본 절이 앞 절(12절)의 이유를 드러내고 있다. 즉, 유다 민족의 우상 숭배하는 것을 보고 놀라고 떨다가 아주 새파랗게 질려 버리라고 명령하는(12절) 이유가 유다 백성이 두 가지 악을 행했기 때문이라는 것이다. 유다 민족이 저지른 두 가지 악이란 유다 민족이 "생수의 근원되는 여호와를 버린 것과 스스로 구덩이를 판 것"이다.

여호와는 생수의 근원으로 끊임없이 생명수가 흐르는 생명수의 원천이시다(17:13; 18:14; 시 36:9; 요 6:14). 이런 생수의 원천이신 여호와를 버리는 일이야 말로 최고의 악임에 틀림없다. 또 유다 민족이 스스로 웅덩이를 판 것 역시 악이라는 것이다. 그 웅덩이는 다른 웅덩이가 아니라 "물을 가두지 못할 터진 웅덩이들"이었다. 그러므로 이 물웅덩이에 아무리 물을 받아 놓아보려 해도 끊임없이 물이 새어나갔으므로 행하는 모든 일이 헛되었다. 이런 헛된 일을 유다 민족이 하고 있다는 것인데, 이 일이 바로 우상숭배였다. 우상 숭배야 말로 최고의 악일 수밖에 없다. 그러니까 유다 민족은 두 가지 엄청난 큰 악을 두 개 저지르고 있었다. 오늘 현대인들을 두 종류의 악인들로 구분할 수 있는데, 첫째는 아예 처음부터 여호와를 영접하지 않고 우상 숭배만 계속해온 무리들이고, 둘째는 여호와를 영접하고 살다가 여호와를 버리고 우상 숭배로 돌아간 무리들이다. 오늘 우리는 무엇을 섬기고 살고 있는지. 오늘 우리는 두 가지 악을 동시에 범하며 살고 있는 악의 무리는 아닌지 살펴봐야 할 것이다.

(3) 유다의 배도의 결과들(2:14-19)

<이스라엘의 악과 반역> 14-19절은 이스라엘이 받은 벌과 그 원인을 밝힌다. 다시 말해 본 절부터 19절까지는 유다 백성들이 이방의 포로로 잡혀간 이유에 대해 설명한다.

렘 2:14. 이스라엘이 종이냐 씨종이냐 어찌하여 포로가 되었느냐(Is Israel a slave? Is he a homeborn servant? Why then has he become a prey?-ESV)**.**

본 절은 강한 반어문(反語文) 형식으로 이스라엘이 종도 아니었고, 씨종도 아니었는데 어찌하여 과거에 포로가 되었느냐는 것이다. 즉, "이스라엘이 노예냐? 집에서 태어난 종이냐? 그런데 어찌하여 잡혀 가서 원수들의 노예가 되었느냐?"는 것이다. 본 절의 원수들의 노예가 된 것은 바벨론 포로가 된 것을 의미하지 않고, 히스기야와 므낫세 당시에 있었던 앗수르의 유다 침략에 의하여 진행되었던 것을 염두에 둔 말이다(왕하 18, 19장; 대하 33:10-13).

본 절의 "씨종"이란 말은 한 남자 노예가 여자 노예를 취하여 낳은 아이로 그는 영원히 주인의 노예가 된다(출 21:4). 이는 유다 민족이 노예가 된 적도 없었고, 씨종이 된 적도 없었는데 스스로 우상의 종이 되어 우상을 숭배한 죄를 지적하는 말로 그들의 포로가 된 것의 원인이 우상 숭배에 있었음을 밝혀주는 말이다. 유다(남쪽 이스라엘) 민족이나 북쪽의 이스라엘은 종이 된 때도 없었고, 씨종이 된 때도 없었는데, 포로가 되었던 이유는 순전히 그들이 스스로 우상 숭배자가 되었기 때문이라는 것이다. 오늘도 우상 숭배자(돈, 물질, 명예, 향락의 노예)가 되면 별 수 없이 세상의 포로가 된다는 것을 보여준다. 오늘도 수많은 사람들은 세상의 노예가 되어 꼼짝없이 노예의 삶을 살고 있다.

렘 2:15. 어린 사자들이 그를 향하여 부르짖으며 소리를 질러 그의 땅을 황폐하게 하였으며 그의 성읍들은 불타서 주민이 없게 되었으며.

본 절은 앞으로 있을 유다의 바벨론 포로를 두고 하는 말이 아니라, 앗수르 침략군들이 과거 이스라엘을 향하여 부르짖고, 소리를 질러 이스라엘 땅을 황폐하게 했고, 또 이스라엘의 성읍들을 불태워 주민이 없게 한 사건을 두고 하는 말이다(나 2:13; 사 5:29-30).

렘 2:16. 놉과 다바네스의 자손도 네 정수리를 상하였으니.

본 절은 앞 절의 앗수르 침략군들의 침략 행위 외에 또 다른 두 나라(놉이라는 곳, 다바네스라는 곳)의 침략군들도 이스라엘을 괴롭혔다고 말한다. 여기 "놉"이라는 곳은 애굽의 카이로 남방 20km 지점인 나일 강 왼쪽 언덕에 있는 북애굽의 수도 "멤피스"를 지칭한다(44:1; 46:14, 19). 그리고 "다바네스"는 나일 강 동쪽 언덕에 있는 곳이며, 가나안과 국경 지대의 요충지로서 현재는 "텔다프네"(Tel Daphne)라고 불린다(이상근). 두 곳 "놉과 다바네스의 자손"이란 결국 애굽인을 가리키는 말로 그들이 이스라엘을 쳐서 상하게 했다는 것이다.

렘 2:17. 네 하나님 여호와가 너를 길로 인도할 때에 네가 그를 떠남으로 이를 자취함이 아니냐(Have you not brought this upon yourself by forsaking the LORD your God, when he led you in the way?-RSV, ESV).

여호와 하나님이 이스라엘의 길을 인도하여 주시는데도, 이스라엘 네가 여호와를 버리고 떠난 고로 너 스스로 이런 재앙을 자취한 것이 아니냐는 것이다.

이스라엘이 광야 초기에는 비교적 여호와를 잘 따랐지만(1-3절), 그 후부터 그리고 가나안에 들어와서는 여호와를 떠났음으로 재앙을 불러들였다는 것이다. 여호와를 떠나는 것은 결국 재앙을 불러들이는 것을 의미한다.

렘 2:18. 네가 시홀의 물을 마시려고 애굽으로 가는 길에 있음은 어찌 됨이며 또 네가 그 강물을 마시려고 앗수르로 가는 길에 있음은 어찌 됨이냐.

본 절은 여호와께서 유다 민족이 외세를 의지하려는 것을 책망하시는 말씀이다. 즉, 그런데도 이제 너 유다 민족이 나일 강의 물(수 13:3; 사 23:3)을 마시려고 애굽으로 달려가려하니, 그것이 무슨 행태이며, 또 한편으로는 유브라데 강의 물(사 8:7)을 마시려고 앗수르로 달려가니, 이 또한 무슨 짓이냐고 하신다. 유다 민족은 온전히 여호와 하나님만 바라보아야 하는데, 이렇게 딴 곳들을 바라보니 그것이 죄가 된다는 뜻이다.

렘 2:19. 네 악이 너를 징계하겠고 네 반역이 너를 책망할 것이라 그런즉 네 하나님 여호와를 버림과 네 속에 나를 경외함이 없는 것이 악이요 고통인 줄 알라 주 만군의 여호와의 말씀이니라.

유다 민족이 애굽을 의지하고, 또 앗수르를 의지하는 것이 악이고 반역이라는 것이다. 그것 때문에 유다 민족은 여호와로부터 징계를 받게 되고, 책망을 받게 된다는 것이다. 유다 민족이 애굽을 의지하고 앗수르를 의지하는 것이 바로 여호와를 버리는 것이고, 여호와를 경외하지 않는 것이라는 말이다. 그것이 악이고 고통이라는 것을 알아야 한다는 것이 만군의 여호와의 말씀이다.

(4) 유다의 타락의 참상(2:20-28)

<이방 신을 따라 가는 이스라엘> 20-28절은 유다 민족이 우상 숭배를 하는 것이 죄라는 것을 드러낸다.

렘 2:20. 네가 옛적부터 네 멍에를 꺾고 네 결박을 끊으며 말하기를 나는 순종하지 아니하리라 하고 모든 높은 산 위에서와 모든 푸른 나무 아래에서 너는 몸을 굽혀 행음하도다.

유다 민족이 옛적부터(북쪽 이스라엘과 분립되기 전부터) 하나님과 자신들을 매어놓은 멍에와 결박을 끊으면서 말하기를 우리들은 여호와를 순종하지 아니 하리라 하고 모든 높은 산들 위에서와 모든 푸른 나무 아래에서 몸을 굽혀 우상 숭배를 하니(3:6; 신 12:2) 온전할 수 있겠느냐고 말씀하신다. 우상 숭배를 한다는 것만큼 어리석은 일은 없다.

렘 2:21. 내가 너를 순전한 참 종자 곧 귀한 포도나무로 심었거늘 내게 대하여 이방 포도나무의 악한 가지가 됨은 어찌 됨이냐.

여호와가 유다 민족을 땅 파고 심을 때에는 종자가 아주 좋은, 즉 제일 좋은 포도나무를 심었는데, 어떻게 이렇게 변해버려 유다 민족이 엉뚱하게 들포도를 맺는 들포도나무로 바뀌었단 말이냐(5:10; 6:9; 12:10; 사 5:1-10; 호 10:1)고 탄식하신다.

렘 2:22. 주 여호와의 말씀이니라 네가 잿물로 스스로 씻으며 네가 많은 비누를 쓸지라도 네 죄악이 내 앞에 그대로 있으리니.

너희 유다 백성들이 잿물(광물성 알칼리)로 몸을 씻고, 비누(식물성 알칼리)로 아무리 몸을 닦아 보아도, 너희 유다 백성들의 더러운 죄악은 여전히 나 여호와 앞에 그대로 남아 있을 것이다. 나 여호와 하나님의 틀림없는 말이다.

어떤 세제(洗劑)로 씻어보아도 자력으로는 죄가 씻어지지 않는다는 것이 여호와 하나님의 말씀이다. 하나님께서 씻어주셔야 우리의 죄는 씻어진다는 것이다. 그런고로 우리는 우리의 죄를 자복해서 하나님께 깨끗함을 받아야 하는 것이다.

렘 2:23. 네가 어찌 말하기를 나는 더럽혀지지 아니하였다 바알들의 뒤를 따르지 아니하였다 하겠느냐 골짜기 속에 있는 네 길을 보라 네 행한 바를 알 것이니라 발이 빠른 암낙타가 그의 길을 어지러이 달리는 것과 같았으며.

"너희 유다 민족이 스스로의 몸을 더럽히지 않았고, 또 바알 신을 따라가지도 않았다고, 감히 말할 수 있겠느냐? 네가 산골짜기(힌놈의 골짜기)에서 한 일(몰록 신에게 아이들을 제물로 드린 일)을 생각해 보아라(7:31; 19:5; 32:35; 수 15:8; 왕하 23:10; 미 6:7). 네가 무엇을 했는지 깨달아 보아라. 너는 이리저리 날뛰는, 발이 빠른 암낙타와 같지 않았느냐(그 모양은 발이 빠른 젊은 암약대가 자신의 약혼자를 버리고, 다른 사랑의 대상을 찾기 위해 달려가는 것 같았다는 것이다)?"고 여호와께서 말씀하신다.

렘 2:24. 너는 광야에 익숙한 들암나귀들이 그들의 성욕이 일어나므로 헐떡거림 같았도다. 그 발정기에 누가 그것을 막으리요. 그것을 찾는 것들이 수고하지 아니하고 그 발정기에 만나리라(a wild donkey used to the wilderness, in her heat sniffing the wind! Who can restrain her lust? None who seek her need weary themselves; in her month they will find her-ESV)**.**

전 절의 비유와 마찬가지로 본 절도 역시 유다 백성의 무절제한 우상 숭배를 비유한 말씀이다. 마치 야생 암나귀가 발정할 때 성욕을 만족시키기 위해 온갖 추태를 다 부리듯이 유다 민족의 우상 숭배 역시 동물적 충동과 같이 제어할 수 없는 상황에 이르렀다는 뜻이다. 즉, "너희 유다 민족은 사막에 익숙한 야생 암나귀와 같아서 암내(발정한 암컷의 몸에서 나는 냄새인데, 수컷을 꾀는 냄새)만 나면 헐떡이는 그 짐승, 그 짐승이 발정하면 누가 그것을 가라앉힐 수 있겠느냐? 그런 암컷을 찾아다니는 수컷은 어느 것이나 힘들이지 않고서도 발정기가 된 암컷을 만나게 된다."는 것이다.

"그것을 찾는 것들이 수고하지 아니하고 그 발정기에 만나리라."는 말은 성욕이 동한 들암나귀를 아무도 절제시키지 못하지만 암나귀가 수컷을 만나 교미를 하면 사람들이 쉽게 다룰 수 있다는 뜻으로 우상을 숭배해야만 만족해하는 유다 사람들의 갈망을 은유적으로 묘사한 말이다(그랜드 종합 주석).

렘 2:25. 내가 또 말하기를 네 발을 제어하여 벗은 발이 되게 하지 말며 목을 갈하게 하지 말라 하였으나 오직 너는 말하기를 아니라 이는 헛된 말이라 내가 이방 신들을 사랑하였은즉 그를 따라 가겠노라 하도다.

본 절은 여호와께서 권고하시기를 유다 민족의 발을 금하여 우상 숭배하러 가지 말라고 권고 했으나 유다 민족은 여호와의 권고를 무시하고 기어코 우상 숭배를 하러 가겠노라고 나선다는 것을 말한다. 즉, 나 여호와가 권고하기를 너희 유다 민족의 발을 돌보아, 맨발로 다니지 말고, 너의 목을 돌보아, 목 타게 다니지 말라고 일렀건만, 너는 말하기를 "아닙니다. 공연한 말씀이십니다. 오히려 우리는 이방 신들을 좋아하니 그것들을 쫓아다녀야 하겠습니다"라고 대답한다는 것이었다. 본 절과 18:12에는 같은 표현이 나타난다.

<유다를 심판하리라>

렘 2:26. 도둑이 붙들리면 수치를 당함 같이 이스라엘 집 곧 그들의 왕들과 지도자들과 제사장들과 선지자들이 수치를 당하였느니라.

도둑이 붙잡히면 수치를 당하는 것이 당연하듯이 이스라엘 집 전체, 곧 왕들과 고관들과 제사장들과 예언자들이 수치를 당하였다는 것이다.

우상 숭배 하는 유다 민족이 부끄러움 당하는 것은 당연하다. 왕들도 고관들도 제사장들도 또 예언자들도 마찬가지이다. 우상 숭배를 하는 것은 아주 수치스러운 일이고, 또 수치를 당하게 마련이다.

렘 2:27. 그들이 나무를 향하여 너는 나의 아버지라 하며 돌을 향하여 너는 나를 낳았다 하고 그들의 등을 내게로 돌리고 그들의 얼굴은 내게로 향하지 아니하다가 그들이 환난을 당할 때에는 이르기를 일어나 우리를 구원하소서 하리라.

우상 숭배를 일삼는 사람들은 나무를 가지고 우상을 만든 다음 그 우상을 향하여 '나의 아버지'라고 하고, 돌을 가지고 우상을 만들어 놓고 '나의 어머니'라고 하면서 여호와에게 등을 돌리면서도, 얼굴은 여호와에게 돌리지 않고 있다가, 환난을 당할 때에는 "오셔서, 우리를 구하여 주십시오"하고 부르짖는다는 것이다.

그러니까 우상 숭배를 하는 사람들은 우상 숭배를 하는 동안에는 환난을 당할 줄 몰랐다가 실제로 환난이 닥치면 여호와께 구원을 요청한다는 것이다. 이는 참으로 어리석은 행위임에 틀림없다.

렘 2:28. 너를 위하여 네가 만든 네 신들이 어디 있느냐 그들이 네가 환난을 당할 때에 구원할 수 있으면 일어날 것이니라 유다여 너의 신들이 너의 성읍 수와 같도다.

너희 유다 백성들이 자신들을 위하여 스스로 만들어 섬긴 우상 신들이 너희 유다 백성들을 돕지 않고 지금 어디에 있는 것이냐(신 32:37; 왕상 18:27; 시 42:4, 11; 79:11; 115:2)? 네가 환난을 당할 때에는, 네 신들이 일어나서 너를 도와주어야 마땅하지 않겠느냐? 유다 백성들아! 너는 네 성읍의 수만큼 많은 신들을 만들어 놓았으니 염려가 없겠구나.

(5) 유다 백성이 스스로 의롭다 하다(2:29-37)

이 부분에서는 유다 백성들이 여러 가지 죄를 저지른 것을 말한다. 그들이 여호와를 대항한 일(29-31절), 이방인에게 도움을 구한 일(32-33절), 무죄한 사람들에게서 피를 흘린 일(34-35절), 그 결과 수치를 당한 일 등(36-37절)을 말한다.

렘 2:29. 너희가 나에게 대항함은 어찌 됨이냐 너희가 다 내게 잘못하였느니라 여호와의 말씀이니라.

첫째 죄는 여호와를 대항한 죄를 지은 것이었다. 이들은 광야 생활 중에 여러 번 원망했고(출 17:2, 3, 7), 가나안에 들어와서도 역시 여호와를 대항했다(5:19; 13:22; 16:10).

렘 2:30. 내가 너희 자녀들을 때린 것이 무익함은 그들이 징계를 받아들이지 아니함이라 너희 칼이 사나운 사자 같이 너희 선지자들을 삼켰느니라.

여호와의 말씀에 내가 너희 유다 백성들을 징계해보아도 아무 효과가 없었던 것은 백성들이 징계를 받아들이지 않았기 때문이다. 너희들(요아스 왕이나 므낫세 왕 등)은 오히려 칼을 가지고 선지자들을 죽이고 말았다(대하 24:21; 왕하 21:16).

렘 2:31. 너희 이 세대여 여호와의 말을 들어 보라 내가 이스라엘에게 광야가 되었었느냐 캄캄한 땅이 되었었느냐 무슨 이유로 내 백성이 말하기를 우리는 놓였으니 다시 주께로 가지 아니하겠다 하느냐(And you, O generation, heed the word of the LORD. Have I been a wilderness to Israel, or a land of thick darkness? Why then do my people say, 'We are free, we will come no more to you'?-ESV)**.**

"이 세대의 사람들아! 너희는 그래도, 나 여호와의 말을 명심하여 들어보라. 내가 이스라엘 백성에게 막막한 광야가 되었느냐? 어둡고 캄캄한 땅이 되었느냐? 어찌하여 내 백성(유다 백성)이 우리가 이제는 자유롭게 돌아다니게 되었으니, 다시는 주께로 돌아가지 않겠다고 말하느냐"는 것이다.

"내가 이스라엘에게 광야가 되었느냐 캄캄한 땅이 되었느냐"는 말은 '여호와께서 이스라엘에게('유다 백성들을 이스라엘'이라고 말해도 좋다) 아무 도움이나 유익도 주지 못하는 광야와 같은 공허한 입장이 되었었느냐는 여호와의 질문이다. 본 절의 "광야가 되었었느냐?"는 말과 "캄캄한 땅이 되었었느냐?"는 말은 동의어이다. "광야"나 "캄캄한 땅"은 물도 없고, 사람이 살 수 없는 곳으로 여호와께서 유다 백성들에게 그런 입장이 된 적이 없었는데, 유다 백성들은 자기들이 우상 숭배를 해서 받은 벌이 여호와를 섬겼기에 받은 것으로 착각하고, 도리어 여호와를 떠났다는 것이다. 유다 백성들은 이제 여호와를 떠나 자유롭게 되었으니 다시는 여호와께로 돌아가지 않겠다는 심산이나 실제로는 돌아가지 않을수록 받는 고통이 더욱 심각한 것이 사실이다.

렘 2:32. 처녀가 어찌 그의 패물을 잊겠느냐 신부가 어찌 그의 예복을 잊겠느냐 오직 내 백성은 나를 잊었나니 그 날 수는 셀 수 없거늘.

본 절은 유다 백성이 여호와를 배반한 지 벌써 오래되었다는 것을 묘사하고 있다. 즉, "결혼하지 않은 처녀가 어찌 자기의 패물(패물은 약혼했다는 표식이다)을 잊을 수 있으며, 신부가 어찌 결혼식에 입을 예복을 잊을 수 있겠느냐? 그것들은 불가능한 일로 보아야 한다. 그런데도 내 백성은 이미 오래 전에 나를 잊어버리고 말았다. 얼마나 오래 되었는지 셀 수도 없게 되었구나!"라고 말씀하신다. 사실 므낫세 통치 시대 55년(주전 697-642년)의 암흑시대만 생각해 보아도 유다 민족의 배반은 참으로 긴 세월이었다.

렘 2:33. 네가 어찌 사랑을 얻으려고 네 행위를 아름답게 꾸미느냐 그러므로 네 행위를 악한 여자들에게까지 가르쳤으며(How well you direct your course to seek love! So that even to wicked women you have taught your ways-ESV).

너 유다 백성들은 연애할 남자를 호리는 데 아주 능숙하구나. 경험 많은 창녀도 너에게 와서 한 수 더 배우는구나.

여기 유다 백성들이 "사랑을 얻으려고 네 행위를 아름답게 꾸미느냐"는 해석이 크게 두 가지로 갈린다. 1) 유다 백성들이 이방 나라들의 "사랑을 얻으려고" 그 이방 나라들과 인간적으로 순전히 인간의 수단으로 교제했다고 하는 해석이 있다(박윤선). 본문의 문맥만 가지고 보면 이 해석이 더 나아 보인다. 그러나 2) 우상과의 "타락한 사랑을 구하기 위해" 아첨하고 교묘한 행위를 취한다는 해석이 있다(이상근, 그랜드 종합 주석). 지금까지 흘러온 문맥을 살펴볼 때 2)번의 해석이 더 자연스런 것으로 보인다. 다시 말해 "사랑을 얻으려고 행위를 아름답게 꾸민다"는 말은 이방 나라들의 사랑을 얻으려고 행위를 아름답게 꾸민다기보다는 우상을 더 사랑하기 위해 더 애쓴다는 것이 더 옳게 보인다.

"그러므로 네 행위를 악한 여자들에게까지 가르쳤다"는 말은 유다의 음란한 우상 숭배를 이방의 부도덕한 우상 숭배자들이 배워야 할 정도로 유다 사람들의 우상 숭배 행위가 이방인들의 유혹을 받는 수준을 훨씬 뛰어 넘는 적극적인 것이었음을 비유적으로 묘사한 말이다.

렘 2:34. 또 네 옷단에는 죄 없는 가난한 자를 죽인 피가 묻었나니 그들이 담 구멍을 뚫었기 때문이 아니라 오직 이 모든 일 때문이니라.

유다인의 옷자락에는 가난한 사람들의 죄 없는 피가 묻어 있었는데, 가난한 자들이 담을 뚫고 들어오다가 너에게 붙잡혀 흘린 피가 아니라, 유다인의 우상 숭배 행위로 인해 흘린 피라고 한다.

유다인들은 가난한 자들이 자신들의 우상 숭배 행위를 책망하자 그들을 잡아 죽인 것이다. 유다인들은 우상 숭배만 한 것이 아니라 우상 숭배를 하다가 사람도 죽인 것이다. 유다 왕 므낫세 당시 예루살렘 거리는 무죄한 자들의 피를 흘린 것으로 얼룩져 있었다(왕하 21:16).

렘 2:35. 그러나 너는 말하기를 나는 무죄하니 그의 진노가 참으로 내게서 떠났다 하거니와 보라 네 말이 나는 죄를 범하지 아니하였다 하였으므로 내가 너를 심판하리라.

살인자인 유다인들은 뻔뻔하게 말하기를 자기들은 현재 죄가 없다고 주장하며, 여호와의 진노가 자기들에게서 떠난 줄 착각하고, 그들은 자신들이 죄를 범한 적이 아예 없다고 주장하므로 여호와께서 그들을 심판하시겠다고 하신다. 죄를 짓고도 죄의식이 없는 것은 더욱 크게 벌 받을 일이다.

렘 2:36. 네가 어찌하여 네 길을 바꾸어 부지런히 돌아다니느냐 네가 앗수르로 말미암아 수치를 당함 같이 또한 애굽으로 말미암아 수치를 당할 것이라.

유다 민족 너희는 어찌하여 도움을 받기 위해 때를 따라 길을 바꾸어가며 돌아다니느냐? 너는 어쩌면 그렇게 지조도 없느냐? 그러므로 너는, 앗수르인들에게서 수치를 당했던 것처럼, 애굽인들에게도 수치를 당할 것이다. 인간은 오직 여호와 하나님 한 분만 바라보고 살아야 궁극적으로 수치도 당하지 않고 잘 된다.

렘 2:37. 네가 두 손으로 네 머리를 싸고 거기서도 나가리니 이는 네가 의지하는 자들을 나 여호와가 버렸으므로 네가 그들로 말미암아 형통하지 못할 것임이라.

본 절은 유다가 이방 민족들을 의지해 보아도 도움을 받지 못하고 수치를 당할 것이라는 예언이다. 즉, 유다는 앗수르나 애굽에서도 도움을 받지 못하고 두 손으로 얼굴을 가리고 부끄러운 모습을 하고 나올 것이다(삼하 13:19). 네가 의지하는 것들을 나 여호와가 버렸으니, 그들이 너를 도와주어도, 네가 형통하지 못할 것이다. 여호와 하나님은 신자들이 세상에서 아무런 도움을 받지 못하도록 산산이 약화시켜 놓으신다.

2. 유다의 회개를 촉구하다(3:1-4:4)

유다(남쪽 나라)는 배역한 북쪽 이스라엘보다 더 심히 패역하여도 돌아오면 용서하신다고 한다. 본문에서는 묵은 땅을 갈라고 권고하신다.

제 3 장

(1) 불충한 아내 유다(3:1-5)

1-5절에서는 여호와께서 유다로 하여금 돌아오라고 하신다.

<유다의 음란과 행악>

렘 3:1. 그들이 말하기를 가령 사람이 그의 아내를 버리므로 그가 그에게서 떠나 타인의 아내가 된다 하자 남편이 그를 다시 받겠느냐 그리하면 그 땅이 크게 더러워지지 아니하겠느냐 하느니라 네가 많은 무리와 행음하고서도 내게로 돌아오려느냐 여호와의 말씀이니라.

세상 사람들이 하는 말이 어떤 남자가 아내를 버리는 경우(신 24:1-4) 그 여자가 남편에게서 떠나서 다른 남자의 아내가 되었다가 그 여자가 본남편에게로 다시 되돌아갈 수 있겠느냐? 그렇게 되면 그 땅이 아주 더러워지지 않겠느냐고 말한다. 그런데 너 유다 백성들은 수많은 우상들과 음행을 하고서도 나에게로 다시 돌아오려고 하느냐고 여호와께서 질문하신다.

더욱이 유다 사람들은 그의 남편 여호와와 이혼도 하지 않고서 여호와를 떠나 우상 숭배를 했으니 참 더러운 인간들이 된 셈이다. 그러고도 다시 여호와께로 돌아온다고 하면 유다 땅이 더럽기 그지없이 된다는 것이다.

렘 3:2. 네 눈을 들어 헐벗은 산을 보라 네가 행음하지 아니한 곳이 어디 있느냐 네가 길 가에 앉아 사람들을 기다린 것이 광야에 있는 아라바 사람 같아서 음란과 행악으로 이 땅을 더럽혔도다.

두 눈을 뜨고 저 벌거숭이 언덕들을 바라보라. 네가 음행을 하여 더럽히지 않은 곳이 어디에 있느냐? 사막에 숨어서 사람을 기다리다가 물건을 약탈하는 아라바(광야의 이름) 사람들(유목민들)처럼 너는 길거리마다 앉아서 남자들을 기다렸다(창 38:14; 잠 23:28). 너는 이렇게 하여 네 음행과 악행으로 이 유다 땅을 더럽혀 놓았다.

유다인들은 너무 심하게 우상을 숭배한 민족이었다. 영적으로 보면 참으로 더러운 민족이었다. 오늘 우리는 어떤가. 돈을 하나님보다 더 사랑해 왔고, 명예 얻기를 좋아했으며, 이성(異性)을 항상 눈여겨보며 좋아하지 않았는가. 더럽기 그지없는 사람들이 아닌가.

렘 3:3. 그러므로 단비가 그쳤고 늦은 비가 없어졌느니라 그럴지라도 네가 창녀의 낯을 가졌으므로 수치를 알지 못하느니라.

유다인들이 우상 숭배를 너무 심하게 했으므로 단비가 그쳤고, 늦은 비가 없어졌다. 여기 단비가 그치고 늦은 비가 그치는 것은 일종의 재앙이었다. 오늘날 우리 주위에는 개인적으로 수많은 재앙을 만나며 살고 있고, 또 외부적으로도 지진과 폭우, 태풍 등을 만나서 엄청난 피해를 보며 사는 자들이 있다. 이렇게 재앙을 만나 크게 고난을 당해도 유다인들은 창녀의 낯을 가진 채 수치를 알지 못하고 살아간다는 것이다.

렘 3:4. 네가 이제부터는 내게 부르짖기를 나의 아버지여 아버지는 나의 청년 시절의 보호자이시오니.

유다 민족이 이제부터(비를 주시지 않는 재앙의 때부터)는 여호와에게 부르짖기를, "나의 아버지시여! 아버지는 나의 청년 시절의 보호자이셨으니 지금 이 재앙을 만나 염치없이 아버지를 불러 도움을 청합니다"라고 기도를 드리게 된다고 말씀하신다.

렘 3:5. 노여움을 한없이 계속하시겠으며 끝까지 품으시겠나이까 하지 아니하겠느냐 보라 네가 이같이 말하여도 악을 행하여 네 욕심을 이루었느니라 하시니라.

유다 민족이 재앙을 만나서 하늘 아버지에게 기도는 드리면서도 행동은 옛날 행동으로 돌아갔다는 이야기이다. 즉, "하나님은 끝없이 화를 내시는 분이 아니십니다. 언제까지나 진노하시는 분이 아니십니다."라고 하면서, 온갖 악행을 마음껏 저질렀다는 것이다. 기도와 행위가 불일치하고 있음을 표출한다.

(2) 배역한 이스라엘보다 더 심히 패역한 유다(3:6-10)

<배역한 이스라엘과 반역한 유다>

렘 3:6. 요시야 왕 때에 여호와께서 또 내게 이르시되 너는 배역한 이스라엘이 행한 바를 보았느냐 그가 모든 높은 산에 오르며 모든 푸른 나무 아래로 가서 거기서 행음하였도다.

본 절 초두의 "요시야 왕 때"(in the days of King of Josiah, 주전 640-609년)란 말은 본 절의 사건이 역사적인 사건임을 말해주는 말이다. 성경에 기록된 모든 사건들은 역사적인 사건들이다.

"여호와께서 또 내게 이르셨다"는 말씀은 '여호와 하나님께서 선지자 예레미야에게 말씀하셨다'는 의미이다. 여호와께서는 사람을 통하시지 않고 직접 말씀하실 수 있으시지만 보통은 사람(선지자)을 통해서 말씀하신다.

"너는 배역한 이스라엘이 행한 바를 보았느냐, 즉 너 예레미야는 신실하지 않은 북쪽 이스라엘이 행한 우상 숭배 행위를 보았느냐?"라고 질문하신다. 그리고 이스라엘에 대하여 "그가 모든 높은 산에 오르며 모든 푸른 나무 아래로 가서 거기서 행음하였다"고 답하신다. 이렇게 질문하시며 답하시는 이유는 여호와께서 남쪽 나라 유다 사람들에게 우상 숭배 행위를 하지 않도록 권하시기 위함이었다.

여호와께서는 북쪽 나라 이스라엘 사람들이 "모든 높은 산에 오르며 모든 푸른 나무 아래로 가서 거기서 행음하였다"는 것이다. 즉, 모든 높은 산의 모든 푸른 나무 아래를 찾아서 우상 숭배를 했다는 것이다. 여호와께서는 지나간 과거 이스라엘의 역사를 들어 남쪽 나라 유다 사람들에게 우상숭배를 하지 않도록 권고하시기 위해 이런 수순을 밟으신 것이다.

렘 3:7. 그가 이 모든 일들을 행한 후에 내가 말하기를 그가 내게로 돌아오리라 하였으나 아직도 내게로 돌아오지 아니하였고 그의 반역한 자매 유다는 그것을 보았느니라.

그래도 나 여호와는 북쪽 이스라엘이 이 모든 우상 숭배 행위를 한 다음에 다시 나에게로 돌아오려니 하고 생각을 하였으나 이스라엘은 아직도 나에게 돌아오지 않고 있구나. 그런데 신실하지 못한 그의 자매 유다는 이스라엘의 변절을 보았는데도 아직 돌아오지 않고 있구나. 이는 여호와의 탄식이었다.

북 왕국 이스라엘은 타락하여 결국 주전 721년 앗수르에 의해 멸망해서 포로로 잡혀 갔으며, 남 왕국 유다도 타락하여 결국 주전 586년 바벨론으로 포로 되어 가고 말았다. 결국 두 왕국 다 망함으로 끝났다.

렘 3:8. 내게 배역한 이스라엘이 간음을 행하였으므로 내가 그를 내쫓고 그에게 이혼서까지 주었으되 그의 반역한 자매 유다가 두려워하지 아니하고 자기도 가서 행음함을 내가 보았노라.

본 절도 역시 앞 절과 마찬가지로 북쪽 이스라엘과 남쪽 유다를 위하여 여호와께서 탄식하시는 글이다. 즉, 유다는 이스라엘이 나를 배신하고 간음을 하다가, 바로 그것 때문에 이혼장을 손에 쥐고 나에게서 내쫓기는 것을 보았다(신 24:1). 결국 이스라엘은 앗수르에 의해 망했고, 포로로 잡혀 간 것을 유다가 아는데도 이 신실하지 못한 유다가 두려운 줄도 모르고, 오히려 자기도 가서 간음을 하는 것을 나 여호와가 보았다고 하신다. 우리는 남의 잘못을 반면교사 삼고, 즉시로 나의 잘못을 고칠 줄 알아야 한다.

렘 3:9. 그가 돌과 나무와 더불어 행음함을 가볍게 여기고 행음하여 이 땅을 더럽혔거늘.

여기 "그가"란 말은 북쪽 이스라엘이 아니고, '남쪽 유다'를 지칭한다(JA, Thomson, 그랜드 종합 주석). 유다는 음행하는 것을 가벼운 일로 여겨 그 땅을 더럽혔고, 돌과 나무를 음란하게 섬겼다. 그리고 여기 "돌과 나무"는 유다의 우상 숭배의 대상을 가리킨다. 따라서 본문은 유다 백성들이 우상을 숭배하면서도 그것을 대수롭지 않게 여김으로써 결국은 유다 전역에 우상 숭배가 만연하였고, 그 결과 하나님께서 주신 기업의 땅을 더럽혔다는 것을 드러낸다.

렘 3:10. 이 모든 일이 있어도 그의 반역한 자매 유다가 진심으로 내게 돌아오지 아니하고 거짓으로 할 뿐이니라 여호와의 말씀이니라.

본 절은 유다가 우상 숭배 하는 것을 대수롭지 않게 여겼고, 여호와를 향해 진심으로 돌아오지 않았음을 말하고 있다. 즉, 이런 온갖 음행 죄를 저지르면서도, 배신한 자매 유다는, 건성으로 나에게 돌아오는 척만 하고, 진심으로 돌아오지는 않았다는 것이다. 요시야 왕 당시 유다 백성들은 외적으로 볼 때는 요시야의 개혁에 동참하여 바른 길로 들어서는 듯이 보였으나 안타깝게도 실제로는 여전히 우상 숭배의 죄에 깊이 빠져 있었던 것이다.

(3) 하나님께서 이스라엘에게 돌아오라 하시다(3:11-18)

렘 3:11. 여호와께서 내게 이르시되 배역한 이스라엘은 반역한 유다보다 자신이 더 의로움이 나타났나니.

본 절은 여호와께서 예레미야에게 이르신 말씀으로 상대적으로 북쪽 이스라엘이 남쪽 유다보다 범죄가 가볍다는 것을 말씀한다(겔 16:51, 52). 남쪽 유다가 북쪽 이스라엘의 범죄와 그에 대한 형벌의 전례를 뻔히 보고서도 회개하지 않았던 반면, 북쪽 이스라엘은 그러한 전례를 경험하지 못했던 사실이 본 절의 근거가 되는 것이라 생각된다. 결국 본 절은 남쪽 유다의 멸망이 필연적임을 시사한다.

렘 3:12. 너는 가서 북을 향하여 이 말을 선포하여 이르라 여호와께서 이르시되 배역한 이스라엘아 돌아오라 나의 노한 얼굴을 너희에게로 향하지 아니하리라 나는 긍휼이 있는 자라 노를 한없이 품지 아니하느니라 여호와의 말씀이니라.

여호와께서 "예레미야! 너는 북쪽 앗수르 나라로 가서(왕하 17:6; 18:11), 아직 앗수르 나라에 동화되지 않은 이스라엘 사람들을 찾아서 이 모든 여호와의 말씀을 선포하여라. 배신한 이스라엘아, 돌아오너라! 나 여호와의 말씀이다. 내가 다시는 노한 얼굴로 너희를 대하지 않겠다. 나는 자비로운 하나님이다. 나 여호와의 말씀이다. 내가 노(努)를 영원히 품지는 않을 것이라는 말을 전하라"고 하신다.

렘 3:13. 너는 오직 네 죄를 자복하라 이는 네 하나님 여호와를 배반하고 네 길로 달려 이방인들에게로 나아가 모든 푸른 나무 아래로 가서 내 목소리를 듣지 아니하였음이라 여호와의 말씀이니라.

예레미야가 앗수르에 포로로 끌려가서 거주하고 있는 이스라엘 백성들을 찾아가서 본 절처럼 말해야 한다는 것이었다. 즉, 너 이스라엘인은 너의 죄를 깨달아라. 너는 너의 주 하나님을 배반하고 떠나서, 푸른 나무마다 찾아다니며, 그 밑에서 다른 신들에게 너의 몸을 내맡겼으며, 나에게 순종하지 않았다. 너는 이것을 깨닫고 죄를 자복하라는 것이었다.

비록 아무리 험지에 있다 해도 죄만 자복하면 살 소망이 있다는 것이다. 오늘 우리가 그 어떤 험한 곳에 있다 해도 죄를 자복하고 구원을 호소하면 쉽게 그 곳에서 빠져나올 수 있다.

렘 3:14. 여호와의 말씀이니라 배역한 자식들아 돌아오라 나는 너희 남편임이라 내가 너희를 성읍에서 하나와 족속 중에서 둘을 택하여 너희를 시온으로 데려오겠고.

본 절은 여호와께서 누구에게 말씀하시는지 그 대상이 분명히 거론되지 않아 1) 혹자들은 여호와께서 배역한 유다 사람들에게 말씀하셨다는 견해를 발표한다(그랜드 종합 주석). 2) 혹자들은 배역한 이스라엘에게 말씀하셨다는 견해를 말한다(K.&D. Cheyne, JA. Thompson, 이상근). 문맥(7, 8, 11 이하, 22절)으로 보아 2)번이 더 적절하여 이를 택한다.

"배역한 자식들아 돌아오라"는 말은 '앗수르에 포로로 거주하는 신실하지 못한 이스라엘 백성들에게 회개하고 돌아오라'는 말씀이다. 돌아오라고 하시는 이유는 "나는 너희 남편이기 때문이라"고 하신다. 비록 죄를 지어 포로로 잡혀 갔지만 아직도 부부 관계라고 하시는 것이다(31:32). 하나님의 지극한 사랑을 알 수 있다.

"내가 너희를 성읍에서 하나와 족속 중에서 둘을 택하여 너희를 시온으로 데려오겠다"는 말씀은 회개하고 돌아오는 숫자가 적을 것을 보여주는 말씀이다.

그리고 "너희를 시온으로 데려오겠다"는 말씀에 대해서는 주목할 필요가 있다. "시온"이라면 남쪽 나라 유다의 수도인데, 북쪽 이스라엘 사람들이 남쪽 나라 유다의 수도로 돌아오게 된다는 말은 분열되었던 북과 남이 통일될 것을 보여주는 말씀이다(겔 37:22; 호 1:11). 이러한 본문의 예언은 기원전 537년 바사 왕 고레스의 칙령에 의하여 앗수르에 의해 포로로 끌려갔던 북 이스라엘 사람들이 바벨론에 의해 포로로 끌려갔던 남 유다 사람들과 함께 시온으로 귀환함으로 성취되었다(Hengsternberg).

렘 3:15. 내가 또 내 마음에 합한 목자들을 너희에게 주리니 그들이 지식과 명철로 너희를 양육하리라.

본 절은 여호와께서 외국에 포로로 잡혀간 사람들을 국내로 돌아오게 하실(앞 절) 뿐만 아니라 돌아온 국민을 교육할 목자들을 주시겠다는 약속을 하신다. 즉, 그 때에 내(여호와)가 마음에 맞는 목자들(삼상 13:14; 행 13:22)을 너희에게 세워 주겠다. 그러면 그 목자들이 지식과 훈계로 너희를 양육할 것이라고 하신다. 바벨론으로부터 귀환한 후에 훌륭한 목자들이 따랐다. 즉, 스룹바벨이나 여호수아, 에스라, 느헤미야 같은 지도자들이 있었다(Lange).

렘 3:16. 여호와의 말씀이니라 너희가 이 땅에서 번성하여 많아질 때에는 사람들이 여호와의 언약궤를 다시는 말하지 아니할 것이요 생각하지 아니할 것이요 기억하지 아니할 것이요 찾지 아니할 것이요 다시는 만들지 아니할 것이며.

본 절은 신약 시대가 되면 영적 예배가 시작될 터인데 그때가 되면 언약궤를 중심으로 하는 예배를 드리지 않고 영(靈)과 진정으로 예배를 드릴 것을 예언하신다. 즉, 그 때가 이르러서 너희가 이 땅에서 번성하여 많아지면, 아무도 다시는 주의 언약궤를 말하지 않을 것이다. 나 여호와의 말이다. 그것을 다시는 마음속에 떠올리지도 않을 것이며, 기억하거나 찾지도 않을 것이다. 그것이 필요도 없을 것이라고 하신다.

언약궤는 모세가 받은 10계명의 돌비를 간직한 궤로 성전의 지성소에 간직한 궤였다(출 25:17-21, 22; 29:42; 31:18; 34:28; 40:3, 5, 20; 레 16:14-19; 민 7:8-9; 삼상 4:3; 삼하 6:2; 왕하 19:15; 시 80:1; 99:1 참조).

렘 3:17. 그 때에 예루살렘이 그들에게 여호와의 보좌라 일컬음이 되며 모든 백성이 그리로 모이리니 곧 여호와의 이름으로 말미암아 예루살렘에 모이고 다시는 그들의 악한 마음의 완악한 대로 그들이 행하지 아니할 것이며.

그 때에, 즉 포로들이 예루살렘으로 돌아온 후에는 누구나 예루살렘을 주의 보좌라고 부를 것이며, 모든 민족이 그리로 모이리니, 예루살렘에 있는 주 앞으로 모일 것이다. 그리고 궁극적으로는 메시아 시대에 예루살렘이 기독교 신앙의 출발점이 될 것을 말한다. 성령님이 예루살렘에 오셔서 예루살렘이 세계인의 종교의 출발점이 되어 성령으로 하나가 될 것을 말한다. 그리고 성도들은 다시는 자기들의 악한 마음에서 나오는 고집대로 살지 않을 것이다. 성령님의 인도를 받는 사람들은 성령님의 인도를 따라서 살게 된다는 것이다.

렘 3:18. 그 때에 유다 족속이 이스라엘 족속과 동행하여 북에서부터 나와서 내가 너희 조상들에게 기업으로 준 땅에 그들이 함께 이르리라.

본 절은 포로가 된 유다 족속과 이스라엘 족속이 북에서부터 동행해 나와서 여호와께서 그들의 조상들에게 준 땅에 동행하여 이를 것이라고 한다(사 11:12-13; 겔 37:16-17; 호 1:11). 이 예언은 B.C. 537년 바벨론 포로 귀환으로 성취되었다(스 1:1-11).

(4) 이스라엘이 회개하면 용서하신다 하심(3:19-25)

<이스라엘의 배역>

렘 3:19. 내가 말하기를 내가 어떻게 하든지 너를 자녀들 중에 두며 허다한 나라들 중에 아름다운 기업인 이 귀한 땅을 네게 주리라 하였고 내가 다시 말하기를 너희가 나를 나의 아버지라 하고 나를 떠나지 말 것이니라 하였노라.

여호와께서 말씀하시기를, "내가 너희를 회개시켜 계속해서 나의 자녀로 두고, 너희에게 아름다운 땅을 주어서, 뭇 민족 가운데서 가장 아름다운 유산 가나안 땅을 받게 하겠고, 내(여호와)가 다시 말하기를 너희가 나를 나의 '아버지!'라 부르며 나만을 따르고, 나를 떠나가지 않게 할 것이라"고 하셨다.

렘 3:20. 그런데 이스라엘 족속아 마치 아내가 그의 남편을 속이고 떠나감 같이 너희가 확실히 나를 속였느니라 여호와의 말씀이니라.

이스라엘에 대한 여호와의 사랑의 각오가 대단했지만(19절), 이스라엘 족속은 마치 남편에게 정절을 지키지 않은 여인처럼 나를 배신하였다. 이렇게 배신하는 데는 어쩔 수 없는 것이라고 여호와께서 말씀하신다.

렘 3:21. 소리가 헐벗은 산 위에서 들리니 곧 이스라엘 자손이 애곡하며 간구하는 것이라 그들이 그들의 길을 굽게 하며 자기 하나님 여호와를 잊어버렸음이로다.

본 절은 이스라엘 민족이 남편을 속이고 떠나가 우상 숭배를 하는 모습을 묘사한 것이다(2절 주해 참조). 즉, 애타는 소리가 벌거숭이 산 위에서 들린다. 곧 이스라엘 자손이 울부짖으면서 간구하는 소리다. 그들이 올곧은 길에서 벗어나서 우상 숭배를 하므로 자기들의 하나님이신 주님을 버린 것이다.

렘 3:22a. 배역한 자식들아 돌아오라 내가 너희의 배역함을 고치리라 하시니라.

"배역한 자식들"이란 말은 '신실치 않은 자식들', '등을 돌린 자식들'이란 뜻으로 이스라엘이 우상을 섬긴 죄를 질책하는 말이다. 그리고 "돌아오라"는 말은 'U-turn하라'는 말이다. 우상 숭배자들에게 회개, 즉 180도 회전해서 여호와께 돌아오라고 하시는 것이다. 돌아오면 여호와께서 이스라엘의 "신실치 않음을 치료하시겠다"고 하신다(30:17; 33:6).

<진실한 회개>

렘 3:22b. 보소서. 우리가 주께 왔사오니 주는 우리 하나님 여호와이심이니이다.

22절 하반절은 회개하는 이스라엘 백성들의 응답이다. "보소서!", "우리가 주님께 왔사오니 주님은 우리 하나님 여호와이시라"고 높이는 것이다. 오늘 우리는 언제든지 주님 앞에 나아가 있어야 한다. 그리고 주님은 우리 하나님 여호와이시라고 고백해야 한다.

렘 3:23. 작은 산들과 큰 산 위에서 떠드는 것은 참으로 헛된 일이라 이스라엘

의 구원은 진실로 우리 하나님 여호와께 있나이다.

"작은 산들과 큰 산 위에서 떠드는 것은 참으로 헛된 일이라"는 말은 작은 산 위에서나 큰 산 위에서 우상 숭배를 하느라 떠드는 것은 참으로 헛된 일일뿐이라는 뜻이다. 오늘날도 역시 돈을 사랑하고 물질을 좋아하며 명예를 좋아하며 이성을 좋아하는 행위는 참으로 헛된 일일뿐이다.

"이스라엘의 구원은 진실로 우리 하나님 여호와께 있다"는 말은 우리가 구원 받을 길은 우리 하나님 여호와께 나아와 하나님을 아버지로 고백하는 것밖에 없음을 알려준다.

렘 3:24. 부끄러운 그것이 우리가 청년의 때로부터 우리 조상들의 산업인 양 떼와 소 떼와 아들들과 딸들을 삼켰사온즉(But from our youth the shameful thing has devoured all for which our fathers labored, their flocks and their herds, their sons and their daughters-RSV, ESV).

옛날부터 우리 조상이 애써 모은 양 떼와 소 떼와 아들과 딸들을 부끄러운 그것이 모두 삼켜 버렸습니다.

여기 "부끄러운 그것"이란 말은 '우상'을 지칭하는 말이다. 이스라엘 백성들이 우상을 섬긴 동기는 그들에게 속한 재산과 가족의 안전을 도모하기 위함이었는데, 오히려 그것이 기대와는 정반대의 결과를 초래했다는 것이다. 이는 우상 숭배의 결과 유다가 하나님의 심판을 받아 자녀들과 재산을 전쟁 중에 잃고, 하나님께서 주신 기업에서 추방되어 바벨론의 포로 되는 큰 환난 만난 것을 뜻한다.

렘 3:25. 우리는 수치 중에 눕겠고 우리의 치욕이 우리를 덮을 것이니 이는 우리와 우리 조상들이 청년의 때로부터 오늘까지 우리 하나님 여호와께 범죄하여 우리 하나님 여호와의 목소리에 순종하지 아니하였음이니이다.

이제 우리는 수치를 요로 깔고, 부끄러움을 이불로 덮는다(삼하 12:16;

13:21; 왕상 21:4). 이유는 우리 조상이 아득한 옛날부터 오늘날까지 여호와 우리 하나님께 죄를 지었기 때문이고, 주 우리 하나님께 순종하지 않았기 때문이다.

"청년의 때로부터 오늘까지"란 말은 '이스라엘이 민족으로 형성된 때부터 남 유다가 바벨론에 의해 멸망할 때까지'를 지칭한다. 우리는 자신이 죄를 지은 것을 여호와 앞에 고백할 줄 알아야 하겠다.

제 4 장

(5) 묵은 땅을 갈라(4:1-4)

이 부분(1-4절)은 이스라엘이 회개하면 용서하신다는(3:19-25) 응답이다.

<돌아오라고 하시다>

렘 4:1. 여호와께서 이르시되 이스라엘아 네가 돌아오려거든 내게로 돌아오라 네가 만일 나의 목전에서 가증한 것을 버리고 네가 흔들리지 아니하며.

여호와께서 이르시기를 이스라엘 백성들이 돌아오기를 원한다면 돌아오라고 하시며 환영하신다(3:1, 12, 22절) 여호와를 향하여 회심(U-turn)하는 조건은 모든 가증한 것, 다시 말해 우상 숭배를 버리는 것과 변심하지 않는 것이었다.

렘 4:2. 진실과 정의와 공의로 여호와의 삶을 두고 맹세하면 나라들이 나로 말미암아 스스로 복을 빌며 나로 말미암아 자랑하리라(and if you swear, 'As the LORD lives,' in truth, in justice, and in uprightness, then nations shall bless themselves in him, and in him shall they glory-ESV)**.**

회개에는 회개에 합당한 삶이 따라야 한다는 것이었다. 첫째는 "진실"한 것이었다. 즉, 거짓이 없이 바르고 참되어야 했고, 둘째는 "정의로워야" 했다. 즉, 바른 도리를 지켜야 했다. 그리고 셋째는 "공의로워야" 했다. 즉, 모든 행위를 옳게 해야 한다는 것이다.

"네가 주님의 살아 계심을 두고 진리와 공평과 정의로 서약하면, 세계 만민이 나 주를 찬양할 것이고, 나도 그들에게 복을 베풀 것이라"(표준새 번역)고 하신다. 이스라엘이 주님의 살아계심을 두고 참되게 서약하면 결국 이스라엘이 잘 되는 것이고, 그것을 세계 열방이 보고 여호와를 믿으면 복이 임하는구나 하고 여호와께 영광을 돌리게 될 것이라는 뜻이다. 다시 말해 이스라엘의 참된 회개는 이스라엘 자신들뿐 아니라 모든 인류에게까지 그 영향력을 미치게 된다는 것이다. 오늘 우리 역시 참된 회개를 하고 복을 받아야 할 것이다. 그래서 세계가 여호와께 큰 영광을 돌리게 해야 할 것이다.

렘 4:3. 여호와께서 유다와 예루살렘 사람에게 이와 같이 이르노라 너희 묵은 땅을 갈고 가시덤불에 파종하지 말라.

여호와께서는 유다와 예루살렘 사람들에게 이르신다고 하신다. "너희 묵은 땅을 갈라"고 하신다. 오래도록 회개하지 않고, 우상 숭배를 해서 단단해진 묵은 땅을 갈라고 하신다(호 10:12 참조). 죄를 한량없이 자복해서 아주 부드러운 마음이 되라는 것이다. 그리고 선지자는 "가시덤불에 파종하지 말라"고 부탁한다. 왜냐하면 가시덤불에 씨를 뿌려 놓으면 씨가 나더라도 가시덤불 때문에 식물이 자라지 못하기 때문이다. 사람 마음의 밭 종류 넷(四) 중에 가시밭은 나쁜 밭에 속한다. 돌밭, 길가와 같은 밭, 가시밭 등 세 가지 밭은 나쁜 밭에 속한다. 우리는 이 나쁜 밭 세 종류를 아주 갈아엎어서 마지막 좋은 밭으로 변케 해야 하는 것이다.

렘 4:4. 유다인과 예루살렘 주민들아 너희는 스스로 할례를 행하여 너희 마음 가죽을 베고 나 여호와께 속하라 그리하지 아니하면 너희 악행으로 말미암아 나의 분노가 불 같이 일어나 사르리니 그것을 끌 자가 없으리라.

본 절은 앞 절들(1-3절)에 이어서 여전히 철저한 회개를 촉구한다. 즉, 유다 백성과 예루살렘 주민아, 너희는 나 여호와가 원하는 할례를 받고, 너희 마음의 포피를 잘라 내어라. 그렇지 않으면, 너희의 악한 행실 때문에, 나의 분노가 불처럼 일어나서 너희를 태울 것이니, 아무도 그 재앙의 불을 끌 수 없을 것이라고 말한다. 마음의 할례를 하라는 것은 죄 자복을 철저히 하라는 주문이다. 그리고 "나 여호와께 속하라"는 말은 철저히 죄를 자복하면 자연스레 여호와께 속하게 되는 것을 뜻한다.

"그리하지 아니하면 너희 악행으로 말미암아 나의 분노가 불 같이 일어나 사르리니 그것을 끌 자가 없으리라"는 말은 '철저히 죄를 자복하지 않으면 재앙이 닥쳐와서 하나님께서 분노하심으로 그 재앙의 불을 끌 수 없다'는 뜻이다. 우리는 범사에 죄를 철저히 자복해야 할 것이다.

3. 임박한 심판(4:5-4:31)

이 부분(4:5-6:30)은 앞으로 유다가 북방의 나라 바벨론에 의하여 침략을 받아 재앙을 받는다는 내용이다. 이 부분의 내용은 유다가 심판을 받을 것(4:5-31)과 심판은 반드시 온다는 것(5장), 또 심판의 원인(6장)에 관해서이다.

(1) 바벨론 침략이 다가온다고 경고하다(4:5-10)

이 부분(5-10절)의 내용은 경고의 나팔이 온다는 것(5-8절), 지도자가 심히 무력해졌다는 것(9-10절)을 전한다.

<나라들을 멸하는 자가 나아오다>

렘 4:5. 너희는 유다에 선포하며 예루살렘에 공포하여 이르기를 이 땅에서 나팔을 불라 하며 또 크게 외쳐 이르기를 너희는 모이라 우리가 견고한 성으로 들어가자 하고.

본 절은 북으로부터 바벨론의 침략이 있을 터이니 피난하라는 신호를 울리라고 한다. 즉, 너희는 유다 전국에 알리고, 예루살렘에 선포하라. 너희는 이 땅 방방곡곡에 나팔을 불어서 알리고, 큰소리로 외쳐서 알려라. 어서 모여서 견고한 성으로 들어가자고 하라. 바벨론의 침략이 오는데 피할 데가 어디 있을까 만은 그래도 피할 만한 곳으로 피해보자는 것이다.

회개하자는 권고를 듣지 않으면 흉악한 전쟁 소식이 들리는 법이다. 개인도 회개하지 않으면 그에 맞는 재앙이 오기 마련이다.

렘 4:6. 시온을 향하여 깃발을 세우라, 도피하라, 지체하지 말라, 내가 북방에서 재난과 큰 멸망을 가져오리라(Raise a standard toward Zion, flee for safety, stay not, for I bring disaster from the north, and great destruction-ESV)**.**

시온으로 향하는 길에 깃발(기호)을 세우며, 지체하지 말고 대피하여라. 내가 북쪽에서 재앙을 몰아와서, 크나큰 파멸을 끌어들이겠다. 여기 깃발은 위급한 상황을 알리는 어떤 신호를 의미하거나 아니면 피난민들이 예루살렘 성으로 빨리 피할 수 있도록 예루살렘으로 들어가는 방향을 나타낸 표시일 것으로 보인다(Lange).

"내가 북방에서 재난과 큰 멸망을 가져오리라"는 말은 '나 여호와가 북쪽에서 기원전 586년 바벨론의 느부갓네살의 침략으로 멸망하게 될 것을 말한 것이다. 1:13-14 주해 참조.

렘 4:7. 사자가 그 수풀에서 올라왔으며 나라들을 멸하는 자가 나아 왔으되 네 땅을 황폐하게 하려고 이미 그의 처소를 떠났은즉 네 성읍들이 황폐하여 주민이 없게 되리니.

본문의 "사자"와 "나라들을 멸하는 자"는 동의어로 '바벨론 군대'를 지칭한다. 바벨론 군대를 사자로 비유한 것은 바벨론 군대가 매우 막강한 군대라는 사실을 보여주는 말이다. 그들이 그 수풀에서 올라왔다 함은 이미 활동을 시작했다는 것을 보여준다.

"네 성읍들이 황폐하여 주민이 없게 될 것이라"는 말은 '바벨론 군대가 침략하여 유다 나라의 성읍들을 황폐케 하여 주민을 말살시킬 것이라'는 의미이다.

렘 4:8. 이로 말미암아 너희는 굵은 베를 두르고 애곡하라 이는 여호와의 맹렬한 노가 아직 너희에게서 돌이키지 아니하였음이라.

바벨론의 침략으로 말미암아 유다 나라는 굵은 베(굵은 베를 입는 것은 슬픔과 회개의 상징이다)를 두르고 애곡해야 한다는 것이다. 왜냐하면 여호와의 맹렬한 진노가 유다 나라에서 돌아서지 아니했기 때문이라는 것이다. 누구든지 재빨리 죄를 자복하면 그에게 닥치려던 재앙도 물러간다는 것을 알려준다.

렘 4:9. 여호와의 말씀이니라 그 날에 왕과 지도자들은 낙심할 것이며 제사장들은 놀랄 것이며 선지자들은 깜짝 놀라리라.

만약 죄를 자복하지 아니하면 그날에 왕과 지도자들은 낙심할 수밖에 없으며 또 제사장들과 선지자들, 즉 종교지도자들은 침략군들을 맞이하여 낙담할 수밖에 없다는 것이다. 그런고로 죄를 자복하는 것 이상으로 더 좋은 방법은 없다.

렘 4:10. 내가 이르되 슬프도소이다 주 여호와여 주께서 진실로 이 백성과 예루살렘을 크게 속이셨나이다 이르시기를 너희에게 평강이 있으리라 하시더니 칼이 생명에 이르렀나이다(Then I said, Ah, Lord GOD, surely you have utterly deceived this people and Jerusalem, saying, 'It shall be well with you'; whereas the sword has reached their very life-ESV)**.**

본문 주해는 난해하나 해결에는 세 가지 견해가 있다. 1) 거짓 예언자들이 "너희에게 평강이 있으리라(6:14; 14:13; 23:17)한 말을 인용한 예언자는 감정이 격해져 그 말을 자신의 말처럼 받아 인용한 것이라는 견해(Jerome, Lange, 이상근, 그랜드 종합 주석), 2) "내가 이르되"를 "저희가 이르되"로 바꾸어 거짓 예언자들의 말의 책임을 하나님께 돌리면 말이 통한다는 견해(LXX, Hyatt, Rudolf), 3) 거짓 예언자들의 그 말의 책임을 하나님에게 돌리면 본문의 뜻이 해결된다는 견해(K.&D. 박윤선)이다. 3)번을 택해둔다.

이는 하나님께서 직접 유다를 속이신 것이 아니라, 거짓 선지자들이 유다를 속이도록 하나님께서 허용하신 것뿐이다. 하나님께서 그것을 허용하신 것은 순종하지 않는 유다 민족을 벌하시기 위함이었다. 그들이 참 선지자의 말을 순종하지 않으니 하나님께서 그들을 거짓 선지자에게 내어 맡기시고, 그들로 하여금 속임을 당하도록 버려두신 것이다(박윤선). 살후 2:9-12 참조. 왕상 22:20-23; 렘 14:13; 23:17 참조.

(2) 지극히 뜨거운 심판의 바람(4:11-18)

이 부분(11-18절)은 북쪽의 바벨론으로부터 재앙이 빨리 닥칠 것을 예언한다.

<백성에게 심판을 행하리라>

렘 4:11. 그 때에 이 백성과 예루살렘에 전할 자가 있어서 뜨거운 바람이 광야에 있는 헐벗은 산에서 내 딸 백성에게 불어온다 하리라 이는 키질하기 위함도 아니요 정결하게 하려 함도 아니며.

그 때가 오면 이 백성과 예루살렘에게 전할 사람이 있어서 소용돌이치는 열풍(시로코 'sirocco'라 불리는 열풍을 지칭한다)이 사막에서 내 딸 내 백성이 사는 곳으로 불어올 것이다. 이 바람은 곡식을 키질하려고 부는 바람도 아니고, 알곡을 가려내려고 부는 바람도 아니다.

여기 "이 백성과 예루살렘에 전할 자가 있어서"라는 말은 '그 누군가가 유다 백성과 예루살렘에 본 절의 말씀처럼 전할 자가 생길 것'이라는 뜻이다.

그리고 "뜨거운 바람"은 "바벨론 군대의 침략"을 뜻하는데, 바벨론의 침략은 뜨거운 바람처럼 빨리 닥치고, 또 무서운 세력으로 모든 진을 파멸시킬 것이라는 말이다.

그리고 "내 딸 백성에게 불어온다 하리라 이는 키질하기 위함도 아니요"라는 말은 '내가 딸 같이 아끼는 예루살렘 백성(6:14; 8:11)에게 불어온다고 할 터인데, 그런데 이 바벨론의 침략은 알곡과 쭉정이를 나누기 위해 키질함도 아니고 송두리째 멸망시키려 함'이라는 것이다.

그리고 이는 "정결하게 하려 함도 아니라"는 말은 '이 바벨론의 침략은 전 국민을 쭉정이나 알곡 가릴 것 없이 모두 날려 보내는 심판이라'(K.&D.)는 뜻이다.

렘 4:12. 이보다 더 강한 바람이 나를 위하여 오리니 이제 내가 그들에게 심판을 행할 것이라.

11절에 말한 바람보다 훨씬 더 거센 바람이 나 여호와의 명령을 따라 불어 닥칠 것이다. 이 백성에게 심판을 선언하시는 분은 바로 여호와시라는 뜻이다.

렘 4:13. 보라 그가 구름 같이 올라오나니 그의 병거는 회오리바람 같고 그의 말들은 독수리보다 빠르도다 우리에게 화 있도다 우리는 멸망하도다 하리라.

적군이 먹구름이 몰려오듯 몰려오고(겔 38:16), 그 병거들은 회오리바람처럼 밀려오며(사 5:28; 66:15), 그 군마들은 독수리보다도 더 빨리 달려올 것이다(신 28:49; 합 1:8). 이제 우리는 화를 당하게 되었다. 우리는 망하게 되었다는 것이다.

렘 4:14. 예루살렘아 네 마음의 악을 씻어 버리라 그리하면 구원을 얻으리라 네 악한 생각이 네 속에 얼마나 오래 머물겠느냐.

본 절은 유다 민족과 예루살렘이 구원을 얻을 수 있는 비결을 보여준다. 즉, 예루살렘아! 네가 구원을 받으려면, 너의 마음에서 악을 씻어 버려라. 네가 언제까지 흉악한 생각을 너의 속에 품고 있을 작정이냐고 책망한다.

"예루살렘아! 네가 구원을 받으려면, 너의 마음에서 악을 씻어 버려라"는 말은 '예루살렘 사람들이 구원을 받으려면 그들의 마음속에서 여호와를 대적하는 악을 씻어버리면 된다'는 것이다. 바벨론의 침략이 방금 예루살렘의 문턱에 이르렀다고 쳐도 예루살렘 사람들이 빨리 자기들의 지은 죄를 자백하면 여호와께서는 이 침략을 무효화시키실 수 있으시다는 것이다. 구원은 그만큼 빠른 것이다.

"네 악한 생각이 네 속에 얼마나 오래 머물겠느냐"는 말은 '네 악한 생각을 언제까지 그냥 품고 있겠느냐? 이제 바벨론은 침략해 오고 있는데, 언제까지나 그 악독한 마음을 계속해서 품고 있다가 망하겠느냐'는 것이다. 우리는 지금 즉시 악을 버려야 한다. 악을 버리는 척만 하는 것이 아니라 실제로 버려야 한다.

렘 4:15. 단에서 소리를 선포하며 에브라임 산에서 재앙을 공포하는도다.

이스라엘의 북편 경계 지점인 "단에서" 전쟁이 일어난다는 경보가 선포되더니 금방 "에브라임 산에서" 전쟁의 재앙이 공포되었다는 것을 나타내어 바벨론의 진격이 아주 빠르다는 것을 알게 한다. 에브라임 산은 유다 나라와 에브라임(이스라엘)의 경계로 예루살렘에서 불과 16km 지점이다.

렘 4:16. 너희는 여러 나라에 전하며 또 예루살렘에 알리기를 에워싸고 치는 자들이 먼 땅에서부터 와서 유다 성읍들을 향하여 소리를 지른다 하라.

너희는 예루살렘이 풍전등화처럼 되어버리고 말았다는 이 소식을 만방에 알려라. 먼 곳에서 원수들이 밀려와 유다 성읍들을 공격하느라 야단들이라고 하여라.

먼 땅에서부터 적군, 즉 바벨론 군이 몰려와서 에워싸고 유다 성읍들 쪽으로 오면서 전쟁의 함성을 지르고 있다고 전하라 한다.

렘 4:17. 그들이 밭을 지키는 자 같이 예루살렘을 에워싸나니 이는 그가 나를 거역했기 때문이니라 여호와의 말씀이니라.

바벨론 침략군들이 밭을 지키는 자 같이 예루살렘 주위를 둘러쌌다는 것이다. 바벨론 군이 이처럼 예루살렘 성을 에워싼 이유는 유다 민족과 예루살렘 사람들이 여호와를 거역했기 때문이라고 말씀하신다.

바벨론 군이 예루살렘을 함락시킬 때 1년 6개월 동안 포위한 끝에 이 도성을 멸망시킨 것이다(왕상 25:1-4). 사실 예루살렘이 구원 받을 기회는 얼마든지 있었다. 1년 6개월이라는 기간이 있었으니 얼마든지 죄를 여호와께 자복하여 바벨론을 물리칠 수 있었다.

렘 4:18. 네 길과 행위가 이 일들을 부르게 하였나니 이는 네가 악함이라 그 고통이 네 마음에까지 미치느니라.

본 절은 바벨론의 침략이 우연히 생긴 것이 아니라 유다 민족의 모든 길과 행실이 이러한 재앙을 불러왔다고 말한다. 즉, 바로 예루살렘의 죄악이 예루살렘 사람에게 아픔을 주었고, 그 아픔이 예루살렘 사람들의 마음속에까지 파고들었기 때문이라는 것이다. 즉, 이 재앙은 유다 민족이 자청한 것이다(2:19; 4:10).

(3) 예레미야가 고통스럽게 부르짖다(4:19-22)

유다의 멸망을 예언한 선지자는 유다의 비참함을 예견하면서 애통한다.

<선지자의 탄식>

렘 4:19. 슬프고 아프다 내 마음속이 아프고 내 마음이 답답하여 잠잠할 수 없으니 이는 나의 심령이 나팔 소리와 전쟁의 경보를 들음이로다.

예레미야의 심령은 너무 아파서 견딜 수 없다는 것이다. 장이 끊어지는 아픔을 느낀다는 것이다. 예레미야의 심령은 지금 전쟁을 알리는 나팔 소리와 전쟁을 알리는 경보를 계속해서 들음으로 말미암아 단장(斷腸-창자가 끊어짐)의 아픔을 견딜 수가 없다는 것이다.

렘 4:20. 패망에 패망이 연속하여 온 땅이 탈취를 당하니 나의 장막과 휘장은 갑자기 파멸되도다.

유다 군대는 바벨론 군대와 대전에서 한 군데에서도 이기지 못하고 계속해서 패망에 패망이 이어지므로 온 유다가 탈취를 당하게 되고, 유다 나라의 장막들과 휘장들은 갑자기 파멸된다는 뜻이다.

렘 4:21. 내가 저 깃발을 보며 나팔 소리 듣기를 어느 때까지 할꼬.

예레미야는 바벨론이 승리했다는 표시로 내거는 흰 깃발을 어느 때까지 계속해서 봐야 되며, 또 바벨론이 전쟁을 더 하자고 선포하는 나팔 소리 듣기를 어느 때까지 들어야 하느냐고 탄식한다. 참 기가 막힌다는 탄식이다.

렘 4:22. 내 백성은 나를 알지 못하는 어리석은 자요 지각이 없는 미련한 자식이라 악을 행하기에는 지각이 있으나 선을 행하기에는 무지하도다.

나의 백성은 참으로 어리석기 그지없구나. 그들은 나를 도무지 알지 못한 채 캄캄한데서 지내고 있구나. 그들은 모두 어리석은 자식들이요, 전혀 지각이 없는 자식들이다. 악한 일을 하는 데에는 슬기로우면서도, 하나님께 돌아오는 선한 일은 할 줄 모른다고 안타까워한다.

(4) 임박한 파멸에 관한 혼돈의 환상(4:23-28)

<혼돈의 환상>

렘 4:23. 보라 내가 땅을 본즉 혼돈하고 공허하며 하늘에는 빛이 없으며.

본 절 초두에는 "보라!"는 말을 써서 본 절을 주의하라고 말한다. 본 절은 땅과 하늘이 영적으로 천지창조 이전으로 돌아가서 어둡기 한량없다는 것을 말한다. 즉, 땅을 바라보니 온 땅이 혼돈하고 공허하며 하늘에도 빛이 전혀 보이지 않는다고 말한다. 아름다웠던 천지가 하나님을 향한 인간들의 배신으로 인해 완전히 엉망진창이 되어버린 것을 표현한다.

렘 4:24. 내가 산들을 본즉 다 진동하며 작은 산들도 요동하며.

선지자가 큰 산들과 작은 산들을 관찰하니 모두 창조된 모습 그대로 있지 못하고, 그것들 전체가 요동치는 것을 본 것이다. 다시 말해 지진이 난 것처럼 보인다는 것이다.

렘 4:25. 내가 본즉 사람이 없으며 공중의 새가 다 날아갔으며.

예레미야가 보니 천지가 변동되어 사람이 없으며 공중의 새들이 어디론가 날아가고 말았다는 것이다. 이런 변동은 모두 인간의 죄 때문에 생긴 것이다.

렘 4:26. 보라 내가 본즉 좋은 땅이 황무지가 되었으며 그 모든 성읍이 여호와의 앞 그의 맹렬한 진노 앞에 무너졌으니.

본 절 초두에는 “보라”라는 주의시키는 말이 있어 본문을 주의 깊게 관찰하라는 표시를 하고 있다. 본 절은 세상의 모든 것이 나쁘게 변한 것을 말한다. 즉, 내가 둘러보니 옥토마다 황무지가 되었고, 이 땅의 모든 성읍이 주님 앞에서, 주님의 진노 앞에서, 허물어지고 말았다. 하나님의 심판으로 온전한 데가 없다는 의미이다.

렘 4:27. 여호와께서 이와 같이 말씀하시길 이 온 땅이 황폐할 것이나 내가 진멸하지는 아니할 것이며.

본 절은 여호와의 말씀으로 여호와께서 온 땅을 황폐하게 만들 것이지만 아주 없애버리지는 않을 것이라고 하신다. 남은 자가 있을 것을 말씀하시는 것이다. 우리는 이런 말씀을 들으면서 회개할 마음이 생기는 것이다. 사람에게는 항상 소망이 있는 것이다.

렘 4:28. 이로 말미암아 땅이 슬퍼할 것이며 위의 하늘이 어두울 것이라 내가 이미 말하였으며 작정하였고 후회하지 아니하였은즉 또한 거기서 돌이키지 아니하리라 하셨음이로다.

여호와께서 재앙을 내리실 것이기 때문에 온 땅이 애곡하고, 하늘이 어두워질 수밖에 없을 것이다. 나 여호와가 말하였으니 절대로 마음을 바꾸지 않고, 재앙을 취소하지 않겠다고 말씀하신다.

(5) 죽음에 이르는 시온의 고통(4:29-31)

렘 4:29. 기병과 활 쏘는 자의 함성으로 말미암아 모든 성읍 사람들이 도망하여 수풀에 들어가고 바위에 기어오르며 각 성읍이 버림을 당하여 거기 사는 사람이 없나니.

바벨론 군의 기병의 함성, 활 쏘는 자의 함성으로 말미암아 유다의 모든 성읍 사람들이 도망하여 수풀에 들어가거나 바위에 기어오르므로 말미암아 유다의 각 성읍에 거주하는 사람 하나 없이 텅 비어 버렸다는 것이다.

렘 4:30. 멸망을 당한 자여 네가 어떻게 하려느냐 네가 붉은 옷을 입고 금장식으로 단장하고 눈을 그려 꾸밀지라도 네가 화장한 것이 헛된 일이라 연인들이 너를 멸시하여 네 생명을 찾느니라.

바벨론의 침략으로 말미암아 멸망을 당한 너 예루살렘아, 네가 망하였는데도, 화려한 옷을 입고, 금패물로 몸을 단장하고, 눈 화장을 짙게 하는 것 모두 헛일이 될 것이다. 네 이웃 연인들(바벨론 사람들)은 너를 경멸하고 있지 않느냐? 그들은 오직 너를 죽이려고만 하고 있단다.

렘 4:31. 내가 소리를 들은즉 여인의 해산하는 소리 같고 초산하는 자의 고통하는 소리 같으니 이는 시온의 딸의 소리라 그가 헐떡이며 그의 손을 펴고 이르기를 내게 화가 있도다 죽이는 자로 말미암아 나의 심령이 피곤하도다 하는도다.

내(예레미야)가 해산하는 여인의 진통 소리 같기도 하고 첫 아이를 낳는 여인의 신음하는 소리를 들었는데, 이는 예레미야가 사랑하는 딸 시온이 몸부림치는 소리라는 것이다. 즉, 이것은 딸 시온이 손을 휘저으며 신음하는 소리로, 이제 나는 "망하였구나"라고 말하며, 바벨론이 자신을 죽이려고 달려들고 있음을 애통한다는 것이다.

제 5 장

(6) 예루살렘의 완전 부패(5:1-9)

이 부분(1-9절)은 예루살렘이 완전히 타락했다는 것을 말한다.

<예루살렘의 허물과 반역>

렘 5:1. 너희는 예루살렘 거리로 빨리 다니며 그 넓은 거리에서 찾아보고 알라 너희가 만일 정의를 행하며 진리를 구하는 자를 한 사람이라도 찾으면 내가 이 성읍을 용서하리라.

예루살렘에 사는 사람들아! 너희가 예루살렘의 모든 거리를 두루 돌아다니며, 둘러보고 찾아보아라. 예루살렘의 모든 광장을 샅샅이 뒤져 보아라. 너희가 그 곳에서 정의를 행하며(공도를 행하며), 진리(진실)를 구하는 자를 하나라도 찾는다면, 내가 이 도성을 용서하리라고 하신다.

오늘 우리 역시 우리가 살고 있는 거리와 지역을 살리려면 우리 한 사람이 정의를 행하며 진실한 인간이 되면 될 것이다. 우리 한 사람이 의인이 되면 우리의 지역이 용서를 받는 것이다.

렘 5:2. 그들이 여호와께서 살아 계심을 두고 맹세할지라도 실상은 거짓 맹세니라.

그들이 여호와께서 살아 계심을 두고 맹세하고, 여호와를 섬긴다고 말하지만 실상은 말하는 것과 행하는 것이 완전히 다르다고 하신다.

여호와야 말로 우리가 어떤 인간인지 정확하게 아신다. 아무리 우리가 여호와를 믿는 것처럼 행동해도 여호와께서는 우리 속을 너무도 잘 아신다.

렘 5:3. 여호와여 주의 눈이 진리를 찾지 아니하시나이까 주께서 그들을 치셨을지라도 그들이 아픈 줄을 알지 못하며 그들을 멸하셨을지라도 그들이 징계를 받지 아니하고 그들의 얼굴을 바위보다 굳게 하여 돌아오기를 싫어하므로.

본 절부터 5절까지는 여호와의 물으심(1-2절)에 대한 예레미야의 답변이다. 여호와께서는 예루살렘 거리의 성민에게 진실을 요구하셨을지라도(1절), 유다인은 무감각하고 완고하다는 답변이다. 즉, "여호와여! 여호와께서는 몸소 진실을 찾으시며, 그들을 때리셨어도 그들은 정신을 차리지 못하고 있으며, 여호와께서 그들을 멸하셨을지라도 그들은 교훈받기를 거절합니다. 그들은 얼굴을 바윗돌보다도 더 굳게 하고, 주님께로 돌아오기를 거절합니다(2:30; 3:3)"라고 예레미야가 대답한다.

예레미야가 보기에도 인생들의 무지함이 끝없어 보였다. 오늘 우리는 공도를 행하며 진실하게 살아야 하겠다.

렘 5:4. 내가 말하기를 이 무리는 비천하고 어리석은 것뿐이라 여호와의 길, 자기 하나님의 법을 알지 못하니.

나(예레미야)는 말하기를 예루살렘 거리의 사람들은 무지(無知)하고, 무례(無禮)한 사람들입니다. 그런고로 여호와께서 말씀하신 길도 모르고 여호와께서 주신 법도 알지 못하니, 그처럼 어리석게 행동할 수밖에 없다고 대답한다.

사실은 예루살렘 사람들이 아무리 무식하다고 해도 여호와의 길, 다시 말해 여호와의 법을 모를 정도는 아니었다. 아무리 무식한 사람들이라 할지라도 여호와의 길, 즉 여호와의 법은 너무 쉬우므로 알 수 있다. 그런고로 여호와의 법을 알지 못한다는 것은 하나의 핑계에 지나지 않는 것이다.

렘 5:5. 내가 지도자들에게 가서 그들에게 말하리라 그들은 여호와의 길, 자기 하나님의 법을 안다 하였더니 그들도 일제히 멍에를 꺾고 결박을

끊은지라.

이제는 예루살렘의 부유하고 유식한 자들에게 가서 그들은 예루살렘의 하류 사람들과 다르므로, 여호와의 길과 여호와의 법을 알 것이라고 생각했으나 그들도 하나같이 고삐 풀린 망아지들이라고 말한다. 즉, "그들도 여호와의 멍에를 부러뜨리고, 결박의 끈을 끊어 버린 자들입니다"라고 대답한다.

결국은 여호와의 길과 여호와의 법을 모르는 것은 지식이나 지성의 문제가 아니라는 것을 예레미야는 깨달았다. 여호와의 길을 아는 여부가 결국 마음의 문제라는 것을 깨달았다. 결국은 그들의 마음 안에 여호와 두기를 싫어함이 존재했다.

렘 5:6. 그러므로 수풀에서 나오는 사자가 그들을 죽이며 사막의 이리가 그들을 멸하며 표범이 성읍들을 엿본즉 그리로 나오는 자마다 찢기리니 이는 그들의 허물이 많고 반역이 심함이니이다.

본 절 초두의 "그러므로"란 말은 결과를 말하는 단어이다. 예루살렘에 살고 있는 하층민들(4절)이나 상층민들(5절) 모두 마음에 여호와 두기를 싫어하매 결과적으로 여호와의 심판이 임한다는 것을 말하는 단어이다.

본 절에 등장하는 세 가지 맹수(사자, 이리, 표범)의 침범을 보면 예루살렘 주민들의 죄악이 얼마나 심각한지를 알 수가 있다. 이 세 가지를 통한 심판은 앞으로 임할 바벨론 심판을 예언하는 것이다.

렘 5:7-8. 내가 어찌 너를 용서하겠느냐 네 자녀가 나를 버리고 신이 아닌 것들로 맹세하였으며 내가 그들을 배불리 먹인즉 그들이 간음하며 창기의 집에 허다히 모이며 그들은 두루 다니는 살진 수말 같이 각기 이웃의 아내를 따르며 소리지르는도다.

7-8절은 여호와께서 유다 민족을 용서하실 수 없는 두 가지 이유를 말씀하신다. 즉, 예루살렘아! 내가 너(유다 민족)를 어떻게 용서하여 줄 수가 있겠느냐? 너의 자식들이 나(여호와)를 버리고 떠나서, 신도 아닌

우상들을 두고 맹세하며 섬겼으니 말이다. 그리고 내가 그들을 배불리 먹여 놓았더니, 그들은 창녀의 집으로 몰려가서, 모두가 음행을 하였다. (8절)네 자식들은 살찌고 정욕이 왕성한 수말과 같이 되어서, 각기 이웃의 아내를 탐내어 울부짖는 삶을 살았으니 내가 어찌 그들의 죄를 용서할 수 있겠느냐고 하신다.

렘 5:9. 여호와의 말씀이니라 내가 어찌 이 일들에 대하여 벌하지 아니하겠으며 내 마음이 이런 나라에 보복하지 않겠느냐.

본 절은 여호와께서 유다 민족에게 벌할 수밖에 없는 이유를 말씀하신다. 즉, 그 이유는 유다 민족이 여호와를 등져 살았고(8절; 29절; 9:9) 또 음란하게 살았기(8절) 때문이다. 여호와의 마음은 이런 나라에 보복하지 않을 수 없다고 말씀하신다. 오늘 우리가 여호와로부터 벌 받지 않고 살 수 있는 이유는 예수 그리스도께서 대신 피흘려주셨기 때문이다.

(7) 하나님을 무시하는 유다에게 적군이 침략함(5:10-19)

심각하게 타락한 유다 민족을 여호와께서는 바벨론을 통해 심판하신다는 것이다.

<여호와께서 백성을 버리시다>

렘 5:10. 너희는 그 성벽에 올라가 무너뜨리되 다 무너뜨리지 말고 그 가지만 꺾어 버리라 여호와의 것이 아님이니라.

여호와께서는 바벨론 군에게 명령하시기를 유다의 성벽에 올라가 성벽을 무너뜨리되(4:16), 완전히 무너뜨리지 말고(뿌리까지 무너뜨리지 말고), 그 포도나무 가지만 꺾어버리라고 하신다. 그 가지는 여호와에게 속하지 않은 가지라고 하신다.

렘 5:11. 여호와의 말씀이니라 이스라엘의 집과 유다의 집이 내게 심히

반역하였느니라.

본 절부터 13절까지는 유다 민족의 죄악을 지적한다. 즉, 이스라엘과 유다가 완전히 나(여호와)를 배신하고 떠나갔다고 여호와께서 말씀하신다.

북쪽 이스라엘은 과거에 떠나가서 이미 망했고, 유다는 지금 떠나갔다는 것이다. 여호와께서는 국가의 과거와 현재를 잘 아시며, 한 개인의 과거와 현재에 대해서도 샅샅이 아신다.

렘 5:12. 그들이 여호와를 인정하지 아니하며 말하기를 여호와께서는 계시지 아니하니 재앙이 우리에게 임하지 아니할 것이요 우리가 칼과 기근을 보지 아니할 것이며.

유다 민족이 말로는 여호와를 인정했을지라도 마음으로는 여호와께서는 계시지 아니하니 재앙이 우리들에게 임하지 아니할 것이요 우리가 칼과 기근을 보지 아니할 것이라고 한다는 것이다(욥 8:18; 시 10:11; 94:7; 습 1:12).

렘 5:13. 선지자들은 바람이라 말씀이 그들의 속에 있지 아니한즉 그같이 그들이 당하리라 하느니라.

유다 민족은 선지자들까지도 인정하지 아니했다. 즉, 여호와께서 세워놓으신 선지자들을 인정하지 아니했다. 여호와의 말씀이 그들 속에 있지 아니했으니 그들이 선언한 재앙으로 그들이 당할 것이라고 했다. 망하기 전, 유다 민족의 강퍅함이 극도에 달했음을 드러내는 말씀이다. 하나님도 마음에 두지 아니했고, 하나님께서 세우신 선지자도 인정하지 않다가 결국은 바벨론 포로가 되었다.

렘 5:14. 그러므로 만군의 하나님 여호와께서 이와 같이 말씀하시니라 너희가 이 말을 하였은즉 볼지어다 내가 네 입에 있는 나의 말을 불이 되게 하고 이 백성을 나무가 되게 하여 불사르리라.

본 절은 유다 민족이 여호와를 인정하지 아니하며(12절), 또 선지자들까지도 인정하지 않은 말(13절)에 대한 죄악을 벌하시겠다고 하신다. 즉, "그들이 그런 말을 하였으니 보라. 내가 너(예레미야)의 입에 있는 나의 말을 불이 되게 하고, 이 백성은 불에 타는 장작이 되게 하여 이 불로 모든 장작을 태울 것이라"고 하신다.

말이 얼마나 중요한지, 참으로 중요하다. 말 한마디로 살기도 하고, 죽기도 한다.

렘 5:15. 여호와의 말씀이니라 이스라엘 집이여 보라 내가 한 나라를 먼 곳에서 너희에게로 오게 하리니 곧 강하고 오랜 민족이라 그 나라 말을 네가 알지 못하며 그 말을 네가 깨닫지 못하느니라.

본 절은 여호와께서 유다 민족을 심판하시기 위하여 바벨론을 유다 민족에게로 파견하겠다고 하신다. 즉, "유다 백성들아! 내가 먼 곳에서 한 민족을 데려다가 너희를 치게 하겠다. 나 여호와의 말이다. 그 바벨론 민족은 강하며 역사가 있는 민족이다. 그 민족의 언어를 네가 알아듣지 못하며, 그들이 말하는 것을 너희가 들어도 깨닫지 못한다"고 하신다.

렘 5:16. 그 화살통은 열린 무덤이요 그 사람들은 다 용사라.

바벨론 군대의 화살통에는 화살이 매우 많아 화살이 떨어지지 않고, 또 바벨론 군대는 다 용사로서 활을 잘 쏘는 군대이다. 따라서 유다 민족은 견디지 못할 것이라고 하신다.

렘 5:17. 그들이 네 자녀들이 먹을 추수 곡물과 양식을 먹으며 네 양 떼와 소 떼를 먹으며 네 포도나무와 무화과나무 열매를 먹으며 네가 믿는 견고한 성들을 칼로 파멸하리라.

바벨론 군인들은 유다 땅으로 와서 유다 사람들이 먹으려고 추수해 놓은 양식을 다 먹어치우며, 또 유다 민족이 든든하게 생각하던 성벽들을 칼로 파멸할 것이라(4:16)고 하신다. 침략군들이 와서 양식을 다 먹는다는 것이야말로 참을 수 없는 고통이고, 기막힌 일이다.

렘 5:18. 여호와의 말씀이니라 그 때에도 내가 너희를 진멸하지는 아니하리라.

여호와께서는 말씀하시기를 바벨론 군이 침략하여 유다 민족을 친다하여도 유다 민족을 완전히 파멸하지는 않을 것이라(4:27; 5:10)고 하신다. 앞으로 유다로 돌아와서 성벽들을 재건할 남은 자(사 6:13)를 남겨놓겠다고 하신다.

렘 5:19. 그들이 만일 이르기를 우리 하나님 여호와께서 어찌하여 이 모든 일을 우리에게 행하셨느냐 하거든 너는 그들에게 이르기를 너희가 여호와를 버리고 너희 땅에서 이방 신들을 섬겼은즉 이와 같이 너희 것이 아닌 땅에서 이방인들을 섬기리라 하라.

본 절은 어찌하여 이런 비참한 일이 유다 민족에게 생겼는지 그 이유를 설명한다. 즉, "예레미야야! 유다 민족이 무슨 이유로 여호와 하나님께서 우리에게 이런 모든 일을 하셨는가? 하고 너에게 묻거든 너는 그들에게 말하여 주어라. 너희(유다 민족)가 너희 땅 유다에서 나를 버리고 다른 신들을 섬겼으니, 이제는 너희가 남의 땅 바벨론에서 다른 나라 사람을 섬겨야 한다고 말해주라"고 말씀하신다. 70년을 타국에서 종살이한다는 것은 비참하고, 기막힌 일이 아닐 수 없다.

(8) 남쪽 유다의 죄악을 다시 경고하시다(5:20-31)

이 부분(20-31절)은 남쪽 나라 유다 민족의 죄악과 선지자와 제사장 등 종교 지도자들까지 타락한 것을 말한다.

<여호와께서 백성에게 이르시다>

렘 5:20. 너는 이를 야곱 집에 선포하며 유다에 공포하여 이르기를.

본 절부터 23절까지는 유다 민족이 너무 무지해서(21절), 여호와를 경외하지 아니하고(22절 상반절), 여호와의 섭리에 순종하는 바다의 파도만도 못한 짐승 수준이라고 하신다(22절 하반절). 본 절은 "이"(여호와의 경고)를 "야곱 집"에 선포하며 "유다"에 공포하라고 여호와께서 말씀하신다. 여기 "야곱 집"이란 이스라엘의 본명을 지칭하는 말이다. 이스라엘이 아직 본명을 가지고 있을 때는 야곱이라고 불렸다(민 23:7; 신 32:9; 렘 10:25). 그리고 "유다"란 말은 북쪽 나라 이스라엘과 갈라진 후의 남쪽 유다 지파를 중심한 유다 민족, 유다 나라를 지칭하는 말이다. 본 절은 유다 민족에게 닥친 심판을 여호와께서 공포하시기 위해 여호와의 심판 경고를 유다 나라에 공포하시는 것이다.

렘 5:21. 어리석고 지각이 없으며 눈이 있어도 보지 못하며 귀가 있어도 듣지 못하는 백성이여 이를 들을지어다(Hear this, O foolish and senseless people, who have eyes, but see not, who have ears, but hear not-RSV, ESV).

본 절은 영적으로 아주 캄캄하고 꽉 막혀버린, 여호와의 경고를 들을 줄 모르는 유다 민족을 두고 탄식하는 말이다. 즉, "어리석기 짝이 없고, 감각이라는 것이 없는 백성아! 육신의 눈은 있어도 보지 못하고, 육신의 귀는 있어도 들을 수가 없는(사 6:9; 겔 12:2; 호 7:2) 백성아! 너희는 이제 늦게나마 내가 하는 말을 한번 잘 들어보라"고 권고하신다.

렘 5:22. 여호와의 말씀이니라 너희가 나를 두려워하지 아니하느냐 내 앞에서 떨지 아니하겠느냐 내가 모래를 두어 바다의 한계를 삼되 그것으로 영원한 한계를 삼고 지나치지 못하게 하였으므로 파도가 거세게 이나 그것을 이기지 못하며 뛰노나 그것을 넘지 못하느니라.

본 절은 여호와의 경고로서 여호와를 두려워하라는 것을 말씀한다. 즉, 너희는 나(여호와)를 두려워하지도 않느냐? 너희는 내 앞에서 떨지도 않느냐? 나는 모래로 바다의 경계선을 삼고, 바다가 넘어설 수 없는 영원한 경계선을 그어 놓았다. 비록 바닷물이 출렁거려도 그 경계선(모래)을 없애지 못하고, 아무리 큰 파도가 몰아쳐도 그 경계선을 넘어설 수가 없다고 하신다.

본 절의 "나"(여호와)라는 말(הַאוֹתִי-아노티)이 히브리어 원문에서 처음에 나타나 뜻을 강조하고 있다. 그러니까 뜻은 "참으로 나 여호와를"이란 말이다.

"너희가 나를 두려워하지 아니하느냐"라는 구절과 "내 앞에서 떨지 아니하겠느냐"라는 구절은 동의절로 사용되었다. 우리는 여호와의 위대하심 앞에서 엄청 떠는 심정이어야 한다.

"내가 모래를 두어 바다의 한계를 삼되 그것으로 영원한 한계를 삼고 지나치지 못하게 하였다"는 말을 보고 유다 민족은 자기들이 파도만도 못한 수준의 삶을 살고 있음을 깨달았어야 하는 것이다. 여호와께 순종하지 않는 것은 자신이 짐승 수준이라는 것을 증명하는 것이다.

렘 5:23. 그러나 너희 백성은 배반하며 반역하는 마음이 있어서 이미 배반하고 갔으며.

유다 민족이 마땅히 여호와께 순종해야 했는데(22절), 순종하지 않고 "유다 백성은 배반하며 반역하는 마음이 있어서 이미 배반하고 갔다"는 것이다. 아직 유다 민족이 바벨론 포로로 가지는 않았지만 마음은 이미 배반하고 가버린 것이었다.

렘 5:24. 또 너희 마음으로 우리에게 이른 비와 늦은 비를 때를 따라 주시며 우리를 위하여 추수 기한을 정하시는 우리 하나님 여호와를 경외하자 말하지도 아니하니.

본 절과 다음 절(25절)은 유다 민족은 자연계를 보고서도 여호와를 순종해야 한다는 것을 말씀한다. 즉, 너희 마음으로 우리에게 이른 비와 늦은 비를 때를 따라 주시며 우리를 위하여 추수 기한을 정하시는 우리 하나님 여호와를 경외하자고 말하지도 아니한다는 것이다.

유다 민족의 마음은 벌써 여호와를 떠났기에 여호와께 순종하자는 말도 하지 않는다는 것이다. 유다 민족의 마음이 여호와로부터 아예 떠나서 여호와께 순종하자는 말조차도 하지 않는 민족이 되었다는 것이다.

렘 5:25. 너희 허물이 이러한 일들을 물리쳤고 너희 죄가 너희로부터 좋은 것을 막았느니라.

유다 민족의 "허물"과 "죄"가 여호와께서 피조 세계를 통하여 주시는 이른 비와 늦은 비의 복을 물리쳐버리고 말았다는 것이다. 즉, 너희 허물이 이러한 일들(이른 비와 늦은 비의 복)을 물리쳤고, 너희 죄가 너희로부터 좋은 것(이른 비와 늦은 비의 복)을 막았다고 말한다.

우리는 이러한 일을 자주 경험한다. 태풍이 몰려오고, 강풍이 몰려오며, 수해가 심하게 닥치고, 돌풍이 자주 일어나며, 장마가 있어서 농산물들을 망치는 일들을 만나면 우리는 민족의 죄를 점검해 보아야 한다.

렘 5:26. 내 백성 가운데 악인이 있어서 새 사냥꾼이 매복함 같이 지키며 덫을 놓아 사람을 잡으며(For wicked men are found among my people; they lurk like fowlers lying in wait. They set a trap; they catch men-RSV, ESV).

본 절 초두의 히브리어 원문에는 이유를 말하는 "왜냐하면"(כִּי)이란 말이 있어 본 절이 앞 절의 이유를 말하고 있음을 드러낸다. 즉, 내 백성 가운데 악인들이 있기 때문에 앞 절(25절)처럼 유다 민족 중에 "이른 비와 늦은 비의 복"이 막혔다는 것이다. 본 절의 말씀을 좀 더 쉽게 써 보면 "나의 백성 가운데는 악인들이 있어서, 마치 새 잡는 사냥꾼처럼 허리를 굽히고 숨어서, 여기 저기 덫을 놓아, 사람을 잡는다"라는 말이 된다. 악인들은 남의 재물을 몰래 탈취하는 사람들이다.

렘 5:27. 새장에 새들이 가득함 같이 너희 집들에 속임이 가득하도다 그러므로 너희가 번창하고 거부가 되어.

새장에 새들을 가득히 잡아넣듯이 유다 민족은 남들을 속여서 빼앗은 재물로 자기들의 집을 가득 채워 놓았다. 그렇게 해서 그들은 마침내 큰 도둑이 되었고, 거부가 되었다(12:1; 욥 12:6; 시 73:12)는 것이다.

렘 5:28. 살지고 윤택하며 또 행위가 심히 악하여 자기 이익을 얻으려고 송사 곧 고아의 송사를 공정하게 하지 아니하며 빈민의 재판을 공정하게 판결하지 아니하니.

그 악인들은 피둥피둥 살이 찌고, 그들의 육체에서 윤기가 돈다. 그리고 그들의 행위는 심히 악하여 자기들의 잇속만 채워 고아의 억울한 사정을 올바르게 재판하지도 않고, 가난한 사람들의 권리를 지켜 주는 공정한 판결도 하지 않는다는 것이다.

렘 5:29. 내가 이 일들에 대하여 벌하지 아니하겠으며 내 마음이 이같은 나라에 보복하지 아니하겠느냐 여호와의 말씀이니라.

본 절은 9절의 반복이다. 여호와께서 악인들의 일들에 대해서 어찌 벌하지 않겠느냐고 말씀하신다.

렘 5:30. 이 땅에 무섭고 놀라운 일이 있도다.

지금 이 유다 나라에서는 놀랍고도 끔찍스러운 일들, 형언할 수 없는 일들이 벌어지고 있다.

렘 5:31. 선지자들은 거짓을 예언하며 제사장들은 자기 권력으로 다스리며 내 백성은 그것을 좋게 여기니 마지막에는 너희가 어찌하려느냐.

유다 민족의 지도급에 있는 자들, 곧 선지자들은 여호와의 말씀을 예언하지 않고 거짓을 예언하고, 제사장들은 선지자들을 따라서 하나님의 뜻이 아닌 자기들의 생각을 가지고 백성들을 지도했다(33:13). 그리고 “내 백성은 그것을 좋게 여기니 마지막에는 너희가 어찌하려느냐”는 것이었다. 유다의 백성들은 지도자들이 적당히 행하니 어쩌면 행동하기 편해서 반항하지 않고 따라갔다. 그 결과는 함께 망하는 길밖에 없었다. 그래서 바벨론 포로가 된 것이었다. 옳지 않은 죄악을 그냥 따라가는 것도 죄악이다(박윤선).

제 6 장

(9) 예루살렘이 포위를 당하다(6:1-9)

북쪽에서 오는 바벨론 군의 침략을 고하면서 성에서 피할 것을 권한다.

<벌 받을 성 예루살렘>

렘 6:1. 베냐민 자손들아 예루살렘 가운데로부터 피난하라 드고아에서 나팔을 불고 벧학게렘에서 깃발을 들라 재앙과 큰 파멸이 북방에서 엿보아 옴이니라.

본 절은 여호와의 말씀으로서 베냐민 자손들(예레미야 자신이 베냐민 자손이었다)에게 예루살렘 가운데로부터 밖으로 피난하라고 명령한다.[2] 적군이 임박했다는 것이다. 얼마 전에는 이 성안으로 피신하라 했으나(4:5), 이제는 예루살렘에서 피난하라고 권고하다. 적군이 임박한 것을 뜻한다. 이 모든 말씀들은 여호와께서 선지자 예레미야를 통하여 하시는 말씀이다.

그리고 드고아(예루살렘 남방 19km의 고지대로 예언자 아모스의 고향이었다, 암 1:1)에서 전쟁이 임박했음을 알리는 나팔을 불고, 벧학게렘("포도원의 집"이라는 뜻이며, 베들레헴과 드고아 중간에 위치한 산이며, 예루살렘에서 남쪽으로 대략 14km 정도 떨어진 곳에 위치해 있다. 느 3:14)에서 전쟁의 신호인 깃발을 들라고 경고한다. 재앙과 큰 파멸이 북방의 바벨론으로부터 유다 땅으로 오고 있다는 경고이다. 성도들은 여호와께서 주시는 재앙의 경고를 들을 줄 알아야 할 것이다. 재앙의 경고를 들으면서 죄를 자복하기를 힘써야 한다.

---

2) 예루살렘은 유다 지파의 땅과 베냐민 지파의 경계선 위에 위치했고, 실제적으로 베냐민 지파의 영토에 속해 있다. 시민들 중에는 베냐민 사람들이 많았다.

렘 6:2. 아름답고 우아한 시온의 딸을 내가 멸절하리니.

본 절은 예루살렘을 멸절시킬 것이라는 여호와의 말씀이다. 예루살렘은 여호와의 성전이 있는 산으로 본래는 여호와의 사랑하시는 아름답고, 우아한 성읍이었으나 유다 민족의 범죄로 인하여 이제 그 지위가 상실되고, 여호와의 심판 선고까지 받게 된 것이다.

본 절의 "아름답다"는 말은 말 그대로 '아름답다'는 뜻이다. "우아한"이란 말 역시 말 그대로 '우아하다'는 뜻이다. 그리고 "딸"이란 말은 예루살렘에 대한 애칭이었다(4:31 주해 참조). 선지자의 예언은 이처럼 아름답고 우아한 딸 같은 예루살렘이 갑자기 멸망한다는 것이다(시 32:9; 호 4:5; 암 6:1). 아무리 세상 사람들에게 멋있게 보이는 삶이라 해도 죄인의 삶은 모두 망하게 되어 있다.

렘 6:3. 목자들이 그 양 떼를 몰고 와서 주위에 자기 장막을 치고 각기 그 처소에서 먹이리로다.

목자들(침략군들)이 양떼(군대)를 몰고 예루살렘 성으로 접근하여, 성읍 사방에 자기들이 살 진을 칠 것이다. 제각기 원하는 자리에 진을 칠 것이다(12:10; 민 2:14). 유다 민족의 죄는 결국 침략군들을 부르고 만 것이다.

렘 6:4-5. 너희는 그를 칠 준비를 하라 일어나라 우리가 정오에 올라가자 아하 아깝다 날이 기울어 저녁 그늘이 길었구나. 일어나라 우리가 밤에 올라가서 그 요새들을 헐자 하도다.

본 절과 다음 절(5절)은 여호와께서 바벨론 군대에게 명령하시는 말씀이다. 즉, (4절)그런 다음에, 여호와께서 이르기를 모두 공격 준비를 하라. 만반의 준비를 해 놓고 기다려라. 공격 개시 시각은 정오 정각이다. 그러다가 갑자기 야간 공격으로 바꾸면서 "너무 늦었다. 날이 저문다. 저녁 그림자가 점점 길어진다. (5절) 야간 공격을 해서 시온의 궁전들을 헐어 버리자!" 라고 한다.

"너희는 그를 칠 준비를 하라"(קַדְּשׁוּ עָלֶיהָ מִלְחָמָה)는 말은 '그(예루살렘)를 치기를 성별하라'는 뜻이다. 다시 말해 '예루살렘을 거슬러 전쟁을 성별하라'는 뜻이다. 전쟁을 성별한다는 말은 옛날이나 오늘날이나 전쟁을 종교 의식처럼 신중히 구분하여 시작하는 데서 나온 말씀이다. 이 말씀은, 곧 전쟁을 시작하라는 의미와 다름없는 말이다(박윤선). 본 절의 말씀은 공격군이 서로 대화한 내용으로 그들의 사기가 충천해 있음을 가리킨다.

"우리가 정오에 올라가자"는 말은 바벨론 군대가 유다 민족을 침략하기 위하여 전쟁하기에는 좋지 못한 뜨거운 시간에 올라가자는 것이니 바벨론 군대가 그만큼 이 전쟁에 열심이 있다는 것을 드러낸 말이다. 그들이 이와 같이 열심히 전쟁 하는 이유는 그들이 여호와의 작정 안에서 심부름꾼으로서 전쟁하기 때문이다.

"날이 기울어 저녁 그늘이 길었다"는 말은 '저녁 그늘이 길어졌다'는 뜻이다. 군인들은 이와 같이 그날 시간이 많지 못한 것을 아까워한다. (5절), 그러나 그들은 밤에라도 그 침략전을 계속하기 원하여 "우리가 밤으로 올라가자"고 한다. 그만큼 침략군들은 그 침략전에 열중하고 있는 것이다. 이것은 우연한 일이 아니고, 여호와께서 그 전쟁을 일으키심으로 말미암은 것이다. 여호와께서는 택한 백성들을 회개하게 하기 위하여 그들의 원수들을 강하게 하신 것이다.

렘 6:6. 만군의 여호와께서 이와 같이 말하노라 너희는 나무를 베어서 예루살렘을 향하여 목책을 만들라 이는 벌 받을 성이라 그 중에는 오직 포학한 것뿐이니라.

만군의 여호와께서 침략군들에게 명령하시기를 너희(바벨론 침략군들)는 나무를 모두 잘라서 예루살렘을 점령할 흙 언덕을 쌓아라. 예루살렘은 심판을 받아야 할 도성이다. 그 도성 안에서는 탄압만이 자행되고 있다고 말씀하신다.

"너희는 나무를 베어서 예루살렘을 향하여 목책을 만들라"는 말은 '너희는 나무를 베어서 예루살렘을 향하여 흉벽을 쌓으라'는 뜻이다. "흉벽"이란 전쟁 시에 적을 공격하기 위해 쌓는 높은 성벽이다. 그 성을 공격하기 위하여 성 외부에 성과 똑같은 높이로 나무 흉벽을 쌓고, 그 성벽 위로 성에 진입하는 것이다(신 20:19-20; 삼하 20:15; 왕하 19:32). 이렇게 흉벽을 쌓아서 예루살렘을 공격해야 하는 이유는 그 성 안에 살고 있는 주민들이 벌을 받아야 하기 때문이라고 하신다. 그 성중에는 오직 포학만 있다고 하신다.

렘 6:7. 샘이 그 물을 솟구쳐냄 같이 그가 그 악을 드러내니 폭력과 탈취가 거기에서 들리며 질병과 살상이 내 앞에 계속하느니라.

예루살렘 성에서는 주민들이 계속해서 포학만 솟구쳐 낸다고 하신다. 즉, 물의 근원인 샘이 물을 솟구쳐 냄과 같이 그 예루살렘 성의 주민들은 죄악을 솟구쳐 내고 있다. 그 예루살렘 성에서 들리는 것은 폭행과 파괴의 소리뿐이다. 나(여호와)의 눈앞에 언제나 보이는 것은 병들고, 상처 입은 사람들뿐이라고 하신다.

렘 6:8. 예루살렘아 너는 훈계를 받으라 그리하지 아니하면 내 마음이 너를 싫어하고 너를 황폐하게 하여 주민이 없는 땅으로 만들리라.

본 절은 예루살렘 주민이 여호와의 훈계를 받지 않으면 아주 망하게 하시겠다고 하신다. 즉, 예루살렘아! 여호와의 훈계를 받아들여라. 그렇지 않으면, 나(여호와)의 마음이 너에게서 떠나갈 것이다. 그래도 받아들이지 않으면, 내가 너를 황무지로 만들고, 아무도 살 수 없는 땅으로 만들어버리겠다고 하신다.

(10) 유다 사람들의 부패와 그에 따르는 벌(6:9-21)

9-15절은 임박한 심판을 말하고, 16-21절은 주민들이 회개를 거부하는 것을 진술한다. 주민들은 결국 멸망에 이른다.

<벌 받을 백성>

렘 6:9. 만군의 여호와께서 이와 같이 말씀하시되 포도를 따듯이 그들이 이스라엘의 남은 자를 말갛게 주우리라 너는 포도 따는 자처럼 네 손을 광주리에 자주자주 놀리라 하시나니(Thus says the LORD of hosts: "They shall glean thoroughly as a vine the remnant of Israel; like a grape-gatherer pass your hand again over its branches"-ESV).

만군의 여호와께서 바벨론 침략군에게 말씀하시기를 농부가 포도나무에서 포도송이를 다 따듯이, 적군들이 이스라엘의 남은 자들(포도 이삭에 해당함)까지 샅샅이 뒤져서 끌어갈 것이다. 그러니 예레미야야! 네가 포도 따는 사람이 포도 덩굴을 들추어보는 것처럼 네가 구할 수 있는 사람들을 구해야 한다.

"너는 포도 따는 자처럼 네 손을 광주리에 자주자주 놀리라"는 말을 두고 해석이 갈린다. 1) 여호와께서 바벨론 사람들에게 명령하는 말로 해석하는 견해(K.&D., Cheyne, J. A. Thomson, Tremper Longman III, Charles, H. Dyer, 박윤선, 이상근, 그랜드 종합 주석), 2) 여호와께서 선지자 예레미야에게 이스라엘의 남은 사람들을 구해 내야 한다고 명령하는 것으로 보는 견해(표준 새 번역), 표준 새 번역은 이렇게 번역하고 있다. "그러니 예레미야야, 아직 시간이 있을 때에, 포도 따는 사람이 포도덩굴을 들추어보는 것처럼, 네가 구할 수 있는 사람들을 구해야 한다"는 번역이다. 두 견해 중 2)번의 견해가 바른 해석 같이 보인다. 표준 새 번역이 더 문맥을 잘 살핀 것으로 보인다. 10절, 11절을 보면 예레미야는 여호와의 말씀을 받고, 심히 괴로운 표정 짓고 있음을 볼 수 있다.

렘 6:10. 내가 누구에게 말하며 누구에게 경책하여 듣게 할꼬 보라 그 귀가 할례를 받지 못하였으므로 듣지 못하는도다 보라 여호와의 말씀을 그들이 자신들에게 욕으로 여기고 이를 즐겨 하지 아니하니.

본 절은 유다 민족이 예레미야가 아무리 말을 해 주어도 듣지 않고 반항한다고 말한다. 즉, "제(예레미야)가 말하고 경고한들 유다 민족 중에 누가 제(예레미야) 말을 듣겠습니까? 그들은 귀에 할례를 받지 않아서(귀가 막혀) 주님의 말씀을 들을 수 없습니다. 주님께서 하신 말씀을 제가 전하면 그들은 주님의 말씀을 욕으로 돌리고 맙니다"라고 말한다.

렘 6:11. 그러므로 여호와의 분노가 내게 가득하여 참기 어렵도다 그것을 거리에 있는 아이들과 모인 청년들에게 부으리니 남편과 아내와 나이 든 사람과 늙은이가 다 잡히리로다.

그러므로 11-15절은 귀가 할례를 받지 못하여 여호와의 경고를 듣지 않는 유다 민족을 향하신 여호와의 진노가 예레미야 속에도 부글부글 끓고 있어서, 예레미야가 더 이상 여호와의 진노를 품고 있을 수도 없다는 것을 말한다. 본 절은 그 대상이 남녀노소를 막론하고, 전 국민이 대상 되는 것을 말한다. 여기 거리에서 노는 아이들이 먼저 등장하는 것은 어른들의 범죄의 결과가 무죄한 어린 아이에게까지 임하고, 또 그들이 오히려 현저한 희생자가 되는 것을 강조하는 것이다. 아무튼 전쟁의 재난은 누구에게나 함께 임하는 것이다(이상근).

렘 6:12. 내가 그 땅 주민에게 내 손을 펼 것인즉 그들의 집과 밭과 아내가 타인의 소유로 이전되리라 여호와의 말씀이니라.

여기 12-15절은 8:10-12에서 다시 반복된다. 전쟁에서 승리하면 그 승리자는 패배자의 집과 밭과 아내 등을 빼앗는 법이었다. 그런고로 그들의 소유물이 약탈당한다는 것이다. "아내"를 소유물로 표현하는 것이 구약에 나타난다(출 20:17; 신 5:21).

렘 6:13. 이는 그들이 가장 작은 자로부터 큰 자까지 다 탐욕을 부리며 선지자로부터 제사장까지 다 거짓을 행함이라(For from the least to the greatest of them, everyone is greedy for unjust gain; and from prophet to priest, everyone deals falsely-RSV, ESV).

본 절 초두에 이유를 말하는 접속사(כִּי-for)가 등장함을 통해 본 절이 앞 절의 이유를 제공하고 있음을 알 수 있다. 앞 절처럼 전국(全國)이 망하는 이유는 온 국민이 다 탐욕으로 가득 찼기 때문이라는 것이다. 즉, 힘이 있는 자든 힘이 없는 자든 모두가 자기 잇속만을 채우며, 사기를 쳐서 재산을 모았기 때문이다. 예언자와 제사장까지도 한결같이 백성을 속였다. 참으로 극도로 타락한 것을 보여준다.

렘 6:14. 그들이 내 백성의 상처를 가볍게 여기면서 말하기를 평강하다 평강하다 하나 평강이 없도다.

14절과 15절은 13절 하반절에 선지자로부터 제사장까지 다 거짓을 행한다는 말씀을 받아 그 거짓의 죄상을 설명한다(14-15절 상반절). 그리고 15절 하반절은 그 죄악으로 인하여 벌 받을 것을 말한다. 곧, 백성이 상처를 입어 앓고 있는데, "괜찮다! 괜찮다!"라고 말하지만, 괜찮기는 어디가 괜찮으냐는 것이다.

렘 6:15. 그들이 가증한 일을 행할 때에 부끄러워하였느냐 아니라 조금도 부끄러워 하지 않을 뿐 아니라 얼굴도 붉어지지 않았느니라 그러므로 그들이 엎드러지는 자와 함께 엎드러질 것이라 내가 그들을 벌하리니 그 때에 그들이 거꾸러지리라 여호와의 말씀이니라.

본 절은 유다 민족의 죄상을 말하고(상반절), 또 동시에 그 벌을 진술하고 있다(하반절). 즉, 그들이 그렇게 역겨운 일들을 하고도, 부끄러워하였느냐? 천만에! 그들은 부끄러워하지도 않았고, 얼굴을 붉히지도 않았다. 그러므로 그들이 쓰러져서 시체 더미 속에 깔려 죽을 것이다. 내가 그들에게 벌을 내릴 때에, 그들이 모두 쓰러져 죽게 될 것이다. 이는 나 여호와의 말이다.

<선한 길로 가지 아니하다>

렘 6:16. 여호와께서 이와 같이 말씀하시되 너희는 길에 서서 보며 옛적 길 곧 선한 길이 어디인지 알아보고 그리로 가라 너희 심령이 평강을 얻으리라 하나 그들의 대답이 우리는 그리로 가지 않겠노라 하였으며.

여호와께서는 유다 민족에게 옛적에 걷던 선한 길(창 4:5; 5:24; 6:8; 12:9; 욥 1:8; 42:7-8)을 찾아가라고 말한다. 그 선한 길을 택해 가면 평강이 임할 것이라고 여호와께서 말씀하시나 유다 민족은 선한 길을 걷지 않겠다고 고집한다.

렘 6:17. 내가 또 너희 위에 파수꾼을 세웠으니 나팔 소리를 들으라 하나 그들의 대답이 우리는 듣지 않겠노라 하였도다.

여호와께서 또 "내가 유다 민족을 위하여 파수꾼을 세웠으니 파수꾼의 나팔 소리를 들으라(21:6; 25:4; 사 21:2; 58:1; 겔 2:17)"고 권고했으나 그들이 대답하기를, "우리는 그 나팔 소리를 듣지 않겠다"고 고집했다는 것이다.

렘 6:18. 그러므로 너희 나라들아 들으라 무리들아 그들이 당할 일을 알라.

유다 민족이 선지자의 음성을 듣지 않겠다고 고집하니(앞 절) 여호와께서는 유다 민족을 향하여 본 절에 "그러므로 여호와의 음성을 들으라"고 권하신다. 여호와의 음성을 들어야 무리가 무슨 일을 당할는지 알 수 있다고 하신다. 본 절의 "나라들아"라는 말은 "무리들아"라는 말과 동의어이다. 혹자는 여기 "나라들아"라는 말을 두고 '세계 모든 민족들아'라고 해석하나 앞 절의 문맥(17절)을 볼 때 한 민족의 무리를 두고 하는 말임을 알 수 있다.

렘 6:19. 땅이여 들으라 내가 이 백성에게 재앙을 내리리니 이것이 그들의 생각의 결과라 그들이 내 말을 듣지 아니하며 내 율법을 거절하였음이니라.

본 절 초두의 "땅이여!"란 말은 '유다 땅에 살고 있는 주민들이여!'라는 뜻이다. 여호와께서 이 유다 민족 위에 재앙을 내리시겠다고 하신다. 재앙을 내릴 수밖에 없는 이유는 그들의 악한 생각 때문이다. 유다 민족은 여호와의 말을 듣지 않았고, 또 모세의 율법도 순종하지 않았다.

렘 6:20. 시바에서 유향과 먼 곳에서 향품을 내게로 가져옴은 어찌함이냐 나는 그들의 번제를 받지 아니하며 그들의 희생제물을 달게 여기지 않노라.

본 절에서 여호와께서는 유다 민족이 드리는 희생 제사를 받지 않으시겠다고 하신다. 즉, 스바[3]에서 들여오는 유향과 먼 땅에서 가져 오는 향품이 나에게 무슨 소용이 있겠느냐? 너희가 바치는 온갖 번제물도 원하지 않고, 온갖 희생제물도 마음에 달게 여기지 않는다고 하신다.

본 절의 "먼 곳"이란 인도를 지칭할 것으로 보인다(K.&D.). 유다 민족은 고귀한 유향과 향품을 멀리까지 가서 구해 화려한 제사를 드렸지만, 그들의 마음은 놀랍게도 하나님으로부터 멀리 떠나 있었다(7:21-22; 사 1:11-15; 호 6:6; 암 5:21-25). 여호와는 영이시니 우리의 영과 진리로 예배를 드려야 한다(요 4:24).

렘 6:21. 그러므로 여호와께서 이와 같이 말씀하시니라 보라 내가 이 백성 앞에 장애물을 두리니 아버지와 아들들이 함께 거기에 걸려 넘어지며 이웃과 그의 친구가 함께 멸망하리라.

본 절 초두의 "그러므로"란 말은 결과를 말하는 접속사로 앞 절에 유다 민족은 마음에 없는 제사를 드리면서 순종을 하지 않기 때문에 여호와께서 유다 민족에 장애물(바벨론 침략)을 두셔서 유다 민족 전체가 고통을 당하게 하시겠다고 하신다. 즉, "그러므로 나 여호와가 말한다. 내가 이 백성 앞에 걸림돌들을 놓아서, 모두 돌에 걸려 넘어지게 하겠다. 아버지와 아들이 다 함께 넘어지고, 이웃과 그 친구가 다 함께 멸망하고 말 것이다"라고

---

3) "시바"는 아라비아반도의 동남단에 있는 사베 족의 땅으로 좋은 유향의 산지이다(사 60;6; 겔 27:22).

말씀하신다.

(11) 북쪽에서 원수(바벨론)가 침략해 온다(6:22-26)

<북방에서 쳐들어 오는 민족>

렘 6:22. 여호와께서 이와 같이 말씀하시되 보라 한 민족이 북방에서 오며 큰 나라가 땅 끝에서부터 떨쳐 일어나나니.

본 절은 여호와의 중대한 선언을 전하신다. 여호와께서는 "보라"(Behold)라는 말로 시작하여 유다 민족에게 전쟁이 오는 것을 알리신다. 본 절의 "한 민족"이란 말과 "큰 나라"란 말은 동의어로 사용되어 바벨론을 지칭하는 말이다. 그리고 "북방"이란 말과 "땅 끝"이란 말도 동의어로 사용되어 당시 바벨론이 위치해 있는 곳을 지칭한다. 그리고 또 "오며"란 말과 "떨쳐 일어나나니"란 말도 동의어로 사용되어 바벨론이 전쟁을 일으키는 것을 나타낸다.

렘 6:23. 그들은 활과 창을 잡았고 잔인하여 사랑이 없으며 그 목소리는 바다처럼 포효하는 소리라 그들이 말을 타고 전사 같이 다 대열을 벌이고 시온의 딸인 너를 치려 하느니라 하시도다.

본 절은 바벨론 침략군의 모습을 두루 말한다. 바벨론 군의 무기는 "활과 창"이었다고 한다. 두 가지 다 공격 무기였다. 그리고 그들은 "잔인하여 사랑이 없는" 군대라는 것이었다. "잔인하다"는 말과 "사랑이 없다"는 말은 동의어이다(사 5:30; 17:12-13; 24:14; 나 3:1). 여호와께서는 여호와를 배반한 유다 민족을 벌하시기 위하여 이런 성품의 군대를 사용하신다. 우리가 항상 죄를 자복하고 살면 이런 군대는 영원히 만나지 않게 되는 것이다. 그리고 바벨론 군대의 목소리는 "바다처럼 포효하는 소리라"는 것이다. 그들이 소리를 지르면서 공격해 들어올 때는 참으로 무시무시하게 느껴졌을 것이다. 그리고 "그들이 말을 타고 전사 같이 다 대열을 벌이고" 들어올 것이었다. 군대마다 말을 타고 쳐들어오는 모습은 무서운 모습이 아닐 수 없었다. 이렇게 무시무시한 군대 앞에 당할 유다 민족은 인간적으로 아주 심히 약한 성품의 소유자들이었다. 유다 민족은 "시온의 딸"로 묘사되었다. 딸로 묘사되는 입장이었다. 이렇게 약한 민족이니 여호와의 힘이 필요했는데, 여호와를 배반하고 살았으니 참으로 안타깝고, 기가 찬 일이었다.

렘 6:24. 우리가 그 소문을 들었으므로 손이 약하여졌고 고통이 우리를 잡았으므로 그 아픔이 해산하는 여인 같도다.

유다 민족은 예레미야와 함께 강력한 바벨론 군대가 쳐들어온다는 소문을 들었으므로 손이 말할 수 없이 약해졌음을 느꼈고, 심적 큰 고통이 예루살렘 주민 전체를 사로잡았다. 그 고통의 정도가 여자 인생의 최대 고통인 산통과 같다는 것이다(4:31; 13:21). 아무튼 모두들 사시나무 떨듯 했다. 오늘 우리는 죗값의 중대함을 미리 바라보고, 죄를 자복하는 삶을 즐겨야 할 것이다. 그렇게 살아갈 때, 우리는 사시나무 떠는 삶과는 무관하게 기쁘고 즐거운 삶을 살게 된다.

렘 6:25. 너희는 밭에도 나가지 말라 길로도 다니지 말라 원수의 칼이 있고 사방에 두려움이 있음이라.

바벨론 침략군이 쳐들어오니 예루살렘 도시는 온통 공포에 사로잡히는 수밖에 없었다. 그래서 예레미야는 "너희는 밭에도 나가지 말라 길로도 다니지 말라 원수의 칼이 있고 사방에 두려움이 있다"고 경고했다.

렘 6:26. 딸 내 백성이 굵은 베를 두르고 재에서 구르며 독자를 잃음 같이 슬퍼하며 통곡할지어다 멸망시킬 자가 갑자기 우리에게 올 것임이라.

본 절은 죄 자복을 멸망 바로 직전에 해도 큰 효과가 있음을 보여준다. 약하고 약한 예루살렘 주민이 굵은 베를 허리에 두르고(4:8; 25:35), 또 재를 뒤집어쓰고 재에서 구르면서 외아들이 죽어서 슬퍼함 같이 슬퍼하며 통곡하라는 것이다(암 8:10; 슥 12:10). 그렇게 해야 할 이유는 유다 민족을 멸망시킬 바벨론 침략군이 갑자기 예루살렘을 침략할 것이기 때문이다.

(12) 예레미야가 유다 백성을 안타깝게 살피다(6:27-30)

렘 6:27. 내가 이미 너를 내 백성 중에 망대와 요새로 삼아 그들의 길을 알고 살피게 하였노라.

본 절부터 30절까지는 여호와께서 유다 민족을 위하여 예레미야에게 몇 가지를 말씀하신다. 본 절을 쉽게 풀어보면 예레미야야! 내 백성들을 제련하여 참 인간과 거짓된 인간을 구분해 보아라. 즉, 금속을 시험하듯 시험해서 도대체 그들의 정체가 무엇인지 밝혀 보라고 하신다.

렘 6:28. 그들은 다 심히 반역한 자며 비방하며 돌아다니는 자며 그들은 놋과 철이며 다 사악한 자라(They are all stubbornly rebellious, going about with slanders; they are bronze and iron, all of them act corruptly-RSV, ESV).

앞 절(27절)은 여호와께서 예레미야를 유다 민족의 감독자로 삼으시면서 그들의 정체를 알아보라 하셨는데, 본 절은 여호와께서 유다 민족이 어떤 사람들임을 정확히 아신다고 말씀하신다. 즉, 그들은 모두 반역하는 자들로서 모함 하며 돌아다니고 마음이 완악하기가 놋쇠나 무쇠와 다를 바 없었다(겔 22:18-22 참조). 모두 속속들이 썩은 자들이라고 말씀하신다.

유다 민족은 여호와를 반역한 사람들이고, 이웃 사람들을 비방이나 하고 할 일 없이 돌아다닌 사람들이었다.

렘 6:29. 풀무불을 맹렬히 불면 그 불에 납이 살라져서 단련하는 자의 일이 헛되게 되느니라 이와 같이 악한 자가 제거되지 아니하나니.

본 절은 풀무불을 맹렬히 불면 그 불의 납이 어떻게 되는지를 말씀한다.

즉, 풀무질을 세게 하면, 불이 뜨거워져서 그 뜨거운 불 속에서 납은 녹으련만, 불순물은 없어지지 않으니, 금속을 단련하는 일이 헛수고가 되고 만다는 것이다. 유다 민족의 죄악이 도무지 제거되지 않는다는 의미이다.

본 절은 예레미야가 유다 백성을 정화시키기 위해 아무리 노력해도 그 예언의 말씀이 헛되게 되어 효과를 거두지 못한다는 것을 말한다(이상근).

렘 6:30. 사람들이 그들을 내버린 은이라 부르게 될 것은 여호와께서 그들을 버렸음이라.

본 절은 여호와께서 사람을 버리시면 사람들도 그 버려진 사람들을 내버린 은이라 부르게 된다는 것을 말한다. 뒤집어 말해 사람들이 어떤 사람들을 버려진 사람이라고 말하면, 그것은 여호와께로부터 버려진 사람이니까 그렇게 사람들로부터 불린다는 것이다.

B. 거짓 종교와 그 거짓 종교에 따른 벌(7:1-10:25)

이 부분(7-10장)의 예언은 앞선 부분(1-6장)보다 약간 후기에 전한 예언으로 여호야김(주전 609-598년 통치) 초기의 예언이다. 이는 예루살렘 성전에서 설교한 설교를 중심으로 한 것이다. 그러니까 이때쯤부터 예레미야는 그의 고향 아나돗을 떠나 예루살렘으로 이주한 것으로 보인다.

이 부분(7-10장)의 내용은,

1. 성전 안에서의 설교와 거짓 종교(7:1-8:3),
2. 여호와께서 내리시는 심판(8:4-9:26),
3. 우상 숭배(10장)로 유다 민족의 성전 예배의 허위성과 우상 숭배에 대해 고발한다.

제 7 장

1. 성전 안에서의 설교와 거짓 종교(7:1-8:3)

이 부분(7:1-8:3)은 예루살렘 성전에서의 예레미야 설교이다. 이 부분은 유다의 성전 예배의 허위성을 고발하는 내용이다. 당시 요시야 왕(주전 640-609년 통치)의 종교 개혁(주전 622년 경)으로 백성들의 예루살렘 성전 예배는 융성했고, 앗수르 왕 산헤립의 예루살렘 침략(주전 701년)도 유다 민족의 예루살렘 성전 예배를 자극하는 동기가 된 것으로 보인다. 그러나 유다 민족의 성전 예배는 형식주의에 빠졌고, 예레미야는 이 예배의 허위성을 고발하는 것이었다(이상근).

이 부분의 내용은 (1) 성전 안에서의 설교(7:1-15), (2) 하늘 황후에게 제사를 드리는 것(7:16-20), (3) 제사보다 순종이 중요하다(7:21-8:3)는 것이다.

(1) 성전 안에서의 설교(7:1-15)

1-15절은 예레미야가 성전에서 설교한 것으로 때는 여호야김 초기로 본다. 그 근거는 본문의 내용이 26장의 내용과 같고, 26장에는 여호야김 즉위 초기로 나온다.

1-15절 내용은 유다 민족 성전 예배의 허구성을 드러낸다. 세분하면 여호와의 요구(1-7절)와 여호와의 요구를 버린 당시의 형식적 성전 예배를 고발(8-15절)하는 내용이다.

<여호와의 말씀을 들으라>

렘 7:1. 여호와께로부터 예레미야에게 말씀이 임하니라 이르시되.

성전 예배의 허구성을 드러내시기 위해 여호와께서 예레미야에게 말씀을 시작하신다.

렘 7:2. 너는 여호와의 집 문에 서서 이 말을 선포하여 이르기를 여호와께 예배하러 이 문으로 들어가는 유다 사람들아 여호와의 말씀을 들으라.

여호와께서는 예레미야에게 이르시기를 여호와의 성전 문에 서서 여호와께 예배하러 성전 문으로 들어가는 유다 사람들에게 여호와의 말씀을 들으라고 말한다.

여기 "여호와의 집 문"을 두고 26:2에서는 "여호와의 성전 뜰"이라 하고 36:10에서는 "여호와의 성전 위 뜰 곧 여호와의 성전에 있는 새 문"이라 한다. 성전의 바깥뜰과 안뜰 사이에 있는 새 문을 지칭하는 것으로 보인다(K&D, Cheyne). 백성들이 제사를 드리는 날에는 백성들이 안뜰까지 모여 들었다고 한다. 본장의 설교는 예레미야가 설교한 것을 그대로 기록한 것이고, 26장은 예레미야의 비서 바룩이 성전 설교의 사정을 기록한 것이다. 예레미야는 이 새 문에 서서 여호와께 경배하기 위해 이 문으로 들어가는 백성을 상대로 설교했다.

렘 7:3. 만군의 여호와 이스라엘의 하나님께서 이와 같이 말씀하시되 너희 길과 행위를 바르게 하라 그리하면 내가 너희로 이곳에 살게 하리라.

예레미야는 만군의 여호와 이스라엘의 하나님께서 말씀하시는 것을 받아 백성들에게 말하기를, "너희 길과 행위를 바르게 하라(예레미야의 관용구, 7:5; 18:11; 26:13) 그리하면 내(여호와)가 너희로 이곳에 살게 하리라"고 말해준다. 성전 예배자들은 예배만 드릴 것이 아니라 들은 바 하나님의 말씀에 부합한 생활을 하라는 것이다. 오늘도 역시 우리는 하나님의 말씀에 합당한 삶을 살아야 할 것이다. 성도는 누구든지 여호와의 말씀에 순종하는 삶을 살 때에 기쁜 삶을 살 수 있는 것이다.

렘 7:4. 너희는 이것이 여호와의 성전이라, 여호와의 성전이라, 여호와의

성전이라 하는 거짓말을 믿지 말라.

여기 문장 초두의 "너희는"이란 말은 '거짓 지도자들'을 지칭하는 말이다. 그리고 "이것"(הֵמָּה)이란 말은 '이것들'(이 성전들)이란 역설체 복수로서 거짓 지도자들이 쓰던 역설체이다. 거짓 지도자들은 세 번이나 "이것들이 여호와의 성전이라, 여호와의 성전이라, 여호와의 성전이라"고 말했다. 이 성전 자체가 지극히 거룩함으로 이 성전이 여기 서 있는 것만으로 장차 환난이 와도 걱정이 없다고 헛소리를 했다. 거짓 지도자들과 그 거짓 지도자의 말에 속은 사람들은 그 성전이 거기에 서 있으니 예루살렘이 안전한 줄 알았다. 그 거짓 지도자들의 말은 거짓말이었다. 오늘도 이 땅에는 숱한 거짓말이 있는 것을 깨달아 거짓을 믿지 않아야 한다.

렘 7:5-6. 너희가 만일 길과 행위를 참으로 바르게 하여 이웃들 사이에 정의를 행하며 이방인과 고아와 과부를 압제하지 아니하며 무죄한 자의 피를 이곳에서 흘리지 아니하며 다른 신들 뒤를 따라 화를 자초하지 아니하면.

5절부터 7절까지는 예레미야가 백성들의 회개를 독촉한다. 즉, 너희 지도자들과 백성들이 (1) 모든 생활과 행실을 참으로 바르게 고치고, (2) 참으로 이웃끼리 서로 정직하게 살면서, (3) 나그네와 고아와 과부를 억압하지 않으며, (4) 이곳에서 죄 없는 사람을 살해하지 말고, (5) 다른 신들을 섬겨 스스로 재앙을 불러들이지 말아야할 것을 권한다.

(6절) 성경은 이방인과 고아와 과부를 보호하라고 많이 역설한다(출 22:21; 신 24:17; 27:19; 시 96:6; 사 1:17, 23; 10:2; 겔 22:7; 슥 7:10; 말 3:5). 참다운 경건은 이런 사람들을 불쌍히 여김으로 시작되는 것이다.

"무죄한 자의 피를 이곳에서 흘리지 아니하며"라는 말은 '죄 없는 자의 피를 흘리면 여호와의 진노를 산다'는 것이다(왕하 21:16; 24:4; 렘 2:34; 19:4; 22:3, 17; 26:15, 23).

"다른 신들을 섬겨 스스로 재앙을 불러들이지 말라"는 말은 '다른 신들을 섬기면 결국은 이방으로 사로 잡혀 간다'는 것이다(5:19).

렘 7:7. 내가 너희를 이 곳에 살게 하리니 곧 너희 조상에게 영원무궁토록 준 땅에니라.

유다 민족이 진심으로 죄를 자복하기만 하면 여호와께서 유다 민족의 조상에게 영원무궁 하도록 준 이 땅, 바로 이곳에서 너희가 머물러 살도록 하겠다고 하신다. 죄를 자복한다는 것은 아무리 강조해도 부족한 것이다.

렘 7:8. 보라 너희가 무익한 거짓말을 의존하는도다.

본 절 초두의 "보라"란 말은 본 절이 아주 중요하니 유의하라는 말이다. 유다 민족은 무익한 거짓말을 의존하고 살고 있다는 것이다. 위의 4절 말씀에 있는 말, "이것이 여호와의 성전이라, 여호와의 성전이라, 여호와의 성전이라"는 거짓말을 의존하므로 속고 살지 말라는 부탁이다.

렘 7:9. 너희가 도둑질하며 살인하며 간음하며 거짓 맹세하며 바알에게 분향하며 너희가 알지 못하는 다른 신들을 따르면서.

본 절은 유다 민족이 십계명을 범하면서도 안심하면서 산다는 것을 말한다. 즉, 너희가 도둑질하고(8계), 살인하며(6계), 간음하고(7계), 거짓 맹세하며(9계), 바알에게 분향하며 너희가 알지 못하는 다른 신들을 따르는 일을 범하는 일(십계명의 앞부분을 범하는 일)을 하면서도 유다 민족은 아주 안심하고 산다는 것을 말하기 위하여 범죄하는 것을 나열한다. 즉, 이렇게 크고, 다양한 죄를 지으면서도 유다 민족은 다음 절과 같이 성전에 들어가서 제사만 드리면 구원을 얻은 줄로 안다는 것이다.

렘 7:10. 내 이름으로 일컬음을 받는 이 집에 들어와서 내 앞에 서서 말하기를 우리가 구원을 얻었나이다 하느냐 이는 이 모든 가증한 일을 행하려 함이로다.

유다 민족은 9절이 진술한 바와 같이 십계명을 거의 모두 범하면서도 "내 이름으로 일컬음을 받는 이 집"(성전)에 들어와서 여호와 앞에 서서 제사를 드리면서 말하기를 이제 우리가 구원을 얻었다고 말한다는 것이다.

"이는 이 모든 가증한 일을 행하려 함이로다"라는 말은 '우리가 구원을 얻었나이다'라고 말하는 것은 가증한 일을 계속하려는 터를 닦는 일이라는 뜻이다. 그래서 유다 민족이 우리가 구원을 얻었다고 말하면서 계속해서 죄를 범한다는 것이다.

렘 7:11. 내 이름으로 일컬음을 받는 이 집이 너희 눈에는 도둑의 소굴로 보이느냐 보라 나 곧 내가 그것을 보았노라 여호와의 말씀이니라(Has this house, which is called by my name, become a den of robbers in your eyes? Behold, I myself have seen it, says(declares) the LORD-RSV, ESV).

"내 이름으로 일컬음을 받는 이 집"(성전, 10절)이 유다 민족의 눈에는 도둑의 소굴로 보이느냐"고 질문하신다. 다시 말해 성전에 들어와서 제사를 드리면 구원을 얻었다는 확신이 들어서 다시 도적질할 힘이 생겨서 이 성전이 도둑의 소굴로 보이는 것이냐고 질문하신 것이다. 본 절의 "보라"라는 말은 "보라"는 말의 이하가 아주 중요한 말인 것을 드러낸다. 즉, 여호와는 유다 민족의 마음을 훤히 읽으셨다는 뜻이다. 유다 민족은 이 성전에 들어와서 종교 행사를 하게 되면 그 무슨 죄든지 더 지을 수 있는 안전감을 얻었다는 것이다. 그 사실을 여호와께서 다 알고 계신다고 하신다.

"나 곧 내가"(גַּם אָנֹכִי)란 말은 여호와께서 자신을 힘 있게 강조하는 말로서, 여호와께서 유다 민족의 마음을 훤히 읽고 아신다는 것을 표현하는 어투이다. 여호와께서 사람의 마음을 모르시는 것이 어디 있으랴.

렘 7:12. 너희는 내가 처음으로 내 이름을 둔 처소 실로에 가서 내 백성 이스라엘의 악에 대하여 내가 어떻게 행하였는지를 보라.

본 절부터 15절까지는 예루살렘 성전 예배의 허구성을 말한다. 이를 여호와께서는 실로의 전례를 가지고 설명하신다. 즉, 유다 민족은 예루살렘 성전 예배를 드리면서 안심하고 있는데(8-11절), 실로[4]에 가 보면 외식하는 북 이스라엘이 어떻게 되었는지 알 것이라고 여호와께서 말씀하신다. 실로에 가 보면 종교가 외식하면 완전히 망한다는 것을 안다는 것이다. 유다 민족이 그렇게 자랑하던 예루살렘도 한 순간에 망할 수밖에 없다는 것을 말씀하시는 것이다.

오늘도 우리의 죄를 자복하지 않으면 망하기 전이라도 우울하게 지내야 하며, 또 실제로 급속히 망한다는 것을 알아야 할 것이다.

렘 7:13. 여호와의 말씀이니라 이제 너희가 그 모든 일을 행하였으며 내가 너희에게 말하되 새벽부터 부지런히 말하여도 듣지 아니하였고 너희를 불러도 대답하지 아니하였느니라.

본 절은 유다 민족이 완악하여 여호와의 말씀을 듣지 않고 순종하지 않는다는 것을 말씀하신다. 즉, 너희(유다 민족)가 온갖 죄를 지었으므로, 내(여호와)가 너희에게 서둘러서 경고하였으나, 너희는 듣지 않았다. 내가 불렀으나, 너희(유다 민족)는 대답도 하지 않았다고 여호와께서 탄식하신다.

"새벽부터 부지런히 말하여도 듣지 아니하였다"는 말씀은 여호와의 열심과 사랑을 말함과 동시에 유다 민족의 완악함을 드러낸다. 그러나 참으로 감사한 것은 여호와의 사랑의 열심이 오늘날에도 계속된다는 사실이다.

렘 7:14. 그러므로 내가 실로에 행함 같이 너희가 신뢰하는 바 내 이름으로 일컬음을 받는 이 집 곧 너희와 너희 조상들에게 준 이 곳에 행하겠고.

본 절 초두의 "그러므로"(therefore)는 결과를 말해주는 접속사이다. 여호와의 말씀을 듣지도 않고 순종하지도 않은 유다 민족이 별수 없이 여호와의 심판을 받게 되었다는 것을 말한다. 여호와의 말씀을 듣지 않고 순종하지 않으면 "그러므로"라는 접속사가 따라 나온다.

---

4) "실로": 에브라임 영토에 있는 실로는 벧엘과 세겜 사이에 있고, 현재는 "세일룸"(Seilum)이라 불린다. 이 실로는 이스라엘 백성이 가나안에 처음 들어왔을 때부터 성소로 사용된 곳이었다. 사사시대에는 이곳에서 절기들을 지켰다. 이와 같은 역사적인 실로도 백성들의 악행으로 멸망하여(시 78:60) 예레미야 당시에는 폐허로만 남았을 뿐이었다(41:5). 아무튼 실로도 망했는데 유다 민족이 자랑하는 예루살렘 성전도 멸망하지 않겠느냐는 것이다.

"내가 실로에 행함 같이"란 말은 과거에 에브라임(북 이스라엘 지파)의 성소를 심판함 같이 여호와께서 유다 민족을 심판하신다는 말씀이다. 여호와 앞에서는 성소 시설은 전혀 중요하지 않다. 여호와의 말씀을 듣고 순종하는 것이 중요한 줄 알아야 할 것이다.

"너희가 신뢰하는 바 내 이름으로 일컬음을 받는 이 집 곧 너희와 너희 조상들에게 준 이 곳에 행하겠다"는 말은 '유다 민족이 신뢰하는 바 여호와께서 유다 민족에게 준 이 예루살렘 성전을 부수시겠다'는 뜻이다. 오늘 신약 시대에 사는 우리에게도 무엇보다 중요한 것은 여호와의 말씀에 대한 순종이다.

렘 7:15. 내가 너희 모든 형제 곧 에브라임 온 자손을 쫓아낸 것 같이 내 앞에서 너희를 쫓아내리라 하셨다 할지니라.

예레미야는 여호와의 본 절의 말씀도 유다 민족에게 전달해야 했다. 내용은 유다의 형제 곧 에브라임 온 자손들을 쫓아낸 것 같이 여호와께서 유다 민족을 여호와 앞에서 쫓아내리라는 말씀이었다. 이 말씀을 전해야 하는 예레미야는 그 괴로움이 얼마나 심했겠는가. 오늘 우리 교회가 얼마나 타락했는지 모른다. 우리는 다시 이 땅의 교회를 일으켜야 할 것이다.

(2) 하늘 황후에게 제사를 드리다(7:16-20)

<여호와를 순종하지 아니하는 백성>

렘 7:16. 그런즉 너는 이 백성을 위하여 기도하지 말라 그들을 위하여 부르짖어 구하지 말라 내게 간구하지 말라 내가 네게서 듣지 아니하리라(As for you, do not pray for this people, or lift up a cry or prayer for them, and do not intercede with me, for I will not hear you-ESV)**.**

여호와께서는 앞서 유다 민족을 심판하시겠다는 말씀을 아주 단단히 하시고 이제 본 절에서는 예레미야에게 유다 민족을 위해서 기도하지 말라고 말씀하신다. 기도해도 듣지 않으시겠다고 하신다. 여호와께서는 본 절에서 기도가 만능임을 말씀하신 셈이다(15:13-14; 창 18:23-32; 출 32:12-14; 17:11; 민 14:13-20; 삼상 7:9-10; 12:17-18, 23 참조). 여호와께서 우리의 기도를 들으신다는 것은 반드시 응답하신다는 전제가 존재하는 것이다.

렘 7:17. 너는 그들이 유다 성읍들과 예루살렘 거리에서 행하는 일을 보지 못하느냐.

여호와께서는 예레미야를 향하여 너는 유다 민족이 유다의 성읍들과 예루살렘 거리에서 행하는 기막힌 우상 숭배 행위를 목격하지 않느냐고 물으신다. 이렇게 우상 숭배를 하는 유다 민족을 위하여 어떻게 기도하느냐 하는 것이다(2:20; 3:2, 21; 4:11).

렘 7:18. 자식들은 나무를 줍고 아버지들은 불을 피우며 부녀들은 가루를 반죽하여 하늘의 여왕을 위하여 과자를 만들며 그들이 또 다른 신들에게 전제를 부음으로 나의 노를 일으키느니라.

본 절은 유다 민족이 몇몇 개인들만 우상 숭배를 한 것이 아니라 전 국민이 했다고 말한다. 즉, 유다 민족의 자식들은 땔감을 줍고, 아버지들은 불을 피우며, 어머니들은 하늘 여신에게 줄 빵을 만들려고 가루로 반죽을 하고 있다. 또 그들은 나(여호와)의 노를 격동시키려고, 다른 신들에게 술을 부어 바친다.

"하늘의 여왕"(מְלֶכֶת הַשָּׁמַיִם)이란 앗수르와 바벨론에서 온 종파신(宗派神)이었는데 이는 여신으로 그 여신이 자연계의 생식력을 주장한다고 여겼다. 이 여신을 위하여 예배 행위가 유다에서는 특별히 므낫세 왕 때에 성행했다(왕하 21:5). 유다 백성들은 하늘 여신에게 제사를 드림으로 자식들 많이 얻기를 소원했다.

유다 민족은 "또 다른 신들에게 전제"를 부었다. 여기 "전제"(נְסָכִים)란 말은 부어서 드리는 제물(drinking offering)을 의미한다(레 23:18, 37; 민

6:15). 우상을 섬기는 자들은 여러 가지를 섬겨 이득을 얻으려 한다. 오늘 우리는 한 분 여호와 하나님을 섬기며 한분 중보자 예수 그리스도를 섬긴다. 우리를 위해서 피 흘려 죽으시고, 부활 승천하신 한분 중보자만 섬기니 얼마나 좋은가!

렘 7:19. 여호와의 말씀이니라 그들이 나를 격노하게 함이냐 자기 얼굴에 부끄러움을 자취함이 아니냐.

본 절은 유다 민족이 우상을 섬김으로 결과적으로 어떻게 되느냐를 말씀한다. 즉, "유다 민족이 우상을 섬김으로 나를 격노하게 하는 것으로 그치느냐? 오히려 그들 스스로가 낯 뜨거운 수치를 당하는 것이 아니겠느냐?"라고 하신다.

본 절은 유다 민족이 우상을 섬김으로 여호와를 격노케 하는 면도 있는 것이 사실이지만, 그들이 우상을 섬김으로 망하게 되는 것이 그들을 더욱 수치스럽게 한다는 내용의 말씀이다. 오늘 이 땅에서 기독교를 향해서 "개독교" 등의 표현을 써서 비난하는 사람들이 많은데, 그들의 비난이 누구의 수치가 되겠느냐 하는 것이다. 기독교에 수치가 되기도 하나 실상은 비난하는 그들 자신에게 벌로 임하는 고난이 있다는 사실이 더 문제가 된다. 기독교를 박해하는 사람들치고 비참해지지 않은 사람들이 있었는가?

렘 7:20. 그러므로 주 여호와께서 이와 같이 말씀하시니라 보라 나의 진노와 분노를 이 곳과 사람과 짐승과 들나무와 땅의 소산에 부으리니 불 같이 살라지고 꺼지지 아니하리라 하시니라.

본 절 초두의 "그러므로"(therefore)란 말은 우상 숭배가 사람에게 더욱 큰 수치를 준다고 말하기 위하여 사용된 단어이다. 우상 숭배를 하면 사람에게 큰 수치가 임한다고 본 절은 말하고 있다. 그것을 확증하는 말이 바로 "주 여호와께서 이와 같이 말씀하시니라"는 말씀이다.

본 절의 "보라"는 말은 본 절이 아주 중요한 내용을 진술한다는 것을 말한다. 즉, 나의 무서운 분노(바벨론의 침략을 통한 분노)가 바로 이 땅에 쏟아져서, 사람과 짐승과 들의 나무와 땅의 열매 위로 쏟아져서 꺼지지 않고 탈 것이라고 말씀하신다.

(3) 제사보다 순종을 하나님께서 원하시다(7:21-28)

여호와께 드리는 제사보다는 여호와께 순종하는 것을 여호와께서 원하신다는 것을 진술한다.

렘 7:21. 만군의 여호와 이스라엘의 하나님께서 이와 같이 말씀하시되 너희 희생제물과 번제물의 고기를 아울러 먹으라.

"만군의 여호와 이스라엘의 하나님께서 이와 같이 말씀하시되"라는 말은 본 절의 말씀을 이리저리 옮길 수 없음을 확인시키는 말이다. 여호와께서 확실히 말씀하시는 것은 다름 아니라 "너희 희생제물과 번제물의 고기를 아울러 먹으라"는 말이다. 즉, 너희 희생제물에다가 번제물의 고기를 더해서 먹으라는 뜻이다. 이런 제물들은 반드시 드려야 하는 제물들은 아니라는 것이다.

사실 "희생제물"은 피와 기름 외에는 바친 자와 제사장이 먹고, "번제물"은 전체를 불태워 여호와께 바치는 제사법이었지만, 본 절에서는 그런 법을 무시하고 희생의 고기와 번제물의 고기를 함께 먹으라고 한다. 그 이유는 우상 숭배를 하며 또 불의를 자행하면서 성전 예배의 규칙만을 준수하는 그들의 허구성을 규탄하기 위함이다. 즉, 우상 숭배를 하면서 드리는 제사는 큰 의미가 없음을 나타낸다.

렘 7:22. 사실은 내가 너희 조상들을 애굽 땅에서 인도하여 낸 날에 번제나 희생에 대하여 말하지 아니하며 명령하지 아니하고.

본 절은 희생 제사나 번제를 꼭 드려야 할 것은 아니라는 것을 말씀하신다. 즉, 내가 너희 조상을 애굽 땅에서 데리고 나올 때에, 내가 그들에게 번제물이나 다른 어떤 희생제물을 바치라고 명령하지 않았다고 하신다.

본 절의 해석을 두고 학자들 간에 예리한 대립을 보이고 있는데 필자의 관심은 그것을 밝히려는 것이 아니라 본 절이 의미하는 것이 무엇인지를 밝히는 것이다. 즉, 순종이 없는 형식적인 제사를 여호와께서 명하시지 않았다는 뜻으로 보는 것이 바르다(K.&D., Cheyne, 박윤선, 이상근)고 여겨진다. 다시 말해 하나님은 이스라엘의 출애굽부터 형식적인 제사가 아닌 영과 진리로 드리는 예배를 강조하셨다는 것이다(요 4:24 참조).

렘 7:23. 오직 내가 이것을 그들에게 명령하여 이르기를 너희는 내 목소리를 들으라 그리하면 나는 너희 하나님이 되겠고 너희는 내 백성이 되리라 너희는 내가 명령한 모든 길로 걸어가라 그리하면 복을 받으리라 하였으나.

본 절은 여호와의 명령이 무엇인지를 말씀하고 있다. 즉, 오직 내가 명한 것은 나 여호와에게 순종하라는 것(출 15:26; 신 6:3), 그러면 여호와가 그들의 하나님이 되고, 그들은 여호와의 백성이 될 것이라는 것, 여호와가 그들에게 명하는 그 길로만 걸어가면(삼상 15:22-23), 그들이 잘 될 것이라고 하신다.

렘 7:24. 그들이 순종하지 아니하며 귀를 기울이지도 아니하고 자신들의 악한 마음의 꾀와 완악한 대로 행하여 그 등을 내게로 돌리고 그 얼굴을 향하지 아니하였으며.

본 절은 하나님의 명령에 이스라엘 백성들이나 유다 백성들이 순종하지 않았다는 것을 말한다. 즉, 이스라엘 사람들과 남쪽의 유다 사람들은 내(여호와)게 순종하지도 않고, 내 말에 귀를 기울이지도 않았다. 오히려 자기들의 악한 마음에서 나오는 온갖 계획과 어리석은 고집대로 살고, 얼굴을 나에게로 돌리지 않고, 오히려 등을 나에게서 돌렸다고 하신다(3:17; 11:8). 인간의 배신은 인간의 마음에서 나온다는 것을 말씀하신다.

렘 7:25-26. 너희 조상들이 애굽 땅에서 나온 날부터 오늘까지 내가 내 종 선지자들을 너희에게 보내되 끊임없이 보내었으나, 너희가 나에게 순종하지 아니하며 귀를 기울이지 아니하고 목을 굳게 하여 너희 조상들보다 악을 더 행하였느니라.

25절과 26절은 이스라엘 민족(유다 민족 포함)이 출애굽 시부터 예레미야 시대까지 끊임없이 불순종한 것을 진술한다. 즉, 너희 조상이 애굽 땅에서 나온 날로부터 오늘까지, 여호와께서 나(여호와)의 종 예언자들을 너희에게 보내고 또 보냈지만, 나(여호와)에게 순종하지도 않고(7:13; 25:4; 29:19; 대하 36:15), 귀를 기울이지도 않았다. 오히려 너희는 조상보다도 더 고집이 세고 악하였다(16:11-12)고 하신다.

렘 7:27. 네가 그들에게 이 모든 말을 할지라도 그들이 너에게 순종하지 아니할 것이요 네가 그들을 불러도 그들이 네게 대답하지 아니하리니.

본 절은 여호와께서 예레미야에게 하신 말씀이다. 예레미야 네가 그들(유다 백성들)에게 이 모든 말을 전하더라도, 그들은 여전히 듣지 않을 것이다. 또 네가 그들에게 외치더라도, 그들이 너에게 아무런 반응도 보이지 않을 것이라고 하신다. 이렇게 완악한 백성들을 향하여 예레미야가 여호와의 예언을 전한다는 것이 얼마나 고통스러웠을까가 상상이 된다.

멸망 직전 유다 민족의 완악함이 극에 달했던 것을 알 수 있다. 오늘도 사람이 망하기 직전에는 사람이 아니라 완악 자체인 것을 알 수 있다.

렘 7:28. 너는 그들에게 말하기를 너희는 너희 하나님 여호와의 목소리를 순종하지 아니하며 교훈을 받지 아니하는 민족이라 진실이 없어져 너희 입에서 끊어졌다 할지니라.

본 절도 역시 앞 절과 마찬가지로 여호와께서 예레미야에게 하신 말씀이다. 여호와께서는 예레미야에게 유다 민족이 나 여호와의 말에 순종하지도 않고, 어떤 교훈도 받아들이지 않는 백성임을 말씀하신다. 또한 그들에게서 진실이 아주 없어졌다고 하신다. 그들의 입에서 진실이 사라진지 이미 오래 되었음을 전하라 하신다.

본 절의 "너희는 여호와의 목소리를 순종하지 아니한다"는 말과 "교훈을 받지 아니한다"는 말은 동의절이다. 이렇게 같은 말을 두 번 말씀하신 것은 유다 민족이 참으로 여호와의 목소리를 순종하지 아니한다는 것을 드러내시기 위함이다. 그리고 본 절의 "진실(הָאֱמוּנָה)이 없어졌다"는 말씀은 '여호와께 대한 믿음이 없어졌다'는 뜻이다. 그러니까 유다 민족의 신앙이 없어져서 불순종하게 되었음을 드러내는 말씀이다. 예레미야는 유다 민족에게 신앙이 전혀 없다는 의미에서 말하기를 진실이 없어졌다고 한 것이다. 유대인의 탈굼(Targum)은 "진실"을 "믿음"과 같은 것이라고 말한다. 모든 사회악은 진실이 없음에서 요약되고(9:3), 신앙이 없어서 기인되는 것이다. 오늘날의 사회악 역시 여호와께 대한 신앙 결핍에서 기인한다.

(4) 힌놈 골짜기에서의 우상 숭배 죄를 벌하신다 함(7:29-34)

유다 민족은 여호와께 대한 신앙을 잃어 불순종하여 결국 여호와로부터 내어버림을 당하고 심판을 받게 된다.

<도벳 사당을 건축>

렘 7:29. 너의 머리털을 베어 버리고 벗은 산 위에서 통곡할지어다 여호와께서 그 노하신 바 이 세대를 끊어 버리셨음이라.

여호와께서는 예레미야에게 명령하셔서 유다 민족에게 통회하라 하신다. 그 이유는 유다 민족이 여호와로부터 끊어버림을 당했기 때문이라고 하신다. 즉, 너 유다 민족은 긴 머리털을 잘라서 던지고(비애와 회개의 표시로)[5], 메마른 자산(민둥산-우상 숭배를 한 장소)에 올라가 슬피 통곡해라. 여호와께서는 이 세대를 보시고 진노하셔서 이 세대를 여호와로부터 끊어

5) 나실인은 머리털을 깎지 않았으나 그들이 더러워졌을 때는 머리를 깎았다(민 6:9-12).

버리셨다는 것이다.

오늘 우리도 망함을 면하기 위해서는 죄를 자복하기 위하여 통곡해야 하는 것이다. 쉬지 말고 죄를 자복해야 한다.

렘 7:30. 여호와께서 말씀하시되 유다 자손이 나의 눈 앞에 악을 행하여 내 이름으로 일컬음을 받는 집에 그들의 가증한 것을 두어 집을 더럽혔으며.

본 절은 여호와께서 예레미야에게 유다 민족의 죄를 지적해 주신다. 즉, 여호와께서 말씀하시기를 참으로 유다 백성은, 내가 보기에 악한 일들을 저질렀다. 그들은, 나의 이름을 찬양하려고 세운 성전 안에다가, 자기들이 섬기는 역겨운 것(우상, 7:11)들을 세워 놓으므로 성전을 더럽혔다. 이는 므낫세가 아세라 목상을 성전에 둔 사실을 가리킨다고 본다(Peake, Cheyne, 이상근). 이것이야말로 악의 극치라고 할 수 있다.

렘 7:31. 힌놈의 아들 골짜기에 도벳 사당을 건축하고 그들의 자녀들을 불에 살랐나니 내가 명령하지 아니하였고 내 마음에 생각하지도 아니한 일이니라.

본 절도 역시 여호와께서 예레미야에게 유다 민족의 죄를 또 하나 지적해 주신다. 즉, 또 그들은 힌놈의 아들 골짜기[6]에 도벳이라는 사당(귀신의 집)을 세워 놓고 자기들의 아들과 딸들을 불태워 제물로 바쳤다. 그런 것은 내(여호와)가 명하지도 않았고, 상상조차도 하여 본 적이 없는 일이다. 자기들의 아들과 딸을 불태워 죽이는 일이야 말로 악의 극치가 아닐 수 없다. 이런 모습은 세상에서도 악의 극치를 드러내는 행위임에 틀림없다.

렘 7:32. 그러므로 여호와께서 말씀하시니라 날이 이르면 이곳을 도벳이라

---

6) 힌놈의 아들 골짜기는 예루살렘 서남쪽에 위치한 골짜기이며, "힌놈"이란 이름은 이곳을 소유한 소유자의 이름에서 유래한 듯하다. 힌놈이라는 이름의 뜻은 '신음한다'는 뜻으로 보인다. "도벳"이란 이름은 '화로'라는 뜻으로 추측되며 힌놈의 아들 골짜기에 세워진 사당(신주를 모신 집)이었다. 이곳에서 몰록 신에게 자녀를 불살라 바쳤다(레 18:21; 겔 16:20-21).

하거나 힌놈의 아들의 골짜기라 말하지 아니하고 죽임의 골짜기라 말하리니 이는 도벳에 자리가 없을 만큼 매장했기 때문이니라(Therefore, behold, the days are coming, declares the LORD, when it will no more be called Topheth, or the Valley of the Son of Hinnom, but the Valley of Slaughter: for they will bury in Topheth, because there is no room elsewhere-ESV).

본 절은 힌놈의 아들 골짜기에 대하여 여호와께서 결론적으로 말씀해주시는 진술이 등장한다. 본 절은 유다 민족에 대한 여호와의 심판을 진술한 것이다. 본 절 초두에는 "그러므로"(therefore)라는 결과를 말하는 접속사가 사용되어 본 절이 앞 절의 결과를 말하고 있음을 나타낸다. 앞 절에서는 '힌놈의 아들 골짜기에 도벳 사당을 건축하고 그들의 자녀들을 불에 살랐기' 때문에 그 결과로 여호와께서 본 절을 통해 "힌놈의 아들 골짜기"를 "살육의 골짜기"라 이름 붙이신다. 그리고 본 절 초두에는 "보라"(Behold)라는 말이 등장하여 본 절이 아주 중요하게 관찰해야 할 진술인 것을 지적한다.

즉, 그러므로 보라! 그 날이 오면, 다시는 이곳을 도벳이라 하거나 '힌놈의 아들 골짜기'라고 말하지 않고, '살육'(殺戮)의 골짜기'라고 부를 것이다. 그 때에는 도벳에 매장할 자리가 더 이상 없을 만큼 시체를 매장(埋葬)했기 때문이라고 하신다.

렘 7:33. 이 백성의 시체가 공중의 새와 땅의 짐승의 밥이 될 것이나 그것을 쫓을 자가 없을 것이라.

본 절 역시 유다 민족에 대한 심판이 진술된다. 즉, 전쟁이 나면 이 백성이 너무 많이 살육되므로 매장도 못한 채, 백성의 시체가 아무렇게나 버려지니 공중의 새와 땅에 사는 짐승의 먹이가 될 것이며, 그 짐승들을 쫓아 줄 사람이 아무도 없을 것이라(12:9; 16:4; 신 28:26)고 하신다.

렘 7:34. 그 때에 내가 유다 성읍들과 예루살렘 거리에 기뻐하는 소리,

즐거워하는 소리, 신랑의 소리, 신부의 소리가 끊어지게 하리니 땅이 황폐하리라.

본 절도 역시 유다 민족에 대한 여호와의 심판을 진술한다. 즉, 바벨론의 침략으로 전쟁이 나면 여호와께서 유다의 성읍들과 예루살렘의 모든 거리에서, 흥겨워하는 소리와 기뻐하는 소리, 즐거워하는 신랑과 신부의 목소리를 사라지게 하겠다고 하시며 온 나라가 황무지로 바뀔 것이라고 하신다.

제 8 장

(5) 천체를 향해 드린 제사와 그에 대한 벌(8:1-3)

전쟁의 화(禍)가 살아있는 자들만 아니라 죽은 자들에게까지 미친다는 것이다. 그 중에서도 왕과 지도자들에게까지 화가 임하는 이유는 왕과 지도자들이 백성을 범죄의 길로 유도했기 때문이다.

렘 8:1. 여호와의 말씀이니라 그 때에 사람들이 유다 왕들의 뼈와 그의 지도자들의 뼈와 제사장들의 뼈와 선지자들의 뼈와 예루살렘 주민의 뼈를 그 무덤에서 끌어내어.

여호와께서 말씀하시기를 그 때(그 때란 말은 앞에서 말한 바벨론 군이 유다를 침략했을 때를 지칭한다)에 살아있는 예루살렘 주민들이 유다 왕들의 뼈와 그의 지도자들의 뼈와 제사장들의 뼈와 선지자들의 뼈와 예루살렘의 죽은 사람들의 뼈를 그 무덤에서 끌어냈다는 것이다.

이렇게 살아있는 주민들이 죽은 사람들의 무덤을 파헤치고 사체를 드러낸 것은 죽은 지도자급 되는 사람들이 살아있을 때에 살아있는 사람들을 잘못 인도했기 때문이고, 또 평민들의 사체를 드러낸 것은 죽은 자들이 가지고 있던 보물을 무덤에 숨겼기 때문에 그 보물을 찾기 위함이었다. 죽은 사람들도 잘못하고 죽었지만 살아 있는 자들도 죽은 자들의 보물을 찾아가지려는 것은 끝까지 도둑질을 하겠다는 악한 행위였다.

렘 8:2. 그들이 사랑하며 섬기며 뒤따르며 구하며 경배하던 해와 달과 하늘의 뭇 별 아래에서 펼쳐지게 하리니 그 뼈가 거두이거나 묻히지 못하여 지면에서 분토 같을 것이며.

그들 죽은 자들이 하늘의 해와 달과 하늘의 뭇 별을 사랑했고, 섬겼으며, 뒤따랐고, 구했으며, 경배했는데, 이제는 땅에 살아있는 자들이 하늘의 천체 숭배를 하던 자들(왕하 21:5; 23:11)을 무덤에서 파내어 땅에 펼쳐지게 할 것이니 그 사체들의 뼈가 거두어져서 다시 땅에 묻히지 못하여 땅 위에서 사람의 배설물 취급을 받을 것이라(9:22; 16:4; 왕하 9:36)는 것이다. 사람은 행한 대로 심판을 받는다.

렘 8:3. 이 악한 민족의 남아 있는 자, 무릇 내게 쫓겨나서 각처에 남아 있는 자들이 사는 것보다 죽는 것을 원하리라 만군의 여호와의 말씀이니라.

여호와께서 말씀하시기를 이 악한 유다 민족 중에 살아남아 있는 자들, 무릇 여호와께로부터 이방으로 쫓겨나서 각처에서 남아 있는 자들이 모두 땅 위에서 되는 일들을 보고 땅 위에서 계속해서 살아가느니보다는 차라리 죽는 것을 더 원할 것이라(욥 3:21; 7:15)고 하신다.

2. 유다의 한심함과 그들의 운명(8:4-10:25)

이 부분(8:4-10:25)은 유다 민족의 죄에 대해 하나님의 심판이 진술된다. (1) 유다의 완고한 죄(8:4-12), (2) 포도 열매가 맺히지 않은 포도나무(8:13-17), (3) 선지자 예레미야의 탄식(8:18-22), (4) 예레미야가 나라의 운명을 생각하고 슬퍼하다(9:1-11), (5) 예루살렘의 멸망은 당연한 결과이다(9:12-16), (6) 예루살렘의 멸망을 애도하다(9:17-22), (7) 인간의 유일한 자랑의 근거(9:23-24), (8) 할례는 무가치하다(9:25-26), (9) 우상 숭배는 헛된 행위이다(10:1-5), (10) 여호와 하나님은 전능하시다(10:6-11), (11) 여호와의 전능하신 증거 3가지(10:12-16), (12) 유다 민족이 포로가 된 일과 그들의 탄원(10:17-25).

(1) 유다가 벌을 받을 수밖에 없는 형편(8:4-12)

유다 민족은 율법을 알지 못했고(4-9절), 탐욕에 빠진 완고한 백성이었다

(10-12절).

<죄와 벌>

렘 8:4. 너는 또 그들에게 말하기를 여호와의 말씀에 사람이 엎드러지면 어찌 일어나지 아니하겠으며 사람이 떠나갔으면 어찌 돌아오지 아니하겠느냐.

본 절은 여호와께서 예레미야에게 여호와 앞에서 넘어진 유다 민족이 반드시 일어나야 하고, 여호와 앞에서 떠나간 유다 민족은 반드시 돌아와야 한다는 것을 강조하신다. 즉, 누구나 넘어지면, 다시 일어나지 않겠느냐? 누구나 떠나가면, 다시 돌아오지 않겠느냐고 하신다. 그러나 유다 민족은 완고해서 일어나지도 않았고, 돌아오지도 않았다는 것이다.

렘 8:5. 이 예루살렘 백성이 항상 나를 떠나 물러감은 어찌함이냐 그들이 거짓을 고집하고 돌아오기를 거절하도다.

여호와께서 말씀하시기를 이 예루살렘 백성, 곧 유다 민족의 대표급 되는 예루살렘 백성이 항상 여호와를 떠나 물러갔다. 더 나아가 그들은 거짓을 고집하고, 여호와께 돌아오기를 거절했다. 요시야 왕의 종교개혁시대(주전 622년경)부터 여호야김의 초기까지 20년의 세월이 지났으나 그들은 아직까지 돌아오지 않았다(3:20; 7:24). 그것은 그들이 거짓을 버리지 못하고, 거짓을 고집했기 때문이다. 누구든지 거짓되면 여호와를 등지기 마련이다.

렘 8:6. 내가 귀를 기울여 들은즉 그들이 정직을 말하지 아니하며 그들의 악을 뉘우쳐서 내가 행한 것이 무엇인고 말하는 자가 없고 전쟁터로 향하여 달리는 말 같이 각각 그 길로 행하도다.

여호와께서 말씀하시기를 내가 귀를 기울여 들어 보았으나(23:23-24), 예루살렘 백성들은 진실한 말을 하지 않았다. 예루살렘 주민들 중에 '내가 이런 일을 하다니!'라고 자책은 하면서도 자신의 악행을 뉘우치는 사람은 한 사람도 없었다. 그들 모두는 자기들의 그릇된 길로 갔다. 마치 전쟁터로 달려가는 군마들처럼 떠나간 것이다. 주민들 중에 죄를 자복하는 자가 없었다는 것은 슬픈 일이 아닐 수 없다.

렘 8:7. 공중의 학은 그 정한 시기를 알고 산비둘기와 제비와 두루미는 그들이 올 때를 지키거늘 내 백성은 여호와의 규례를 알지 못하도다.

여호와께서는 유다 민족이 짐승만도 못한 것을 통탄하신다. 짐승들 중에 공중에 날아다니는 학은 그 정한 시기를 알아서 행동하고, 산비둘기와 제비, 두루미 같은 철새들도 그들이 돌아올 때를 지켜 돌아오는데, 유다 백성은 여호와의 규례를 알지 못하여 여호와의 규례를 어기며 돌아오지 않는다는 것이다. 오늘날에도 여전히 철새들보다도 못한 사람들이 허다하다.

렘 8:8. 너희가 어찌 우리는 지혜가 있고 우리에게는 여호와의 율법이 있다 말하겠느냐 참으로 서기관의 거짓의 붓이 거짓되게 하였나니.

너희가 어떻게 '우리는 지혜를 가진 사람들이요, 우리는 주님의 율법을 안다'고 말할 수가 있느냐? 사실은 서기관들의 거짓된 붓이 율법을 거짓말로 바꾸어 놓았다.

"우리는 지혜를 가진 사람들이라고 말할 수가 있느냐"는 말과 "우리는 주님의 율법을 안다 하고 말할 수가 있느냐"는 말은 동의절이다. 이는 실상 거짓된 서기관의 잘못된 교훈 아래 있었던 것이다. 거짓된 서기관들은 율법을 해석하노라고 하면서 교만하여 참 선지자의 말을 그대로 받아들이지 않았다. 그러므로 그들은 회개치 않다가 결국 바벨론의 군대에게 갑자기 사로잡힐 것이다. 그러므로 그들은 지혜 있는 자들이 아니었다(박윤선).

렘 8:9. 지혜롭다 하는 자들은 부끄러움을 당하며 두려워 떨다가 잡히리라 보라 그들이 여호와의 말을 버렸으니 그들에게 무슨 지혜가 있으랴.

앞 절과 같이 자칭 지혜롭다 하면서도 여호와를 아는 참 지혜를 갖지 못한 서기관과 제사장, 예언자들은 홀연히 북쪽의 바벨론의 침략을 당할 것이다(2:26 참조). 참 지혜를 가졌다는 그들이 여호와의 말씀을 버렸으니 그들에게 무슨 지혜가 있다고 말할 수 있겠는가! 여호와를 버리는 사람들은 하늘 아래에서 가장 어리석은 사람들이다.

렘 8:10-12. 그러므로 내가 그들의 아내를 타인에게 주겠고 그들의 밭을 그 차지할 자들에게 주리니 그들은 가장 작은 자로부터 큰 자까지 다 욕심내며 선지자로부터 제사장까지 다 거짓을 행함이라. 그들이 딸 내 백성의 상처를 가볍게 여기면서 말하기를 평강하다, 평강하다 하나 평강이 없도다. 그들이 가증한 일을 행할 때에 부끄러워하였느냐 아니라 조금도 부끄러워하지 않을 뿐 아니라 얼굴도 붉어지지 아니하였느니라 그러므로 그들이 엎드러질 자와 함께 엎드러질 것이라 내가 그들을 벌할 때에 그들이 거꾸러지리라 여호와의 말씀이니라.

이 부분(10-12절)은 백성들의 탐욕을 질책하는 진술로 6:12-15의 내용과 거의 흡사하다. 그 주해를 참조하라.

(2) 포도 열매가 맺히지 않은 포도나무(8:13-17)

13-17절은 거짓된 유다 민족에게 드디어 여호와의 심판이 임하신다는 내용이다. 북에서 오는 바벨론 침략은 먼저 유다의 농작물(포도나무, 무화과나무)을 전멸시킨다는 것이다.

렘 8:13. 여호와의 말씀이니라 내가 그들을 진멸하리니 포도나무에 포도가 없을 것이며 무화과나무에 무화과가 없을 것이며 그 잎사귀가 마를 것이라 내가 그들에게 준 것이 없어지리라 하셨나니.

여호와께서 말씀하시기를 내가 친히 유다 민족이 경영하는 농작물을 멸절하시겠다고 하신다. 즉, 유다 사람들이 거둘 것을 내(여호와)가 말끔히 거두어 치우리니, 포도덩굴에 포도송이도 없고(사 5:1-2), 무화과나무에 무화과도 없고(마 21:19; 눅 13:7), 잎까지 모두 시들게 할 것을 말하신다. 그러므로 내가 그들에게 준 것들이 모두 사라져 버릴 것이라고 하신다. 그리하여 백성들은 심각한 기근에 빠지는 것이다.

렘 8:14. 우리가 어찌 가만히 앉았으랴 모일지어다 우리가 견고한 성읍들로 들어가서 거기에서 멸망하자 우리가 여호와께 범죄하였으므로 우리 하나님 여호와께서 우리를 멸하시며 우리에게 독한 물을 마시게 하심이니라.

본 절은 유다 민족이 바벨론의 침략으로 망하게 되었으니, 다 함께 모여서 견고한 성읍들로 들어가서 사는 데까지 살다가 멸망하자고 제안하는 모습을 보여준다. 그렇게 하는 이유에 대해서는 범죄한 유다 민족을 여호와께서 지금 멸하시며, 독한 물(우리의 생명을 빼앗는 물을 지칭한다)을 마시게 하셔서 죽이실 것이기 때문이라고 한다. 유다 민족은 바벨론의 침략으로 그들이 죽게 된 것을 알았지만, 진실로 그들은 참 구원되시는 여호와께로는 결단코 돌아오지 않았다. 사랑이신 하나님의 마음을 몰라도 너무 모르는 안타까운 반응이다. 오늘 우리는 빨리 죄를 자복하면서 여호와께 돌아가야 한다.

렘 8:15. 우리가 평강을 바라나 좋은 것이 없으며 고침을 입을 때를 바라나 놀라움뿐이로다.

본 절은 유다 민족이 이구동성으로 말하는 말이다. 즉, 우리 민족이 고대한 것은 평화였는데 좋은 일이라고는 하나도 없다. 우리는 이 상처가 낫기를 고대했는데, 오히려 무서운 일만 당하고 있으니 참 기가 막힌 형편이라고 말한다.

렘 8:16. 그 말의 부르짖음이 단에서부터 들리고 그 준마들이 우는 소리에 온 땅이 진동하며 그들이 이르러 이 땅과 그 소유와 성읍과 그 중의 주민을 삼켰도다.

바벨론 군의 말들의 콧소리가 이미 단(이스라엘의 북쪽 끝에 속해 있는 땅이다. 바벨론이 유다의 북쪽에 있기 때문에 단에서 들려온다고 본 것이다) 에서부터 들려오고, 그 힘센 말들의 부르짖는 소리에 온 땅이 진동한다. 바벨론 군대가 들어와서 이 땅과 그 안에 가득 찬 것을 휩쓸고, 성읍과 사람들을 다 삼키고 있으니 야단났다는 것이다.

렘 8:17. 여호와의 말씀이니라 내가 술법으로도 제어할 수 없는 뱀과 독사를 너희 가운데 보내리니 그것들이 너희를 물리라 하시도다.

히브리 원문의 본문 초두에는 이유를 말하는 접속사(כִּי-for)가 나타나 본 절이 앞 절(16절)의 이유가 됨을 알게 해 준다. 앞 절에서는 유다 나라가 삽시간에 망하게 되었다는 것을 말했는데, 그렇게 된 이유가 본 절에 제공되고 있다. 앞 절에 보면 사람이 어찌할 수 없는 바벨론 군대가 유다에 닥쳐온다는 것을 말했는데, 그 이유가 여호와께서 술법으로도 제어할 수 없는 뱀과 독사(바벨론 군대)를 보내시기 때문이라는 것이다.

그리고 또 본 절 초두에는 "보라"(ynIn]hi)라는 말이 있어 본 절을 아주 주의해서 관찰해야 한다는 것을 말하고 있다. 즉, 보라! 내(여호와)가 뱀을 너희에게 보내겠다. 어떤 술법으로도 제어할 수 없는 독사들(바벨론 군대를 상징하는 말)을 너희에게 보낼 것이니, 그것들이 너희를 물게 될 것이라고 하신다.

유다 민족이 신봉하던 우상이나 마술이나 그 어떤 방법으로도 방어할 수 없는 군대가 바로 바벨론 군대라고 하신다.

(3) 선지자 예레미야의 탄식(8:18-22)

<선지자의 번뇌>

렘 8:18. 슬프다 나의 근심이여 어떻게 위로를 받을 수 있을까 내 마음이 병들었도다.

예레미야는 본 절에서 바벨론의 침공을 보면서 심히 슬퍼하는 말을 한다. 즉, 나(예레미야)의 기쁨이 사라졌다고 한다. 사라진 기쁨 대신 슬픔이 엄습해 왔고, 내(예레미야) 가슴엔 멍이 들었다고 말한다.

렘 8:19. 딸 내 백성의 심히 먼 땅에서 부르짖는 소리로다 여호와께서 시온에 계시지 아니한가, 그의 왕이 그 가운데 계시지 아니한가 그들이 어찌하여 그 조각한 신상과 이방의 헛된 것들로 나를 격노하게 하였는고 하시니.

본 절은 예레미야의 말과 유다 민족의 불평과 여호와의 응답으로 이루어져 있다.

(1) 예레미야는 "딸 내 백성의 심히 먼 땅에서 부르짖는 소리로다"라는 말을 한다. 예레미야는 애처로운 유다 백성이 심히 멀고도 먼 바벨론에 포로로 가서 부르짖는 소리를 영적으로 들으면서 말한다.

(2) 둘째는 유다 민족의 불평이 진술되어 있다. 즉, "여호와께서 시온에 계시지 아니한가, 유다 민족의 왕이 그 시온에 계시지 아니한가. 그 왕(미 4:9; 사 8:21; 33:22)이 시온에 계시다면 유다 민족을 지켜주실 터인데, 어찌 자신들이 바벨론에까지 포로가 되어 왔는가?"라고 불평한 것이다.

(3) 유다 민족의 불평을 들으시고 여호와께서는 "그들이 어찌하여 그 조각한 신상과 이방의 헛된 것들로 나를 격노하게 하였는고 하신다"는 것이다. 즉, 유다 민족이 어찌하여 그 조각한 신상과 이방의 헛된 우상들로 나(여호와)를 격노하게 만들었는가? 그것이 원인이 되어 그들이 벌을 받아 바벨론에까지 포로되어 끌려 온 것이라고 대답해주신다.

렘 8:20. 추수할 때가 지나고 여름이 다하였으나 우리는 구원을 얻지 못한다 하는도다.

본 절은 너무 늦게 죄의 심각성을 깨달은 자들의 통곡이 진술되어 있다. 여호와께서 기대하시고 있는 회개를 위한 기회를 암시하고 있는 "추수의 때"는 지나가고 말았다. 가능할 때 심판으로부터 구원을 받기 위하여 여호와의 예비하심을 이용하지 않았으므로 이제 유다 백성들에게 구원의 소망이 사라져 버렸다(Charles H. Dyer).

렘 8:21. 딸 내 백성이 상하였으므로 나도 상하여 슬퍼하며 놀라움에 잡혔도다.

본 절은 예레미야가 유다 백성의 심령이 상했기 때문에(23:9) 자신도 심히 상했다는 것을 말한다(사 61:1). 즉, "나의 백성(유다 백성), 나의 딸이, 채찍을 맞아 상하였기 때문에, 내 마음도 상처를 입는구나. 슬픔과 놀라움이 나를 사로잡는다"고 말한다.

렘 8:22 길르앗에는 유향이 있지 아니한가 그 곳에는 의사가 있지 아니한가 딸 내 백성이 치료를 받지 못함은 어찌 됨인고(Is there no balm in Gilead? Is there no physician there? Why then has the health of the daughter of my people not been restored?-RSV, ESV)**.**

본 절은 이 부분(18-22절)의 결론이다. 즉, "길르앗(요단 강 동편, 모압의 북쪽, 바산의 남쪽에 있는 지명)에는 유향(유향은 상처에 바르는 의료품으로 사용되고, 유다인을 통해 두로에 수출되었다. 겔 27:17)이 떨어졌는가? 그 곳에는 의사가 하나도 없는가? 어찌하여 유다 백성, 나의 딸 유다 백성의 병이 낫지 않는 것일까?"라고 말한다. 길르앗에는 의사도 있었는데, 유다 백성의 육체의 병이 낫지 않음은 어찌된 일인가 말하며 탄식한다는 것이다.

그러나 유다 백성들의 상처를 고치는 분은 의사이신 여호와시요(3:22; 30:17; 33:6), 그 의약도 여호와시다. 유다 백성이 회개하고, 여호와께 돌아오는 것이 고침 받는 길이다. 어떤 성도들은 거의 매일 병원을 찾는 것을 볼 수도 있으나 우리의 의원은 만군의 주 여호와이심을 알아야 할 것이다.

제 9 장

(4) 예레미야가 나라의 운명을 생각하고 슬퍼하다(9:1-11)

렘 9:1. 어찌하면 내 머리는 물이 되고 내 눈은 눈물 근원이 될꼬 죽임을 당한 딸 내 백성을 위하여 주야로 울리로다.

예레미야는 자기 백성을 위해서 끊임없이 울고 싶다는 소원을 발표한다. 즉, "살해된 나의 유다 백성, 나의 딸 유다 백성을 생각하면서, 내가 낮이나 밤이나 울 수 있도록, 누가 나의 머리를 눈물로 채워 주고, 나의 두 눈을 눈물샘이 되게 해 주면 주야로 울 것이구나(13:17; 14:17)"라고 말한다. 예레미야는 눈물의 예언자였다.

2-9절. 예레미야에게 비탄의 눈물을 안겨준 원인은 백성들의 거짓 죄였다.

렘 9:2. 내가 광야에서 나그네가 머무를 곳을 얻는다면 내 백성을 떠나가리니 그들은 다 간음하는 자요 반역한 자의 무리가 됨이로다.

예레미야는 그 누군가가 저 사막에다가 예레미야가 쉴만한 나그네의 휴식처를 마련하여 준다면 자기 백성을 떠나가기 원한다고 말한다. 왜냐하면 이 백성이 참으로 모두 간음하는 자들이요 배신자의 무리이기 때문이라는 것이다.

"광야에서 나그네가 머무를 곳"이란 말은 대상들이 길을 가다가 잠시 유할 수 있는 조잡한 숙소였다. 예레미야는 우상 숭배로 행음하고 여호와께 패역한 백성들과 함께 성읍에서 사는 것보다 광야로 가서 나그네가 머물 수 있는 곳에서 살기를 원했다(욥 38:26; 시 55:6-7).

"내 백성을 떠나가리니"란 말의 의미는 '유다 백성을 떠나가고 싶다'는 소원을 말한 것뿐이지, 자신을 무조건 비탄에 빠진 은둔주의자로 표현한 것은 아니었다. 예레미야는 백성들의 행음과 패역한 죄를 규탄하는 것뿐이었다. 예레미야는 여호와에 대한 백성들의 불신실함을 참으로 싫어했다.

렘 9:3. 여호와의 말씀이니라 그들이 활을 당김 같이 그들의 혀를 놀려 거짓을 말하며 그들이 이 땅에서 강성하나 진실하지 아니하고 악에서 악으로 진행하며 또 나를 알지 못하느니라.

여호와께서 "유다 민족이 활을 당기면 활이 굽어지는 것 같이 그들의 혀를 굽혀 거짓을 말하며(시 64:3), 유다 민족이 이 유다 땅에서 강성하나 진실하지 아니하고, 악에서 악으로 진행하며, 또 결과적으로 여호와를 알지 못하느니라"고 말씀하신다.

아무튼 유다 민족은 거짓말을 아주 잘하는 민족이고(3, 5절), 진실하지 아니하며(3절), 속이고(4, 5절), 진실을 말하지 아니하며(5절), 잘 속이는 민족(6절)이라고 하신다.

렘 9:4. 너희는 각기 이웃을 조심하며 어떤 형제든지 믿지 말라 형제마다 완전히 속이며 이웃마다 다니며 비방함이라.

여호와께서는 또 유다 민족 각자에게 (1) 이웃을 조심할 것, (2) 이웃을 믿지 말 것이라고 하신다. 그 이유는 (1) 형제가 형제를 완전히 속이고, (2) 이웃끼리 서로 중상 모략하기 때문이다. 그러니까 믿을 사람이 한 사람도 없다는 논리이다.

렘 9:5. 그들은 각기 이웃을 속이며 진실을 말하지 아니하며 그들의 혀로 거짓말하기를 가르치며 악을 행하기에 지치거늘.

여호와께서 말씀하시기를 유다 백성들은 누구나 이렇게 각기 이웃을 속이고 서로 진실을 말하지 않는다. 그들의 혀는 거짓말을 하는 데 길들여져 있다. 죄 짓는 일을 너무 많이 행하여 죄악 행하기에 지쳐 있다는 것이다.

렘 9:6. 네가 사는 곳이 속이는 일 가운데 있도다 그들은 속이는 일로 말미암아 나를 알기를 싫어하느니라 여호와의 말씀이니라(Heaping oppression upon oppression, and deceit upon deceit, they refuse to know me, declares the LORD-ESV).

여호와께서 말씀하시기를 유다 민족은 서로 속고 속이는 일을 되풀이하면서 기만 가운데 살기 때문에, 아무도 나(여호와)를 알려고 하지를 않는다는 것이다. 이렇게 속고 속이는 일을 계속하다가 보면 여호와를 알 수도 없는 것이다.

렘 9:7. 그러므로 만군의 여호와께서 이와 같이 말씀하시되 보라 내가 내 딸 백성을 어떻게 처치할꼬 그들을 녹이고 연단하리라.

본 절 초두의 "그러므로"(therefore)란 말은 유다 민족이 거짓되므로(2-6절), 결과적으로 여호와께서 어떻게 처치하신다는 것, 즉 유다 민족의 죄악에 대한 결과를 나타내는 단어가 된다. 즉, 나 만군의 여호와는 보라!, 내가 내 백성을 금속 단련하듯 단련하며, 시험하여 보겠다. 내 백성이 악을 저지르고 있으니, 이 죄 많고, 가련한 백성을 내가 달리 어떤 방법으로 다룰 수 있겠느냐고 말씀하신다. 유다 백성처럼 거짓된 백성은 제련하는 수밖에 없다고 하신다(6:29-30; 사 1:25; 말 3:3).

렘 9:8. 그들의 혀는 죽이는 화살이라 거짓을 말하며 입으로는 그 이웃에게 평화를 말하나 마음으로는 해를 꾸미는도다.

유다 백성들의 혀는 사람을 죽이는 화살로서(시 12:2; 28:3; 55:21), 항상 거짓을 말하며, 입으로는 자기 이웃에게 평화를 말하지만 속으로는 이웃에게 해를 꾸미고 있음을 드러낸다.

유다 백성들은 겉으로는 평화를 말하고, 사랑하는 척하지만 속으로는 사람을 죽이는 독을 품고 있었다. 거짓은 참으로 무서운 것이다.

렘 9:9. 내가 이 일들로 말미암아 그들에게 벌하지 아니하겠으며 내 마음이

이런 나라에 보복하지 않겠느냐 여호와의 말씀이니라.

본 절은 5:9, 29에도 반복되고 있는 것을 보아 후렴의 역할을 하고 있다.

렘 9:10. 내가 산들을 위하여 울며 부르짖으며 광야 목장을 위하여 슬퍼하나니 이는 그것들이 불에 탔으므로 지나는 자가 없으며 거기서 가축의 소리가 들리지 아니하며 공중의 새도 짐승도 다 도망하여 없어졌음이라.

예레미야는 바벨론의 침략으로 말미암아 유다 나라의 산들이 불에 탔으므로 울었고, 부르짖었으며, 또 광야 목장도 불에 탔으므로(12:4; 23:10) 이를 위하여 슬퍼했다. 이는 산들과 광야 목장들까지 불에 탔으므로 그곳들을 지나는 자들이 없고, 또 산들과 광야 목장들로부터 가축도 불타서 그들의 소리가 들리지 아니하며, 공중의 새도 짐승도 모두 전쟁으로 말미암아 날아가고 없어져서 울며 슬피 울부짖었다는 것이다. 죄악으로 말미암은 전쟁은 개인과 나라에 엄청난 슬픔을 주는 것이다.

렘 9:11. 내가 예루살렘을 무더기로 만들며 승냥이 굴이 되게 하겠고 유다의 성읍들을 황폐하게 하여 주민이 없게 하리라.

여호와께서 예루살렘과 또 유다의 다른 성읍들을 황폐하게 만들겠다고 하신다. 즉, 내가 예루살렘을 돌무더기로 만들어서 여우들이 우글거리는 소굴이 되게 만들겠고, 유다의 다른 성읍들을 황무지로 바꾸어 놓아 아무도 살 수 없게 하겠다고 하신다. 본 절은 예레미야가 즐겨 사용하는 구절이다 (10:22; 49:33; 51:37).

(5) 예루살렘의 멸망은 당연한 결과이다(9:12-16)

렘 9:12. 지혜가 있어서 이 일을 깨달을 만한 자가 누구며 여호와의 입의 말씀을 받아서 선포할 자가 누구인고 이 땅이 어찌하여 멸망하여 광야 같이 불타서 지나가는 자가 없게 되었느냐.

예레미야는 이 유다 땅이 어찌하여 전쟁으로 멸망하여 광야 같이 불타서 지나가는 자가 없게 되었는지 지혜가 있어서 이 일을 깨달을 만한 자가 누구며, 또 이 문제에 관해서 알려주시는 여호와의 입의 말씀을 받아서 선포할 자가 누구인지 질문한다.

한 나라에 전쟁이 닥쳐서 모두 멸망하고 부서지는 이유를 깨닫는 자가 있다는 것은 참으로 중요한 일이고, 또 그렇게 되는 이유를 여호와께 받아서 전파하는 자가 있다는 것은 아주 감사한 일이다. 예레미야는 당시 횡행하고 있는 거짓 예언자가 있는 것을 매우 개탄하고 있다.

렘 9:13-14. 여호와께서 말씀하시되 이는 그들이 내가 그들의 앞에 세운 나의 율법을 버리고 내 목소리를 순종하지 아니하며 그대로 행하지 아니하고, 그 마음의 완악함을 따라 그 조상들이 자기에게 가르친 바알들을 따랐음이라.

13절과 14절은 앞 절(12절)에서 예레미야가 이 유다 땅이 어찌하여 전쟁으로 멸망하여 광야 같이 불타서 지나가는 자가 없게 되었는지 지혜가 있어서 이 일을 깨달을 만한 자가 누구며, 또 이 문제에 관해서 알려주시는 여호와의 입의 말씀을 받아서 선포할 자가 누구인지 질문했는데, 여호와께서 여기서(13-14절) 대답하고 계신다. 즉, 나(여호와)는 이 백성에게 나의 율법을 주면서 지키라고 했으나 그들이 그것을 버리고, 나(여호와)의 말씀을 순종하지 않고, 실천하지 않았기 때문이고, 그들은 오히려 자기들의 고집대로 살고, 조상이 섬기라고 가르쳐 준 바알 신들을 따라다녔기 때문이라고 하신다.

여호와를 등지고 사는 사람들은 전쟁의 이유도 알지 못하고, 불행의 이유도 알지 못하며, 재앙의 이유도 알지 못한다는 것이다. 그들은 답답하고, 깜깜한 가운데서 세상을 사는 수밖에 없는 것이다.

렘 9:15-16. 그러므로 만군의 여호와 이스라엘의 하나님께서 이와 같이

말씀하시니라 보라 내가 그들 곧 이 백성에게 쑥을 먹이며 독한 물을 마시게 하고.

본 절 초두의 "그러므로"란 말은 앞 절들(13-14절)에서 여호와께서 말씀하신 대답에 대한 결과를 말씀하시는 것이다. 즉, 나 만군의 여호와 이스라엘의 하나님이 말한다. 내가 이 백성에게 쓴 쑥(고통스런 환난의 상징)을 먹이며, 독을 탄 물(고통스런 환난의 상징)을 마시게 하겠다고 하시며(16절), 그들과 그들의 조상이 알지 못하던 여러 나라 가운데에 그들을 흩어 버리고(바벨론으로 흩어버리신다는 뜻, 신 28:64; 레 26:33), 진멸되기까지 그 뒤로 칼을 보내겠다(예루살렘이 함락되고 도망하는 유다 백성의 뒤를 바벨론 군대가 추격한 것을 가리킬 것이다)고 하신다.

(6) 예루살렘의 멸망을 애도하다(9:17-22)

<사랑과 정의와 공의를 행하시는 여호와>

렘 9:17-18. 만군의 여호와께서 이와 같이 말씀하시되 너희는 잘 생각해 보고 곡하는 부녀를 불러오며 또 사람을 보내 지혜로운 부녀를 불러오되, 그들로 빨리 와서 우리를 위하여 애곡하여 우리의 눈에서 눈물이 떨어지게 하며 우리 눈꺼풀에서 물이 쏟아지게 하라.

만군의 여호와(2:19 참조)께서 이 아래처럼 말씀하시기를 유다 백성들은 곰곰이 생각해 보고 직업적으로 곡해주고 돈을 받는 부녀들(대하 35:25; 전 12:5; 암 5:16)을 불러 오며 또 사람을 보내 지혜로운 부녀들(삼하 20:16)을 더 불러오되 그들로 하여금 빨리 와서 유다 백성을 위하여 슬피 울어서 유다 백성의 눈에서 눈물이 떨어지게 하며 심지어 유다 백성의 눈꺼풀에서도 눈물이 펑펑 쏟아지게 울어 달라고 부탁하라는 것이다.

유다 백성들이 엄청난 환난을 당했는데도 울지 않으니, 여호와께서 직업적으로 울어주는 부녀들이라도 불러와서 눈물을 흘리라는 부탁이시다. 눈물을 흘리며 통회하는 것은 아주 중요한 일이다.

렘 9:19. 이는 시온에서 통곡하는 소리가 들리기를 우리가 아주 망하였구나 우리가 크게 부끄러움을 당하였구나 우리가 그 땅을 떠난 것은 그들이 우리 거처를 헐었음이로다 함이로다.

본 절 초두에는 이유를 말하는 접속사(כִּי)가 있어서 본 절이 앞 절의 이유를 제공하고 있음을 보여준다. 앞 절에 대신 울어주는 부녀들을 불러와서 울게 하라고 여호와께서 말씀하셨는데 그 이유가 본 절에 길게 진술되어 있다. 즉, 시온에서 통곡하는 소리가 들려오는데, '어쩌다가 우리가 이렇게 망하였으며, 이토록 수치를 당하게 되었는가? 적군이 우리의 거처를 모조리 부수었으니, 우리는 이제 우리의 땅을 떠나야만 하니 부녀들을 불러와서 울게 해야 한다'는 것이다.

렘 9:20. 부녀들이여 여호와의 말씀을 들으라 너희 귀에 그 입의 말씀을 받으라 너희 딸들에게 애곡하게 하고 각기 이웃에게 슬픈 노래를 가르치라.

부녀들이여! 너희는 진정으로 울기 위하여 여호와의 말씀을 경청하라. 너희(부녀들)는 귀를 기울여서, 여호와의 입에서 나오는 말씀을 받아들여라. 그리고 딸들에게도 슬퍼하는 법을 가르치고, 너희도 각기 이웃에게 장송곡 부르는 법을 서로 가르쳐서 이 난국을 당하여 진심으로 울라고 여호와께서 말씀하신다.

렘 9:21. 무릇 사망이 우리 창문을 통하여 넘어 들어오며 우리 궁실에 들어오며 밖에서는 자녀들을 거리에서는 청년들을 멸절하려 하느니라.

본 절 초두에는 이유 접속사(כִּי-무릇)가 있어 본 절이 앞 절의 이유를 나타내고 있다. 앞 절에서 부녀들을 불러서 울게 하고 딸들로 하여금 애곡하게 하고, 또 모두들 각기 슬픈 노래를 가르쳐야 하는 이유는 나라 전체가 난리가 났기 때문이라는 것이다. 그 이유는 사망이 우리의 창문을 넘어서 방 안으로 들어왔고, 우리의 왕궁에까지 들어왔으며, 거리에서는 어린 아이들이 사정없이 죽어 가고 있고, 장터에서는 젊은이들이 죽어 가고 있기 때문에 울지 않을 수가 없다는 것이다.

"사망이 우리 창문을 통하여 넘어 들어오며"란 말은 밖에서 침략군이 유다 나라에 들어와서 사람을 죽이는 바람에 사망이 우리 창문을 통하여 통과해서 들어온다고 묘사하고 있다. 여기 "사망"이란 말이 의인화되어 사용되고 있다. 실제로 유다 민족은 창문을 닫아 놓으면 안전할 줄 알았으나 여호와께서 창문을 통하여 사망이 들어오게 하실 것을 말씀하신다.

렘 9:22. 너는 이같이 말하라 여호와의 말씀에 사람의 시체가 분토 같이 들에 떨어질 것이며 추수하는 자의 뒤에 버려져 거두지 못한 곡식단 같이 되리라 하셨느니라.

여호와께서 말씀하시기를 너 예레미야는 다음과 같이 전하여라. 사람의 시체가 들판에 거름 더미처럼 널려 있고(8:2; 16:4), 거두어들이지 않은 곡식의 단이 들판에 그대로 널려 있듯이, 시체가 널려 있다고 전해라. 참 무서운 광경이다. 죄는 무서운 광경을 연출하는 법이다.

(7) 인간의 유일한 자랑의 근거(9:23-24)

렘 9:23. 여호와께서 이와 같이 말씀하시되 지혜로운 자는 그의 지혜를 자랑하지 말라 용사는 그의 용맹을 자랑하지 말라 부자는 그의 부함을 자랑하지 말라.

여호와께서 다음과 같이 말씀하시기를 지혜 있는 사람은 자기의 지혜를 자랑하지 말라. 용사는 자기의 힘을 자랑하지 말라. 부자는 자기의 재산을 자랑하지 말라. 이 세 가지(지혜, 힘, 재산)는 사람들이 흔히 자랑하기 쉬운 조건들이다. 그러나 우리는 이 세 가지뿐만 아니라 세상의 그 무엇도 자랑해서는 절대 안 된다.

렘 9:24. 자랑하는 자는 이것으로 자랑할지니 곧 명철하여 나를 아는 것과

나 여호와는 사랑과 정의와 공의를 땅에 행하는 자인 줄 깨닫는 것이라 나는 이 일을 기뻐하노라 여호와의 말씀이니라.

세상 것은 자랑하지 말고 꼭 자랑하고 싶은 사람은 다음과 같은 것을 자랑하라는 것이다. 즉, 나(여호와)를 아는 것, 나 여호와가 긍휼과 공평과 공의를 세상에 실현하는 하나님인 것, 내가 이런 일 행하기를 좋아한다는 것을 깨달아 알 만한 지혜를 가지게 된 것을 자랑하라고 하신다. 이상의 것은 주 여호와께서 말씀하시는 내용이다.

(8) 할례는 무가치하다(9:25-26)

렘 9:25. 여호와의 말씀이니라 보라 날이 이르면 할례 받은 자와 할례 받지 못한 자를 내가 다 벌하리니.

본 절 초두에 "보라"라는 말이 등장하는데, 이는 본 절이 아주 중요하니 잘 관찰하라는 뜻이다. 그리고 "날이 이르면"이란 말은 '바벨론의 침략 때가 되면'이란 뜻이다. 즉, 바벨론의 침략 때가 되면 "할례 받은 자와 할례 받지 못한 자를 내(여호와)가 다 벌할 것이다"라는 의미이다. 육체에 할례를 받았다고 해서 여호와께서 벌을 면제하시지는 않으시겠다는 의지가 드러난 표현이다. 육체에 할례를 받은 자가 심판을 면하려면 계속해서 죄를 자복하는 삶의 자리에 있어야 한다. 다시 말해 죄를 자복하지 않는다면 할례를 받은 것은 아무런 효력이 없다는 것이다.

렘 9:26. 곧 애굽과 유다와 에돔과 암몬 자손과 모압과 및 광야에 살면서 살쩍을 깎은 자들에게라 무릇 모든 민족은 할례를 받지 못하였고 이스라엘은 마음에 할례를 받지 못하였느니라 하셨느니라.

여호와께서 말씀하시기를 애굽과 유다와 에돔과 암몬 자손과 모압과 및 광야에 살면서 살쩍을 깎은 자들(아라비아 족속들을 지칭한다고 함, K.&D.)이 마음에 할례를 받지 못하면 그 할례자는 역시 여호와의 심판을 받을 수밖에 없고, 육체에 할례를 받은 유다 민족이 마음에 할례를 받지 못하면, 동일하게 여호와의 심판을 받게 되니 결국 유다 민족이나 이방인이나 똑같이 여호와의 심판을 피할 수 없다는 것이다.

제 10 장

(9) 우상 숭배는 헛된 행위이다(10:1-5)

<우상의 가르침과 참 하나님 여호와>

렘 10:1. 이스라엘 집이여 여호와께서 너희에게 이르시는 말씀을 들을지어다.

본 절 초두의 "이스라엘 집이여"라는 말은 남쪽 나라 "유다 집이여!"라는 말과 같다. 남쪽 나라 유다 나라도 북쪽 나라 이스라엘과 똑같은 뿌리를 가지고 있으니 유다 나라도 이스라엘 집인 것이다. "여호와께서 너희에게 이르시는 말씀을 들으라"라고 하신다. 진실로 여호와의 말씀을 듣고, 순종하는 것이 살 길이다.

렘 10:2. 여호와께서 이와 같이 말씀하시되 여러 나라의 길을 배우지 말라 이방 사람들은 하늘의 징조를 두려워하거니와 너희는 그것을 두려워하지 말라.

본 절은 여호와께서 말씀하시는 것으로 여러 나라의 길(이방 나라들의 행동 원리 등 혜성의 출현, 일식, 월식, 유성, 지진이나 대기에 일어나는 변화 등)을 배우지 말라고 말씀하신다. 그 이유는 이방 사람들은 하늘의 징조를 두려워하기 때문이라고 하신다. 그러므로 유다 민족은 하늘의 징조를 두려워하지 말고, 오직 하나님만 두려워하라는 것이다. 마 10:28 참조. 오늘의 우리 역시 하나님만 두려워하여 회개에 힘써야 할 것이다.

렘 10:3. 여러 나라의 풍습은 헛된 것이니 삼림에서 벤 나무요 기술공의 두 손이 도끼로 만든 것이라.

여러 나라 사람들이 우상을 숭배하는 풍속은 헛된 것이다. 그들의 우상은 숲 속에서 베어 온 나무들을 가지고 조각가들이 연장으로 다듬어서 만든 공예품일 뿐이다.

렘 10:4. 그들이 은과 금으로 그것에 꾸미고 못과 장도리로 그것을 든든히 하여 흔들리지 않게 하나니.

조각가들이 은과 금을 가지고 나무 위에다가 꾸미고 못과 장도리를 가지고 그 공예품들을 든든하게 하여 흔들리지 않게 했다. 그런데 이런 공예품 앞에 사람들이 엎드려서 복을 달라고 비는 행위는 참으로 한심한 일이 아닐 수 없다.

렘 10:5. 그것이 둥근 기둥 같아서 말도 못하며 걸어다니지도 못하므로 사람이 메어야 하느니라 그것이 그들에게 화를 주거나 복을 주지 못하나니 너희는 두려워하지 말라 하셨느니라.

그 공예품들이 둥근 기둥 같이 생겼고, 말도 못하며, 걸어다니지도 못함으로 옮겨놓을 때는 사람이 메어 옮겨야 하느니라. 그 공예품들이 사람들에게 화를 주거나 복을 주지 못하니 너희들은 두려워하지 말라(사 41:23; 46:1, 7)고 여호와께서 부탁하셨느니라.

(10) 여호와 하나님은 전능하시다(10:6-11)

렘 10:6. 여호와여 주와 같은 이 없나이다 주는 크시니 주의 이름이 그 권능으로 말미암아 크시니이다.

여호와여! 여호와와 같으신 분이 없습니다. 여호와께서는 위대하시며, 여호와의 이름은 권능 때문에 크십니다(신 10:17; 시 136:2). 여호와께서 크시다고 하는 것은 만군의 여호와라는 이름에 나타나 있다. 더 이상 크신 이름이 있을까?

렘 10:7. 이방 사람들의 왕이시여 주를 경외하지 아니할 자가 누구리이까 이는 주께 당연한 일이라 여러 나라와 여러 왕국들의 지혜로운 자들 가운데 주와 같은 이가 없음이니이다.

세계 만민의 왕이시여! 누가 주님을 두려워하지 않을 수가 있겠습니까? 우리는 주님 앞에 벌벌 떠는 존재일 수밖에 없습니다. 여호와는 공경 받아 마땅한 분이십니다. 세계 만민의 모든 지혜 있는 자들 가운데에도, 모든 나라의 왕들 가운데에도, 여호와와 같으신 분은 아무도 없습니다(시 22:28; 47:7-8; 96:10).

렘 10:8. 그들은 다 무지하고 어리석은 것이니 우상의 가르침은 나무뿐이라.

우상들은 모두가 한결같이 무지하고 어리석습니다. 나무로 만든 우상에게서 인간이 배운다고 한들, 그들에게서 무엇을 배우겠습니까? 그것들은 모두 그냥 나무일뿐입니다.

렘 10:9. 다시스에서 가져온 은박과 우바스에서 가져온 금으로 꾸미되 기술공과 은장색의 손으로 만들었고 청색 자색 옷을 입었나니 이는 정교한 솜씨로 만든 것이거니와.

나무로 만든 우상이란 다시스(지브랄탈 해엽에 있는 스페인의 항구)에서 가져온 은박과 우바스(아라비아에 있는 금산지)에서 가져온 금박으로 꾸민 것이고(사 30:22; 40:19), 기술공과 은장색의 손으로 만들었으며, 청색 자색 옷을 입혔나니 우상이란 정교한 솜씨를 통해서 만들어진 것에 불과하다.

렘 10:10. 오직 여호와는 참 하나님이시요 살아 계신 하나님이시요 영원한 왕이시라 그 진노하심에 땅이 진동하며 그 분노하심을 이방이 능히 당하지 못하느니라.

본 절은 여호와가 어떤 분이심을 진술한다. 즉, “오직 여호와는 참되신 하나님(진리의 하나님이란 뜻)이시고, 살아 계시는 하나님이시며, 영원한 왕이십니다. 여호와께서 진노하시면, 땅이 지진을 일으키고, 여호와의 진노는 세계 만민이 감당할 수가 없습니다(나 1:6)"라고 표현한다. 진실로 여호와의 진노를 막는 길은 인간들이 죄를 자복하는 길밖에 없다.

렘 10:11. 너희는 이같이 그들에게 이르기를 천지를 짓지 아니한 신들은 땅 위에서, 이 하늘 아래에서 망하리라 하라.

본 절은 갈대아어(아람어)로 기록되어 있는 본문으로 탈굼(Targum)에는 유대인들이 갈대아의 우상 경배에 유혹되었을 때, 대답하기 위한 것으로 해석되고 있다(이상근). 본 절에 대해서는 두 가지 견해가 있다. (1) 예레미야의 비서나 다른 사람의 가필(加筆)일지도 모른다는 견해이고(Ewald, Lange), (2) 예레미야가 바벨론 사람들이 직접 읽도록 하기 위해 이렇게 아람어로 기록한 것으로 보는 견해이다(K.&D.). 이 두 견해 중에 (2)번의 견해가 더 바람직하게 보인다.

본 절의 "천지를 짓지 아니한 신들"이란 우상들을 지칭하는 말이다. 우상들은 망할 것이고, 따라서 우상을 숭배한 사람들도 하나님을 배신했기 때문에 분명히 망하게 된다.

(11) 여호와의 전능하신 증거 3가지(10:12-16)

이 부분(12-16절)은 51:15-19에 다시 등장한다. 천지 창조는 오직 여호와께서 하신 일이시다.

<만물의 조성자 만군의 여호와>

렘 10:12. 여호와께서 그의 권능으로 땅을 지으셨고 그의 지혜로 세계를 세우셨고 그의 명철로 하늘을 펴셨으며.

여호와께서 권능으로 땅을 만드시고, 지혜로 땅을 고정시키셨으며(established the world by his wisdom), 명철로 하늘을 펼치셨다.

여호와께서는 우주를 창조하셨고(창 1:1, 6, 9), 우주를 섭리하시며,

역사상에서 우주를 심판하시며, 앞으로 가장 큰 심판을 남겨놓고 계신다. 여호와께서 아무 것도 없는데서 천지를 창조하셨기 때문에 여호와께서는 심판도 하시고, 구원도 하신다.

렘 10:13. 그가 목소리를 내신즉 하늘에 많은 물이 생기나니 그는 땅 끝에서 구름이 오르게 하시며 비를 위하여 번개치게 하시며 그 곳간에서 바람을 내시거늘.

본 절은 여호와의 자연 통치를 말씀한다. 즉, 여호와께서 우레를 내시면, 하늘에서 물이 출렁이고(시 29:3), 땅 끝에서 먹구름이 모여 올라온다(시 18:11). 주님은 번개를 일으켜 비를 내리시며, 바람 창고에서 바람을 내보내신다.

이와 같이 우레나, 비나, 바람 등 모든 피조 세계는 여호와께서 창조하신 것이고, 통치하시는 것이며, 섭리하시는 것이다(욥 38:22).

렘 10:14. 사람마다 어리석고 무식하도다 은장이마다 자기의 조각한 신상으로 말미암아 수치를 당하나니 이는 그가 부어 만든 우상은 거짓 것이요 그 속에 생기가 없음이라(Every man is stupid and without knowledge; every goldsmith is put to shame by his idols, for his images are false, and there is no breath in them-RSV, ESV).

본 절은 우주를 창조하신 여호와를 흉내 내려는 우상 만드는 자의 어리석음을 드러낸다. 즉, 사람은 누구나 짐승 같이 어리석고(נִבְעַר-니브알), 지식이 모자란다. 은장색은 자기들이 만든 신상 때문에 모두 수치를 당하게 된다(הֹבִישׁ-호비쉬). 이유는 그들이 금속을 부어서 만든 신상들은 속임수요, 그것들 속에는 생명이 없기 때문이다.

본 절의 "어리석다"(נִבְעַר-니브알)는 말은 '짐승 같다'는 뜻이다. 여호와를 믿지 않는 사람은 모두 짐승 수준이라는 뜻이다. 그리고 "수치를 당하게 된다"(הֹבִישׁ-호비쉬)는 말은 '실패하게 된다'는 뜻이다. 우상을 만드는 사람은 반드시 실패한다는 것이다.

"이는 그가 부어 만든 우상은 거짓 것이요 그 속에 생기가 없음이라"는 것이다. 은장색(은장이-금은 세공이나 놋그릇 따위를 만드는 기술자, 본 절에서는 그런 것을 만드는 기술자)이 반드시 실패할 수밖에 없는 이유는 은장색이 만든 우상은 거짓 것이고, 그 속에 생기가 없기 때문이라고 말한다. 따라서 이런 은장색은 세상에서 최고의 실패자일 수밖에 없다.

렘 10:15. 그것들은 헛것이요 망령되이 만든 것인즉 징벌하실 때에 멸망할 것이나(They are worthless, a work of delusion; at the time of their punishment they shall perish-RSV, ESV).

본 절은 우상의 존재에 대해 세 가지로 묘사하고 있다. 첫째, 우상들은 무가치한 것들이라는 것, 다시 말해 우상이란 인간이 나무나 금속 등으로 만든 생명력이 없는 지극히 허무한 존재라는 것, 둘째, 우상들은 망령되이 만든 존재들이라는 것이다. 즉, 우상들은 인본주의적 사고(思考)의 결과로 만들어진 것으로, 그 제작이 하나님의 거룩한 영광을 썩어질 피조물의 형상으로 만드는 망령된 행동인 것이다(롬 1:22, 23). 셋째, 하나님의 심판 때 모든 우상들은 멸망할 것들이라는 것이다. 가증한 우상은 결코 하나님과 함께 할 수 없는 것이다. 결국 본 절은 우상 숭배의 허구성을 잘 드러내 준다(그랜드 종합 주석).

렘 10:16. 야곱의 분깃은 이같지 아니하시니 그는 만물의 조성자요 이스라엘은 그의 기업의 지파라 그 이름은 만군의 여호와시니라.

야곱(이스라엘)의 분깃(the portion of Jacob), 즉 여호와는 우상들과 같지 아니하시니, 여호와는 만물을 지으신 분이시오, 여호와께서 만드신 이스라엘(여기서는 남쪽 나라 유다를 포함하고 있다)은 여호와의 기업 중 한 지파라는 것이다. 그 조성자의 이름은 만군의 여호와시라는 것이다.

만물의 창조자이신 하나님께서 성도의 분깃이시요, 소유이시다.

(12) 유다 민족이 포로가 된 일과 그들의 탄원(10:17-25)

<백성의 탄식>

렘 10:17. 에워싸인 가운데에 앉은 자여 네 짐 꾸러미를 이 땅에서 꾸리라.

바벨론 침략군에 의해 둘러싸인 가운데에 갇혀 있는 유다 민족이여! 너희들이 이 땅에서 바벨론으로 포로가 되어 살기 위하여 짐을 꾸리라.

렘 10:18. 여호와께서 이와 같이 말씀하시되 보라 내가 이 땅에 사는 자를 이번에는 내던질 것이라 그들을 괴롭게 하여 깨닫게 하리라 하셨느니라.

여호와께서 아래와 같이 말씀하시기를 내(여호와)가 이번에는 이 땅에 사는 백성을 먼 곳으로 내던질 것이라. 그들(유다 민족)이 자신의 죄를 깨달아 알도록 내가 직접 그들에게 괴롬을 주겠다(시 119:67)고 하신다. 여호와께서 가끔 성도들을 괴롭히시는 이유는 죄를 깨닫게 하여 회개하도록 하시기 위함이다.

렘 10:19. 슬프다 내 상처여 내가 중상을 당하였도다 그러나 내가 말하노라 이는 참으로 고난이라 내가 참아야 하리로다(Woe is me because of my hurt! My wound is grievous. But I said, Truly this is an affliction, and I must bear it-RSV, ESV).

아, 슬프다! 내가 이렇게 심하게 다쳤으니, 나의 상처가 나을 것 같지 않구나. 이런 고통쯤은 참을 수 있어야 한다! 본 절의 "내"란 말이 누구를 지칭하느냐에 대한 견해가 다르다. 1) 유다 백성을 지칭할 것이라는 견해(Hyatt), 2) 예레미야를 지칭할 것이라는 견해(K.&D., Lange), 3) 선지자 예레미야가 유다 민족을 대표하는 말이라는 견해(박윤선)이다. 위의 견해들 중에 2), 3)번의 견해를 바람직한 것으로 본다. 본 절은 4:19-21과 병행하고, 예언자의 극한 비탄을 토로하는 말이다. 멸망하는 조국의 현실을 보면서 단장의 고통을 느끼는 것이다.

렘 10:20. 내 장막이 무너지고 나의 모든 줄이 끊어졌으며 내 자녀가 나를 떠나가고 있지 아니하니 내 장막을 세울 자와 내 휘장을 칠자가 다시없도다 (My tent is destroyed, and all my cords are broken; my children have gone from me, and they are not; there is no one to spread my tent again, and to set up my curtains-RSV, ESV).

선지자 예레미야는 자기의 장막이 무너져 버렸고, 자기의 휘장의 모든 줄이 끊어졌을 뿐 아니라 자녀들도 자기를 떠나가고 주위에 있지 않아서 자기의 장막을 세울 자와 휘장을 칠자가 없어졌다고 말한다. 참으로 이는 유다 민족의 비참상을 그대로 보여준다.

본 절의 "내 장막"('אָהֳלִי-오홀리)이란 말은 하나님의 백성(교회)을 상징한다(4:20; 왕상 12:16; 왕하 13:5). 교회는 세상에서 장막 생활을 하는 자이다. 다시 말해 교회는 세상에 애착하여 살자가 아니고, 일시 지나가는 나그네와 같다(벧전 2:11). 장막은 볼품도 없고, 영구한 것이 못된다. 이와 같이 교회는 이 세상에서 멸시를 받으며, 미천한 자리에 처해 있다가 영원한 하늘나라로 옮김이 된다(고후 5:1, 박윤선).

렘 10:21. 목자들은 어리석어 여호와를 찾지 아니하므로 형통하지 못하며 그 모든 양 떼는 흩어졌도다.

백성의 목자들(왕들, 지도자들을 지칭)이 미련하여(짐승과 같다는 뜻), 여호와를 찾지 아니하므로, 형통하지 못하며, 일이 이렇듯 뒤틀려서 우리 백성이 모두 흩어지게 되었구나!

렘 10:22. 들을지어다 북방에서부터 크게 떠드는 소리가 들리니 유다 성읍들을 황폐하게 하여 승냥이의 거처가 되게 하리로다.

북방에서 들려오는 저 소리(1:14; 4:6; 5:15; 6:22)를 들어 보아라. 이미 이르렀다. 북녘 땅에서 올라오는 요란한 소리로다. 유다의 성읍들을 무너뜨려서, 여우 떼의 소굴로 만들어 놓으려고 진군해 오는 소리로구나. 본 절은 이제 곧 닥칠 전란을 묘사한다.

렘 10:23. 여호와여 내가 알거니와 사람의 길이 자신에게 있지 아니하니 걸음을 지도함이 걷는 자에게 있지 아니하니이다.

본 절부터 25절까지 예레미야가 여호와께 인간의 연약함을 살피셔서 바른 길로 인도해 주십사고 기도한다. 즉, "여호와여! 사람이 자기 운명의 주인이 아닙니다(시 37:23; 잠 16:1, 9; 20:24). 아무도 자기 생명을 조종하지 못합니다"라고 기도한다. 이제 유다 민족이 바벨론으로 끌려가는 것도 하나님의 뜻이요, 징계라는 것을 알고 부탁하는 것이다. 그래서 예레미야는 유다 민족을 여호와께서 인도해 주시고, 조종해 주시기를 기도하는 것이다.

렘 10:24. 여호와여 나를 징계하옵시되 너그러이 하시고 진노로 하지 마옵소서 주께서 내가 없어지게 하실까 두려워하나이다.

예레미야는 유다 민족을 대신해서 여호와께 자기들을 너그럽게 징계해 주시기를 기도한다. 심하게 징계하시면 유다 민족이 없어질까 심히 두려운 마음으로 기도한다.

렘 10:25. 주를 알지 못하는 이방 사람들과 주의 이름으로 기도하지 아니하는 족속들에게 주의 분노를 부으소서 그들은 야곱을 씹어 삼켜 멸하고 그의 거처를 황폐하게 하였나이다 하니라.

예레미야는 자기 민족을 위해 기도하다가 기도의 방향을 돌려 바벨론에게 복수해 주시기를 기도한다. 본 절의 "주를 알지 못하는 이방 사람들과 주의 이름으로 기도하지 아니하는 족속들"이란 바벨론을 뜻하는 말이다. 예레미야는 바벨론에게 "주의 분노를 부으시라"고 기도한다. 그 이유는 "그들은 야곱을 씹어 삼켜 멸하고 그의 거처를 황폐하게 하였기 때문이라"는 것이다. 바벨론은 훗날 여호와의 징계를 받아 패망하게 된다(사 10:6-7; 47:6).

C. 경고와 심판(11:1-15:9)

이 부분(11:1-15:9)은 1. 유다 민족이 여호와의 언약을 파기 한 결과 여호와께서 심판하시겠다고 경고하신 일, 2. 유다의 가뭄과 참사에 대하여 애가를 부른 일(14:1-15:9)이 진술되어 있다.

1. 언약을 파기하니 심판을 경고하다(11:1-13:27)

이 부분(11:1-13:27)은 (1) 하나님께서 유다 민족에게 언약을 기억시킨 일(11:1-7), (2) 유다 민족이 언약을 파기함으로 꾸짖으신 일(11:8-10), (3) 유다 민족이 불순종함으로 벌하신다고 하신 일(11:11-17), (4) 예레미야의 목숨을 노리는 음모에 대한 진술(11:18-23), (5) 예레미야가 악인들의 악행이 끝나기를 탄원한 일(12:1-4), (6) 하나님께서 예레미야를 위로하신 일(12:5-6), (7) 유다 민족의 타락과 그에 따른 환난(12:7-13), (8) 이웃 나라의 생사에 여호와께서 조건적으로 약속하신 일(12:14-17), (9) 베 띠(Linen loincloth)의 상징적 예언(13:1-11), (10) 포도주 병의 상징 예언(13:12-14), (11) 하나님의 벌이 임하기 전에 회개하라(13:15-21), (12) 장차 임할 벌이 임하는 이유(13:22-27)가 진술되어 있다.

제 11 장

(1) 하나님께서 유다 민족에게 언약을 기억시키다(11:1-7)

<여호와께서 이르신 언약의 말>

렘 11:1. 여호와께로부터 예레미야에게 임한 말씀이라 이르시되.

본 절 주해를 위해서는 7:1 주해를 참조하라.

렘 11:2. 너희는 이 언약의 말을 듣고 유다인과 예루살렘 주민에게 말하라 (Hear the words of this covenant, and speak to the men of Judah and the inhabitants of Jerusalem-RSV, ESV).

본 절 초두의 "너희"라는 말씀은 2인칭 복수로서 예레미야를 제외한 사람들 중, 즉 예레미야와 동시대를 살아가고 있는 남 유다의 백성들 중에 언약을 듣고, 전할 만한 신실한 종들이 있음을 시사한다. 당시 유다 나라에 있어 선지자로 수고했던 하박국, 스바냐 선지자들이 있었는데, 아마도 그들을 지칭할 것으로 보인다.

그리고 본 절의 "이 언약의 말"(the words of this covenant)이란 요시야 왕의 종교 개혁 기간 중 '유다가 맺은 언약'(왕하 22장, Smith, Lange, Hyatt)을 지칭할 것이다. 그리고 출애굽 당시 이스라엘 백성이 시내 산에서 하나님과 맺은 언약(4절)을 지칭할 것이다. 따라서 전자는 후자에 근거한다는 점에서 같은 맥락에서 이해할 수 있을 것이다.

"유다인과 예루살렘 주민에게 말하라"는 말은 언약을 믿는 사람들은 자기 혼자만 믿을 것이 아니라 주위 사람들에게도 언약의 말씀을 전해야 함을 알 수 있다.

렘 11:3. 그들에게 이르기를 이스라엘의 하나님 여호와께서 이와 같이 말씀하시되 이 언약의 말을 따르지 않는 자는 저주를 받을 것이니라.

유다인과 예루살렘 주민에게 이렇게 전하여라. 나 여호와 이스라엘의 하나님이 말한다. 즉, "이 언약의 말에 순종하지 않는 사람은 저주를 받을 것이다"고 말씀하신다. 신 27:26 참조. "저주를 받는다"는 말은 "하나님으로부터 심판을 받는다"는 뜻이다. 누구든지 하나님의 약속을 위반하는 자들은 하나님으로부터 심판을 받는다는 의미이다.

렘 11:4. 이 언약은 내가 너희 조상들을 쇠풀무 애굽 땅에서 이끌어내던 날에 그들에게 명령한 것이라 곧 내가 이르기를 너희는 내 목소리를 순종하고 나의 모든 명령을 따라 행하라 그리하면 너희는 내 백성이 되겠고 나는 너희의 하나님이 되리라.

본 절은 언약에 대해 두 가지를 말씀하고 있다. 첫째는 이 언약은 이스라엘 민족을 애굽의 극한 고난에서 이끌어내던 날(신 4:20; 왕상 8:51)에 여호와께서 이스라엘 민족에게 명령한 것이라는 것을 기억시키신다. 그리고 둘째는 여호와의 목소리(언약)를 순종하고 여호와의 명령을 따라 살면 이스라엘 민족은 여호와의 백성이 되겠고(7:23; 레 26:3), 또 여호와는 이스라엘 민족의 하나님이 되실 것이라는 내용이다.

렘 11:5. 내가 또 너희 조상들에게 한 맹세는 그들에게 젖과 꿀이 흐르는 땅을 주리라 한 언약을 이루리라 한 것인데 오늘이 그것을 증언하느니라 하라 하시기로 내가 대답하여 이르되 아멘 여호와여 하였노라.

여호와께서 이스라엘의 열조(유다 민족의 열조란 말도 같은 뜻이다)에게 맹세하신 대로(창 15:7-21; 출 6:4), 과연 그 후손들에게 가나안 땅을 주시리라고 한 것도 위에 말한 언약(4절)의 일부분이다(시 105:9-11). "젖과 꿀이 흐르는 땅"이란 말은 가나안 땅을 이름인데, 곧 거기 목축이 성하여 젖이 많이 생산될 뿐만 아니라 거기에는 꿀이 많이 생산된다는 뜻이다.

“오늘이 그것을 증거하느니라”는 말은 예레미야 시대에 유다인들이 살고 있는 땅이 바로 그 약속 성취를 증거한다는 의미이다. 하나님의 약속은 이루어지지 않는 것이 없다. 그런 의미에서 선지자는 “아멘”이라고 말한다. 유다 민족이 가나안 땅을 차지한 것은 역사적 사실이다. 여호와의 언약은 참으로 진실하다(박윤선).

렘 11:6. 여호와께서 내게 이르시되 너는 이 모든 말로 유다 성읍들과 예루살렘 거리에서 선포하여 이르기를 너희는 이 언약의 말을 듣고 지키라.

그런 다음에, “주님께서 나(예레미야)에게 또 말씀하시기를 너는 이 모든 말을 유다의 여러 성읍과 예루살렘의 거리에서 외쳐라(2절과 거의 같다). 너희(유다의 성읍들과 예루살렘 주민들)는 이 언약의 말씀(지키지 않으면 죽음을 당하는 말씀)을 듣고 실천하여라.”

여호와의 구원의 역사는 언약을 통해 성취되었다. 구약은 모세를 통해 율법의 형태로 주셨고, 신약은 예수 그리스도의 보혈로 인해 주신 것이다(눅 22:20).

렘 11:7. 내가 너희 조상들을 애굽 땅에서 인도하여 낸 날부터 오늘까지 간절히 경계하며 끊임없이 경계하기를 너희는 내 목소리를 순종하라 하였으나.

본 절은 여호와께서 이스라엘 민족(유다 민족 포함)을 애굽 땅에서 인도하여 내신 날부터 오늘까지 끊임없이 경계하여 여호와의 언약을 순종하라고 부탁하셨으나 유다 민족이 여호와의 언약을 파기했다(8-10절)는 것이다. 이것은 유다 민족에게 불행이 아닐 수 없고, 저주가 아닐 수 없다.

(2) 유다 민족이 언약을 파기함으로 꾸짖으시다(11:8-10)

렘 11:8. 그들이 순종하지 아니하며 귀를 기울이지도 아니하고 각각 그 악한 마음의 완악한 대로 행하였으므로 내가 그들에게 행하라 명령하였어도 그들이

행하지 아니한 이 언약의 모든 규정대로 그들에게 이루게 하였느니라 하라.

여호와께서 유다 민족에게 여호와의 언약을 순종하라고 하셨음에도 불구하고 유다 민족이 순종하지 아니하며 귀를 기울이지도 아니하고 각각 그 악한 마음의 완악한 대로 행했으므로 여호와께서 유다 민족에게 이 언약의 모든 규정에 있는 벌칙대로 징벌하셨다는 것이다.

우리가 우리 마음의 완악한대로 행한다는 것은 불행이 아닐 수 없다. 지금도 우리 마음이 하자는 대로 따라 한다면 우리는 망하는 수밖에 없는 것이다.

렘 11:9. 여호와께서 또 내게 이르시되 유다인과 예루살렘 주민 중에 반역이 있도다.

여호와께서 또 나에게 말씀하시기를 "유다 사람과 예루살렘 주민 중에 지금도 나(여호와)를 대적하여 나(여호와)를 버리고, 우상을 섬기고 있다(겔 22:25)"고 하신다. 여호와가 참된 왕이신데, 그를 버리고 우상을 섬기는 반역적 행태가 발생하고 있는 것이다.

렘 11:10. 그들이 내 말 듣기를 거절한 자기들의 선조의 죄악으로 돌아가서 다른 신들을 따라 섬겼은즉 이스라엘 집과 유다 집이 내가 그들의 조상들과 맺은 언약을 깨뜨렸도다.

여호와께서 "유다 민족도 자기들의 옛 조상이 저지른 죄악으로 되돌아가서[7] 그 조상이 나의 말을 들으려 하지 않고, 다른 신들을 좇아다니면서 섬기더니[8], 이제는 이스라엘 백성[9]과 유다 백성도, 내가 그들의 조상과 맺은 언약을 파기하고 말았다"고 말씀하신다.

---

7) 요시야 왕이 버렸던 우상 숭배 죄로 여호야김이 돌아갔던 사실을 가리킬 것이다.

8) 여기 "선조들의 죄악"은 출애굽 때의 광야 시대, 또 사사시대의 죄와 특히 므낫세 왕의 큰 죄들을 지칭할 것이다.

9) 이스라엘 백성은 이미 망했다. 유다 집은 지금 우상 숭배의 죄에 빠져 이스라엘 집을 뒤따르고 있다.

(3) 유다 민족이 불순종함으로 벌하신다고 하심(11:11-17)

렘 11:11. 그러므로 나 여호와가 이와 같이 말하노라 보라 내가 재앙을 그들에게 내리리니 그들이 피할 수 없을 것이라 그들이 내게 부르짖을지라도 내가 듣지 아니할 것인즉.

본 절 초두의 "그러므로"란 말은 결과를 말해주는 단어로 유다 민족이 선조의 죄악으로 돌아가 다른 우상을 섬김으로 본 절의 두 가지 결과가 일어났다고 말씀하신다. 두 가지 결과 중 하나는 여호와께서 재앙을 그들에게 내릴 것인데, 그들이 결코 피할 수 없을 것이라는 말씀이고, 또 하나는 그들이 이 문제를 두고 기도할지라도 여호와께서 듣지 않으시겠다는 내용이다.

렘 11:12. 유다 성읍들과 예루살렘 주민이 그 분향하는 신들에게 가서 부르짖을지라도 그 신들이 그 고난 가운데에서 절대로 그들을 구원하지 못하리라.

그뿐만 아니라 유다의 여러 성읍에 사는 사람들과 예루살렘 주민들이 분향하며 섬기던 신들을 찾아가서 도움을 간청해보아도, 그 우상들은 절대로 그들을 구하여 주지 못할 것이며, 전혀 도와주지 않을 것이라는 말씀이다.

렘 11:13. 유다야 네 신들이 네 성읍의 수와 같도다 너희가 예루살렘 거리의 수대로 그 수치스러운 물건의 제단 곧 바알에게 분향하는 제단을 쌓았도다.

유다 사람들아! 너희가 섬기는 우상들의 숫자는 너희가 지금 살고 있는 성읍들 수만큼이나 많고, 너희(유다 사람들)가 바알에게 분향하려고 세운 그 제단들은 예루살렘의 골목길 수만큼이나 많구나!

렘 11:14. 그러므로 너는 이 백성을 위하여 기도하지 말라 그들을 위하여 부르짖거나 구하지 말라 그들이 그 고난으로 말미암아 내게 부르짖을 때에 내가 그들에게서 듣지 아니하리라.

본 절 초두의 "그러므로"(therefore)라는 단어도 결과를 말해주는 단어로 바로 앞 절(13절)에 유다 사람들이 섬기는 우상들의 숫자가 형언할 길 없이 많은 결과로 여호와께서는 예레미야에게 유다 백성들을 위하여 기도하지 말라고 부탁하시며, 여호와께서도 그들이 친히 여호와께 부르짖을지라도 그들의 기도를 듣지 않으시겠다고 하신다.

렘 11:15. 나의 사랑하는 자가 많은 악한 음모를 꾸미더니 나의 집에서 무엇을 하려느냐 거룩한 제물 고기로 네 재난을 피할 수 있겠느냐 그 때에 네가 기뻐하겠느냐.

내(여호와)가 사랑하는 유다 사람들이 악한 음모를 꾸미더니, 내 성전에 들어와서 어쩌자는 것이냐? 살진 짐승을 희생 제물로 바친다고 해서, 재난을 피할 수 있겠느냐? 구원의 기쁨을 누릴 수 있겠느냐고 하신다.

죄를 고백하는 것이 선행되어야 할 일이지, 희생 제사를 드린다고 될 일은 아닌 것이다.

렘 11:16. 여호와께서는 그의 이름을 일컬어 좋은 열매 맺는 아름다운 푸른 감람나무라 하였었으나 큰 소동 중에 그 위에 불을 피웠고 그 가지는 꺾였도다.

여호와께서는 이스라엘의 이름을 일컬어 좋은 열매 맺는 아름다운 푸른 감람나무(의인을 상징하는 나무, 시 52:8; 호 14:6)라 하셨다. 그러나 범죄한 그들이 이제는 바벨론의 침략을 받으므로, 그 푸른 감람나무(이스라엘)가 불타버리고, 그 가지는 꺾어져서 망하게 되었다.

렘 11:17. 바알에게 분향함으로 나의 노여움을 일으킨 이스라엘 집과 유다 집의 악으로 말미암아 그를 심은 만군의 여호와께서 그에게 재앙을 선언하셨느니라.

북쪽 이스라엘과 남쪽 유다가 바알에게 분향해서 여호와의 노여움을 일으켰기 때문에 여호와께서 이들에게 재앙을 선언하셨는데, 그 중 이스라엘은 벌써 앗수르에 의해서 망했고, 유다는 이제 곧 바벨론에 의해서 망하게 되었다는 것이다. 아무튼 하나님을 배신하고, 다른 우상을 섬기면 결국 부서진다는 것이다.

(4) 예레미야의 목숨을 노리는 음모(11:18-23)

<아나돗 사람들이 예레미야를 죽이려고 꾀하다>

렘 11:18. 여호와께서 내게 알게 하셨으므로 내가 그것을 알았나이다 그 때에 주께서 그들의 행위를 내게 보이셨나이다(The LORD made it known to me and I knew; then you showed me their deeds-RSV, ESV).

여호와께서 저(예레미야)에게 알려 주셔서 제가 그것을 깨닫게 되었습니다. 그 때에 여호와께서 그들(아나돗 사람들)의 행실들을 저에게 보여 주셨습니다.

"여호와께서 내게 알게 하셨으므로 내가 그것을 알았나이다"라는 말은 '여호와의 계시로 제가 그것(아나돗 사람들의 음모)을 깨닫게 되었다'는 뜻이다. 여호와께서 계시하여 주시지 않았더라면 예레미야가 깨닫지 못했을 것이라는 뜻이다. 본 절의 "그 때에"(za;-아즈)란 말은 예레미야가 고향 아나돗 사람들의 음모를 전혀 모르고 있을 때를 지칭한다. 알려주는 자가 없어서 아무것도 모르고 있을 때를 뜻하는 말이다. 즉, 전연 모르고 있었는데, 여호와께서 보여주셔서 알게 되었다는 것이다.

렘 11:19. 나는 끌려서 도살 당하러 가는 순한 어린 양과 같으므로 그들이 나를 해하려고 꾀하기를 우리가 그 나무와 열매를 함께 박멸하자 그를 살아 있는 자의 땅에서 끊어서 그의 이름이 다시 기억되지 못하게 하자 함을 내가 알지 못하였나이다.

본 절은 예레미야가 아나돗 사람들이 꾸미고 있는 음모를 전혀 모르고 있었다는 것을 말한다. 즉, "저(예레미야)는 도살장으로 끌려가는 순한 어린 양과 같았습니다. 사람들이 저를 해하려고 저 나무를 열매가 달린 그대로 찍어 버리자. 사람 사는 세상에서 없애 버리자. 그의 이름을 다시는 기억하지 못하게 하자 하면서 음모를 꾸미고 있는 줄을 전혀 몰랐다"고 말한다.

본 절은 사 53:7과 방불하다. 사 53:7은 수난의 메시아를 예언하는 대목이었고, 본 절은 고향 아나돗 사람들의 음모를 당하는 수난의 예언자를 가리키는 것이다(이상근).

"나는 끌려서 도살 당하러가는 순한 어린 양과 같다"는 말은 '나는 끌려서 도살 당하러가는 순진하고 순종만 하는 가련한 희생양과 같다'는 뜻이다. 예레미야는 이런 어린 양들을 많이 보았을 것이다. 그때마다 어린 양을 향하여 측은한 정을 품었는데, 이제는 자신이 그런 사람이 된 것을 느낀 것이다.

"우리가 그 나무와 열매를 함께 박멸하자"는 말은 '예레미야와 그 예언을 아주 없애버리자'는 뜻이다. 없애버려서 그의 이름이 다시는 세상에서 기억되지 못하게 하자는 한 음모를 꾸민 것이다. 예레미야가 예언한 것이 크게 영향을 주었기 때문에 그것까지 아예 없애버리자는 음모를 꾸민 것이다. 이런 흉측한 음모, 예레미야를 죽이려는 음모를 꾸미고 있는 것을 예레미야는 아예 모르고 있었다. 그런데 여호와께서 알려주신 것이다.

렘 11:20. 공의로 판단하시며 사람의 마음을 감찰하시는 만군의 여호와여 나의 원통함을 주께 아뢰었사오니 그들에게 대한 주의 보복을 내가 보리이다 하였더니(But, O LORD of hosts, who judges righteously, who tests the heart and the mind, let me see your vengeance upon them, for to you have I committed my cause-ESV).

본 절은 예레미야가 아나돗 사람들의 자기에 대한 흉측한 음모를 보복하여 주시기를 여호와께 부탁한다. 즉, "그러나 만군의 여호와여! 여호와께서는 의로운 재판관이시요, 사람의 생각과 마음을 감찰하시는 분이십니다. 저의 억울한 사정을 여호와께 아뢰었사오니(롬 12:19), 여호와께서 제 원수를 그들에게 갚아 주십시오. 제가 그것을 보기를 원합니다"라고 기도한다.

렘 11:21. 여호와께서 아나돗 사람들에 대하여 이와 같이 말씀하시되 그들이 네 생명을 빼앗으려고 찾아 이르기를 너는 여호와의 이름으로 예언하지 말라 두렵건대 우리 손에 죽을까 하노라 하도다.

본 절은 여호와께서 예레미야에게 아나돗 사람들의 음모 자체를 알려주신다. 아나돗 사람들의 음모는 두 가지이다. 하나는 예언을 하지 말라는 것이고, 또 하나는 아나돗 사람들의 손으로 예레미야를 죽이겠다는 것이다.

아나돗 사람들이 예레미야로 하여금 예언을 하지 말라고 한 것을 보면 예레미야의 예언이 유다 나라에 큰 영향력을 일으킨 것으로 보인다. 예레미야는 성전에서 설교한 일도 있었고(7:1-8:3), 예루살렘이 함락된다고도 예언했으며, 유다 백성이 바벨론으로 끌려간다는 예언도 했던 것이다.

렘 11:22. 그러므로 만군의 여호와께서 이와 같이 말씀하시니라 보라 내가 그들을 벌하리니 청년들은 칼에 죽으며 자녀들은 기근에 죽고.

본 절 초두의 "그러므로"(therefore)란 말은 결과를 말하는 접속사로 아나돗 사람들이 선지자 예레미야를 박해했기 때문에 그 결과로 여호와께서 아나돗 사람들을 심판하시겠다는 말씀이다. 즉, "나 만군의 여호와가 말한다. 내가 그들을 벌할 것이니, 그들의 장정들은 칼에 찔려 죽겠고, 그들의 아들들과 딸들은 기근이 심하여 굶어 죽을 것이라"는 말씀이다.

렘 11:23. 남는 자가 없으리라 내가 아나돗 사람에게 재앙을 내리리니 곧 그들을 벌할 해에니라.

내(여호와)가 아나돗 사람들을 벌할 때가 되면 그들에게 재앙을 내릴 것이니 그들 가운데서 살아남을 자가 하나도 없을 것이라고 하신다.

본 절의 "벌할 해"란 바벨론과 유다 민족의 전쟁을 두고 하신 말씀이다. 전쟁이 나면 장정들은 모두 전장에서 죽게 되고, 자녀들은 집에서 기근으로 굶어 죽어 결국은 아나돗 사람들이 남김없이 죽는다고 하신다. 죄는 어른들이 지었는데, 그 자녀들까지 다 죽는 벌을 받는 것이다.

제 12 장

(5) 예레미야가 악인들의 악행이 끝나기를 탄원함(12:1-4)

<예레미야의 질문>

렘 12:1. 여호와여 내가 주와 변론할 때에는 주께서 의로우시니이다 그러나 내가 주께 질문하옵나니 악한 자의 길이 형통하며 반역한 자가 다 평안함은 무슨 까닭이니이까(Righteous are you, O LORD, when I complain to you; yet I would plead my case before you. Why does the way of the wicked prosper? Why do all who are treacherous thrive?-ESV)**.**

여호와여! 제가 주님과 변론할 때는 언제나 여호와께서 옳으셨습니다. 그러므로 주님께 질문 형식으로 한 가지를 여쭙겠습니다. 어찌하여 악인들이 형통하며, 배신자들이 모두 잘 되는 것입니까?

"여호와여 내가 주와 변론할 때에는 주께서 의로우시니이다"는 말씀은 '예레미야가 여호와와 사리를 밝혀 옳고 그름을 말할 때는 주님께서 항상 옳으십니다'라는 뜻이다. 예레미야는 여호와 하나님의 의로우심을 온전히 믿고 살았다. 우리는 주님의 의로우심을 철저히 믿고 살아야 한다. 욥 9:3에서 욥은 말하기를 "사람이 하나님과 변론하기를 좋아할지라도 천 마디에 한 마디도 대답하지 못하리이다"라고 했다. 우리는 꿈에라도 내가 옳았다고 생각해서는 안 된다.

"그러나 내가 주께 질문하옵나니"란 말은 주님과 변론한다는 것은 도무지 불가능하므로 질문을 하겠다는 의미를 나타낸다. 예레미야는 여호와께 질문 형식으로 여쭙겠다고 말씀드린다. 우리는 정직하게 우리가 모르는 것에 대해 주께 질문할 수 있어야 된다.

"악한 자의 길이 형통하며 반역한 자가 다 평안함은 무슨 까닭이니이까" 라는 말씀은 구약에서 여러 차례 나왔던 질문이었다(욥 12:6; 21:7; 시 73:2-16; 합 1:2-4). 실제로 예레미야의 이런 질문은 구약 성도들 중에도 끊임없이 제기되었다. 그 중 시편 저자는 하나님께 질문을 드리고, 그 질문에 대해서는 성소에 들어가 해결을 받았다(시 73:17-19). 본 절에서 악한 자나 반역한 자라는 말은 반드시 아나돗 사람들에게 국한된 것이 아니라, 일반적 악인은 다 해당되는 말이다.

렘 12:2. 주께서 그들을 심으시므로 그들이 뿌리가 박히고 장성하여 열매를 맺었거늘 그들의 입은 주께 가까우나 그들의 마음은 머니이다.

여호와께서 그 악인들(앞 절)을, 나무를 심듯이 심으셨으므로, 뿌리를 내리고 자라며, 열매도 맺는다는 것이다. 그들이 세상에서 일시적으로 잘 되는 것처럼 보이므로 성도들의 시험용이 된다(세상에는 성도들을 시험하기 위한 시험용이 아주 많이 존재한다). 그런고로 참 성도들은 그 사람들을 보고 시험에 들지 말고, 그들과는 별개로 참되게 살아가야 한다. 그들은 말로만 주님과 가까울 뿐, 속으로는 주님과 멀리 떨어져 있으니 그들의 결국을 보아야 한다.

렘 12:3. 여호와여 주께서 나를 아시고 나를 보시며 내 마음이 주를 향하여 어떠함을 감찰하시오니 양을 잡으려고 끌어냄과 같이 그들을 끌어내시되 죽일 날을 위하여 그들을 구별하옵소서.

그러나 "여호와여! 여호와께서는 저(예레미야)를 아십니다. 여호와께서는 저의 심중을 들여다보시고, 저의 마음이 주님과 함께 있음을 감찰하여 알고 계십니다. 그러므로 그들을 도살할 양처럼 끌어내시고, 죽일 날을 정하셔서 그들을 따로 갈라내 두십시오"라고 예레미야는 말씀드린다.

본 절은 위의 악인에 대조되는 예레미야의 신앙 고백이다. 악인의 신앙이란 외적이고 위선적인데 비해(앞 절), 예레미야의 신앙은 내적이고 심적으로 여호와에게 착 붙어있는 신앙이었다.

"양을 잡으려고 끌어냄과 같이 그들을 끌어내시되 죽일 날을 위하여 그들을 구별하옵소서"라는 말은 양을 잡으려고 끌어냄과 같이 그 악인들을 끌어내시되 죽일 날을 위해서 그들을 구별하여 두시라는 말씀이다.

렘 12:4 언제까지 이 땅이 슬퍼하며 온 지방의 채소가 마르리이까 짐승과 새들도 멸절하게 되었사오니 이는 이 땅 주민이 악하여 스스로 말하기를 그가 우리의 나중 일을 보지 못하리라 함이니이다.

예레미야는 여호와께 이 땅이 언제까지 슬퍼하며, 온 지방의 모든 채소가 말라 죽어야 합니까? 이 땅에 사는 사람의 죄악 때문에, 짐승과 새도 씨가 마르게 되었습니다. 왜냐하면 사람들이 악한 일을 행하면서 말하기를 하나님께서 내려다보시지 않는다며 그들이 여전히 악하게 살고 있기 때문(시 10:11; 94:7)이라고 말씀드린다.

(6) 여호와께서 예레미야를 격려하시다(12:5-6)

렘 12:5. 만일 네가 보행자와 함께 달려도 피곤하면 어찌 능히 말과 경주하겠느냐 네가 평안한 땅에서는 무사하려니와 요단 강 물이 넘칠 때에는 어찌하겠느냐.

여호와께서 예레미야의 질문(1-2절)에 직접 답하시지 않으시고(하박국에서는 여호와께서 하박국에게 직접 답하셨다. 합 2:1-4), 두 가지의 비유를 들어 예레미야를 위로하신다. 첫째, 아나돗 지방 사람들의 박해는 예레미야에게 가벼운 것이니 잘 견디라고 격려하신다. 즉, "만일 네가 보행자와 함께 달려도 피곤하면 어찌 능히 말과 경주하겠느냐"는 말씀으로 예레미야를 격려하신 것이다. 아나돗 사람들의 박해는 보행자와 경주하는 피곤을 주는 정도이고, 앞으로 예루살렘에서 받을 박해는 말과 경주하는 힘겨운 경주에 비교된다는 것이다. 그런고로 현재 아나돗 사람들의 박해를 잘 견디라고 격려하시는 것이다.

둘째 격려는 "네가 평안한 땅에서는 무사하려니와 요단 강 물이 넘칠 때에는 어찌하겠느냐"는 말로 예레미야를 격려하신다. 현재 아나돗 사람들의 박해는 "평안한 땅에서 당하는 박해"라는 것이고, 앞으로 예루살렘에서 당할 박해는 "요단강 물이 넘칠 때 요단 밀림의 사자들로 말미암은" 박해(49:19; 50:44; 슥11:13)로 심한 박해를 받을 것을 예언하신 것이다. 여호와께서는 이런 말씀으로 현재 지쳐 있는 예레미야를 격려하신다. 오늘 우리는 여호와의 위로와 격려를 감사하게 여겨야 할 것이다.

렘 12:6. 네 형제와 아버지의 집이라도 너를 속이며 네 뒤에서 크게 외치나니 그들이 네게 좋은 말을 할지라도 너는 믿지 말지니라(For even your brothers and the house of your father, even they have dealt treacherously with you; they are in full cry after you; do not believe them, though they speak friendly words to you-ESV).

본 절 초두에는 이유를 말하는 접속사(כִּי-for)가 있어 본 절이 앞 절의 이유를 제공함을 알려준다. 즉, 앞 절에서는 예레미야의 고향 사람들이 예레미야를 박해하는 것쯤을 잘 견디라고 여호와께서 격려하셨는데, 본 절에서는 심지어 가족들한테서도 박해가 있으니 고향 사람들의 박해쯤이야 쉽게 지나가라고 격려하시는 것이다. 즉, "그렇다. 바로 네 형제, 네 가족이 너를 배신하고, 바로 그들이 네 뒤에서 소리를 질러 너를 욕할 것이다. 그러므로 그들이 너에게 다정하게 말을 걸어와도, 너는 그들을 믿지 말라"고 격려하신다.

복음 전도자는 때로는 불신 가족의 박해가 따른다는 것을 알아야 할 것이다. 복음은 세상 사람들의 환영만 받는 것이 아니라 박해도 따른다는 것을 익숙히 아는 것이 중요하다.

(7) 유다 민족의 타락과 그에 따른 환난(12:7-13)

5-6절은 예레미야의 질문(1-2절)에 대하여 여호와의 간접적인 답변(격려하신 말씀)이고, 7-13절은 예레미야의 질문에 대한 여호와의 직접적인 답변이다.

<황무지의 슬픔과 여호와의 분노>

렘 12:7. 내가 내 집을 버리며 내 소유를 내던져 내 마음으로 사랑하는 것을 그 원수의 손에 넘겼나니.

본 절의 "내 집", "내 소유", "내 마음으로 사랑하는 것"이란 말씀 등은 동의어들이다. 이는 '하나님의 성전', '유다 땅', '유다 민족'을 지칭하는 말이다. 그리고 "버리며", "내던져", "넘겼나니"라는 말씀도 역시 동의어들이다. 이는 여호와께서 유다를 심판에 넘기셨다는 표현이다. 여호와께서는 유다 민족이 내적으로는 부패했으면서도 외적으로는 여호와의 성전, 유다 땅, 유다 민족 등을 사랑한다고 하는 것을 싫어하셔서 심판에 넘기신다는 것이다. 즉, 심판으로 바벨론에 넘기신다는 것이다. 우리가 세상만 사랑하고, 여호와의 말씀을 소홀히 여기는 것은 아주 위험한 발상이라는 것을 알아야 한다.

렘 12:8. 내 소유가 숲속의 사자 같이 되어서 나를 향하여 그 소리를 내므로 내가 그를 미워하였음이로라.

본 절도 역시 앞 절과 마찬가지로 여호와께서 말씀하신 내용이다. 즉, 내(여호와의) 소유로 택한 내 백성(유다 백성)이 내게(여호와께) 반항하였다. 숲 속의 사자처럼, 내게 으르렁거리며 덤벼들었다고 하신다.

본 절은 여호와께서 유다 백성을 바벨론에 내어 주신 원인을 보여주신다. 어느 개인이나 민족이나 죄를 지으면 여호와께서는 그 모두를 심판에 내어주신다.

렘 12:9. 내 소유가 내게 대하여는 무늬 있는 매가 아니냐. 매들이 그것을 에워싸지 아니하느냐 너희는 가서 들짐승들을 모아다가 그것을 삼키게 하라.

본 절은 여호와의 소유인 유다 민족이 바벨론 군대의 침략에 의하여 멸망할 것을 예언하시는 것이다. 즉, "내(여호와)가 소유로 택한 내 백성(유다 백성)은 사나운 매들에게 둘러싸인 새와 같다. 모든 들짐승아! 어서 몰려와서 이 새를 뜯어먹으라"고 말씀하신다.

본 절의 "무늬 있는 새"란 여호와께서 택하신 유다 민족을 비유하는 말이다. 무늬 있는 새는 다른 매들의 식용이 된다는 것이다. 새들은 낯선 새가 보이면 집중 공격을 한다고 한다. 그런고로 이 무늬 있는 새 같은 유다 민족은 사나운 새 같은 바벨론 군대의 침략을 받아 죽임을 당한다는 것이다.

렘 12:10. 많은 목자가 내 포도원을 헐며 내 몫을 짓밟아서 내가 기뻐하는 땅을 황무지로 만들었도다.

본 절 초두의 "많은 목자"란 말은 유다 민족의 열방의 지도자들을 지칭한다. 그리고 "내 포도원", "내 몫", "내가 기뻐하는 땅"이란 말 등은 동의어들로 사용되어 '유다 민족'을 뜻한다. 그리고 "헐며", "짓밟다", "황무지로 만든다"는 말들도 동의어로 사용되어 주위의 연합군이 유다 민족을 침공한다는 뜻이다.

렘 12:11. 그들이 이를 황폐하게 하였으므로 그 황무지가 나를 향하여 슬퍼하는도다 온 땅이 황폐함은 이를 마음에 두는 자가 없음이로다.

본 절 초두의 "그들"이란 말은 앞 절(10절)의 '많은 목자'를 뜻한다. 주위의 이방 연합군이 유다 민족과 유다 땅을 황폐하게 했으므로, "황무지"(유다 민족)가 여호와를 향하여 퍽 슬퍼하는 표정을 짓는다는 것이다. 유다 민족이 이렇게 비참하게 된 데는 "이를 마음에 두는 자가 없기" 때문이라고 하신다. 다시 말해 유다 나라에 죄를 통회하는 자가 없기 때문이라는 뜻이다.

렘 12:12. 파괴하는 자들이 광야의 모든 벗은 산 위에 이르렀고 여호와의 칼이 땅 이 끝에서 저 끝까지 삼키니 모든 육체가 평안하지 못하도다.

본 절 초두의 "파괴하는 자들", 즉 바벨론 침략군들이 유다 땅에 이르러 유다 땅을 삼킬 것이라고 말한다. 그래서 모든 육체가 평안하지 못하게 될 것이라고 말한다.

본 절의 "광야의 모든 벗은 산 위에"란 말과 "땅 이 끝에서 저 끝까지"란 말은 동의어로 사용되어 유다 민족이 우상 숭배를 하던 유다 땅의 자산(민둥산) 전체를 가리킨다. 그리고 "이르렀다"는 말과 "삼킨다"는 말도 동의어로 사용되어 '유다 땅을 모두 삼킬 것이라'는 뜻이다(6:25; 25:29; 46:10, 14).

렘 12:13. 무리가 밀을 심어도 가시를 거두며 수고하여도 소득이 없은즉 그 소산으로 말미암아 스스로 수치를 당하리니 이는 여호와의 분노로 말미암음이니라.

"밀을 심어도 가시를 거둔다"는 말과 "수고하여도 소득이 없다"는 말과 "그 소산으로 말미암아 스스로 수치를 당한다"는 말은 모두 동의어로 사용되어 '농사를 해도 수확이 없을 것이라'는 의미를 나타낸다. 일이 이렇게 되는 것은 "여호와의 분노로 말미암음이라"고 했다. 농사를 해도 수확이 없는 이유는 백성들이 하나님 앞에서 죄를 자복하지 않기 때문이다(호 5:14).

(8) 이방의 구원에 여호와께서 조건적으로 약속하신 일(12:14-17).

이 부분(14-17절)에 예언된 것은 1) 유다를 침략한 열방은 징벌된다는 것, 2) 포로된 유다가 귀환한다는 것, 3) 이방인이 메시아 종교를 유다 민족을 통하여 배울 것이 예언되어 있다.

<여호와의 악한 이웃에 대하여>

렘 12:14. 내가 내 백성 이스라엘에게 기업으로 준 소유에 손을 대는 나의 모든 악한 이웃에 대하여 여호와께서 이와 같이 말씀하시니라 보라 내가 그들을 그 땅에서 뽑아 버리겠고 유다 집을 그들 가운데서 뽑아 내리라(Thus says the LORD concerning all my evil neighbors who touch the heritage which(that) I have given my people Israel to inherit: "Behold, I will pluck them up from their land, and I will pluck up the house of Judah from among them"-RSV, ESV).

여호와께서 말씀하시기를 "내(여호와)가 내 백성 이스라엘(유다를 지칭하는 말이다)에게 유산(가나안 땅을 지칭한다)으로 준 땅을 침범한 모든 악한 이웃 백성(블레셋, 에돔, 모압, 암몬, 아람, 바벨론 등을 지칭한다)을 두고 말한다. 내(여호와)가 그 악한 백성들(블레셋, 에돔, 모압, 암몬, 아람, 바벨론)을 그들의 고향 땅에서 쫓아내고, 유다 백성을 그들 가운데서 구하여 내겠다(포로에서 귀환하게 하겠다는 뜻)"고 말씀하신다.

"내가 그들을 그 땅에서 뽑아 버리겠고, 유다 집을 그들 가운데서 뽑아내리라"는 해석은 전반부의 경우 유다 민족을 괴롭힌 이웃 나라들(블레셋, 에돔, 모압, 암몬, 아람, 바벨론)이 하나님의 징벌을 받아 자기들의 땅에서 뽑혀 포로가 된다는 뜻이다. 그리고 후반부("유다 집을 그들 가운데서 뽑아내리라")의 해석은 포로의 땅에서 귀환하게 된다는 뜻으로 보인다(Calvin, K.&D. Cheyne, 박윤선, 이상근). 이 후반부의 해석은 훗날 유다 민족이 바벨론 포로에서 돌아온 것을 우리가 알기에 성취된 것을 알게 된다.

렘 12:15. 내가 그들을 뽑아 낸 후에 내가 돌이켜 그들을 불쌍히 여겨서 각 사람을 그들의 기업으로, 각 사람을 그 땅으로 다시 인도하리니.

본 절은 앞 절의 하반절을 더 자세히 설명한 것이다. 즉, "그리고 내(여호와)가 그들을 징벌하여 쫓아낸 다음에는, 다시 각 사람을 불쌍히 여겨서, 제 땅, 곧 제 고향으로 되돌려 보내겠다"는 것이다.

"내가 그들을 뽑아 낸 후에"란 말은 '여호와께서 그들의 뿌리를 뽑은 후에'란 뜻으로 '포로의 땅 바벨론에서 귀환시키는 것'으로 본다. "내가 돌이켜 그들을 불쌍히 여긴다"는 말은 '여호와께서 돌이켜 유다 민족을 불쌍히 여긴다'는 뜻이다. 그리고 "각 사람을 그들의 기업으로, 각 사람을 그 땅으로 다시 인도하리니"란 말은 '유다의 구원이 민족 전체를 상대한 것이 아니라 하나님께 회개하고, 돌아서는 개개인을 대상으로 이루어진다는 것을 의미한다. 성도 각 개인의 구원은 오로지 개인의 믿음과 관계있는 것을 보여준다. 우리 각자는 단지 다른 사람에게 하나님께 대한 믿음을 가질 수 있도록 도와줄 수 있을 뿐 오직 구원은 하나님과 각 개인과의 관계에 달려 있는 것이다.

렘 12:16. 그들이 내 백성의 도를 부지런히 배우며 살아 있는 여호와라는 내 이름으로 맹세하기를 자기들이 내 백성을 가르쳐(가리켜) 바알로 맹세하게 한 것 같이 하면 그들이 내 백성 가운데에 세움을 입으려니와

이방인들이 유다 백성에게 과거에 바알의 이름을 부르게 하며 맹세하도록 가르쳤지만, 이제 유다 백성의 도를 부지런히 배우며 그들이 내 백성의 도를 확실하게 배우고 여호와의 이름을 부르며 여호와의 살아 계심을 두고 맹세하면, 그들도 내 백성 가운데 들어 구원을 받게 될 것이다.

이 예언은 신약 시대에 들어 성취되었다. 하나님께서는 구속 역사에 있어서 메시아로 말미암는 신약 역사를 궁극적인 목표로 삼으셔서 신약 시대 이전의 구원 역사들 모두 다 이 궁극적 목표를 지향하여 움직이게 하셨다.

렘 12:17. 그들이 순종하지 아니하면 내가 반드시 그 나라를 뽑으리라 뽑아 멸하리라 여호와의 말씀이니라.

그러나 여호와께서 말씀하시기를 이방인들이 복종하지 않으면, 내가 그 민족을 완전히 뿌리째 뽑아 멸망시키겠다고 하신다(미 4:1-4). 메시아에 순종하지 않으면 멸망하는 것은 당연한 것이다.

제 13 장

(9) 베 띠의 상징적 예언(13:1-11)

여호와의 명령으로 예레미야가 베로 만든 띠를 하나 사서 허리에 두르고 유브라데 강변에 감추었다가 얼마의 세월이 지난 후에 가서(예루살렘에서 유브라데까지는 640km의 거리였지만 실제로 간 것으로 본다) 파보니 띠가 썩어서 못쓰게 되었다는 예언이다. 본 예언은 하나님께 착근이 붙어있어야 할 이스라엘 온 민족과 유다 온 민족이 죄악으로 인하여 하나님과 멀어진 몹쓸 민족이 되었다는 내용이다.

<허리 띠>

렘 13:1. 여호와께서 이와 같이 내게 이르시되 너는 가서 베 띠를 사서 네 허리에 띠고 물에 적시지 말라 하시기로.

여호와께서 나(예레미야)에게 다음과 같이 말씀하시기를 "너(예레미야)는 가서 베로 만든 띠를 하나 사서 너의 허리에 두르고, 물에 적시는 일이 없도록 하라"는 내용의 명령이었다. 여기 띠를 물에 적시지 말라는 명령은 유브라데 강을 찾아 강가에 감추기까지 적시지 말라는 명령이었다.

렘 13:2. 내가 여호와의 말씀대로 띠를 사서 내 허리에 띠니라.

본 절은 예레미야가 여호와의 명령에 순종한 것을 기록한 것이다. 즉, 그래서(히브리서 원문에 이 말씀이 있다) 예레미야는 여호와의 말씀대로, 베로 만든 띠를 하나 사서 허리에 띠었다는 것이다.

렘 13:3. 여호와의 말씀이 다시 내게 임하여 이르시되.

예레미야는 여호와께서 무슨 명령을 하시든지 순종하는 인물이었다. 즉, 여호와께서 다시 나(예레미야)에게 명령하신다.

렘 13:4. 너는 사서 네 허리에 띤 띠를 가지고 일어나 유브라데로 가서 거기서 그것을 바위 틈에 감추라 하시기로.

여호와께서는 예레미야에게 명령하시기를 "네가 사서 허리에 띤 그 띠를 띤 채 일어나, 유브라데 강가로 가서, 그 곳의 바위 틈에 그 띠를 감추어 두라"고 하신다.

유브라데 강가는 물기가 있어서 예레미야가 허리에 띤 띠를 쉽게 썩게 할 수 있는 곳이었다. 예레미야는 이 물기가 있는 강가에 베 띠를 숨기면서도 여기에 베 띠를 감추어 두면 썩지 않겠느냐고 여호와께 한 마디도 여쭈어보지 않았다. 여호와께서 감추어 두라고 하시니 그대로 감추어 둔 것이었다.

렘 13:5. 내가 여호와께서 내게 명령하신 대로 가서 그것을 유브라데 물가에 감추니라.

예레미야는 여호와의 명령대로 순종하는 사람이었다.

렘 13:6. 여러 날 후에 여호와께서 내게 이르시되 일어나 유브라데로 가서 내가 네게 명령하여 거기 감추게 한 띠를 가져오라 하시기로.

여러 날(베 띠가 썩을만한 시간)이 지난 다음에, 여호와께서 나(예레미야)에게 말씀하시기를 "너(예레미야)는 일어나서 유브라데 강가로 가서, 내(여호와)가 그 곳에 숨겨 두라고 너에게 명한 바로 그 띠를 그 곳에서 가져 오라"고 하신다. 예레미야는 예루살렘에서 유브라데(640km의 거리)까지의 굉장히 먼 거리를 지난번에 갔다 왔는데, 이번에 또 다녀오는 수고를 했다. 그는 하나님의 말씀에 대한 순종의 사람이었다.

렘 13:7. 내가 유브라데로 가서 그 감추었던 곳을 파고 띠를 가져오니 띠가

썩어서 쓸 수 없게 되었더라.

여호와께서 베 띠가 썩을만한 여러 날이 지난 후에 예레미야에게 명령한 대로 그가 유브라데로 가서 그가 베 띠를 감추었던 곳을 파고 베 띠를 꺼내보니 띠가 썩어도 너무 썩어서 더 이상 쓸 수 없게 되었다고 말한다.

렘 13:8. 여호와의 말씀이 내게 임하니라 이르시되.

유브라데 강가에서 베 띠를 꺼내 보자 그 베 띠가 썩은 것을 보는 순간 여호와의 말씀이 예레미야에게 다음과 같이 이르렀다.

렘 13:9. 여호와께서 이와 같이 말씀하시니라 내가 유다의 교만과 예루살렘의 큰 교만을 이같이 썩게 하리라.

예레미야가 썩은 베 띠를 보는 순간 여호와께서 본 절과 같이 유다의 교만과 예루살렘의 큰 교만을 이같이 썩게 하리라고 하신다. 유다 민족의 교만의 원인은 유다 민족의 내적 죄였으나, 그 결과는 그들의 외적 교만이 무너진 것이었다. 유다 민족의 외적 교만이 무너진 것을 두고, 11절에서는 "유다 민족의 이름과 명예와 영광이 떨어지고 만 것"으로 묘사하였다.

렘 13:10. 이 악한 백성이 내 말 듣기를 거절하고 그 마음의 완악한 대로 행하며 다른 신들을 따라 그를 섬기며 그에게 절하니 그들이 이 띠가 쓸 수 없음 같이 되리라.

본 절은 유다 민족이 썩어진 것의 원인과 결과를 설명하고 있다. 즉, 악한 유다 백성이 여호와의 말 듣기를 거부하고, 자기들의 마음에서 나오는 고집대로 살아가며, 다른 신들을 쫓아가서 그것들을 섬기며 경배하다가(여기까지는 유다 민족의 더러운 죄를 설명하는 내용이다), 이제 이 백성은 전혀 쓸모가 없는 이 띠와 같이 되고 말 것이란(결과를 말한다) 내용이다.

렘 13:11. 여호와의 말씀이니라 띠가 사람의 허리에 속함 같이 내가 이스라

엘 온 집과 유다 온 집으로 내게 속하게 하여 그들로 내 백성이 되게 하며 내 이름과 명예와 영광이 되게 하려 하였으나 그들이 듣지 아니하였느니라.

여호와께서 말씀하시기를 "베 띠가 사람의 허리에 속함 같이 나 여호와가 이스라엘 온 집과 유다 온 집으로 하여금 내게 속하게 하여 그들 유다 민족으로 하여금 여호와의 백성이 되게 하고 여호와의 이름을 빛내게 하고, 여호와를 찬양하게 하며, 여호와에게 영광을 돌릴 수 있게 하려 하였으나 (33:9; 출 19:5-6; 암 3:2) 유다 민족이 이를 뿌리쳤다"고 하신다. 유다 민족은 좋은 기회를 놓치고 만 것이다.

(10) 포도주 병의 상징 예언(13:12-14)

12-14절은 포도주 병에 술이 가득 차는 비유이다. 앞선 베 띠의 비유(1-11절)는 유다 민족의 죄를 말하고, 여기 포도주 병의 상징 예언(12-14절)은 그 결과인 심판을 가리킨다.

<포도주 가죽부대>

렘 13:12. 그러므로 너는 이 말로 그들에게 이르기를 이스라엘의 하나님 여호와의 말씀에 모든 가죽부대가 포도주로 차리라 하셨다 하라 그리하면 그들이 네게 이르기를 모든 가죽부대가 포도주로 찰 줄을 우리가 어찌 알지 못하리요 하리니.

본 절은 앞 절에서 말하는 유다 민족의 불순종의 결과를 말하는 진술이다. 즉, "그러므로 예레미야 너는 그들(유다 백성)에게 이 말을 전하여라. 나 여호와 이스라엘의 하나님이 말한다. 항아리(유다 민족을 지칭한다)마다 포도주(여호와의 진노의 심판 지칭)로 가득 찰 것이다! 라고 하면 그들이 너(예레미야)에게 묻기를 항아리에 포도주가 담긴다는 것을 우리가 어찌 모르겠느냐? 할 것이라"는 것이다.

"이스라엘(유다 민족)의 하나님 여호와의 말씀에 모든 가죽부대가 포도주로 차리라 하셨다"는 말은 유다 백성들에게 여호와의 진노의 심판이 임박하였다는 뜻이다.

"모든 가죽부대가 포도주로 찰 줄을 우리가 어찌 알지 못하리요"라는 백성들의 대답에 유다 백성의 심각한 완고성이 크게 비쳐지고 있다. 유다 백성은 이 평범한 진리도 깨닫지 못하고 조롱한다. 하나님의 말씀을 조롱하는 것은 머지않아 멸망할 자의 증거가 된다. 이렇게 정신을 차리지 못하고 함부로 말하고 있는 유다 백성들에게 여호와께서는 다음 절과 같이 말씀하신다.

렘 13:13. 너는 다시 그들에게 이르기를 여호와의 말씀에 보라 내가 이 땅의 모든 주민과 다윗의 왕위에 앉은 왕들과 제사장들과 선지자들과 예루살렘 모든 주민으로 잔뜩 취하게 하고.

유다 민족이 알지 못하고 떠들면(앞 절) 유다 민족 전체가 하나님의 진노를 받겠다고 말해주어라. 즉, "그러면 너(예레미야)는 그들(유다 백성들)에게 이렇게 대답해라. 나 여호와가 말한다. 내가, 이 땅의 모든 주민과, 다윗의 왕위에 앉은 왕들과, 제사장들(가짜 종교인)과, 예언자(거짓 선지자)들과, 예루살렘의 모든 주민을, 술에 잔뜩 취하게 하겠다고 말하라"고 하신다.

"잔뜩 취하게 하겠다"는 말은 '여호와의 진노를 잔뜩 취하도록 받게 하겠다'는 뜻이다. 거짓된 사람들에게는 여호와의 진노밖에 줄 것이 없다.

렘 13:14. 또 그들에게 각 사람이 충돌하여 상하게 하되 부자 사이에도 그러하게 할 것이라 내가 그들을 불쌍히 여기지 아니하며 사랑하지 아니하며 아끼지 아니하고 멸하리라 하셨다 하라 여호와의 말씀이니라.

앞선 베 띠의 비유(1-11절)는 유다 민족의 죄를 말하고, 여기 포도주 병의 상징 예언(12-14절)은 그 결과인 심판을 말하는데, 본 절도 역시 심판이 임하는 것을 진술한다. 즉, "나 여호와는 유다 백성들이 술에 취하여 서로 부딪쳐서 상하게 하고, 아버지와 자녀 사이에도 서로 부딪쳐서 상하게 할 것이다. 나는 그들을 불쌍히 여기지도 않고, 동정도 하지 않으며, 사정없이 멸망시킬 것이다"라고 말씀하신다. 유다 백성의 멸망은 바벨론 침략에 의해 이뤄졌다.

(11) 하나님의 벌이 임하기 전에 회개하라 권함(13:15-21)

이 부분(15-21절)은 세 가지를 경고한다. 첫째는 유다 민족의 교만을 경고하고(15-17절), 둘째는 유다의 왕과 왕후에게 경고하며(18-19절), 셋째는 유다 민족이 바벨론으로 잡혀가서 바벨론 왕의 통치를 받게 된다고 경고한다(20-21절).

<교만에 대한 경고>

렘 13:15. 너희는 들을지어다, 귀를 기울일지어다, 교만하지 말지어다, 여호와께서 말씀하셨음이라.

여호와께서 말씀하시기를 유다 민족은 여호와의 말씀을 들을지어다, 귀를 기울일지어다, 교만하지 말고 죄를 자복하라고 하신다. 죄를 토해내는 일처럼 중요한 것은 없다.

렘 13:16. 그가 어둠을 일으키시기 전, 너희 발이 어두운 산에 거치기 전, 너희 바라는 빛이 사망의 그늘로 변하여 침침한 어둠이 되게 하시기 전에 너희 하나님 여호와께 영광을 돌리라(Give glory to the LORD your God before he brings darkness, before your feet stumble on the twilight mountains, and while you look for light he turns it into gloom and makes it deep darkness-RSV, ESV)**.**

여호와께서 너희(유다 백성들)에게 어둠(재앙)을 일으키시기 전에, 너희(유다 백성들)가 어두운 산 속에서 실족하기 전에, 너희가 빛을 고대해도, 여호와께서 너희(유다 백성들)의 빛을 어둠과 흑암으로 바꾸어 놓으시기 전에 주 너희 하나님 여호와께 회개하고 영광을 돌리라는 말씀이다.

모든 것이 불행해지기 전에 죄를 자복하고 회개하면, 하나님께 영광을 돌리는 것이고, 또 하나님의 영광이 찾아오는 것이다.

렘 13:17. 너희가 이를 듣지 아니하면 나의 심령이 너희 교만으로 말미암아

은밀한 곳에서 울 것이며 여호와의 양 떼가 사로잡힘으로 말미암아 눈물을 흘려 통곡하리라.

본 절은 예레미야의 말이다. 예레미야는 유다 민족이 여호와의 명령을 듣지 아니하면 나(예레미야)의 심령이 너희 교만으로 말미암아 은밀한 곳에서 슬피 울 것이며, 유다 민족의 양 떼가 죄로 인하여 사로잡히게 되어 눈물을 흘려 통곡하게 될 것이라고 말한다.

렘 13:18. 너는 왕과 왕후에게 전하기를 스스로 낮추어 앉으라 관 곧 영광의 면류관이 내려졌다 하라(Say to the king and the queen mother: Take a lowly seat, for your beautiful crown has come down from your head-RSV, ESV).

여호와께서는 예레미야에게 명령하시기를 당시의 왕(여호야김의 아들 여호야긴)과 태후(황제의 살아 있는 모후를 이르는 말, 느후스다, 왕하 24:6-9)에게 이르기를 스스로 낮추어 앉으라고 하라는 것이다. 이유는 왕의 아름다운 관이 머리로부터 내려왔기 때문이라고 한다. 여호야긴은 주전 598년, 18세로 등극하여 불과 3개월을 통치한 후 그의 모후와 같이 바벨론으로 포로로 잡혀갔다(왕하 24:1-17, 이상근). 여기 태후가 왕후 대신에 거명되는 것을 보면 왕과 그 어머니가 함께 거명되는 경우가 많았거나 또는 이 태후가 눈에 띄게 세력을 썼기 때문일 수도 있다.

"영광의 면류관이 내려졌다"는 말은 왕이 왕위에서 쫓겨나 포로가 되었다는 말인데, 이 예언은 곧 바로 이루어졌다(왕하 24:12-15).

렘 13:19. 네겝의 성읍들이 봉쇄되어 열 자가 없고 유다가 다 잡혀가되 온전히 잡혀가도다.

유다 남쪽의 성읍들이 모두 포위되었으나, 그 포위망을 열어 주는 사람이 아무도 없어서, 온 유다가 모두 포로로 끌려가되, 남김없이 모두 잡혀 가고 말았다는 것이다. 포로로 잡혀간 성읍들은 수 15:21-32에 기록되어 있다.

이 지방은 유다에서 도피할 수 있는 가장 먼 곳들이었는데, 이 성읍들은 봉쇄되었고, 도피자들을 받아주지 않음으로 결국 유다 백성들은 온전히 포로가 되고 말았다.

한 나라가 이렇게 맥없이 무너진 것은 회개하는 사람들이 없었으며, 죄를 통회하는 사람들이 없었다는 것을 여실히 보여주는 것이다.

렘 13:20. 너는 눈을 들어 북방에서 오는 자들을 보라 네게 맡겼던 양 떼, 네 아름다운 양 떼는 어디 있느냐.

예루살렘의 지도자들이여! 눈을 뜨고, 북녘에서 오는 바벨론의 침략군들을 보라. 네 지도자들이라고 하던 자들이 돌보던 양 떼, 네가 그처럼 자랑하던 네 백성이 지금은 어디에 있느냐.

렘 13:21. 너의 친구 삼았던 자를 그가 네 위에 우두머리로 세우실 때에 네가 무슨 말을 하겠느냐 네가 고통에 사로잡힘이 산고를 겪는 여인 같지 않겠느냐.

네가 동맹 삼았던 바벨론을 하나님께서 네 위에 군림하는 자로 삼아 바벨론이 너를 공격하고 지배하면, 네 심정이 어떠하겠느냐? 너는 해산하는 여인처럼, 온갖 진통에 사로잡히지 않겠느냐?

4:30에는 유다가 앗수르를 대항하기 위해 한때는 바벨론을 아주 가까운 연인 삼았던 적이 있었다. 참으로 성도들은 세상의 것을 의지하고 사는 자들이 아니라, 항상 하나님만을 신뢰하고, 바라보며 의지해야 한다.

(12) 장차 벌이 임하는 이유(13:22-27)

렘 13:22. 네가 마음으로 이르기를 어찌하여 이런 일이 내게 닥쳤는고 하겠으나 네 죄악이 크므로 네 치마가 들리고 네 발뒤꿈치가 상함이니라.

그 때에 너(유다)는 '어찌하여 내가 이런 처지가 되었는가?'라고 속으로 물을 것이다. 그러나 내(여호와)가 대답하겠다. 즉, 그 이유는 네(유다의) 죄악이 크기 때문에 네 치마가 벗겨져서 부끄러움을 당한 것이고, 네 몸이 폭행을 당한 것이다(26절; 호 2:10).

성도가 세상에서 죄를 지으며 죄를 자복하지 않을 때에는 많은 부끄러움을 당하는 것이다.

렘 13:23. 구스인이 그의 피부를, 표범이 그의 반점을 변하게 할 수 있느냐 할 수 있을진대 악에 익숙한 너희도 선을 행할 수 있으리라.

본 절은 유다 민족의 죄악을 중단하거나 버릴 수가 없다는 것을 말한다. 즉, 구스인(에티오피아 사람)이 민족의 피부 색깔을 바꿀 수 있느냐? 표범이 자기 몸에 생긴 반점들을 다르게 바꿀 수 있느냐? 만약 그게 가능하다면, 죄악에 익숙해진 너희 유다 민족도 선을 행할 수가 있을 것이다.

"세살 버릇 여든까지 간다"는 말이 있다. 사람들은 변화되기가 참으로 힘이 든다는 것을 이렇게 표현한 것이다. 개인이나 민족이나 약점과 죄를 스스로는 절대로 버리지 못한다는 것이다. 다시 말해 성령으로 하지 않으면 불가능한 것으로 보아야 한다. 목회 사역을 할 때는 반드시 성령의 힘을 의지하는 수밖에 없는 것이다.

렘 13:24. 그러므로 내가 그들을 사막 바람에 불려가는 검불 같이 흩으리로다.

유다 민족이 죄를 버리지 못하니(앞 절) 여호와께서 본 절처럼 처리하시겠다고 하신다. 즉, 그러므로 내(여호와)가 너희(유다 민족)를 사막의 바람에 나부끼는 검불처럼 산산이 흩어 놓겠다. 다시 말해 유다 민족이 심판을 받아 바벨론에 포로되어 가도록 하시겠다는 말씀이다.

렘 13:25. 여호와의 말씀이니라 이는 네 몫이요 내가 헤아려 정하여 네게 준 분깃이니 네가 나를 잊어버리고 거짓을 신뢰하는 까닭이라(This is your lot, the portion I have measured out to you, declares the LORD, because you have forgotten me and trusted in lies-ESV).

본 절의 "이(는)"라는 말과 "네 몫"이란 말은 동의어로 유다 민족이 여호와를 잊어버리고 거짓을 신뢰한 대가 혹은 값이라는 뜻이다. 유다 민족이 여호와를 잊어버리고, 우상을 섬긴 것은 큰 범죄였다. 여호와를 잊어버리고 우상을 섬기는 것이야 말로 엄청난 죄가 된다.

렘 13:26. 그러므로 내가 네 치마를 네 얼굴에까지 들춰서 네 수치를 드러내리라.

내(여호와)가 너(유다 민족)의 치마를 얼굴에까지 들어 올려서, 너(유다 민족)의 수치가 드러나게 하겠다는 것이다. 치마를 얼굴에까지 들어 올리면 여자의 궁둥이도 보이고, 등도 보이며, 몸까지도 보이는 것으로 창녀가 당하는 수치인 것이다. 여호와를 잊어버리고, 우상을 섬기는 일은 참으로 큰 수치를 당하는 일이다.

렘 13:27. 내가 너의 간음과 사악한 소리와 들의 작은 산 위에서 네가 행한 음란과 음행과 가증한 것을 보았노라 화 있을진저 예루살렘이여 네가 얼마나 오랜 후에야 정결하게 되겠느냐 하시니라.

본 절은 여호와께서 유다 민족의 다섯 가지 죄악(간음, 사악한 소리, 들의 작은 산 위에서 네가 행한 음란, 음행, 가증한 것)을 보셨다고 말씀하시면서 예루살렘 주민들에게 화를 선언하신다. 그러면서 예루살렘 주민들을 향하여 언제쯤이나 정결하게 될 것이냐고 안타깝게 물으신다.

본 절의 다섯 가지 죄악, 즉 "간음", "사악한 소리", "들의 작은 산 위에서 네가 행한 음란", "음행", "가증한 것" 모두는 동의어로 사용되어 유다 민족의 우상 숭배를 뜻한다(2:20; 3:2, 6; 5:8).

"화 있을진저 예루살렘이여"라는 말은 예루살렘에게 화를 선언하는 말이다. 화를 받을 수밖에 없음을 선언하는 것이고, 바벨론에 포로되어 갈 것을 예언하는 말이다.

"네가 얼마나 오랜 후에야 정결하게 되겠느냐"고 물으신 것은 얼마의 세월이 지나야 죄로부터 정결하게 될 것이냐는 의미이다. 참으로 안타까워 물으신 것이다. 우리의 우상 숭배, 즉 돈 사랑, 물질 사랑, 명예 사랑 등 세상을 사랑하는 지독한 죄들은 보통의 방법으로는 없어지지 않는다. 바벨론에서의 70년 포로살이가 필요하다. 아니면 단 시간에 정결을 얻으려면 성경 말씀을 묵상하며(시 1:1), 성령 충만을 구해야 할 것이다(엡 5:18). 그러면 예수님을 아는데 이르게 된다(고전 12:3).

2. 유다의 가뭄과 참사에 대한 애가(14:1-15:9)

이 부분(14:1-15:9)은 (1) 유다 땅에 임한 큰 가뭄에 대한 진술(14:1-6), (2) 가뭄을 해갈하기 위한 예레미야의 기도(14:7-9), (3) 여호와께서 기도를 듣지 않으시는 이유(14:10-18), (4) 예레미야의 두 번째 기도(14:19-22), (5) 유다 나라가 용서 없이 받을 벌에 대한 진술(15:1-9)이 기록되어 있다.

제 14 장

(1) 유다 땅에 임한 큰 가뭄(14:1-6)

<칼과 기근>

렘 14:1. 가뭄에 대하여 예레미야에게 임한 여호와의 말씀이라.

유다 민족의 우상 숭배 죄악 때문에 유다 나라에 찾아온 가뭄에 대하여 여호와께로부터 예레미야에게 말씀이 임하여 예레미야는 2-6절까지 말씀을 전하고 기도한다(7-9절). 오늘도 가뭄은 우연히 오는 것이 아니라 우리의 죄악 때문에 우리 땅에 찾아오는 것이다(창 12:10; 26:1; 42:1-2; 신 11:10-17; 28:23-24; 룻 1:1; 삼하 21:1; 왕상 8:37).

렘 14:2. 유다가 슬퍼하며 성문의 무리가 피곤하여 땅 위에서 애통하니 예루살렘의 부르짖음이 위로 오르도다.

가뭄을 맞이한 유다 백성들이 슬퍼서 울고, 성읍들의 고위층들도 성문에서 기력을 잃은 채 땅바닥에 쓰러져 탄식하며(욥 2:13; 시 35:14; 애 2:10), 유다 나라의 수도인 예루살렘의 울부짖음이 위로 오르고 있다. 조용한 울음으로는 감당할 수가 없어 울음이 터져 나와 주위에 들린 것이다.

렘 14:3. 귀인들은 자기 사환들을 보내어 물을 얻으려 하였으나 그들이 우물에 갔어도 물을 얻지 못하여 빈 그릇으로 돌아오니 부끄럽고 근심하여 그들의 머리를 가리며.

나라의 귀족들은 세력가들이니 웬만하면 물을 구할 수 있을듯하여 물을 구하려고 종들을 보냈지만, 종들이 우물에 가 봐도 물을 구할 수 없어서 종들은 빈 그릇만 가지고 돌아와서 귀족들은 목이 말라 어려움을 겪게 되어, 종들이 애태우며 어찌할 바를 알지 못했다.

"그들의 머리를 가리며"라는 말은 종들이 머리를 가렸다는 뜻으로 슬픔의 표시로 머리를 가린 것이다(삼하 15:30; 19:4).

오늘도 가뭄이 우리 땅에 찾아오면 물을 얼마든지 주시는 하나님 앞에 나아와 죄를 자복해야 하고 물을 구해야 할 것이다.

렘 14:4. 땅에 비가 없어 지면이 갈라지니 밭 가는 자가 부끄러워서 그의 머리를 가리는도다.

땅에 비가 내리지 않아 땅이 쩍쩍 갈라지니, 밭 가는 자가 밭을 갈아보아야 곡식을 파종하지 못할 것이니 마음 상한 농부가 애태우며 어찌할 바를 모른다(욜 1:11)는 말씀이다.

하늘을 바라보며 농사하는 사람들은 비가 조금이라도 덜 온다 싶으면 얼른 주님의 자비를 바라보며 주님께 비를 구해야 할 것이다.

렘 14:5. 들의 암사슴은 새끼를 낳아도 풀이 없으므로 내버리며.

들판의 암사슴들은 풀을 뜯어먹고 살며, 새끼를 낳으면 연한 풀이 있어야 풀을 먹이는데 가뭄이 심하여 풀이 없으니 이제 갓 낳은 새끼까지 내버리게 된다는 것이다. 암사슴이야말로 새끼를 뜨겁게 사랑하는 본능으로 유명하나(잠 5:19), 가뭄 때문에 풀이 없으니 별수 없이 새끼를 버릴 수밖에 없다는 것이다. 안타깝기 그지없는 상황이다. 사람들이 죄를 지으면 짐승들까지도 이렇게 고통 받게 된다.

렘 14:6. 들 나귀들은 벗은 산 위에 서서 승냥이 같이 헐떡이며 풀이 없으므로 눈이 흐려지는도다.

들 나귀들도 풀이 없는 민둥산 위에 서서 여우들처럼 헐떡이며 뜯어먹을 풀이 없어서 배고파서 그 눈이 어두워지게 된다는 것이다.

사람들의 죄가 땅 위의 모든 짐승들에게까지 영향을 끼치는 것을 깨달아 성도는 항상 죄를 자복하며 주님을 바라보는 삶을 살아야 할 것이다.

(2) 가뭄 해갈을 위한 예레미야의 기도(14:7-9)

선지자는 가뭄에 대한 책임을 느끼고 백성들의 죄를 자복하면서 가뭄 해결을 위해 기도하나(7-9절), 여호와께서는 예레미야의 기도를 거부하신다(10-12절).

렘 14:7. 여호와여 우리의 죄악이 우리에게 대하여 증언할지라도 주는 주의 이름을 위하여 일하소서 우리의 타락함이 많으니이다 우리가 주께 범죄하였나이다(Though our iniquities testify against us, act, O LORD, for thy(your) name's sake; for our backslidings are many, we have sinned against you-ESV).

여호와여! 비록 우리의 죄악이 우리를 대항하여 증언하더라도, 주님의 이름을 위하여 일해 주십시오(수 7:9; 시 22:31; 79:9; 사 48:9; 겔 20:9). 예레미야는 유다 민족이 비록 수없이 주님을 대항하여 반역했고 죄를 지었지만, "주의 이름"을 위해 일해 주시기를 간구하고 있다.

"우리의 죄악이 우리에게 대하여 증언할지라도"라는 말은 '우리의 죄악이 우리를 아주 불리하게 고발한다 하더라도'라는 뜻이다.

"주는 주의 이름을 위하여 일하소서"란 말은 '여호와께서는 주님의 이름, 다시 말해 '자비로우시고, 은혜로우신 구원자라는 이름을 위하여 일하시라'는 뜻이다. 주님의 영광을 위하여 비를 주시라는 뜻은 아니다. 하나님께서 그의 백성을 벌하신다고 하여 결코 하나님께 불명예는 아니다(박윤선).

렘 14:8. 이스라엘의 소망이시요 고난 당한 때의 구원자시여 어찌하여 이 땅에서 거류하는 자 같이, 하룻밤을 유숙하는 나그네 같이 하시나이까.

"여호와께서는 이스라엘인들이 바라보는 희망이시고, 이스라엘이 환난을 당할 때에 구하여 주시는 구원자이시온데 어찌하여 이 땅을 지나는 나그네처럼 무관심하게 행하시고, 하룻밤을 자고 지나가는 행인처럼 행하십니까?"라고 예레미야가 아뢴다.

"어찌하여 이 땅에서 거류하는 자 같이, 하룻밤을 유숙하는 나그네 같이 하시나이까"라는 말은 여호와께서 유다 민족에게 큰 은혜를 주셔서 가나안 땅에 정착하도록 하셨고, 지금까지 인도해주셨는데, 이제는 여호와께서 거류하는 나그네같이 행하시며, 하룻밤을 유숙하시는 나그네 같이 행하심이 여호와께서 유다 민족을 버리심과 같고, 관심 없으신 것이라며 예레미야는 안타까워한다.

렘 14:9. 어찌하여 놀란 자 같으시며 구원하지 못하는 용사 같으시니이까 여호와여 주는 그래도 우리 가운데 계시고 우리는 주의 이름으로 일컬음을 받는 자이오니 우리를 버리지 마옵소서.

"어찌하여 길을 가는 나그네처럼, 놀라서 어쩔 줄을 모르는 사람처럼 되시고, 구해 줄 힘을 잃은 용사처럼 되셨습니까? 주님은 그래도 우리 가운데 계셔서 우리를 도우시는 분이시고(출 29:45-46; 레 26:11-12), 우리는 주님의 이름으로 불리는 주님의 백성이 아닙니까? 우리를 그냥 버려두지 마시라"고 애걸한다. 예레미야의 애걸을 우리는 다 측량할 수 없다. 오늘 우리 역시 우리의 문제를 가지고 주님께 애걸해야 할 것이다.

(3) 여호와께서 기도를 듣지 않으시는 이유(14:10-18)

렘 14:10. 여호와께서 이 백성에 대하여 이와 같이 말씀하시되 그들이 어그러진 길을 사랑하여 그들의 발을 멈추지 아니하므로 여호와께서 그들을 받지 아니하고 이제 그들의 죄를 기억하시고 그 죄를 벌하시리라 하시고.

본 절은 예레미야의 기도를 들으신 여호와께서 이 백성을 두고 응답하시기를 그들은 방황하기를 좋아하고, 한 곳에 가만히 서 있기를 계속해서 죄를 짓고 앞으로 나아가고 있구나, 그러므로 나 여호와가 그들을 용납하지 않겠고, 그들의 죄를 기억하고, 그들의 죄악대로 징벌하겠다고 하신다.

렘 14:11. 여호와께서 또 내게 이르시되 너는 이 백성을 위하여 복을 구하지 말라.

여호와께서 또 나 예레미야에게 말씀하시기를 "너 예레미야는 이 백성에게 은총을 베풀어 달라(7-9절)고 나 여호와에게 기도하지 말라"고 명하신다.

본 절은 7:16, 11:14에도 똑같이 등장한다. 그만큼 여호와께서는 예레미야의 백성을 위한 기도를 자주 거부하셨음을 알 수 있다. 죄를 전혀 돌이키지 않는 백성들은 여호와의 징벌을 받아야 하는 것이지, 그들을 위한 기도가 필요한 것은 아니라는 것을 보여준 사례였다.

렘 14:12. 그들이 금식할지라도 내가 그 부르짖음을 듣지 아니하겠고 번제와 소제를 드릴지라도 내가 그것을 받지 아니할 뿐 아니라 칼과 기근과 전염병으로 내가 그들을 멸하리라.

여호와께서는 앞 절(11절)에서 예레미야의 기도를 거부하실 뿐 아니라, 본 절에서도 말씀을 계속하시기를, "유다 백성들이 금식(11:11; 사 1:15; 암 7:13; 미 3:4)을 한다 해도, 나 여호와는 그들의 호소를 들어주지 않을 것이다. 또 유다 백성들이 번제물과 곡식제물(6:20; 7:21-22)을 바친다 해도 나 여호와는 그들의 예물을 받지 않겠다. 나 여호와는 오히려 칼(전쟁)과 기근(가뭄)과 전염병으로 그들을 전멸시켜 버리겠다"고 하신다.

유다 백성들은 금식을 하고 예물을 드리는 일보다 죄를 자복하고 회개가 선행되어야 한다는 것이다. 오늘날에도 종교 의식보다 마음의 죄가 먼저 해결되어야 함을 알아야 한다.

렘 14:13. 이에 내가 말하되 슬프도소이다 주 여호와여 보시옵소서 선지자들이 그들에게 이르기를 너희가 칼을 보지 아니하겠고 기근은 너희에게 이르지

아니할 것이라 내가 이 곳에서 너희에게 확실한 평강을 주리라 하나이다.

그래서 내(예레미야)가 아뢰기를 "참 슬픔을 금할 수가 없습니다. 주 여호와시여! 저 예언자들이 이 백성을 위해 주님의 말씀을 받았다고 하면서 전쟁이 일어나지 않을 것이라 하고, 기근이 오지 않을 것이라고 말하면서 오히려 주님께서 이곳 유다 백성들에게 확실한 평화를 주신다고 떠듭니다(4:10; 5:31; 6:13-14; 23:11)"라고 하였다.

"내가 말하되 슬프도소이다"는 말은 예레미야가 거짓 선지자들의 거짓 예언을 슬퍼하는 것이었다. 예레미야는 앞으로 바벨론의 침략이 있을 것이라고 예언을 했는데, 거짓 선지자들은 거짓 예언을 하여 백성들이 방자하게 죄를 짓게 만들었던 것이다. 거짓 예언자들의 거짓 예언 내용은 앞으로 유다 나라에는 절대로 전쟁은 없을 것이고, 또 기근도 없을 것이라 했으며, 더 나아가 오히려 유다 나라에 확실한 평강이 있을 것이라고 떠들었다. 이 거짓 예언에 대하여 여호와께서는 다음 절처럼 엄격하게 말씀하신다.

렘 14:14. 여호와께서 내게 이르시되 선지자들이 내 이름으로 거짓 예언을 하도다 나는 그들을 보내지 아니하였고 그들에게 명령하거나 이르지 아니하였거늘 그들이 거짓 계시와 점술과 헛된 것과 자기 마음의 거짓으로 너희에게 예언하는도다.

예레미야는 거짓 예언자들의 예언한 바 전쟁이 일어나지 않을 것이라 하고, 기근이 오지 않을 것이라고 말하면서 오히려 주님께서 이곳 유다 백성들에게 확실한 평화를 주신다고 말한 것을 여호와께서 들으시고, 여호와께서 예레미야에게 이르시기를 그 예언자들은 내 이름으로 거짓 예언을 하고 있다고 하셨다. 즉, "나 여호와는 그들을 예언자로 보내지도 않았고, 그들에게 명하지도 않았고, 그들에게 말하지도 않았다. 그들이 이 백성에게 예언하는 것은, 모두 거짓된 환상과 허황된 점괘와 그들의 마음속에서 꾸며낸 거짓말이라"고 하신다(28:1 참조). 그러므로 계시도 받은 바 없이 마음속에서 일어나는 생각을 말하는 거짓 예언자들은 멸망할 것이다.

렘 14:15-16. 그러므로 내가 보내지 아니하였어도 내 이름으로 예언하여 이르기를 칼과 기근이 이 땅에 이르지 아니하리라 하는 선지자들에 대하여 여호와께서 이와 같이 말씀하셨노라 그 선지자들은 칼과 기근에 멸망할 것이요 그들의 예언을 받은 백성은 기근과 칼로 말미암아 예루살렘 거리에 던짐을 당할 것인즉 그들을 장사할 자가 없을 것이요 그들의 아내와 아들과 딸이 그렇게 되리니 이는 내가 그들의 악을 그 위에 부음이니라.

이 두 절의 말씀은 단 한 가지를 말씀한다. 즉, 거짓 선지자나 또 거짓 선지자의 거짓 예언을 듣고, 그대로 믿은 백성들은 똑같이 망한다는 것이었다. 다시 말해 여호와께서 그 예언자들에게 관하여 말씀하시기를, "그 거짓 예언자들은 나 여호와가 보내지도 않았는데, 내 이름으로 거짓 예언을 하여 이 땅에는 전쟁과 기근이 없을 것이라 했는데, 이렇게 거짓을 말한 예언자들은 전쟁과 기근으로 죽을 것이다. 그리고 그 예언을 들은 이 백성도, 기근과 전쟁에 시달리다가 죽어서, 예루살렘 거리에 내던져질 것이며(시 79:3), 그들을 묻어 줄 사람이 아무도 없을 것이다. 그들뿐만 아니라 그들의 아내들과 아들, 딸들도 그와 같이 될 것이니, 이것은 내가 그들 위에 재앙을 퍼부을 것이기 때문에 그렇게 될 것이라"고 하신다.

우리는 말도 바로 해야 할 것이고, 남의 말을 들을 때 하나님의 말씀에 맞는 것만 들어야 할 것이다.

렘 14:17. 너는 이 말로 그들에게 이르라 내 눈이 밤낮으로 그치지 아니하고 눈물을 흘리리니 이는 처녀 딸 내 백성이 큰 파멸, 중한 상처로 말미암아 망함이라.

너 예레미야는 이제 그들 유다 백성들에게 이렇게 전하기를 나(예레미야)의 눈에서 밤낮, 하염없이 눈물이 흘러내릴 것이다. 이유는 처녀 딸, 내 사랑스러운 백성(이스라엘 백성에 대한 애칭)이 참혹하게 얻어맞아 죽을 지경에 이르렀기 때문이다. 참 선지자는 백성이 비참하게 될 때, 밤낮으로 그치지 아니하고 울어야 하는 신분이다.

렘 14:18. 내가 들에 나간즉 칼에 죽은 자요 내가 성읍에 들어간즉 기근으로 병든 자며 선지자나 제사장이나 알지 못하는 땅으로 두루 다니도다.

예레미야는 앞으로 함락될 날을 예견하여 나라 안팎을 묘사한다. 들판으로 나가 보면, 칼에 찔려 죽은 사람들이 있고, 성들 안으로 들어가 보면, 거기에는 기근으로 고통 받는 사람들뿐이었다. 그러니 거짓 예언자도 거짓 제사장도 뭐가 뭔지 모르는 채로 온 나라를 헤맬 뿐이라고 말한다. 우리는 앎이 있는 상태로 세상을 살아야 할 것이다.

(4) 예레미야의 두 번째 대표기도(14:19-22)

<백성이 주께 간구하다>

렘 14:19. 주께서 유다를 온전히 버리시나이까 주의 심령이 시온을 싫어하시나이까 어찌하여 우리를 치시고 치료하지 아니하시나이까 우리가 평강을 바라도 좋은 것이 없고 치료 받기를 기다리나 두려움만 보나이다.

예레미야는 기도하기를, "여호와께서 유다 민족을 온전히 내버리셨습니까? 아니면 주님께서 진정으로 시온을 미워하시는 것입니까? 어찌하여 주님께서는 우리를 치시고, 치료하지 않으십니까? 우리가 기다린 것은 평화였습니다. 그런데 좋은 일이라고는 하나도 없습니다. 우리는 이 상처가 치료되기를 기다렸는데, 오히려 무서운 일만 당하고 있다"고 여호와께 간절히 아뢰는 것이다.

예레미야가 여호와께 드린 기도 내용, 즉 유다 민족이 치료되기를 간절히 기다렸으나 치료되지 않는 것을 보고 두려워했다는 것을 통해 우리는 예레미야가 유다 나라의 정상화가 이뤄지기를 심히 기다렸음을 알 수 있다. 우리는 인생의 죄를 아뢰면서 회복을 간절히 부르짖어야 할 것이다.

렘 14:20. 여호와여 우리의 악과 우리 조상의 죄악을 인정하나이다 우리가 주께 범죄하였나이다.

"여호와여! 우리는 우리의 사악함과 우리 조상의 죄악을 인정합니다. 우리는 주님께 죄를 지었습니다"라고 아뢴다. 죄를 인정하는 것은 용서를 받는데 있어서 가장 좋은 방법이다. 우리, 즉 자신들이 조상들의 죄를 이어받아 가지고 죄를 지었다고 인정하는 것이야말로 용서받는 일에 있어서 가장 좋은 방법이다.

렘 14:21. 주의 이름을 위하여 우리를 미워하지 마옵소서 주의 영광의 보좌를 욕되게 마옵소서 주께서 우리와 세우신 언약을 기억하시고 폐하지 마옵소서.

본 절의 예레미야의 기도는 세 가지 근거를 대고 기도하고 있다.

첫째는 "여호와의 이름을 위하여" 기도하고 있다. 유다 민족이 멸망하면 여호와의 이름이 이방인들에게 모욕을 받게 된다는 것이다. 여호와께서는 주님의 이름, 다시 말해 "자비로우시고, 은혜로우신 구원자라는 이름을 위하여 일하시라"는 것이다(7절).

둘째는 "주의 영광의 보좌를 욕되게 마시라"는 것이다. 유다 민족이 멸망하면 주님의 영광의 보좌, 즉 주님의 성전(17:12; 삼상 2:8; 겔 43:7)이 욕되게 되는 것이니 망하지 않게 해주시라는 것이다.

셋째는 "주님께서 이스라엘과 세우신 언약(출 24:7, 8)을 기억하시고", 유다 민족이 망하지 않게 해주시라는 것이다. 여호와께서 이스라엘과 세우신 언약은 아주 중요한 것이므로, 그 언약을 생각하사 유다 민족이 망하지 않게 해주시라는 것이다.

우리는 우리의 신실에 근거하여 기도할 것이 아니라 "주님의 이름, 주님의 영광의 보좌, 주님께서 맺어주신 언약"을 근거로 기도해야 한다.

렘 14:22. 이방인의 우상 가운데 능히 비를 내리게 할 자가 있나이까 하늘이 능히 소나기를 내릴 수 있으리이까 우리 하나님 여호와여 그리하는 자는 주가 아니시니이까 그러므로 우리가 주를 앙망하옵는 것은 주께서 이 모든 것을 만드셨음이니이다 하니라.

본 절의 예레미야의 기도는 여호와께서만이 비를 내리실 수 있는 분이라는 것을 말씀드린다. 즉, "여호와시여! 이방 사람이 섬기는 허황된 우상들(10:1-5) 가운데 비를 내리는 신들이 있습니까? 하늘 스스로가 소나기를 내려 줄 수가 있습니까? 여호와 우리 하나님이시여! 그런 분은 바로 주님이 아니십니까?(5:24; 10:13) 그러므로 우리는 오직 주님께만 희망을 걸고 기도하고 있습니다. 그 이유는 주님께서 이 모든 것을 지으셨기 때문입니다" 라는 것이다. 그러므로 예레미야는 전능하신 주님께 비를 주시라고 기도하고 있는 것이다. 오늘 우리가 가진 모든 난제들도 주님께서만이 해결 가능하심으로 우리는 주님께만 기도해야 한다.

제 15 장

(5) 유다 나라가 용서받지 못하고 받을 벌(15:1-9)

유다 민족이 용서받을 수 없이 망할 수밖에 없었던 이유는 므낫세의 죄 때문이다.

<네 가지로 백성을 벌하리라>

렘 15:1. 여호와께서 내게 이르시되 모세와 사무엘이 내 앞에 섰다 할지라도 내 마음은 이 백성을 향할 수 없나니 그들을 내 앞에서 쫓아 내보내라(Then the LORD said to me, Though Moses and Samuel stood before me, yet my heart would not turn toward this people. Send them out of my sight, and let them go!-RSV, ESV).

그 때에(then) 여호와께서 나 예레미야에게 말씀하시기를, "비록 모세(출 32:11-14, 30-32; 민 14:13-24; 신 9:18-20)와 사무엘(삼상 7:5-9; 12:19-23)이 내 앞에 나와 빈다고 해도 나 여호와가 이 백성에게 마음을 기울이지 않을 것이다. 그러니 이 유다 백성을 내 앞에서 쫓아 내보내라"고 하신다.

본 절에서는 모세와 사무엘의 이름이 연명으로 나타나나, 시 99:6에서는 모세와 아론과 사무엘이 연명으로 나타나고, 겔 14:14에서는 노아, 다니엘, 욥이 연명으로 나타난다. 하나님께서 이들을 인정하신다는 것을 뜻한다.

렘 15:2. 그들이 만일 네게 말하기를 우리가 어디로 나아가리요 하거든 너는 그들에게 이르기를 여호와께서 이와 같이 말씀하시니라 죽을 자는

죽음으로 나아가고 칼을 받을 자는 칼로 나아가고 기근을 당할 자는 기근으로 나아가고 포로 될 자는 포로 됨으로 나아갈지니라 하셨다 하라.

본 절은 여호와께서 "유다 백성을 내 앞에서 쫓아 내보내라(1절 하반절)"고 하신 말씀에 응답하여, 유다 백성들이 너 예레미야에게 가상적으로 질문하기를 우리가 어디로 나아가리요 하고 묻거든, 너 예레미야는 그들에게 다음과 같이 대답하라고 일러주신다. 즉, "나 여호와가 말한다. 어디를 가든지, 염병에 걸려 죽을 자는 염병에 걸려 죽고, 칼에 맞아 죽을 자는 칼에 맞아 죽고, 굶어 죽을 자는 굶어 죽고, 포로로 끌려갈 자는 포로로 끌려갈 것이라고 대답해 주라"는 것이다. 이는 유다 백성들이 받을 심판의 내용을 네 가지로 분류해서 말씀하신 것이다.

"죽을 자는 죽음으로 나아가고 칼을 받을 자는 칼로 나아가고 기근을 당할 자는 기근으로 나아가고 포로 될 자는 포로 됨으로 나아갈지니라"는 말은 유다 백성들이 받아야 할 심판의 내용을 열거한 것으로 유다 백성들이 받아야 할 벌은 얼마든지 준비되어 있다는 것을 말한 것이다. 하나님을 반역하고 회개하지 않는 자들에 대한 벌은 무제한이다.

렘 15:3. 여호와의 말씀이니라 내가 그들을 네 가지로 벌하리니 곧 죽이는 칼과 찢는 개와 삼켜 멸하는 공중의 새와 땅의 짐승으로 할 것이며(I will appoint over them four kinds of destroyers, declares the LORD: the sword to slay(kill), the dogs to tear, and the birds of the air and the beasts of the earth to devour and destroy-ESV)**.**

나 여호와는 다음과 같이 네 가지로 그들을 벌할 것이다. 그들을 칼에 맞아 죽게 하고, 개가 그들을 뜯어 먹게도 할 수 있으며, 공중의 새가 그들의 시체를 쪼아 먹게 하는 것도 가능하며, 들짐승이 그들을 먹어 치우게 할 수도 있다고 하신다.

여기 본 절의 네 가지 방법으로 벌할 수 있다는 말은 꼭 네 가지 방법만 있다는 말은 아니고, 하나님께서 벌하실 방법이 얼마든지 있다는 것을 말하는 것이다. 오늘도 하나님께서 벌 받을 사람을 벌하시는 것을 보면 그 방법이 수십, 수백 가지가 됨을 알 수 있다.

렘 15:4. 유다 왕 히스기야의 아들 므낫세가 예루살렘에 행한 것으로 말미암아 내가 그들을 세계 여러 민족 가운데에 흩으리라(And I will make them a horror to all the kingdoms of the earth because of what Manasseh the son of Hezekiah, king of Judah, did in Jerusalem-RSV, ESV).

내(여호와)가 이렇게 하여 땅 위의 모든 나라 사람들을 놀라게 할 것이니, 이는 히스기야의 아들 므낫세(주전 697-642년 통치)가 유다 왕으로서 통치 시에 그의 아버지 히스기야가 단행했던 종교 개혁을 뒤집어엎어 다시금 예루살렘에서 부패한 우상 숭배가 이루어지게 했기 때문이라(왕하 21:1-19)고 하신다.

아들 므낫세의 죄악은 형언할 길 없이 크다. 므낫세는 종교적으로 하나님을 반역했을 뿐 아니라 부친을 반역한 것이었다. 그러므로 하나님께서 므낫세의 반역 행위를 따른 모든 백성을 세계 각국에 흩으시리라고 하신다.

5-9절. 유다 백성이 받을 벌들.

렘 15:5. 예루살렘아 너를 불쌍히 여길 자 누구며 너를 위해 울 자 누구며 돌이켜 네 평안을 물을 자 누구냐.

예루살렘아! 누가 네 멸망한 모습을 보고 너를 불쌍히 여기겠느냐? 누가 너를 생각하여 위로의 눈물을 흘리며, 누가 네 평안을 질문해줄 자가 있느냐고 물으신다.

1-4절은 여호와께서 유다 백성을 버리셨다고 하시고, 본 절은 사람들까지도 유다 백성을 외면하고 버렸다는 것을 말씀한다. 유다 민족은 므낫세의 죄에 동참했다가 하늘과 땅으로부터 버림을 당한 것이다.

렘 15:6. 여호와께서 이르시되 네가 나를 버렸고 내게서 물러갔으므로 네게로 내 손을 펴서 너를 멸하였노니 이는 내가 뜻을 돌이키기에 지쳤음이로다.

여호와께서 이르시기를, "네가 바로 나를 버렸고, 네가 항상 나에게 네 등을 돌리고 살았다. 나 여호와는 이제 너를 불쌍히 여기기에도 지쳤다. 그래서 너를 멸망시키려고 내가 손을 들었다"고 하신다.

우리가 하나님을 버리면 하나님도 우리를 버리신다는 것이다. 우리가 하나님을 가까이 하면 하나님도 우리에게 가까이 하신다.

렘 15:7. 내가 그들을 그 땅의 여러 성문에서 키로 까불러 그 자식을 끊어서 내 백성을 멸하였나니 이는 그들이 자기들의 길에서 돌이키지 아니하였음이라.

여호와께서 계속해서 말씀하시기를, "내가 유다 백성들을 유다 땅의 여러 성문에서 동시 다발적으로 키로 까불러서(심판한다는 뜻) 유다 백성의 자식들을 끊어서 유다 백성들을 멸하는 수밖에 없었는데, 이렇게 멸망시키는 이유는 유다 백성들이 자기들이 행하는 일들을 돌이키지 아니하였기 때문이라는 것이다. 죄를 지으면 망할 수밖에 없는 것이다.

렘 15:8. 그들의 과부가 내 앞에 바다 모래보다 더 많아졌느니라 내가 대낮에 파멸시킬 자를 그들에게로 데려다가 그들과 청년들의 어미를 쳐서 놀람과 두려움을 그들에게 갑자기 닥치게 하였으며(I have made their widows more in number than the sand of the seas; I have brought against the mothers of young men a destroyer at noonday; I have made anguish and terror fall upon them suddenly-RSV, ESV**).**

여호와께서 말씀하시기를 내가 이 백성 가운데서 과부의 숫자를 바닷가의 모래보다도 더 많아지게 할 것이다. 뜻하지 않은 시간에(렘 6:4) 침략군을 끌어들여 갑자기 젊은이들과 그들의 어머니들을 치게 하여 모두를 놀라게 하고 두려워하며 떨게 할 것이라고 하신다.

"대낮에"란 말은 '뜻하지 않은 때에' 혹은 '생각지 않은 때에'란 뜻이다.

생각지 않은 때에 침략했으니 피해가 컸고, 또 놀람과 두려움이 닥치게 된 것이다.

그리고 본 절의 "청년들의 어미를 쳐서"란 말을 두고 해석이 갈린다. 1) "어미"를 '수도'나 '대도시'로 이해하여 예루살렘 거민들의 모성인 예루살렘을 가리킨다고 보는 견해(Clarke, Rashi, 그랜드 종합주석, 호크마 주석)와 2) 청년들의 어미인 과부들이 놀라움으로 기절했다는 뜻으로 해석하는 견해(J. A. Thompson, Charles Dyer, 박윤선, 이상근)이다. 이 두 견해 중에 2)번의 견해가 문맥에 더 합당한 것으로 보인다.

죄를 지은 사람들은 하나님의 징벌을 피할 수가 없는 것이다. 죄를 짓고서야 어떻게 불행을 면할 수 있겠는가.

렘 15:9. 일곱을 낳은 여인에게는 쇠약하여 기절하게 하며 아직도 대낮에 그의 해가 떨어져서 그에게 수치와 근심을 당하게 하였느니라 그 남은 자는 그들의 대적의 칼에 붙이리라 여호와의 말씀이니라(She who bore seven has grown feeble; she has fainted away; her sun went down while it was yet day; she has been shamed and disgraced. And the rest of them I will give to the sword before their enemies, declares the LORD-ESV)**.**

여호와께서 선언하시기를 아들을 일곱이나 둔 여인은 많은 아들을 둔 셈인데, 그도 자식들을 잃고 기절할 것이다. 그 여인에게 대낮이 마치 칠흑 같은 밤처럼 되어 그 여인을 비천한 신세가 되게 한다는 것이다(50:12; 사 54:4). 살아남은 자식들은 원수들이 보는 앞에서 칼에 맞아 죽게 하겠다고 여호와께서 선언하신다.

D. 예레미야의 고백과 설교(15:10-25:38)

1. 예레미야의 시련과 여러 가지 어록(15:10-20:18)

(1) 예레미야의 내적인 투쟁과 여호와의 위로(15:10-14)

예레미야는 그의 백성을 위해 두 번씩이나 기도를 드렸고, 그 때마다 하나님께 거절당한 예레미야(14:13-15:9)는 여기서 그의 특징적인 고백을 한다. 이는 그의 세 번째 고백이자, 그의 가장 심각한 고백으로 이 고백은 그가 백성들의 멸망을 예언하면서 살기보다는 차라리 태어나지 않았더라면 더 좋았을 것이라는 내용을 담고 있다. 이 부분에서 예레미야는 그가 태어난 것을 저주한다.

<예레미야의 기도와 여호와의 말씀>

렘 15:10. 내게 재앙이로다 나의 어머니여 어머니께서 나를 온 세계에 다투는 자와 싸우는 자를 만날 자로 낳으셨도다 내가 꾸어 주지도 아니하였고 사람이 내게 꾸이지도 아니하였건마는 다 나를 저주하는도다.

"아! 참으로 원통합니다. 나의 어머니시여! 왜 나를 낳으셨습니까? 온 세상이 다 나에게 시비를 걸어오고, 싸움을 걸어옵니다. 나는 아무에게도 빚진 일이 없고, 빚을 준 일도 없는데, 모든 사람이 다 나를 저주하고 있네요" 라고 말한다.

욥도 이런 저주를 했다(욥 3:1-19). 그러나 욥은 자기에게 닥친 시련 때문에 생일을 저주했으나, 예레미야는 그의 백성의 멸망을 예언함으로 백성들과 다투게 되고, 백성들의 공격을 받게 되어 저주했던 것이다.

렘 15:11. 여호와께서 이르시되 내가 진실로 너를 강하게 할 것이요 너에게 복을 받게 할 것이며 내가 진실로 네 원수로 재앙과 환난의 때에 네게 간구하게 하리라.

여호와께서 말씀하시기를 내가 분명히 너를 강한 사람으로 만들어 주고, 너로 하여금 복을 누리게 해주겠다. 네 원수가 재앙을 당하여 궁지에 빠질 때에, 그가 너를 찾아와서 너에게 간청하도록 만들어 주겠다고 하신다. 이 세 가지 복 중에서 이 세 번째 복은 그대로 성취되었다(21:1-2; 37:3,

17; 38:14; 40:2-5; 42:1-7).

렘 15:12. 누가 능히 철 곧 북방의 철과 놋을 꺾으리요(Can one break iron, iron from the north, and bronze?-RSV, ESV).

누가 능히 철 곧 북녘에서 오는 철과 놋쇠를 부술 수 있겠느냐? 여기 북방에서 오는 철과 놋은 바벨론 침략군을 지칭한다(K.&D., Lange). 본절의 해석에는 세 가지가 있다. 1) 내가 나약한 사람인데 어찌 쇠같이 완고한 바벨론 백성을 꺾으리요 라는 해석, 2) 철같이 완고한 유다 백성, 아직도 회개하지 않은 유다 백성이 북방 바벨론 군을 당하리오 라는 해석(박윤선), 3) 철 같은 유다인들(1:18), 철과 놋 같은 바벨론 군을 당할 수 있으리요 라는 해석(Hitzig, Lange)이다. 이 해석들 중 3)번의 해석이 바른 해석으로 보인다. 유다 민족이 바벨론 군대에 의해 유린 되는 것이 불가항력적인 일임을 나타낸다.

렘 15:13. 그러나 네 모든 죄로 말미암아 네 국경 안의 모든 재산과 보물로 값 없이 탈취를 당하게 할 것이며.

여호와께서 말씀하시기를 유다 민족의 죄로 말미암아 유다 국경 안의 모든 재산과 보물을 값 없이 바벨론 침략군에 의해 빼앗기게 하겠다고 하신다. 13-14절은 17:3-4에도 그대로 반복되고 있다. 사람들이 죄를 지으면 생명만 위험한 것이 아니라 재산까지도 탈취를 당한다는 것이다.

렘 15:14. 네 원수와 함께 네가 알지 못하는 땅에 이르게 하리니 이는 나의 진노의 맹렬한 불이 너희를 사르려 함이라.

여호와께서 말씀하시기를 유다 백성의 원수, 즉 바벨론 군대와 함께 유다 백성들이 전혀 경험하지 못한 땅에 이르게 할 것이니(16:13) 그 이유는 나 여호와의 진노의 맹렬한 불(신 32:22)이 유다 민족을 심판하기 위함이라고 하신다. 유다 민족은 낯선 땅, 낯선 곳에서 큰 심판을 당하게 된다는 것이다. 참으로 기가 막힌 일이다.

(2) 예레미야의 기도와 여호와의 응답(15:15-21)

렘 15:15. 여호와여 주께서 아시오니 원하건대 주는 나를 기억하시며 돌보시사 나를 박해하는 자에게 보복하시고 주의 오래 참으심으로 말미암아 나로 멸망하지 아니하게 하옵시며 주를 위하여 내가 부끄러움 당하는 줄을 아시옵소서.

"여호와시여! 여호와께서는 저를 잘 아시니 저를 잊지 마시고 돌보아 주십시오. 저를 박해하는 사람들에게 원수를 갚아 주십시오! 주님께서 진노를 오래 참으시다가 그만 저를 잡혀 죽게 하시는 일은 없게 하여 주십시오. 제가 주님 때문에 이렇게 수모를 당하는 줄을 주님께서 알아주시옵소서"라고 예레미야가 아뢴다.

렘 15:16. 만군의 하나님 여호와시여 나는 주의 이름으로 일컬음을 받는 자라 내가 주의 말씀을 얻어 먹었사오니 주의 말씀은 내게 기쁨과 내 마음의 즐거움이오나.

만군의 하나님 여호와시여! 저는 주님의 이름으로 일컬음을 받는 사람입니다. 저는 주님의 말씀을 받아서 먹었습니다. 주님의 말씀은 저에게 기쁨이었고, 제 마음에 즐거움이 되었습니다.

본 절의 "나는 주의 이름으로 일컬음을 받는 자라"(נִקְרָא שִׁמְךָ עָלַי)는 말은 '주님께서 종의 직위를 주심으로 말미암아 종의 직위를 가지게 된 것'을 뜻하는 말이다.

그리고 "내가 주의 말씀을 얻어 먹었다"는 말은 예레미야가 선지자의 사명을 받을 때에 '예언할 말씀을 받은 사실'(1:9)을 뜻한다. "내가 주의 말씀을 얻어 먹었다"는 말은 예레미야의 독창적인 표현(겔 2:8-3:3; 3:13)으로 하나님의 계시의 말씀을 그의 마음속 깊이 간직한 것을 뜻한다. 예레미야는 여호와의 계시를 받고, 외적인 모든 박해를 받으면서 이를 이기고, 더 나아가 기뻐했다.

렘 15:17. 내가 기뻐하는 자의 모임 가운데 앉지 아니하며 즐거워하지도 아니하고 주의 손에 붙들려 홀로 앉았사오니 이는 주께서 분노로 내게 채우셨음이니이다.

예레미야는 세상적으로 기뻐하는 자들의 모임 가운데도 앉지 아니하며 즐거워하지도 아니했고, 차라리 주님의 손에 붙들려 홀로 앉았다는 것이다. 주님의 손에 붙들려 홀로 앉은 이유는 주께서 분노로 예레미야에게 채우셨기 때문이라는 것이다.

여기 "내가 기뻐하는 자의 모임 가운데 앉지 아니하며 즐거워하지도 아니했다"는 말은 '나를 조롱하는 자들의 모임 가운데 앉지 아니하며 그들 가운데 앉아서 즐거워하지도 아니했다'는 것이다. 주님의 말씀으로 기쁨을 삼은 그는 악의와 허위에서 살고 있는 그들 가운데 앉을 수는 없었다.

"주의 손에 붙들려 홀로 앉았다"는 말은 '여호와의 손에 붙들려 고독한 자리에 앉았다'는 뜻이다. 그러나 그는 인간적으로는 고독한 자리에 앉았지만 주님과 함께 앉아 있었던 것이다. 주님과 함께 앉아 있으면 세상의 만민과 함께 앉아 있는 것보다 백배나 나은 것이다.

"주께서 분노로 내게 채우셨음이니이다"라는 말은 예레미야의 가슴에는 여호와께서 주신 사명감이 가득 차 있었는데, 그 사명감은 유다 민족에 대한 하나님의 진노, 즉 분노를 전해야 하는 것이었다.

렘 15:18. 나의 고통이 계속하며 상처가 중하여 낫지 아니함은 어찌 됨이니이까 주께서는 내게 대하여 물이 말라서 속이는 시내 같으시리이까.

나 예레미야의 고통이 계속되며 상처가 중하여 낫지 아니함은 어찌 된 일입니까? 주께서는 내게 대하여 물이 말라서 속이는 시내 같으실 것입니까.

"나의 고통이 계속하며 상처가 중하여 낫지 아니함은 어찌 됨이니이까" 란 말은 '예레미야가 유다 민족의 멸망을 계속해서 예언하게 되니 그의 고통이 계속하고 있어서 마음의 상처가 중하여 마음의 병이 낫지 않고 있으니 어찌 된 것이냐'고 예레미야는 여호와께 다음과 같이 질문한다. 즉, "주님께서는 내게 대하여 물이 말라서 속이는 시내 같으실 것입니까"라는 질문을 한다. 사람은 시내가 마르지 않고 계속해서 물이 흐르고 있는 것으로 생각하나 만일 물이 말라 버린다면 사람들은 말할 수 없이 실망할 것이라는 것이다. 그래서 시내가 사람들을 속이는 형편이 된다는 것이다. 이와 같이 여호와께서 예레미야의 기대를 어긋나게 하고 있다는 것이다. 예레미야의 이런 질문을 받으신 여호와는 다음 구절에서 예레미야가 회개해야 한다고 말씀해주신다.

렘 15:19. 여호와께서 이와 같이 말씀하시되 네가 만일 돌아오면 내가 너를 다시 이끌어 내 앞에 세울 것이며 네가 만일 헛된 것을 버리고 귀한 것을 말한다면 너는 나의 입이 될 것이라 그들은 네게로 돌아오려니와 너는 그들에게로 돌아가지 말지니라.

본 절은 여호와께서 세 가지를 말씀하신다. 첫째, "네가 만일 돌아오면 내가 너를 다시 이끌어 내 앞에 세울 것이라"는 것, 즉 '너 예레미야가 회개하면(U-turn하면) 여호와께서 예레미야를 여호와 앞에 다시 선지자로 일하게 할 것이라'는 뜻이다. 그리고 둘째, "네가 만일 헛된 것을 버리고, 귀한 것을 말한다면 너는 나의 입이 될 것이라"(출 4:16)는 것, 즉 '너 예레미야가 유다 백성들의 불평하는 것을 받아서 나 여호와께 그들의 불평을 호소하는 입장을 버리고, 여호와의 말씀을 백성들에게 말하는 입장을 취한다면 여호와의 입 역할을 다시 하게 될 것이라'는 뜻이다. 셋째, "그들은 네게로 돌아오려니와 너는 그들에게로 돌아가지 말라"는 것, 즉 '백성들은 너 예레미야에게 돌아와 예레미야가 전해주는 여호와의 말씀을 들어야 하나 예레미야 자신은 결코 백성 편에 서지 말라'는 것이다. 여호와의 세 가지 말씀은 모두 동의절로 사용되었다.

렘 15:20. 내가 너로 이 백성 앞에 견고한 놋 성벽이 되게 하리니 그들이 너를 칠지라도 이기지 못할 것은 내가 너와 함께 하여 너를 구하여 건짐이라 여호와의 말씀이니라.

본 절은 여호와께서 예레미야가 여호와께로 돌아오면 다시 선지 사역을 할 수 있게 해주시겠다고 말씀하신(19절) 후에 예레미야가 승리할 수 있게 해주시겠다고 약속하신 말씀이다. 이 약속의 내용은 두 가지이다. 첫째, "내가 너로 이 백성 앞에 견고한 놋 성벽이 되게 하겠다"는 것이다. 이 유다 백성들이 아무리 예레미야를 공격하고 핍박해도 예레미야가 깨지지 않게 해주시겠다는 것으로, 놋으로 만든 성벽은 깨지지 않는다는 것이다. 둘째, "그들이 너를 칠지라도 이기지 못할 것은 내가 너와 함께 하여 너를 구하여 건지겠다"는 것이다. 즉, '유다 백성들이 아무리 예레미야를 박해한다 할지라도 여호와께서 예레미야와 동행해 주셔서 난관에서 건져내시겠다'고 하신다. 오늘 우리 목사들이 복음 전하는 중에는 많은 박해가 있는데, 여호와께서는 그 박해를 제거해 주시는 것이 아니라, 친히 동행해 주셔서 이기게 해주시는 것이다.

렘 15:21. 내가 너를 악한 자의 손에서 건지며 무서운 자의 손에서 구원하리라.

여호와께서 예레미야가 유다 백성들 중에서 여호와의 말씀을 전할 때 생겨나는 "악한 자"와 "무서운 자"의 손에서 그를 구원해 주시겠다고 하신다. 하나님께서 해주시겠다는 말씀을 믿고, 우리는 복음을 전해야 할 것이다.

제 16 장

(3) 유다의 황폐와 그 원인(16:1-13)

<백성에게 할 말>

렘 16:1. 여호와의 말씀이 또 내게 임하여 이르시되.

"여호와의 말씀이 또 내(예레미야)게 임했다"는 말은 여호와께서 예레미야를 계속해서 선지자로 쓰신다는 것을 뜻하는 말이다. 예레미야가 여호와를 향하여 불평한 것을 두고(15:18), 여호와께서는 예레미야가 회개하면 예레미야를 다시 이끌어 여호와 앞에 선지자로 세울 것이라고 했는데(15:19), 본 절은 예레미야가 회개했다는 것을 보여준다. 그래서 여호와께서는 예레미야에게 다시 말씀을 주신 것이다.

렘 16:2. 너는 이 땅에서 아내를 맞이하지 말며 자녀를 두지 말지니라.

여호와께서는 "너 예레미야는 이 땅에서 아내를 맞이하지 말며, 자녀를 두지 말라"고 명령하신다. 그 이유는 이 땅 사람들은 모두가 하나님을 떠나 우상 숭배를 해서, 유다의 멸망이 다가오기 때문이었다. 다른 선지자들은 대체로 결혼한 것으로 보이므로(사 8:3; 호 1:2), 예레미야가 결혼을 금지 당한 것이 직분자의 결혼이 금지 조항에 묶여있기 때문인 것은 아닌 것으로 보인다. 다만 유다 나라가 혼란한 틈에 결혼을 하여 아내가 있고, 자녀들이 있을 경우 겪게 될 심한 어려움을 염려하신 것으로 여겨진다.

렘 16:3-4. 이 곳에서 낳은 자녀와 이 땅에서 그들을 해산한 어머니와 그들을 낳은 아버지에 대하여 여호와께서 이와 같이 말씀하시오니 그들은 독한

병으로 죽어도 아무도 슬퍼하지 않을 것이며 묻어 주지 않아 지면의 분토와 같을 것이며 칼과 기근에 망하고 그 시체는 공중의 새와 땅의 짐승의 밥이 되리라.

3-4절은 선지자가 결혼하지 말아야 하는 이유와 자녀를 낳지 말아야 하는 이유를 말씀하신다. 즉, 이곳에서 낳은 자녀와 이 땅에서 그들을 해산한 어머니와 그들을 낳은 아버지에 대하여 여호와께서 이와 같이 말씀하시는데, 그들은 독한 병으로 죽어도 아무도 슬퍼하지 않을 것이며, 묻어 주지도 않아 지면의 분토와 같을 것이며, 칼과 기근에 망하고, 그 시체는 공중의 새와 땅의 짐승의 밥이 될 것이기(7:33; 8:2; 9:22; 14:16) 때문이라고 하신다.

렘 16:5. 여호와께서 이와 같이 말씀하시되 초상집에 들어가지 말라 가서 통곡하지 말며 그들을 위하여 애곡하지 말라 내가 이 백성에게서 나의 평강을 빼앗으며 인자와 사랑을 제함이라 여호와의 말씀이니라.

여호와께서 이처럼 말씀하시기를, "초상집에 들어가지 말라 가서 통곡하지 말며 그들을 위하여 애곡하지 말라"고 하신다. 그 이유는 여호와께서 "이 백성에게서 여호와의 평강을 빼앗으며 인자와 사랑을 제했기" 때문이라고 하신다(겔 24:15-27 참조).

렘 16:6. 큰 자든지 작은 자든지 이 땅에서 죽으리니 그들이 매장되지 못할 것이며 그들을 위하여 애곡하는 자도 없겠고 자기 몸을 베거나 머리털을 미는 자도 없을 것이며.

본 절도 역시 초상집에 들어가지 말며 통곡하지 말라는 것을 명한다. 이유는 귀족들과 서민들 모두가 이 땅에서 죽을 것이고, 그들이 다 매장되지 못할 것이며, 그들을 위하여 애곡하는 자도 없겠고, 또 자기 몸을 베거나 머리털을 미는 자도 없을 것이라는 것이다. 자기 몸을 베거나 머리털을 미는 행위는 바알 신을 경배하는 자들의 풍속에서 감염된 것으로 보이는데

(왕상 18:18), 죽은 사람이 너무 많아 죽은 자를 위한 어떤 절차나 풍속도 폐지된다는 것이다(4절 참조).

렘 16:7. 그 죽은 자로 말미암아 슬퍼하는 자와 떡을 떼며 위로하는 자가 없을 것이며 그들의 아버지나 어머니의 상사를 위하여 위로의 잔을 그들에게 마시게 할 자가 없으리라.

본 절도 역시 초상집에 들어가지 말며, 통곡하지 말라는 것을 명한다. 즉, 죽은 자로 말미암아 슬퍼하는 자와 떡을 떼며 위로하는 자가 없을 것이며, 그들의 아버지나 어머니의 상사를 위하여 위로의 잔을 그들에게 마시게 할 자가 없으리라(잠 31:6-7)는 것이다. 쉽게 말해서 모든 가정에 죽은 상사가 있었으므로, 위로할 자도 위로 받을 자도 없다는 것이다.

렘 16:8-9. 너는 잔칫집에 들어가서 그들과 함께 앉아 먹거나 마시지 말라. 만군의 여호와 이스라엘의 하나님께서 이와 같이 말씀하시니라 보라 기뻐하는 소리와 즐거워하는 소리와 신랑의 소리와 신부의 소리를 내가 네 목전, 네 시대에 이 곳에서 끊어지게 하리라.

나 만군의 여호와 이스라엘의 하나님이 말씀하기를, “너는 사람들이 함께 앉아서 먹고 마시는 잔칫집에도 들어가지 말라! 나 여호와는 너희들이 흥겨워하는 소리와 기뻐하는 소리와 즐거워하는 신랑 신부의 목소리를 너희들이 보는 앞에서 너희 시대에 이곳에서 사라지게 하겠다”고 하신다. 여기 9절은 7:34의 반복이다.

여호와 하나님을 멀리하고 우상을 가까이 하는 유다 나라에서는 흥겨워하는 소리, 즐거워하는 소리를 바로 당대에 사라지게 하겠다고 하신다. 유다 민족이 당하는 환난이 매우 심각할 것이라는 내용이다. 오늘 우리 사회가 돈을 사랑하고, 부동산을 더 갖기 좋아하며, 명예를 좋아하고, 음란하며, 세상 행복을 찾아 몇 만 리라도 멀다하지 않고 찾아 헤맨다면 잔칫집에 들어갈 일이 사라지게 될 수 있다.

10-13절. 재앙의 원인은 무엇인가.

렘 16:10. 네가 이 모든 말로 백성에게 말할 때에 그들이 네게 묻기를 여호와께서 우리에게 이 모든 큰 재앙을 선포하심은 어찌 됨이며 우리의 죄악은 무엇이며 우리가 우리 하나님 여호와께 범한 죄는 무엇이냐 하거든.

본 절은 유다 나라가 당하는 재앙의 원인이 무엇이냐고 백성들이 예레미야에게 물을 것을 예상하는 내용이다. 즉, 백성들이 너 예레미야에게 묻기를 무엇 때문에 주님께서 이토록 무서운 재앙을 우리 모두에게 선포하시는가? 우리가 주 우리의 하나님께 무슨 죄를 짓고, 무슨 잘못을 저질렀단 말인가 라는 질문을 예상하는 내용이다.

렘 16:11-12. 너는 그들에게 대답하기를 여호와께서 말씀하시되 너희 조상들이 나를 버리고 다른 신들을 따라서 그들을 섬기며 그들에게 절하고 나를 버려 내 율법을 지키지 아니하였음이라. 너희가 너희 조상들보다 더욱 악을 행하였도다 보라 너희가 각기 악한 마음의 완악함을 따라 행하고 나에게 순종하지 아니하였으므로.

여호와께서 유다 백성들에게 재앙을 선포하시는 이유는 첫째, 그들이 여호와를 버린 것이었고(11절), 둘째, 다른 신들(우상들)을 섬겼으며, 여호와의 율법을 지키지 않은 것이었다(역시 11절). 셋째, 현재의 유다 백성들은 조상들(므낫세 같은 조상들)보다 더 악을 행했기 때문이고, 여호와를 순종하지 않았기 때문이다(12절; 5:19; 7:22; 22:9).

렘 16:13. 내가 너희를 이 땅에서 쫓아내어 너희와 너희 조상들이 알지 못하던 땅에 이르게 할 것이라 너희가 거기서 주야로 다른 신들을 섬기리니 이는 내가 너희에게 은혜를 베풀지 아니함이라 하셨다 하라.

그러므로(therefore) 내(여호와)가 너희를 이 땅에서 쫓아내어, 너희가 알지 못하는 땅, 너희 조상도 알지 못하던 바벨론 땅에 이르게 할 것이다(15:14; 신 4:26-28). 그러면 너희가 거기에서, 낮이나 밤이나 다른 신들을 섬길 것이며, 나는 너희에게 다시는 긍휼을 베풀지 않을 것이라고 하신다.

다른 신들을 섬기던(11절) 유다 백성들, 그리고 조상들보다 한 수 더 떠서 악을 더 심하게 행하던(12절) 유다 백성들은 하나님의 긍휼을 받지 못하고, 멀리 그들이 알지 못하던 다른 나라인 바벨론으로 끌려가서 거기에서 다른 신들을 섬기게 될 것이라는 말이다. 하나님의 은혜, 하나님의 긍휼이 없는 삶이 어떤 것인가를 맛보아야 한다는 것은 비참하기 그지없는 일이다.

(4) 새로운 출애굽(16:14-15)

<포로의 귀환>

렘 16:14-15. 여호와의 말씀이니라 그러나 보라 날이 이르리니 다시는 이스라엘 자손을 애굽 땅에서 인도하여 내신 여호와께서 살아 계심을 두고 맹세하지 아니하고 이스라엘 자손을 북방 땅과 그 쫓겨났던 모든 나라에서 인도하여 내신 여호와께서 살아 계심을 두고 맹세하리라 내가 그들을 그들의 조상들에게 준 그들의 땅으로 인도하여 들이리라.

14-15절은 여호와께서 말씀하시기를 유다 민족이 바벨론으로부터 해방되는 날이 이르면 자신들을 북방 땅과 그 쫓겨났던 모든 나라에서 인도하여 내신 여호와께서 살아계심을 두고 맹세하게 될 것이라고 말한다. 사실은 이스라엘 자손을 애굽 땅에서 인도하여 내신 여호와 하나님이나, 자신들을 북방 땅과 그 쫓겨났던 모든 나라에서 인도하여 내신 여호와 하나님이나 똑같으신 하나님이신데도, 유다 백성들에게는 바벨론에서의 새로운 해방이 애굽으로부터의 해방보다 더 큰 것으로 느껴져서 바벨론으로부터 자신들을 해방하신 여호와로 맹세하게 될 것이라는 내용이다. 출애굽 때는 여호와께서 모세를 인도자로 쓰셨고, 바벨론 해방 때는 본토인이 아닌, 유다 백성들이 전혀 알지 못하는 고레스를 사용하신 점이 더욱 충격적으로 느껴져서 더 위대하신 하나님으로 느껴졌던 것으로 보인다. 그래서 유다 민족이 바벨론으로부터 자신들을 해방하신 여호와로 맹세할 것이라는 것이다.

더욱이 유다 민족이었던 모세와 달리 이방 왕 고레스가 유다 민족을 하나님께서 조상들에게 준 그들의 땅으로 보냈기 때문으로 보인다.

(5) 심판을 하시겠다는 계속되는 말씀(16:16-18)

<악과 죄를 배나 갚을 것이라>

렘 16:16. 여호와의 말씀이니라 보라 내가 많은 어부를 불러다가 그들을 낚게 하며 그 후에 많은 포수를 불러다가 그들을 모든 산과 모든 언덕과 바위 틈에서 사냥하게 하리니.

여호와께서 말씀하시기를 내가 많은 침략자를 불러와서, 이 백성을 고기 낚듯 잡아낼 것이다(암 4:2; 합 1:15). 그런 다음에 많은 사냥꾼을 보내서 모든 산과 모든 언덕과 바위틈을 샅샅이 뒤져서, 그들을 사냥하듯 잡아낼 것이라고 하신다(암 9:2-4). 죄 있는 곳은 그 어디든지 죄인을 잡는 침략자가 들끓게 마련이다.

렘 16:17. 이는 내 눈이 그들의 행위를 살펴보므로 그들이 내 얼굴 앞에서 숨기지 못하며 그들의 죄악이 내 목전에서 숨겨지지 못함이라.

본 절은 여호와께서 유다 백성들을 벌할 수 있는 이유를 제공하고 있다. 그 이유는 여호와의 눈이 유다 백성들의 행위를 살펴보므로 유다 백성들이 여호와 앞에서 숨겨지지 못하며, 또 유다 백성들의 죄악이 여호와 앞에서 숨겨지지 못하기 때문이라고 하신다(23:23-24; 욥 34:21; 암 9:8). 인생의 죄악이 여호와 앞에서 어떻게 숨겨질 수 있겠는가. 이는 불가능한 일이다.

렘 16:18. 내가 우선 그들의 악과 죄를 배나 갚을 것은 그들이 그 미운 물건의 시체로 내 땅을 더럽히며 그들의 가증한 것으로 내 기업에 가득하게 하였음이라.

그들이 시체 같이 큰 우상으로 내 땅을 더럽히고, 내가 그들에게 물려준 땅에 역겨운 우상들(레 26:30; 겔 6:5, 17)로 가득 채워 놓았으니, 나 여호와는 이렇게 우선 그들의 죄악과 허물을 갑절로 보복하겠다고 하신다(17:18; 사 40:2).

(6) 열방들의 회심(16:19-21)

우상 숭배를 하던 세계 만민이 여호와께 돌아온다는 진술이다.

<예레미야의 기도>

렘 16:19. 여호와 나의 힘, 나의 요새, 환난날의 피난처시여 민족들이 땅 끝에서 주께 이르러 말하기를 우리 조상들의 계승한 바는 허망하고 거짓되고 무익한 것뿐이라.

19-21절은 예레미야가 드린 기도인데 신약 시대에 있을 그리스도의 구원 운동을 예언한 것이다. 즉, "여호와여! 여호와는 나의 힘이시고, 요새가 되시며, 피난처가 되십니다. 세상 만민이 모든 땅 끝에서 주님께 찾아와 이렇게 아뢸 것입니다. 우리의 조상이 우리에게 물려준 것은 허망하고 거짓되며 전혀 쓸모가 없는 것(2:11; 10:5)뿐입니다"라고 말한다는 것이다.

렘 16:20. 사람이 어찌 신 아닌 것을 자기의 신으로 삼겠나이까 하리이다

예레미야는 여호와께 기도하기를 사람이 어찌 자기들이 섬길 신들을 만들 수 있겠습니까? 그런 것들이 어찌 신들이 될 수 있겠습니까 라고 기도드린다.

신약 시대 사람들은 그들이 자기 선조 때부터 섬겨오던 우상을 허무하다고 단정하며, 모든 인간들이 만든 우상 숭배 행위를 터무니없는 행동이었다고 결론 내린다.

렘 16:21. 여호와께서 이르시되 보라 이번에 그들에게 내 손과 내 능력을 알려서 그들로 내 이름이 여호와인 줄 알게 하리라.

본 절 초두에는 결과를 말해주는 "그러므로"라는 말이 있어 본 절이 앞 절들의 결과를 말해주는 글임을 알 수 있다. 그리고 본 절 초두에는 "보라"라는 글이 있어 본 절이 아주 중요하니 주의해서 관찰해야 한다는 것을 드러낸다. 즉, "그러므로 보라! 내가 그들에게 알리겠다. 이번에는 나의 권세와 능력을 그들에게 알게 해서 나의 이름이 여호와라는 것을 그들로 하여금 깨닫게 하겠다"고 하신다.

다시 말해 여호와께서 유다 백성들을 바벨론으로 사로 잡혀가도록 하셨다가 얼마의 세월이 지난 후에 그들을 구원하셔서 여호와의 능력이 얼마나 큰가 하는 것을 알게 해주시겠다는 것이다. 따라서 여호와께서 언약의 하나님 되심을 알게 해주겠다고 하신다. 19-21절은 동시에 장차 신약 시대에 있을 그리스도의 구원 운동을 겸하여 예언한다(박윤선). 바벨론 구원 역사와 신약 시대의 그리스도의 구원 역사가 언제나 서로 연결되어 있음을 알 수 있다.

제 17 장

(7) 잡다한 어록(語錄)(17:1-14)

(a) 유다가 지은 죄와 받을 벌(17:1-4)

유다의 죄는 분명하게 기록되었기에 부인할 수 없어 포로가 된다는 내용이다.

<유다의 죄와 벌>

렘 17:1. 유다의 죄는 금강석 끝 철필로 기록되되 그들의 마음 판과 그들의 제단 뿔에 새겨졌거늘(The sin of Judah is written with a pen of iron; with a point of diamond it is engraved on the tablet of their heart, and on the horns of their altars-RSV, ESV).

유다 민족이 지은 죄가 너무 분명하게 백성들의 마음 판과 그들의 제단 뿔에 새겨졌다는 것이다(욥 19:24). 즉, 유다 백성들의 죄는 그들의 마음 판에 철필로 기록되어 있고(잠 3:3; 7:3; 고후 3:3), 금강석 촉으로 새겨져 있다. 그리고 그들의 제단 뿔 위에도 그 죄가 새겨져 있어(출 27:2) 부인할 수 없다는 것이다.

렘 17:2. 그들의 자녀가 높은 언덕 위 푸른 나무 곁에 있는 그 제단들과 아세라들을 생각하도다(while their children remember their altars and their Asherim, beside every green tree and on the high hills-RSV, ESV).

앞 절과의 연결이 명확하지 않아 본 절 해석에 어려움이 있다. 두 가지 가능성이 있다. 1) "그들이 자녀를 생각하듯..."으로 보고 그들의 우상 숭배의 정신이 깊었다는 뜻으로 보는 견해(K.&D., Hitzig), 2) 한글 개역개정판 성경처럼 "자녀"를 주격으로 하는 경우 부모의 우상 숭배를 자녀들이 답습한다는 뜻으로 보는 견해(RSV, ESV, Calvin, Driver, 박윤선, 이상근)로 나누어 볼 때, 2)번을 택해 둔다. 부모들이 짓는 죄는 알지 못하는 사이에 어린 자녀들을 물들인다. 그러므로 어른들의 범죄는 자신들도 죽이고, 자녀들도 죽인다.

"아세라들"이란 아세라 우상을 새긴 아세라 목상을 지칭한다. 아세라는 고대 근동의 여러 족속, 특히 아모리 족과 가나안 족이 숭배한 여신으로서 '아낫', '아스다롯'과 더불어 가나안 3대 여신 중 하나다.

렘 17:3. 들에 있는 나의 산아 네 온 영토의 죄로 말미암아 내가 네 재산과 네 모든 보물과 산당들로 노략을 당하게 하리니(on the mountains in the open country. Your wealth and all your treasures I will give for spoil as the price of your high places for sin throughout all your territory-ESV)**.**

본 절을 쉽게 풀어보면, 들에 있는 나의 산아 네가 나라 구석구석에서 지은 죄의 값으로, 내가 네 모든 재산과 보물을 약탈품으로 원수에게 넘겨주겠다고 하신다.

여기 "들에 있는 나의 산"이란 말은 성전이 세워진 성전 산이 있는 예루살렘을 지칭한다(박윤선). 본 절에 기록되어 있는 내용을 살펴보면 죄악이 가져오는 벌은 여호와 하나님께서 보내신 것임을 드러내고 있다. 유다 백성들의 "재산"과 "네 모든 보물"과 "산당들"을 하나님 이상 존중히 여겼기 때문에 하나님께서 그것들을 노략 당하게 하시겠다고 하신다. 우리가 세상 것을 너무 존중히 여기면 하나님께서 그것을 거두어 가신다는 것을 알아야 한다.

렘 17:4. 내가 네게 준 네 기업에서 네 손을 뗄 것이며 또 내가 너로 하여금 너의 알지 못하는 땅에서 네 원수를 섬기게 하리니 이는 너희가 내 노를

맹렬하게 하여 영원히 타는 불을 일으켰음이라.

그리고 너 유다 민족은 네 몫으로 받은 땅에서 쫓겨날 것이며, 네가 알지도 못하는 땅으로 끌려가서, 네 원수를 섬기게 될 것이다. 그 이유는 너희가 나의 분노를 불처럼 타오르게 하였으니 이 분노의 불이 영원히 꺼지지 않을 것이기 때문이라고 하신다.

유다 백성들은 자기들이 여호와 하나님으로부터 받은 땅을 빼앗기고 유다 백성들이 전혀 알지도 못하는 땅으로 끌려가 원수를 섬기게 될 것이라고 하신다. 일이 이렇게 된 것은 그들이 하나님을 노엽게 했기 때문이라고 하신다.

(b) 사람을 신뢰하지 말고 하나님을 신뢰하라(17:5-8)

렘 17:5. 여호와께서 이와 같이 말씀하시니라 무릇 사람을 믿으며 육신으로 그의 힘을 삼고 마음이 여호와에게서 떠난 그 사람은 저주를 받을 것이라.

여호와께서 다음과 같이 말씀하시기를 나 여호와에게서 마음을 멀리하고, 사람을 의지하며, 사람을 힘 삼는 사람(합 1:6; 시 56:4; 사 10:31; 31:3)은 저주를 받는다고 하신다.

우리가 사람을 사랑하는 것은 당연한 것이지만 사람을 의지해서는 안 된다.

렘 17:6. 그는 사막의 떨기나무 같아서 좋은 일이 오는 것을 보지 못하고 광야 간조한 곳, 건건한 땅, 사람이 살지 않는 땅에서 살리라(He is like a shrub in the desert, and shall not see any good come. He shall dwell in the parched places of the wilderness, in an uninhabited salt land-RSV, ESV).

그는 황야에서 자라는 가시덤불 같아서, 좋은 일이 오는 것을 경험할 수 없을 것이다. 그는 소금기가 많아서 사람이 살 수도 없는 땅, 메마른 사막에서 살게 될 것이라(48:6)는 것이다.

하나님을 떠난 인생은 외롭고, 건조하게 살 수밖에 없다.

렘 17:7. 그러나 무릇 여호와를 의지하며 여호와를 의뢰하는 그 사람은 복을 받을 것이라.

무릇 여호와를 믿고 의지하는 사람은 복을 받을 것이라는 내용이다. 본 절의 "여호와를 의지한다"는 말과 "여호와를 의뢰한다"는 말은 동의어이다. 이 둘을 결합해 놓은 이유는 뜻을 강조하기 위함이다. 여호와를 의지하며, 의뢰하는 사람은 복을 받는 것이다(시 1:1-3).

렘 17:8. 그는 물 가에 심어진 나무가 그 뿌리를 강변에 뻗치고 더위가 올지라도 두려워하지 아니하며 그 잎이 청청하며 가무는 해에도 걱정이 없고 결실이 그치지 아니함 같으리라.

"여호와를 의지하며 여호와를 의뢰하는 그 사람"(7절)은 물가에 심은 나무와 같아서 뿌리를 개울가로 뻗으니, 그 잎이 언제나 푸르므로, 무더위가 닥쳐와도 걱정이 없고, 가뭄이 심한 해에도 걱정이 없다. 그 나무는 언제나 열매를 맺는다는 것이다. 여호와를 의뢰하는 자들은 이와 같이 복이 있는 것이다.

(c) 하나님은 사람을 공정하게 보상하심(17:9-11)

렘 17:9. 만물보다 거짓되고 심히 부패한 것은 마음이라 누가 능히 이를 알리요마는(The heart is deceitful above all things, and desperately corrupt(sick); who can understand it?-RSV, ESV)**.**

만물보다 더 거짓되고 아주 썩은 것은 사람의 마음이니 누가 사람들 속을 이해할 수 있으랴.

본 절의 말은 예레미야의 말이다. 마음의 악을 아주 잘 파헤친 가장 심각한 예이다(이상근). 아무도 사람의 마음을 완전히 이해할 수는 없다(사 6:5; 롬 7:14-24). 오직 하나님께서만 사람 마음의 거짓된 내막을 아시고, 바로 판단하시며 바로 인도하실 수 있으시다. 그러므로 사람은 하나님을 절대적으로 신뢰하며, 그에게 순종해야 된다. 사람이 자기의 마음을 믿고 마음대로 하는 일은 모두 다 실패한다(박윤선).

렘 17:10. 나 여호와는 심장을 살피며 폐부를 시험하고 각각 그의 행위와 그의 행실대로 보응하나니.

나 여호와는 각 사람의 마음을 살피고, 심장을 시험하며(11:20; 20:12; 시7:10; 롬 8:27), 각 사람의 행위와 그의 행동에 따라 보상한다고 하신다.

렘 17:11. 불의로 치부하는 자는 자고새가 낳지 아니한 알을 품음 같아서 그의 중년에 그것이 떠나겠고 마침내 어리석은 자가 되리라(Like the partridge that gathers a brood which(that) she did not hatch, so is he who gets riches but not by justice; in the midst of his days they will leave him, and at his end he will be a fool-ESV).

본 절은 불의로 재산을 모으는 사람의 어리석음에 대해 설명한다. 즉, 불의로 재산을 긁어모으는 사람은 자기가 낳지 않은 알을 품은 자고새와 같아서, 인생의 한창때에 그 재산을 잃을 것이며, 말년에는 아무 것도 남지 않는 어리석은 자가 될 것이다.

"자고새"는 가나안에 존재하는 새로 남의 알을 품고 있다가 그 알이 부화되어 새끼가 부화하게 되면 이를 버리고 간다고 한다. 본 절은 하나님의 정의로운 보응에 대한 비유로서 악한 자가 남의 재물을 불의한 방법으로 소유해서 살다가 인생의 한창때에 그 재물을 잃어버리고 마는 것을 비유하는 것이다. 본 절의 "어리석은 자"란 말은 종교적이며, 도덕적인 정서를 잃은 자를 지칭한다.

(d) 유다의 희망이신 여호와(17:12-14)

<예레미야의 간구>

렘 17:12. 영화로우신 보좌여 시작부터 높이 계시며 우리의 성소이시며.

우리의 성전은 영광스러운 보좌와 같습니다. 처음부터 높은 산 위에 자리를 잡았습니다.

"영화로우신 보좌여 시작부터 높이 계시며 우리의 성소이시며"라는 말은 '원시부터 영화로우시고 높으신 보좌는 우리의 성소의 처소이시며'라고 번역된다. 이것은 하나님께서 그의 영화로운 계시의 장소로서 예루살렘을 택하셨다는 뜻이다. 그만큼 유다 민족은 하나님의 특이한 은총을 입은 것이다. 따라서 하나님은 유다의 소망이시다. 그러나 유다 백성들이 외형으로는 여호와를 공경한다고 하면서도 마음으로는 그를 버렸기 때문에 여호와께서도 그들을 버리셨다. 유다 민족의 외식하는 죄악 때문에 여호와는 그들을 서슴지 않고 버리신다.

렘 17:13. 이스라엘의 소망이신 여호와여 무릇 주를 버리는 자는 다 수치를 당할 것이라 무릇 여호와를 떠나는 자는 흙에 기록이 되오리니 이는 생수의 근원이신 여호와를 버림이니이다.

여호와여! 이스라엘의 희망은 주님이십니다(14:8). 주님을 버리는 사람마다 수치를(실패를) 당하고, 주님에게서 떠나간 사람마다 생수의 근원이신 주님(2:13)을 버리고 떠나간 것이므로, 그들은 땅바닥에 쓴 이름처럼 지워지고 말 것입니다. 결국 여호와를 떠난 자는 적에게 수치를 당하고, 멸망하여 없어질 수밖에 없는 것이다.

렘 17:14. 여호와여 주는 나의 찬송이시오니 나를 고치소서 그리하시면 내가 낫겠나이다 나를 구원하소서 그리하시면 내가 구원을 얻으리이다.

여호와여! 저 예레미야 개인을 고쳐 주십시오. 그러면 제가 나을 것입니다. 저를 살려 주십시오. 그러면 제가 살아날 것입니다. 주님은 제가 찬양할 분이십니다.

(8) 선지자를 조롱하는 자들 때문에 드리는 기도(17:15-18)

렘 17:15. 보라 그들이 내게 이르기를 여호와의 말씀이 어디 있느냐 이제 임하게 할지어다 하나이다.

본 절 초두에는 "보라!"라는 말이 있어 본 절을 아주 중요하게 살펴야 할 것을 주문한다. 즉, "유다 백성이 저 예레미야에게 빈정거리는 말을 들어 보십시오. 여호와께서는 말씀으로만 위협하시지, 실제로는 별 것도 아니지 않느냐! 어디 위협한 대로 바벨론이 유다를 침략하게 해보시지"라고 합니다.

렘 17:16. 나는 목자의 직분에서 물러가지 아니하고 주를 따랐사오며 재앙의 날도 내가 원하지 아니하였음을 주께서 아시는 바라 내 입술에서 나온 것이 주의 목전에 있나이다.

저 예레미야는 목자가 되지 않으려고 도망을 치거나, 주님 섬기기를 피하려고 하지도 않았습니다. 그리고 재앙의 날을 오게 해달라고 간구하지도 않았습니다. 여호와께서 보시는 앞에서 제가 아뢰었으므로, 여호와께서는 제가 무엇을 아뢰었는지를 알고 계십니다.

저 예레미야는 "재앙의 날도 내가 원하지 아니하였음을 주께서 아시는 바라"는 말은 유다 민족에게 이런 식의 재앙은 원하지 않았다는 것이다. 오직 그것이 여호와의 계시이기 때문에 전한 것뿐이었다는 것이다.

렘 17:17. 주는 내게 두려움이 되지 마옵소서 재앙의 날에 주는 나의 피난처시니이다.

여호와께서는 저 예레미야를 무섭게 하지는 마십시오. 여호와께서는 재앙의 날에 저의 피난처가 되십니다(16:19; 시 46:1).

렘 17:18. 나를 박해하는 자로 치욕을 당하게 하시고 나로 치욕을 당하게 마옵소서 그들은 놀라게 하시고 나는 놀라게 하지 마시옵소서 재앙의 날을 그들에게 임하게 하시며 배나 되는 멸망으로 그들을 멸하소서.

저 예레미야를 박해하는 사람들로 하여금 수치를 당하게 하시고, 저 예레미야가 수치를 당하지는 않게 하여 주십시오. 그들이 무서워 당황하게 하시고, 저 예레미야가 무서워 당황하지는 않게 하여 주십시오. 이제는 그들에게 재앙의 날이 오게 하시며, 갑절의 형벌로 그들을 멸망시켜 주십시오 라고 기도한다.

(9) 안식일 성수를 권면하는 설교(17:19-27)

안식일 성수는 나라의 운명과도 직결된다고 지적한다. 예레미야의 중심은 안식일을 성수하는 것이었다. 이 부분은 느 13:15-22과 흡사하다.

<안식일을 거룩하게 하라>

렘 17:19. 여호와께서 내게 이와 같이 말씀하시되 너는 가서 유다 왕들이 출입하는 평민의 문과 예루살렘 모든 문에 서서.

여호와께서 나 예레미야에게 다음과 같이 말씀하시기를 너는 우선 유다 왕들(역대 왕들을 의미한다)도 출입하며 백성들이 출입하는 예루살렘 문과 예루살렘의 모든 성문들에 서라고 명령하신다. 문들에 서라고 한 것은 안식일 성수와 여호와의 말씀을 준수하게 하려는 이유 때문이었다.

렘 17:20. 무리에게 이르기를 이 문으로 들어오는 유다 왕들과 유다 모든 백성과 예루살렘 모든 주민인 너희는 여호와의 말씀을 들을지어다.

예레미야가 예루살렘의 성문에 서서(앞 절), 이 모든 성문으로 들어오는 유다의 왕들과 유다의 모든 백성과 예루살렘의 모든 주민들인(전체 국민들을 상대하여) 너희는 나 여호와의 말을 들으라고 외쳤다.

렘 17:21-22. 여호와께서 이와 같이 말씀하시되 너희는 스스로 삼가서 안식일에 짐을 지고 예루살렘 문으로 들어오지 말며 안식일에 너희 집에서 짐을 내지 말며 어떤 일이라도 하지 말고 내가 너희 조상들에게 명령함 같이 안식일을 거룩히 할지어다.

예레미야는 때로는 예루살렘 성의 이 문, 때로는 예루살렘 성의 저 문에서서 여호와의 말씀을 대언했다. 즉, 너희가 생명이 귀해서 생명을 잃지 않으려거든, 안식일에는 어떠한 짐도 옮기지 말고, 짐을 가지고 예루살렘의 성문 안으로 들어오지도 말라고 외쳤다.

느 13:15-21에도 거의 똑같은 교훈이 보인다. 유다 백성들은 안식일에 짐을 옮겨 장사를 한 것으로 안식일에 관한 계명, 출 20:8-11; 23:12; 신 5:14을 어긴 것이었다. 오늘 우리는 신약 시대에 들어 주일을 여호와 앞에서 성수(聖壽)해야 할 것이다. 부득이 한 일은 하되 주일에 하나님께 예배하는 일은 틀림없이 지켜야 할 것이다. 오늘날 주일을 성수하지 않는 사람의 결과를 보라 비참해지는 것을 관찰할 수 있다.

렘 17:23. 그들은 순종하지 아니하며 귀를 기울이지 아니하며 그 목을 곧게 하여 듣지 아니하며 교훈을 받지 아니하였느니라.

그들(유다 민족의 조상들-이스라엘의 조상들)은 안식일을 지키라는 여호와의 말씀을 아예 듣지도 않았고, 귀를 기울이지도 않았다. 그들은 나 여호와에게 순종하지도 않았고, 교훈을 받아들이지도 않았으며, 고집을 꺾지도 않았다는 것이다. 7:26, 28에도 같은 교훈이 보인다.

렘 17:24. 여호와의 말씀이니라 너희가 만일 삼가 나를 순종하여 안식일에 짐을 지고 이 성문으로 들어오지 아니하며 안식일을 거룩히 하여 어떤 일이라도 하지 아니하면.

여호와께서 말씀하시기를, "너희가 이제 나의 말에 잘 순종하여 안식일에 이 예루살렘 성의 성문 안으로 어떠한 짐도 지고 들어오지 않고, 안식일을 거룩하게 지키면서 그 날에는 어떠한 일도 하지 않으면 다음 절들(25절, 26절)의 복을 회복할 것이라"고 하신다.

렘 17:25. 다윗의 왕위에 앉아 있는 왕들과 고관들이 병거와 말을 타고 이 성문으로 들어오되 그들과 유다 모든 백성과 예루살렘 주민들이 함께 그리할 것이요 이 성은 영원히 있을 것이며.

본 절은 두 가지를 말씀한다. 다윗의 후손 모든 왕들과 일반 시민들의 활동이 영원히 계속될 것이고, 예루살렘 성은 영원히 있을 것이라고 하신다.

렘 17:26. 사람들이 유다 성읍들과 예루살렘에 둘린 곳들과 베냐민 땅과 평지와 산지와 네겝으로부터 와서 번제와 희생과 소제와 유향과 감사제물을 여호와의 성전에 가져오려니와.

본 절은 유다 백성들의 제사 행위도 중단되지 않고, 영원히 여호와 하나님께 드릴 수 있게 될 것이라고 한다. 오늘 신약 시대의 예배 행위도 계속된다는 것은 얼마나 큰 복일까.

렘 17:27. 그러나 만일 너희가 나를 순종하지 아니하고 안식일을 거룩되게 아니하여 안식일에 짐을 지고 예루살렘 문으로 들어오면 내가 성문에 불을 놓아 예루살렘 궁전을 삼키게 하리니 그 불이 꺼지지 아니하리라 하셨다 할지니라 하시니라.

24-26절은 "만일"을 말하는 절이고, 본 절은 "그러나"를 말하는 절이다. 즉, 너희가 안식일을 거룩하게 지키라는 나 여호와의 말을 듣지 않고, 안식일에 짐을 옮기며, 예루살렘의 성문 안으로 다른 날과 똑같이 짐을 가지고 들어오면, 내가 이 성문에 불을 질러, 예루살렘의 궁궐을 태워 버릴 것이다. 아무도 그 불(여호와의 재앙)을 끄지 못할 것이다.

제 18 장

(10) 토기장이 비유로 하나님의 주권을 보이시다(18:1-12)

<토기장이의 비유>

렘 18:1. 여호와께로부터 예레미야에게 임한 말씀에 이르시되(The word that came to Jeremiah from the LORD:-RSV, ESV).

여호와께로부터 예레미야에게 말씀이 임했다는 사실은 여호와께서 예레미야를 선지자로 계속해서 사용하신다는 사실을 나타낸다. 즉, 예레미야가 선지자로서 인정받고 있음을 드러낸다(16:1 참조). 여호와께서는 예레미야를 계속해서 사용하셔서 천상천하의 모든 주권이 여호와에게 있다는 것을 보여주시기 위해서 다음 절(2절)처럼 토기장이의 집으로 내려가라 하신다.

렘 18:2. 너는 일어나 토기장이의 집으로 내려가라 내가 거기에서 내 말을 네게 들려 주리라 하시기로.

"너 예레미야는 토기장이의 집으로 내려가라. 거기에서 나 여호와가 너 예레미야에게 나 여호와의 말씀을 들려주리라"고 하신다.

본 절의 "내려가라"는 말이 있는 것을 보면 "토기장이"의 집이 예루살렘 성의 골짜기에 있었던 것으로 보인다. "토기장이의 집으로 내려가라"는 말씀을 하신 것을 보면 거기서 토기장이가 진흙으로 토기를 만드는 것을 가지고 무슨 실물 교육을 하시려는 것으로 보인다.

렘 18:3. 내가 토기장이의 집으로 내려가서 본즉 그가 녹로로 일을 하는데 (So I went down to the potter's house, and there he was working at his wheel-RSV, ESV).

나 예레미야가 여호와의 명령을 받고(2절), 토기장이의 집으로 내려가서 본즉 토기장이가 마침 물레를 돌리며 일을 하고 있었다는 것이다.

여기 "녹로"(轆轤-אָבְנָיִם)[10]란 기구는 진흙으로 오지 그릇[11]을 만들 때에 사용되는 틀을 의미한다.

렘 18:4. 진흙으로 만든 그릇이 토기장이의 손에서 터지매 그가 그것으로 자기 의견에 좋은 대로 다른 그릇을 만들더라.

예레미야가 보고 있는 중에 토기장이가 진흙으로 만든 그릇이 그의 손에서 터지매 그가 그것으로 자기 의견에 보기 좋은 대로 다른 그릇을 만들더라는 것이다.

토기장이는 자기 손에서 부서진 그릇을 버리지 않고 토기장이가 원하는 다른 그릇을 만들더라는 것이다. 이 과정은 범죄의 결과로 바벨론 포로가 되는 유다 민족이 회복된 후, 새로운 민족이 될 것을 보여주는 광경이었다. 오랫동안 고생하는 중 사람들이 달라져서 죄를 자복하게 되고, 드디어 다시 하나님의 손 안에서 유다 민족이 달라지는 모습을 보여준 것이다.

5-12절. 토기장이의 작업을 목격한 예레미야에게 여호와께서는 새로운 예언을 주신다. 오늘날 목사들이나 성도들에게는 이런 때를 맞이해서 새로운 깨달음을 주신다.

렘 18:5. 그 때에 여호와의 말씀이 내게 임하니라 이르시되.

바로 "그 때에", 즉 '토기장이가 자기의 손으로 녹로를 이용하여 다른 그릇을 만들던 바로 그 때' 여호와의 말씀이 예레미야에게 임하셨다. 예레미야는 선지자였기 때문에 여호와께서 6-12절까지의 새로운 예언을 주신 것이다.

---

10) "녹로"(轆轤): 둥근 도자기를 만들 때 사용되는 나무로 된 회전 원반(국어사전).

11) "오지그릇": 붉은 진흙으로 만들어 볕에 말리거나 약간 구운 다음, 오짓물을 입혀 다시 구운 질그릇. 도기(陶器).

어떤 이들은 오늘날에도 예레미야가 받은 예언처럼 예언을 받는다고 말하는 사람들이 있다. 그러나 오늘 우리에게는 예레미야가 받았던 예언 같은 것은 없다. 예언은 요한 계시록에서 끝났다. 오늘날 우리는 새로운 예언이 필요하지 않은 시대에 살고 있다. 예언은 성경 66권으로 충분하다. 성경 66권으로 우리가 받아야 하는 예언은 충분한 것이다. 우리는 성경의 예언들을 받아 살면 된다. 우리는 성령을 받아 성령 시대에 살고 있다(행 2:1-4). 우리가 성령을 받았으니 성령님께서 성경을 해석해 주신다.

렘 18:6. 여호와의 말씀이니라 이스라엘 족속아 이 토기장이가 하는 것 같이 내가 능히 너희에게 행하지 못하겠느냐 이스라엘 족속아 진흙이 토기장이의 손에 있음 같이 너희가 내 손에 있느니라.

여호와께서 말씀하시기를, "이스라엘 족속아(유다 민족을 이스라엘 족속이라고 부를 수 있다) 이 토기장이가 하는 것 같이 내가 능히 너희에게 행하지 못하겠느냐. 이스라엘 족속아! 진흙이 토기장이의 손에 있음 같이 너희가 내 손에 있느니라(사 29:16; 롬 9:20-24)"고 하신다.

렘 18:7. 내가 어느 민족이나 국가를 뽑거나 부수거나 멸하려 할 때에(If at any time I declare concerning a nation or a kingdom, that I will pluck up and break down and destroy it-RSV, ESV)**.**

나 여호와가 어느 민족이나 국가를 뽑으려 하거나, 부수려 하거나, 파괴하려 할 때에 그 민족이나 국가가 여호와의 의도를 알아차리고, 악에서 돌이키면 내(여호와)가 뜻을 돌이킬 것이다.

렘 18:8. 만일 내가 말한 그 민족이 그의 악에서 돌이키면 내가 그에게 내리기로 생각하였던 재앙에 대하여 뜻을 돌이키겠고.

바로 나 여호와가 말씀하신 그 민족이나 국가가 악에서 돌이키면 나 여호와가 그 민족이나 국가에게 내리기로 계획하셨던 재앙을 거두겠다는 말씀을 하신다.

본 절의 "돌이키면"(שׁוב)이란 말은 '180도로 전환하면', 즉 'U-turn하면'이란 말의 의미와 같다. 다른 말로 묘사하면 '회개하면'이란 뜻이다.

렘 18:9-10. 내가 어느 민족이나 국가를 건설하거나 심으려 할 때에 만일 그들이 나 보기에 악한 것을 행하여 내 목소리를 청종하지 아니하면 내가 그에게 유익하게 하리라고 한 복에 대하여 뜻을 돌이키리라.

나 여호와가 어느 민족이나 국가를 건설하려 하시거나, 심으시려 하실 때에 그 민족이나 국가의 사람들이 얼른 악을 행하여 여호와의 목소리를 청종하지 아니하면, 나 여호와가 그 민족이나 국가의 사람들에게 유익하게 하시리라고 한 복을 내리시지 않고, 뜻을 돌이키신다는 것이다.

어느 민족이나 개인이나 복을 차버리는 방법은 악을 빠르게 행하는 것이다.

렘 18:11. 그러므로 이제 너는 유다 사람들과 예루살렘 주민들에게 말하여 이르기를 여호와의 말씀에 보라 내가 너희에게 재앙을 내리며 계책을 세워 너희를 치려 하노니 너희는 각기 악한 길에서 돌이키며 너희의 길과 행위를 아름답게 하라 하셨다 하라.

그러므로 여호와의 의도가 분명하시니 이제 너 예레미야는 유다 사람들과 예루살렘 주민들에게 다음과 같이 이르라고 하신다. 즉, "보라 나 여호와가 너희에게 재앙을 내리며 계책을 세워 너희를 치려하노니 너희는 각기 악한 길에서 돌이키며 너희의 길과 행위를 아름답게 하라고 말하라" 하신다.

결국은 회개만이 살 길이라는 것을 말씀하시는 것이다(7:3; 25:5; 26:13; 35:15). 우리는 항상 하나님을 향하여 U-Turn해야 하는 것이다.

렘 18:12. 그러나 그들이 말하기를 이는 헛되니 우리는 우리의 계획대로 행하며 우리는 각기 악한 마음이 완악한 대로 행하리라 하느니라.

예레미야의 간곡한 회개의 권면에 대하여 유다 민족의 회답은 거부였다.

유다 민족의 말은 예레미야의 회개의 권면은 헛된 것이니 우리는 우리의 계획대로 행하며 우리는 각기 악한 마음에 따라 행하리라고 한 것이었다(2:25). 한 민족이나 한 개인이나 악한 대로 가면 반드시 최후 멸망만 남아 있는 것이었다.

(11) 유다의 죄와 받을 벌에 대한 경고(18:13-17)

<이스라엘이 가중한 일을 행하다>

렘 18:13. 그러므로 여호와께서 이와 같이 말씀하시니라 너희는 누가 이러한 일을 들었는지 여러 나라 가운데 물어보라 처녀 이스라엘이 심히 가중한 일을 행하였도다(Therefore thus says the LORD: Ask among the nations, who has heard the like of this? The virgin Israel has done a very horrible thing-RSV, ESV).

본 절(13절)에서 17절까지는 아주 완고하여 회개할 줄 모르는 유다 백성들에 대하여 여호와께서 심판의 결심을 굳히신 것을 진술한다. 그 중에서 본문은 유다의 괴악스러운 죄악의 실상이 열방 중에 실제로 있었는가 물어볼 것을 요구하시는데, 이는 역설적으로 그만큼 유다 백성들의 불신앙이 최고의 절정에 이르렀음을 드러낸 것이다.

여기 "처녀 이스라엘"이란 말은 유다 백성이 하나님의 언약 백성으로서 오직 하나님만을 섬기는 신앙의 순결을 지켜야 함에도 불구하고 음란하게 행하여 이방의 우상들을 숭배했음을 부각시키기 위함이다.

그리고 "심히 가중한 일을 행했다"는 말은 유다 백성들이 하나님의 극진한 사랑과 크신 은총을 입었음에도 불구하고 하나님과 맺은 언약을 파기하고, 이방의 우상을 섬긴 것을 가리킨다. 이러한 유다 백성들의 배교는 이방인들 가운데서도 볼 수 없는 실로 완악하기 그지없는 일이다.

18:14. 레바논의 눈이 어찌 들의 바위를 떠나겠으며 먼 곳에서 흘러내리는

찬물이 어찌 마르겠느냐.

"레바논의 눈이 어찌 들의 바위를 떠나겠느냐"는 말은 레바논 산의 눈은 사시사철 늘 있으나 유다 민족은 하나님을 떠나 변절한다는 것이다.

"먼 곳에서 흘러내리는 찬물이 어찌 마르겠느냐"는 말은 레바논 산의 눈이 녹아 깊이 스며내려 먼 지방에까지 흘러내리는데, 그 찬물이 어찌 마르겠느냐는 것이다. 자연도 불변하는데 유다 민족은 변한다는 것을 대조하여 말씀하신다.

렘 18:15. 무릇 내 백성은 나를 잊고 허무한 것에게 분향하거니와 이러한 것들은 그들로 그들의 길 곧 그 옛길에서 넘어지게 하며 곁길 곧 닦지 아니한 길로 행하게 하여.

"그러나 내 백성은 나를 잊고 허무한 것에게 분향하거니와"라는 말은 위와 같이 자연은 언제나 불변인데, 하나님의 백성 유다는 레바논 정상의 눈이나 원방으로 흐르는 물과 같지 아니하고, 자주 변하여 하나님을 잊어버리고, 허무한 우상에게 절을 한다는 것이다.

"그 옛길에서 넘어지게 하며 곁길 곧 닦지 아니한 길로 행한다"는 말은 옛날부터 내려오는 길에서 넘어져서 우상을 섬긴다는 것이다.

렘 18:16. 그들의 땅으로 두려움과 영원한 웃음거리가 되게 하리니 그리로 지나는 자마다 놀라서 그의 머리를 흔들리라.

본 절과 다음 절(17절)은 유다 나라가 죄로 인하여 받을 벌을 진술한다. 즉, 그들이 사는 땅으로 황폐하게 만들어 이웃 나라들의 비웃음거리가 되게 하니, 그 땅을 지나가는 사람마다 놀라서 머리를 흔들며 비웃는다는 것이다.

렘 18:17. 내가 그들을 그들의 원수 앞에서 흩어 버리기를 동풍으로 함같이 할 것이며 그들의 재난의 날에는 내가 그들에게 등을 보이고 얼굴을

보이지 아니하리라.

나 여호와가 유다 백성들을 그들의 원수 앞에서 흩어버리기를 동풍으로 함 같이 할 것이며, 유다 백성들의 재난의 날에는 나 여호와가 그들에게 등을 보이고, 얼굴을 보이지 아니하리라고 하신다. 하나님께서 유다 백성들을 외면하시겠다는 뜻이다.

"내가 그들을 그들의 원수 앞에서 흩어 버리기를 동풍으로 함 같이 할 것이라"는 말은 나 여호와가 유다 백성들을 바벨론 앞에서 흩어버리기를 동풍으로 함같이 할 것이라는 말이다. 여기 "동풍"이란 가나안 땅에서 가장 큰 피해를 주는 바람으로 무더운 열기를 동반하여 2월부터 6월까지 약 50일간 불어 모든 채소며, 풀까지 말라 죽이는 바람(4:11; 13:24)을 말한다. 갑자기 불어 모든 것을 날려 보내는데 유다 민족이 침략군 앞에서 동풍에 불린 듯 흩어진다는 것이다.

(13) 선지자가 음모자들을 하나님께 고하다(18:18-23)

<예레미야를 죽이려 하다>

렘 18:18. 그들이 말하기를 오라 우리가 꾀를 내어 예레미야를 치자 제사장에게서 율법이, 지혜로운 자에게서 책략이, 선지자에게서 말씀이 끊어지지 아니할 것이니 오라 우리가 혀로 그를 치고 그의 어떤 말에도 주의하지 말자 하나이다.

본 절에는 예레미야를 박해했던 세 계급이 나타나고, 그들의 박해 방법도 나타난다. 즉, 유다 백성들이 나 예레미야를 두고 이르기를 이제 예레미야를 죽일 계획을 세우자. 이 사람이 없어도 우리에게는 율법을 가르쳐 줄 제사장이 있고, 지혜를 가르쳐 줄 현자가 있으며, 말씀을 전하여 줄 예언자가 있으니, 어서 우리의 혀로 그를 헐뜯어 버리자. 그가 하는 모든 말을 무시하여 버리자 라고 한다는 것이다.

당시 이들 세 계급은 왕과 밀접하게 관계되어 있었고, 왕의 지휘 하에 있었다. 이와 같은 예레미야에 대한 박해는 예레미야 평생의 삶에서 늘 나타났다(1:18-23; 12:1-6; 15:10-11, 15-21).

"지혜로운 자"란 계급은 제사장과 선지자와 더불어 독립적인 지도자로 소개된다. 이 조직이 바벨론 포로기 이후에는 더욱 현저한 조직체로 활동했다(Cheyne).

렘 18:19. 여호와여 나를 돌아보사 나와 더불어 다투는 그들의 목소리를 들어 보옵소서.

예레미야는 여호와께 기도한다. 즉, "여호와여! 저 예레미야의 호소를 들어주십시오. 원수들이 저를 두고 하는 말을 들어 보셔서 판단하소서"라고 기도한다.

우리의 기도 가운데 판단을 전적으로 여호와께 맡기는 것은 아주 지혜로운 일이다. 그러면 틀림없이 여호와께서 해결해 주신다.

렘 18:20. 어찌 악으로 선을 갚으리이까마는 그들이 나의 생명을 해하려고 구덩이를 팠나이다 내가 주의 분노를 그들에게서 돌이키려 하고 주의 앞에 서서 그들을 위하여 유익한 말을 한 것을 기억하옵소서(Is evil a recompense for good? Yet they have dug a pit for my life. Remember how I stood before you to speak good for them, to turn away your wrath from them-NRSV)**.**

저 예레미야가 그들에게 베푼 선을 그들이 악으로 갚아도 되는 겁니까? 그런데도 그들은 제 목숨을 노려서 저를 죽이려고 함정을 팠습니다. 제가 주님 앞에 나서서 그들을 변호한 것, 주님께서 그들을 보시고 진노하셨지만, 주님의 진노를 풀어드리려고 그들을 생각하면서 주님의 은혜를 간구한 것(14:7, 21; 15:11; 17:16)을 기억하여 주십시오.

우리 성도의 선을 악으로 갚는 사람들은 세상에 많이 있다. 우리는 그들의 악을 대항할 것이 아니라 여호와께 맡겨야 할 것이다.

렘 18:21. 그러하온즉 그들의 자녀를 기근에 내어 주시며 그들을 칼의 세력에 넘기시며 그들의 아내들은 자녀를 잃고 과부가 되며 그 장정은 죽음을 당하며 그 청년은 전장에서 칼을 맞게 하시며.

본 절 초두의 "그러하온즉"(therefore)이란 말은 세상에 악한 자들이 성도들의 선을 악으로 갚으려 하온즉, 여호와께서 대신 갚아주시라는 기도를 드린다. 즉, 여호와께서 세상의 악인들을 복수해 주시라는 기도를 드리는 것이다. 바벨론 침략군이 들어와서 그들의 자녀로 하여금 기근을 만나게 하시고, 그들을 전장에서 죽게 하시며, 악인들의 아내들로 하여금 자녀를 잃게 하시고, 남편들이 죽게 하시며, 그 남자들은 죽음을 당하며, 그 집의 청년들은 전쟁터에서 칼에 맞아 죽게 하시라는 기도를 드린다.

예레미야가 이런 상상할 수 없는 정도의 기도를 드리는 이유는 악인들을 위해서 예레미야는 중보의 기도를 드리기도 했고(14:13-15:9), 그들에게 회개하기를 권면도 했으나 그들은 아주 강하게 거부하고, 도리어 예언자를 박해했으므로 이제는 여호와께서 정하신대로 그들에게 벌을 내리시도록 기도한 것이었다.

렘 18:22. 주께서 군대로 갑자기 그들에게 이르게 하사 그들의 집에서 부르짖음이 들리게 하옵소서 이는 그들이 나를 잡으려고 구덩이를 팠고 내 발을 빠뜨리려고 올무를 놓았음이니이다.

본 절도 역시 앞 절과 마찬가지로 예레미야가 그 악인들에게 복수를 해주시라는 기도를 드리는 것이다. 즉, 그 악인들이 저 예레미야를 잡으려고 함정을 팠고, 또 제 발을 걸리게 하려고 올가미들을 숨겨 놓았으니, 주님께서 그들에게 약탈하는 자들을 졸지에 보내 주셔서, 그들의 집집마다 울부짖는 소리가 터져 나오게 하여 주십시오 라는 기도를 드리는 것이다.

말로 해서는 안 될 사람들이 있다. 주님께 호소해야 하는 사람들이 있다.

렘 18:23. 여호와여 그들이 나를 죽이려 하는 계략을 주께서 다 아시오니

그 악을 사하지 마옵시며 그들의 죄를 주의 목전에서 지우지 마시고 그들을 주 앞에 넘어지게 하시되 주께서 노하시는 때에 이같이 그들에게 행하옵소서 하니라.

여호와시여! 저 예레미야를 죽이려 하는 그들(유다의 모든 지도자들, 18절)의 모든 흉계를 여호와께서 다 아시오니 그들의 죄악을 용서하지 마시고, 그들의 허물을 가볍게 다루지 마십시오. 여호와께서 진노하시는 날, 바벨론 군이 침략하는 날에 그들이 여호와 앞에서 거꾸러져 죽게 하여 주시옵소서.

제 19 장

(14) 유다 땅에 재앙을 내리시는 이유(19:1-5)

<깨진 옹기>

렘 19:1-2. 여호와께서 이와 같이 말씀하시되 가서 토기장이의 옹기를 사고 백성의 어른들과 제사장의 어른 몇 사람과 하시드 문 어귀 곁에 있는 힌놈의 아들의 골짜기로 가서 거기에서 내가 네게 이른 말을 선포하여.

여호와께서 다음과 같이 말씀하시기를 너 예레미야는 토기장이(힌놈의 아들 골짜기에는 토기장이가 여럿 있었다)를 찾아가서 오지병(오지병이란 입구가 좁은 병이었다)을 하나 산[12] 다음에 백성을 대표하는 장로 몇 사람과 나이든 제사장 몇 사람을 데리고 함께 2절에 진술된 것처럼 하시드 문(질그릇 조각의 문 또는 동쪽 문을 가리키는 것으로 본다-이 문으로부터 성내의 쓰레기를 쓸어내는 분문을 가리키는 것으로 본다) 어귀 곁에 있는 힌놈의 아들의 골짜기(이 문은 예루살렘 남쪽에 있었는데, 이곳을 도벳이라고도 한다. 이곳에서 아들을 불태워 바친 것이다, 7:31)로 가서 거기에서 내가 네게 이른 말을 선포하시겠다고 하신다. 예레미야가 이곳으로 백성의 장로들과 제사장 중 어른들을 데리고 온 것은 유다 민족의 우상 숭배 죄를 지적하고자 했다.

렘 19:3. 말하기를 너희 유다 왕들과 예루살렘 주민아 여호와의 말씀을 들으라 만군의 여호와 이스라엘의 하나님이 이같이 말씀하시되 보라 내가

12) 여호와께서 이 오지병의 깨짐과 같이 유다 나라가 깨어질 것을 보여주시기 위하여 예레미야에게 이 병을 하나 사라고 하신 것이다.

이 곳에 재앙을 내릴 것이라 그것을 듣는 모든 자의 귀가 떨리니.

여호와께서 예레미야에게 명령하시기를 "힌놈의 아들의 골짜기로 가서 거기에서 나 여호와가 너 예레미야에게 이른 말을 선포하라"(2절) 하셨는데 여호와께서는 너 예레미야는 이렇게 말하라고 하신다. 즉, "너희 유다 왕들(이 낱말이 복수인 것은 유다의 왕가를 지칭하는 것으로 본다)과 예루살렘 모든 주민아! 너희는 나 여호와의 말을 들어라. 나 만군의 주 이스라엘의 하나님이 이렇게 말한다. 내가 이 곳에 재앙을 내릴 터이니, 이 재앙의 소식을 듣는 모든 사람의 귀가 떨릴 만큼 무서운 재앙(삼상 3:11; 왕하 21:12)이 될 것이라"고 하신다.

렘 19:4. 이는 그들이 나를 버리고 이 곳을 불결하게 하며 이 곳에서 자기와 자기 조상들과 유다 왕들이 알지 못하던 다른 신들에게 분향하며 무죄한 자의 피로 이 곳에 채웠음이며.

본 절 초두에는 이유 접속사("이는", 'because')가 나타나 본 절이 앞 절의 이유를 제공한다는 것을 밝혀준다. 즉, 그 이유는 유다 백성들이 나 여호와를 버리고, 가나안 땅에서 우상 숭배를 하여 이 곳을 불결하게 만들었기 때문이라고 하신다. 유다 민족은 가나안 땅에서 우상을 숭배했으며, 무죄한 피로 이 곳을 채웠던 것이다.

렘 19:5. 또 그들이 바알을 위하여 산당을 건축하고 자기 아들들을 바알에게 번제로 불살라 드렸나니 이는 내가 명령하거나 말하거나 뜻한 바가 아니니라.

그리고 그들 유다 백성들은 제 자식들을 바알에게 번제물로 불살라 바치려고, 바알의 산당들을 세움으로써, 내가 그들에게 명령한 적도 없고, 말한 적도 없으며, 내가 상상으로도 결코 원하지 않은 죄를 저질렀기 때문이라는 것이다. 5-6절은 7:31-32과 거의 같다.

(15) 유다 땅에 내리시는 재앙의 내용(19:6-9)

렘 19:6. 그러므로 보라 다시는 이 곳을 도벳이나 힌놈의 아들의 골짜기라 부르지 아니하고 오직 죽임의 골짜기라 부르는 날이 이를 것이라 여호와의 말이니라.

그러므로 보라, 그날이 오면, 이 곳을 다시는 '도벳'(침을 뱉음), 또는 '힌놈의 아들 골짜기'라 부르지 않고, 오히려 무수한 사람을 죽인 '살육의 골짜기'라고 부를 것이라고 하신다(7:32).

렘 19:7. 내가 이 곳에서 유다와 예루살렘의 계획을 무너뜨려 그들로 그 대적 앞과 생명을 찾는 자의 손의 칼에 엎드러지게 하고 그 시체를 공중의 새와 땅의 짐승의 밥이 되게 하며.

여호와께서 유다와 예루살렘 사람들이 자기들 나름대로 살아보려는 각종 계획을 이 살육의 골짜기에서 모두 무너지게 하시겠다고 하신다. 그래서 그들이 전쟁할 때에 원수들의 칼에 찔려 죽게 하고, 그들의 목숨을 노리는 사람들의 손에 죽게 하고, 그들의 시체는 공중의 새와 들짐승의 먹이가 되게 하겠다고 하신다.

죄가 있는 곳에는 계획의 무너짐과 실패밖에 없다. 모두 허무뿐이다.

렘 19:8. 이 성읍으로 놀람과 조롱거리가 되게 하리니 그 모든 재앙으로 말미암아 지나는 자마다 놀라며 조롱할 것이며.

여기 "이 성읍"이란 '예루살렘 성읍과 유다'를 지칭하는 말이다. 예루살렘 성읍과 유다 나라가 소름끼칠 정도로 망하여 지나가던 행인들(이방인들)이 보고, 깜짝깜짝 놀라게 되고, 조롱하게 된다는 것이다. 큰 소리를 치던 예루살렘 성읍과 유다 나라가 이렇게까지 아주 망했느냐고 조롱한다는 것이다. 하나님을 떠난 성읍, 하나님을 떠난 개인은 비참할 수밖에 없는 것이다.

"이 성읍"은 신약 시대의 교회를 예표하는 말이니 교회가 신앙이 약화되거나 소금이 맛을 잃는 것처럼 교회의 맛을 잃으면 교회는 비참하게 된다는 것이다.

렘 19:9. 그들이 그들의 원수와 그들의 생명을 찾는 자에게 둘러싸여 곤경에 빠질 때에 내가 그들이 그들의 아들의 살, 딸의 살을 먹게 하고 또 각기 친구의 살을 먹게 하리라 하셨다 하고.

그리고 예루살렘 성읍 사람들과 유다 사람들은 목숨을 노리는 원수에게 포위되어 곤경에 빠질 때, 예루살렘 성읍 사람들과 유다 사람들은 제 자식들을 잡아먹고, 이웃끼리도 서로 잡아먹게 될 것(레 26:29; 신 28:53; 애 4:10)을 전하라 하신다.

(16) 오지병을 깨뜨리시는 상징적 행위(19:10-13)

예레미야는 힌놈의 아들 골짜기(살육의 골짜기)에서 예언을 한 다음 오지병을 깨뜨림으로 그가 예언한 것을 오지병 깨뜨림 행위를 통해 실물교육 한다.

렘 19:10. 너는 함께 가는 자의 목전에서 그 옹기를 깨뜨리고.

예레미야에게 함께 가는 자들(백성의 어른들과 제사장의 어른들이었다, 1절)이 보는 앞에서 그 옹기를 깨뜨리라고 여호와께서 말씀하신다. 여기 동행자들은 예루살렘 주민들과 유다 백성들을 대표하는 자들이니 오지병 깨뜨림의 뜻이 백성 모두에게 전달되었을 것이다.

렘 19:11. 그들에게 이르기를 만군의 여호와께서 이와 같이 말씀하시되 사람이 토기장이의 그릇을 한 번 깨뜨리면 다시 완전하게 할 수 없나니 이와 같이 내가 이 백성과 이 성읍을 무너뜨리리니 도벳에 매장할 자리가 없을 만큼 매장하리라

여호와께서는 예레미야에게 오지병을 깨뜨린 것을 두고 함께 간 동행자들에게 이르라고 하신다. 즉, "만군의 여호와(2:9)께서 토기 그릇은 한번 깨지면 다시 원상태로 재생시킬 수 없다. 나도 이 백성과 이 도성을 토기 그릇처럼 깨뜨려 버리겠다. 그러면 더 이상 시체를 묻을 자리가 없어서 사람들이 도벳(살육의 골짜기)에까지 시체를 묻을 것이다"라고 말씀하신다. 인간의 죄는 결국은 인간의 시체로 연결되는 것이다.

렘 19:12. 여호와의 말씀이니라 내가 이 곳과 그 가운데 주민에게 이같이 행하여 이 성읍으로 도벳 같게 할 것이라.

여호와께서 말씀하시기를, "내가 여기 예루살렘 주민과 유다 나라 주민들을 무너뜨려 도벳(살육의 골짜기)처럼 만들어 놓겠다"고 하신다. 예루살렘 성내와 유다 나라 도처에 시체가 가득하도록 만드시겠다는 것이다.

렘 19:13. 예루살렘 집들과 유다 왕들의 집들이 그 집 위에서 하늘의 만상에 분향하고 다른 신들에게 전제를 부음으로 더러워졌은즉 도벳 땅처럼 되리라 하셨다 하라 하시니.

예레미야는 또 다른 예언을 해야 했다. 즉, 예루살렘의 집들과 유다 왕들의 집 위에서 하늘의 만상에 분향하고, 다른 이방 신들에게 술을 부어 제물로 바쳤으니 예루살렘 도시와 유다 나라 전체에 시체가 쌓여서 살육의 골짜기가 될 것이라는 예언을 해야 했다.

(17) 유다에 내릴 재앙에 대하여 다시 예언함(19:14-15)

렘 19:14. 예레미야가 여호와께서 자기를 보내사 예언하게 하신 도벳에서 돌아와 여호와의 집 뜰에 서서 모든 백성에게 말하되.

예레미야는 여호와께서 자기를 보내셔서 도벳에서 예언하게 하신 후에 이제는 여호와의 집(성전) 뜰(7:2)에 서서 다시 유다의 멸망을 선언했다. 유다가 멸망한다는 것을 두 곳(도벳, 성전 뜰)에서 하게 된 것이다.

렘 19:15. 만군의 여호와 이스라엘의 하나님께서 이와 같이 말씀하시되 보라 내가 이 성읍에 대하여 선언한 모든 재앙을 이 성읍과 그 모든 촌락에

내리리니 이는 그들의 목을 곧게 하여 내 말을 듣지 아니함이라 하시니라.

만군의 여호와(2:9)께서 말씀하시기를, "내가 예레미야를 통하여 도벳에서 유다의 멸망을 선포한 것을 다시 성전 뜰에서 예루살렘 도성과 유다 나라의 촌락에 멸망이 임할 것을 선언하게 되었으니 이유는 유다 백성들이 목을 곧게 하여 나 여호와의 말씀을 듣지 않았기 때문이라"고 하신다. 유다 백성들의 불순종은 모든 곳을 망하게 했다.

제 20 장

(18) 바스훌이 예레미야를 때리고 가둠(20:1-2)

<예레미야와 바스훌>

렘 20:1. 임멜의 아들 제사장 바스훌은 여호와의 성전의 총감독이라 그가 예레미야의 이 일 예언함을 들은지라.

임멜의 아들 바스훌은 제사장으로 주님의 성전에서 총감독 일을 하는 자였다. 그런데 그가 성전에서 예레미야가 예언하는 말을 듣게 되었다. "임멜"은 제사장 16번 반차에 속하는 사람(대상 24:14)으로 좋은 제사장 계통에 속하게 되었다. 임멜의 아들 바스훌은 성전을 감독했던 유사장(유사는 대제사장 가는 막강한 세력을 가진 자였다)이었다. 바스훌이 예레미야를 박해한 것은 예레미야가 유다의 멸망을 성전에서 예언했기 때문이다. 바스훌은 예레미야가 하나님의 말씀을 받아 예언하는 줄 알지 못하고 박해한 것이었다.

렘 20:2. 이에 바스훌이 선지자 예레미야를 때리고 여호와의 성전에 있는 베냐민 문 위층에 목에 씌우는 나무 고랑으로 채워 두었더니.

그런 다음 임멜의 아들 성전 감독 유사장 바스훌이 선지자 예레미야를 때리고, 그에게 차꼬를 채워서 주님의 성전 위쪽 베냐민 대문 근처에다가 가두어 두었다는 것이다.

"베냐민 문 위층에 목에 씌우는 나무 고랑으로 채워 두었다"는 말은 성전 안뜰 북측에 있는 성문의 하나로 같은 이름의 문(37:13; 38:7)과 구별하기 위하여 "위층"이라 불린다. 예레미야는 매를 맞은 후 이곳 옥에 갇혀 차꼬에 채워졌다(이상근).

(19) 바스훌에게 내릴 재앙을 예언하다(20:3-6)

렘 20:3. 다음날 바스훌이 예레미야를 목에 씌우는 나무 고랑에서 풀어 주매 예레미야가 그에게 이르되 여호와께서 네 이름을 바스훌이라 아니하시고 마골밋사빕이라 하시느니라.

바스훌이 예레미야를 차꼬에 채워 하룻밤을 채워 지낸 후 다음 날에 바스훌이 예레미야를 목에 씌우는 나무 고랑에서 풀어주매 예레미야가 바스훌에게 이르기를 여호와께서 네 이름을 바스훌이라 아니하시고 마골밋사빕(מָגוֹר מִסָּבִיב)이라고 고쳐주신다고 했다.

마골밋사빕(מָגוֹר מִסָּבִיב)이란 이름은 '사방에 두려움이 있다'는 뜻이다. 바스훌의 사방에는 항상 두려움이 있다는 것이다. 바스훌이 예레미야를 풀어주었는데, 예레미야는 누그러지지 않고 무서운 이름을 준 것이다. 예레미야는 국가적으로 죄를 공격했으나 개인적인 공격도 서슴지 않았다(사 22:15; 암 7:10-17 참조).

렘 20:4. 여호와께서 이와 같이 말씀하시되 보라 내가 너로 너와 네 모든 친구에게 두려움이 되게 하리니 그들이 그들의 원수들의 칼에 엎드러질 것이요 네 눈은 그것을 볼 것이며 내가 온 유다를 바벨론 왕의 손에 넘기리니 그가 그들을 사로잡아 바벨론으로 옮겨 칼로 죽이리라.

당신을 두고 여호와께서 나 예레미야에게 이렇게 말씀하시기를, "나 여호와가 너 바스훌을 너와 네 모든 친구에게 두려움이 되게 할 것이니, 너 바스훌은 네 친구들이 원수의 칼에 찔려 쓰러지는 것을 네 눈으로 직접 볼 것이다. 또 내가 유다 백성을 모두 바벨론 왕의 손에 넘겨주면, 그 왕은 백성을 더러는 바벨론으로 사로잡아 가고, 더러는 칼로 죽일 것이라"고 하신다.

렘 20:5. 내가 또 이 성읍의 모든 부와 그 모든 소득과 그 모든 귀중품과 유다 왕들의 모든 보물을 그 원수의 손에 넘기리니 그들이 그것을 탈취하여 바벨론으로 가져가리라.

또 나 여호와가 이 예루살렘 성의 모든 재물과 그 모든 재산과 그 모든 귀중품과 유다 왕들의 모든 보물을 원수의 손에 넘겨주어서, 그들이 모두 약탈하고 탈취하여, 바벨론으로 가져가게 하겠다고 하신다(왕하 24:12-16; 25:11-19).

하나님을 믿지 않는 자들은 재산을 심히 중히 여기는데, 귀중품이 원수의 손에 넘어간다는 것은 자기 자신의 몸이 넘어간다는 것과 별반 다를 바 없는 일이다.

렘 20:6. 바스훌아 너와 네 집에 사는 모든 사람이 포로 되어 옮겨지리니 네가 바벨론에 이르러 거기서 죽어 거기 묻힐 것이라 너와 너의 거짓 예언을 들은 네 모든 친구도 그와 같으리라 하셨느니라.

그리고 너 바스훌아! 너와 네 집에 사는 모든 사람은 포로가 되어서, 바벨론으로 끌려갈 것이니, 너는 네 거짓 예언을 들은 네 모든 친구와 함께 거기에서 죽어 그 곳에 묻힐 것이라(4절; 왕하 24:10-17)고 하신다. 이 예언은 예언대로 되었다.

(20) 예레미야가 당할 고난에 대하여 탄식함(20:7-10)

<예레미야가 여호와께 사정을 아뢰다>

렘 20:7. 여호와여 주께서 나를 권유하시므로 내가 그 권유를 받았사오며 주께서 나보다 강하사 이기셨으므로 내가 조롱거리가 되니 사람마다 종일토록 나를 조롱하나이다.

여호와여! 주님께서 나를 설득하셨으므로, 내가 주님께 설득되었습니다. 주님께서는 나보다 더 강하셔서 나를 이기셨으므로, 내가 주님으로부터 설득되어(사 8:11) 결국은 백성들의 조롱거리가 되었습니다. 그래서 사람들이 날마다 나를 조롱합니다.

렘 20:8. 내가 말할 때마다 외치며 파멸과 멸망을 선포하므로 여호와의 말씀으로 말미암아 내가 종일토록 치욕과 모욕 거리가 됨이니이다.

본 절 초두에는 이유를 말하는 접속사가 있어서 본 절이 이유를 제공하고 있음을 알게 한다. 즉, 나 예레미야가 백성들의 조롱거리가 되는(앞 절) 이유는 나 예레미야가 말할 때마다 외치고, 파멸과 멸망을 선포하기 때문이라는 것이다. 나 예레미야가 종일토록 백성들로부터 치욕을 당하고 모욕을 당합니다.

렘 20:9. 내가 다시는 여호와를 선포하지 아니하며 그의 이름으로 말하지 아니하리라 하면 나의 마음이 불붙는 것 같아서 골수에 사무치니 답답하여 견딜 수 없나이다.

여호와의 말씀으로 말미암아 나 예레미야가 종일토록 치욕과 모욕 거리가 되니(앞 절), 내가 다시는 주님의 이름으로 외치지 않겠다고 결심하여 보지만 그 때마다, 주님의 말씀이 나의 심장 속에서 불처럼 타올라 뼛속에까지 타들어 가니 나는 견디다 못해 그만 항복하고, 또 말하게 됩니다(11:18-12:6; 23:9; 고전 9:16 참조).

렘 20:10. 나는 무리의 비방과 사방이 두려워함을 들었나이다 그들이 이르기를 고소하라 우리도 고소하리라 하오며 내 친한 벗도 다 내가 실족하기를 기다리며 그가 혹시 유혹을 받게 되면 우리가 그를 이기어 우리 원수를 갚자 하나이다.

나 예레미야는 수많은 사람이 수군거리는 소리를 들었습니다. 예레미야가 겁에 질려 있다. 너희는 그를 고발하여라. 우리도 그를 고발하겠다고 합니다. 나와 친하던 사람들도 모두 내가 넘어지기만을 기다립니다. 혹시 그가 실수를 하는 경우 우리가 그를 덮치고, 그에게 보복을 하자고 합니다(시 35:15; 38:11).

(21) 예레미야가 믿음으로 위로를 얻다(20:11-13)

렘 20:11. 그러하오나 여호와는 두려운 용사 같으시며 나와 함께 하시므로 나를 박해하는 자들이 넘어지고 이기지 못할 것이오며 그들은 지혜롭게 행하지 못하므로 큰 치욕을 당하오리니 그 치욕은 길이 잊지 못할 것이니이다.

"그러나 여호와께서는 나와 함께해주시는 두려운 용사이십니다. 그러므로 나를 박해하는 사람들이 힘도 쓰지 못하고 쓰러질 것입니다. 이처럼 그들이 실패해서 그들은 영원히 잊지 못할 큰 수치를 당할 것입니다"라고 예레미야가 말한다.

렘 20:12. 의인을 시험하사 그 폐부와 심장을 보시는 만군의 여호와여 나의 사정을 주께 아뢰었사온즉 주께서 그들에게 보복하심을 나에게 보게 하옵소서.

본 절은 11:20과 거의 같다. "만군의 여호와여! 여호와께서는 의로운 사람을 시험하시고, 생각과 마음을 감찰하시는 분이십니다. 내 억울한 사정을 주님께 아뢰었사오니, 여호와께서 그들에게 내 원수를 갚아 주십시오. 나 예레미야가 그것을 보기를 원합니다"라고 말한다.

렘 20:13. 여호와께 노래하라 너희는 여호와를 찬양하라 가난한 자의 생명을 행악자의 손에서 구원하셨음이니라(Sing to the LORD; praise the LORD! For he has delivered the life of the needy from the hand of evildoers-ESV)**.**

여호와께 노래하라! 여호와를 찬양하라! 여호와께서는 가난한 자의 생명을 악인들의 권세에서 건져 주신다고 찬양하라.

여기 "가난한 자의 생명"(the life of the needy)이란 박해 하에 놓여있는 생명들을 지칭한다. 이 말은 예레미야 자신을 포함하는 말이다.

(22) 예레미야가 자기의 고민을 기록하다(20:14-18)

이 부분(14-18절)은 욥 3:3-12과 비슷하다. 욥은 육적으로 당하는 고난을 탄식하나, 예레미야는 사명 수행에서 받는 고난을 탄식하는 것이다. 예레미야는 그의 생일을 저주하고(14절), 그의 아비에게 생남(生男)하였다는 소식을 전해준 사람을 저주하며(15절), 그가 소돔과 고모라처럼 되라고 말한다(16절). 그리고 그는 자기 어미의 태에서 죽지 않고 나오게 된 것을 탄식하고(17절), 한 생애 고생의 삶을 탄식한다(18절).

렘 20:14. 내 생일이 저주를 받았더면, 나의 어머니가 나를 낳던 날이 복이 없었더면,

본 절은 예레미야가 자기의 생일을 저주한다. 즉, 내가 태어난 날이 저주를 받아야 했는데, 어머니가 나를 낳은 날이 복된 날이 되지 말아야 했는데, 이제 그만 그렇게 되지 않아 고생이 많다고 말한다. 본 절은 15:10의 발전이기도 하다(욥 3:3 참조).

렘 20:15. 나의 아버지에게 소식을 전하여 이르기를 당신이 득남하였다 하여 아버지를 즐겁게 하던 자가 저주를 받았더면,

나의 아버지에게 "당신이 아들을 낳았습니다"라는 소식을 전하여, 아버지를 기쁘게 한 그 사람도 저주를 받아야 했는데, 그렇게 되지 않았다는 것이다. 그런데 예레미야는 자신을 세상에 태어나게 하신 하나님을 저주하지 않았고, 또 자기를 직접 낳아 준 부모를 저주하지도 않았다.

렘 20:16. 그 사람은 여호와께서 무너뜨리시고 후회하지 아니하신 성읍 같이 되었더면, 그가 아침에는 부르짖는 소리, 낮에는 떠드는 소리를 듣게 하였더면, 좋을 뻔하였나니.

바로 그 사람은 여호와께서 사정없이 뒤엎어 놓으신 성읍들(소돔과 고모라)처럼 되어서, 그가 아침에는 울부짖는 고통 소리를 듣고, 낮에는 전쟁의 함성을 들었더라면, 좋을 뻔했는데 일이 그렇게 되지 않았다는 것이다.

렘 20:17. 이는 그가 나를 태에서 죽이지 아니하셨으며 나의 어머니를 내 무덤이 되지 않게 하셨으며 그의 배가 부른 채로 항상 있지 않게 하신 까닭이로다(because he did not kill me in the womb; so my mother would have been my grave, and her womb forever great-RSV, ESV).

나 예레미야가 나의 모태 안에서 죽어, 어머니가 나의 무덤이 되어야 했는데, 내가 영원히 모태 속에 있어야 했는데, 그렇지 되지 못해서 안타깝다는 것이다.

여기 "그가"에 대해서 1) 앞 절을 받아 예레미야가 출생했다고 보고해준 출생의 보고자인가 라는 견해(K.&D.), 2) 아니면 하나님을 지칭하는가 라는 견해(Henderson)가 있는데, 둘 중 어느 견해가 맞는가 하는 문제가 있다. 이 두 견해 중 2)번의 견해가 더 바른 견해로 보인다. 그러나 왜 하나님께서 나를 죽이지 않으셨는가를 원망하는 것이 아니라, 왜 내가 죽지 않고 세상에 나왔는가를 시적으로 표현한 것으로 본다(이상근).

렘 20:18. 어찌하여 내가 태에서 나와서 고생과 슬픔을 보며 나의 날을 부끄러움으로 보내는고 하니라.

본 절은 14-17절의 결론으로 예레미야의 인간성을 잘 보여주고 있다. 예레미야는 어찌하여 이 몸이 어머니의 태에서 나와서, 이처럼 고난과 고통을 겪으면서, 나의 생애를 마치는 날까지 수모를 받고 살아가는가라고 탄식한다.

2. 비난받는 왕들과 거짓 선지자들(21:1-23:8)

이 부분(21:1-23:8)은 유다의 여러 왕들과 메시아에 대한 예언들로 나열

돼 있다. 먼저 왕들에 대한 예언을 보면 시드기야 왕(21:1-22:9), 여호아하스 왕(22:10-12), 여호야김 왕(22:13-19), 및 여호야긴 왕(22:20-30), 다음으로는 메시아에 대한 예언(23:1-8)이 열거된다. 여기 유다의 왕들은 연대순으로 배열된 것은 아니다.

제 21 장

(1) 시드기야가 예레미야에게 기도를 부탁하다(21:1-2)

<여호와께서 두신 생명의 길과 사망의 길>

렘 21:1. 여호와께로부터 예레미야에게 말씀이 임하니라 시드기야 왕이 말기야의 아들 바스훌과 제사장 마아세야의 아들 스바냐를 예레미야에게 보내니라.

1-2절은 유다의 시드기야 왕(왕하 24:18-25:7, 주전 597-586년 통치)이 국란(國亂)을 당하여 예레미야에게 기도를 부탁하는 말이다. 이렇게 된 것은 15:11(여호와께서 이르시되 내가 진실로 너를 강하게 할 것이요 너에게 복을 받게 할 것이며 내가 진실로 네 원수로 재앙과 환난의 때에 네게 간구하게 하리라)에 예언된 대로 성취된 것이다. 예레미야를 대적하던 시드기야 왕이 예레미야에게 기도를 요청했으나 그것은 하나님께서 원하시는 회개의 태도는 아니었다. 시드기야 왕은 그저 말하기를, "여호와께서 혹시 그 모든 기사로 우리를 도와 행하시면 그(느부갓네살)가 우리를 떠나리라" 고 했으니 이것은 시드기야의 잘못된 생각에서 비롯된 부탁이었다. 여호와께서는 죄인이 먼저 회개하기를 원하신다.

렘 21:2. 바벨론의 느부갓네살 왕이 우리를 치니 청컨대 너는 우리를 위하여 여호와께 간구하라 여호와께서 혹시 그의 모든 기적으로 우리를 도와 행하시면 그가 우리를 떠나리라 하니.

시드기야 왕의 기도 요청이 들어오자 예레미야는 거부했다. 즉, "그 때에 그들(바스훌, 스바냐, 1절)이 와서 이렇게 말하였다. 제발 우리가 멸망하지 않도록 주님께 간절히 기도하여 주십시오. 바벨론 왕 느부갓네살이 우리를 포위하여 공격하고 있습니다. 행여 주님께서 예전에 많은 기적을 베푸신 것처럼 지금 우리에게도 기적을 베풀어 주신다면 느부갓네살이 우리에게서 물러갈 것입니다"라고 말했다.

(2) 하나님께서 시드기야에게 유다가 망하리라 함(21:3-7)

렘 21:3. 예레미야가 그들에게 대답하되 너희는 시드기야에게 이같이 말하라.

본 절부터 7절까지는 시드기야 왕의 기도 요청에 대해 예레미야가 거부한 내용을 진술한다. 즉, 예레미야는 그들 두 사신들에게 시드기야 왕에게 가서 이렇게 전하시오 라며 다음 절과 같이 기도를 거부하는 말을 했다.

렘 21:4. 이스라엘의 하나님 여호와께서 이와 같이 말씀하시되 보라 너희가 성 밖에서 바벨론의 왕과 또 너희를 에워싼 갈대아인과 싸우는 데 쓰는 너희 손의 무기를 내가 뒤로 돌릴 것이요 그것들을 이 성 가운데 모아들이리라.

여호와께서 이와 같이 말씀하시기를, "너희 두 사람 사신들(시드기야의 두 사신들, 바스훌과 스바냐)은 지금 성벽을 에워싸고 공격하는 바벨론 왕과 갈대아 군대에게 맞서서 싸우려고 무장을 하고 있으나, 내가 너희가 가지고 있는 모든 전쟁무기를 회수하여, 이 도성 한가운데로 모아 들여 놓겠다"고 하신다.

여기 "바벨론 왕"과 "너희를 에워싼 갈대아인"은 꼭 같은 편의 원수들이다. "너희 손의 무기를 내가 뒤로 돌릴 것이요 그것들을 이 성 가운데 모아들이리라"는 말은 유다 군대의 무기를 여호와께서 뒤로 철수시켜 그 무기들을 이 예루살렘 성 안으로 들여 놓으시겠다는 뜻이다.

렘 21:5. 내가 든 손과 강한 팔 곧 진노와 분노와 대노로 친히 너희를 칠 것이며.

본 절도 여호와께서 바벨론 군대를 동원하여 유다를 치시겠다는 것을 발표하는 것이다. 즉, 내가 직접 너희(유다 나라 군대)를 치겠다. 여호와의 이 분노, 이 노여움, 이 울화를 더 이상 참을 수가 없어서, 내(여호와)가 팔을 들고, 나의 손과 강한 팔로 바벨론 군대를 동원하여 너희 유다 나라 군대들을 치겠다고 하신다.

"여호와의 든 손과 강한 팔 곧 진노와 분노와 대노"는 죄에 대하여 참으실 수가 없으시다. 죄를 자복하지 않는 한 그 누구라도 얻어맞는 것이다.

렘 21:6. 내가 또 사람이나 짐승이나 이 성에 있는 것을 다 치리니 그들이 큰 전염병에 죽으리라 하셨다 하라.

본 절은 사람이나 짐승을 가리지 않고, 이 도성에 사는 모든 것을 칠 것이라고 하신다. 그런데 본 절은 바벨론 군대의 무기에 죽는 것만이 아니라 무서운 전염병에 걸려 몰살할 것을 말씀 하신다. 이 전염병은 전쟁의 부산물이었다.

렘 21:7. 여호와의 말씀이니라 그 후에 내가 유다의 왕 시드기야와 그의 신하들과 백성과 및 이 성읍에서 전염병과 칼과 기근에서 남은 자를 바벨론의 느부갓네살 왕의 손과 그들의 원수의 손과 그들의 생명을 찾는 자들의 손에 넘기리니 그가 칼날로 그들을 치되 측은히 여기지 아니하며 긍휼히 여기지 아니하며 불쌍히 여기지 아니하리라 하셨느니라.

여호와께서 말씀하시기를 그 후에 여호와께서 유다 왕 시드기야와 그의 신하들과 또 유다 백성들과 이 유다 성읍들에서 전염병과 칼과 기근에서 남은 자들을 바벨론 왕 느부갓네살 왕의 손과 바벨론 군대의 손들과 유다 백성들의 생명을 찾는 자들의 손에 넘길 것이니, 바벨론 왕과 군대들이 칼날로 유다 백성들을 측은히 여기지 아니하며, 긍휼히 여기지 아니하며, 불쌍히 여기지 아니하고 죽일 것이라 하셨다는 것이다.

"그가 칼날로 그들을 치되 측은히 여기지 아니하며 긍휼히 여기지 아니하며 불쌍히 여기지 아니하리라"는 말은 '바벨론 왕이 칼날로 유다 백성들을 칠 때에 측은, 긍휼, 불쌍히 여김이 없이 죽일 것이란' 뜻이다. 죄를 오래 쌓아두면 결국은 짐승에게까지 비참을 불러온다는 것을 보여준다.

(3) 백성들은 바벨론에게 항복하라 함(21:8-10)

렘 21:8. 여호와께서 말씀하시기를 보라 내가 너희 앞에 생명의 길과 사망의 길을 두었노라 너는 이 백성에게 전하라 하셨느니라.

여호와께서 예레미야에게 말씀하시기를 보라, 나 여호와가 유다 백성들인 너희 앞에 살 수 있는 길과 죽음을 택하는 두 길(신 30:15; 시 1편)을 두었다고 하신다. 이는 유다 백성만이 아니라 오늘 우리에게도 항상 두 길이 펼쳐져 있는 것이다.

바벨론에게 항복하고 사는 길, 항복하지 않고 죽음을 택하는 두 길이 있고, 회개를 하고 사는 길, 회개를 거부하고 죽는 길이 있으며, 신앙의 길과 불신의 길이 있고, 빛의 길과 어둠의 두 길이 존재한다는 것이다.

렘 21:9. 이 성읍에 사는 자는 칼과 기근과 전염병에 죽으려니와 너희를 에워싼 갈대아인에게 나가서 항복하는 자는 살 것이나 그의 목숨은 전리품 같이 되리라.

이 도성 안에 머물러 있는 사람은 전쟁이나 기근이나 염병(7절 참조)으로 죽을 것이지만, 지금 너희(유다 백성들)를 에워싸고 있는 바벨론 군대에게 나아가서 항복하는 사람은 죽지 않을 것이다. 그 사람은 적어도 자신의 목숨만은 건질 것이다(38:2; 39:18; 45:5). 그러니까 성 밖으로 나아가 바벨론 군대에게 항복해서 목숨만이라도 건지라는 것이다.

렘 21:10. 여호와의 말씀이니라 내가 나의 얼굴을 이 성읍으로 향함은 복을 내리기 위함이 아니요 화를 내리기 위함이라 이 성읍이 바벨론 왕의 손에

넘김이 될 것이요 그는 그것을 불사르리라.

여호와께서 말씀하시기를, "나 여호와가 내 얼굴을 이 성읍으로 향하는 것은 복을 내리기 위함이 아니고 화를 내리기 위함이라(44:11; 암 9:4)"고 하신다. 다시 말해 이 성읍이 바벨론 왕의 손에 넘김이 된다는 뜻이요, 바벨론 왕은 이 도성을 불사르게 될 것임을 드러내기 위함이라는 것이다.

(4) 유다가 회개함으로 구원 받으라 함(21:11-14)

<유다 왕의 집에 내린 벌>

렘 21:11. 유다 왕의 집에 대한 여호와의 말을 들으라.

본 절부터 14절까지는 여호와께서 유다 왕의 집에 대하여 하는 말이라고 하신다(22:1). 유다 집 사람들은 재판을 공평하게 행하고(정치를 바르게 하라는 뜻), 약한 자들을 압박하지 말라고 권하신다(11-12절). 그렇지 못할 경우 유다 집 사람들을 벌하시겠다고 선언한다(13-14절).

렘 21:12. 여호와께서 이와 같이 말씀하시니라 다윗의 집이여 너는 아침마다 정의롭게 판결하여 탈취 당한 자를 압박자의 손에서 건지라 그리하지 아니하면 너희의 악행 때문에 내 분노가 불 같이 일어나서 사르리니 능히 끌 자가 없으리라.

여호와께서 본 절과 같이 말씀하시기를, "너희 다윗의 집(남쪽 나라 사람들)이여! 너희는 아침마다(재판은 더운 낮 시간을 피하여 아침에 시작되어 이렇게 묘사되었다) 공평하게 판결하여(올바르게 정치하라는 뜻) 탈취 당한 자들을 압박자들의 손에서 건져내라. 그렇게 건져내지 않으면 너희가 저지른 악행 때문에 나 여호와의 분노가 불같이 일어나서 남쪽 나라 정치가들을 불사르게 될 것이니 능히 나 여호와의 불을 끌자가 없을 것이다"라고 하신다.

"다윗의 집이여"라는 말은 '다윗의 혈통을 잇는 남 왕국'을 지칭하는 말이다. 이스라엘 나라는 솔로몬의 아들 르호보암 왕 때 아버지 솔로몬의 죄 때문에 북쪽 이스라엘과 남쪽 유다로 갈라져 두 나라가 되었다. 북쪽 이스라엘 나라는 254년을 이어가다가 주전 721년에 앗수르에 의해 망했고, 남쪽 유다 나라는 389년을 계승한 끝에 주전 586년에 바벨론에 의해 멸망하였다. 다윗은 그리스도의 조상이요, 그리스도의 예표였다(마 1:1).

렘 21:13. 여호와의 말씀이니라 골짜기와 평원 바위의 주민아 보라 너희가 말하기를 누가 내려와서 우리를 치리요 누가 우리의 거처에 들어오리요 하거니와 나는 네 대적이라.

'골짜기와 평원 바위의 주민아'라는 말은 '예루살렘 주민아'와 같이 예루살렘 주민을 일컫는 말이다. 전자는 성읍의 낮은 지대를 지칭하고, 후자는 시온 산 부근을 가리키는 말이다(K.&D. Cheyne). "골짜기와 평원 바위"란 말은 '골짜기를 이루고 또는 평원을 가지고 있는 유다 땅을 의미한다'고 할 수 있다. 유다 나라는 그 땅을 지리적으로 난공불락(공격하기가 어려워 좀처럼 함락되지 않는다는 뜻)의 반석 같은 땅으로 알았다. 유다 사람들은 이와 같은 지리적 이점을 믿고 교만했다. 그들은 신약 시대의 교회와 마찬가지로 하나님만 의지해야 할 처지였는데, 저렇게 하나님 대신 다른 것을 의지하고, 하나님께 대하여는 무심했다.

"보라 너희가 말하기를 누가 내려와서 우리를 치리요 누가 우리의 거처에 들어오리요"라고 큰 소리를 쳤으나 하나님께서는 사람이 그를 의지하는 대신에 다른 것을 의지하는 것을 매우 위험하게 여기신다. 죄 있는 유다 백성들이 죄를 자복하지 않으니 하나님께서는 유다 나라를 "나는 네 대적이라"고 하셨다. 누구든지 죄가 있으면 하나님의 대적이 되는 것이다.

렘 21:14. 내가 너희 행위대로 너희를 벌할 것이요 내가 또 수풀에 불을 놓아 그 모든 주위를 사르리라 여호와의 말씀이니라.

여호와께서 말씀하시기를, "내가 너희 행위대로 너희를 벌할 것이요 내가 또 수풀에 불을 놓아 그 모든 수풀 주위를 사르리라"고 말씀하신다. 이 말씀은 장차 여호와께서 유다 나라에 바벨론 군대를 보내셔서 유다를 침략하실 것을 예언하시는 것이다.

제 22 장

(5) 유다 왕의 집에 회개를 권고하다(22:1-9)

1-9절. 유다 나라에게 공평과 정의를 행하라고 하시고(1-4절), 불순종하면 왕가와 예루살렘 성을 멸하실 것이라고 하신다(5-9절).

<유다 왕의 집에 선언하다>

렘 22:1. 여호와께서 이와 같이 말씀하시되 너는 유다 왕의 집에 내려가서 거기에서 이 말을 선언하여.

여호와께서 다음과 같이 말씀하시되, "너 예레미야는 유다 왕의 집에 내려가서 그 유다 왕의 집에서 이 말씀을 선언하여라(26:10 참조)"고 하신다. 예레미야는 담대함이 필요했다. 이유는 왕의 집에 내려가서 왕과 왕의 신하인 대신들과 그리고 예루살렘 성문으로 출입하는 시민들에게 예언해야 했으니 얼마나 담대함이 필요했을까를 짐작할 수 있다(2절).

렘 22:2. 이르기를 다윗의 왕위에 앉은 유다 왕이여 너와 네 신하와 이 문들로 들어오는 네 백성은 여호와의 말씀을 들을지니라.

"너 예레미야는 나 여호와에게서 받은 말을 전하여라. 다윗의 보좌에 앉은 유다 왕이여! 너는 네 신하와 이 모든 성문으로 들어오는 네 백성과 함께 전 국민이 여호와께서 하시는 말씀을 들으라"고 하신다. 여기 "다윗의 왕위"라는 말을 위해 21:12 주해 참조.

렘 22:3. 여호와께서 이와 같이 말씀하시되 너희가 정의와 공의를 행하여 탈취 당한 자를 압박하는 자의 손에서 건지고 이방인과 고아와 과부를

압제하거나 학대하지 말며 이 곳에서 무죄한 피를 흘리지 말라.

나 여호와가 이와 같이 말한다. 즉, 여호와께서 "너희는 공평과 정의를 실천하고(사 1:17; 미 2:1-2), 억압하는 자들의 손에서 고통 받는 사람들을 구하여 내주고, 외국인과 고아와 과부(자비를 베풀 대상들)를 괴롭히거나 학대하지 말며, 이 곳에서 무죄한 사람의 피를 흘리지 말라"고 말씀 하신다.

렘 22:4. 너희가 참으로 이 말을 준행하면 다윗의 왕위에 앉을 왕들과 신하들과 백성이 병거와 말을 타고 이 집 문으로 들어오게 되리라.

너희가 참으로 여호와의 명령을 철저히 실행하면 다윗의 보좌에 앉을 왕들과 신하들과 백성이 병거와 군마를 타고, 이 왕궁의 대문 안으로 들어오게 될 것이라고 하신다.

여호와의 명령을 실행하는 것이 중요하다는 것이다. 실행하면 평상시와 같이 생활할 수 있다는 것이다.

렘 22:5. 그러나 너희가 이 말을 듣지 아니하면 내가 나를 두고 맹세하노니 이 집이 황폐하리라 여호와의 말씀이니라.

본 절에서 9절까지는 여호와의 말씀을 순종하지 아니하면 저주를 받을 것이라고 말씀한다. 순종하지 아니하면 여호와께서 맹세하시는데(49:13; 51:14; 창 22:16; 사 45:23), 왕궁이 황폐하고 유다 전국이 황폐하게 된다는 것이다.

렘 22:6. 여호와께서 유다 왕의 집에 대하여 이와 같이 말씀하시니라 네가 내게 길르앗 같고 레바논의 머리이나 내가 반드시 너로 광야와 주민이 없는 성읍을 만들 것이라(For thus says the LORD concerning the house of the king of Judah: "`You are as(like) Gilead to me, as(like) the summit of Lebanon, yet surely I will make you a desert, an uninhabited city-ESV)**.**

이것은 나 여호와가 유다 왕실을 두고 하는 말인데, 너 유다 왕의 집이 길르앗(유다의 요단 강 동편, 암몬의 북쪽, 바산의 남쪽으로 아름다운 목장으로 유명했다, 아 1:4; 6:5)과 같고, "레바논"(가나안의 북편, 백향목 숲으로 유명했다)의 머리(왕하 14:9; 시 92:12)와 같았으나 나 여호와가 분명히 너 유다의 왕가가 황무지, 주민이 살지 않는 성읍과 같이 몰락하게 하겠다고 하신다. 다시 말해 아름다운 삼림이 황무지가 되는 것처럼 번창하던 유다 나라의 왕가가 몰락하게 만들어 주시겠다는 것이다(사 2:13; 37:24; 슥 11:1).

황무지, 주민이 없는 성읍, 이는 얼마나 쓸쓸한지 모른다. 하나님을 등 돌린 유다 왕가는 비참하게 된다는 것이다.

렘 22:7. 내가 너를 파멸할 자를 준비하리니 그들이 각기 손에 무기를 가지고 네 아름다운 백향목을 찍어 불에 던지리라.

본 절도 역시 여호와께서 말씀하시는 내용이다. 즉, 나 여호와가 너 유다를 무너뜨릴 바벨론 군대들을 불러다가 그들에게 연장을 마련하여 줄 것이니(6:4), 그들이 너의 가장 좋은 백향목들을 찍어 내어, 불 속으로 집어 던질 것이라고 하신다. 백향목을 찍어내어 불 속에 던진다는 것은 얼마나 비참한 일인가. 죄를 자복하지 않은 사람들, 하나님을 향하여 회귀(U-turn) 하지 않은 사람들은 말할 수 없이 비참하다.

렘 22:8. 여러 민족들이 이 성읍으로 지나가며 서로 말하기를 여호와가 이 큰 성읍에 이같이 행함은 어찌 됨인고 하겠고.

본 절과 다음 절(9절)은 유다의 파괴된 예루살렘을 지나는 이방인들이 파괴된 성읍을 보고 서로 대담하는 내용이다. 여기 8-9절은 신 29:24-25의 문자적인 성취이다. 즉, 많은 민족이 이 도성을 지나갈 때에, 서로 묻기를 여호와께서 무엇 때문에 이 큰 도성 예루살렘을 이렇게 폐허로 만들어 놓으셨는가 라고 묻는다는 것이다. 그 답은 다음 절에 있다.

렘 22:9. 그들이 대답하기는 이는 그들이 자기 하나님 여호와의 언약을 버리고 다른 신들에게 절하고 그를 섬긴 까닭이라 하셨다 할지니라.

8절의 질문을 들은 다른 쪽 사람들이 대답하기를 일이 이렇게 된 것은 유다 나라 사람들이 첫째, 자기 하나님 여호와와 맺은 언약을 버린 것 때문이라고 대답하고, 둘째, 그들이 다른 신들에게 절하고 섬긴 까닭이라고 대답할 것이라고 한다는 것이다. 모든 망함의 원인은 하나님과의 관계에서 찾을 수 있다. 즉, 실존하시는 하나님을 버려두고, 다른 우상을 섬기는 것이 망함의 원인이 된다. 오늘날 신약 시대에도 이 원리는 변함이 없다. 따라서 하나님을 멀리하는 일과 각종 우상(돈, 물질, 명예, 음란 우상 등)을 섬기는 일은 멸망자의 길이 만든다.

(6) 유다 왕들의 장래에 대하여 예언하다(22:10-30)

<살룸 왕에 대하여 말하다>

렘 22:10. 너희는 죽은 자를 위하여 울지 말며 그를 위하여 애통하지 말고 잡혀 간 자를 위하여 슬피 울라 그는 다시 돌아와 그 고국을 보지 못할 것임이라.

너희는 므깃도 전쟁에서 전사한 요시야 왕[13] 때문에 울지 말며, 그의 죽음을 슬퍼하지 말라. 오히려, 너희는 잡혀 간 왕 여호아하스 왕(요시아 왕을 계승한 왕)[14]을 생각하고 슬피 울어라. 왜냐하면 그는 절대로 다시

13) 요시야 왕(주전 640-609년 통치)은 므깃도 전쟁에서 전사했다(왕하 23:29). 요시야 왕은 유다 왕국의 마지막 선한 왕으로 그의 31년간의 선정은 유다 왕국에 최후적인 소망을 주었다. 그는 성전에서 율법 책을 발견하여 나라에 일대 종교 개혁을 단행하여 그의 조부 므낫세가 만든 우상들을 제거하고 유월절을 엄수하였으나 불행하게도 애굽의 바로느고를 상대하여 싸우다가 주전 609년에 므깃도에서 전사했다. 그가 전사하자 온 국민은 슬퍼했고, 예레미야는 저를 위해 애가를 지었다(대하 35:22-25).

14) 여기 잡혀간 자란 요시야 왕을 계승한 여호아하스를 지칭한다. 저는 불과 3개월간 왕위에 있었고, 애굽 왕 바로느고에게 포로가 되어 애굽으로 끌려가서 거기서 죽었다(왕하 23:31-35). 본문은 말씀하기를 30여 년간 영화롭게 통치하다가 돌아간 과거의 왕을 위해 더 이상 애통해하지 말고, 앞으로 애굽으로 끌려가서 비참하게 죽을 현재의 왕을 위해 슬퍼하라는 내용이다(이상근).

돌아오지 못해서 고향 땅을 보지 못할 것이기 때문이라고 하신다.

렘 22:11. 여호와께서 유다 왕 요시야의 아들 곧 그의 아버지 요시야를 이어 왕이 되었다가 이 곳에서 나간 살룸에 대하여 이와 같이 말씀하시니라 그가 이 곳으로 다시 돌아오지 못하고.

부왕 요시야의 대를 이어서, 유다 왕이 되어 다스리다가, 이 곳에서 포로가 되어 잡혀 간, 유다 왕 요시야의 아들 살룸[15)]을 두고 주님께서 말씀하시기를 그는 영영 이 곳으로 돌아오지 못할 것이라고 하신다.

렘 22:12. 잡혀 간 곳에서 그가 거기서 죽으리니 이 땅을 다시 보지 못하리라.

그(살룸)는 잡혀 간 곳에서 죽으리니 이 땅을 다시는 보지 못할 것이라고 하신다. 여호아하스는 왕이 된 지 3개월 만에 애굽으로 잡혀가고, 거기서 죽었다(왕하 23:30-34). 여호아하스는 요시야의 넷째 아들인데, 형들보다 먼저 왕위에 오른 것을 보면 그의 재능이 보통 이상이었음을 짐작할 수 있다. 그러나 그는 어려운 시국을 극복하지 못한 것으로 보인다. 모든 난국의 극복은 전적으로 여호와를 의지하는 것과 여호와께 순종하는 것에 달려있다.

<여호야김 왕에 대하여 말하다>

렘 22:13. 불의로 그 집을 세우며 부정하게 그 다락방을 지으며 자기의 이웃을 고용하고 그의 품삯을 주지 아니하는 자에게 화 있을진저.

여호야김은 요시야 왕의 둘째 아들이었는데(11절; 왕하 23:36-24:6),

---

15) 살룸: 여호아하스가 왕 되기 이전의 이름인 듯하다. 그는 요하난, 여호야김, 시드기야 다음으로 요시야의 넷째 아들이었으나(대상 3:15), 형 세 사람을 제치고 먼저 왕위에 올랐다. 아마도 그가 아버지를 계승하여 반 애굽 정책을 취했기 때문으로 보이며, 그것이 그의 비극의 삶의 원인이 된 듯하다. 그는 아버지의 정책은 계승했으나 신앙 면에서는 아버지의 신앙을 계승하지를 못한 왕이었다(왕하 23:32). 왕이 되면서 새 이름을 갖는 경우가 많았는데, 그의 형 엘리야김도 왕이 되면서 여호야김으로 이름이 바뀌었다(대하 36:4).

그는 11년간(주전 609년-598년 통치) 통치하면서 우상 숭배와 독재 정치를 했다. 그는 백성에게 강제 노동을 시켜 궁을 크고 화려하게 건축했는데, 그 품값을 지불하지 않았다. 그런데 불의로 왕궁을 짓고, 불법으로 다락방을 지으며, 자기의 동족을 고용해서 일을 시키고도, 그가 주어야 할 품삯을 주지 않는 자에게 화가 있을 것이라고 말했다. 자기가 지키지 못할 말을 한 셈이다. 그는 또 애굽의 바로느고가 세운 분봉왕으로서 바로에게 중세를 바쳐야 하는 위치에 있었으므로, 그의 백성들을 이중 삼중의 중세에 허덕이게 만든 장본인이 되었다(왕하 23:34-35).

렘 22:14. 그가 이르기를 내가 나를 위하여 큰 집과 넓은 다락방을 지으리라 하고 자기를 위하여 창문을 만들고 그것에 백향목으로 입히고 붉은 빛으로 칠하도다.

나 여호야김이 살 집을 크게 짓고, 누각도 넓게 만들어야지 하면서, 집에 창문을 만들어 달고, 백향목 판자로 그 집을 단장하고, 붉은 색을 칠했다는 것이다. 이렇게 짓느라 많은 돈을 썼다. 그는 모든 것을 사치스럽게 치장했다.

렘 22:15. 네가 백향목을 많이 사용하여 왕이 될 수 있겠느냐 네 아버지가 먹거나 마시지 아니하였으며 정의와 공의를 행하지 아니하였느냐 그 때에 그가 형통하였었느니라.

예레미야는 너 여호야김을 보니 네가 남보다 백향목을 더 많이 써서, 집짓기를 경쟁한다고 해서, 네가 더 좋은 왕이 될 수 있겠느냐? 네 아버지 요시야가 먹고 마시지 않았느냐? 법과 정의를 실천하지 않았느냐? 그 때에 그가 형통하였다는 것을 알지 못하느냐고 한다.

왕권의 확립은 여호와를 경외하는 것에 있는 것이지, 화려하게 사는 것에 있는 것이 아니다. 요시야 왕은 공의를 행하여 31년간이나 통치할 수 있었고, 나라의 형통과 번창이 가능했다.

렘 22:16. 그는 가난한 자와 궁핍한 자를 변호하고 형통하였나니 이것이 나를 앎이 아니냐 여호와의 말씀이니라.

여호와께서 말씀하시기를, "요시야는 가난한 사람과 억압받는 사람의 사정을 헤아려서 처리해 주면서 잘 살지 않았느냐? 바로 이것이 나를 아는 것이 아니겠느냐"고 하신다.

가난한 사람과 억압받는 사람의 사정을 헤아려 주는 것이 곧 하나님을 알고, 사랑하는 것이다(3절 주해 참조).

렘 22:17. 그러나 네 두 눈과 마음은 탐욕과 무죄한 피를 흘림과 압박과 포악을 행하려 할 뿐이니라(But you have eyes and heart only for your dishonest gain, for shedding innocent blood, and for practicing oppression and violence-RSV, ESV).

그런데 너 여호야김의 두 눈과 마음은 불의한 이익을 탐하는 일과 무죄한 사람의 피를 흘리게 하는 일과 백성을 억압하고, 착취하는 일에만 쏠려 있다.

"네 두 눈과 마음은 탐욕과 무죄한 피를 흘림과 압박과 포악을 행하려 할 뿐이니라"는 말은 '여호야김의 마음은 온통 불의한 이익을 탐하는 일과 무죄한 사람의 피를 흘리는 일과 백성을 압박하고 포악을 행하려 하는 일에만 쏠려 있다'는 뜻이다. 이런 점에서 여호야김은 자기 부친 요시야와는 정반대의 인물이었다.

그리고 "눈과 마음"의 연관성은 마음이 문제이고, 눈은 마음을 따라가는 존재일 뿐이다. 그러니까 마음이 각종 죄악의 좌소이다.

여기 여호야김은 유다 나라 최후의 폭군이었다. 요시야라는 왕한테서 이런 폭군 아들이 나온 것이 신기한 일이다. 그의 존재가 유다 나라의 멸망과 관련되어 있을 것으로 보아야 할 것이다.

렘 22:18. 그러므로 여호와께서 유다의 왕 요시야의 아들 여호야김에게

대하여 이와 같이 말씀하시니라 무리가 그를 위하여 슬프다 내 형제여, 슬프다 내 자매여 하며 통곡하지 아니할 것이며 그를 위하여 슬프다 주여 슬프다 그 영광이여 하며 통곡하지도 아니할 것이라.

문장 초두의 "그러므로"란 말은 결과를 말하는 접속사로서 여호야김이 대단한 폭군(17절)이었으므로 그 결과 비참해진다는 것을 본 절에서 말하고 있다. 죄의 결과는 반드시 비참이니 비참이 찾아오는 것은 어쩔 수 없는 일이다. 즉, "여호와께서 유다 왕 요시야의 아들 여호야김을 두고 이렇게 말씀하신다. 아무도 여호야김의 죽음을 애도하지 않을 것이다. 무리가 여호야김을 위해 슬프다 내 형제여! 그리고 무리가 여호야김의 아내를 위하여 슬프다 내 자매여(K.&D.) 하지 않을 것이다. 아무튼 슬픕니다, 임금님! 슬픕니다, 폐하! 하며 애곡할 사람이 없다"는 것이다.

여호야김의 아버지 요시야가 별세했을 때는 전 국민이 크게 슬퍼했으나 (대하 35:25), 여호야김의 죽음에는 이와 같이 냉정함을 보일 것이라는 내용이다. 누가 악인의 죽음을 두고 애통할 것인가.

렘 22:19. 그가 끌려 예루살렘 문 밖에 던져지고 나귀 같이 매장함을 당하리라.

예레미야는 여호야김이 바벨론 군대에 끌려 예루살렘 성문 밖에 던져져서 매장함을 당할 것이라고 예언한다. 이런 예언은 여호야김이 예레미야의 예언집 두루마리를 불태운 후에도 반복되었다. 36:30에는 "그의 시체는 버림을 당하여 낮에는 더위, 밤에는 추위를 당하리라"고 예언되어 있다. 본 절과 36:30의 예언은 여호야김이 죽어 정상적으로 무덤에 장사되지 못하게 될 것임을 보여주고 있다. 그런고로 성경에는 여호야김의 최후에 대해서 정확히 예언되어 있지 않으나 대개의 학자들은 여호야김이 바벨론 군대와의 전투에서 전사하여 예루살렘 성전 밖에 방치되었을 것으로 추정한다(K.&D., Cheyne).

<예루살렘에 대한 탄식>

렘 22:20. 너는 레바논에 올라 외치며 바산에서 네 소리를 높이며 아바림에서 외치라 이는 너를 사랑하는 자가 다 멸망하였음이라.

예루살렘 시민들아!(예루살렘을 여성으로 의인화하여 동사를 여성 동사로 묘사했다) 성지 주위의 높은 산봉우리에 예루살렘을 위한 만가를 부르라고 한다(공동번역). 레바논 산(가나안 북방에 위치한 산꼭대기)에 올라가 울어라. 바산(가나안의 동북 편에 위치하고 비옥한 목장으로 유명하다) 지방에 가서 대성통곡하여라. 아바림(가나안의 동북 편에 위치한 모압의 고원)에 올라가서 내려다보며 울어라. 너를 사랑하는 자들(왕의 가족들)이 모두 망하고 말았다는 것이다.

렘 22:21. 네가 평안할 때에 내가 네게 말하였으나 네 말이 나는 듣지 아니하리라 하였나니 네가 어려서부터 내 목소리를 청종하지 아니함이 네 습관이라.

너희가 평안히 잘 살 때에 내가 경고를 하였으나 너희는 들으려 하지도 않았다. 어렸을 때 버릇을 버리지 못하고 기어이 내 말을 듣지 않았다. 성도는 평안할 때에도 여호와의 말씀을 두려워 떨며 순종한다.

렘 22:22. 네 목자들은 다 바람에 삼켜질 것이요 너를 사랑하는 자들은 사로잡혀 가리니 그 때에 네가 반드시 네 모든 악 때문에 수치와 욕을 당하리라.

너희의 목자들(왕을 위시하여 유다의 지도자들을 지칭한다, 10:21 주해 참조)은 모두 바람에 끌려 다니고(시 1:4), 너를 사랑하는 동맹국 국민은 사로잡혀 가리라. 그렇게도 나쁘게 굴었으니 결국 부끄럽게 창피한 꼴을 당하게 될 것이라(20절 주해 참조)고 한다.

렘 22:23. 레바논에 살면서 백향목에 깃들이는 자여 여인이 해산하는 고통 같은 고통이 네게 임할 때에 너의 가련함이 얼마나 심하랴(O inhabitant of Lebanon, nested among the cedars, how you will be pitied when pangs come upon you, pain as of a woman in labor!-ESV).

네(여호야김)가 지금은 레바논 산 위에 터를 잡고 사는 듯하고, 백향목 나무 위의 보금자리에 깃들이고 있는 것 같지만, 해산하는 여인의 진통 같은 아픔이 너에게 덮쳐 오면, 너의 신음이 땅을 뒤흔들 것이다.

"레바논에 살면서 백향목에 깃들이는 자여!"라는 말은 이때에 여호야김 왕이 왕으로서 높은 자리에 거하여 환난의 두려움을 모르고, 교만한 삶을 산 것을 이렇게 비유한다.

"여인이 해산하는 고통 같은 고통이 네게 임할 때에 너의 가련함이 얼마나 심하랴"는 말은 '교만한 삶을 사는 자들은 여인의 해산 같은 고통이 뜻밖에 찾아오는 괴로운 환난을 당하게 된다. 인생은 마땅히 평안한 자리에서 교만할 것이 아니라 도리어 환난을 만날 듯이 주님을 두려워하며 떨며 범죄하지 않아야 된다(박윤선).

24-30절. 이 부분은 고니야(여고야의 단축형이다) 왕(여호야긴을 지칭한다)이 바벨론 포로가 되어 잡혀갈 것을 예언한다. 이 여호야긴은 여호야김의 아들로 그 아비를 계승하여 왕이 되었으나 그 왕위를 불과 3개월간 지키다가 바벨론의 포로로 끌려간 비극의 왕이었다.

<여호와께서 고니야 왕을 심판하시다>

렘 22:24. 여호와의 말씀이니라 나의 삶으로 맹세하노니 유다 왕 여호야김의 아들 고니야가 나의 오른손의 인장반지라 할지라도 내가 빼어.

본 절 초두에는 "여호와의 말씀이니라"고 말씀하고 바로 뒤에 따라오는 말씀은 "나의 삶으로 맹세하노니"라는 말씀이 나오는데, 이는 '내가 나로 맹세하노니'라는 의미로 굳게 맹세함을 뜻한다. 그 맹세의 말씀이 다름 아니라 "유다 왕 여호야김의 아들 고니야가 나의 오른손의 인장반지라 할지라도 내가 빼어" 바벨론 포로로 넘겨주겠다는 의미이다. 여기 "나의 오른손의 인장반지라 할지라도 내가 빼어"란 말은 여호야긴이 아무리 중요한 보석 반지라 할지라도(겔 28:12; 학 2:23) 유다 나라의 범죄로 말미암아 여호와께서 그를 하나님의 손에서 빼어내어 원수 바벨론에게 넘겨주어야겠다는 것이다. 여호와께서 이제는 더 이상 참으실 수 없다는 것이다. 여호야긴 왕(고니야 왕)은 바벨론에 포로가 된 후 37년 만에 바벨론에서 풀려나서 우대를 받았다(왕하 25:27-30).

렘 22:25. 네 생명을 찾는 자의 손과 네가 두려워하는 자의 손 곧 바벨론의 왕 느부갓네살의 손과 갈대아인의 손에 줄 것이라.

"여호야김의 아들 고니야가 여호와의 오른손의 인장반지라 할지라도 나 여호와가 내 손에서 빼어"(24절), "네 생명을 찾는 자의 손", "네가 두려워하는 자의 손", "바벨론의 왕 느부갓네살의 손", "갈대아인의 손"(이 네 가지 손은 동의어로 사용되어 바벨론 왕의 손, 갈대아 군사들의 손을 의미한다)에 넘겨주겠다는 뜻이다. 하나님의 백성은 명목상으로 하나님 앞에서 특전을 누리는 것만이 아니라 그 특전에 합당한 삶을 사는 것이 요긴하다(박윤선).

렘 22:26. 내가 너와 너를 낳은 어머니를 너희가 나지 아니한 다른 지방으로 쫓아내리니 너희가 거기에서 죽으리라.

본 절에는 세 가지 비참함이 진술되어 있다. 하나는 고니야 자신이 포로되어 간다는 것이고, 또 하나는 자기를 낳아준 어머니 느후스다(왕하 24:8)가 바벨론으로 포로되어 간다는 것(29:2; 왕하 24:15-16)이며, 또 하나는 그들이 거기서 죽는다는 예언이다.

렘 22:27. 그들이 그들의 마음에 돌아오기를 사모하는 땅에 돌아오지 못하리라.

그들(왕, 태후, 왕후들)은 그처럼 돌아가고 싶어 하던 고향으로 영영 돌아갈 수 없을 것이라는 예언이다.

여호야긴(고니야)은 포로가 된 후 37년 만에 바벨론에서 우대를 받았지만(52:31-33; 왕하 25:27-30), 끝내 고국 유다에는 돌아가지 못했다.

렘 22:28. 이 사람 고니야는 천하고 깨진 그릇이냐 좋아하지 아니하는 그릇이냐 어찌하여 그와 그의 자손이 쫓겨나서 알지 못하는 땅에 들어갔는고.

이 사람 고니야(여호야긴)는 천하고 깨져버린 그릇인가? 아무도 거들떠 보려고 하지 않는 그릇인가? 어찌하여 그와 그의 자손이 낯선 땅으로 쫓겨나서 멀리 알지 못하는 땅으로 끌려가게 되었는가? 여호야긴은 18세에 포로가 되어 37년간 바벨론에 잡혀가 포로 생활을 했으니, 그 신세가 천하고 깨진 그릇과 같았던 것이다. 죄는 참으로 무서운 것이다.

렘 22:29. 땅이여, 땅이여, 땅이여, 여호와의 말을 들을지니라.

여호야긴(고니야), 태후, 왕후, 그리고 여호와의 손에 인장반지였던 유다 백성들이 여호와의 손에서 벗어나서 천한 파기(破棄)가 된 것을 생각하고 예레미야는 "땅이여, 땅이여, 땅이여, 여호와의 말을 들을지어다"라고 외친다. 참으로 땅 위의 사람들은 여호와의 말씀을 듣지 않을 수 없는 것이다.

렘 22:30. 여호와께서 이와 같이 말씀하시니라 너희는 이 사람이 자식이 없겠고 그의 평생 동안 형통하지 못할 자라 기록하라 이는 그의 자손 중 형통하여 다윗의 왕위에 앉아 유다를 다스릴 사람이 다시는 없을 것임이라 하시니라.

나 여호와가 이와 같이 말씀하기를, "너희는 이 사람 여호야긴(고니야)을 두고 그는 왕위를 계승할 자녀도 없고[16](K.&D.), 한평생 낙을 누리지도 못할 사람이라고 기록하라. 그리고 다윗의 왕위에 앉아서 유다를 다스릴 자손이 그에게서는 나지 않을 것이다"라고 하신다.

---

16) 여호야긴의 왕위는 그의 숙부 시드기야에 의해 계승되었다(왕하 24:17).

"그의 자손 중 형통하여 다윗의 왕위에 앉아 유다를 다스릴 사람이 다시는 없을 것임이라"는 말은 시드기야가 바벨론에 의해 유다 왕위를 계승했지만 그것은 잠시였고, 그도 주전 586년에 바벨론 포로가 된 이후 유다의 왕통은 아주 단절되었고, 다윗 자손이 다시 왕이 되지는 못했다. 그러므로 여호와께서 다윗에게 언약하신 바 "네 나라 위가 영원히"(삼하 7:13)라고 하신 말씀은 다윗의 자손인 그리스도에 의해 성취된 것으로 보아야 하는 것이다.

제 23 장

(7) 하나님께서 유다의 회복을 약속하시다(23:1-4)

<미래의 왕 메시아>

렘 23:1. 여호와의 말씀이니라 내 목장의 양 떼를 멸하며 흩어지게 하는 목자에게 화 있으리라.

나 주 여호와의 말씀에 내 목장의 양 떼를 죽이고, 또 흩어지게 하는 목자들(유다의 왕, 방백, 제사장, 거짓 선지자 등)에게 화가 있으리라고 하신다.

렘 23:2. 그러므로 이스라엘의 하나님 여호와께서 내 백성을 기르는 목자에게 이와 같이 말씀하시니라 너희가 내 양 떼를 흩으며 그것을 몰아내고 돌보지 아니하였도다 보라 내가 너희의 악행 때문에 너희에게 보응하리라 여호와의 말씀이니라.

본 절 초두의 "그러므로"(therefore)란 말은 결과를 말하는 접속사로서 앞 절(1절)에서 유다의 지도자들이 유다 백성을 외국에 흩어지게 한 결과를 본 절에서 진술한다. 즉, 나 주 이스라엘의 하나님이 내 백성을 돌보는 유다의 목자들에게 말한다. 너희는 내 양 떼를 흩어서 몰아내고, 그 양들을 돌보아 주지 아니하였으니(22:13, 17) 너희의 그 악한 행실을 내가 이제 벌하겠다고 여호와께서 말씀하신다.

렘 23:3. 내가 내 양 떼의 남은 것을 그 몰려 갔던 모든 지방에서 모아 다시 그 우리로 돌아오게 하리니 그들의 생육이 번성할 것이며.

나 주 여호와가 양 떼 중에 죽지 않고, 살아남아 있는 것들을 그 몰려 갔던 지방에서 모아서 다시 그 우리 안(가나안 땅)으로 돌아오게 할 것이니(25:12; 29:14; 31:8-10), 그들의 생육이 가나안에서 다시 번성할 것이다. 본 절은 겔 34:12-15과 병행한다.

렘 23:4. 내가 그들을 기르는 목자들을 그들 위에 세우리니 그들이 다시는 두려워하거나 놀라거나 잃어 버리지 아니하리라 여호와의 말씀이니라.

나 주 여호와가 다시 가나안으로 돌아온 유다 백성들을 기르는 선한 목자들을 그들 위에 세울 것이니 유다 백성들이 다시는 두려워하거나 놀라거나 길을 잃어버리지 아니하리라고 여호와께서 말씀하신다.

(8) 의로운 다윗의 가지가 일어나리라(23:5-8)

이 부분(5-8절)은 메시아께서 통치하실 것이라는 예언이다.

렘 23:5. 여호와의 말씀이니라 보라 때가 이르리니 내가 다윗에게 한 의로운 가지를 일으킬 것이라 그가 왕이 되어 지혜롭게 다스리며 세상에서 정의와 공의를 행할 것이며(Behold, the days are coming, declares the LORD, when I will raise up for David a righteous Branch, and he shall reign as king and deal wisely, and shall execute justice and righteousness in the land-RSV, ESV)**.**

여호와께서 말씀하시기를, 보라 '때(날들)가 이를 것이니'(behold, the days are coming, 7:32; 9:25; 19:6; 23:5, 7; 31:27, 31, 38; 33:14; 48:12; 49:2; 51:47, 52), 나 여호와가 다윗의 왕위에 한 의로운 가지(메시아)를 일으킬 것이다. 이는 메시아가 오시는 날을 말하고, 메시아로 말미암은 완전한 구원을 예언하는 것이다.

여기 "다윗에게 한 의로운 가지를 일으킬 것이라"는 말은 '여호와께서 다윗에게 한 메시아를 일으킬 것이라'는 말이다(33:15; 사 9:7; 11:1; 미

5:2; 슥 3:8). "그가 왕이 되어 지혜롭게 다스리며 세상에서 정의와 공의를 행할 것이며"라는 말은 '메시아가 왕으로 오셔서 지혜롭게 통치하시며(요 18:37), 세상에서 정의와 공의로 다스리실 것'을 말씀한다.

렘 23:6. 그의 날에 유다는 구원을 받겠고 이스라엘은 평안히 살 것이며 그의 이름은 여호와 우리의 공의라 일컬음을 받으리라.

메시아께서 지구상에 오셔서 활동하시는 날에 유다 백성들은 구원을 받겠고, 이스라엘은 평안히 살게 되겠고, 메시아의 이름은 여호와 우리의 공의라고 일컬음을 받을 것이다.

본 절은 33:15-17에는 "이스라엘" 대신에 "예루살렘"으로 묘사되어 있다. 이 세 단어(유다, 이스라엘, 예루살렘)는 모두 동의어로 사용되어 있다. 오늘 우리 신약 시대 성도들 역시 "유다"란 말 속에, "이스라엘"이란 말 속에, "예루살렘"이란 말 속에 포함되어 있다.

"여호와 우리의 공의라 일컬음을 받으리라"는 말은 의로운 왕이신 메시아에 대한 별칭이다. 다시 말해서 메시아가 '여호와'로 불리고 있다. 이는 예레미야가 이미 여호와께서 친히 육신을 입으시고 이 땅에 오실 것을 계시를 통해 알고 있었음을 시사하는 것으로, 이는 그리스도의 성육신 사건이 여호와의 작정에 의한 사건임을 확증하는 것이다. 그리고 여기서 메시아가 성도들의 "의"로 불리게 된 것을 예언하는 것은 그가 의로우실 뿐 아니라 우리들을 또한 의롭게 하실 것이기 때문이다(롬 8:1),

렘 23:7-8. 그러므로 여호와의 말씀이니라 보라 날이 이르리니 그들이 다시는 이스라엘 자손을 애굽 땅에서 인도하여 내신 여호와의 사심으로 맹세하지 아니하고 이스라엘 집 자손을 북쪽 땅, 그 모든 쫓겨났던 나라에서 인도하여 내신 여호와의 사심으로 맹세할 것이며 그들이 자기 땅에 살리라 하시니라.

그러므로 여호와께서 말씀하시기를, "보라 그 날이 지금 오고 있다고 하신다. 그 때에는 사람들이 다시는 이스라엘 백성을 애굽 땅에서 이끌어

내신 여호와의 살아 계심을 두고 맹세하지 않고, 그 대신에 유다 집의 자손이 쫓겨 가서 살던 바벨론과 그 밖의 모든 나라에서 그들을 이끌어 내신 여호와의 살아 계심을 두고 맹세할 것이다. 그 때에는 그들이 고향 땅에서 살 것이다"고 하신다.

7-8절은 16:14-15의 반복이다. 그 곳 주해를 참조하라. 출애굽 때는 여호와께서 모세를 인도자로 쓰셨고, 바벨론 해방 때는 본토인이 아닌, 유다 백성들이 전혀 알지 못하는 이방인 왕 고레스를 사용하신 점이 더욱 충격적으로 다가와서 하나님을 더 위대하게 느낀 것으로 보인다. 그런고로 유다 민족은 바벨론으로부터 자신들을 해방하신 여호와로 맹세하실 것이라고 하신 것이다. 더욱이 고레스는 모세와는 달리 유다 민족을 그들의 조상들에게 준 그들의 땅으로 인도했기 때문으로도 보인다.

(9) 거짓 선지자들(23:9-32)

거짓 예언자들은 참 예언자인 예레미야를 대적했고, 박해했다. 본서에는 거짓 예언자들에 대한 예언이 여러 번 반복되었다(2:8; 5:30-31; 6:13-14; 8:10-11; 14:13-15; 18:18-23). 이 부분의 내용은 서론(9-15절), 거짓 선지자들의 예언의 성격(16-22절), 거짓 선지자들의 꿈(23-32절)으로 구성되어 있다.

1. 서론 9-15절

유다의 거짓 예언자들은 사악한 자들임으로 그 결국은 재앙을 당한다는 것이다.

<선지자들에 대한 말씀>

렘 23:9. 선지자들에 대한 말씀이라 내 마음이 상하며 내 모든 뼈가 떨리며 내가 취한 사람 같으며 포도주에 잡힌 사람 같으니 이는 여호와와 그 거룩한 말씀 때문이라.

본 절의 "선지자들에 대한 말씀이라"는 말은 '거짓 선지자들에 대한 말씀'이라는 뜻이다. 문맥을 보아 이 말씀이 거짓 선지자들에 대한 예언인줄 알게 된다. 또 실제로 거짓 선지자들이 예레미야 시대에 많이 있었다(5:31; 14:13-18; 26:7-16; 28:1-17; 29:20-32; 37:18-21).

"내 마음이 상하며 내 모든 뼈가 떨리며 내가 취한 사람 같으며 포도주에 잡힌 사람 같다"는 말은 예레미야가 거짓 선지자들의 죄악을 두고 여호와의 진노가 임할 것이라는 영감이 임한 까닭이다. 10절 이하에 거짓 선지자들이 저지르는 죄악이 열거되어 있다. 그리고 거짓 선지자들의 죄악으로 인하여 유다 백성들이 재앙을 받게 됨이 원통한 까닭이었다(박윤선).

렘 23:10. 이 땅에 간음하는 자가 가득하도다 저주로 말미암아 땅이 슬퍼하며 광야의 초장들이 마르나니 그들의 행위가 악하고 힘쓰는 것이 정직하지 못함이로다(For the land is full of adulterers; because of the curse the land mourns, and the pastures of the wilderness are dried up. Their course is evil, and their might is not right-RSV, ESV)**.**

본 절의 히브리어 원문에는 이유 접속사(כִּי)가 있어서 본 절 이하의 내용이 전 절의 이유임을 말한다. 즉, 예레미야의 심정이 술에 취한 사람같이 되고 떨리게 된(앞 절) 이유가 "이 땅에 간음하는 자가 가득하기" 때문이라는 것이다. 여기 "간음한다"는 말을 두고 두 가지 해석이 있다. 1) 우상 숭배를 가리킨다는 견해(Craigie), 2) 문자적인 간음으로 보는 견해(K.&D. Lange, Cheyne, 이상근)이다. 필자는 2)번을 택한다.

거짓 선지자들이 엉터리 교훈을 백성들에게 전해주니 백성들은 영적으로 우상 숭배를 할뿐 아니라 도덕적으로 문란하게 생활했다. 그런고로 하나님의 "저주로 말미암아 땅이 슬퍼하며 광야의 초장들이 마르게 되었다"(14:1-9)는 것이다.

"그들의 행위가 악하고 힘쓰는 것이 정직하지 못했다"는 말은 '거짓 선지자들의 교훈을 받은 백성들의 행위가 악하고 백성들의 힘쓰는 모든 것이 정직하지 못했다'는 말이다.

렘 23:11. 여호와의 말씀이니라 선지자와 제사장이 다 사악한지라 내가 내 집에서도 그들의 악을 발견하였노라.

여호와께서 선언하시기를, "예언자도 썩었고, 제사장도 썩었구나. 심지어 나는 그들이 나의 성전 안에서도, 악행을 저지르는 것을 보았다"고 하신다.

여기 "썩었다"는 말은 '더러워졌다'는 뜻이다. 예언자도 썩었고, 제사장도 썩었으니 백성들은 말할 것도 없이 타락한 것이다.

심지어 "나는 그들이 나의 성전에서도 악행을 저지르는 것을 보았다"고 하신다. 성전 안에서까지 더러워졌기 때문에 백성들이 깨끗할 리 없는 것이다. 어느 목사는 장로 한 사람을 교회 밖으로 끌어내기 위해 8년을 수고했다고 한다. 또 어느 목사와 장로들은 노회를 개회한 중에도 끊임없이 싸우고, 또 총회(지방회)를 개회한 중에도 계속해서 싸운다. 따라서 싸움판이 되어버린 그 노회와 총회가 온전할 수가 없다.

렘 23:12. 그러므로 그들의 길이 그들에게 어두운 가운데 미끄러운 곳과 같이 되고 그들이 밀어냄을 당하여 그 길에 엎드러질 것이라 그들을 벌하는 해에 내가 그들에게 재앙을 내리리라 여호와의 말씀이니라.

그러므로(그들이 타락했으므로) 여호와께서 선언하시기를, "그들의 길이 미끄럽기도 하고, 캄캄한 곳이 될 것이며, 그들이 그 곳에서 힘없이 떠밀려 굴러 넘어지게 될 것이다. 정한 해가 되면, 내가 그들에게 재앙을 내리겠노라"고 하신다. 하나님을 끝까지 반역한 사람들의 길은 비참하게 끝나는 것이다.

렘 23:13. 내가 사마리아 선지자들 가운데 우매함을 보았나니 그들은 바알을 의지하고 예언하여 내 백성 이스라엘을 그릇되게 하였고.

여호와께서 본 절을 말씀하시는 이유는 다음 절이 규명하는 바와 같이 남쪽 나라 유다의 선지자들의 우매함을 더욱 심각하게 드러내시기 위함이다. 우선 여호와께서는 북쪽 나라 이스라엘의 선지자들이 잘못하여 이스라엘 전체가 잘못되었다고 말씀하신다. 즉, 나 여호와는 일찍이 사마리아(북쪽 나라 이스라엘의 수도였다)의 예언자들이 우매한 일(unsavory thing-ESV) 하는 것을 보았다. 다시 말해 그들은 바알의 이름으로 예언하여, 여호와의 백성 이스라엘을 그릇된 길로 인도하였다.

여기 "바알"이란 가나안의 대표적인 우상으로 모든 우상 숭배를 지칭하는 말이다(2:8주해 참조).

선지자들이 우상을 의지하고, 예언한다는 것은 말도 되지 않는 행위이다. 이는 오늘날로 말하자면 돈을 생각하고, 목회하며 명예를 생각하고, 목회하는 것과 같은 일이다.

지도자들이 잘못되면 하나님께서는 반드시 지도자들로 인해 "내 백성 이스라엘이 그릇되게 되었다"고 하신다. 선지자들이 우상을 의지하고, 예언하였으니 그 예언을 듣고 살아가는 백성들이 가득한 나라 모습은 분명 그릇될 수밖에 없다.

렘 23:14. 내가 예루살렘 선지자들 가운데도 가증한 일을 보았나니 그들은 간음을 행하며 거짓을 말하며 악을 행하는 자의 손을 강하게 하여 사람으로 그 악에서 돌이킴이 없게 하였은즉 그들은 다 내 앞에서 소돔과 다름이 없고 그 주민은 고모라와 다름이 없느니라.

여호와께서는 먼저(앞 절) 북쪽 나라 이스라엘의 선지자들이 잘못한 것을 보고, 백성들이 잘못 인도된 것을 말씀하셨는데, 이제 본 절에서는 "예루살렘(남쪽 나라 유다의 수도) 선지자들 가운데도 가증한 일을 보았다"고 하신다. 그 가증한 일이란 "간음을 행하며 거짓을 말하며 악을 행하는 자의 손을 강하게 하여 사람으로 그 악에서 돌이킴이 없게 하였다"는 것이다. 남쪽 나라의 선지자들이 저지른 "간음을 행했다"는 말은 그들도 역시 북쪽 나라 사마리아 선지자들 같이 '우상 숭배도 했다는 것'을 말한다(10절 주해 참조). 그리고 거기에다가 덧붙여 "거짓을 말하며 악을 행하는 자의 손을 강하게 하여 사람으로 그 악에서 돌이킴이 없게 하였다"는 것이다. 다시 말해 진실을 말하지 않고, 거짓까지 말하며, 또 다른 사람들의 손을 강하게 하여 악을 행함에서 돌이키지 않게 했다는 것이다. 선지자의 사명은 다른 이들의 잘못을 고쳐주어야 하는 것인데, 오히려 선지자들이 다른 이들로 하여금 악을 행하도록 담력을 준 것이었다.

렘 23:15. 그러므로 만군의 여호와께서 선지자에 대하여 이와 같이 말씀하시니라 보라 내가 그들에게 쑥을 먹이며 독한 물을 마시게 하리니 이는 사악이 예루살렘 선지자들로부터 나와서 온 땅에 퍼짐이라 하시니라.

남쪽의 유다 나라 선지자들이 "간음을 행하며 거짓을 말하며 악을 행하는 자의 손을 강하게 하여 사람으로 그 악에서 돌이킴이 없게 하였음으로"(14절) 만군의 여호와께서 거짓 선지자들에 대해서 이처럼 말씀하신다. 즉, "보라 내가 그들에게 쑥을 먹이며 독한 물을 마시게 하겠다"고 하신다. 여기 "쑥을 먹인다"는 말과 "독한 물을 마시게 하겠다"는 말은 동의어로 쓰였다. 이는 재앙을 내리시겠다는 뜻이다. 하나님께서 거짓 선지자들에게 쑥을 먹이시고 독한 물을 마시게 하시는 이유가 본 절에도 역시 드러나 있다. 즉, "이는 사악이 예루살렘 선지자들로부터 나와서 온 땅에 퍼지게 하는 것 때문이라"고 하신다.

렘 23:16. 만군의 여호와께서 이와 같이 말씀하시되 너희에게 예언하는 선지자들의 말을 듣지 말라 그들은 너희에게 헛된 것을 가르치나니 그들이 말한 묵시는 자기 마음으로 말미암은 것이요 여호와의 입에서 나온 것이 아니니라.

나 만군의 여호와가 말하기를, "거짓 예언자들에게서 예언을 듣지 말라. 그들은 헛된 말로 너희 백성들을 속이고 있다. 그들은 나 여호와의 입에서 나온 말을 전하는 것이 아니라, 자기들의 마음속에서 나온 거짓 생각을 전할 뿐이라"고 하신다.

렘 23:17. 항상 그들이 나를 멸시하는 자에게 이르기를 너희가 평안하리라 여호와의 말씀이니라 하며 또 자기 마음이 완악한 대로 행하는 모든 사람에게 이르기를 재앙이 너희에게 임하지 아니하리라 하였느니라.

거짓 선지자들의 예언 내용 두 가지를 말씀한다. 하나는 여호와를 멸시하는 자들에게도 평안이 있다는 것이고, 또 하나는 그런 사람들에게도 재앙이 임하지 않는다는 것이다. 안타깝지만 오늘날의 세상에도 이런 복음 전도자들이 존재한다.

렘 23:18. 누가 여호와의 회의에 참여하여 그 말을 알아들었으며 누가 귀를 기울여 그 말을 들었느냐.

거짓 선지자들 중에서 누가 여호와의 회의(d/s-은밀한 교통)에 참여하여 여호와의 말씀을 알아들었으며, 누가 귀를 기울여 여호와의 말을 알아들었느냐고 하신다. 아무도 여호와와 은밀한 교통을 하지 않았고, 자기의 마음에서 나오는 생각을 전했다고 하신다.

렘 23:19. 보라 여호와의 노여움이 일어나 폭풍과 회오리바람처럼 악인의 머리를 칠 것이라.

본문 초두의 "보라"란 말은 본문 내용이 중요하니 주의해서 관찰하라는 뜻이다. 즉, "보라. 여호와의 진노가 일어나 마치 폭풍과 회오리바람이 사람들을 치듯 여호와의 진노(바벨론의 침략)가 들어와 악인들의 머리를 칠 것이라"고 하신다.

렘 23:20. 여호와의 진노가 내 마음의 뜻하는 바를 행하여 이루기까지는 그치지 아니하나니 너희가 끝날에 그것을 완전히 깨달으리라(The anger of the LORD will not turn back until he has executed and accomplished the intents of his mind(heart). In the latter days you will understand it clearly-RSV, ESV).

나 여호와는 내 마음속에 뜻한 바를 시행하고, 이룰 때까지는 분노를 그치지 않을 것이다. 마지막 날이 오면, 너희가 그 사실을 분명히 깨달을 것이라고 하신다.

여기 "끝 날"(마지막 날)이 언제냐를 두고 견해가 갈린다. 1) 구약 시대의 끝, 즉 그리스도의 초림 때, 히 1:2; 행 2:16-21을 지칭한다는 견해(Rawlinson), 2) 천년 왕국 시대를 뜻한다는 견해(Ryrie-세대주의자), 3) 메시아 시대, 즉 그리스도의 초림부터 재림까지의 시기를 뜻한다는 견해(Gray, Henderson, Cheyne,Delitzsch, 박윤선, 이상근)가 있다. 이 세 견해 중에 3)번의 견해가 가장 바람직하다.

예언 성취는 종종 오랜 세월이 지난 후에 또한 여러 사건을 경유하여 매듭지어진다. 특별히 예레미야가 회개하지 않은 유다 민족이 바벨론에 사로 잡혀갔다가 얼마 후에 해방되리라고 하는 이런 사건은 장차 신약 시대에 이루어질 예수 그리스도로 말미암은 구원 운동의 모형이기도 하다. 그러니만큼 그리스도의 그 예언 성취에 대해서는 끝 날에야 사람들이 완전히 깨달으리라고 한다(박윤선).

렘 23:21. 이 선지자들은 내가 보내지 아니하였어도 달음질하며 내가 그들에게 이르지 아니하였어도 예언하였은즉.

이런 거짓 선지자들은 나 여호와가 보내지 않았는데도 스스로 달려 나갔으며, 내가 그들에게 말을 하지 않았는데도 스스로 그들 거짓 선지자들의 마음에서 나온 거짓 예언을 부지런히 전하였다(16절; 14:14)는 것이다.

렘 23:22. 그들이 만일 나의 회의에 참여하였더라면 내 백성에게 내 말을 들려서 그들을 악한 길과 악한 행위에서 돌이키게 하였으리라.

그 거짓 선지자들이 만에 하나 나 여호와의 영적 교제에 참여했더라면(18절), 유다 백성들에게 여호와의 말을 들려주어서 유다 백성들을 악한 길과 악한 행위에서 돌이키게 했을 것이라고 하신다.

여호와의 영교에 참여하여 여호와의 말씀을 듣느냐, 아니면 자기 마음에서 악한 것들을 꺼내어 마구 전하느냐 하는 데서 거짓 선지자는 사뭇 달라지는 것이며, 그 영향 또한 천양의 차이가 있는 것이다.

렘 23:23. 여호와의 말씀이니라 나는 가까운 데에 있는 하나님이요 먼 데에 있는 하나님은 아니냐(Am I a God at hand, declares the LORD, and not a God afar(far) away?-ESV)**.**

여호와께서 "거짓 선지자들의 주장대로 나 여호와는 가까운데 있는 하나님이고, 먼 데에 있는 하나님은 아니냐?"고 말씀하신다.

다시 말해 가까운 데나 있는 것을 알 정도이고, 먼 데에 있는 것은 전연 모르는 하나님이라고 생각들을 하는 것이냐? 하나님은 실로 무소부재(無所不在) 하시고 전지전능하신 분으로 그 누구도 하나님의 눈과 손길에서 피할 수는 없는 것이다(시 139:7-12; 암 9:1-4). 하나님께서 온 세상을 속속들이 알고 계심을 모르는 선지자들은 참 선지자들이 아니다.

렘 23:24. 여호와의 말씀이니라 사람이 내게 보이지 아니하려고 누가 자신을 은밀한 곳에 숨길 수 있겠느냐 여호와가 말하노라 나는 천지에 충만하지 아니하냐.

사람이 제아무리 은밀한 곳에 숨는다 할지라도, 그는 나 여호와의 눈앞을 벗어날 수는 없는 일이다. 내가 하늘과 땅 어디에나 있는 줄을 모르느냐고 하신다. 우리는 누구라도 하나님의 눈을 피할 수는 없는 일이다(시 139:7-12).

렘 23:25. 내 이름으로 거짓을 예언하는 선지자들의 말에 내가 꿈을 꾸었다 꿈을 꾸었다고 말하는 것을 내가 들었노라.

나 여호와의 이름을 팔아 거짓말로 예언하는 예언자들이 있다. 내가 꿈에 보았다! 내가 꿈에 계시를 받았다! 하고 주장하는 말을 내가 들었노라.

여기 "내 이름으로"(in my name)란 말은 '여호와의 이름을 걸고', 혹은 '여호와의 이름을 팔아'란 뜻이다. 여호와께서 실제로 꿈을 통하여 계시를 주시지도 않았는데, 여호와께서 꿈을 통하여 계시를 주신 듯이 거짓으로 말하는 거짓 선지자들이 있었다(신 13:1-3). 꿈 이야기를 하면 많은 사람을 유혹할 수 있으니까 이런 수단을 쓴 것이다.

여호와께서 계시를 다 주시지 않았던 시대에는 때로 계시의 방법으로 꿈을 사용하시는 수가 있었다(창 15:12; 37:5; 단 2:1; 마 1:20; 2:13 등). 그러나 그런 때라 할지라도 여호와께서는 거짓 선지자들에게는 계시의 꿈을 주시지 않았다. 그런데도 여호와의 이름을 팔아 자신들이 여호와의 계시를 받은 듯이 사람들을 유혹하는 사람들이 있었다.

오늘도 꿈 이야기를 많이 하는 사람들이 있다. 아주 조심해야 한다. 오늘의 꿈은 계시의 방편으로 주시는 꿈은 아니다. 주후 96년에 여호와께서 요한 계시록을 주시면서 인생들에게 주셔야 할 모든 계시를 주신 것이다. 다시 말해 요한 계시록을 주시면서 모든 계시를 완성하신 것이다. 오늘날 개인들에게 주시는 꿈은 죄를 자복하지 않은 사람들이 꾸는 무의미한 꿈들이다.

렘 23:26. 거짓을 예언하는 선지자들이 언제까지 이 마음을 품겠느냐 그들은 그 마음의 간교한 것을 예언하느니라(How long shall there be lies in the heart of the prophets who prophesy lies, and who prophesy the deceit of their own heart-RSV, ESV)**.**

거짓을 예언하는 선지자들, 즉 마음의 속임을 예언하는 선지자들이 마음에 언제까지 거짓을 품고 있겠느냐는 것이다.

그 거짓 선지자들의 마음속에는 사람들을 속이려는 마음이 없어지지 아니하고 영원히 있을 것이다. 남을 속이는 거짓된 사람들, 다시 말해 자기 마음의 속임을 말하는 사람들은 하루 속히 죄를 자복하고, 새 삶을 찾아야 한다. 왜냐하면 남을 속이는 내내 자기의 비참한 신세가 연장될 것이기 때문이다.

렘 23:27. 그들이 서로 꿈 꾼 것을 말하니 그 생각인즉 그들의 조상들이 바알로 말미암아 내 이름을 잊어버린 것 같이 내 백성으로 내 이름을 잊게 하려 함이로다.

그들 거짓 선지자들이 거짓 꿈들을 꾸고 서로 꿈 이야기를 하는 목적은 유다의 조상들이 바알을 섬기며 여호와의 이름을 잊었듯이 유다 백성으로 하여금 여호와의 이름을 잊어버리도록 하려는 것이다.

우리는 백성들로 하여금 여호와의 이름을 찾게 만들고, 더 잘 신앙하도록 돕는 역할을 해야 되는 것이지 백성들로 하여금 여호와를 잊어버리게 만드는 악한 역할을 하면 안 된다. 자신뿐만 아니라 백성을 하나님과 멀어지게 하는 자는 영원히 저주를 받을 것이다.

렘 23:28. 여호와의 말씀이니라 꿈을 꾼 선지자는 꿈을 말할 것이요 내 말을 받은 자는 성실함으로 내 말을 말할 것이라 겨가 어찌 알곡과 같겠느냐.

여호와께서 선언하시기를, "마음에서 나오는 거짓 꿈을 꾼 자는 다른 사람들에게 꿈을 말해 줄 것이고, 여호와의 말씀을 받은 자는 성실함으로 여호와의 말씀을 다른 사람에게 말할 것이다. 여호와께서는 겨와 알곡이 어떻게 같다고 하겠느냐고 하신다. 껍데기와 알곡의 차이는 비교할 수 없다"는 것이다.

여호와의 말씀이야말로 생명을 기르는 참 양식이 되는 것이다(15:16; 마 4:4; 히 5:12-14 참조).

렘 23:29. 여호와의 말씀이니라 내 말이 불 같지 아니하냐 바위를 쳐서 부스러뜨리는 방망이 같지 아니하냐.

여호와께서 말씀하시기를, "나 여호와의 말이 맹렬히 타는 불 같지 아니하냐(5:14), 그리고 바위를 쳐서 부스러뜨리는 방망이와 같지 아니하냐"고 하신다.

본 절과 같이 여호와의 심판이 나타날 때에는 악인들은 여지없이 멸망을 당하는 것이다. 말씀의 파괴력은 대단한 것이다.

렘 23:30. 여호와의 말씀이라 그러므로 보라 서로 내 말을 도둑질하는 선지자들을 내가 치리라.

본 절부터 32절까지는 거짓 선지자들을 벌하시겠다는 말씀이다. 벌하시겠다는 말을 아주 확실하게 하시기 위해서 "여호와의 말씀이라"는 말씀을 세 번 연거푸 하시고, "내가 치리라"는 말씀도 세 번 연거푸 하신다.

"그러므로 보라! 서로 내 말을 도둑질하는 이런 예언자들을 내가 치겠다"고 하신다. 여기 '그러므로'란 말은 결과를 말하는 접속사로 거짓된 것들을 전하는 거짓 선지자들(28-29절)이 당할 결과를 말하는 구절이다. 그리고 "보라"는 말은 본 절의 내용이 아주 중요하니 정확히 주의하라는 것을 말하고 있다. 주의해야 할 것은 다름 아니라 '서로 여호와의 말씀을 도둑질하는 선지자들을 여호와께서 치시겠다'는 말씀이다.

렘 23:31. 여호와의 말씀이니라 보라 그들이 혀를 놀려 여호와가 말씀하셨다 하는 선지자들을 내가 치리라.

본 절에도 또 "여호와의 말씀이니라"는 말이 등장하고, 또 "보라"란 말이 나오며, "내가 치리라"는 말씀이 등장한다. 여호와께서 거짓 선지자들을 쳐서 없애겠다는 것이다.

렘 23:32. 여호와의 말씀이니라 보라 거짓 꿈을 예언하여 이르며 거짓과 헛된 자만으로 내 백성을 미혹하게 하는 자를 내가 치리라 내가 그들을 보내지 아니하였으며 명령하지 아니하였나니 그들은 이 백성에게 아무 유익이 없느니라 여호와의 말씀이니라.

본 절에도 또 "여호와의 말씀이니라"는 말이 등장하고, 또 "보라"란 말이 나오며, "내가 치리라"는 말씀이 등장한다. "내가 그들을 보내지 아니하였으며 명령하지 아니하였나니 그들은 이 백성에게 아무 유익이 없느니라"고 규명하신다. 이들은 하나님과는 아무런 관련이 없는 자들이고, 백성들에게 아무 유익을 끼치지 못하는 악인들이라는 것이다.

(10) 거짓 선지자들이 예레미야를 조롱하다(23:33-40)

<여호와의 엄중한 말씀>

렘 23:33. 이 백성이나 선지자나 제사장이 네게 물어 이르기를 여호와의 엄중한 말씀이 무엇인가 묻거든 너는 그들에게 대답하기를 엄중한 말씀이 무엇이냐 묻느냐 여호와의 말씀에 내가 너희를 버리리라 하셨고.

이 백성 가운데 여호와에게 등 돌린 사람이나 혹은 거짓 예언자나 혹은 거짓 제사장이 예레미야 너에게 와서 부담이 되는 주님의 말씀이 무엇이냐고 묻거든, 너 예레미야는 그들에게 대답하여라. 부담이 되는 주님의 말씀이 무엇이냐고 나에게 묻느냐? 너희(여호와에게 등 돌린 백성들, 거짓 선지자, 거짓 제사장)가 바로 나 여호와에게 부담이 된다. 그래서 나 여호와가 이제 너희를 버리겠다고 말하라 하신다.

"여호와의 엄중한 말씀이 무엇인가"라는 말은 이 백성 중에 한 사람이나 거짓 선지자나 거짓 제사장이 선지자 예레미야에게 찾아와서 조롱조로 '도대체 여호와의 엄중한 말씀이 무엇이요'라고 선지자를 괴롭게 하면서 질문한 내용을 말한다. 여기 "엄중한 말씀"(מַשָּׂא)이란 말은 '무거운 짐'이란 뜻인데, 선지자 예레미야는 당시 유다 모든 사람들에게 유다 나라가 죄로 말미암아 가까운 장래에 벌이 임할 것이라고 거듭거듭 말한 것이다. 여호와의 말씀이 그것이었으니 선지자로서는 그 말밖에 할 말이 따로 없었다. 그렇기 때문에 예레미야서를 보면 거의 매 장마다 바벨론 침략으로 유다 나라가 포로로 잡혀갈 것을 경고했다. 그 경고는 사실상 유다 나라에게 큰 기쁨의 소식이었다. 그러나 백성이나 지도자들은 예레미야의 그 경고의 말씀을 듣고 반갑게 받지 않고, 오히려 조롱하는 의미에서 묻기를 "여호와의 엄중한 말씀이 무엇인가"라고 물었다. 이렇게 하나님의 말씀을 업신여기는 자들에게 하나님은 예레미야를 통하여 "내가 너희를 버리리라"고 하셨다.

렘 23:34. 또 여호와의 엄중한 말씀이라 하는 선지자에게나 제사장에게나 백성에게는 내가 그 사람과 그 집안을 벌하리라 하셨다 하고.

또 조롱조로 예레미야에게 여호와의 부담이 되는 주님의 말씀이 무엇이냐고 따지는 거짓 예언자나 거짓 제사장이나 백성이 있으면, 나 여호와가 그 사람과 그 집안에 벌을 내리겠다고 하라고 하신다.

렘 23:35. 너희는 서로 이웃과 형제에게 묻기를 여호와께서 무엇이라 응답하셨으며 여호와께서 무엇이라 말씀하셨느냐 하고.

본 절은 여호와께서 유다 백성들과 종교지도자들에게 마음을 낮추어 "서로 이웃과 형제에게 묻기를 여호와께서 무엇이라 응답하셨으며 여호와께서 무엇이라 말씀하셨느냐"고 물으라는 말씀이다. 결코 조롱조로 여호와의 엄중한 말씀이 무엇이뇨 라고 조롱하지 말라고 권하는 것이다. 누구든지 겸손한 태도로 죄를 자복하고 살면 살게 되는 것이다.

렘 23:36. 다시는 여호와의 엄중한 말씀이라 말하지 말라 각 사람의 말이 자기에게 중벌이 되리니 이는 너희가 살아 계신 하나님, 만군의 여호와 우리 하나님의 말씀을 망령되이 사용함이니라 하고.

여호와께서는 유다 민족에게 '여호와의 엄중한 말씀(부담이 되는 말씀)' 이라는 표현을 다시는 쓰지 말라고 말씀하신다. 누구든지 그런 말을 쓰는 사람에게는 그 말이 그에게 정말 중벌을 가져올 것이라고 하신다. 그런 식으로 말하는 것은 살아 계신 하나님, 우리의 하나님, 만군의 여호와의 말씀을 왜곡하는 것이기 때문이라고 하신다.

렘 23:37. 너는 또 선지자에게 말하기를 여호와께서 네게 무엇이라 대답하셨으며 여호와께서 무엇이라 말씀하셨느냐.

본 절 말씀은 35절의 반복이다. 그 주해를 참조하라. 본 절 말씀은 70인역(LXX)에 빠져 있다.

렘 23:38. 너희는 여호와의 엄중한 말씀이라 말하도다 그러므로 여호와께서 이와 같이 말씀하시되 내가 너희에게 사람을 보내어 이 말씀은 여호와의 엄중한 말씀이니 너희는 말하지 말라 하였으나 너희가 여호와의 엄중한 말씀이라 하였은즉.

여호와께서는 유다 백성들에게 "여호와의 엄중한 말씀이라"고 말하지 말라고 하셨는데(35-36절), 본 절에서 또 조롱조로 "여호와의 엄중한 말씀이라"고 백성들이 사용했음을 드러낸다. 그래서 여호와께서는 유다 백성들에게 절대로 "엄중한 말씀"이라는 말을 쓰지 말라고 했는데도 나 여호와의 명령을 어기고 '부담이 되는 주님의 말씀'이라는 말을 써서 말했은즉 여호와께서 다음 절처럼 벌을 내릴 것이라고 하신다.

렘 23:39. 내가 너희를 온전히 잊어버리며 내가 너희와 너희 조상들에게 준 이 성읍을 내 앞에서 내버려.

나 여호와가 유다 백성들을 뽑아서, 멀리 던져 버리겠다 하더라고 전하여라. 그들뿐만 아니라 그들과 그들의 조상에게 준 이 성읍과 유다 땅도 함께 뽑아서, 멀리 던져 버리겠다 하더라고 전하여라 하신다.

렘 23:40. 너희는 영원한 치욕과 잊지 못할 영구한 수치를 당하게 하리라 하셨느니라.

나 여호와가 이와 같이 하여 너희 유다 백성들이 영원한 수치와 잊지 못할 영원한 치욕들을 당하게 하겠다고 전하라 하신다.

유다 백성들이 바벨론으로 포로로 잡혀가는 것은 영원히 잊을 수 없는 치욕이고, 수치였다.

3. 두 환상과 하나의 개요(24:1-25:38)

24장은 두 가지 무화과의 환상을 진술한 것이고, 25장은 바벨론으로 포로되어 갈 것을 진술한 것이다.

제 24 장

(1) 좋은 무화과와 나쁜 무화과(24:1-3)

<좋은 무화과 나쁜 무화과>

렘 24:1. 바벨론의 느부갓네살 왕이 유다 왕 여호야김의 아들 여고냐와 유다 고관들과 목공들과 철공들을 예루살렘에서 바벨론으로 옮긴 후에 여호와께서 여호와의 성전 앞에 놓인 무화과 두 광주리를 내게 보이셨는데.

바벨론의 느부갓네살 왕이 유다 왕 여호야김의 아들 여고냐(이는 여호야긴으로 불과 3개월을 통치한 후에 바벨론으로 포로로 잡혀 간 왕이었다)와 유다의 고관들을 비롯하여 기술자들과 대장장이들을 함께 예루살렘에서 포로로 사로잡아 바벨론으로 사로 잡아간 후에 여호와의 성전 앞에 무화과 광주리 두 개를 나 예레미야에게 보여주셨다(하나님은 예레미야에게 그의 환상을 보여주신 것이다).

"유다 고관들과 목공들과 철공들"은 여호야긴이 포로되어 갈 때 여호야긴의 모친과 왕비들, 내시들과 방백들, 그리고 용사 7천 명과 공장과 대장장이 1천이나 포로가 되었으며, 나라 안의 금은 보물들도 모두 빼앗겼다(왕하 24:12-16). "목공들"은 나무만이 아니라 돌이나 철물까지 익숙하게 다루는 사람들이었다(이상근). 그리고 "철공들"은 일반적으로 철공(smiths)들로 알아두는 것이 좋을 듯하다.

렘 24:2. 한 광주리에는 처음 익은 듯한 극히 좋은 무화과가 있고 한 광주리에는 나빠서 먹을 수 없는 극히 나쁜 무화과가 있더라.

예레미야의 눈에는 한 광주리에는 맏물(그해에 맨 먼저 나온 과일이나 곡식 또는 해산물 따위) 무화과처럼 아주 좋은 무화과(6월에 익는 첫 열매로 이는 특히 맛이 좋은 무화과였다, 사 28:4; 호 9:10; 미 7:1)가 담겨 있었고, 다른 한 광주리에는 너무 나빠서 먹을 수도 없는 아주 나쁜 무화과(맛이 써서 먹을 수 없는 무화과이다)가 담겨 있는 것이 보였다.

렘 24:3. 여호와께서 내게 이르시되 예레미야야 네가 무엇을 보느냐 하시매 내가 대답하되 무화과이온데 그 좋은 무화과는 극히 좋고 그 나쁜 것은 아주 나빠서 먹을 수 없게 나쁘니이다 하니.

예레미야는 여호와의 물음에 대하여, "내가 무화과 두 광주리를 보는데, 한 광주리에는 아주 좋은 무화과가 보이고, 또 다른 광주리에는 아주 나빠서, 먹을 수가 없는 무화과를 보고 있습니다"라고 대답한다.

(2) 무화과나무 비유를 설명하다(24:4-10)

렘 24:4. 여호와의 말씀이 또 내게 임하니라 이르시되.

본 절은 여호와의 말씀이 또 예레미야(나)에게 임한다고 한다. 즉, 4절부터 7절까지에 임하는 여호와의 말씀이 본 절부터 임한다는 것이다.

렘 24:5. 이스라엘의 하나님 여호와께서 이와 같이 말씀하시니라 내가 이 곳에서 옮겨 갈대아인의 땅에 이르게 한 유다 포로를 이 좋은 무화과 같이 잘 돌볼 것이라.

1절에 명시한 바와 같이 바벨론으로 포로로 끌려간 유다의 포로들을 이 좋은 무화과 같이 잘 돌보시겠다고 여호와께서 말씀하신다. 잘 돌보신다는 것을 6-7절에 말씀하신다.

렘 24:6. 내가 그들을 돌아보아 좋게 하여 다시 이 땅으로 인도하여 세우고 헐지 아니하며 심고 뽑지 아니하겠고.

본 절은 유다 포로를 잘 돌보실 것을 말씀하시는 내용이다. 즉, 여호와께서 유다 포로들을 지켜보면서 잘 되게 하시고, 다시 이 유다 땅으로 데려오겠다고 하신다. 내(여호와)가 그들을 세우고 헐지 않겠으며, 내(여호와)가 그들을 심고 뽑지 않겠다(1:10; 12:16; 32:41; 33:7)고 하신다.

렘 24:7. 내가 여호와인 줄 아는 마음을 그들에게 주어서 그들이 전심으로 내게 돌아오게 하리니 그들은 내 백성이 되겠고 나는 그들의 하나님이 되리라.

본 절도 역시 유다 포로를 잘 돌보실 것을 말씀하시는 내용이다. 즉, "나 여호와가 그들에게 나 여호와를 그들의 주님으로 알아볼 수 있는 마음을 주겠다. 그러면 그들이 온전한 마음으로 나에게 돌아와서 나의 백성이 되고, 나는 그들의 하나님이 될 것이다"라고 말씀하시는 것이다.

"나 여호와가 여호와인 줄 아는 마음을 그들에게 주겠다"(22:16; 31:33; 32:39)는 말씀처럼 복된 말씀은 없다. 여호와를 안다는 것은 여호와를 경험적으로 안다는 말이고, 또 여호와를 사랑한다는 것을 뜻한다.

렘 24:8. 여호와께서 이와 같이 말씀하시니라 내가 유다의 왕 시드기야와 그 고관들과 예루살렘의 남은 자로서 이 땅에 남아 있는 자와 애굽 땅에 사는 자들을 나빠서 먹을 수 없는 이 나쁜 무화과 같이 버리되.

유다 왕 시드기야(21:1-7))와 그의 고관들을 비롯하여, 예루살렘에 남은 사람들과 이 땅에 남은 사람들과 여호아하스를 따라 애굽으로 간 사람들(22:10-12)과 그 후 애굽으로 도망쳐 애굽 땅에 가서 사는 사람들(29:17)은, 아주 나빠서 먹을 수가 없는, 나쁜 무화과(2절)처럼 버려버리겠다고 하신다. 이들은 바벨론으로 포로되어 가지 않은 것을 좋은 것으로 여겼으나 시간이 지난 후에 더 큰 환난을 만났다.

렘 24:9-10. 세상 모든 나라 가운데 흩어서 그들에게 환난을 당하게 할

것이며 또 그들에게 내가 쫓아 보낼 모든 곳에서 부끄러움을 당하게 하며 말거리가 되게 하며 조롱과 저주를 받게 할 것이며, 내가 칼과 기근과 전염병을 그들 가운데 보내 그들이 내가 그들과 그들의 조상들에게 준 땅에서 멸절하기까지 이르게 하리라 하시니라.

"바벨론으로 포로되어 가지 아니한 유다 사람들은 내(여호와)가 그들을 세계 만국으로 흩어 보내어 환난을 당하게 하겠다. 그러면 내가 쫓아 보낸 그 모든 곳에서 그들이 수치와 조롱을 당하고, 비웃음과 저주를 받게 될 것이다. 그리고 그들과 그들의 조상에게 준 땅에서 그들이 멸절될 때까지, 나는 계속 그들에게 전쟁과 기근과 염병을 보내겠다(21:7 주해 참조)"고 여호와께서 말씀 하신다. 참으로 이들은 비참하게 되어 먹을 수 없는 무화과 신세가 된다는 것이다.

제 25 장

25장은 시기를 소급하여 여호야긴이 포로가 되기(24:1) 이전으로 올라가 바벨론 포로 역사를 미래사로 예언하는 것이다.

(3) 선지자에게 불순종하는 유다인의 죄를 책망함(25:1-7)

1-7절. 예레미야는 지금까지 23년간 바벨론의 침략을 예언했고, 유다 백성들에게 우상 숭배의 죄악 버리기를 권했다. 그러나 그들은 끝까지 순종하지 않았다.

<칠십 년 동안 바벨론 왕을 섬기리라>

렘 25:1. 유다의 왕 요시야의 아들 여호야김 넷째 해 곧 바벨론의 왕 느부갓네살 원년에 유다의 모든 백성에 관한 말씀이 예레미야에게 임하니라.

유다 왕 요시야의 아들 여호야김 제 사년 곧 바벨론 왕 느부갓네살 원년에 모든 유다 백성에게 일러줄 말씀이 예레미야에게 임했다.

"여호야김 넷째 해 곧 바벨론의 왕 느부갓네살 원년"이란 여호야김(주전 609-598년 통치) 4년이고, 느부갓네살(주전 605-562년 통치)의 원년은 주전 605년이었다. 이때에 유다의 모든 백성에게 하나님의 모든 말씀이 임한 것이다.

렘 25:2-3. 선지자 예레미야가 유다의 모든 백성과 예루살렘의 모든 주민에게 말하여 이르되 유다의 왕 아몬의 아들 요시야 왕 열셋째 해부터 오늘까지 이십삼 년 동안 여호와의 말씀이 내게 임하기로 내가 너희에게 꾸준히 일렀으나 너희가 순종하지 아니하였느니라.

선지자 예레미야는 하나님으로부터 받은 말씀을 온 유다 백성과 예루살렘 주민에게 말하여 이르기를, "아몬의 아들 요시야가 유다 왕이 되어, 십삼 년이 되던 해(그때는 예레미야가 소명을 받은 해였다)부터 오늘에 이르기까지 이십삼 년 동안, 여호와께서 나 예레미야에게 계속하여 말씀하셨고, 나 예레미야는 그 말씀(바벨론의 침략)을 여러분(온 유다 백성과 예루살렘 주민)에게 열심히 전하였으나 당신들은 그 말을 전혀 듣지 않았고, 오히려 조소와 박해만 했던 것입니다"라고 했다.

렘 25:4. 그러므로 여호와께서 그의 모든 종 선지자를 너희에게 끊임없이 보내셨으나 너희가 순종하지 아니하였으며 귀를 기울여 듣지도 아니하였도다.

그러므로 여호와께서는 유다 백성들에게 여호와의 종 선지자들을 보내시되 꾸준히 보내셨으나 유다 백성들은 선지자의 말도 듣지 않았고, 따라서 순종하지도 않았다(7:13, 25; 11:7; 35:15).

렘 25:5. 그가 이르시기를 너희는 각자의 악한 길과 악행을 버리고 돌아오라 그리하면 나 여호와가 너희와 너희 조상들에게 영원부터 영원까지 준 그 땅에 살리라.

여호와께서 이르시기를, "너희 유다 백성들은 각기 자신의 악한 삶(18:11; 26:3; 35:15; 36:3, 7)과 온갖 악행(4:4; 21:14; 23:2; 44:22)을 그치고 어서 돌아오라. 그러면 나 여호와가 너희와 너희 조상들에게 준 땅에서 너희가 길이길이 살게 될 것이라"고 하신다.

렘 25:6. 너희는 다른 신을 따라다니며 섬기거나 경배하지 말며 너희 손으로 만든 것으로써 나의 노여움을 일으키지 말라 그리하면 내가 너희를 해하지 아니하리라 하였으나.

또 "너희는 다른 신들을 따라다니며 섬기거나 경배하지도 말고, 손으로 만든 우상을 섬겨서 나의 분노를 격발시키지도 말라. 그러면 나도 너희에게 재앙을 내리지 않겠다"고 하셨다.

렘 25:7. 너희가 내 말을 순종하지 아니하고 너희 손으로 만든 것으로써 나의 노여움을 일으켜 스스로 해하였느니라 여호와의 말씀이니라.

여호와께서 말씀하시기를, "너희 유다 백성이 내 말을 순종하지 아니했고, 너희 유다 백성이 너희들의 손으로 만든 우상을 숭배하여 나 여호와의 노여움을 일으켜 스스로를 해하였느니라"고 하신다.

유다 백성들은 스스로 자해 행위(自害行爲)를 했던 것이다. 오늘도 자해 행위를 하는 사람들이 얼마나 많은가. 자해 행위를 하면서 남을 원망하는 것이다. 자해 행위를 하면서 남을 원망하니 자해 행위에 더하여 원망 죄를 짓는 것이다.

(4) 유다 민족이 바벨론에 포로될 것을 예언하다(25:8-11)

렘 25:8. 그러므로 만군의 여호와께서 이와 같이 말씀하시니라 너희가 내 말을 듣지 아니하였느니라.

문장 초두의 "그러므로"란 말은 결과를 말하는 접속사로 유다 백성들의 자해 행위(7절) 때문에 본 절 이하에 만군의 여호와께서 이렇게 말씀하시게 되었다는 것이다. 즉, 너희 유다 백성들이 나 여호와의 말을 듣지도 않았고, 순종하지도 않았기 때문에 다음 절 이하(8-11절)의 재앙을 받을 수밖에 없게 되었다는 것을 선언하신다. 여기 "만군의 여호와"란 말에 대해 2:19 주해를 참조하라.

렘 25:9. 보라 내가 북쪽 모든 종족과 내 종 바벨론의 왕 느부갓네살을 불러다가 이 땅과 그 주민과 사방 모든 나라를 쳐서 진멸하여 그들을 놀램과 비웃음 거리가 되게 하며 땅으로 영원한 폐허가 되게 할 것이라 여호와의

말씀이니라.

본 절 초두의 "보라"란 말은 본 절을 아주 유의해서 관찰하라는 뜻이다. 즉, 나 여호와가 내 종 바벨론 왕 느부갓네살(여호와의 뜻을 이룬다는 뜻에서의 종이다)을 불러다가 유다 땅과 유다 백성과 사방 모든 나라를 쳐서 진멸하여 그들을 완전히 진멸하여 그들을 영원히 놀라움과 빈정거림과 조롱거리가 되게 하며 이 땅을 영원한 폐허 더미로 만들겠다고 하신다.

여기 "북방 모든 종족"이란 말은 '바벨론, 앗수르를 비롯하여 아람의 부대들, 그리고 모압과 암몬 등'을 지칭한다. 이들은 여호야김 3년에 예루살렘을 공격한 침략군들이었다(1:15; 왕상 24:1-2).

렘 25:10. 내가 그들 중에서 기뻐하는 소리와 즐거워하는 소리와 신랑의 소리와 신부의 소리와 맷돌 소리와 등불 빛이 끊어지게 하리니.

여호와께서 유다 백성들 중에서 기뻐하는 소리들(기뻐하는 소리, 즐거워하는 소리, 신랑의 소리, 신부의 소리)과 낮에 나는 소리(맷돌 소리)와 밤을 알리는 빛(등불 빛)이 끊어지게 하시겠다고 하신다.

렘 25:11. 이 모든 땅이 폐허가 되어 놀랄 일이 될 것이며 이 민족들은 칠십 년 동안 바벨론의 왕을 섬기리라.

이 모든 유다 땅은 온통 끔찍한 폐허가 되고, 이 땅에 살던 민족은 칠십 년 동안 바벨론 왕을 섬길 것이다.

여기 "70년 동안"이란 기간은 실제로 문자적인 70년으로 본다(Calvin, K.&D., Lange, Craigie). 여호야김의 통치 4년인 주전 606년부터(왕하 24:1-4), 바사왕 고레스가 바벨론을 멸망시킨(주전 539년)후 사로잡힌 유다 민족을 돌려보내준 주전 536년까지 70년이 된다(K.&D., Lange).

(5) 열국이 하나님의 진노를 당할 것이라 예언함(25:12-38)

12-14절. 한 때 중동 세계를 제패했던 바벨론이 영원히 패망한다는 것이다.

렘 25:12. 여호와의 말씀이니라 칠십 년이 끝나면 내가 바벨론의 왕과 그의 나라와 갈대아인의 땅을 그 죄악으로 말미암아 벌하여 영원히 폐허가 되게 하되.

여호와께서 말씀하시기를 70년이란 기한이 다 차면 나 여호와가 바벨론 왕과 그 민족과 바벨론 땅의 심했던 죄를 벌하며, 그 곳을 영원한 황무지로 만들어 버리겠다고 하신다. 아무튼 대제국 바벨론의 통치 기간은 너무 짧게, 그리고 허무하게 끝나고 만 것이다.

렘 25:13. 내가 그 땅을 향하여 선언한 바 곧 예레미야가 모든 민족을 향하여 예언하고 이 책에 기록한 나의 모든 말을 그 땅에 임하게 하리라.

나 여호와가 열방 땅을 치겠다고 한 나의 모든 약속(46장; 47:1-7; 48-49장)을 실천할 터이니, 특히 바벨론의 멸망에 관하여 예언한 것(50-51장)은 예레미야가 예언한 대로 이 책에 모두 기록된 대로 바벨론을 멸망시키고 말 것이다.

"이 책에 기록한 나의 모든 말"은 반드시 이루어진다는 것이다. 성경 말씀은 반드시 그대로 이루어지고 마는 것이다.

렘 25:14. 그리하여 여러 민족과 큰 왕들이 그들로 자기들을 섬기게 할 것이나 나는 그들의 행위와 그들의 손이 행한 대로 갚으리라.

그런데 이번에는 바벨론 사람들이 많은 강대국들과 대왕들을 섬기게 될 것이다. 이와 같이 나 여호와는 바벨론 사람들이 직접 행하고, 저지른 일을 그대로 갚아 주겠다고 하신다.

15-29절. 이 부분은 이스라엘과 애굽 등 여러 나라의 심판을 언급하고 있는데, 이들이 바벨론에게 정복당할 것을 가리키며 연대적으로 앞선 부분과는 뒤바뀌어 있다.

<모든 나라에 내리는 진노의 술잔>

렘 25:15. 이스라엘의 하나님 여호와께서 이같이 내게 이르시되 너는 내 손에서 이 진노의 술잔을 받아가지고 내가 너를 보내는 바 그 모든 나라로 하여금 마시게 하라.

이스라엘의 하나님 여호와께서 나 예레미야에게 이렇게 말씀하신다. 너 예레미야는 내 손에서 이 진노의 포도주 잔(13:12-14; 49:12; 51:7)을 받아라. 내가 너를 뭇 민족에게 보낼 터이니, 너는 그들 모두에게 진노의 잔을 마시게 하라고 하신다.

렘 25:16. 그들이 마시고 비틀거리며 미친 듯이 행동하리니 이는 내가 그들 중에 칼을 보냈기 때문이니라 하시기로.

그들 뭇 민족은 모두 이 진노의 잔을 마신 다음에, 내가 일으킨 전쟁("칼"-바벨론의 침략) 때문에 비틀거리며 미칠 것이다.

렘 25:17. 내가 여호와의 손에서 그 잔을 받아서 여호와께서 나를 보내신 바 그 모든 나라로 마시게 하되.

나 예레미야가 여호와의 손에서 진노의 잔을 받아서 여호와께서 나 예레미야를 보내신 바 그 모든 나라로 마시게 했다. 다시 말해 그 모든 나라에 대해 하나님의 심판의 예언을 했다는 뜻이다.

렘 25:18. 예루살렘과 유다 성읍들과 그 왕들과 그 고관들로 마시게 하였더니 그들이 멸망과 놀램과 비웃음과 저주를 당함이 오늘과 같으니라.

먼저 예루살렘과 유다 성읍들의 주민으로부터 시작하여 그 땅의 왕들과 고관들에게 마시게 하였더니 그 땅이 오늘날과 같이 폐허가 되었고, 사람들이 놀라움과 빈정거림과 저주의 대상이 된 것이라고 하신다.

렘 25:19. 또 애굽의 왕 바로와 그의 신하들과 그의 고관들과 그의 모든

백성과

예레미야는 유다에 이어 애굽의 심판을 예언한다. 여기 "애굽 왕 바로"는 아마도 갈그미스 전투에서 느부갓네살에게 패한 바로느고일 것이다.

렘 25:20. 모든 섞여 사는 민족들과 우스 땅의 모든 왕과 블레셋 사람의 땅 모든 왕과 아스글론과 가사와 에그론과 아스돗의 나머지 사람들과.

본 절의 "우스 땅"은 욥이 살았던 땅으로, 에돔의 동부에 위치한 나라로 추정된다(애 4:22). 그리고 "블레셋 사람의 땅 모든 왕과 아스글론과 가사와 에그론과 아스돗의 나머지 사람들"은 블레셋의 5대 도시 가운데 가드(Gath)를 제외한 4대 성읍이 하나님의 심판 대상으로 언급되고 있다. 여기서 가드(Gath)가 제외된 이유는 당시 가드가 이미 멸망했기 때문일 것으로 추정된다(암 1:6-8; 슥 9:5-7). 그리고 "아스돗의 남은 사람들"이란 애굽 왕 푸삼메티쿠스(Psammetichus I. B.C. 663-609)의 침공에서 살아남은 자들을 지칭하는 것(Herodutus)으로 보인다.

렘 25:21. 에돔과 모압과 암몬 자손과.

본 절의 에돔은 에서의 후손이고, 모압과 암몬은 아브라함의 조카 롯의 후손들이다. 따라서 이들은 이스라엘과는 혈연관계가 있는 민족들이었다. 그럼에도 불구하고 이들 민족은 이스라엘을 자주 괴롭혔다.

렘 25:22. 두로의 모든 왕과 시돈의 모든 왕과 바다 건너쪽 섬의 왕들과.

본 절의 "두로"와 "시돈"은 베니게의 대표적인 도시로 성경에서는 베니게 전체를 상징하는 말로 사용되었다. 시돈은 두로의 북방 약 36km 지점에 위치한다. 그리고 본 절의 "바다 건너쪽 섬"이란 말은 베니게의 식민지로 구브로를 가리키는 것으로 보인다(Cheyne).

렘 25:23. 드단과 데마와 부스와 살쩍을 깎은 모든 자와.

"드단과 데마와 부스"라는 부족들은 에돔에 인접한 북아라비아의 세 부족을 이름이다. 앞의 두 부족은 상업에 뛰어난 재능을 보인 부족으로 성경에 나타나며(요 6:19; 사 21:13-14; 겔 27:15-20; 38:13), 뒤의 부스는 욥의 친구 엘리후가 속한 족속이다. 그리고 "살쩍을 깎은 모든 자"란 말은 아라비아에 사는 부족들 가운데 일부가 머리를 짧게 깎았다는 것을 뜻하는 말이다(9:26 주해 참조).

렘 25:24. 아라비아의 모든 왕과 광야에서 섞여 사는 민족들의 모든 왕과.

"아라비아"는 가나안 동쪽 지대로 주로 이스마엘의 후손들이 거주하던 지역을 지칭하고, "광야"란 아라비아 남쪽 지역을 지칭한다.

렘 25:25. 시므리의 모든 왕과 엘람의 모든 왕과 메대의 모든 왕과.

시므리는 70인역(LXX)에는 생략되어 있다. 아브라함의 후처 "시므란"(창 25:2)의 자손이 사는 지역으로 추정된다. "엘람"은 고대의 강력한 족속의 하나로 티그리스 강 하류 지방, 바벨론의 동편의 족속들이 사는 지역이었다(창 14:5). "메대"는 엘람의 북쪽 이웃이고, 또 이를 흡수하고, 고레스 시대에는 "바사"와 합병하여 "메대 바사 대제국"을 형성하여 바벨론을 멸망시킨 지역으로 알려져 있다.

렘 25:26. 북쪽 원근의 모든 왕과 지면에 있는 세상의 모든 나라로 마시게 하니라 세삭 왕은 그 후에 마시리라(all the kings of the north, far and near, one after another, and all the kingdoms of the world that are on the face of the earth. And after them the king of Babylon shall drink-ESV)**.**

북쪽 원근의 모든 왕들에게 진노의 잔을 주어서 차례로 마시게 하였다. 이렇게 나 여호와가 세상에 있는 모든 나라 왕들에게 마시게 하였다. 그리고 마지막에는 세삭 왕(바벨론 왕)이 마시게 될 것이다.

"북쪽 원근의 모든 왕들"이란 '북방에 있는 불확실하고 신비적인 나라들을 지칭할 것'으로 보인다(이상근).

그리고 "지면에 있는 세상의 모든 나라로 마시게 하니라"는 말은 하나님의 진노가 전 세계에 미칠 것을 뜻한다(사 2:12; 3:13; 13:9; 24:1-9).

그리고 "세삭 왕은 그 후에 마시리라"는 말은 '바벨론 왕이 하나님의 진노의 잔을 최후에 마시게 된다는 뜻인데, 그 이유는 그가 위의 모든 나라들을 패망케 하는 도구로 사용되는 과정에서 도에 지나치게 포학하였던 죄 때문에 멸망하게 된다는 것이다. 택함을 받지 않은 자가 하나님의 진노를 시행하는 도구는 되지만, 그 자신은 하나님을 섬기지 않고, 자기의 죄악을 채우는 행동을 하기 때문에 하나님의 상급을 받을 수 없고, 필경 그 자신은 망한다(박윤선).

렘 25:27. 너는 그들에게 이르기를 만군의 여호와 이스라엘의 하나님의 말씀에 너희는 내가 너희 가운데 보내는 칼 앞에서 마시며 취하여 토하고 엎드러져 다시는 일어나지 말아라 하셨느니라.

"너 예레미야는 만군의 여호와 이스라엘의 하나님의 말씀이라고 하면서 그들 민족들에게 일러라. 내가 너희 가운데 전쟁을 일으킬 것이니, 너희는 마시고, 취하며, 토하고, 엎드러져서 다시는 일어나지 말라"고 하신다. "만군의 여호와"에 대해 2:19주해 참조.

렘 25:28. 그들이 만일 네 손에서 잔을 받아 마시기를 거절하거든 너는 그들에게 이르기를 만군의 여호와께서 말씀하시기를 너희가 반드시 마셔야 하리라.

"그들이 만일 너 예레미야의 손에서 그 잔을 받아 마시기를 거절하거든 너는 그들에게 이렇게 전하여라. 나 만군의 여호와가 말하기를 너희는 그 잔을 반드시 마셔야 한다"고 하신다. 피할 걸 피해야지 하나님의 심판은 피할 수가 없는 것이다. "만군의 여호와"에 대해 2:19주해 참조.

렘 25:29. 보라 내가 내 이름으로 일컬음을 받는 성에서부터 재앙 내리기를 시작하였은즉 너희가 어찌 능히 형벌을 면할 수 있느냐 면하지 못하리니 이는 내가 칼을 불러 세상의 모든 주민을 칠 것임이라 하셨다 하라 만군의 여호와의 말씀이니라.

본 절 초두에는 이유 접속사(כִּי)가 나타나 본 절이 앞 절의 이유를 말해주고 있다는 것을 알려준다. 즉, 세상의 모든 주민들이 하나님의 심판을 절대로 피할 수 없는 이유는 여호와께서 칼(전쟁)을 불러 세상의 모든 주민들을 치실 것이기 때문이라는 것이다. 그리고 본 절 초두에는 "보라"란 말이 나타나 본 절을 아주 유의해서 관찰해야 함을 나타낸다. 즉, 나 여호와가 내 이름으로 불리는 저 예루살렘 성(7:10)에서부터 재앙을 내리기 시작하였는데, 너희가 무사하게 넘어갈 수 있겠느냐? 너희는 절대로 무사하게 넘어가지 못한다. 이는 내가 온 세계에 전쟁을 일으켜서, 모든 주민을 칠 것이기 때문이라고 하신다.

렘 25:30. 그러므로 너는 그들에게 이 모든 말로 예언하여 이르기를 여호와께서 높은 데서 포효하시고 그의 거룩한 처소에서 소리를 내시며 그의 초장을 향하여 크게 부르시고 세상 모든 주민에 대하여 포도 밟는 자 같이 흥겹게 노래하시리라.

본 절 초두에는 결과를 말해주는 "그러므로"가 나타나 본 절은 앞 절에서 일어난 일의 결과를 드러낸다는 것을 보여준다. 여호와께서 전쟁을 일으켜 세상의 모든 주민을 치신 결과 너 예레미야는 이 모든 말로 그들을 규탄하여 예언하여라. 너 예레미야는 그들에게 이렇게 말하여라. 주님께서 저 높은 하늘에서 고함치신다. 그의 거룩한 처소 하늘 꼭대기에서 벽력같은 심판의 목소리를 내신다. 그의 목장 유다에다 대고 무섭게 고함치신다. 그리고 포도를 밟는 자들처럼 이 땅의 열방의 모든 주민을 규탄하여 큰소리를 내신다는 것이다.

렘 25:31. 요란한 소리가 땅 끝까지 이름은 여호와께서 뭇 민족과 다투시며 모든 육체를 심판하시며 악인을 칼에 내어 주셨음이라 여호와의 말씀이니라.

우렁찬 소리가 땅 끝에까지 퍼지는 이유는 여호와께서 뭇 민족에게 전쟁을 일으키시고(사 13:4; 17:12), 모든 육체를 심판하시며, 악인들을 칼로 쳐서 죽게 하시기 때문이라는 것이다.

렘 25:32. 만군의 여호와께서 이와 같이 말씀하시니라 보라 재앙이 나서 나라에서 나라에 미칠 것이며 큰 바람이 땅 끝에서 일어날 것이라.

나 만군의 여호와가 말하기를, "보라! 재앙이 일어나서 이 민족에서 저 민족에게로 삽시간에 퍼져 나가고, 땅의 사방 끝에서 바벨론이 일으키는 큰 바람이 일어날 것이라"고 하신다.

렘 25:33. 그 날에 여호와에게 죽임을 당한 자가 땅 이 끝에서 땅 저 끝에 미칠 것이나 그들을 위하여 애곡하는 자도 없고 시신을 거두어 주는 자도 없고 매장하여 주는 자도 없으리니 그들은 지면에서 분토가 되리로다.

그 날 바벨론이 전쟁을 일으키는 날에는 땅 이 끝에서 저 끝에 이르기까지 나 주 여호와에게 죽임을 당한 시체들이 넘쳐날 것이고(사 66:16), 그들이 죽었다고 하여 울어 줄 사람도 없을 것이며, 그들을 모아다가 장례할 사람도 없어서, 마치 땅 위에 뒹구는 대변 덩어리 같을 것(8:2; 16:4)이다. 다시 말해 비참의 극이 연출될 것이다.

렘 25:34. 너희 목자들아 외쳐 애곡하라 너희 양 떼의 인도자들아 잿더미에서 뒹굴라 이는 너희가 도살 당할 날과 흩음을 당할 기한이 찼음인즉 너희가 귀한 그릇이 떨어짐 같이 될 것이라.

"너희 목자들"이 누구냐를 두고 견해가 갈린다. 1) 유다인 지도자들을 지칭한다는 견해(Calvin), 2) 열방의 왕들과 지도자들을 지칭한다는 견해(Weiser, Craigie, Hyatt)가 있는데, 이 두 견해 중에 지금까지(12-33절)의 문맥으로 보아서는 2)번의 견해가 더 합당한 것으로 보인다.

그리고 "외쳐 애곡하라"는 말과 "너희 양 떼의 인도자들아 잿더미에서 뒹굴라"는 말은 동의적인 절이다. 왕들과 지도자들은 모든 죄책을 가지고 죄를 자복해야 한다는 뜻이다. 권력을 가지고 백성을 지도한다는 지도자들의 죄악이 엄청나게 크다는 것을 알 수 있다.

"이는 너희가 도살당할 날과 흩음을 당할 기한이 찼다"는 말은 '너희가 살육을 당할 날이 다가왔기 때문이라'는 의미와 같다.

"너희가 귀한 그릇이 떨어짐 같이 될 것이라"는 말은 이제는 지도자들이 귀한 그릇이 떨어짐같이 떨어지고 깨어져 망한다는 것이다. 지도자들이 깨어져 부서질 것이란 뜻이다.

렘 25:35. 목자들은 도망할 수 없겠고 양 떼의 인도자들은 도주할 수 없으리로다.

위와 같이 열방의 지도자들은 피할 수 없다는 것이고, 모든 인도자들이 도주할 수 없다는 뜻이다. 멸망하고 만다는 내용이다.

렘 25:36-37. 목자들이 부르짖는 소리와 양 떼의 인도자들이 애곡하는 소리여 여호와가 그들의 초장을 황폐하게 함이로다 평화로운 목장들이 여호와의 진노하시는 열기 앞에서 적막하게 되리라.

열방의 지도자들이 울부짖는 소리와 백성의 지도자들이 통곡하는 소리를 들어 보라. 통곡하는 소리가 나는 것은 여호와께서 그들의 목장을 파괴하셨기 때문이며, 여호와께서 맹렬히 진노하시니, 평화스럽던 초장들이 황무지가 되었기 때문이다. 하나님의 진노의 심판 후 모습이 참으로 처참하다는 것을 보여준다. 죄를 자백하지 않는 세상은 앞으로 비참한 최후를 맞이할 것이다.

렘 25:38. 그가 젊은 사자 같이 그 굴에서 나오셨으니 그 호통치시는 분의

분노와 그의 극렬한 진노로 말미암아 그들의 땅이 폐허가 되리로다 하시니라.

"그가 젊은 사자 같이 그 굴에서 나오셨다"는 말은 '하나님께서 인류를 심판하시기 위해서 마치 사자가 굴에서 나오는 것처럼 하늘에서 내려오셨다'는 뜻이다.

본 절의 "그 호통치시는 분의 분노"와 "그의 극렬한 진노"란 말은 동의어이다. 이는 다 하나님의 진노를 칭하는 말이다. 하나님의 분노로 말미암아 인류의 땅이 폐허가 될 것이란 뜻이다.

IV. 예레미야와 거짓 선지자들의 논쟁(26:1-29:32)

제 26 장

A. 성전 설교와 그 결과(26:1-24)

예레미야는 유대인들의 형식적인 성전 경배를 경계했고, 회개를 촉구했다. 본 장의 내용은 예레미야의 성전 설교(1-9절), 그 결과 그가 잡혀서 재판을 받는 것을 다룬다(10－24절).

1. 회개를 권면하는 설교를 하다(26:1-7)

<여호와의 성전 뜰에서 말씀을 전하다>

렘 26:1. 유다의 왕 요시야의 아들 여호야김이 다스리기 시작한 때에 여호와께로부터 이 말씀이 임하여 이르시되.

요시야가 므깃도에서 애굽과의 전투에서 전사한 후 그의 아우 여호아하스가 먼저 왕위에 올랐으나 3개월 후에 애굽에 포로가 되었고, 여호야김이 애굽의 바로 느고에 의하여 왕위에 올랐다(22:13-19; 왕하 24:31-35). 그가 유다를 다스리기 시작할 무렵에, 여호와께서 예레미야에게 다음과 같이 말씀하셨다.

렘 26:2. 여호와께서 이와 같이 말씀하시니라 너는 여호와의 성전 뜰에 서서 유다 모든 성읍에서 여호와의 성전에 와서 예배하는 자에게 내가 네게 명령하여 이르게 한 모든 말을 전하되 한 마디도 감하지 말라.

나 여호와가 말하기를, "너 예레미야는 주의 성전에 서서, 나 여호와가 너에게 전하라고 명한 모든 말을 유다의 모든 성읍에서 여호와의 성전에 경배하러 오는 사람에게 한 마디도 빼놓지 말고(신 4:2; 12:32) 다 일러주어라"고 하신다. 예레미야는 여호와로부터 받은 말씀을 그대로 전한 결과로 인해 붙잡혀 옥에 갇히게 되었고, 박해를 받게 되었다. 우리는 예레미야와 같이 된다 할지라도 성경에 기록되어 있는 모든 말씀을 가감 없이 그대로 전해야 한다.

렘 26:3. 그들이 듣고 혹시 각각 그 악한 길에서 돌아오리라 그리하면 내가 그들의 악행으로 말미암아 그들에게 재앙을 내리려 하던 뜻을 돌이키리라.

여호와께서는 본 절에서 혹시 유다 민족이 회개하리라고 생각하신다. 예레미야가 하나님으로부터 받은 말씀을 한마디도 빼지 않고 전할 때 혹시 유다 민족이 회개하리라고 생각하신 것이다. 유다 민족이 돌아오면 나 여호와가 그들의 악행으로 인하여 그들 유다 민족에게 내리려 하던 뜻을 돌이킬 수도 있다(18:3, 13; 42:10; 겔 18:21-13)고 하신다.

렘 26:4-5. 너는 그들에게 이와 같이 이르라 여호와의 말씀에 너희가 나를 순종하지 아니하며 내가 너희 앞에 둔 내 율법을 행하지 아니하며 내가 너희에게 나의 종 선지자들을 꾸준히 보내 그들의 말을 순종하라고 하였으나 너희는 순종하지 아니하였느니라.

너 예레미야는 나 여호와가 한 말을 그들에게 이렇게 일러주어라. 너희 유다 민족이 나 여호와가 너희에게 준 율법을 순종하지 아니하고, 내가 거듭하여 보내고 너희에게 서둘러서 보낸 내 종 예언자들의 말을 너희가 듣지 않았으니 다음 절과 같은 일이 발생하게 하리라고 하신다.

렘 26:6. 내가 이 성전을 실로 같이 되게 하고 이 성을 세계 모든 민족의 저줏거리가 되게 하리라 하셨느니라.

본 절의 "이 성전을 실로 같이 되게 한다"는 말과 "이 성을 세계 모든 민족의 저줏거리가 되게 하리라"는 말은 망하게 하신다는 점에서는 똑같으나 역사적인 배경은 완전히 다르다. "이 성전을 실로 같이 되게 한다"는 말에서 '실로'는 이스라엘 백성이 가나안에 들어오면서 언약의 궤를 모셔둔 건국 초기의 신앙의 중심지였다(수 18:1; 삼상 1:3). 그러나 블레셋과의 전쟁에서 패하여 언약의 궤는 빼앗기고, 실로는 멸망했다(삼상 4장; 렘 7:12-14). 그런데 바벨론에게 정복될 때, 예루살렘 성전이 실로처럼 된다는 것이다. 결과적으로 예루살렘은 황폐하여 세계의 열방들이 이 성에 대한 소식을 듣고, 조롱하고 저주할 것이다(24:9 참조).

렘 26:7. 예레미야가 여호와의 성전에서 이 말을 하매 제사장들과 선지자들과 모든 백성이 듣더라.

예레미야가 여호와의 성전에서 7절과 같은 말을 하니 거짓 제사장들과 거짓 선지자들과 하나님을 떠난 일반 백성들이 다 들었다는 것이다(행 7:54-60). 이들은 예레미야의 설교를 들으면서 양심의 가책을 받아 오히려 예레미야를 박해한 것이었다.

2. 예레미야가 당시의 종교가들에게 체포되다(26:8-9)

렘 26:8. 예레미야가 여호와께서 명령하신 말씀을 모든 백성에게 전하기를 마치매 제사장들과 선지자들과 모든 백성이 그를 붙잡고 이르되 네가 반드시 죽어야 하리라.

예레미야가 여호와께서 명령하신 7절과 같은 말씀을 모든 백성에게 전하기를 마치니 제사장들과 거짓 선지자들과 하나님을 떠난 백성들이 예레미야를 붙잡고 이르기를, "너 예레미야가 반드시 죽어야 하리라"고 말했다는 것이다. 아무튼 이들은 예레미야의 설교를 듣고, 회개하기는커녕 하나님의 예언자를 박해한 것이다(행 7:54-60 참조).

렘 26:9. 어찌하여 네가 여호와의 이름을 의지하고 예언하여 이르기를 이 성전이 실로 같이 되겠고 이 성이 황폐하여 주민이 없으리라 하느냐 하며

그 모든 백성이 여호와의 성전에서 예레미야를 향하여 모여드니라.

어찌하여 너 예레미야가 여호와의 이름을 빌려, 이 성전이 실로처럼 되고, 이 예루살렘 성이 멸망하여 여기에 아무도 살 수 없게 된다(7절)고 예언하느냐? 그러면서 온 백성이, 여호와의 성전 안에 있는 예레미야를 치려고 그 주위로 몰려들었다. 이들은 예레미야의 설교를 듣고도 예레미야를 박해하는 일에만 열중했다. 잘 못된 사람들은 일을 엉뚱하게 처리한다.

3. 예레미야가 해(害)를 면하다(26:10-24)

10-24절. 10-24절의 내용은 예레미야가 변명하고(10-15절), 또 장로들의 변호가 있었으며(16-19절), 예레미야와 같은 예언을 한 우리아의 죽음이 기록되어 있다(20-24절).

렘 26:10. 유다의 고관들이 이 말을 듣고 왕궁에서 여호와의 성전으로 올라가 여호와의 성전 새 대문의 입구에 앉으매.

유다의 고관들은 예레미야가 여호와께서 성전을 실로 같이 되게 하시고, 세계 모든 민족의 저줏거리가 되게 하실 것이라는 설교를 했다가, 성전에서 잡혀서 박해를 받는다는 소문을 듣고 왕궁에서 여호와의 성전으로 올라가, 여호와의 성전 새 대문(아마도 성전의 베냐민 문이었을 것이다) 입구에 앉았다. 왕궁의 고관들 중에는 재판권 있는 자도 있으므로 재판석에 앉은 것이다.

렘 26:11. 제사장들과 선지자들이 고관들과 모든 백성에게 말하여 이르되 이 사람은 죽는 것이 합당하니 너희 귀로 들음 같이 이 성에 관하여 예언하였음이라.

제사장들과 거짓 선지자들이 그 왕궁에서 온 고관들과 온 백성에게 말하기를, "이 사람 예레미야는 사형 선고를 받아야 마땅합니다(신 19:6; 21:22). 여러분이 직접 귀로 들으신 바와 같이 예레미야는 이 도성이 멸망한다고 예언을 하였습니다"라고 주장했다.

렘 26:12. 예레미야가 모든 고관과 백성에게 말하여 이르되 여호와께서 나를 보내사 너희가 들은 바 모든 말로 이 성전과 이 성을 향하여 예언하게 하셨느니라.

선지자 예레미야가 왕궁에서 올라온 고관들과 또 다른 모든 백성들에게 말하여 이르기를, "여호와께서 나 예레미야에게 말씀을 주어 보내셨으므로, 당신들이 들은 바 여호와께서 나 예레미야에게 말씀하신 모든 말로 이 성전과 이 도성을 향하여 예언하게 하신 것이다"고 했다. 예레미야는 그 재판정에 앉아 있는 모든 사람들 앞에서 자신은 여호와께서 말을 하라고 하신대로 했다고 말한다.

렘 26:13. 그런즉 너희는 너희 길과 행위를 고치고 너희 하나님 여호와의 목소리를 청종하라 그리하면 여호와께서 너희에게 선언하신 재앙에 대하여 뜻을 돌이키시리라.

예레미야는 앞 절에서 말씀한 바와 같이 재판정에서 자기를 변명하는 도중 당신들(재판장, 원고, 온 백성들)에게 회개하기를 권한다. 회개하면 여호와께서 당신들에게 선언하신 재앙에 대하여 뜻을 돌이키실 것이라고 권했다. 누구든지 죄를 자복하면 새로운 생명을 얻고, 복을 얻는 것은 사실이다.

렘 26:14-15. 보라 나는 너희 손에 있으니 너희 의견에 좋은 대로, 옳은 대로 하려니와 너희는 분명히 알아라 너희가 나를 죽이면 반드시 무죄한 피를 너희 몸과 이 성과 이 성 주민에게 돌리는 것이니라 이는 여호와께서 진실로 나를 보내사 이 모든 말을 너희 귀에 말하게 하셨음이라.

14절 초두는 "보라"란 말로 시작하여 본 절을 아주 주의해서 보라고 권한다. 즉, "보십시오! 나는 여러분의 손에 잡혀 있으니, 여러분이 보시기에 좋으신 대로, 그리고 옳다고 생각되는 대로, 나를 처리하시면 될 것입니다"

라고 말한다.

그러나 예레미야는 이렇게 말하면서도 15절과 같이 분명히 자신은 하나님의 손 안에 있음을 알라고 밝힌다. 즉, "여러분(재판정에서 예레미야를 정죄할 사람들)이 나 예레미야를 죽인다면, 이 도성과, 이 도성의 주민은 무죄한 사람의 피를 흘린 죗값을 받을 것이니, 이는 이 모든 말씀을 여러분의 귀에 전하도록 나를 보내신 이가 바로 주 여호와이시기 때문입니다"라고 한다.

예레미야가 전하고자 하는 의도는 하나님의 말씀을 듣는 사람들이 모두 죄를 자복하면 복을 받겠지만, 만일 예레미야를 정죄하여 죽인다면 그에 합당한 죗값을 받는다는 것이다. 예레미야가 전한 말을 거역하는 것이 하나님을 거역하는 것이 된다는 것을 밝히고 있다.

16-19절. 왕궁에서 올라온 재판관들과 일반 백성들은 예레미야의 말씀을 듣고, 그가 참 선지자임을 인정한다.

렘 26:16. 고관들과 모든 백성이 제사장들과 선지자들에게 이르되 이 사람이 우리 하나님 여호와의 이름으로 우리에게 말하였으니 죽일 만한 이유가 없느니라.

예레미야의 변명을 들은 고관들과 모든 백성들이 예레미야를 정죄하여 재판에 회부한 원고인 제사장들과 거짓 선지자들에게 말하기를, "이 사람 예레미야가 우리 하나님 여호와의 이름으로 우리에게 말한 것을 들으니 죽일만한 이유가 전혀 없다"고 말한다.

하나님의 말씀을 편견 없이 들으면 누구든지 하나님의 말씀과 또 전도자를 옳다고 인정하게 된다.

렘 26:17. 그러자 그 지방의 장로 중 몇 사람이 일어나 백성의 온 회중에게 말하여 이르기를.

예레미야의 변명이 끝나자 즉시 그 지방의 장로들(연장자들) 가운데서 몇 사람이 일어나서 거기에 모인 백성의 온 회중에게 다음과 같이 말하였다.

본 절의 “장로”(זִקְנֵי)란 ‘연장자’를 뜻하는 말인데, 이들은 사회에서 결정적인 발언권을 가지고 있었다(출 3:16; 삼하 19:11; 왕상 8:1). 여기서 장로들은 백성들의 온 회중에게 예레미야를 전적으로 옹호하는 역할을 했다.

렘 26:18. 유다의 왕 히스기야 시대에 모레셋 사람 미가가 유다의 모든 백성에게 예언하여 이르되 만군의 여호와께서 이와 같이 말씀하셨느니라 시온은 밭 같이 경작지가 될 것이며 예루살렘은 돌 무더기가 되며 이 성전의 산은 산당의 숲과 같이 되리라 하였으나

본 절은 17절에 언급된 장로들의 말이다. 그들은 말하기를, “유다 왕 히스기야 시대에 모레셋(예루살렘에서 남서쪽 약 50km 지점의 한 시골) 사람 미가(미가서의 저자, 미 1:1)가 유다 온 백성에게 이와 같이 예언하였는데, ‘나 만군의 여호와가 말하기를 시온이 밭 갈듯 뒤엎어질 것이며, 예루살렘이 폐허 더미가 되고, 성전이 서 있는 이 산은 수풀만이 무성한 언덕이 되고 말 것이라’고 예언했다”고 말한다.

“시온은 밭 같이 경작지가 될 것이며 예루살렘은 돌 무더기가 되며 이 성전의 산은 산당의 숲과 같이 되리라”는 말은 미 3:12를 인용한 것인데, 미가가 예루살렘의 파괴를 예언한 것으로 예루살렘이 폐허가 되고, 그 화려한 거리는 돌 무더기가 되며, 성전 산의 성전이 파괴되어 없어져서 수풀이 우거진다는 예언이었다. 이 예언은 히스기야의 회개와 신앙으로 이루어지지 않았다. 한 사람의 참된 회개는 한 도시를 살리고, 한 나라를 살린다는 것을 알아야 한다.

렘 26:19. 유다의 왕 히스기야와 모든 유다가 그를 죽였느냐 히스기야가 여호와를 두려워하여 여호와께 간구하매 여호와께서 그들에게 선언한 재앙에 대하여 뜻을 돌이키지 아니하셨느냐 우리가 이같이 하면 우리의 생명을 스스로 심히 해롭게 하는 것이니라.

본 절도 17절에 언급된 장로들의 말이다. 장로들은 말하기를, “그 때에 유다 왕 히스기야와 온 유다 백성이 미가를 죽였습니까? 그들이 오히려 여호와를 두려워하고, 주 여호와의 은혜를 간구하니, 여호와께서도 그들에게 내리겠다고 말씀하신 재앙을 거두시지 않았습니까? 그런데 지금 우리는 그 큰 재앙을 우리 자신들에게 불러들이려 하고 있습니다"라고 한다.

"우리가 이같이 하면 우리의 생명을 스스로 심히 해롭게 하는 것이니라"는 말은 우리가 예레미야를 죽인다면 우리의 생명을 스스로 심히 해롭게 하는 것이라는 뜻이다. 우리가 어떻게 하느냐 하는 것은 대단히 중요한 것이다.

렘 26:20. 또 여호와의 이름으로 예언한 사람이 있었는데 곧 기럇여아림 스마야의 아들 우리야라 그가 예레미야의 모든 말과 같이 이 성과 이 땅에 경고하여 예언하매.

본 절부터 24절까지는 예레미야와 함께 예루살렘의 멸망을 예언한 우리야의 순교에 대해 기록하고 있다. 여기 우리야의 순교에 대해 기록한 것을 보면 예레미야 당시에 예레미야 외에도 예루살렘의 멸망을 예언한 참 선지자들이 또 있었다는 분명한 증거가 된다. 한편 이 사건은 1-19절의 사건과는 별개의 사건으로 보인다(Lange).

"기럇여아림 스마야의 아들 우리야"는 여호와의 이름으로 예언한 사람이었는데, 그는 예루살렘 서북쪽 약 12km 지점의 작은 읍에 살고 있었다. 이 우리야는 예레미야와 같은 시대에 똑같은 내용의 예언을 했으니, 바로 유다의 멸망을 예언한 것이다.

렘 26:21. 여호야김 왕과 그의 모든 용사와 모든 고관이 그의 말을 듣고서 왕이 그를 죽이려 하매 우리야가 그 말을 듣고 두려워 애굽으로 도망하여 간지라.

여호야김 왕과 그의 모든 용사들과 그의 모든 고관들이 우리야의 말을 듣고, 왕이 우리야를 죽이려 하자 우리야가 왕을 두려워하여 애굽으로 도망하여 갔다. 이때는 여호야김 왕(주전 609-598년 통치, 22:13-16)이 통치를 시작한 지 수년 후로 보인다(Cheyne). 다시 말해 예레미야가 잡히고, 재판받은 일과 연속적인 사건은 아닌 것으로 보인다. 어려움을 만났을 때 피하는 것이 하나님의 뜻을 저버리는 것은 아니었다.

렘 26:22. 여호야김 왕이 사람을 애굽으로 보내되 곧 악볼의 아들 엘라단과 몇 사람을 함께 애굽으로 보냈더니.

우리야가 애굽으로 도망하자 여호야김 왕이 우리야를 잡아오기 위해 악볼[17]의 아들 엘라단[18]과 몇 사람의 수행원을 애굽으로 보냈다.

렘 26:23. 그들이 우리야를 애굽에서 연행하여 여호야김 왕에게로 그를 데려오매 왕이 칼로 그를 죽이고 그의 시체를 평민의 묘지에 던지게 하니라.

악볼의 아들 엘라단과 몇 사람의 수행원(22절)이 우리야를 애굽에서 연행하여 여호야김 왕에게로 데려오매 칼로 그를 죽이고, 그의 시체를 평민의 묘지에 던지게 했다는 것이다. 여기 "평민의 묘지"란 말은 일반 서민들의 묘지를 뜻한다(17:19; 왕하 23:6). 우리야는 애굽으로 도피했으나 결국은 체포되어 와서 죽임을 당한 것이다.

렘 26:24. 사반의 아들 아히감의 손이 예레미야를 도와 주어 그를 백성의 손에 내어 주지 아니하여 죽이지 못하게 하니라.

본 절 초두의 "그러나"(but)라는 말은 앞 절의 "우리야"가 죽임을 당한 반면 본 절의 예레미야는 사반의 아들 아히감이 보호하여 주었으므로, 그를 죽이려는 백성의 손에서 벗어날 수 있었다는 것을 말하기 위함이다. 즉, 우리야는 죽었으나 예레미야는 죽임 당하지 않았다. 그러니까 사람은 다

---

17) 악볼: 요시야 왕이 율법 책을 발견했을 때 그 책에 관하여 여선지 훌다에게 묻기 위해 보낸 몇 사람 중 한 사람이었다(왕하 22:12, 14).

18) 엘라단: 여호야김 왕이 예레미야의 예언을 기록한 두루마리 책을 찢어 불에 태울 때 이를 만류한 신하였다(36:12, 25).

같은 것이 아니라 하나는 이러하고, 하나는 저러하다는 것을 보여준다.

"아히감"이란 사람은 요시야 왕이 율법 책을 발견했을 때, 그 율법 책에 대하여 묻기 위해 여선지 훌다에게 파견한 사람들 중의 한 사람이었다(왕하 22:14). 이는 예루살렘 멸망 후 느부갓네살에 의해 유다 총독으로 임명된 그다랴의 부친이기도 하다(왕하 25:22; 렘 40:5). 이런 그의 약력에 비추어 볼 때, 그는 확실히 하나님의 뜻을 순종하는 경건한 신앙인이었을 것이다(그랜드 종합주석).

B. 예레미야와 거짓 선지자들(27:1-29:32)

여기 27장, 28장, 29장은 그 내용면에서 밀접하게 상관되어 있다. 히브리어 원전과 70인역(LXX)과의 차이도 가장 심한 본문들이다. 이 시기는 시드기야 왕의 초기였고, 내용은 유다와 인근 나라에 대해 바벨론에 순종하라는 내용이다. 이 세 장은 유다에 대한 경고(27장), 하나냐에 대한 예언(28장), 바벨론 포로들에게 보낸 편지(29장)로 구성되어 있다.

제 27 장

1. 예레미야가 열국이 바벨론에게 정복될 것을 예언함(27:1-7)

<거짓 선지자들과 싸우는 예레미야>

렘 27:1. 유다의 왕 요시야의 아들 여호야김이 다스리기 시작할 때에 여호와께서 말씀으로 예레미야에게 임하시니라(In the beginning of the reign of Zedekiah the son of Josiah, king of Judah, this word came to Jeremiah from the LORD-ESV)**.**

요시야의 아들 시드기야 왕이 유다 왕이 되어 다스리기 시작할 무렵에, 여호와께서 말씀으로 예레미야에게 임하셨다. 본문에는 "유다의 왕 요시야의 아들 여호야김"이라고 진술되어 있으나 이는 "시드기야"의 오기로 인정되고 있다(3절, 12절, 20절; 28:1 참조, Orelli, Aalder, Cheyne, KJV, RSV, ESV, 박윤선, 이상근). 시드기야는 바벨론에 의해 왕위에 올랐으나(왕하 24:17), 즉위한지 4년째에는 바벨론에 배역하여 주위 나라 국가들인 에돔과 모압과 암몬과 두로와 시돈과의 왕들과 동맹하여(3절) 바벨론으로부터 독립하려 했다.

"여호와께서 말씀으로 예레미야에게 임하시니라"(this word came to Jeremiah from the LORD-ESV)는 말은 '곧 나타나는 말씀이 여호와로부터 예레미야에게 임했다'는 뜻이다. 말씀이 임하면 여호와 자신이 임한 것이다.

렘 27:2. 여호와께서 이와 같이 내게 말씀하시되 너는 줄과 멍에를 만들어 네 목에 걸고(Thus the LORD said to me: "Make yourself straps and yoke-bars, and put them on your neck-ESV)**.**

여호와께서 내게 이같이 이르시기를 “너는 줄과 멍에를 만들어 네 목에 걸라”고 하신다. 여기 “멍에”란 말은 ‘횡목’(橫木)이라는 뜻일 것이다. 즉, ‘가로 지르는 나무때기’일 것이다. 가로 건너는 나무때기와 줄을 가지고 멍에를 만들라는 것이다. 그것은 소의 목에 거는 멍에였다. 예레미야는 이런 상징적인 행위를 통해 바벨론의 멍에가 불가피한 것임을 나타냈다.

렘 27:3. 유다의 왕 시드기야를 보러 예루살렘에 온 사신들의 손에도 그것을 주어 에돔의 왕과 모압의 왕과 암몬 자손의 왕과 두로의 왕과 시돈의 왕에게 보내며.

유다 왕 시드기야를 만나려고 예루살렘에 온 사절들에게 예레미야는 멍에들을 여러 개(K.&D., Cheyne) 만들어 나누어 주어 에돔 왕과 모압 왕과 암몬 사람의 왕과 두로 왕과 시돈 왕에게로 보내면서 다음 절(4절)과 같이 명령한다.

“예루살렘에 온 사절들(에돔 왕의 사절, 모압 왕의 사절, 암몬 사람의 왕의 사절, 두로 왕의 사절, 시돈 왕의 사절)이 유다 왕 시드기야를 만나려고 온 이유는 유다를 동맹의 주로 삼고, 바벨론에 대항하자는 뜻이었다.

예레미야가 멍에들을 여러 개 만들어 사절들을 통하여 유다의 동맹국 왕들에게 나누어준 이유는 하나님의 명령에 순종하자는 것을 알리기 위함이었다. 당시 유다를 비롯하여 동맹국들이 바벨론에 순종하는 것이 하나님의 뜻이었다. 그러나 예레미야의 행동은 세상 분위기에는 너무나도 어긋나는 일이었다. 왜냐하면 유다와 그의 동맹국들은 바벨론에 대항하기 위해 모였기 때문이다. 그러나 예레미야는 당시 여호와께서 말씀으로 자신에게 임하신 일(1절)을 나몰라라식으로 반응할 수 없었다. 오늘 우리는 여호와의 말씀을 나몰라라식 하고 살아서는 안 된다. 전적으로 여호와의 말씀에 순종하는 삶을 살아야 한다.

현대의 많은 학자들은 정교(政敎-정치와 종교)를 분리해야 한다고 말한다. 그러나 예레미야는 하나님의 명령을 받들어 유다 왕과 동맹국의 왕에게 바벨론에 순종하라고 말했다. 우리는 정치와 종교를 분리해야 하지만 하나님의 섭리를 거부해서는 안 된다. 정치가들이 잘못할 때는 책망을 하고, 바른 정치가 이루어지도록 행해야 한다.

렘 27:4. 그들에게 명령하여 그들의 주에게 말하게 하기를 만군의 여호와 이스라엘의 하나님께서 이와 같이 말씀하시되 너희는 너희의 주에게 이같이 전하라.

예레미야는 각 나라의 사절들에게 명령하여, "각각 자기 나라의 임금께 말하라. 만군의 여호와 이스라엘의 하나님께서 이처럼 말씀하시기를 너희 사절들은 너희의 임금께 다음과 같이 전하라"고 한다. 즉, 바벨론에게 복종하는 것이 사는 길임을 여러 왕들에게 확실하게 알리고자 했다.

렘 27:5-6. 나는 내 큰 능력과 나의 쳐든 팔로 땅과 지상에 있는 사람과 짐승들을 만들고 내가 보기에 옳은 사람에게 그것을 주었노라 이제 내가 이 모든 땅을 내 종 바벨론의 왕 느부갓네살의 손에 주고 또 들짐승들을 그에게 주어서 섬기게 하였나니.

내가 큰 권능과 편 팔로 이 땅을 만들었고, 이 땅 위에 살고 있는 사람과 짐승도 만들었다. 그러므로 나의 마음에 드는 사람에게 이 땅을 맡긴다. 지금 나는 이 모든 나라를 나의 종 바벨론 왕 느부갓네살의 손에 맡겼으며, 들짐승도 그에게 맡겨서 그로 하여금 섬기게 하였다.

본 절의 "내 큰 능력"이란 말과 "나의 쳐든 팔"이란 말은 동의어로 사용되고 있다. 하나님께서 그의 크신 권능으로 우주를 창조하셨음을 말하는 것이다.

"내가 보기에 옳은 사람에게 그것을 주었노라"(וּנְתַתִּיהָ לַאֲשֶׁר יָשַׁר בְּעֵינָי)는 말은 '나의 소견에 옳은 대로 땅을 누구에게든지 주었다'는 뜻이다. 이 세계의 어떤 나라가 권세를 잡는 것은 우연한 일이 아니고, 하나님의 장중에서 되는 일임을 알 수 있다. 성도들은 국가들이 움직이는 현상을 보고, 하나님의 위엄을 깨닫고, 하나님을 두려워해야 된다.

그리고 "내 종 바벨론의 왕 느부갓네살"이란 말은 '여호와의 종 바벨론의 왕'이란 뜻이다. 바벨론의 독재자 느부갓네살도 하나님의 종의 역할을 감당한다는 것이다(25:9 주해 참조). 세계의 어떤 독재자도 하나님의 종이 되어야 한다는 것이다. 하나님의 명령을 순종하는 사람이 되어야 하는 것이다. 느부갓네살은 불신자로서 하나님의 뜻을 순종했지만, 오늘 우리는 하나님을 믿는 성도로서 하나님의 뜻을 순종하는 사람이 되어야 한다.

렘 27:7. 모든 나라가 그와 그의 아들과 손자를 그 땅의 기한이 이르기까지 섬기리라 또한 많은 나라들과 큰 왕들이 그 자신을 섬기리라(All the nations shall serve him and his son and his grandson, until the time of his own land comes; then many nations and great kings shall make him their slave-RSV, ESV)**.**

모든 민족이 느부갓네살과 그의 아들과 그의 손자를 섬겨야 할 것이다. 물론 바벨론도 망하고 느부갓네살도 망할 때가 올 것이다. 그 때가 되면, 그의 나라도 강한 족속들과 위대한 왕들을 섬기게 될 것이다.

"모든 나라가 그와 그의 아들과 손자를 그 땅의 기한이 이르기까지 섬기리라"는 말을 보면 바벨론의 집권 기간이 그리 길지 못할 것과 또한 필경 바벨론도 여러 나라들로 말미암아 패배를 당하게 될 사실까지 예언한다.

"많은 나라들과 큰 왕들이 그 자신을 섬기리라"는 말은 여러 나라 왕들이 연합하여 바벨론 나라를 치므로 바벨론은 패배를 당하고, 필경 그 여러 나라들을 섬기게 된다는 뜻이다. 이 예언은 바사 왕 고레스로 말미암아 성취되었다.

2. 예레미야가 열국을 향하여 바벨론을 섬기라 함(27:8-15)

렘 27:8. 여호와의 말씀이니라 바벨론의 왕 느부갓네살을 섬기지 아니하며

그 목으로 바벨론의 왕의 멍에를 메지 아니하는 백성과 나라는 내가 그들이 멸망하기까지 칼과 기근과 전염병으로 그 민족을 벌하리라.

그러나 바벨론 왕 느부갓네살을 섬기지 않으며, 바벨론 왕의 멍에를 목에 메지 않는 민족이나 나라가 있으면, 나 여호와는 그 민족을 전쟁과 기근과 염병으로 처벌해서라도, 그들로 하여금 바벨론 왕의 손에 멸망당하게 하겠다고 하신다. 바벨론을 거역하는 것은 바로 바벨론을 세워서 통치하시는 하나님을 거역하는 것이니 멸망당한다는 것이다.

"칼과 기근과 전염병으로 그 민족을 벌하리라"는 말은 전쟁의 화로 그 민족을 벌한다는 뜻이다(14:12; 16:4; 21:9; 24:9 참조).

렘 27:9. 너희는 너희 선지자나 복술가나 꿈꾸는 자나 술사나 요술자가 이르기를 너희가 바벨론의 왕을 섬기게 되지 아니하리라 하여도 너희는 듣지 말라.

그러므로 너희에게 있는 거짓 선지자들이나 점쟁이들(살촉을 던져 그것이 떨어진 위치에 의하여 예언하는 점술자를 의미한다)이나 해몽가들(꿈을 통해 예언하는 자들)이나 박수들(시일의 길흉을 말하는 자들)이나 마술사들이 너희에게 바벨론 왕을 섬기지 않게 될 것이라고 말해도 너희는 그 말을 듣지 말라는 것이다.

위의 모든 자들은 이방 종교를 배경으로 하여 속이는 자들이다. 이들은 하나님의 말씀과 반대로 말했다. 그러므로 예레미야는 유대인들에게 이런 속이는 자들의 말을 듣지 말라고 한다.

렘 27:10. 그들은 너희에게 거짓을 예언하여 너희가 너희 땅에서 멀리 떠나게 하며 또 내가 너희를 몰아내게 하며 너희를 멸망하게 하느니라.

예레미야는 본 절에서도 역시 그들(9절의 거짓 선지자, 복술가, 꿈꾸는 자, 술사, 요술사)은 유다 백성들에게 거짓을 예언하여 백성들로 하여금 유다 땅에서 멀리 바벨론으로 포로가 되어 가게하고, 또 하나님께서 유다 백성들을 유다 땅에서 몰아내게 하며 멸망하게 만든다고 한다.

유다 백성들이 예레미야의 예언을 들었다면 그냥 유다 땅에서 잘 살 수 있었을 터이다. 그러나 유다 백성들이 거짓 선지자, 복술가, 꿈꾸는 자, 술사, 요술사들의 거짓 예언을 들었기 때문에 그들은 결국 바벨론에 포로로 끌려가는 수밖에 없었다. 우리는 세상에서 성경대로 믿고, 성경대로 살아야 한다.

렘 27:11. 그러나 그 목으로 바벨론의 왕의 멍에를 메고 그를 섬기는 나라는 내가 그들을 그 땅에 머물러 밭을 갈며 거기서 살게 하리라 하셨다 하라 여호와의 말씀이니라 하시니라(But any nation that will bring its neck under the yoke of the king of Babylon and serve him, I will leave on its own land, to work it and dwell there, declares the LORD-ESV)**.**

그러나 여호와께서 선언하시기를 어느 민족이든지 바벨론 왕의 멍에를 목에 메고, 그를 섬기면 나 여호와가 그들의 고향 땅에 남아 농사를 지으며, 그대로 살 수 있게 하겠다고 하신다.

문제는 거짓 선지자들의 농간이다. 그들이 농간을 부리면 유다 민족이나 유다 민족과 동맹한 나라들은 바벨론의 침략을 받아 망하는 길로 가는 수밖에 없는 것이다. 우리는 하나님의 바른 예언, 성경을 그대로 들을 수 있어야 한다.

12-15절. 예레미야가 시드기야 왕으로 하여금 바벨론 왕에게 복종할 것을 권고하다.

렘 27:12. 내가 이 모든 말씀대로 유다의 왕 시드기야에게 전하여 이르되 왕과 백성은 바벨론 왕의 멍에를 목에 메고 그와 그의 백성을 섬기소서 그리하면 사시리라.

나 예레미야는 유다 왕 시드기야 왕(주전 597-586년 통치, 유다 나라의 최후의 왕)에게도 위에서 한 말씀과 똑같은 말을 전하였다. 임금님과 백성 여러분들은 바벨론 왕의 멍에를 메고, 바벨론 왕과 그의 백성을 섬겨서 살아남도록 하시라고 말했다.

그러나 시드기야는 바벨론 왕을 배반하다가 결국 예루살렘은 느부갓네살에 의해 1년 반 동안 포위되었던 끝에 함락되고, 그는 비참한 최후를 맞이하게 되었다(왕하 24:18-25:17). 하나님의 뜻대로 처신하지 않은 탓이었다.

렘 27:13. 어찌하여 당신과 당신의 백성이 여호와께서 바벨론의 왕을 섬기지 아니하는 나라에 대하여 하신 말씀과 같이 칼과 기근과 전염병에 죽으려 하나이까.

예레미야는 시드기야 왕에게, "임금님과 유다 백성이 여호와께서 바벨론 왕을 섬기지 않는 백성은 전쟁과 기근과 염병으로 죽이겠다고 말씀하셨는데, 어찌하여 임금님과 유다 백성은 그와 같이 죽으려고 하시느냐"고 책망했다. 8절 주해 참조.

렘 27:14. 그러므로 당신들은 바벨론의 왕을 섬기게 되지 아니하리라 하는 선지자의 말을 듣지 마소서 그들은 거짓을 예언함이니이다.

본 절에서도 예레미야의 말은 계속된다. 즉, "임금님과 유다 백성들은 바벨론 왕을 섬기지 않게 될 것이라고 거짓 예언하는 자들의 말을 듣지 마십시오. 이유는 거짓 된 자들이 여러분에게 하는 예언은 모두 거짓이라고 했기 때문입니다"라고 말한다.

렘 27:15. 이는 여호와의 말씀이니라 내가 그들을 보내지 아니하였거늘 그들이 내 이름으로 거짓을 예언하니 내가 너희를 몰아내리니 너희와 너희에게 예언하는 선지자들이 멸망하리라.

여호와께서 말씀하시기를, "나 여호와는 그들 거짓 선지자들을 보내지 않았는데, 그들은 거짓으로 내 이름을 팔아 예언한다. 시드기야 임금님과 유다 백성들이 그들의 말을 들으면, 내가 유다 임금님과 백성들을 유다 나라에서 쫓아낼 것이며 시드기야 임금님과 유다 백성들은 그러한 예언자들과 함께 멸망하고 말 것이라"고 말했다.

예레미야의 이와 같은 경고에도 불구하고 시드기야 왕은 바벨론에 대한 반역을 시도하다가 나라가 망했고, 그의 아들들은 그가 눈을 뜨고 보는 중에 죽임을 당했으며, 그 자신의 두 눈은 뽑히게 되는 수모를 당했던 것이다(왕하 25:1-7). 만약 시드기야 왕이 예레미야의 예언에 순종했더라면 이런 비극을 면하고, 고향 유다 땅에서 계속 왕의 지위를 유지하고, 평안히 살 수 있었을 것이다.

3. 성전 기구를 바벨론으로 옮겨가게 될 것을 예언함(27:16-22)

렘 27:16. 내가 또 제사장들과 그 모든 백성에게 전하여 이르되 여호와께서 이와 같이 말씀하시기를 보라 여호와의 성전의 기구를 이제 바벨론에서 속히 돌려오리라고 너희에게 예언하는 선지자들의 말을 듣지 말라 이는 그들이 거짓을 예언함이니라 하셨나니.

나 예레미야가 또 참 제사장들과 모든 유다 백성들에게 전하기를, "거짓 선지자들이 여호와의 이름을 빙자하여 이제 바벨론으로부터 여호와의 성전의 기구를 속히 돌려 오리라고 거짓되게 선전하는 말을 듣지 말라"고 했다는 것이다.

본 절에서 제사장이 거론되는 이유는 성전 기구들에 대해서 말하는 것이기 때문이다.

여기 "여호와의 성전의 기구들"은 솔로몬이 만든 기구들인데(왕상 7:48-50), 여호야김 때(주전 606년, 대하 36:7)와 여호야긴 때(주전 598년, 대하 36:10; 왕하 24:13)에 바벨론으로 빼앗긴 것이다. 일부 거짓 예언자들은 이 성전 기구들이 곧 돌아온다고 거짓말을 했던 것이다.

렘 27:17. 너희는 그들의 말을 듣지 말고 바벨론의 왕을 섬기라 그리하면

살리라 어찌하여 이 성을 황무지가 되게 하려느냐.

예레미야는 참 제사장들과 모든 백성들에게 거짓 선지자들의 말을 듣지 말고 바벨론 왕을 섬겨라. 그렇게 하면 살 것이고 평안할 것이라. 어찌하여 이 성을 황무지가 되게 하려느냐고 한다(12절; 21:10 주해 참조).

렘 27:18. 만일 그들이 선지자이고 여호와의 말씀을 가지고 있다면 그들이 여호와의 성전에와 유다의 왕의 궁전에와 예루살렘에 남아 있는 기구를 바벨론으로 옮겨가지 못하도록 만군의 여호와께 구하여야 할 것이니라.

만일 그들이 참 선지자들이라고 한다면, 그리고 정말로 그들이 주의 말씀을 받은 사람들이라고 한다면 그들은 여호와의 성전에서, 그리고 유다 왕궁에서, 그리고 예루살렘에 아직 남아 있는 기구들을 더 이상 바벨론 군대에게 빼앗기지 않게 해 달라고, 만군의 주에게 호소하는 것이 맞는 일이다.

그러나 그들이 참 선지자들이 아니니 여호와께 호소도 하지 않고 있는 것이다. 거짓 선지자들은 호소하지 않는다. "만군의 여호와"란 말에 대해서는 2:19 주해를 참조하라.

렘 27:19-20. 만군의 여호와께서 기둥들과 큰 대야와 받침들과 이 성에 남아 있는 기구에 대하여 이같이 말씀하시나니 이것은 바벨론의 왕 느부갓네살이 유다의 왕 여호야김의 아들 여고니야와 유다와 예루살렘 모든 귀인을 예루살렘에서 바벨론으로 사로잡아 옮길 때에 가져가지 아니하였던 것이라.

19절과 20절은 성전 기둥들(왕상 7:15-22)과 큰 대야(왕상 7:23-26)와 받침들(왕상 7:27-39)과 예루살렘 성에 아직 남아 있는 기구에 대하여 말씀하시는 내용이다. 즉, 바벨론 왕 느부갓네살이 유다의 왕 여호야김의 아들 여고냐와 유다와 예루살렘의 모든 귀인들을 예루살렘으로부터 바벨론으로 붙잡아 갈 때에 남겨 두었던 것들이라고 말한다. 대체로 여호야김 왕과 여호야긴을 잡아갈 때는 금기명이나 보다 귀중한 기구들을 가져간 것으로 보인다(이상근).

"만군의 여호와"란 말에 대해서는 2:19 주해를 참조하라.

렘 27:21. 만군의 여호와 이스라엘의 하나님께서 여호와의 성전과 유다의 왕의 궁전과 예루살렘에 남아 있는 그 기구에 대하여 이와 같이 말씀하셨느니라(thus says the LORD of hosts, the God of Israel, concerning the vessels that are left in the house of the LORD, in the house of the king of Judah, and in Jerusalem-ESV) **.**

여호와의 성전과 유다의 왕궁과 예루살렘에 남아 있는 그 기구를 두고 위와 같이(20절) 만군의 여호와 이스라엘의 하나님이 말씀하신다.

렘 27:22. 그것들이 바벨론으로 옮겨지고 내가 이것을 돌보는 날까지 거기에 있을 것이니라 그 후에 내가 그것을 올려 와 이 곳에 그것들을 되돌려 두리라 여호와의 말씀이니라.

나 여호와가 말하기를, "그것들(21절의 예루살렘에 남아 있는 기구들)도 결국은 바벨론으로 실려 가서, 나 여호와가 찾아올 때까지 그냥 그 곳에 남아 있을 것이다. 그리고 그 후에 내가 그것들을 이곳으로 다시 옮겨 올 것이라"고 하신다.

남은 기구들이 바벨론으로 옮겨진 것은 시드기야 왕 때였다(주전 586년, 왕하 25:1-17). 그것은 제3차 때였고, 또 마지막 포로 때였다. 이 때 대제사장들은 피살되었고, 시드기야 왕은 눈이 뽑힌 채 바벨론으로 이끌려 갔다(왕하 25:1-21). 이때에 예루살렘이 당한 침략의 결과는 문자 그대로 황무지가 된 것이었다(27:17). 그리고 이 성전 기구들이 다시 예루살렘으로 돌아온 것은 바사 왕 고레스가 유다 백성들의 귀환을 허락했을 때였다(스 1:1-7; 6:1-5). 이와 같이 본서에 유다 백성의 바벨론 포로와 그 귀환이 예언되고, 또 성전과 왕궁들의 기구들이 바벨론으로 옮겨질 것과 다시 예루살렘으로 돌아올 것까지 예언된 것은 참으로 놀라운 일이 아닐 수 없다. 하나님의 예언의 놀라운 정확성을 느끼게 한다.

제 28 장

4. 거짓 선지자의 예언(28:1-4)

거짓 선지자 하나냐는 유다가 안전하리라고 예언했다. 하나냐는 바벨론의 멍에를 꺾고, 포로들과 성전 기구들이 돌아온다고 예언했다.

<예레미야와 하나냐>

렘 28:1. 그 해 곧 유다 왕 시드기야가 다스리기 시작한 지 사 년 다섯째 달 기브온앗술의 아들 선지자 하나냐가 여호와의 성전에서 제사장들과 모든 백성이 보는 앞에서 내게 말하여 이르되.

여기 "그 해"란 말은 예레미야가 목에 멍에를 메는 상징적 행동을 통해 예언 활동을 하던 시기를 가리킨다(렘 27:1). 그 해, 곧 시드기야가 유다 왕이 되어(주전 597-586간 통치) 다스리기 시작한 지 4년 5월에 일어난 일이다. 기브온 사람 앗술의 아들 하나냐라는 거짓 선지자가 있었는데, 그가 여호와의 성전에서 제사장들과 온 백성이 보는 앞에서 나 예레미야에게 다음과 같이 말하였다.

"기브온앗술의 아들 선지자 하나냐"는 기브온 사람(예루살렘 서북쪽 약 10km 지점에 위치한 곳)으로 하나냐라는 이름은 '여호와는 은혜로우시다'는 뜻의 이름이다. 70인역(LXX)에는 이 사람을 아예 거짓 선지자라고 못을 박아 기록하고 있다. 그는 유다 백성을 속인 거짓 선지자였다.

하나냐는 "여호와의 성전"에서 제사장과 모든 백성을 상대로 공적으로 예언 활동을 했다. 그는 거짓 예언을 하면서 아주 담대하게 활동했다. 그는 다음 절에서 보여주는 것처럼 아주 담대하게 행동했다.

렘 28:2. 만군의 여호와 이스라엘의 하나님이 이같이 일러 말씀하시기를 내가 바벨론의 왕의 멍에를 꺾었느니라.

본 절은 거짓 선지자 하나냐가 성전에서 제사장들과 모든 백성이 보는 앞에서 담대하게 외친 말이다. 즉, “나 만군의 여호와 이스라엘의 하나님이 말한다. 내가 바벨론 왕의 멍에를 꺾어 버렸다”고 말한다.

“내가 바벨론의 왕의 멍에를 꺾었느니라”는 말은 예레미야의 예언에 대한 정면 도전이다. 왜냐하면 예레미야의 목에 얹어 놓았던 멍에는 바벨론 포로를 상징하기 때문이다(27:2; 28:10). 그런데 하나냐는 바로 그 바벨론의 권세가 이제 꺾였다는 것을 말하는 것이었다. 그는 감히 바벨론 왕의 멍에를 자신이 꺾었다고 큰소리쳤다.

렘 28:3. 내가 바벨론의 왕 느부갓네살이 이 곳에서 빼앗아 바벨론으로 옮겨 간 여호와의 성전 모든 기구를 이 년 안에 다시 이 곳으로 되돌려 오리라.

본 절은 거짓 선지자 하나냐의 거짓 예언 내용이다. 즉, 바벨론 왕 느부갓네살이 예루살렘에서 탈취하여 바벨론으로 가져 간 여호와의 성전의 모든 기구(제1차 포로 때와 제2차 포로 때에 바벨론으로 옮겨간 기구들)들을 나 하나냐가 2년 안에 이곳 예루살렘으로 다시 가져 오겠다고 큰소리를 쳤다. 이런 기구들이 실제로 예루살렘으로 귀환된 것은 이때부터 60년 뒤였다(이상근).

렘 28:4. 내가 또 유다의 왕 여호야김의 아들 여고니야와 바벨론으로 간 유다 모든 포로를 다시 이 곳으로 돌아오게 하리니 이는 내가 바벨론의 왕의 멍에를 꺾을 것임이라 여호와의 말씀이니라 하시니라.

하나냐는 여호와의 이름을 빙자하여 본 절에서도 거짓 예언을 대담하게 했다. 즉, 유다 왕 여호야김의 아들 여고냐와 바벨론으로 잡혀 간 유다의 모든 포로(제2차 포로 때 잡혀간 모든 포로)도 내가 이 곳으로 다시 데려오겠다. 내가 반드시 바벨론 왕의 멍에를 꺾어 버리겠다고 큰소리를 쳤다.

예레미야는 그들이 바벨론으로 끌려가서 돌아오지 못하고 그곳에서 죽으리라 했고, 또 포로 기간이 장기간이라고 했는데, 하나냐는 유다 민족을 2년 안에 돌아오게 하겠다고 했으니 포로 기간을 비교도 되지 않을 정도로 단축시켜 말한 것이었다. 참으로 놀라운 거짓말쟁이였다.

5. 참 선지자 예레미야가 대항하다(28:5-17)

예레미야는 하나냐와 반대로 유다의 포로 기간이 오랠 것을 예언한다.

렘 28:5. 선지자 예레미야가 여호와의 성전에 서 있는 제사장들과 모든 백성들이 보는 앞에서 선지자 하나냐에게 말하니라.

그러자 선지자 예레미야가 여호와의 성전에 서 있는 제사장들과 온 백성들이 보는 앞에서 거짓 선지자 하나냐에게 다음과 같이 대답하였다.

렘 28:6. 선지자 예레미야가 말하니라 아멘, 여호와는 이같이 하옵소서 여호와께서 네가 예언한 말대로 이루사 여호와의 성전 기구와 모든 포로를 바벨론에서 이 곳으로 되돌려 오시기를 원하노라.

그 때에 선지자 예레미야는 말하기를, “아멘! 여호와께서 그렇게만 하여 주신다면 오죽이나 좋겠소. 당신이 예언한 말을 여호와께서 성취해 주셔서, 여호와의 성전 기구와 모든 포로가 바벨론에서 2년 내에 이곳으로 되돌아올 수 있기를 나도 참으로 바란다”고 대꾸한다.

예레미야가 하나냐의 예언을 믿는다는 것이 아니라 ‘그렇게만 된다면 오죽이나 좋을까’하고 잠시 동안 하나냐에 대하여 빈정거리는 태도를 보인 것이다.

렘 28:7. 그러나 너는 내가 네 귀와 모든 백성의 귀에 이르는 이 말을 잘 들으라.

그러나 하나냐 당신은 이제 나 예레미야가 당신의 귀와 온 백성의 귀에 이르는 이 말을 잘 들으시라고 예레미야가 말한다.

오늘 우리는 신구약 성경 말씀과 참된 설교자들의 설교를 잘 들어야 할 것이다. 그것이 우리가 살 길이다.

렘 28:8. 나와 너 이전의 선지자들이 예로부터 많은 땅들과 큰 나라들에 대하여 전쟁과 재앙과 전염병을 예언하였느니라.

본 절도 역시 예레미야가 거짓 선지자 하나냐에게 하는 말이다. 즉, 옛날부터 우리의 선배 선지자들(아모스, 이사야, 미가, 호세아 등)은 많은 나라와 큰 왕국들에 전쟁과 기근과 염병이 일어날 것을 예언하였다고 말한다.

참 선지자들이 전쟁과 기근과 염병이 닥칠 것이라고 예언하기는 참으로 어렵고, 큰 용기도 필요했던 것이다. 그들이 이렇게 솔직히 예언하는 이유는 그들이 전하는 내용이 하나님의 말씀이어서 반드시 그 말씀이 이뤄지기 때문이다. 그래서 그들은 어려움 속에서도 죄악 중에 거하는 사람들에게 어서 빨리 죄를 자복하고, 돌아서라고 강권했다.

렘 28:9. 평화를 예언하는 선지자는 그 예언자의 말이 응한 후에야 그가 진실로 여호와께서 보내신 선지자로 인정받게 되리라.

본 절도 역시 예레미야가 거짓 선지자 하나냐에게 말한 것이다. 즉, 평화를 예언하는 선지자는 그가 예언한 말이 성취된 후에야 비로소 사람들이 그를 여호와께서 보내신 참 선지자로 인정하게 될 것이라는 내용이다.

예레미야가 본 절을 말한 것은 거짓 선지자 하나냐가 바벨론으로 포로가 되어간 유다 사람들과 성전 기구들을 2년 안에 돌아오게 하겠다고 했으니(4절), 그 사실이 실제로 이루어져야 하나냐가 참 선지자로 인정될 것이라는 말이다.

렘 28:10-11. 선지자 하나냐가 선지자 예레미야의 목에서 멍에를 빼앗아

꺾고 모든 백성 앞에서 하나냐가 말하여 이르되 여호와께서 이와 같이 말씀하시니라 내가 이 년 안에 모든 민족의 목에서 바벨론의 왕 느부갓네살의 멍에를 이와 같이 꺾어 버리리라 하셨느니라 하매 선지자 예레미야가 자기의 길을 가니라.

거짓 선지자 하나냐가 모든 백성들 앞에서 실물 교육을 한답시고 예레미야의 목에 있던 멍에를 빼앗아 꺾고(27:2), 모든 백성들 앞에서 하나냐가 여호와께서 이와 같이 말씀하신다고 반복했다(3절 참조). 즉, 나 하나냐가 2년 안에 유다 모든 민족의 목에서 바벨론 왕 느부갓네살의 멍에를 꺾어버리겠다고 말했다. 그러나 하나냐의 이 말을 들은 선지자 예레미야는 아무 대항도 하지 않고, 묵묵히 자기의 할 일을 했다.

예레미야는 앞을 내다보며, 하나냐가 분명히 거짓 선지자로 드러날 것을 확신하였기에, 자기가 할 일을 한 것이다. 당장은 하나냐가 성공한 것처럼 보이는 때였으니, 예레미야가 무슨 말로 대꾸를 할 것인가. 오늘 복음 전도자들도 거짓된 사람들 앞에서 할 말이 없다. 우리의 할 일을 다 하는 것이 최선책이다.

12-17절. 결국 하나냐는 죽는다.

렘 28:12. 선지자 하나냐가 선지자 예레미야의 목에서 멍에를 꺾어 버린 후에 여호와의 말씀이 예레미야에게 임하니라 이르시기를.

거짓 선지자 하나냐가 예레미야의 목에 있는 멍에를 꺾어 버린 사건(11절) 후에 여호와의 말씀이 다음과 같이 예레미야에게 임했다.

렘 28:13. 너는 가서 하나냐에게 말하여 이르기를 여호와의 말씀에 네가 나무 멍에들을 꺾었으나 그 대신 쇠 멍에들을 만들었느니라.

본 절은 여호와께서 예레미야에게 명령한 말씀이다. 즉, "너 예레미야는 하나냐를 찾아가서 이렇게 전하여라. 너 하나냐는 나무로 만든 멍에를 꺾어 버렸으나, 오히려 그 대신에 쇠로 멍에를 만들고 말았다"고 말하라 하신다.

나무로 만든 멍에는 꺾을 수 있었으나 쇠 멍에는 꺾을 수 없다는 것이다. 하나냐의 힘으로는 바벨론의 속박을 꺾을 수 없다는 뜻이다.

렘 28:14. 만군의 여호와 이스라엘의 하나님께서 이와 같이 말씀하시니라 내가 쇠 멍에로 이 모든 나라의 목에 메워 바벨론의 왕 느부갓네살을 섬기게 하였으니 그들이 그를 섬기리라 내가 들짐승도 그에게 주었느니라 하라.

본 절은 여호와께서 예레미야에게 하신 말씀이다. 즉, "진실로 나 만군의 여호와 하나님이 말하기를 내가 이 모든 민족의 목에 쇠로 만든 멍에를 메워 놓고, 바벨론 왕 느부갓네살을 섬기게 하였으니, 모든 민족들이 그를 섬겨야 할 것이니라. 나 여호와는 심지어 들짐승들까지도 바벨론에게 넘겨주었다(27:6)"고 하신다.

렘 28:15. 선지자 예레미야가 선지자 하나냐에게 이르되 하나냐여 들으라 여호와께서 너를 보내지 아니하셨거늘 네가 이 백성에게 거짓을 믿게 하는도다.

본 절은 예레미야가 거짓 선지자 하나냐에게 이르는 말이다. 즉, "하나냐 당신은 똑똑히 들으시오. 여호와께서는 당신을 선지자로 보내지 않으셨는데도, 당신은 이 백성에게 거짓을 믿도록 하였소"라고 말해주었다.

예레미야가 하나냐에게 "여호와께서 너를 보내지 아니하셨거늘 네가 이 백성에게 거짓을 믿게 하였다"고 한 말이야말로 대단한 용기를 가지고 한 말이었다. 이 땅의 복음 전도자들도 복음을 전할 때 큰 용기를 가지고 전해야 할 것이다.

렘 28:16. 그러므로 여호와께서 이와 같이 말씀하시되 내가 너를 지면에서 제하리니 네가 여호와께 패역한 말을 하였음이라 네가 금년에 죽으리라 하셨느니라 하더니.

본 절은 하나냐의 악행(15절)을 갚으시는 여호와의 말씀이다. 즉, "그러므로 여호와께서 이렇게 말씀하셨소. 나 여호와가 너 하나냐를 이 지면에서 영영 없애 버릴 것이니, 금년에 네가 죽을 것이다. 이유는 너 하나냐가 나 여호와를 거역하는 말을 하였기 때문이라"고 하신다. 예레미야가 하나냐에게 이런 말을 할 수 있었던 것은 큰 용기가 필요한 일이었다. 복음 전도자는 하나님의 말씀을 가지고 있으니 담대하게 행동해야 할 것이다.

렘 28:17. 선지자 하나냐가 그 해 일곱째 달에 죽었더라.

"선지자 하나냐가 그 해 일곱째 달에 죽은 것"은 예레미야가 예언한 지 2개월 후였다. 하나냐는 5월에 거짓 예언을 했는데(3절), 2개월 후에 죽은 것이다. 2개월의 세월이 흐른 이유는 아마도 여호와께서 하나냐에게 회개의 기회를 주신 것으로 보인다. 종래 회개를 하지 않으니 결국 생명을 잃은 것이다.

제 29 장

6. 예레미야가 바벨론 포로들에게 그 땅에서 안정하라 함(29:1-14)

<포로에게 보낸 예레미야의 편지>

렘 29:1. 선지자 예레미야가 예루살렘에서 이 같은 편지를 느부갓네살이 예루살렘에서 바벨론으로 끌고 간 포로 중 남아 있는 장로들과 제사장들과 선지자들과 모든 백성에게 보냈는데.

이 편지는 선지자 예레미야가 예루살렘에서 바벨론으로 보낸 편지로서, 포로로 잡혀 간 장로들 가운데서 살아남은 사람들을 비롯하여 느부갓네살이 예루살렘에서 바벨론으로 잡아간 제사장들과 예언자들과 온 백성에게 보낸 편지다.

여기 "남아 있는 장로들"이란 포로로 잡혀간 장로 중 죽지 않고 남아 있던 장로들을 뜻한다.

그리고 "제사장들과 선지자들"은 포로로 잡혀가기 전, 예레미야의 적대자들이었을 것이다(26:11). 이런 사람들도 일단 사로 잡혀가서 마음의 변화를 받아 예레미야의 권고를 들었을 것이다. 예레미야는 편지를 보내 포로들을 격려한 것이다. 이것이 예레미야의 관심이었다. 오늘도 여러 교통수단 등의 방법을 동원하여 우리의 관심을 보이는 것이 중요하다.

렘 29:2. 그 때는 여고니야 왕과 왕후와 궁중 내시들과 유다와 예루살렘의 고관들과 기능공과 토공들이 예루살렘에서 떠난 후라.

본 절은 예레미야가 편지를 보낸 때가 언제냐를 규명한다. 그 때는 주전 598년, 제2차 포로를 잡아가던 때(22:24; 24:1 왕하 24:8-17)로 여호야김 왕을 위시하여 태후 느후다, 왕후들, 내시들, 나라의 방백들과 용사 7,000명, 또 목공들과 철공 등 기술자 1,000명 등 도합 10,000명이 넘는 백성들이 사로 잡혀 갔고, 예루살렘의 금, 은, 보물 등도 약탈당했다. 하여튼 예레미야가 보낸 편지는 여호야긴이 포로가 된지 아마 2-3년 후로 추정된다.

렘 29:3. 유다의 왕 시드기야가 바벨론으로 보내어 바벨론의 왕 느부갓네살에게로 가게 한 사반의 아들 엘라사와 힐기야의 아들 그마랴 편으로 말하되.

예레미야의 편지는 유다 왕 시드기야가 바벨론 왕 느부갓네살에게 보낸 사반의 아들 엘리사와 힐기야의 아들 그마랴를 시켜 바벨론으로 전달해 주었다. 다음은 그 편지의 내용이다.

"사반의 아들 엘리사"는 예레미야를 보호했던 아히감(26:24; 왕하 22:12)의 형제로 보이며, "힐기야의 아들 그마랴"는 여호야김이 예레미야의 예언서를 불사르지 말 것을 말한 사람으로(36:25), 그의 아버지 "힐기야"는 요시야 왕 때 대제사장으로 성전에서 율법책을 발견하여 요시야의 종교개혁 중심에 있던 사람 중 하나였다(왕하 22:8; 대하 34:14). 이 두 사람은 예레미야를 이해하고, 적극적으로 그를 돕던 사람들이었다(이상근).

렘 29:4. 만군의 여호와 이스라엘의 하나님께서 예루살렘에서 바벨론으로 사로잡혀 가게 한 모든 포로에게 이와 같이 말씀하시니라.

만군의 여호와 이스라엘의 하나님께서 말씀하시기를 내가 예루살렘에서 바벨론으로 사로 잡혀 가게 한 모든 포로에게 다음과 같이 말한다.

"내가 예루살렘에서 바벨론으로 사로잡혀 가게 한 모든 포로"라는 문구는 '나 만군의 여호와가 예루살렘에서 바벨론으로 사로 잡혀 가게한 모든 포로'라는 뜻이니 자원해서 바벨론으로 간 것도 아니고, 우연히 잡혀간 것도 아니라 여호와 자신께서 유다 민족을 사로 잡혀 가게 하신 것이란 뜻이다. 우리가 하나님의 섭리를 깨닫는 것은 아주 중요하다.

렘 29:5. 너희는 집을 짓고 거기에 살며 텃밭을 만들고 그 열매를 먹으라.

예레미야는 포로들에게 바벨론 땅에서 안정된 삶을 살라고 부탁한다. 즉, "너희 유다 백성들은 그 곳 바벨론 땅에서 집을 짓고 정착하여라. 과수원도 만들고 그 열매도 따 먹으라"고 부탁한다. 공연히 거짓 선지자들의 말을 듣고 포로 생활이 금방 끝날 것으로 알고 살아서는 안 된다는 것이다. 70년의 삶이 되니 거기서 아주 오래 살 생각을 하라는 것이었다.

렘 29:6. 아내를 맞이하여 자녀를 낳으며 너희 아들이 아내를 맞이하며 너희 딸이 남편을 맞아 그들로 자녀를 낳게 하여 너희가 거기에서 번성하고 줄어들지 아니하게 하라.

너희 유다 민족의 남자들은 아내를 맞이하여 아들딸을 낳고, 그리고 너희 아들도 아내를 맞이하며, 너희 딸도 남편을 맞아 그들로 하여금 자녀를 낳게 하여 너희가 그 곳에서 번성하여 줄어들지 않게 하라고 부탁한다.

"너희 딸이 남편을 맞아 그들로 자녀를 낳게 하라"는 말을 보니 그 때에 그들이나 그들의 아들들이 취할 아내들이 이방 여자들이 아니었음을 알 수 있다.

"너희가 거기에서 번성하고 줄어들지 아니하게 하라"는 말을 통해 하나님은 그의 백성이 번성하기 원하신다(창 1:28; 15:5)는 것을 알 수 있다. 오늘날 결혼하지 않고 혼자 사는 사람들이 많은데, 특별히 혼자로의 부르심(예레미야, 바울 등)이 아니라면 하나님께서 원하시는 경건의 가정을 이뤄야 한다.

렘 29:7. 너희는 내가 사로잡혀 가게 한 그 성읍의 평안을 구하고 그를 위하여 여호와께 기도하라 이는 그 성읍이 평안함으로 너희도 평안할 것임이라(But seek the welfare of the city where I have sent you into exile, and pray to the LORD on its behalf, for in its welfare you will find your welfare-ESV).

예레미야는 편지 내용에 당신들 유다 백성들이 여호와가 사로잡혀 가게 한 그 성읍이 평안하도록 힘써 노력하고(seek), 그 성읍의 평안을 위하여 여호와께 기도하라고 한다. 그래야 되는 이유는 그 성읍이 평안해야 유다 백성들도 평안할 것이기 때문이라고 했다.

오늘 신약 시대 성도들도 자기들이 사는 곳의 평안을 위해 기도해야 할 것이다(롬 13:1; 딤전 2:1-2; 벧전 2:13-17).

렘 29:8. 만군의 여호와 이스라엘의 하나님께서 이와 같이 말하노라 너희 중에 있는 선지자들에게와 점쟁이에게 미혹되지 말며 너희가 꾼 꿈도 곧이 듣고 믿지 말라.

만군의 여호와 이스라엘의 하나님께서 말씀하시기를 너희들 중에서 활동하고 있는 거짓 선지자들과 점쟁이들이 너희들을 속이지 못하게 하고, 그들의 꿈에도 귀를 기울이지 말라고 하신다.

이런 혼란한 사회에서는 거짓 선지자들과 복술을 행하는 자들이 있으며, 꿈에 하나님의 예언을 받았다 하는 자들이 많이 있어서 백성을 미혹했다(27:9; 28:2 참조). 이런 사람들은 바벨론의 패권은 끝나가고 있으며, 이제 유다 민족은 곧 귀환하게 될 것이라고 미혹하는 자들이었다. 이런 자들을 조심하라는 것이다. 어느 사회에나 사회를 미혹하는 자들이 있기 마련이다. 우리는 성경 말씀에 귀를 기울이고 살아야 한다.

렘 29:9. 내가 그들을 보내지 아니하였어도 그들이 내 이름으로 거짓을 예언함이라 여호와의 말씀이니라.

여호와께서는 말씀하시기를 내가 그런 거짓말쟁이들을 보내지 아니했어도 그들이 여호와의 이름을 빙자하여 거짓을 예언한다는 것이었다(28:2-4, 15 참조).

렘 29:10. 여호와께서 이와 같이 말씀하시니라 바벨론에서 칠십 년이 차면

내가 너희를 돌보고 나의 선한 말을 너희에게 성취하여 너희를 이 곳으로 돌아오게 하리라.

여호와께서 말씀하시기를 너희 유다 백성이 바벨론에서 70년을 다 채우고 나면(25:11-12 주해 참조), 나 여호와가 너희를 돌아보아, 너희를 이곳(이스라엘 땅)으로 다시 데리고 오겠다는 나 여호와의 은혜로운 약속을 너희에게 그대로 이루어 주겠다고 하신다.

유다 백성들은 거짓 선지자들의 거짓된 예언에 속아서 방황할 것이 아니라 하나님께서 친히 말씀하신 기한 동안 죄를 자복하고 회개하면, 하나님께서 좋은 때를 주신다는 것이었다.

렘 29:11. 여호와의 말씀이니라 너희를 향한 나의 생각을 내가 아나니 평안이요 재앙이 아니니라 너희에게 미래와 희망을 주는 것이니라.

여호와께서 말씀하시기를, "바벨론에서 포로 생활을 하고 있는 너희 유다 백성들을 두고 계획하는 나 여호와의 일들은 오직 나만이 잘 알고 있다. 내가 너희를 두고 계획하고 있는 일들은 징계가 아니라 평안이다. 너희의 미래에 희망을 주려는 것이니라"고 하신다.

렘 29:12. 너희가 내게 부르짖으며 내게 와서 기도하면 내가 너희들의 기도를 들을 것이요.

여호와께서 말씀하시기를, "너희 유다 백성이 포로의 땅에서 나 여호와께 부르짖으며 나 여호와께 와서 기도하면 나 여호와가 너희 유다 백성들의 기도를 들어줄 것이라"고 하신다.

오늘 우리는 그 어디서든지 여호와께 기도하여 엄청난 복을 누려야 할 것이다. 우리는 땅에 있든지 바다에 있든지 비행기 안에 있든지 그 어느 곳에 있다 할지라도 하나님께 기도하면 우리에게 평안과 복 주신다는 사실을 깨달아야 한다.

렘 29:13. 너희가 온 마음으로 나를 구하면 나를 찾을 것이요 나를 만나리라 (You will seek me and find me, when you seek me with all your heart-ESV).

여호와께서 말씀하시기를 너희 유다 백성들이 마음을 다하여 나 여호와를 찾기만 하면, 나를 찾을 것이요 나를 만날 것이라고 하신다.

여기 "온 마음으로"(בְּכָל־ לְבַבְכֶם)란 말은 '마음을 다하여'란 뜻으로 의지적으로 온 심정을 쏟아야 할 것을 뜻한다. 여기서 우리가 주목해야 하는 것은 포로 백성들의 귀환이 하나님에 의해 이미 작정된 일임에도 불구하고, 여호와께서는 유다 백성들에게 그들의 귀환을 위해 하나님께 기도하도록 요구하고 있다는 점이다. 이를 통해 우리의 일상이 쉬지 말고 기도하는 삶의 현장이 되어야 함을 깨닫게 된다.

렘 29:14. 이것은 여호와의 말씀이니라 나는 너희들을 만날 것이며 너희를 포로된 중에서 다시 돌아오게 하되 내가 쫓아 보내었던 나라들과 모든 곳에서 모아 사로잡혀 떠났던 그 곳으로 돌아오게 하리라 이것은 여호와의 말씀이니라.

여호와께서 말씀하시기를, "나 여호와가 너희를 만나 주고 내가 너희를 포로가 된 중에서 돌아오게 하겠다. 내가 너희를 쫓아 보냈던 세상의 모든 나라, 너희가 어느 지역에 있든지 그 지역에서 너희를 모아 오겠다. 내가 너희를 포로로 보냈으나, 나는 너희를 그 곳에서 너희의 고향으로 다시 데려오겠다"고 하신다.

성도들이 어떤 죄를 지었더라도 즉시 죄를 자복하며, 회개하면 회복되는 것은 문제도 되지 않는 일임을 알아야 한다. 우리가 오늘 신약 시대를 살 때에도 조금의 죄라도 범하면 얼른 자복해서 원상으로 회복되어 복된 삶을 살아야 할 것이다.

7. 유다에 남아 있는 자들도 포로가 될 것을 예언하다(29:15-20)

렘 29:15. 너희가 말하기를 여호와께서 우리를 위하여 바벨론에서 선지자를 일으키셨느니라.

너희가 말하기를, "여호와께서는 바벨론에서 우리를 위하여 (거짓) 선지자들(8절)을 일으켜 주시지 않았느냐"라고 말한다. 이 거짓 선지자들은 이제 곧 바벨론 포로기는 끝날 것이고, 자기들은 곧 유다 땅으로 돌아갈 것이라는 헛된 거짓말을 했다.

렘 29:16. 다윗의 왕좌에 앉은 왕과 이 성에 사는 모든 백성 곧 너희와 함께 포로 되어 가지 아니한 너희 형제에게 여호와께서 이와 같이 말씀하셨느니라.

그렇기 때문에 나 여호와가 지금 다윗의 보좌에 앉아 있는 시드기야 왕과 그리고 지금 이 도성에 살고 있는 모든 백성과 너희와 함께 포로로 잡혀 가지 않은 너희의 형제들에게 다음과 같이 말한다.

렘 29:17. 만군의 여호와께서 이와 같이 말씀하시되 보라 내가 칼과 기근과 전염병을 그들에게 보내어 그들에게 상하여 먹을 수 없는 몹쓸 무화과 같게 하겠고.

만군의 여호와께서 이와 같이 말씀하시기를, "보라! 나 여호와가 칼과 기근과 전염병(24:10; 27:13)을 포로되어 가지 않은 그들에게 보내어 그들로 하여금 상하여 먹을 수 없는 무화과 모양(24:2-3, 8-10 주해 참조)으로 만들어 주겠다"고 하신다.

렘 29:18. 내가 칼과 기근과 전염병으로 그들을 뒤따르게 하며 그들을 세계 여러 나라 가운데에 흩어 학대를 당하게 할 것이며 내가 그들을 쫓아낸 나라들 가운데에서 저주와 경악과 조소와 수모의 대상이 되게 하리라.

본 절은 바벨론에 포로되지 않은 유다인들을 여호와께서 포로되어 간 사람들보다 더 비참하게 만들어주시겠다는 것을 말씀하신다. 즉, 나 여호와가 칼과 기근과 염병으로 그들을 뒤쫓아 가서 칠 것이니, 세상의 모든 나라들이 이것을 보고 놀라게 만들어주고, 그들은 나 여호와에게 쫓겨 가서 사는 모든 민족들 사이에서, 저주와 놀라움과 조롱과 조소거리가 되게 하겠다고 하신다.

유다 백성들이 이렇게 비참하게 된 것은 시드기야 왕 때(주전 586년), 예루살렘이 함락되고, 거민들은 마지막으로 포로가 될 때에의 일이었다. 그들은 여호야김 왕 때(주전 589년) 포로가 되지 않은 것과 예루살렘에 머물게 된 것을 기쁘게 여겼으나, 예루살렘이 거의 2년 동안이나 느부갓네살의 포위를 받은 끝에 함락되었을 때는 앞서 포로로 잡혀 갔던 포로민보다 더욱 비참하게 되었던 것이다(왕하 25:1-7, 이상근). 모든 일은 항상 하나님의 말씀대로 된다.

렘 29:19. 여호와의 말씀이니라 너희들이 내 말을 듣지 않았기 때문이니라 내가 내 종 선지자들을 너희들에게 꾸준히 보냈으나 너희는 그들의 말을 듣지 않았느니라 여호와의 말씀이니라.

여호와께서는 패역한 유대인들에게 계속해서 여호와의 종 선지자들을 꾸준히 보내셨지만, 유대인들은 그 선지자들의 말을 듣지 않았다(25:4 주해 참조)는 것이다.

렘 29:20. 그런즉 내가 예루살렘에서 바벨론으로 보낸 너희 모든 포로여 여호와의 말씀을 들을지니라.

예레미야는 15절에 이어 바벨론 포로들을 향하여 이제는 여호와의 말씀을 들으라고 간청한다. 여호와의 말씀을 듣는 것이 살 길이라는 것이다.

8. 거짓 선지자들의 비참한 장래에 대해 예언하다(29:21-32)

렘 29:21. 만군의 여호와 이스라엘의 하나님께서 골라야의 아들 아합과

마아세야의 아들 시드기야에 대하여 이와 같이 말씀하시니라 그들은 내 이름으로 너희에게 거짓을 예언한 자라 보라 내가 그들을 바벨론의 왕 느부갓네살의 손에 넘기리니 그가 너희 눈 앞에서 그들을 죽일 것이라.

만군의 여호와 이스라엘의 하나님께서 골라야의 아들 아합과 마아세야의 아들 시드기야에 대하여 다음과 같이 말씀하시기를, "그들은 내 이름을 빌려 너희에게 거짓을 예언한 자들이다. 내가 그들을 바벨론 왕 느부갓네살의 손에 넘겨주어 그가 너희 보는 앞에서 그들을 죽일 것이다"고 하신다.

"골라야의 아들 아합과 마아세야의 아들 시드기야"라고 이름 앞에 부친의 이름을 들어 말하는 것은 정체성을 드러내기 위함이다. 거짓 예언을 한 사람들이 누구인지 확실히 드러내기 위하여 부친의 이름까지 드러낸 것이다.

"거짓을 예언한 자라 보라 내가 그들을 바벨론의 왕 느부갓네살의 손에 넘기리니 그가 너희 눈 앞에서 그들을 죽일 것이라"는 말에서 깨달을 것은 거짓 예언은 죽임당할 죄라는 사실이다. 하나님은 거짓말을 하실 수 없다(민 39:19; 롬 3:4). 그런데 거짓 선지자들은 하나님의 이름을 저희의 거짓말에 관계시켰으므로, 그들의 거짓으로 훼손될 수 없는 하나님의 거룩한 이름과 영광을 훼손하려는 악을 범하는 악한 행위자들이 된다. 따라서 멸망과 죽음이 그들 삶의 끝에 위치하게 된다.

렘 29:22. 바벨론에 있는 유다의 모든 포로가 그들을 저줏거리로 삼아서 이르기를 여호와께서 너를 바벨론 왕이 불살라 죽인 시드기야와 아합 같게 하시기를 원하노라 하리니.

그리고 그들 때문에 바벨론에 사는 모든 유다의 포로 사이에서는 '너도 여호와께 형벌을 받아 시드기야와 아합처럼 바벨론 왕에게 화형이나 당해라'는 저주의 말이 생긴 것이다.

화형은 고대 바벨론과 앗수르의 일반적인 처형법이었다고 한다(Hammurabi Code 25, 110; 단 3:6, IIMac. 7:3; Cheyne, Thomson). 그들

이 저주할 때는 "여호와께서 너를 아합과 시드기야와 같게 하시기를 원하노라" 했던 것이다(이상근).

렘 29:23. 이는 그들이 이스라엘 중에서 어리석게 행하여 그 이웃의 아내와 간음하며 내가 그들에게 명령하지 아니한 거짓을 내 이름으로 말함이라 나는 알고 있는 자로서 증인이니라 여호와의 말씀이니라 하시니라.

본 절 초두에는 이유를 말하는 접속사(이는-because)가 있어 본 절이 앞 절(22절)의 이유를 제공하고 있다. 즉, 사람을 저주할 때 그 두 사람의 이름을 넣어서 저주하는 이유는 "그 두 사람이 유다 사회에서 어리석게 행하여 그 이웃의 아내와 간음을 행했기 때문"이라는 것이다.

본 절을 좀 더 쉽게 풀어보면, "그 이유는 그들이 이스라엘 사람으로서 절대로 해서는 안 될 어리석은 일을 하였기 때문이다. 그들은 자기 이웃의 아내들과 간음하였고, 나 여호와의 이름을 팔아 나 여호와가 시키지도 않은 거짓말을 하였다. 그러므로 나 여호와가 선언하기를 '나는 아는 사람이다. 나 여호와가 바로 그 증인이다'라고 하신다"는 것이다.

여호와께서 모르시는 것이 어디 있는가. 온전히 알고 계시는 분이고, 바로 모든 것의 증인이시다.

<스마야에게 보낸 편지와 여호와의 말씀>

렘 29:24. 너는 느헬람 사람 스마야에게 이같이 말하여 이르라.

여호와께서는 예레미야에게 '너는 느헬람 사람 스마야에게 다음과 같이 말하여 이르라'고 하신다.

여호와께서 예레미야에게 느헬람 사람 스마야에게 말하여 이르라고 하신 이유는 스마야의 악행을 지적하여 말씀하시기 위함이었다. 여호와께서 모르시는 것이 어디 있는가. 여호와께서는 모든 것을 보고, 또 알고 계신다.

렘 29:25. 만군의 여호와 이스라엘의 하나님께서 이와 같이 말씀하여 이르시

되 네가 네 이름으로 예루살렘에 있는 모든 백성과 제사장 마아세야의 아들 스바냐와 모든 제사장에게 글을 보내 이르기를.

만군의 여호와 이스라엘의 하나님께서 느헬람 사람 스마야에게 전하라고 하시면서 나 예레미야에게 다음과 같이 말씀하셨다. 스마야는 이미 자기의 이름으로 예루살렘에 있는 모든 백성과 마아세야의 아들 제사장 스바냐(37:3; 52:24; 왕하 25:18)와 모든 제사장에게 편지를 보냈는데(21:1-2), 스바냐에게 보낸 편지의 내용은 다음과 같았다.

렘 29:26-27. 여호와께서 너를 제사장 여호야다를 대신하여 제사장을 삼아 여호와의 성전 감독자로 세우심은 모든 미친 자와 선지자 노릇을 하는 자들을 목에 씌우는 나무 고랑과 목에 씌우는 쇠 고랑을 채우게 하심이어늘 이제 네가 어찌하여 너희 중에 선지자 노릇을 하는 아나돗 사람 예레미야를 책망하지 아니하느냐.

즉, 스마야는 "여호와께서 스바냐 제사장님을 제사장 여호야다를 대신하여 제사장을 삼아 여호와의 성전 감독자로 세우신 이유는 모든 미친 자와 선지자 노릇을 하는 자들에게 목에 거는 나무 고랑과 목에 거는 쇠 고랑을 채우게 하심이었는데, 이제 스바냐 제사장님은 어찌하여 제사장 중에 선지자 노릇을 하는 아나돗 사람 예레미야를 책망하지 않았습니까?"라고 편지했다.

렘 29:28. 그가 바벨론에 있는 우리에게 편지하기를 오래 지내야 하리니 너희는 집을 짓고 살며 밭을 일구고 그 열매를 먹으라 하셨다 하니라.

예레미야가 바벨론에 있는 우리들에게 편지하기를 바벨론에서 오래 지내야 할 것이니 유다 백성들은 바벨론에서 정착할 집도 짓고 살며, 밭을 일구고 그 열매를 따 먹을 과수원도 지으라는 전갈까지 보내왔다고 말을 했다.

렘 29:29. 제사장 스바냐가 스마야의 글을 선지자 예레미야에게 읽어서

들려 줄 때에.

스바냐 제사장은 스마야의 편지를 나 선지자 예레미야에게 읽어 들려주었다. 그러나 선지자 예레미야는 스마야의 편지로 인하여 어떤 해도 받지 않았다.

렘 29:30. 여호와의 말씀이 예레미야에게 임하여 이르시되.

그 때에 여호와께서는 스마야에 관한 다음과 같은 예언을 바벨론에 있는 모든 포로에게 보내라고 나 예레미야에게 말씀하셨다.

나 주 여호와가 느헬람 사람 스마야와 그의 자손에게 벌을 내리겠다. 나는 그를 예언자로 보내지 않았는데, 그는 마치 자기가 예언자라도 되기나 한 것처럼 예언하였고, 너희에게 그 거짓 예언을 믿게 하였다(본 단락은 표준 새 번역에 해설해 놓은 것이다).

렘 29:31. 너는 모든 포로에게 전언하여 이르기를 여호와께서 느헬람 사람 스마야를 두고 이같이 말씀하셨느니라 내가 그를 보내지 아니하였거늘 스마야가 너희에게 예언하고 너희에게 거짓을 믿게 하였도다.

그 때에 여호와께서는 스마야에 관한 다음과 같은 예언을 바벨론에 있는 모든 포로에게 보내라고 나 예레미야에게 말씀하셨다. 나 여호와가 느헬람 사람 스마야와 그의 자손에게 벌을 내리겠다. 나는 그를 예언자로 보내지 않았는데, 그는 마치 자기가 예언자라도 되는 것처럼 예언하였고, 너희에게 그 거짓 예언을 믿게 하였다.

렘 29:32. 그러므로 여호와께서 이와 같이 말씀하시니라 보라 내가 느헬람 사람 스마야와 그의 자손을 벌하리니 그가 나 여호와께 패역한 말을 하였기 때문에 이 백성 중에 살아 남을 그의 자손이 하나도 없을 것이라 내가 내 백성에게 행하려 하는 복된 일을 그가 보지 못하리라 하셨느니라 이것은 여호와의 말씀이니라.

그러므로 나 여호와가 말한다. 스마야가 그들에게 나 여호와를 거역하게 하는 말을 하였으니, 그는 자손을 보지 못할 것이다. 이 백성과 함께 어울려 살 자손이 없을 것이다. 또 내가 지금 내 백성에게 베풀 복을 마련하고 있지만, 그의 자손 가운데는 그 복을 누릴 사람이 없을 것이다.

V. 위로의 말씀(30:1-33:26)

A. 이스라엘과 유다의 회복(30:1-31:40)

제 30 장

1. 유다의 회복에 대한 확언(30:1-11)

ㄱ. 서문 1-3절

이스라엘과 유다의 포로 귀환을 선언하는 부분이다.

<포로를 돌아오게 할 것이라>

렘 30:1. 여호와께로부터 말씀이 예레미야에게 임하여 이르시니라.

1절은 새 부분의 시작을 알려주는 표제이다. 여기 "위로의 책"이 여호와의 말씀이라는 것을 알려준다.

렘 30:2. 이스라엘의 하나님 여호와께서 이와 같이 말씀하여 이르시기를 내가 네게 일러 준 모든 말을 책에 기록하라.

이스라엘의 하나님 여호와께서 이와 같이 말씀하시기를, "너 예레미야는 나 여호와가 너에게 한 위로의 말을 모두 책에 기록하라"고 하신다. 이 책은 예레미야의 비서 바룩(36:4)을 통해 기록했을 것이다.

렘 30:3. 여호와의 말씀이니라 보라 내가 내 백성 이스라엘과 유다의 포로를 돌아가게 할 날이 오리니 내가 그들을 그 조상들에게 준 땅으로 돌아오게 할 것이니 그들이 그 땅을 차지하리라 여호와께서 말씀하시니라.

나 여호와가 말하기를, "보라! 반드시 그 때가 올 터이니, 그 때가 되면, 내가 포로로 잡혀 간 나의 백성을 다시 이스라엘과 유다(이스라엘 12지파가 다 돌아온다는 뜻이다)로 데려오게 하겠다(30-31장). 나 여호와가 말하기를 나 여호와가 그들의 조상에게 준 땅으로 그들을 돌아오게 하여, 그들이 그 땅을 차지하게 하겠다"고 하신다.

12지파는 한 족속이었음에도 불구하고 솔로몬의 죄로 인하여 남북으로 분열되어 이스라엘과 유다로 나뉘었다. 북쪽은 10지파로 구성되어 북 이스라엘이라 불리며, 주전 721년 앗수르로 포로되어 갔고, 남쪽은 2지파인 유다와 베냐민으로 이뤄져 남 유다로 불렸는데, 주전 586년에 바벨론으로 잡혀갔다. 하지만 이들이 바벨론에서 포로 귀환할 때에는 함께 돌아와서 다시금 통일 국가를 이루었다.

ㄴ. 이스라엘과 유다의 회복 4-11

하나님은 열방을 심판하시고 이스라엘과 유다를 구원하사 회복하신다는 것이다.

렘 30:4. 여호와께서 이스라엘과 유다에 대하여 하신 말씀이 이러하니라.

여호와께서 이스라엘과 유다에 대하여 하신 말씀은 31장 끝까지 계속된다. 남북이 포로가 된 때는 서로 달랐으나(북쪽은 주전 721년, 남쪽은 주전 586년) 귀환의 때는 같았다. 더 나아가 분열 국가에서 통일 국가를 이루게 된다.

렘 30:5. 여호와께서 이와 같이 말씀하시되 우리가 무서워 떠는 자의 소리를 들으니 두려움이요 평안함이 아니로다.

5-7절은 북 이스라엘과 남 유다가 이방 민족 가운데서 포로 생활을 하면서 당한 시련과 고통에 대해 진술한다. 5-7절은 회복의 예언을 다루는 부분인데, 정반대의 성격인 고난을 회상한다는 것이 좀 의아하나, 이를 통해 회복의 주권자가 되시는 하나님의 권능과 신실성이 더욱 크게 부각된다. 여기 하나님 자신을 "우리가"라고 복수로 묘사한 것은 성삼위 하나님을 염두에 둔 표현이다(창 1:26절). 그리고 "떠는 자의 소리"란 '사람을 떨게 만드는 소리'란 뜻으로(Cheyne) 전쟁 경보를 가리키는 듯하다(렘 4:19). 이런 전쟁 경보는

사람들을 두렵게 함으로써 평안을 빼앗아 간다(그랜드 종합 주석).

렘 30:6. 너희는 자식을 해산하는 남자가 있는가 물어보라 어찌하여 모든 남자가 해산하는 여자 같이 손을 자기 허리에 대고 모든 얼굴이 겁에 질려 새파래졌는가.

너희는 남자도 해산을 하는지 물어보라. 어찌하여 남자들이 모두 해산하는 여인처럼 배를 손으로 움켜잡고 있으며, 모두 겁에 질려 얼굴빛이 새파랗게 변하였느냐는 것이다.

유다 민족이 죄 때문에 벌을 받는 것을 두려워하지 않는 고로 하나님께서는 여기서 그들의 공포심을 일으키려고 이 말씀을 하신 것이다. 곧 그들의 당할 벌은 남자들이라도 산고(産苦)를 당하듯이 두려워 떨 것이라는 의미이다. 유다 민족은 장차 바벨론의 침략을 당할 때에 남자들도 산고를 당하는 여인처럼 겁약해지며 고통에 빠지리라고 하나님께서는 미리 경고하신다. 하나님의 백성이 이와 같이 두려운 고난을 당하는 것은 죄 때문이니 그들은 그 고난 때문에 마땅히 두려워할 줄 알아야 된다. 두려움이 있는 자라야 참된 회개를 할 수 있다(박윤선).

렘 30:7. 슬프다 그 날이여 그와 같이 엄청난 날이 없으리라 그 날은 야곱의 환난의 때가 됨이로다 그러나 그가 환난에서 구하여 냄을 얻으리로다.

슬프다! 바벨론에 의해서 야곱이 멸망하는 날이여! 이날처럼 엄청나게 비참한 날이 없을 것이다. 즉, 바벨론에 의하여 멸망하는 날이 야곱에게 가장 비참한 날이 될 것이다. 그러나 놀랍게도 하나님에 의해 야곱이 그 바벨론에서 구원되는 때가 올 것이다.

렘 30:8. 만군의 여호와의 말씀이라 그 날에 내가 네 목에서 그 멍에를 꺾어 버리며 네 포박을 끊으리니 다시는 이방인을 섬기지 않으리라.

만군의 여호와께서 말씀하시기를, “야곱이 바벨론으로부터 해방되는 날이 오면 나 여호와가 야곱의 목에서 느부갓네살의 멍에를 꺾고, 그의 사슬을 끊어서, 이방 사람들이 그를 더 이상 종으로 부리지 못하게 하겠다"고 하신다.

렘 30:9. 그들은 그들의 하나님 여호와를 섬기며 내가 그들을 위하여 세울 그들의 왕 다윗을 섬기리라.

이스라엘 백성들과 유다 백성들은 그들의 하나님 여호와를 섬기며, 또 그들을 위하여 세워줄 그들의 왕 다윗(메시아의 예표, 사 55:3-4; 겔 34:24; 호 3:5, K.&D., Lange, Cheyne, 박윤선, 이상근)을 섬길 것이다.

렘 30:10. 여호와의 말씀이니라 그러므로 나의 종 야곱아 너는 두려워하지 말라 이스라엘아 놀라지 말라 내가 너를 먼 곳으로부터 구원하고 네 자손을 잡혀가 있는 땅에서 구원하리니 야곱이 돌아와서 태평과 안락을 누릴 것이며 두렵게 할 자가 없으리라.

여호와께서 말씀하시기를, "유다 백성들이 앞으로 여호와를 섬기며, 메시아를 섬기게 될(앞 절) 것이므로, 야곱아 너는 두려워하지 말라 (46:27-28; 사 41:8-10; 43:1; 44:1). 이스라엘아 놀라지 말라. 나 여호와가 너 야곱(이스라엘)을 먼 곳으로부터 구원하고, 네 자손을 잡혀가 있는 땅 바벨론에서 구원할 것이니, 야곱이 돌아와서 태평과 안락을 누릴 것이며, 두렵게 할 민족이 없을 것이라"고 하신다.

렘 30:11. 이는 여호와의 말씀이라 내가 너와 함께 있어 너를 구원할 것이라 너를 흩었던 그 모든 이방을 내가 멸망시키리라 그럴지라도 너만은 멸망시키지 아니하리라 그러나 내가 법에 따라 너를 징계할 것이요 결코 무죄한 자로만 여기지는 아니하리라.

문장 초두에는 이유 접속사(כִּי)가 있어 본 절이 앞 절의 이유를 제공하고 있는 것을 드러낸다. 즉, 앞 절에서 여호와께서 유다를 구원해 주신다 하셨는데 그 이유를 본 절이 제공하고 있다. 다시 말해 여호와가 유다와 함께 있어 유다를 구원할 수 있으시다는 것이다. "내(여호와)가 너(유다)를 쫓아 여러 나라로 흩어 버렸지만, 이제는 내가 그 모든 나라를 멸망시키겠다. 그러나 너만은 멸망시키지 않고, 법(판단)에 따라서 징계하겠다. 그러나 나는 절대로 네가 벌을 면하게 하지는 않겠다"고 하신다.

2. 징계를 받으나 필경 고침을 받을 것이다(30:12-17)

렘 30:12. 여호와께서 이와 같이 말씀하시니라 네 상처는 고칠 수 없고 네 부상은 중하도다.

12-15절은 바벨론 포로로 인한 유다의 상처는 비참했고, 그 자신 스스로 치유할 수도 없었으나 여호와께서 치유하신다는 것이다. 즉, 나 여호와가 말한다. "네 상처는 고칠 수 없고, 네가 맞은 곳은 치유되지 않을 것이라(10:19; 14:17; 15:18)"고 하신다. 우리는 스스로 치유할 수 없는 상처의 치료를 여호와께 부탁해야 하는 것이다.

렘 30:13. 네 송사를 처리할 재판관이 없고 네 상처에는 약도 없고 처방도 없도다.

여호와께서 말씀하시기를, "유다의 송사를 처리할 재판관이 없고, 유다의 상처를 위해서 약도 없고, 처방도 없다"고 하신다.

여호와께서 친히 우리의 송사를 처리하시고, 치료약이 되시며, 처방도 되신다. 그런고로 우리는 그 사실을 알아서 여호와께 모든 것을 맡겨야 한다.

렘 30:14. 너를 사랑하던 자가 다 너를 잊고 찾지 아니하니 이는 네 악행이 많고 네 죄가 많기 때문에 나는 네 원수가 당할 고난을 네가 받게 하며 잔인한 징계를 내렸도다.

너 유다를 사랑하던 동맹국들은 모두 너를 잊고 떠나버렸고, 더 이상 너를 찾아오지 않는다. 이유는 네 죄악이 크고, 허물이 크므로, 내가 원수를 치듯이 너를 쳤고, 잔악한 자를 징계하듯이 너를 징계하였다고 하신다.

죄를 지으면 하나님은 동맹국들을 떠나게 하시고, 우리를 돕는 개인들도 우리에게서 다 떠나게 하신다. 우리는 항상 죄를 철저히 통회하며 살아야 한다.

렘 30:15. 너는 어찌하여 네 상처 때문에 부르짖느냐 네 고통이 심하도다 네 악행이 많고 네 죄가 허다하므로 내가 이 일을 너에게 행하였느니라.

너 유다는 어찌하여 상처를 입었다고 부르짖고, 고통이 가시지 않는다고 호소하느냐? 네 악행이 많고 허물이 크므로, 내가 이런 벌을 너에게 내린 것이다. 우리가 상처를 입은 것만 생각하고, 또 고통이 가시지 않는다고만 호소하지 말고, 먼저 죄를 자복하는 일에 열중하여 기쁨으로 살고, 복을 받으며 살아야 할 것이다.

렘 30:16. 그러므로 너를 먹는 모든 자는 잡아먹힐 것이며 네 모든 대적은 사로잡혀 갈 것이고 너에게서 탈취해 간 자는 탈취를 당할 것이며 너에게서 노략질한 모든 자는 노략물이 되리라.

본 절 초두의 "그러므로"란 말은 결과를 말하는 접속사로 유다를 치고 학대한 나라가 결과적으로 학대를 당한다는 것을 보여주는 단어이다. 즉, 이제는 유다를 삼켰던 나라들도 모두 삼킴을 당하게 될 것이고, 네 원수들이 모두 포로로 잡혀 갈 것이며, 이제는 너를 약탈한 사람들이 약탈을 당하며, 너를 탈취한 모든 사람이 탈취를 당하게 될 것이라고 하신다.

"너를 먹는 모든 자"라는 말과 "네 모든 대적"이라는 말과 "너에게서 탈취해 간 자"라는 말과 "너에게서 노략질한 모든 자"라는 말은 모두 동의어들로 유다에게 고통을 안겨준 원수들을 지칭한다. 이 유다의 원수들은 유다에게 고통을 준만큼 고통을 당한다는 것이다. 우리는 세상에 살면서 아무에게나 고통을 주거나 해를 끼쳐서는 안 될 것이다.

렘 30:17. 여호와의 말씀이니라 그들이 쫓겨난 자라 하매 시온을 찾는 자가 없은즉 내가 너의 상처로부터 새 살이 돋아나게 하여 너를 고쳐 주리라.

비록 사람들이 너 유다를 보고 말하기를, "시온은 쫓겨난 여자 같은 처지라서 아무도 시온을 찾아오는 사람이 없는 여인 같은 처지라고 멸시할지라도, 진실로 나 여호와가 너 유다를 고쳐 주겠고, 네 유다의 상처를 치료하여 주겠다. 이것은 나 여호와의 말이다"라고 하신다.

여호와의 말씀만큼 위로되는 것은 세상에 없다. 비록 세상 사람들은 우리를 위로해 주지 않아도 여호와는 우리를 엄청나게 위로해 주신다.

3. 회복될 내용(30:18-24)

(1) 국토를 회복해 주심(30:18)

렘 30:18. 여호와께서 말씀하시니라 보라 내가 야곱 장막의 포로들을 돌아오게 할 것이고 그 거처들에 사랑을 베풀 것이라 성읍은 그 폐허가 된 언덕 위에 건축될 것이요 그 보루는 규정에 따라 사람이 살게 되리라.

나 여호와가 말한다. "보라! 내가 야곱의 포로들을 돌아오게 할 것이고, 야곱의 거처를 불쌍하게 여겨 다시 세워줄 것이며, 폐허가 된 언덕 위에 다시 성읍을 세워주며, 궁궐도 다시 제자리에 세워주겠다"고 말씀하신다.

여호와께서 몇 가지만 해주시는 것이 아니라 모든 필요한 것을 해주시겠다는 것이다. 우리 주님은 우리를 위해 모든 것을 해주신다. 우리를 구원해주시고, 우리의 필요한 것들을 하나도 빠뜨리지 않으시고 모두 준비해 주신다.

(2) 국운을 회복해 주심(30:19-20)

렘 30:19. 그들에게서 감사하는 소리가 나오고 즐거워하는 자들의 소리가 나오리라 내가 그들을 번성하게 하리니 그들의 수가 줄어들지 아니하겠고

내가 그들을 존귀하게 하리니 그들은 비천하여지지 아니하리라.

여호와께서 모든 것을 유다 백성들에게 해주시면(18절), 유다 백성들로부터 감사의 노래가 터져 나오고, 기쁨의 목소리가 퍼져 나올 것이며(시 126편; 렘 33:11), 여호와께서 유다 백성들을 번성하게 하실 것이니, 그들의 수가 줄어들지 않을 것이며, 여호와께서 그들을 영화롭게 할 것이니, 그들이 멸시를 당하지 않을 것이라고 하신다.

여호와께서는 오늘도 우리를 구원하시며, 모든 것을 공급해주시며, 또 번성하게 하셔서 수가 줄어들지 않게 해주시며, 존귀하게 해주신다. 할렐루야!

렘 30:20. 그의 자손은 예전과 같겠고 그 회중은 내 앞에 굳게 설 것이며 그를 압박하는 모든 사람은 내가 다 벌하리라.

포로에서 귀환한 유다 자손이 옛날 다윗 시대나 솔로몬 시대와 같이 회복되고, 유다의 성도들이 나 여호와 앞에서 굳건해질 것이다. 그리고 유다를 억압하는 모든 적들을 나 여호와가 벌하겠다고 하신다.

(3) 이상적 군주(君主)를 회복해 주심(30:21)

렘 30:21. 그 영도자는 그들 중에서 나올 것이요 그 통치자도 그들 중에서 나오리라 내가 그를 가까이 오게 하리니 그가 내게 가까이 오리라 참으로 담대한 마음으로 내게 가까이 올 자가 누구냐 여호와의 말씀이니라.

유다 백성들을 위한 지도자가 같은 겨레 가운데서 나오고, 유다 백성들의 통치자(메시아)가 같은 민족 가운데서 나올 것이다. 내가 지도자(통치자)를 부를 때에, 그는 나에게 가까이 올 것이다. 그렇지 않으면 누가 감히 목숨을 걸고, 나에게 가까이 올 수가 있겠느냐? 이것은 나 여호와의 말이라고 하신다.

누구든지 여호와를 가까이 하는 사람만큼 복된 사람은 없다. 누구든지 여호와께 가까이 가는 사람은 여호와께서도 가까이 해주신다. 여호와께서 끌어주시지 않으면 아무도 여호와께 가까이 갈 수 없는 것이다.

(4) 하나님과의 관계가 회복될 것임(30:22-24)

렘 30:22. 너희는 내 백성이 되겠고 나는 너희들의 하나님이 되리라.

너희는 나 여호와의 백성이 되고, 나는 너희의 하나님이 될 것이다. 이는 구원과 번영의 상태를 상징하는 표현이다(7:26; 11:4; 24:7; 31:33; 레 26:2; 겔 11:20; 36:28).

우리가 여호와의 백성이 되고, 여호와께서 우리의 하나님이 되신다는 것만큼 복된 일은 없다. “하나님의 백성”이란 하나님께 순종하며, 그의 율법을 지켜서 그의 보호와 복을 누리는 백성을 말한다.

렘 30:23-24. 보라 여호와의 노여움이 일어나 폭풍과 회오리바람처럼 악인의 머리 위에서 회오리칠 것이라 여호와의 진노는 그의 마음의 뜻한 바를 행하여 이루기까지는 돌이키지 아니하나니 너희가 끝날에 그것을 깨달으리라.

23절 초두에는 “보라”(behold)라는 말이 있어 본 절을 아주 유심히 관찰해야 한다는 것을 권고한다. 즉, “보라! 여호와의 진노가 폭풍처럼 터져 나와, 휘몰아치는 바람처럼 악인들의 머리를 후려친다. 여호와께서는 마음속에서 뜻하신 바를 시행하고 이루실 때까지, 그 맹렬한 진노를 그치지 않으신다. 마지막 날에야 유다 백성들이 이 사실을 깨달을 것이라”고 하신다.

23-24절은 23:19-20의 반복이다. 유다의 회복을 진술하는 18-24절에서 갑자기 다시 여호와의 심판이 대두할 것이라는 것을 말하는 것은 순서적으로 혼란을 느끼나 이것이 본서의 특징이다. 유다의 회복 이전에 이런 하나님의 징계를 겪는다는 것이다.

제 31 장

4. 평화, 영광, 기쁨, 풍부함이 회복될 것임(31:1-17)

31장도 30장과 마찬가지로 이스라엘과 유다의 회복을 말한다.

<이스라엘을 다시 세우고 지키시리라>

렘 31:1. 여호와의 말씀이니라 그 때에 내가 이스라엘 모든 종족의 하나님이 되고 그들은 내 백성이 되리라(At that time, declares the LORD, I will be the God of all the clans of Israel, and they shall be my people-ESV).

본 절을 좀 더 쉽게 풀어보면, "나 여호와의 말이다. 때가 되면, 나 여호와는 이스라엘 모든 지파의 하나님이 되고, 모든 지파들은 나의 백성이 될 것이라"는 의미이다.

여기 문장 초두의 "여호와의 말씀이니라"는 말씀은 이스라엘의 회복을 말하는 새 부분의 시작을 표시하는 말이다. 다시 말해 본 절은 31장이 새롭게 시작하는 장(章)이라는 것을 드러내는 말이다. 뿐만 아니라 예레미야의 예언은 사람의 말이 아니라 모두 여호와의 말씀이란 것을 드러내는 말이기도 하다.

그리고 "그 때에"란 말은 이스라엘 민족과 유다 민족이 외부 세력으로부터 해방되어 귀환하는 때를 지칭한다. 그러나 여기 "그 때에"란 말이 이스라엘 민족과 유다 민족이 바벨론에서 다 돌아왔다고 말할 수는 없다. 그 이유는 해방이 이루어진 그 시점에 모든 지파가 다 돌아온 것은 아니기 때문이다. 그러므로 이 말씀은 유다 민족이 바벨론에서 해방된 사건을 가지고, 장차 신약 시대에 이루어질 세계적 새 이스라엘 운동, 곧 그리스도교의 복음 운동으로 말미암아 하나님께로 돌아오는 모든 택한 백성을 가리킨다. 그러므로 라에취(Laetsch)는 이것이 믿는 유대인들과 모든 이방 그리스도 신자들을 가리킨다고 했으니 정당한 말이라고 할 수 있다(박윤선).

그 때에는 여호와께서 "이스라엘 모든 종족의 하나님이 되고 그들은 내 백성이 되실 것이라"는 것이다. 여기 "이스라엘 모든 종족"이란 말은 북쪽의 10지파와 남쪽의 2지파를 합한 12지파를 말한 것이면서도 신약시대의 모든 그리스도 신자들의 집합이라는 뜻이다.

그리고 "그들은 내 백성이 되리라"는 말은 '그 이스라엘 12지파 모두는 여호와의 백성이 된다'는 뜻이다. 바벨론 포로에서 유다의 귀환민들이 모두 돌아오지 않았으니, 이는 신약 시대가 되어 그리스도를 믿는 신자들이 생겨 그들 모두가 여호와의 백성이 된다는 뜻이다.

렘 31:2. 여호와께서 이같이 말씀하시니라 칼에서 벗어난 백성이 광야에서 은혜를 입었나니 곧 내가 이스라엘로 안식을 얻게 하러 갈 때에라.

나 여호와가 말한다. 전쟁에서 죽지 않고 살아남은 이스라엘 백성이 자기의 안식처를 찾아 나섰을 때에, 광야에서 은혜를 입었다는 뜻이다.

"여호와께서 이같이 말씀하시니라"는 말씀은 2절도 역시 예레미야의 말이 아니라 여호와의 말씀이라는 뜻이다. 예레미야는 계속해서 여호와의 말씀만 전한다는 것이다.

그리고 "칼에서 벗어난 백성이 광야에서 은혜를 입었나니"라는 말은 유다 민족이 바벨론에까지 포로되어 갔는데, 거기서 죄를 자복하고 회개하여 해방되어 광야에서 해방을 누리게 되었다(51:50)는 뜻이다.

"곧 내가 이스라엘로 안식을 얻게 하러 갈 때에라"는 말은 '나 여호와가 이스라엘로 하여금 안식을 얻게 하기 위하여 가실 때에라'는 뜻이다. 여호와는 광야에 있는 이스라엘로 하여금 안식을 얻게 하기 위해서 전적으로 일하셨다는 뜻이다. 이스라엘이 죄를 자복하고 회개하므로, 여호와께서 이스라엘에게 은혜를 입하시기 위해 노력하셨다는 것이다. 회개는 우리가 사는 길이다.

렘 31:3. 옛적에 여호와께서 나에게 나타나사 내가 영원한 사랑으로 너를 사랑하기에 인자함으로 너를 이끌었다 하였노라.

여호와께서 옛적에 이스라엘에게 나타나 주셨다. 즉, "나 여호와는 영원한 사랑으로 너 이스라엘을 사랑하였고, 한결같은 사랑을 너 이스라엘에게 베푼다"고 하시는 것이다.

여기 "옛적에 여호와께서 나에게 나타나셨다"는 말씀은 '이미 일찍이 여호와께서 나 이스라엘에게 나타나셨다'는 뜻이다. 여호와께서 이미 이스라엘에게 나타나셔서 사랑하셨으므로 앞으로도 계속해서 사랑하신다는 뜻이다.

"내가 영원한 사랑으로 너를 사랑하기에 인자함으로 너를 이끌었다 하였노라"는 말은 여호와께서 한번 나타나셔서 이스라엘을 사랑하시기로 계약하셨기에 유다 민족이 지금 바벨론에 포로 신세로 있다고 해도 여전히 사랑하시므로 해방하실 것이라는 뜻이다. 하나님은 한번 나타나 사랑하시기로 언약하셨으면 영원히 사랑하신다는 그 약속을 신실하게 지키신다.

렘 31:4. 처녀 이스라엘아 내가 다시 너를 세우리니 네가 세움을 입을 것이요 네가 다시 소고를 들고 즐거워하는 자들과 함께 춤추며 나오리라.

처녀 이스라엘 백성아, 나 여호와가 너희를 다시 일으켜 세울 것이니, 너희가 다시 일어날 것이다. 너희는 다시 너희 소고를 들고, 흥에 겨워 춤을 추며 함께 나오게 될 것이라고 하신다.

"처녀 이스라엘아"라는 말은 이스라엘이 바벨론에서 회개하여 다시 처녀가 된 것을 의미한다. 약하지만 깨끗하다는 표현이다.

"내가 다시 너를 세우리니 네가 세움을 입을 것이요"라는 말은 '나 여호와가 다시 너희 이스라엘을 건설할 것이니 너희가 건설될 것이라'는 뜻이다. 그래서 결과적으로 이스라엘 사람들은 너무 기쁜 나머지 즐거워 춤을 추게 될 것이라는 뜻이다. 본 절의 내용은 여호와께서 이스라엘을 다시 건설해주신다는 것이고, 따라서 이스라엘은 말할 수 없는 기쁨으로 산다는 것을 말씀한다.

렘 31:5. 네가 다시 사마리아 산들에 포도나무들을 심되 심는 자가 그 열매를 따기 시작하리라.

나 여호와가 이스라엘 백성들로 하여금 다시 사마리아(북 왕국의 수도) 산들에 포도원을 만들 수 있게 하겠다. 그리고 포도나무를 심은 사람들이 그 열매를 따 먹게 하겠다고 하신다.

이스라엘 백성들이 포로된 땅에서 귀환해서는 본토에서 포도나무(농사의 대표 식물)를 심어 그 열매를 먹으면서 다시는 외국의 침략을 받지 않게 만들겠다는 것이다.

렘 31:6. 에브라임 산 위에서 파수꾼이 외치는 날이 있을 것이라 이르기를 너희는 일어나라 우리가 시온에 올라가서 우리 하나님 여호와께로 나아가자 하리라.

에브라임(북 이스라엘을 지칭하는 말이다) 산 위에서 파수꾼들(순례자들을 돕는 사람들)이 외치기를 이제 어서 시온 성전으로 올라가 여호와 우리의 하나님 앞으로 나아가서 경배하자! 하고 외치는 날이 반드시 올 것이라고 하신다.

이제는 남북의 가로 막힘이 없어져서 왕래가 자유롭게 되어 예루살렘 성전에서 여호와를 예배하는 날이 올 것이란 뜻이다.

렘 31:7. 여호와께서 이와 같이 말씀하시니라 너희는 여러 민족의 앞에 서서 야곱을 위하여 기뻐 외치라 너희는 전파하며 찬양하며 말하라 여호와여 주의 백성 이스라엘의 남은 자를 구원하소서 하라(For thus says the LORD: “Sing aloud with gladness for Jacob, and raise shouts for the chief of the nations; proclaim, give praise, and say, ‘The(O) LORD save your people, the remnant of Israel-ESV)**.**

본 절 초두에는 이유를 말하는 접속사(כִּי)가 있어 앞 절의 이유를 본 절이 드러내고 있다. 즉, 앞 절(6절)에는 이스라엘 산 위에서 파수꾼들이 권고하기를 시온 성에 올라가서 예배하자고 외치는데, 그 이유는 본 절에서 무수한 사람들이 여호와께 이스라엘 민족의 구원을 위해서 기도하였으므로, 구원받는 사람들이 생기게 되기 때문이라는 것이다.

본 절을 쉽게 풀어보면, "여호와께서 이같이 말씀하시기를, 너희(무수한 사람)는 기쁨으로 야곱을 위하여 노래하고, 세계 만민의 머리가 된 이스라엘을 위하여 환성을 올려라. 여호와여! 주님의 백성을 구원해 주십시오. 이스라엘의 남은 자를 구원해 주십시오 라고 선포하고 찬양 하여라"고 하신다는 것이다.

본 절의 "너희"라는 말에 대하여는 주석가들이 침묵하고 지나가나 문맥을 살필 때 '무수한 사람', 혹은 '정함이 없는 사람들'을 뜻하는 것으로 보인다.

본 절의 "야곱"이란 말과 "이스라엘"이란 말은 동의어로 사용되어 북쪽 이스라엘과 남쪽 유다를 아우른다. 세계의 많은 사람들은 주님의 백성이 많이 생기도록 기도해야 한다.

렘 31:8. 보라 나는 그들을 북쪽 땅에서 인도하며 땅 끝에서부터 모으리라 그들 중에는 맹인과 다리 저는 사람과 잉태한 여인과 해산하는 여인이 함께 있으며 큰 무리를 이루어 이곳으로 돌아오리라.

본 절 초두에는 "보라"(behold)라는 단어가 나와 본 절을 아주 유의해서 관찰할 것을 권고한다. 즉, "내가 그들(구원받는 사람들)을 북녘 땅(바벨론)에서 데리고 오겠으며, 땅의 맨 끝(북녘 땅이란 말과 동의어이다)에서 모아 오겠다. 그들 가운데는 눈 먼 사람과 다리를 저는 사람도 있고, 임신한 여인과 해산한 여인(이들 종류의 사람들은 아주 약한 사람들을 비유한다)도 있을 것이다. 그들이 큰 무리를 이루어 이곳으로 돌아올 것이다"라고 하신다.

"맹인과 다리 저는 사람과 잉태한 여인과 해산하는 여인들"은 아주 약한 사람들을 지칭한다. 구원 받는 사람들인 이들은 모두 약한 사람들이다.

"큰 무리를 이루어 이곳으로 돌아오리라"는 말은 신약 시대의 교회를 이룬다는 뜻이다. 세대주의(世代主義-인류의 전체 역사를 7세대로 나누는 학파)에서는 여기 "이곳"이란 말을 두고 예루살렘이라고 말하나, 그보다는 신약 교회의 무리라고 보는 것이 더 바람직하다.

렘 31:9. 그들이 울며 돌아오리니 나의 인도함을 받고 간구할 때에 내가 그들을 넘어지지 아니하고 물 있는 계곡의 곧은 길로 가게 하리라 나는 이스라엘의 아버지요 에브라임은 나의 장자니라(With weeping they shall come, and with pleas for mercy I will lead them back, I will make them walk by brooks of water, in a straight path in which they shall not stumble; for I am a father to Israel, and Ephraim is my first-born-ESV)**.**

"그들이 눈물을 흘리면서 돌아올 것이며, 그들이 간구할 때에 그들을 넘어지지 않게 평탄한 길로 인도하여, 물이 많은 시냇가로 가게 하겠다. 나 여호와는 이스라엘의 아버지이고, 에브라임은 나의 맏아들이기 때문이다"라고 하나님께서 말씀하신다.

"그들이 울며 돌아오리니"(With weeping they shall)라는 말은 그들이 한편으로는 구원을 받아 기쁨의 눈물을 흘림과 동시에 또 다른 한편으로는 죄를 뉘우치는 눈물을 흘리면서 돌아온다는 것이다(시 126:5; 139:1; 스 10:1, K&D, Cheyne). 이 두 가지 의미가 담긴 눈물을 흘리면서 돌아온다는 것이다.

"나의 인도함을 받고 간구할 때에"(with pleas for mercy I will lead them back)란 말은 '그들이 간구할 때에 나 여호와가 그들을 인도할 것이라'는 뜻이다. 이는 그들이 긍휼히 여겨주시기를 간절히 기도할 때 여호와께서 그들을 인도해주신다는 뜻이다. 기도가 있는 곳에 여호와의 인도하심이 따른다는 것이다.

"내가 그들을 넘어지지 아니하고 물 있는 계곡의 곧은 길로 가게 하리라"(I will make them walk by brooks of water, in a straight path in which they shall not stumble)는 말은 '그들이 넘어지지 않게 평탄한 길로 인도해서, 물이 많은 시냇가로 걷게 하겠다'는 뜻이다.

"나는 이스라엘의 아버지요"라는 말과 "에브라임은 나의 장자니라"는 말은 동의절이다. 여기 "이스라엘"이란 말과 "에브라임"이란 말은 동의어이다. 에브라임이란 말은 북쪽 10지파 중에 제일 큰 지파로 이스라엘을 지칭하는 말이다.

렘 31:10. 이방들이여 너희는 여호와의 말씀을 듣고 먼 섬에 전파하여 이르기를 이스라엘을 흩으신 자가 그를 모으시고 목자가 그 양 떼에게 행함 같이 그를 지키시리로다.

이방 민족들아! 너희는 나 여호와의 말을 듣고, 먼 해안지역 사람들에게 이 말을 전하여라. 이스라엘 백성들을 흩으신 여호와께서 그들을 다시 모으실 것이고, 목자가 자기 양 떼를 지키듯이 여호와께서 그들을 계속해서 지켜 주실 것이라고 말씀하신다.

여호와께서 포로된 이스라엘을 돌아오게 하신 일은 너무나 큰일이기 때문에 먼 지방까지 널리 전파하라는 것이다.

여기 "섬"이란 지중해에 있는 먼 지방들을 지칭한다. 그리고 "목자가 그 양 떼에게 행함 같이 그를 지키시리로다"라는 말은 하나님께서 이스라엘의 목자로서 흩어진 양 무리를 이제는 다시 모음같이 모으시고, 다시 그들의 목자가 되셔서 푸른 초장과 잔잔한 시냇가로 인도하실 것이란 뜻이다(50:19).

렘 31:11. 여호와께서 야곱을 구원하시되 그들보다 강한 자의 손에서 속량하셨으니.

본 절 초두에는 이유를 말하는 접속사(כִּי)가 있어 앞 절에 있었던 일에 대한 이유를 본 절에서 나타낸다. 즉, 이스라엘을 흩으신 자가 이스라엘을 모으시는 이유는 나 여호와가 야곱(이스라엘)을 속량하여 주고, 야곱보다 더 강한 자의 손에서 그를 구원했기 때문이라고 하신다. 본 절에는 "속량함"(פָּדָה)이란 낱말(15:21)과 "구속함"(גָּאַל)이란 낱말(50:34)이 함께 나타나고 있다. "속량함"이란 말은 '해방시킴'이란 결과에 중점을 두고 말하고, "구속함"이란 낱말은 '대가를 주고 산다'는 방법에 중점을 둔 뜻이라고 할 수 있다. 하나님께서는 그 백성의 생명을 구원하시기 위해서 바벨론 사람들로 하여금 메대 바사에게 죽임을 당하도록 하셨다. 여호와께서 자기 백성을 구원하시며, 유다 백성에게 감사를 안겨주셨다.

렘 31:12. 그들이 와서 시온의 높은 곳에서 찬송하며 여호와의 복 곧 곡식과 새 포도주와 기름과 어린 양의 떼와 소의 떼를 얻고 크게 기뻐하리라 그 심령은 물 댄 동산 같겠고 다시는 근심이 없으리로다 할지어다.

그들(이스라엘의 순례자들)은 예루살렘으로 돌아와서 산꼭대기에 지어진 성전에서 하나님을 경배하며 찬송을 부르고, 여호와의 좋은 선물, 곧 곡식과 새 포도주와 기름과 양 새끼와 송아지들을 받고 기뻐할 것이며, 그들의 마음은 물 댄 동산과 같아서, 다시는 근심이 없을 것이다.

"여호와의 복 곧 곡식과 새 포도주와 기름과 어린 양의 떼와 소의 떼를 얻고 크게 기뻐하리라"는 말은 이스라엘의 순례자들이 받을 모든 복을 총칭하는 말이다. 이런 복들은 구약의 사람들도 받게 되나 특별히 신약 교인들이 받는 복들이다. 여호와께서는 신약의 성도들에게 무수한 은혜를 베풀어주신다는 것이다.

"그 심령은 물 댄 동산 같겠고 다시는 근심이 없으리로다 할지어다"라는 구절을 위하여 사 58:11 참조. 여기 "심령"(נֶפֶשׁ)이란 말은 '영혼'이란 뜻이다. 그들의 "영혼이 물 댄 동산 같다"는 말은 영혼에 목마름이 없다는 것인데, 이 말씀은 신약 시대 성도들이 받을 큰 은혜를 말하는 것이다.

렘 31:13. 그 때에 처녀는 춤추며 즐거워하겠고 청년과 노인은 함께 즐거워

하리니 내가 그들의 슬픔을 돌려서 즐겁게 하며 그들을 위로하여 그들의 근심으로부터 기쁨을 얻게 할 것임이라.

그 때에(이스라엘이 귀환 했을 때)는 처녀가 춤을 추며 기뻐하고, 젊은이와 노인들이 함께 즐거워할 것이다. 내가 그들의 슬픔을 기쁨으로 바꾸어 놓고, 그들을 위로하여 주겠다. 그들이 근심에서 벗어나서 기뻐할 것이다. 이스라엘이 귀환한 후에는 전 국민(처녀, 젊은이, 노인 등)이 함께 즐거워할 것이라고 하신다. 그 이유는 여호와께서 전 국민에게 기쁨을 주실 것이기 때문이라고 하신다.

렘 31:14. 내가 기름으로 제사장들의 마음을 흡족하게 하며 내 복으로 내 백성을 만족하게 하리라 여호와의 말씀이니라.

이스라엘이 귀환한 다음에는 제사장의 마음도 흡족해진다는 것이다. 그것은 바로 여호와께서 기쁨을 주는 기름으로 제사장들의 마음을 흡족하게 하며, 여호와의 복으로 전 국민을 만족하게 하실 것이기 때문이라고 하신다.

<라헬의 애곡과 여호와의 위로>

렘 31:15. 여호와께서 이와 같이 말씀하시니라 라마에서 슬퍼하며 통곡하는 소리가 들리니 라헬이 그 자식 때문에 애곡하는 것이라 그가 자식이 없어져서 위로 받기를 거절하는도다.

본 절은 유다 민족이 주전 586년에 바벨론으로 포로되어 갈 사건을 예언한다. 선지자 예레미야는 이 사건을 시적으로 표현한다. 곧, 베냐민 지파의 조상 "라헬"이 그 잡혀가는 후손들을 생각하면서 애곡한다는 것이다. 예레미야의 이 가상적 표현은 유다 민족에게 장차 임할 고통이 매우 극심할 것을 묘사한다는 것이다.

본 절을 쉽게 표현해 보면, "나 여호와가 말한다. 라마에서 슬픈 소리가 들린다. 비통하게 울부짖는 소리가 들린다. 라헬(야곱의 애처)이 자식을 잃고 울고 있다. 자식들이 없어져서 위로를 받기조차 거절한다"는 것이다.

"라마에서 슬퍼하며 통곡하는 소리가 들리니"란 말은 '예루살렘 북방 8km 지점에 있는 라마라는 곳에서 야곱의 애처인 라헬이 베냐민을 낳다가 죽고(창 35:16-20), 슬픔에 못 이겨 통곡했다는 것이다. 내용은 유다 자손들(광범위한 의미로 이스라엘 자손들이라고 묘사해도 됨)이 바벨론 포로가 되어 끌려갈 때, 라헬의 무덤이 있는 곳을 지나가게 되었을 때, 라헬은 이미 죽은 자였으나, 유다 민족이 당한 큰 슬픔에 대해 죽은 라헬이 산 자처럼 그 자손을 위해 애곡했다는 시적 표현을 사용한 것이다.

렘 31:16. 여호와께서 이와 같이 말씀하시니라 네 울음 소리와 네 눈물을 멈추어라 네 일에 삯을 받을 것인즉 그들이 그의 대적의 땅에서 돌아오리라 여호와의 말씀이니라.

본 절은 유다 민족이 바벨론에서 고난을 받은 후 여호와께서 유다 민족을 위로하셔서 해방하실 것을 드러낸 말씀이다. 즉, "나 여호와가 말한다. 이제는 유다 민족의 울음소리도 그치고, 유다 민족의 눈에서 눈물도 거두어라. 너 유다 민족이 바벨론에서 고난을 받은 후, 유다 민족의 아들딸들이 적국에서 돌아올 것이다. 나 여호와의 말이다"고 말씀하신다.

본 절은 유다 민족이 바벨론에서 고생할 일을 자식이 없어 애곡하는 라헬에 비한다. 여호와께서는 자식이 없으므로 애곡하는 라헬을 위로하시며, 그 자식들이 돌아올 터이니 울지 말라고 위로하신다. 베냐민을 낳으면서 죽어 무덤에 묻히고, 그 후에도 계속하여 자식을 위하여 애곡한 그녀를 여호와께서는 기억하시어 응답하시며, 이제 그 자식들을 대적의 땅에서 돌아오게 하신다는 것이다.

본 절의 여호와의 위로가 아주 대단할 것을 확실하게 드러내시기 위해 "여호와께서 이와 같이 말씀하시니라"는 말씀과 "여호와의 말씀이니라"는 말씀으로 붙이신다.

"네 일에 삯을 받을 것인즉 그들이 그의 대적의 땅에서 돌아오리라"는 말씀은 유다 민족이 무슨 보상으로 바벨론에서 해방되어 귀환하게 된다는 뜻이 아니라 그 순서가 먼저 고난을 받고, 다음으로 대적의 땅에서 돌아온다는 것을 드러낸 말씀이다(애 3:30-33; 미 7:8, 9 참조).

렘 31:17. 너의 장래에 소망이 있을 것이라 너의 자녀가 자기들의 지경으로 돌아오리라 여호와의 말씀이니라.

너(유다)의 앞날에는 소망이 있다. 네 아들딸들이 고향 땅으로 돌아올 것이니 소망이 있는 것이다. 나 여호와의 말이다.

여호와는 우리의 엄청난 소망이 아닐 수 없다. 우리가 죄를 자복하고 여호와를 찾고 또 찾기만 하면 큰 소망의 하나님이 되신다.

5. 유다 민족은 회개하고 하나님은 그들을 영접하신다(31:18-20)

렘 31:18. 에브라임이 스스로 탄식함을 내가 분명히 들었노니 주께서 나를 징벌하시매 멍에에 익숙하지 못한 송아지 같은 내가 징벌을 받았나이다 주는 나의 하나님 여호와이시니 나를 이끌어 돌이키소서 그리하시면 내가 돌아오겠나이다.

에브라임이 탄식하는 소리를 내가 분명히 들었노니 여호와시여! 우리는 길들지 않은 짐승 같았습니다. 그러나 여호와께서 우리를 가르쳐 주셨고, 순종하게 하셨습니다. 우리가 돌아갈 수 있게 이끌어 주십시오. 이제 우리가 여호와 우리의 하나님께 돌아갈 준비가 되었습니다.

본 절 초두의 "에브라임"이란 말은 북쪽 나라 10지파 중에 제일 큰 지파로서 이스라엘을 대표하는 지파이다. 따라서 "에브라임"이란 말은 이스라엘이란 뜻으로 사용되었고 남쪽 나라 유다 지파까지 포함하는 말로 사용되었다.

그리고 "에브라임이 스스로 탄식함을 내가 분명히 들었다"는 말은 '이스라엘이 스스로 회개하는 것을 여호와께서 들으셨다'는 말씀이다.

"주께서 나를 징벌하시매 멍에에 익숙하지 못한 송아지 같은 내가 징벌을 받았나이다"는 말씀은 '여호와께서 유다 민족을 징벌하시니 유다가 징벌을 받았다'는 뜻이다.

"나를 이끌어 돌이키소서 그리하시면 내가 돌아오겠나이다"는 말은 '예레미야가 여호와를 향하여 회개하게 해주시라고 기도한다. 그렇게 해주시면 유다 나라가 포로 귀환하여 고국으로 돌아올 것이라'고 말한다. 회개란 하나님의 선수적인 돌봄이 없으면 불가능함을 알게 해준다.

렘 31:19. 내가 돌이킨 후에 뉘우쳤고 내가 교훈을 받은 후에 내 볼기를 쳤사오니 이는 어렸을 때의 치욕을 지므로 부끄럽고 욕됨이니이다 하도다 (For after I had turned away, I relented, and after I was instructed, I struck my thigh; I was ashamed, and I was confounded, because I bore the disgrace of my youth-ESV)**.**

나는 여호와를 떠난 다음에 곧 뉘우쳤습니다. 나는 잘못을 깨달은 다음에 가슴을 치며 뉘우쳤습니다. 그리고 저의 젊은 시절의 허물 때문에 나는 수치와 수모를 겪어야 했습니다.

"내가 돌이킨 후에 뉘우쳤고"란 말은 '북국 이스라엘이 죄 때문에 포로가 된 것을 알고 뉘우쳤다'는 뜻이다. 여기 북국 이스라엘은 유다를 대표하는 말로 쓰였다.

"내가 교훈을 받은 후에 내 볼기를 쳤다"는 말은 '유다가 교훈을 받은 후에 내가 크게 자신을 책망했다'는 뜻이다.

"이는 어렸을 때의 치욕을 지므로 부끄럽고 욕됨이니이다"는 말은 '이스라엘(유다 민족)이 포로가 되기 전, 여호와께 불순종하고 불충했을 때에 자신의 범죄 행동을 회상하면서 깊이 부끄러움을 느끼고 있다는 것'이다. 이는 진지한 회개의 자세이다.

렘 31:20. 에브라임은 나의 사랑하는 아들 기뻐하는 자식이 아니냐 내가 그를 책망하여 말할 때마다 깊이 생각하노라 그러므로 그를 위하여 내

창자가 들끓으니 내가 반드시 그를 불쌍히 여기리라 여호와의 말씀이니라.

에브라임(이 말은 남쪽 나라 유다 민족을 포함하는 말이다)은 나 여호와의 귀한 아들이다. 그는 나 여호와의 가장 사랑하는 자식이다. 이스라엘과 유다 민족을 책망할 때마다 더욱 사랑이 가서, 측은한 마음이 들어 불쌍히 여기지 않을 수 없었다(호 11:8; 14:5; 마 3:17; 17:5 참조). 나 여호와의 말이다.

6. 유다 민족은 번성하고 가축들도 왕성하여질 것임(31:21-30)

렘 31:21. 처녀 이스라엘아 너의 이정표를 세우며 너의 푯말을 만들고 큰 길 곧 네가 전에 가던 길을 마음에 두라 돌아오라 네 성읍들로 돌아오라.

너 처녀 이스라엘(유다 민족을 포함해서 말하는 말이다)아! 너는 길에 푯말을 세우고, 길표를 만들어 세워라. 너 이스라엘이 전에 지나갔던 길과 대로를 잘 생각하여 보라. 옛길로 돌아오라. 너희가 살던 옛 성읍들로 돌아오라는 것이다.

"처녀 이스라엘아!"라는 말은 '이스라엘에 대한 애칭'으로 이스라엘이 약함을 두고 하는 말이다. 이스라엘(유다 민족 포함)은 옛날의 길을 잃지 말고 돌아와서 그 길을 걸으라는 것이다.

렘 31:22. 반역한 딸아, 네가 어느 때까지 방황하겠느냐 여호와가 새 일을 세상에 창조하였나니 곧 여자가 남자를 둘러 싸리라.

너 반역한 딸 이스라엘아! 너 이스라엘(유다 민족을 포함하는 말이다)이 언제까지 방황하겠느냐? 여호와께서 이 땅에 새 것을 창조하셨으니, 그것은 곧 여자가 남자를 안는 것이다.

"반역한 딸아"라는 말은 이스라엘이 과거에 남편이신 여호와께 반역한 음란한 여자였다는 것을 뜻한다(3:6, 8, 11-12). 그 결과 유다 민족은 바벨론에 포로로 끌려가서 무척이나 심한 고생을 했다.

여기 "네가 어느 때까지 방황하겠느냐"는 말은 이스라엘이 하나님의 사유하심을 받아서 본토로 돌아갈 수 있게 되었는데도 이스라엘은 본토로 돌아가지도 않고, 바벨론에서 그냥 방황하면서 돌아가지 않고 있다는 뜻이다.

"여자가 남자를 둘러싸리라"는 말에 대한 해석에는 여러 견해가 있다. 1) 여자인 이스라엘이 남자인 하나님을 사모하여 돌아온다는 뜻이라는 견해(Hengsternberg, Cheyne, 이상근), 2) 동정녀 마리아가 아들 예수님을 낳아 안는다는 뜻이라는 견해(Jerome, Jackson, Luther), 3) 부부 관계의 회복을 의미한 것으로서 자손을 번식하라(창 1:28; 렘 31:27)는 창조의 회복을 찾아 누린다는 뜻이라는 견해(A. Weiser), 4) 여자같이 약한 이스라엘이 남자같이 강한 바벨론을 이긴다는 견해(Calvin, Matthew Henry, Blayney, 박윤선) 등이 있다. 이 중에서 4)번의 견해가 가장 좋은 듯하다. 이유는 약한 이스라엘이 강한 바벨론을 이기고 나올 것을 예언하는 문맥이라는 점을 보아 가능하다. "안으리라"는 말의 히브리 원어 소베브(bbe/s)는 전쟁에 있어서 원수를 포위하여 잡는 것을 가리키기도 한다(박윤선).

<사로잡힌 자를 돌아오게 할 때>

렘 31:23. 만군의 여호와 이스라엘의 하나님께서 이와 같이 말씀하시니라 내가 그 사로잡힌 자를 돌아오게 할 때에 그들이 유다 땅과 그 성읍들에서 다시 이 말을 쓰리니 곧 의로운 처소여, 거룩한 산이여, 여호와께서 네게 복 주시기를 원하노라 할 것이며.

나 만군의 여호와 이스라엘의 하나님이 말한다. 나 여호와가 포로로 잡혀 간 사람들을 돌아오게 할 때에 사람들은 유다 땅과 유다의 성읍에서 이런 말을 다시 하게 될 것이다. 너 의로운 보금자리여! 거룩한 산이여! 여호와의 복을 받아라!

본 절부터 본 장 마지막 40절까지는 주로 여호와를 1인칭으로 사용한다. 이는 본 절부터 40절까지가 예언임을 말하는 것이다. "만군의 여호와"란 말에 대하여는 2:19주해를 참조하라.

렘 31:24. 유다와 그 모든 성읍의 농부와 양 떼를 인도하는 자가 거기에 함께 살리니.

바벨론에서 귀환된 후에 유다 땅과 유다 땅 안의 모든 성읍들에 농부들과 양떼들을 인도하는 양치기들이 평상시와 마찬가지로 함께 살 것이다. 본 절에 회복된 교회의 모습도 볼 수 있다(Calvin).

렘 31:25. 이는 내가 그 피곤한 심령을 상쾌하게 하며 모든 연약한 심령을 만족하게 하였음이라 하시기로.

본 절 초두에는 이유를 나타내는 접속사(כִּי)가 있는데, 본 절이 앞 절에서 귀환하여 돌아온 유다 백성들이 평안한 삶을 사는 이유를 제공해주고 있다. 즉, 나 여호와가 지친 사람들에게 새 힘을 주고, 굶주려서 허약해진 사람들을 배불리 먹일 것이라고 하신다.

여호와께서 피곤한 심령을 상쾌하게 하셔야 백성들은 상쾌하게 되는 것이며, 연약한 심령에 만족을 주셔야 만족을 얻는 것이다.

렘 31:26. 내가 깨어 보니 내 잠이 달았더라.

본 절의 "내"라는 정체가 여호와 하나님이라고 하는 견해가 있으나 바르지 못한 견해이다. 이유는 하나님께서 잠을 주무신다는 것은 있을 수 없기 때문이다. 따라서 여기 "내"라는 정체는 예레미야 자신을 뜻한다. 즉, 나 예레미야가 자다가 깨어보니 내 잠이 달았다는 것이다. 잠이 달았던 이유는 그가 꿈 가운데서 본 계시가 기쁜 계시였기 때문이다.

그러나 예레미야는 곧 바로 현실에 돌아와 예루살렘 함락 직전의 유다 백성의 영적 타락상에 마음이 어두워졌을 것이다.

렘 31:27. 여호와의 말씀이니라 보라 내가 사람의 씨와 짐승의 씨를 이스라엘 집과 유다 집에 뿌릴 날이 이르리니.

여호와께서 말씀하시기를, "그 때가 오면 나 여호와가 이스라엘 집과 유다 집에 사람의 씨와 짐승의 씨를 뿌려서 번성하게 하겠다(30:3; 겔 36:9). 나 여호와의 말이라"고 하신다.

렘 31:28. 깨어서 그들을 뿌리 뽑으며 무너뜨리며 전복하며 멸망시키며 괴롭게 하던 것과 같이 내가 깨어서 그들을 세우며 심으리라 여호와의 말씀이니라.

나 여호와가 전에 이스라엘 민족과 유다 민족을 뽑아내고 부수고 무너뜨리고 멸망시키고 재앙에 빠뜨리려고 깨어서 부지런히 일했으나, 이제는 나 여호와가 이스라엘 민족과 유다 민족을 세우고 심으려고, 감시를 늦추지 않겠다. 나 여호와가 말한다고 하신다.

어느 민족이나 개인이 망하는 것은 죄 때문이고, 흥하는 것은 죄를 자복하고 회복을 기원하기 때문에 일어나는 일이다. 따라서 우리는 끊임없이 죄를 자복하는 삶을 살아야 한다.

렘 31:29. 그 때에 그들이 말하기를 다시는 아버지가 신 포도를 먹었으므로 아들들의 이가 시다 하지 아니하겠고.

그 때가 돌아오면 사람들이 더 이상 아버지가 신 포도를 먹었기 때문에 자식들의 이가 시게 되었다는 말을 하지 않게 될 것이라고 하신다.

본 절은 아버지의 죄가 그대로 아들에게로 전달되어 아들이 아버지의 죗값을 받는다는 생각을 하지 않게 될 것이라는 뜻이다.

그 때가 되어, 즉 다시 말해 예수님께서 오신 신약 시대가 되어 예수님을 개인의 구주로 영접하는 사람은 조상 때부터 내려오는 죗값을 받지 않는 것이다. 신약 시대가 되면 겔 18:4처럼 되는 것이다. 즉, "모든 영혼이 다 내(여호와)게 속한지라 아버지의 영혼이 내게 속함 같이 그의 아들의 영혼도 내게 속하였나니 범죄 하는 그 영혼이 죽으리라"고 하셨다. 결코 유대인들이 출 20장 5절을 오해한대로 아버지가 신 포도를 먹었으므로, 아들들의 이가 시다 하지 아니한다는 것이다. 누구든지 예수님을 믿어 새로운 영혼이 되어야 할 것이다.

렘 31:30. 신 포도를 먹는 자마다 그의 이가 신 것 같이 누구나 자기의 죄악으로 말미암아 죽으리라.

신약 시대가 되면 각자가 자기의 죄악 때문에 죽을 것이다. 다시 말해 신 포도를 먹는 그 사람의 이만 실 것이다. 누구든지 예수님을 영접하지 않는 그 사람이 죽을 것이다. 우리는 예수님을 개인의 구주로 영접하고, 예수님을 믿는 일에 최선을 다해야 할 것이다.

7. 하나님께서 새 언약을 주심(31:31-37)

예레미야는 이스라엘인들과 유다 민족들에게 율법을 지키라고 수없이 말했다. 그러나 그들은 번번이 실패했다. 이제 예레미야는 새 언약을 말한다. '새 언약'이란 여호와의 법을 사람들의 심령 속에 넣어주시겠다는 것이다.

<새 언약>

렘 31:31. 여호와의 말씀이니라 보라 날이 이르리니 내가 이스라엘 집과 유다 집에 새 언약을 맺으리라.

본 절은 여호와의 말씀이면서도 아주 잘 관찰하고 주의해야 할 말씀이라는 것을 밝힌다. 즉, 여호와께서 말씀하시기를, "주의해서 보라! 날이 이를 것인데, 그 때가 되면 나 여호와가 이스라엘 집과 유다 집과 새 언약을 맺을 것이라"고 하신다.

렘 31:32. 이 언약은 내가 그들의 조상들의 손을 잡고 애굽 땅에서 인도하여 내던 날에 맺은 것과 같지 아니할 것은 내가 그들의 남편이 되었어도 그들이 내 언약을 깨뜨렸음이라 여호와의 말씀이니라.

본 절은 신약이 구약과는 다르다는 것을 말한다. 즉, "이것(신약)은 내가 그들의 조상의 손을 붙잡고 애굽 땅에서 데리고 나오던 때에 세운 언약과는 다른 것이다. 나 여호와가 그들(이스라엘 인들)의 남편이 되었어도, 그들은 나의 언약(옛 언약)을 깨뜨려 버렸다. 나 여호와의 말이라"고 하신다.

여호와께서 이스라엘의 남편 입장에서 세우신 언약을 이스라엘인들은 깨뜨리고 말았다. 그래서 여호와께서는 이 새 언약을 주신다는 것이다.

렘 31:33. 그러나 그 날 후에 내가 이스라엘 집과 맺을 언약은 이러하니 곧 내가 나의 법을 그들의 속에 두며 그들의 마음에 기록하여 나는 그들의 하나님이 되고 그들은 내 백성이 될 것이라 여호와의 말씀이니라(For this is the covenant that I will make with the house of Israel after those days, declares the LORD: I will put my law within them, and I will write it on their hearts. And I will be their God, and they shall be my people-ESV).

본 절은 신약 시대가 되어 여호와께서 메시아를 보내셔서 십자가에서 대속의 죽음을 죽게 하시고, 또 예수님께서 부활하시고 승천하신 후 여호와께서 예수님 대신 성령님을 보내셔서 성도 각자의 심령 속에 넣어 주셨다는 것을 말씀한다. 즉, 그러나 그 시절이 지난 뒤에(구약 시대가 지난 후에), 나 여호와가 이스라엘 가문과 언약을 세울 것이니, 나 여호와는 나의 율법을 그들의 가슴 속에 넣어 주며, 그들의 마음판에 새겨 기록하여, 나 여호와는 그들의 하나님이 되고, 그들은 나의 백성이 될 것이다. 이 말씀은 나 여호와의 말이라고 하신다.

구약은 여호와께서 남편의 입장에서 이스라엘 백성과 계약을 맺으시고 율법을 주셔서 지키게 하신 것이고, 신약은 여호와께서 성령님 입장에서 성도들의 심령 속에 오셔서 예수님을 믿게 하신 것이다.

렘 31:34. 그들이 다시는 각기 이웃과 형제를 가리켜 이르기를 너는 여호와를 알라 하지 아니하리니 이는 작은 자로부터 큰 자까지 다 나를 알기 때문이라 내가 그들의 악행을 사하고 다시는 그 죄를 기억하지 아니하리라

여호와의 말씀이니라.

본 절은 신약 시대의 특징 두 가지를 말한다. 첫째, 성령님이 임하신 때에 성령님을 모신 이웃이나 동포끼리는 서로 너는 주님을 알라 하지 않을 것이니, 그 이유는 작은 사람으로부터 큰 사람에 이르기까지, 그들이 모두 나 여호와를 알 것이기 때문이라는 것이다. 둘째, 나 여호와가 그들의 허물을 용서하고(33:8; 롬 11:7), 그들의 죄를 다시는 기억하지 않을 것이다(사 59:1-2). 나 여호와의 말이다.

렘 31:35. 여호와께서 이와 같이 말씀하셨느니라 그는 해를 낮의 빛으로 주셨고 달과 별들을 밤의 빛으로 정하였고 바다를 뒤흔들어 그 파도로 소리치게 하나니 그의 이름은 만군의 여호와니라.

본 절은 계약을 세우신 여호와의 위대하심을 진술한다. 즉, 계약을 주신 여호와께서 다음과 같이 말씀하신다. 여호와는 낮에는 해를 주셔서 빛을 밝혀 주시고, 밤에는 달과 별들이 빛을 밝히도록 정하여 놓으시며, 바다를 뒤흔들어 파도가 소리치게 하신다. 그렇게 하시는 분의 이름이 만군의 여호와이시다. 만군의 여호와에 대해 2:19 주해 참조.

렘 31:36. 이 법도가 내 앞에서 폐할진대 이스라엘 자손도 내 앞에서 끊어져 영원히 나라가 되지 못하리라 여호와의 말씀이니라.

이렇게 정해진 자연 질서가 내 앞에서 폐하여진다면, 이스라엘 자손도 내 앞에서 언제까지나 한 민족으로 남아 있지 못하고 폐해질 것이다. 나 여호와의 말이라고 하신다.

신약 시대가 되어도 신약 시대를 주신 여호와는 전혀 변동이 없다는 것을 보장하신다.

렘 31:37. 여호와께서 이와 같이 말씀하시니라 위에 있는 하늘을 측량할 수 있으며 밑에 있는 땅의 기초를 탐지할 수 있다면 내가 이스라엘 자손이

행한 모든 일로 말미암아 그들을 다 버리리라 여호와의 말씀이니라.

본 절도 앞 절과 동일한 내용이다. 즉, 나 여호와가 말한다. 누가 위로 하늘을 다 측량하고, 아래로 땅의 기초를 다 측정할 수 있다면, 나 여호와도 이스라엘의 모든 자손이 행한 온갖 악한 일들 때문에 그들을 버릴 수 있을 것이다. 나 여호와의 말이라고 하신다. 다시 말해 누가 불가능한 일 두 가지, 즉 하늘을 측량하고, 땅의 기초를 측정하는 사람이 있다면 여호와도 불가능한 일, 즉 이스라엘을 버리시는 일을 감히 행하실 수 있을 것이라고 하신다. 그러니까 여호와께서는 결코 이스라엘을 버리실 수 없고, 신약 교회를 버리실 수 없다고 하신다.

본 절도 중요한 말씀으로 여호와께서 말씀하시는 말씀이라고 두 번 연거푸 말씀하신다. 하늘을 아무도 측량할 수 없고, 땅의 기초도 아무도 탐지할 수 없는 엄청난 것이라는 것이다. 따라서 여호와께서 이스라엘 자손이 행한 모든 일 때문에 그들을 온전히 다 버릴 것이라(사 40:12-14, 27-28; 롬 11:29)고 하신다. 여호와께서는 절대로 이스라엘 자손을 버리시지 않으시겠다고 하신다.

8. 이 언약의 보증으로 예루살렘이 재건될 것임(31:38-40)

렘 31:38. 보라! 날이 이르리니 이 성은 하나넬 망대로부터 모퉁이에 이르기까지 여호와를 위하여 건축될 것이라 여호와의 말씀이니라.

본 절부터 40절까지는 예루살렘의 재건에 대해 언급된다. 즉, 그 때가 되면, 이 도성(이 도시)이 나 여호와를 위하여 재건될 것이다. 나 여호와의 말이다. 하나넬 망대로부터 모퉁이 성문에 이르기까지 이어질 것이다.

본 절의 "날이 이르리니"란 말은 '유다 민족의 귀환의 날'을 뜻한다. 아직 성전이 무너지지도 않았는데 유다 민족이 바벨론에 포로되어 갔다가 돌아와서 재건할 성전에 대하여 언급하는 것이다. 지금 성전이 무너지지도 않았는데, 선지자는 앞으로 진행될 일을 겹겹이 내다보고 예언한다. 앞으로 곧 성전은 무너지고, 유다 민족은 외국에 잡혀갔다가 다시 하나님의 은혜로 돌아와 성전을 재건할 것을 내다보는 것이다.

본 절의 "하나넬 망대"란 예루살렘 북쪽 성벽과 인접해 있는 망대(Tower)로, 성전이 내려다 보이는 오펠-모리아(Ophel-Moriah) 산등성이 북서쪽에 위치해 있다(느 3:1; 12:39; 슥 14:10). 그리고 모퉁이 문(Corner Gate)은 성벽의 서북쪽 모퉁이에 서 있었다(왕하 14:13; 대하 26:9). 그런고로 본 절의 말씀은 예루살렘 북쪽 전면을 재건축한다는 뜻이다.

렘 31:39. 측량줄이 곧게 가렙 언덕 밑에 이르고 고아로 돌아.

본 절은 예루살렘을 재건하기 위해 측량하는 것을 묘사한다. 즉, 모퉁이(38절)에서 측량줄이 가렙 언덕에 이르기까지 곧게 앞으로 나갔다가 고아쪽으로 돌아간다는 것이다.

여기 "측량줄"은 예루살렘을 재건하기 위한 측량과 관계된 기구이다. "가렙 언덕"과 "고아"라는 곳은 문맥으로 보아 예루살렘 서쪽에 있었던 듯하다. 이 묘사들은 그 때 예루살렘 도시를 더 확대시킨다는 의미보다는 차라리 전보다 더 거룩 되게 한다는 질적 의미를 표시하는 것으로 보인다(박윤선).

렘 31:40. 시체와 재의 모든 골짜기와 기드론 시내에 이르는 모든 고지 곧 동쪽 마문의 모퉁이에 이르기까지 여호와의 거룩한 곳이니라 영원히 다시는 뽑거나 전복하지 못할 것이니라(The whole valley of the dead bodies and the ashes, and all the fields as far as the brook Kidron, to the corner of the Horse Gate toward the east, shall be sacred to the LORD. It shall not be uprooted(plucked up) or overthrown anymore forever-ESV)**.**

그 다음에 시체와 잿더미로 가득 찬 골짜기 전역과 기드론 시냇가에서 동쪽의 밭들의 모퉁이에 이르는 모든 평지가 나 여호와의 거룩한 땅이 되고, 절대로 다시는 뽑히거나 허물어지는 일이 없을 것이라고 하신다.

본 절의 “시체와 재의 모든 골짜기”는 예루살렘 성의 서 남편에 있는 힌놈의 아들 골짜기를 지칭하고(7:32-33; 19:11-13; 왕하 23:10), “기드론 시내”는 성의 동편에 있으며, “말문”(the Horse Gate) 역시 성의 동남부, 성전 부근에 있었다(느 3:27-28). 아무튼 예루살렘 전체가 여호와의 성지가 되고, 다시 뽑히거나 전복되지 않는 성지가 되었다(28절).

이상의 말씀 38-40절 말씀은 유다 민족이 바벨론에서 해방되어 돌아와 재건한 사실만으로는 완전한 성취를 보았다고 할 수 없다. 따라서 이것은 예수 그리스도로 말미암는 신약의 복음 운동으로 최후적 성취를 본 것이라고 할 수 있다(박윤선).

B. 유다와 예루살렘의 회복(32:1-33:26)

예루살렘이 바벨론의 느부갓네살에 의해 포위되었을 때를 예언한 것이다. 내용은 예레미야가 숙부의 밭을 산 일(32장), 다윗 왕국이 회복된 일(33장) 등이 진술되어 있다.

제 32 장

1. 예레미야가 옥에 갇히다(32:1-5)

예레미야가 숙부의 밭을 살 때의 사정을 밝힌다. 예루살렘은 바벨론에 의해서 포위되어 있었고, 예레미야는 옥에 갇혀있었다. 그러므로 이런 상태에서 밭을 산 것은 국토가 앞으로 회복된다는 것을 보여 주기 위함이다.

<여호와의 말씀대로 아나돗의 밭을 사다>

렘 32:1. 유다의 시드기야 왕 열째 해 곧 느부갓네살 열여덟째 해에 여호와의 말씀이 예레미야에게 임하니라.

본 단락에서 언급하는 사건, 즉 예레미야가 유다 왕의 시위대(물웅덩이, 물탱크, 저수지) 뜰에 갇힌 일과 또 예레미야가 자기 숙부의 밭을 사는 일이 역사적인 사건임을 말하기 위해 두 가지 연대(시드기야 왕 10째 해, 느부갓네살의 18째 해)가 등장하고 있다. 이때는 주전 587년이다. 예루살렘은 시드기야 왕의 제9년 10월, 느부갓네살에 의해 포위되었다가 그의 통치 제11년 4월에 함락되었다(왕하 25:1-8; 렘 52:1, 12). 이때는 예루살렘이 바벨론에 포위된 지 2년이 지난 시점이었다.

렘 32:2. 그 때에 바벨론 군대는 예루살렘을 에워싸고 선지자 예레미야는 유다의 왕의 궁중에 있는 시위대 뜰에 갇혔으니.

그 때에 예루살렘은 바벨론 왕의 군대에게 포위되어 있었고, 선지자 예레미야는 유다 왕궁의 시위대(근위대, 물웅덩이, 물탱크, 저수지) 뜰에 갇혀 있었다.

예레미야가 예언한대로 성취되어 바벨론 군대는 예루살렘에 침입하여

성을 포위하였다. 그런데도 유다 민족의 지도자들은 예레미야를 박해하여 감금시켰다. 당시 지도자들은 영적으로 소경일 뿐만 아니라, 극도로 악했다. 예레미야가 갇혔던 시위대(물웅덩이, 물탱크, 저수지) 뜰은 왕궁 부속의 구치소였다(느 3:25). 때는 바벨론 군대가 예루살렘을 포위 중 애굽 군의 접근으로 잠시 후퇴했을 때다. 35:5, 11-15(K.&D., Hyatt, Thompson). 시드기야가 예레미야를 가두어둔 것은 표면상으로는 예루살렘의 함락을 예언한 그에 대한 왕의 노여움을 표현하기 위함이었으나, 실상은 예레미야를 반대파에서 보호하기 위함이었던 듯하다(37:11-21; 38:28 참조, 이상근).

렘 32:3-5. 이는 그가 예언하기를 여호와의 말씀에 보라 내가 이 성을 바벨론 왕의 손에 넘기리니 그가 차지할 것이며 유다 왕 시드기야는 갈대아인의 손에서 벗어나지 못하고 반드시 바벨론 왕의 손에 넘겨진바 되리니 입이 입을 대하여 말하고 눈이 서로 볼 것이며 그가 시드기야를 바벨론으로 끌어가리니 시드기야는 내가 돌볼 때까지 거기에 있으리라 여호와께서 이와 같이 말씀하시니라 너희가 갈대아인과 싸울지라도 승리하지 못하리라 하셨다 하였더니 유다 왕 시드기야가 이르되 네가 어찌하여 이같이 예언하였느냐 하고 그를 가두었음이었더라.

3-5절은 예레미야가 시위대 뜰에 감금된 이유를 설명해주고 있다. 즉, 유다 왕 시드기야는 예레미야를 그 곳에 가두면서 그에게 이렇게 책망하였다. 너 예레미야는 어찌하여 이런 식으로 예언을 하였느냐? '여호와께서 이렇게 말씀하신다. 보라! 내가 이 도성을 바벨론 왕의 손에 넘겨주어서, 그가 이 도성을 점령하게 하겠다. 유다 왕 시드기야는 바벨론 군대의 손에서 벗어나지 못하고, 별수 없이 바벨론 왕의 손에 넘겨져서, 그에게 끌려가 그가 보는 앞에서 직접 항복할 것이다. 그러면 그가 시드기야를 바벨론으로 끌고 갈 것이며, 시드기야는 내가 그를 찾아올 때까지 그 곳에 머물러 있을 것이다. 너희는 바벨론 군대와 싸워도 절대로 이기지 못할 것이다. 주님께서 하시는 말씀이다. 왜 이렇게 예언하였소?

사실 이런 식의 예언은 예레미야가 일생을 통해 꾸준히 예언한 것이었다(34:3-5; 37:17; 38:17-23 등).

“입이 입을 대하여 말하고 눈이 서로 볼 것이요”라는 예언은 시드기야 왕이 바벨론의 느부갓네살에게 끌려가 그 앞에 마주 서서 말한다는 것이다.

2. 밭을 사서 유다의 귀국 소망을 보여주다(32:6-15)

렘 32:6. 예레미야가 이르되 여호와의 말씀이 내게 임하였느니라 이르시기를.

예레미야가 시위대(물웅덩이, 저수지) 뜰에 갇혀 있는 동안에(2절) 여호와의 말씀이 나 예레미야에게 임하셨다고 말한다.

예레미야는 여호와의 말씀이 그에게 임한 줄을 알고, 이런 말씀을 한 것이었다.

렘 32:7. 보라 네 숙부 살룸의 아들 하나멜이 네게 와서 말하기를 너는 아나돗에 있는 내 밭을 사라 이 기업을 무를 권리가 네게 있느니라 하리라 하시더니.

본 절 초두의 “보라!”는 말은 본 절 내용이 아주 중요한 내용이라는 것을 말씀한다. 즉, 너의 숙부 살룸의 아들 하나멜이 너에게 와서 아나돗에 있는 그의 밭을 너더러 사라고 하면서, 그 밭을 유산으로 살 우선권이 너에게 있기 때문에, 네가 그것을 사야 한다고 말할 것이라고 하신다.

예레미야의 숙부의 아들 하나멜은 옥중의 예레미야를 찾아와서 그들의 고향인 아나돗(1:1)에 있는 그의 밭을 사라고 했다. 하나멜은 이때에 궁핍해서 자기의 밭을 팔아야만 될 사정이었던 것으로 보인다.

여기 “기업을 무를 권리가 네게 있느니라”는 말은 ‘기업을 상속할 권리가 너 예레미야에게 있다’는 뜻이다(8절). 본 절의 “기업을 무른다”(גְּאֻלָּה)는 말은 ‘기업을 산다’는 뜻이다. 토지를 사는 것은 가까운 친척이 해야 하는 의무였다(레 25:24-25, 32; 룻 3:9; 4:1-6). 하나멜은 그의 밭을 예레미야가 사주기를 요청했다. 그것은 누가 어려움을 당하여 부득이하게 토지를 팔 경우 그것을 가장 가까운 근족(近族)이 사주어 각 지파에게 할당된 토지가 다른 지파에게 팔리지 않도록 규정한 이스라엘의 토지법에 근거한 것이었다(룻 3:9; 4:1-6). 하나멜이 토지를 팔아야 하는 입장이 되었을 때, 그것을 살 권리가 그와 친족 관계에 있었던 예레미야에게 있는 것이었다.

렘 32:8. 여호와의 말씀과 같이 나의 숙부의 아들 하나멜이 시위대 뜰 안 나에게 와서 이르되 청하노니 너는 베냐민 땅 아나돗에 있는 나의 밭을 사라 기업의 상속권이 네게 있고 무를 권리가 네게 있으니 너를 위하여 사라 하는지라 내가 이것이 여호와의 말씀인 줄 알았으므로.

여호와께서 먼저 예레미야에게 하나멜이 예레미야를 찾아와서 밭을 사 달라고 할 것이라(7절)고 말씀하신 것처럼 과연 여호와의 말씀대로 숙부의 아들 하나멜이 시위대(물을 가두어 두는 웅덩이) 뜰 안으로 나 예레미야에게 찾아와서 베냐민 지방의 아나돗에 있는 그의 밭을 나 예레미야에게 사라고 하였다. 그 밭을 소유할 권리도 나 예레미야에게 있고, 그 밭을 유산으로 사들일 권리도 나에게 있으니, 그 밭을 사서 내 밭으로 삼으라고 하였다. 그 때에 나 예레미야는 그 사실을 미리 말씀하신 것이 바로 여호와의 명령임을 깨달았다는 것이다.

예레미야는 숙부의 아들 하나멜이 찾아와서 밭을 사라고 할 것을 하나님께서 알려주신 것에 대해 뜻이 있음을 확인했다. 그것은 이제 유다 백성이 곧 바벨론으로 포로가 되어 끌려가나, 그들이 다시 돌아와 유다 땅을 자유롭게 매매하게 될 날이 있을 것임을 깨달은 것이었다.

렘 32:9. 내 숙부의 아들 하나멜의 아나돗에 있는 밭을 사는데 은 십칠 세겔을 달아 주되.

나(예레미야)는 숙부의 아들 하나멜에게서 아나돗에 있는 그 밭을 샀고, 그 밭 값으로 그에게 은(銀) 17세겔을 달아 주었다. 1세겔은 11.424g에 해당함으로 17세겔은 대략 195g가 된다. 예레미야가 지불한 은 17세겔은 큰돈에 해당한다. 토기장이의 밭이 은 30세겔이었고(마 27:3-7), 다윗의 아라우나의 타작마당과 소를 은 50세겔로 산 것을 보면 알 수 있다. 예레미야가 이 큰돈을 서슴지 않고 지불한 것은 이 매매 행위가 하나님의 계시를 선포하는 행위인 것을 알았기 때문이다(이상근).

렘 32:10. 증서를 써서 봉인하고 증인을 세우고 은을 저울에 달아 주고.

나(예레미야)는 매매 계약서에 서명을 했고, 그것을 봉인했으며, 증인들을 세웠고, 은(銀)을 저울에 달아 주었다.

위의 순서는 당시의 매매 행위의 과정을 드러낸 것이다. 오늘 우리 사회의 매매 행위 때의 법과 별반 다르지 않다.

렘 32:11. 법과 규례대로 봉인하고 봉인하지 아니한 매매 증서를 내가 가지고.

그런 다음 나(예레미야)는 법과 규례에 따라서 봉인한 매매 계약서와 봉인하지 않은 계약서를 함께 받았다. 총 두 장의 계약서를 받은 것이다.

인봉한 것은 아무도 그 내용에 손대지 못하게 영구 보존하는 것이었고, 인봉하지 않은 것은 누구에게든지 보일 수 있는 서류였다.

렘 32:12. 나의 숙부의 아들 하나멜과 매매 증서에 인 친 증인 앞과 시위대 뜰에 앉아 있는 유다 모든 사람 앞에서 그 매매 증서를 마세야의 손자 네리야의 아들 바룩에게 부치며.

그리고 나(예레미야)는 숙부의 아들 하나멜과 그 매매 계약서에 서명한 증인들과 시위대(물을 가두어 두는 물웅덩이) 뜰 안에 앉아 있던 모든 유다 사람이 보는 앞에서, 그 매매 계약서를 마세야의 손자이며 네리야의 아들인 바룩에게 건네주었다.

"매매 증서"란 구입자가 보관하는 사본 계약서를 말한다. 여기에서 예레미야가 매매 증서 사본을 자신이 보관하지 않고, 바룩으로 하여금 보관하게 한 것은 시위대 뜰에 갇힌 자신으로서는 매매 증서를 보관할 수 없었기 때문이다.

"바룩"은 예레미야의 충실한 비서로 본서의 대부분을 대필했다. 바룩은 상류 계급 출신이며, 여호야김 왕의 초기부터 예레미야의 제자가 된 것으로 본다. 예레미야의 예언을 바룩이 기록한 것을 여호야김이 화롯불에 던져 넣어 태웠고(36:4-23), 그후 바룩은 다시 예레미야의 모든 예언을 기록했다(36:32).

렘 32:13-14. 그들의 앞에서 바룩에게 명령하여 이르되 만군의 여호와 이스라엘의 하나님께서 이와 같이 말씀하시기를 너는 이증서 곧 봉인하고 봉인하지 않은 매매 증서를 가지고 토기에 담아 오랫동안 보존하게 하라.

예레미야는 그들 증인들 앞에서 바룩에게 명령하여, "이 증서들 곧 봉인한 매매 계약서와 봉인하지 않은 계약서를 받아서 옹기그릇에 담아 여러 날 동안 보관하라"고 했다.

문서들을 옹기그릇에 담아두는 이유는 그릇 안에 습기가 차지 않으므로 부패 방지가 가능했기 때문이다. 1948년 사해사본(Dead Sea Scrolls)을 발견했을 당시에도 그 사본이 토기 속에 담겨 있었다.

렘 32:15. 만군의 여호와 이스라엘의 하나님께서 이와 같이 말씀하시니라 사람이 이 땅에서 집과 밭과 포도원을 다시 사게 되리라 하셨다 하니라.

본 절은 초두에 이유 접속사(כִּי)가 등장하여 앞 절에서 말한 바와 같이 봉인된 것과 봉인되지 않은 매매 증서를 토기에 담아서 오랫동안 보존해야 하는 이유를 진술한다. 즉, 그 이유는 사람들이 이 유다 나라에서 다시 집과 밭과 포도원을 사게 될 것이기 때문이라고 만군의 여호와 이스라엘의 하나님이 말씀하신다.

다시 말해서 유다 백성은 일단 포로로 잡혀 바벨론으로 가겠으나 70년 후에는 돌아올 것이고, 다시 토지 매매를 하게 될 것이라는 확실한 사실을 백성들에게 명심시키기 위함이다.

3. 예레미야가 밭을 사게 된 이유를 더 알기위해 기도함(32:16-44)

<여호와의 말씀대로 아나돗의 밭을 사다>

렘 32:16. 내가 매매 증서를 네리야의 아들 바룩에게 넘겨 준 뒤에 여호와께 기도하여 이르되.

나 예레미야는 네리야의 아들 바룩에게 그 매매 계약서를 넘겨주고 나서, 여호와께 다음과 같이 기도를 드렸다.

여호와께서 유다 민족이 70년 후에 다시 유다 땅으로 돌아와 토지 매매를 하게 해주신다는 약속을 하셨어도 예레미야는 사람이 할 도리를 잊지 않고 기도했다. 오늘도 성경에 수없이 많은 약속이 있음을 깨닫게 되는 우리는 그 약속을 붙들고, 그 약속이 이루어지도록 기도해야 된다.

렘 32:17. 슬프도소이다 주 여호와여 주께서 큰 능력과 펴신 팔로 천지를 지으셨사오니 주에게는 할 수 없는 일이 없으시니이다.

본 절부터 25절까지는 예레미야의 기도가 연결된다. 본 절은 여호와께서 예레미야의 기도를 얼마든지 이루실 수 있는 능력이 있으심을 고백한다. 그래서 여호와께서는 할 수 없는 일이 없다고 고백한다.

렘 32:18. 주는 은혜를 천만인에게 베푸시며 아버지의 죄악을 그 후손의 품에 갚으시오니 크고 능력 있으신 하나님이시요 이름은 만군의 여호와시니이다(You show steadfast love to thousands, but you repay the guilt of fathers to their children after them, O great and mighty God whose name is the LORD of hosts-ESV)**.**

예레미야는 여호와께서 수많은 사람들에게 은혜를 베풀어 주시며, 조상의 죄를 반드시 자손이 치르게 하시며, 위대하시고 전능하신 하나님이시요, 만군의 여호와로 이름을 떨치시는 분이라고 고백한다.

여호와께서는 은혜는 천만인에게 베푸시고, 아버지의 죄악을 그 후손의 품에 갚으시오니 크고 능력 있으신 하나님이시며, 여호와는 만군의 여호와라고 고백한다.

여기 조상의 죄악을 그 후손에게 갚으시는 문제는 죄를 해결하지 않는 한 죗값을 잊지 않으시고, 후손에게 갚으시는 전능하신 하나님이시라는 뜻이다. 그런고로 사람은 누구든지 대속자 되시는 메시아를 믿어야 하는 것이다. 예수님께서 대속의 피를 흘리신 사실을 믿어야 한다.

렘 32:19. 주는 책략에 크시며 하시는 일에 능하시며 인류의 모든 길을 주목하시며 그의 길과 그의 행위의 열매대로 보응하시나이다(great in counsel and mighty in deed, whose eyes are open to all the ways of the children of man, rewarding each one according to his ways and according to the fruit of his deeds-ESV)**.**

여호와께서는 계획하시는 일도 크시고, 실천하시는 힘도 강하시며(시 66:5; 사 28:29), 사람들의 모든 삶을 감찰하시고, 각자의 행동과 행실의 결실에 따라서 갚아 주시는(17:10) 전능하신 분이시라고 고백한다.

렘 32:20. 주께서 애굽 땅에서 표적과 기사를 행하셨고 오늘까지도 이스라엘과 인류 가운데 그와 같이 행하사 주의 이름을 오늘과 같이 되게 하셨나이다.

여호와께서는 애굽 땅에서 많은 징조와 기적들을 나타내 보이셨고, 오늘날까지 이스라엘 안에서뿐만 아니라 인류의 모든 사람에게 그와 같이 하셔서 주님의 이름을 오늘날과 같이 아주 높게 보이게 하셨다고 고백한다.

렘 32:21. 주께서 표적과 기사와 강한 손과 펴신 팔과 큰 두려움으로 주의 백성 이스라엘을 애굽 땅에서 인도하여 내시고.

여호와께서는 강한 손과 펴신 팔로 적들이 무서워 떨게 하는 많은 징조와 이적들(32:20; 단 4:2)을 나타내시면서, 주님의 백성 이스라엘을 애굽 땅에서 이끌어 내셨다고 고백한다.

예레미야는 여호와께서 앞으로 유다 민족을 바벨론에서 얼마든지 귀환시키셔서 유다 땅에서 다시 평소와 같이 생활하게 하실 것을 확신하면서 기도를 계속하는 것이다.

렘 32:22. 그들에게 주시기로 그 조상들에게 맹세하신 바 젖과 꿀이 흐르는 땅을 그들에게 주셨으므로.

예레미야는 본 절에서 여호와께서 이스라엘(남북이 분열되기 이전의 이스라엘)에게 가나안 땅을 주신 전능하신 하나님이신 것을 고백하면서 기도한다. 즉, 여호와께서는 그들에게 주겠다고 그들의 조상에게 맹세하신 이 가나안 땅(창 12:1-3; 15:18-21; 26:2-4; 28:13-14), 곧 젖과 꿀이 흐르는 이 땅(11:5)을 그들에게 주셨다고 고백한다.

렘 32:23. 그들이 들어가서 이를 차지하였거늘 주의 목소리를 순종하지 아니하며 주의 율법에서 행하지 아니하며 무릇 주께서 행하라 명령하신 일을 행하지 아니하였으므로 주께서 이 모든 재앙을 그들에게 내리셨나이다.

예레미야는 본 절에서 이스라엘(남북이 분열되기 이전의 이스라엘) 민족이 가나안 땅에 들어가서 가나안 땅을 차지하였는데도, 이스라엘 민족이 남북으로 갈린 후 여호와의 말씀을 순종하지 아니하고, 율법을 행하지 아니하며 주님께서 행하라고 명령하신 일을 행하지 아니했으므로 주님께서 이스라엘과 유다에게 재앙을 내리셨다고 고백한다. 바벨론의 포로가 된 것은 아주 자연스런 결론이었다는 것이다.

렘 32:24. 보옵소서 이 성을 빼앗으려고 만든 참호가 이 성에 이르렀고 칼과 기근과 전염병으로 말미암아 이 성이 이를 치는 갈대아인의 손에 넘긴 바 되었으니 주의 말씀대로 되었음을 주께서 보시나이다.

본 절 초두에는 "보옵소서"(behold)라는 낱말이 나타나서 예레미야는 하나님께서 말씀하신 것이 현실로 나타났음을 심각하게 고백하고 있다.

즉, "이 예루살렘 성을 점령하려고 쌓은 토둔(높지 않은 나지막한 언덕)들을 보십시오(6:6 참조). 이 도성은 전쟁과 기근과 염병(전쟁이 일어났음을 묘사하는 말들)을 보았습니다. 바벨론 군대가 이 예루살렘 성으로 쳐들어와서 이 도성을 점령하였습니다. 주님께서 말씀하신 일이 그대로 들이닥쳤으며 여호와께서는 이루어진 이 일을 친히 보고 계십니다"라고 고백한다.

렘 32:25. 주 여호와여 주께서 내게 은으로 밭을 사며 증인을 세우라 하셨으나 이 성은 갈대아인의 손에 넘기신 바 되었나이다.

본 절은 예레미야가 하나님을 의심하는 마음으로 기도하는 것이 아니라 하나님의 뜻을 더 알기 위하여 질문하는 내용이다. 즉, "주 여호와시여! 주께서 내게 너 예레미야는 돈을 주어 밭을 사고, 증인을 세우라 말씀하셨으나, 이 성이 갈대아인의 손에 넘어가고 말았으니 이것이 웬일입니까?"라고 질문한다.

밭을 사고 증인을 세우라고 하신 뜻이 무엇인가를 더 알기 위하여 질문한 것이다.

렘 32:26. 그 때에 여호와의 말씀이 예레미야에게 임하여 이르시되.

그 때, 즉 예레미야가 여호와께 밭을 사고 증인을 세우라고 하신 뜻이 무엇인가를 더욱 알기 위하여 질문한 때에 여호와의 말씀이 예레미야에게 임했다.

본 절부터 본 장 끝 절(44절)까지 예레미야의 기도에 대하여 여호와께서 응답하신 내용이다. 이 부분의 내용은 유다가 범죄하여 바벨론에 포로가 되었다는 것이고(26-35절), 또 한 내용은 유다 민족은 바벨론에서 돌아오고 나라는 회복되어 다시 밭을 매매하게 된다는 내용이다(36-44절).

렘 32:27. 나는 여호와요 모든 육체의 하나님이라 내게 할 수 없는 일이 있겠느냐.

히브리어 원본 초두에는 “보라!”란 말이 나타나 본 절이 아주 중요함을 드러내고 있다. 즉, 나는 여호와(יְהוָה)[19]요 모든 육체의 하나님(민 16:22; 27:11)이다. 내게 불가능한 일이 있겠느냐고 하신다.

여호와께서 모든 육체의 하나님이라고 하심은 자신이 모든 생명의 창조자이심을 알려주는 표현이다. 이와 같이 창조의 하나님은 전능하신 하나님이신고로 유다 민족을 바벨론 포로로 잡아가실 수 있다는 것이다.

렘 32:28. 그러므로 여호와께서 이와 같이 말씀하시니라 보라 내가 이 성을 갈대아인의 손과 바벨론의 느부갓네살 왕의 손에 넘길 것인즉 그가 차지할 것이라.

본 절은 앞 절에서 말한 내용의 결과(therefore)를 말해준다. 앞 절에서 여호와께서는 “내게 할 수 없는 일이 있겠느냐”고 하셨는데, 이는 여호와께서 예루살렘 성을 바벨론 군대의 손에 넘겨주실 수 있다는 말씀을 하시는 것이다.

그리고 본 절 초두에는 “보라”(behold)라는 말이 있어 본 절의 내용을 유심히 관찰해야 한다는 것을 권한다. 즉, 여호와께서 다음과 같이 말씀하시기를 보라 나 여호와가 이 예루살렘 성을 갈대아(바벨론 나라의 땅 이름)인의 손에 넘겨준다. 바벨론(나라 이름) 왕 느부갓네살의 손에 넘겨줄 터이니, 그(느부갓네살)가 이 예루살렘 성을 점령할 것이다.

본 절은 여호와께서 만사를 주장하신다는 것을 드러내신다. 오늘도 여호와께서는 우리의 무슨 일이든지 다 주장하신다.

---

19) “여호와”: 여호와는 이스라엘의 하나님을 나타내는 고유명사이며, ‘여호와, 야훼’로 음역한다. 우리가 "여호와"라고 부르는 하나님의 명칭은 본래 히브리어 4자음 문자 '요드, 헤, 와우, 헤(YHWH)로 구성되어 있다. 이 신성 4문자(Tetragammaton)는 하나님의 인격적 이름으로 성경에서 창 2:4에 처음으로 나타나며, 구약성경을 일관해서 총 6,000여회(cf. BDB) 나타난다. 이 하나님의 이름은 한글 번역본의 개역에서 “여호와”, 공동번역에서 “야훼”, 영역본에서 Jehovah 라고 음역하고 있지만 그 정확한 발음을 알 수가 없다. 중세 어느 때에 그 정확한 발음을 잃어버린 것이다. 그러므로 신성 4문자에 대한 정확한 발음과 기원 및 의미는 상당한 논의의 주제가 되어왔다(Freedman. TDNT).

렘 32:29. 이 성을 치는 갈대아인이 와서 이 성읍에 불을 놓아 성과 집 곧 그 지붕에서 바알에게 분향하며 다른 신들에게 전제를 드려 나를 격노하게 한 집들을 사르리니.

여호와께서 말씀하시기를 이 예루살렘 성을 치는 갈대아(바벨론의 땅 이름)군대가 들어와서, 이 도성을 불태워 버릴 것이다(21:10, 14; 34:22; 37:8). 이유는 이 예루살렘 성 사람들이 지붕에 올라가서, 바알에게 제물을 살라 바치고, 다른 신들에게 술 제물을 바쳐서, 나 여호와를 노하게 하였으니, 내(여호와)가 그 집들을 태워 버리겠다고 하신다.

"갈대아인들이 들어온다"는 말이 나오지 않도록 유다 백성들은 여호와 하나님 앞에 매달려 죄를 자복했어야 했다. 오늘도 무슨 재앙이 일어나기 전에 빠른 속도로 그리스도께 엎드려 문제를 해결 받아야 한다. "바알"에 대하여는 2:8을 참조하라.

렘 32:30. 이는 이스라엘 자손과 유다 자손이 예로부터 내 눈 앞에 악을 행하였을 뿐이라 이스라엘 자손은 그의 손으로 만든 것을 가지고 나를 격노하게 한 것뿐이니라 여호와의 말씀이니라.

본 절 초두에 나타난 이유 접속사(כִּי)를 통해 본 절이 앞 절(29절)의 이유를 제공하고 있다고 알린다. 다시 말해 앞 절에서는 바벨론 군대가 유다 나라로 들어와서 예루살렘 성과 집들을 온통 불사른다는 것을 말씀했는데, 바벨론 군대가 그렇게 행한 이유가 본 절에 진술되고 있다. 즉, 그 이유는 이스라엘 백성과 유다 백성은 일찍부터(3:24-25; 22:21) 나 여호와가 보기에 악한 일만을 하였기 때문이다. 참으로 이스라엘 백성은 자기들의 손으로 만든 우상으로 여호와를 화나게만 하였다. 나 여호와의 말이라고 하신다.

성경에 보면 악을 행한 면에 있어서는 남쪽 유다 백성이 북쪽 이스라엘 백성보다는 좀 덜 행했으나 우상 숭배를 한 점에 있어서는 거의 비슷했다.

렘 32:31. 이 성이 건설된 날부터 오늘까지 나의 노여움과 분을 일으키므로 내가 내 앞에서 그것을 옮기려 하노니.

본 절은 예루살렘 성을 파괴하시려는 여호와의 의도를 드러내고 있으시다. 즉, 이 도성이 건설된 날부터(이 성이 건설된 일찍부터 그랬다는 뜻이다) 오늘까지 나 여호와의 분노와 노여움만을 일으키기 때문에, 이제는 내가 그것을 내 눈 앞에서 치워 버리겠다고 하신다.

렘 32:32. 이는 이스라엘 자손과 유다 자손이 모든 악을 행하여 내 노여움을 일으켰음이라 그들과 그들의 왕들과 그의 고관들과 그의 제사장들과 그의 선지자들과 유다 사람들과 예루살렘 주민들이 다 그러하였느니라.

북쪽 이스라엘 백성과 남쪽 유다 백성의 왕들이나 고관들이나 제사장들이나 예언자들이나 유다 사람이나 예루살렘 주민이나 가릴 것 없이 모든 국민들이 온갖 죄악을 저질러서 나 여호와를 노하게 하였다고 하신다. 그런 고로 여호와께서 예루살렘 성을 옮기려 하신 것이다(31절).

렘 32:33. 그들이 등을 내게로 돌리고 얼굴을 내게로 향하지 아니하며 내가 그들을 가르치되 끊임없이 가르쳤는데도 그들이 교훈을 듣지 아니하며 받지 아니하고.

본 절은 남쪽의 유다나 북쪽의 이스라엘이 여호와를 배반한 사실을 드러내신다. 여기 "그들이 등을 내게로 돌리고 얼굴을 내게로 향하지 아니했다"는 말과 "나 여호와가 그들(북쪽의 이스라엘 사람과 남쪽의 유다 사람들)을 가르치되 끊임없이 가르쳤는데도 그들이 교훈을 듣지 아니하며 받지 아니했다"는 말씀은 동의적 인 문장이다. 아무튼 남북은 여호와를 반역하는 데 한마음이었다.

렘 32:34-35. 내 이름으로 일컫는 집에 자기들의 가증한 물건들을 세워서 그 집을 더럽게 하며 힌놈의 아들의 골짜기에 바알의 산당을 건축하였으며

자기들의 아들들과 딸들을 몰렉 앞으로 지나가게 하였느니라 그들이 이런 가증한 일을 행하여 유다로 범죄하게 한 것은 내가 명령한 것도 아니요 내 마음에 둔 것도 아니니라.

34-35절은 7:30-31절과 내용이 거의 같다. 34-35절의 내용은 우상 숭배의 악이 극에 달하였음을 말한다. 첫째, 여호와의 이름으로 일컫는 성전에까지 우상을 세웠다는 것이고, 둘째, 힌놈의 아들의 골짜기에 바알의 산당을 건축한 일, 셋째, 자기들의 아들들과 딸들을 몰렉[20]에게 불태워 바쳤다는 것,

위와 같은 일은 여호와께서 명하시지도 않았고, 그가 생각으로도 결코 원하시지 않는 일이었다. 자기들의 아들과 딸을 불태워 죽이는 일이야말로 악의 극치가 아닐 수 없다.

<영원한 언약>

렘 32:36-37. 그러나 이스라엘의 하나님 여호와께서 너희가 말하는 바 칼과 기근과 전염병으로 말미암아 바벨론 왕의 손에 넘긴 바 되었다 하는 이 성에 대하여 이와 같이 말씀하시니라. 보라 내가 노여움과 분함과 큰 분노로 그들을 쫓아 보내었던 모든 지방에서 그들을 모아들여 이 곳으로 돌아오게 하여 안전히 살게 할 것이라.

이제 나 여호와 이스라엘의 하나님이 말한다. 너희는 이 도성을 두고 전쟁과 기근과 염병을 만나서 바벨론 왕의 손에 들어간 도성이라고 말하지만 (36절), 앞으로는 유다 민족을 바벨론에서 유다 땅으로 다시 안전하게 귀환

---

20) 몰렉: 몰렉은 히브리어 성경에서 이교도의 남성 우상 신에 대해 쓰이며 아마 이스라엘 이웃 나라에서 차용된 것 같으며 배교한 이스라엘 사람들은 바로 예루살렘 남쪽 힌놈의 골짜기에서 유아들을 그 신에게 희생 제물로 바쳤다. 자음 mlk는 "(거룩한) 왕"을 의미하는 멜레크(melek)라는 단어이며, 반면에 모음은 마소라 학자들(Masoretes)이 아주 오랜 관습에 따라 히브리어 보세트(boshet; "수치")로부터 보충한 것들이다. 예수님 시대에 회당의 낭독자가 어떻게 읽었는지는 - 보셰드(bosheth), 멜레크(melek) 혹은 몰레크(molek) - 말하기가 힘들다. 이 단어는 심지어 70인역본에서 몰로크(moloch)로 번역되는데, 이것은 "그들의 왕"과 "왕 몰록"으로 해석된다. 몰렉(=밀곰)은 암몬 족속이 좋아하는 것이었으며 인간의 희생 제물을 통하여 숭배되었으나, 그 우상 신과, 그를 찬양하여 드리는 유아의 희생제물의 무서운 관습은 가나안 사람들(Phoenician, Punic)에 의해 지중해 지역에 두루 전해졌다.

시켜 살게 하시겠다고 하신다. 하나님께서 하시면 하신다는 것이다.

렘 32:38. 그들은 내 백성이 되겠고 나는 그들의 하나님이 될 것이며.

그러면 그들이 나 여호와의 백성이 되겠고(24:7; 30:22; 31:33), 나 여호와는 그들(유다 민족)의 하나님이 될 것이라고 하신다. 오늘 우리가 여호와의 백성으로 살게 된다면 무엇이 부족하겠는가.

렘 32:39. 내가 그들에게 한 마음과 한 길을 주어 자기들과 자기 후손의 복을 위하여 항상 나를 경외하게 하고.

그때에 나 여호와가 바벨론으로부터 귀환한 유다 백성들에게 한결같은 마음과 삶을 주어(겔 11:19; 습 3:9; 슥 14:9), 그들이 언제나 나 여호와를 경외하여 그들 자신뿐만 아니라, 그들의 자손들까지도 길이 복을 받게 할 것이라고 하신다. 여호와께서 유다 백성들에게 단합된 마음을 주셔서 여호와를 경외하게 하셔서 유다가 번영하게 하겠다고 하신다.

렘 32:40. 내가 그들에게 복을 주기 위하여 그들을 떠나지 아니하리라 하는 영원한 언약을 그들에게 세우고 나를 경외함을 그들의 마음에 두어 나를 떠나지 않게 하고.

나 여호와가 그들 유다 백성들과 영원한 언약(새 언약, 31:31)을 맺고, 나 여호와가 그들에게서 영영 떠나지 않고, 그들을 잘되게 할 것이며, 그들의 마음속에 나를 경외하는 마음을 넣어 주어서, 그들이 나에게서 떠나가지 않게 하겠다(사 55:3; 겔 16:60; 37:26)고 하신다. 이런 새 언약은 메시아 왕국에서 온전히 실현될 것이다.

렘 32:41. 내가 기쁨으로 그들에게 복을 주되 분명히 나의 마음과 정성을 다하여 그들을 이 땅에 심으리라.

나 여호와는 그들에게 복 주기를 기뻐하니, 내(여호와)가 진실로 내

온 마음과 온 정성을 다하여 그들을 이 유다 땅에 심을 것이라고 하신다.

이스라엘 자손에게 "마음을 다하고 성품을 다하고 힘을 다하여 네 하나님 여호와를 사랑하라"(신 6:5) 하신 하나님은 그 자신 이스라엘(유다 민족을 포함하는 말)을 "마음과 정성을 다하여" 사랑하사 그들을 폐허의 땅에 다시 심으신다는 것이다(이상근). 오늘 우리로서는 본 절의 말씀보다 더 든든한 말씀은 없는 것으로 여겨진다.

렘 32:42. 여호와께서 이와 같이 말씀하시니라 내가 이 백성에게 이 큰 재앙을 내린 것 같이 허락한 모든 복을 그들에게 내리리라.

여호와께서 말씀하시기를 여호와께서는 유다 백성에게 두 가지 일 즉, 재앙을 내리시는 면과 복을 내리시는 면에 능하시다고 말씀하신다. 백성들이 여호와를 반역하면 재앙을 내리시고 죄를 자복하고 여호와를 믿으면 복을 내리신다는 것이다.

렘 32:43. 너희가 말하기를 황폐하여 사람이나 짐승이 없으며 갈대아인의 손에 넘긴 바 되었다 하는 이 땅에서 사람들이 밭을 사되.

너희 유다 민족이 말하기를 유다 땅이 바벨론 군대의 손에 넘겨져서 황폐해지므로 사람이나 짐승이 없었으나 이제는 바벨론 군대의 손에 넘겨진 이 유다 땅에서 사람들이 밭을 사는 일이 있게 될 것이라고 하신다.

하나님께서 회복하시면 참으로 멋있게 회복된다는 것이다. 오늘 우리의 일도 하나님의 수중에 들어가면 모든 것이 복되게 된다.

렘 32:44. 베냐민 땅과 예루살렘 사방과 유다 성읍들과 산지의 성읍들과 저지대의 성읍들과 네겝의 성읍들에 있는 밭을 은으로 사고 증서를 기록하여 봉인하고 증인을 세우리니 이는 내가 그들의 포로를 돌아오게 함이니라 여호와의 말씀이니라.

본 절의 모든 땅은 유다 땅의 모든 땅을 총망라한 땅을 말한다(17:26

참조). “베냐민 땅”은 예루살렘에서 아주 가까운 땅이고, 예레미야의 고향 땅이다. “예루살렘 사방”은 말 그대로 ‘예루살렘 주위의 땅’을 지칭한다. 그리고 “유다 성읍들”은 ‘유다 땅의 모든 성읍들’을 지칭한다. 그리고 “산지의 성읍들”은 ‘고원지대의 성읍들’을 지칭하고, “저지대의 성읍들”이란 ‘지중해변의 블레셋 평원지대’를 뜻한다. 그리고 “네겝의 성읍들”이란 “유다 남부의 성읍들”을 뜻한다.

“밭을 은으로 사고 증서를 기록하여 봉인하고 증인을 세운다”는 말은 예레미야가 하나멜의 밭을 샀을 때의 과정과 동일한 과정으로, 이는 예레미야의 예언적 행위가 앞으로 문자적으로 성취될 것을 예언한 것이다.

그리고 “내가 그들의 포로를 돌아오게 함이니라”는 말은 하나멜의 밭을 산 예레미야의 예언 행위가 나타내고자 하는 근본 의미이다. 곧 이스라엘이 회복될 것을 의미한다.

제 33 장

4. 이스라엘이 회복되리라(33:1-13)

33장은 유다의 회복을 구체적으로 예언한다. 1-13절은 유다의 회복을 구체적으로 서술하고, 14-26절은 다윗 왕국을 중심으로 하는 회복을 말한다.

<이스라엘과 유다의 회복에 대한 언약>

렘 33:1. 예레미야가 아직 시위대 뜰에 갇혀 있을 때에 여호와의 말씀이 그에게 두 번째로 임하니라 이르시되.

예레미야가 아직 시위대 뜰(궁중 감옥)에 갇혀 있을 때에 여호와께서 유다가 회복될 말씀을 예레미야에게 이르셨는데, 이 말씀이 시위대 뜰에 임한 두 번째(32:26에 이어)로 임한 말씀이다. 32:2참조.

그가 시위대 뜰에 갇혀 있던 중에(32:1-5) 숙부의 밭을 샀고(32:6-15), 여호와께 기도했으며(32:16-25), 여호와로부터 응답을 받은(32:26-44) 이후였다.

렘 33:2. 일을 행하시는 여호와, 그것을 만들며 성취하시는 여호와, 그의 이름을 여호와라 하는 이가 이와 같이 이르시도다(Thus says the LORD who made the earth, the LORD who formed it to establish it-the LORD is his name-NASB, RSV, ESV)**.**

본 절은 이스라엘과 유다가 회복될 일을 약속하신 분이 영원 자존자(永遠自存者)이신 여호와이심을 드러내고 있다.

본 절에는 여호와라는 낱말이 세 번 등장한다. "여호와"(יְהוָה)란 말은 '스스로 있는 자'란 뜻으로 '영원 자존자'를 뜻한다. 여호와께서는 영원

자존자로서 지구를 만드셨고, 또 만드신 지구를 굳게 세우신 분이시다. 우리 하나님의 이름은 '영원 자존자'로 그가 약속하신 것을 그대로 이루시는 분이시다. 본 절은 이스라엘과 유다가 회복될 일을 약속하신 분이 영원 자존자(永遠 自存者)이신 여호와이심을 드러내고 있다.

렘 33:3. 너는 내게 부르짖으라 내가 네게 응답하겠고 네가 알지 못하는 크고 은밀한 일을 네게 보이리라.

영원 자존자이신 여호와께서는 예레미야에게 "너는 내게 간절하게 부르짖으라. 내가 네게 응답하겠고, 네가 알지 못하는 크고 은밀한 일을 네게 보이리라"고 하신다. 부르짖기만 하면 무엇이든지 응답해주신다는 것이며 유다 민족이 알지 못하는 크고 은밀한 일을 보이시겠다고 하신다. 다시 말해 유다 민족에게 해방을 주시겠다는 의미이다.

렘 33:4. 이스라엘의 하나님 여호와께서 말씀하시니라 무리가 이 성읍의 가옥과 유다 왕궁을 헐어서 갈대아인의 참호와 칼을 대항하여(For thus says the LORD, the God of Israel, concerning the houses of this city and the houses of the kings of Judah which(that) were torn down to make a defense against the siege mounds and before(against) the sword-RSV, ESV)**.**

본 절 초두에는 이유를 말하는 이유 접속사(כִּי)가 있어서 본 절 이하가 앞 절(3절)의 이유를 밝히고 있다는 것을 알려준다. 다시 말해 3절에서는 여호와께서 예레미야가 여호와께 부르짖으면 예레미야가 알지 못하는 크고 은밀한 일을 예레미야에게 보이시겠다고 하셨는데, 여호와께서 본 절 이하에서 그 이유를 제공해주고 계신다.

본 절의 내용은 이스라엘의 하나님 여호와께서 말씀하시기를, "바벨론 군대가 흙 언덕을 쌓고(32:24) 쳐들어와 무너뜨린 예루살렘 성 안의 건물들과 유다 왕궁들의 붕괴를 막아보려 유다 백성들이 노력하려 했으나 불가능했다"고 하신다. 불가능한 이유는 5절이 제공하고 있다.

렘 33:5. 싸우려 하였으나 내가 나의 노여움과 분함으로 그들을 죽이고 그들의 시체로 이 성을 채우게 하였나니 이는 그들의 모든 악행으로 말미암아 나의 얼굴을 가리어 이 성을 돌아보지 아니하였음이라.

유다가 뭉쳐서 바벨론 사람들과 대항하여 전쟁을 감행하였지만, 마침내 나 여호와는 이 도성을 나의 분노와 노여움으로 성 사람들을 죽이시고, 그 시체로 가득히 채웠노라(17:12)고 하신다. 이는 여호와께서 그들의 모든 죄악 때문에 이 도성을 외면했다는 것이다. 결국은 유다 민족의 죄악 때문에 여호와께서 유다 민족이 패하게 하셨다.

어느 민족, 어느 개인이든지 죄를 그냥 가지고는 아무리 승리하려 해도 모두 허망한 일일 뿐이라는 것이다.

렘 33:6. 그러나 보라 내가 이 성읍을 치료하며 고쳐 낫게 하고 평안과 진실이 풍성함을 그들에게 나타낼 것이며.

본 절 초두의 "보라!"는 말은 본 절이 아주 중요한 내용을 지니고 있음을 드러낸다. 즉, "보라! 나 여호와가 이 예루살렘 성을 치료하며 고쳐 낫게 하고 평안과 진실이 풍성함을 그들에게 나타낼 것이라"고 하신다. 여호와께서 예루살렘을 치료하실 것이고, 고쳐 낫게 하실 것이며, 평안과 성실함이 그 안에 깃들게 만드시겠다고 하신다. 여호와께서 이스라엘을 치신 것은 유다 민족의 죄악 때문이었고, 이제는 그들의 회개를 보시고 회복시켜서 안정시키시겠다는 것이다(8:22; 30:17).

렘 33:7. 내가 유다의 포로와 이스라엘의 포로를 돌아오게 하여 그들을 처음과 같이 세울 것이며.

나 여호와가 남쪽 유다가 포로 되어 가는 일이나 북쪽 이스라엘이 포로 되어 가는 일은 다른 시점(남쪽 유다는 주전 586년에 바벨론으로, 북쪽 이스라엘은 주전 721년에 앗수르로 포로 되어 가게 했다)에 되게 했으나, 그들이 해방되어 오는 일은 같은 시점에 함께 돌아오게 하셔서 옛날과 같이(29:14; 31:14) 세워주신다고 하신다.

렘 33:8. 내가 그들을 내게 범한 그 모든 죄악에서 정하게 하며 그들이 내게 범하며 행한 모든 죄악을 사할 것이라.

나 여호와가 남쪽 유다 백성이나 북쪽 이스라엘 백성의 죄악을 회개하게 하셔서 정결하게 하실 것이며(왕하 17:7-18; 24:3-4), 그들이 여호와께 범한 모든 죄악을 사해주실 것이라(31:34)고 하신다. 여기 정결하게 하시는 일이나 죄악을 사해주시는 일은 동의어로 사용되었다.

렘 33:9. 이 성읍이 세계 열방 앞에서 나의 기쁜 이름이 될 것이며 찬송과 영광이 될 것이요 그들은 내가 이 백성에게 베푼 모든 복을 들을 것이요 내가 이 성읍에 베푼 모든 복과 모든 평안으로 말미암아 두려워하며 떨리라.

이 예루살렘 성읍이 땅의 모든 민족들 앞에서 내게 기쁜 이름과 찬송과 영광이 될 것이니, 그들은 내가 이 백성에게 베푸는 모든 복에 관해 듣고, 내가 이 성읍에 베푸는 모든 복과 평화로 말미암아 두려워하며 떨게 될 것이다.

세계 열방은 나 여호와가 이 백성에게 베푸는 모든 복에 관해 듣고, 내가 이 성읍에 베푸는 모든 복과 평화로 말미암아 두려워하며 떨게 될 것이라고 하신다.

예루살렘 성읍이 포로가 될 때에는 열방의 조롱거리가 되었고(29:18), 예루살렘은 슬픔의 성읍, 처량한 성읍이 되었으나 귀환할 때는 여호와께 기쁨을 드리는 성읍이 될 것이다. 우리가 세상에서 어떻게 사느냐에 따라 하나님께 돌리는 영광이 달라지는 것이다.

렘 33:10-11. 여호와께서 이와 같이 말씀하시니라 너희가 가리켜 말하기

를 황폐하여 사람도 없고 짐승도 없다 하던 여기 곧 황폐하여 사람도 없고 주민도 없고 짐승도 없던 유다 성읍들과 예루살렘 거리에서 즐거워하는 소리, 기뻐하는 소리, 신랑의 소리, 신부의 소리와 및 만군의 여호와께 감사하라, 여호와는 선하시니 그 인자하심이 영원하다 하는 소리와 여호와의 성전에 감사제를 드리는 자들의 소리가 다시 들리리니 이는 내가 이 땅의 포로를 돌려보내어 지난 날처럼 되게 할 것임이라 여호와의 말씀이니라.

10-11절은 유다 민족이 포로로 잡혀가던 때와 포로 생활을 하다가 귀환하던 때의 분위기가 너무나도 다른 것을 묘사하고 있다. 잡혀가던 때는 온통 황폐뿐이었다. 사람도 없었고 주민도 없었으며 짐승도 없었던 황폐로부터 귀환한 후에는 각종 기쁨의 소리로 충만해진 분위기로 변했다는 것을 묘사하고 있다. 이렇게 변한 것은 여호와께서 하신 일이라는 것을 말씀하신다.

렘 33:12. 만군의 여호와께서 이와 같이 말씀하시니라 황폐하여 사람도 없고 짐승도 없던 이 곳과 그 모든 성읍에 다시 목자가 살 곳이 있으리니 그의 양 떼를 눕게 할 것이라.

본 절도 역시 10-11절을 이어 유다 민족이 포로가 되어 갈 때와 귀환했을 때의 분위기가 너무 확연히 다르다는 것을 말씀한다. 포로로 끌려갈 때는 죄의 결과로 사회가 전체적으로 비참했고, 귀환한 후에는 죄를 많이 자복했고 또 죄 사함을 받은 후이니 밝은 사회로 변한 것이다.

렘 33:13. 산지 성읍들과 평지 성읍들과 네겝의 성읍들과 베냐민 땅과 예루살렘 사면과 유다 성읍들에서 양 떼가 다시 계수하는 자의 손 아래로 지나리라 여호와께서 말씀하시니라.

본 절은 17:26; 32:44과 병행한다. 유다 백성들이 바벨론에서 귀환할 때는 유다 전국(산지와 평지 성읍들, 남방의 성읍들과 예레미야의 고향 베냐민 땅과 예루살렘 사면과 유다 성읍들)에 양치는 목자들이 양 떼를 계수하고 확인하게 될 것이라고 한다.

5. 여호와께서 메시아를 보내리라고 하시다(33:14-16)

렘 33:14. 여호와의 말씀이니라 보라 내가 이스라엘 집과 유다 집에 대하여 일러 준 선한 말을 성취할 날이 이르리라.

여호와께서 말씀하시기를, "보라! 그 날이 올 것이니 내가 이스라엘 집과 유다 집에게 약속했던 복된 말을 이루겠다"고 하신다.

14-16절은 23:5-6과 병행한다. 본문의 의미에 대하여는 그 주해를 참조하라. 본 절은 삼하 7:12-16; 왕상 2:4; 8:25; 9:5 등에 약속한 예언을 다시 말한 것이다. 예레미야가 이 예언을 할 때는 다윗의 왕통이 완전히 끊어지고 마는 비참한 때였다. 그런데도 예레미야는 장차 다윗 왕통의 계승자가 탄생할 것을 예언한다. 이런 예언은 사람의 그 어떤 선견지명으로는 할 수 없는 것이다. 오직 하나님께서만 이런 예언을 하실 수 있으시다(박윤선).

렘 33:15. 그 날 그 때에 내가 다윗에게서 한 공의로운 가지가 나게 하리니 그가 이 땅에 정의와 공의를 실행할 것이라.

그 날 그 때가 되면 나 여호와가 다윗에게서 한 의로운 가지를 돋아나게 할 것이니, 그가 세상에 공평과 정의를 실현할 것이라고 하신다.

여기 "그 날 그 때"란 말은 '신약 시대', '메시아 왕국 시대'를 이름이다. 그리고 "공의로운 가지"란 말은 메시아를 뜻한다(23:5; 사 4:2; 슥 3:8). 그리고 "그가 이 땅에 정의와 공의를 실행할 것이라"는 말은 메시아가 이 땅에 오셔서 공평과 정의를 실행하신다는 뜻이다. 메시아는 지금도 성령으로 공평과 정의를 시행하고 계신다. 성령을 받은 사람들은 이 땅에서 의를 시행하면서 살고 있다.

렘 33:16. 그 날에 유다가 구원을 받겠고 예루살렘이 안전히 살 것이며

이 성은 여호와는 우리의 의라는 이름을 얻으리라.

여기 "그 날에"란 말은 신약 시대를 뜻하는 말이다. 그 날에는 신약 시대에 이루어질 약속이 진술되어 있다. 즉, 신약 시대가 오면 유다가 구원을 받을 것이며, 예루살렘이 안전한 거처가 될 것이다. 그런고로 사람들은 예루살렘을 '여호와는 우리의 구원이시다'로 일컫게 된다고 하신다.

이렇게 여호와의 이름을 그 백성에게 붙이는 것은 백성들이 주님께 속했다는 뜻에서다(계 3:12; 22:3). 주님과 교회가 일체인 사실은 교회는 주님의 몸이요, 그리스도는 교회의 머리라는 신약의 교훈이 여러 곳에서 증거하고 있다(고전 12:27; 엡 1:22, 23; 4:12, 15, 16; 5:23, 28-32; 골 1:18, 24; 2:19).

6. 영원히 계속할 왕권과 제사장(33:17-26)

렘 33:17. 여호와께서 이와 같이 말씀하시니라 이스라엘 집의 왕위에 앉을 사람이 다윗에게 영원히 끊어지지 아니할 것이며.

본 절은 예수 그리스도께서 영적으로 다윗의 위(位)를 받으셔서 그 위가 영원하실 것을 예언하신 것이다(눅 1:21-33).

따라서 예수님은 지금도 우리의 임금으로서 영원히 우리를 구속하여 주시고, 다스려주시며, 모든 것을 공급해주시고, 병을 고쳐주시며, 위로해 주시고, 우리를 각종 위험으로부터 지켜주신다. 우리는 영원히 예수님을 찬양한다.

렘 33:18. 내 앞에서 번제를 드리며 소제를 사르며 다른 제사를 항상 드릴 레위 사람 제사장들도 끊어지지 아니하리라 하시니라.

본 절도 신약 시대에 이루어질 일을 예언한다. 즉, 예수 그리스도로 말미암은 속죄 사역의 효과가 영원무궁할 것을 말한다. 히 7:15-25 참조.

렘 33:19. 여호와의 말씀이 예레미야에게 임하니라 이르시되.

여호와께서 하시는 말씀, 즉 20-22절의 엄청난 말씀들이 예레미야에게 임한다는 뜻이다. 이런 말씀들이 오늘 우리에게도 임하니 우리가 얼마나 복된지 알 수가 없다.

렘 33:20. 여호와께서 이와 같이 말씀하시니라 너희가 능히 낮에 대한 나의 언약과 밤에 대한 나의 언약을 깨뜨려 주야로 그 때를 잃게 할 수 있을진대.

나 여호와가 말하기를 낮에 대한 나의 약정과 밤에 대한 나의 약정을 너희가 깨뜨려서 낮과 밤이 제시간에 못 오게 할 수 없다는 내용이다.

여호와께서 본 절을 말씀하시는 이유는 다음 절(21절)에 말씀한 대로 두 가지 언약, 즉 하나님께서 다윗과 세우신 언약(삼하 7:12-16; 왕상 2:4)과 레위인 제사장에 관한 언약인 제사법전을 변경시킬 수 있다는 것이다. 그러나 실제로 아무도 여호와께서 세우신 언약을 파할 수 없다는 것이다. 메시아 왕국에서 다윗의 자손인 메시아가 지배하시며, 제사법전의 완성인 진정한 여호와 예배가 폐해지지 않고 시행된다는 것이다(31:35-36).

렘 33:21. 내 종 다윗에게 세운 나의 언약도 깨뜨려 그에게 그의 자리에 앉아 다스릴 아들이 없게 할 수 있겠으며 내가 나를 섬기는 레위인 제사장에게 세운 언약도 파할 수 있으리라.

본 절에 말씀한 두 가지 언약은 절대로 변경할 수 없는 불변의 언약이다. 즉, 그런 일이 있을 수 없다면, 나 여호와의 종 다윗에게 세운 나 여호와의 언약도 깨지는 일이 없고, 나 여호와를 섬기는 레위 지파의 제사장들에게 세운 나의 언약도 깨지는 일이 없을 것이라고 하신다.

렘 33:22. 하늘의 만상은 셀 수 없으며 바다의 모래는 측량할 수 없나니 내가 그와 같이 내 종 다윗의 자손과 나를 섬기는 레위인을 번성하게 하리라 하시니라.

하늘의 별들을 셀 수가 없고, 바다의 모래를 측량할 수가 없는 것같이 나 여호와가 내 종 다윗의 자손과 나를 섬기는 레위인들을 번성하게 할 것이라고 하신다(창 15:5; 22:17).

오늘도 하나님은 그를 따르는 성도들을 무수히 번성하게 하실 수 있으신 것이다.

렘 33:23. 여호와의 말씀이 예레미야에게 임하니라 이르시되.

본 절 주해를 위해 19절 주해를 참조하라.

렘 33:24. 이 백성이 말하기를 여호와께서 자기가 택하신 그들 중에 두 가계를 버리셨다 한 것을 네가 생각하지 아니하느냐 그들이 내 백성을 멸시하여 자기들 앞에서 나라로 인정하지 아니하도다(Have you not observed what(that) these people are saying, The LORD has rejected the two clans which(that) he chose? Thus they have despised my people so that they are no longer a nation in their sight-ESV).

너는 이 백성이 '주님께서는 자신이 택하신 두 족속을 버리셨다'고 말하는 것을 듣지 못하였느냐? 그래서 사람들이 내 백성을 멸시하고, 다시는 나라를 이루지 못할 것으로 여기고 있다.

여기 "이 백성"이란 유다 백성들 가운데 하나님의 회복 약속에도 불구하고 북 이스라엘과 남 유다 왕국의 멸망을 선민 이스라엘의 운명의 끝으로 생각하는 믿음이 없는 자들을 지칭한다(K.&D., Cheyne).

그리고 "두 족속"이란 남 유다와 북 이스라엘을 가리키는 것으로 본다. 따라서 본문은 '우리는 택함 받은 민족이나 이제는 버림받았다'는 유대인들의 자포자기적인 불평의 말이다.

"그들이 내 백성을 멸시하여 자기들 앞에서 나라로 인정하지 아니하도다"라는 말을 좀 더 원문에 충실히 번역하면, "그들이 나의 백성임에도 불구하고 스스로를 더 이상 한 민족으로 여기지 않는다"로 된다. 즉, 하나님께서는 여전히 그들을 자신의 백성으로 생각하고 계시는데, 정작 그들은 그렇게 생각하지 않는다는 것이다. 다시 말하면 그들은 아예 망해 버릴 것이라고 작정하고 있다는 것이다(그랜드 종합 주석).

렘 33:25-26. 여호와께서 이와 같이 말씀하시니라 내가 주야와 맺은 언약이 없다든지 천지의 법칙을 내가 정하지 아니하였다면 야곱과 내 종 다윗의 자손을 버리고 다시는 다윗의 자손 중에서 아브라함과 이삭과 야곱의 자손을 다스릴 자를 택하지 아니하리라 내가 그 포로된 자를 돌아오게 하고 그를 불쌍히 여기리라.

나 여호와가 이와 같이 말하노라. 나 여호와의 주야의 약정이 흔들릴 수 없고, 하늘과 땅의 법칙들이 무너질 수 없듯이(20절; 31:35-36) 야곱의 자손과 나의 종 다윗의 자손도 내가 절대로 버리지 않을 것이며, 아브라함과 이삭과 야곱의 자손을 다스릴 통치자들을 다윗의 자손들 가운데서 세우는 나의 일도 그치지 않을 것이다. 이제는 참으로 내가 이 백성을 불쌍히 여겨서 그들 가운데서 포로가 된 사람들을 돌아오게 하겠다고 하신다.

하나님은 이와 같은 신실성으로 유다의 포로들을 돌아오게 하고, 그들에게 긍휼을 베풀겠다고 하신다.

VI. 여호야김과 시드기야 시대의 여러 사건들(34:1-39:18)

제 34 장

A. 시드기야가 사로잡혀서 평안히 죽을 것이다(34:1-7)

예레미야는 시드기야 왕에게 예루살렘 성이 함락되고, 시드기야가 포로가 될 것을 예언한다. 그러면서 시드기야로 하여금 여호와의 말씀을 들을 것을 권고한다.

<시드기야 왕에 대한 말씀>

렘 34:1. 바벨론의 느부갓네살 왕과 그의 모든 군대와 그의 통치하에 있는 땅의 모든 나라와 모든 백성이 예루살렘과 그 모든 성읍을 칠 때에 말씀이 여호와께로부터 예레미야에게 임하여 이르시되.

본 절은 예레미야가 시드기야 왕에게 예언한 때가 언제냐를 밝힌다. 때는 바벨론의 느부갓네살 왕과 그의 모든 군대와 또 그의 지배 아래에 있는 나라들의 군대를 총동원하여 예루살렘과 또 유다의 모든 성읍들을 칠 때였다. 바로 이때는 시드기야 왕 9년 10월 10일에 시작하여(주전 588년), 11년 4월 9일에 성이 함락되는 때였다(주전 586년). 여호와의 경고의 예언은 포위의 초기에 주어졌는데, 이 포위 중 애굽의 원군(援軍)이 온다는 소문으로 바벨론 군이 잠시 포위망을 풀고 떠났는데(34:21; 37:5), 이때는 그 이전에 있었던 것으로 보인다. 이런 복잡한 때 시드기야는 무수한 거짓 선지자들의 말에 유혹되어 애굽의 원군으로 인해 바벨론 군이 절대로 쳐들어오지 못할 것으로 믿었다. 시드기야 왕은 거짓 선지자들의 말에 유혹되어 진실한 여호와의 말씀에 순종하지 않았다.

렘 34:2-3. 이스라엘의 하나님 여호와께서 이와 같이 말씀하시니라 너는

가서 유다의 시드기야 왕에게 아뢰어 이르기를 여호와의 말씀에 보라 내가 이 성을 바벨론 왕의 손에 넘기리니 그가 이 성을 불사를 것이라. 네가 그의 손에서 벗어나지 못하고 반드시 사로잡혀 그의 손에 넘겨져서 네 눈은 바벨론 왕의 눈을 볼 것이며 그의 입은 네 입을 마주 대하여 말할 것이요 너는 바벨론으로 가리라.

2-3절 주해를 위해 32:3-5 주해를 참조하라. 유다 나라 말기 복잡한 때 여호와 이스라엘의 하나님께서 말씀하시기를, "너 예레미야는 어서 유다 왕 시드기야 왕에게 가서, 나 여호와의 말을 전하여라. '나 여호와가 말하기를 내가 이 도성을 바벨론 왕의 손에 넘겨주어서, 바벨론 왕이 이 도성에 불을 지르게 하겠다'고 하신다. 당신 시드기야 왕께서는 바벨론 왕의 손에서 벗어나지 못하고, 꼼짝없이 붙잡혀서 그의 손아귀에 들어갈 것입니다. 당신 시드기야 왕께서는 바벨론 왕 앞에 끌려 나가, 그의 얼굴을 직접 보게 될 것이며, 그는 당신 시드기야 왕에게 항복을 요구할 것이고, 시드기야 왕께서는 바벨론으로 끌려갈 것입니다"라고 하셨다.

렘 34:4-5. 그러나 유다의 시드기야 왕이여 여호와의 말씀을 들으라 여호와께서 네게 대하여 이와 같이 말씀하시니라 네가 칼에 죽지 아니하고, 평안히 죽을 것이며 사람이 너보다 먼저 있은 네 조상들 곧 선왕들에게 분향하던 것 같이 네게 분향하며 너를 위하여 애통하기를 슬프다 주여 하리니 이는 내가 말하였음이라 여호와의 말씀이니라 하시니라.

유다 왕 시드기야에게 주께서 이르시기를, "나 여호와의 약속을 들으라. 내(여호와)가 시드기야 왕에게 말한다. 시드기야 왕이여, 당신은 칼에 찔려 죽지 않고, 평안히 죽을 것이다. 그리고 사람들은 당신의 조상 곧 당신보다 먼저 살았던 선왕들의 죽음을 슬퍼하며 향불을 피웠던 것처럼, 당신의 죽음에 대해서도 슬퍼하여 향불을 피우며 '슬픕니다, 임금님' 하면서, 당신을 애도하여 조가를 부를 것이다(22:18; 대하 16:14; 21:19). 이것은 나 여호와가 친히 약속하는 말이다. 나 여호와가 하는 말이니 귀담아들으라"고 하신다.

렘 34:6. 선지자 예레미야가 이 모든 말씀을 예루살렘에서 유다의 시드기야 왕에게 아뢰니라.

본 절은 예레미야가 여호와께 받은 2-5절 말씀을 그대로 시드기야 왕에게 전한 것을 말한다.

렘 34:7. 그 때에 바벨론의 왕의 군대가 예루살렘과 유다의 남은 모든 성읍들을 쳤으니 곧 라기스와 아세가라 유다의 견고한 성읍 중에 이것들만 남았음이더라.

그 때에 바벨론 왕의 군대는 예루살렘과 유다의 남은 성읍들을 공격했는데, 그 당시 유다의 요새화된 성읍들 가운데서 남은 것이라고는 라기스와 아세가뿐이었다.

"라기스와 아세가라 유다의 견고한 성읍 중에 이것들만 남았었더라"는 말은 유다가 얼마나 비참한 처지에 놓였는지를 보여준다. 다시 말해 바벨론 군대가 유다의 모든 성읍들을 파하고 겨우 두 성읍만 남았다는 것이다. 일이 이렇게 되기 전에 여호와를 믿는 성도 몇 명만이라도 여호와께 부르짖었더라면 이렇게 비참하게 되지는 않았을 것이다. "라기스"는 예루살렘 서남쪽 46km에 있는 성읍이고, "아세라"는 예루살렘 서남쪽 28km 지점의 성읍이다(라기스 북방 18km에 위치한다).

B. 시드기야가 자유케 했던 노예들을 다시 종으로 삼다(34:8-11)

<여호와 앞에서 맺은 계약을 어기다>

렘 34:8. 시드기야 왕이 예루살렘에 있는 모든 백성과 한 가지로 하나님 앞에서 계약을 맺고 자유를 선포한 후에 여호와께로부터 말씀이 예레미야에게 임하니라(The word which(that) came to Jeremiah from the LORD, after King Zedekiah had made a covenant with all the people in Jerusalem to make a proclamation of liberty to them-RSV, ESV).

여호와께서 예레미야에게 말씀하실 때는 유다 왕 시드기야가 종들에게 자유를 줄 것을 선포하는 언약을 예루살렘에 있는 모든 백성과 맺은 뒤였다.

모세 율법에 의하면 같은 동족이 자신의 노예가 되어 6년을 섬기면 제7년째에 해방시켜 주도록 규정하고 있다(신 15:12). 그러나 유다 말기 유다 백성들은 이를 전혀 지키지 않았다. 그런데 시드기야가 백성들과 언약을 맺고, 이를 실행한 것이다. 아마도 시드기야는 예레미야의 예언대로 바벨론의 느부갓네살 왕이 예루살렘을 포위한 것을 보고 율법의 규정을 준수함으로써 하나님의 진노를 누그러뜨려 보려 했던 것으로 추측된다. 이는 노예 해방을 주도했던 자들이 후에 다시 해방된 노예들을 잡아들인 사실에서도 알 수 있다(11절). 다시 말해 시드기야를 비롯한 유다 백성들은 바벨론의 침공이 예레미야의 예언대로 이루어지자 노예 해방 언약 준수를 통해 하나님의 진노를 누그러뜨리려 했으며, 애굽 군대의 진격으로 바벨론 군대가 일시적으로 예루살렘에 대한 포위를 풀자 하나님의 진노가 그친 줄로 알고 다시 노예를 잡아들인 것이다.

렘 34:9. 그 계약은 사람마다 각기 히브리 남녀 노비를 놓아 자유롭게 하고 그의 동족 유다인을 종으로 삼지 못하게 한 것이라.

그 계약은 누구나 자기의 남종과 여종이 히브리 남자와 히브리 여자일 경우에 그들을 자유인으로 풀어 주어서 어느 누구도 동족인 유다 사람을 종으로 삼는 일이 없도록 한다는 계약이었다.

신명기의 규례는 노비를 6년간 부리다가 7년째 되는 해에는 풀어주는 것이었다. 그러나 시드기야는 6년이 차지 않은 노비도 놓아주었다.

렘 34:10. 이 계약에 가담한 고관들과 모든 백성이 각기 노비를 자유롭게 하고 다시는 종을 삼지 말라 함을 듣고 순복하여 놓았더니.

시드기야 왕과 언약을 맺은 고관들과 모든 백성들은 그 언약을 준수하여 모든 같은 동포의 노비들을 석방시켜 주었다.

왕과 고관들과 백성들은 잠시 동안 좋은 마음을 품고, 좋은 일을 행한 것으로 볼 수 있다.

렘 34:11. 후에 그들의 뜻이 변하여 자유를 주었던 노비를 끌어다가 복종시켜 다시 노비로 삼았더라.

그러나 후에 그들(왕, 고관들, 백성들)은 마음이 바뀌어 그들이 이미 자유인으로 풀어 준 남녀 종들을 다시 데려다가 남종과 여종으로 부리기 시작했다.

왕과 고관들과 백성들이 이처럼 변심하게 된 것은 애굽의 원군(援軍)이 온다는 소문을 듣고 예루살렘을 포위하고 있던 바벨론 군이 그 애굽을 치기 위해 포위했던 망을 잠시 풀었을 때였다(34:2; 37:5). 예루살렘이 포위되었을 때는 그 포위를 하나님의 심판이라고 여겨 율법을 준수하여 노예를 석방한 것이었다. 그 포위망이 풀리니 하나님의 심판이란 개념이 없어져 다시 율법을 범하여 노예를 끌어다가 복종시켜 다시 노비 삼은 것이었다. 오늘 우리는 어떤 환경을 만나든지 율법을 그대로 준수하는 성도들이 되어야 할 것이다.

C. 여호와께서 노예에 대한 시드기야 왕의 행위를 책망하시다 (34:12-22)

렘 34:12. 그러므로 여호와의 말씀이 여호와께로부터 예레미야에게 임하니라 이르시되.

시드기야 왕과 고관들과 백성들이 변심하여 해방한 노비들을 끌어다가 다시 노비를 삼으니(11절), 여호와께서 예레미야에게 하실 말씀이 있으셔서 예레미야에게 말씀을 주신다.

렘 34:13-14. 이스라엘 하나님 여호와께서 이와 같이 말씀하시니라 내가

너희 선조를 애굽 땅 종의 집에서 인도하여 낼 때에 그들과 언약을 맺으며 이르기를 너희 형제 히브리 사람이 네게 팔려 왔거든 너희는 칠 년 되는 해에 그를 놓아 줄 것이니라 그가 육 년 동안 너를 섬겼은즉 그를 놓아 자유롭게 할지니라 하였으나 너희 선조가 내게 순종하지 아니하며 귀를 기울이지도 아니하였느니라.

13-14절은 이스라엘 민족이 애굽에서 나올 때에 여호와께서 시내 산에서 모세를 통하여 주신 언약을 상기시키신다. 즉, 동족 이스라엘 사람이 노비로 팔려 6년 동안을 섬겼을 경우 7년째에는 그 노비를 놓아주라고 하셨는데, 이스라엘의 조상들이 여호와의 말씀에 귀를 기울이지도 않고, 순종하지도 않았다는 말씀이다.

렘 34:15-16. 그러나 너희는 이제 돌이켜 내 눈 앞에 바른 일을 행하여 각기 이웃에게 자유를 선포하되 내 이름으로 일컬음을 받는 집에서 내 앞에서 계약을 맺었거늘 너희가 돌이켜 내 이름을 더럽히고 각기 놓아 그들의 마음대로 자유롭게 하였던 노비를 끌어다가 다시 너희에게 복종시켜 너희의 노비로 삼았도다.

15-16절은 시드기야 왕과 고관들과 백성들이 그동안 여호와의 율법을 어긴 것을 깨닫고, 여호와의 율법을 따라 노비들에게 자유를 주어 풀어 주기로 여호와 앞에서 계약을 맺은 것은 아주 잘한 일이었는데, 이제 변심하여 자유를 주었던 노비들을 다시 끌어다가 노비 삼았다는 것은 있을 수 없는 일이라는 것이다.

렘 34:17. 그러므로 여호와께서 이와 같이 말씀하시니라 너희가 나에게 순종하지 아니하고 각기 형제와 이웃에게 자유를 선포한 것을 실행하지 아니하였은즉 내가 너희를 대적하여 칼과 전염병과 기근에게 자유를 주리라 여호와의 말씀이니라 내가 너희를 세계 여러 나라 가운데에 흩어지게 할 것이며.

문장 초두의 "그러므로"란 말은 '시드기야 왕과 백성들이 변심하여 자유를 주었던 노비들을 끌어다가 다시 노비 삼았으므로'(15-16절)란 뜻이다. 그러므로 이제 본 절에서는 여호와께서 유다 민족에게 벌을 주시겠다는 말씀이다. 그 벌이란 여호와께서 유다 민족을 대적하시겠다는 내용이다. 즉, 유다 민족에게 바벨론과 전쟁하는 화를 주어서 망하게 하시고, 또 유다 민족을 세계 여러 나라에 흩어지게 하실 것이라고 하신다.

"내가 너희를 대적하여 칼과 전염병과 기근에게 자유를 주리라"는 말씀은 '여호와께서 유다 민족을 대적하셔서 바벨론 군이 일으키는 전쟁의 칼과 전염병과 기근에 자유를 주어서 유다 민족을 마구 해치게 하시겠다'(27:8, 13 참조)는 뜻이다.

렘 34:18. 송아지를 둘로 쪼개고 그 두 조각 사이로 지나매 내 앞에 언약을 맺었으나 그 말을 실행하지 아니하여 내 계약을 어긴 그들을.

본 절은 여호와의 언약을 어긴 시드기야 왕과 고관들과 백성들이 큰 벌을 받아야 한다는 것을 말씀한다. 즉, 언약을 맺을 때는 송아지를 두 조각으로 갈라놓고, 그 사이로 지나가면서 내 앞에서 언약을 맺어 놓고서도 그 언약의 조문을 지키지 않고 나의 언약을 위반한 그 사람들을 내가 이제 그 송아지를 둘로 쪼개는 것 같은 벌을 주시겠다는 것이다(11:6; 창 6:18 참조).

렘 34:19. 곧 송아지 두 조각 사이로 지난 유다 고관들과 예루살렘 고관들과 내시들과 제사장들과 이 땅 모든 백성을.

유다의 지도자들과 예루살렘의 지도자들과 내시들과 제사장들과 이 땅의 백성들 할 것 없이 갈라진 송아지 사이로 지나가면서 언약을 맺고도 언약을 어긴 자들은 모조리 벌을 받아야 할 것이라고 하신다.

렘 34:20. 내가 그들의 원수의 손과 그들의 생명을 찾는 자의 손에 넘기리니

그들의 시체가 공중의 새와 땅의 짐승의 먹이가 될 것이며.

유다의 지도자들과 예루살렘의 지도자들과 내시들과 제사장들과 이 땅의 백성들 할 것 없이(19절) 여호와께서 이들의 원수 바벨론 군대의 손과 또 이들의 생명을 찾는 자들의 손에 이들을 넘길 것이니 유다 민족의 시체들이 공중의 새와 땅의 짐승의 먹이로 사용될 것이라고 하신다.

렘 34:21. 또 내가 유다의 시드기야 왕과 그의 고관들을 그의 원수의 손과 그의 생명을 찾는 자의 손과 너희에게서 떠나간 바벨론 왕의 군대의 손에 넘기리라.

본 절은 언약을 어긴 유다의 시드기야 왕과 유다 왕을 돕는 고관들과 백성들을 벌하시겠다는 말씀이다. 즉, 그들의 목숨을 노리는 원수들의 손에 넘겨주고 유다 사람들에게서 잠시 떠나가 있는 바벨론 왕의 군대(이들은 유다를 도우러 오는 애굽 군대의 소문에 잠시 유다 나라를 떠나 있었다)의 손에 넘겨주겠다고 하신다. 본 절은 앞 절의 반복으로 쓰인 것이다.

렘 34:22. 여호와의 말씀이니라 보라 내가 그들에게 명령하여 이 성읍에 다시 오게 하리니 그들이 이 성을 쳐서 빼앗아 불사를 것이라 내가 유다의 성읍들을 주민이 없어 처참한 황무지가 되게 하리라.

본 절은 여호와께서 유다를 잠시 떠났던 바벨론 군대를 다시 불러서 유다를 쳐서 불사르게 하시겠다고 하신다. 즉, “보라! 나 여호와가 명령을 내려서 바벨론의 군대를 이 도성으로 다시 불러서 그들이 이 도성을 공격하여 점령하게 하고 불을 지르게 하겠다. 내가 유다의 성읍들을 황무지로 만들어서, 아무도 살 수 없는 곳으로 만들겠다”고 하신다. 여호와의 이 말씀대로 유다 나라는 시드기야 왕 제11년에 함락되었다(왕하 25:1-7). 그리고 당시 바벨론 왕은 예루살렘에 불을 놓았고(52:7, 13), 또 예루살렘 성은 황무지가 되고 말았다(6:8; 44:2, 6). 하나님과의 언약을 어긴다는 것은 참으로 무서운 일이 아닐 수 없다.

제 35 장

D. 레갑 족속이 순종을 보이다(35:1-11)

<예레미야와 레갑 사람들>

렘 35:1. 유다의 요시야 왕의 아들 여호야김 때에 여호와께로부터 말씀이 예레미야에게 임하여 이르시되.

유다 왕 요시야의 아들 여호야김 때에 여호와께로부터 예레미야에게 레갑의 아들 요나답이 후손들에게 포도주 마시지 말기를 명령했는데, 그 후손들이 요나답의 말에 순종함으로 평생 동안 포도주를 마시지 아니한 귀한 이야기(8절)를 들려주셨다는 것이다.

여기 "유다 요시야 왕의 아들 여호야김 때"란 '여호야김 왕(주전 609년-598년 통치)의 말기로 보인다. 그때 바벨론 왕 느부갓네살은 그의 휘하의 여러 나라의 군대를 거느리고 유다를 공격했다. 그런고로 유목 생활을 영유했던 레갑 자손들은 전쟁의 화를 피해 예루살렘으로 피신했던 것이다.

렘 35:2. 너는 레갑 사람들의 집에 가서 그들에게 말하고 그들을 여호와의 집 한 방으로 데려다가 포도주를 마시게 하라 하시니라.

여호와께서는 예레미야에게 레갑 사람들의 집에 가서 그들에게 말해서 그들을 여호와의 집(예루살렘 성전)의 한 방으로 데려다가 포도주를 마시게 해보라고 말씀하신다.

이 "레갑 사람들"이란 '레갑인들의 집'이란 뜻이다. 이 집안은 모세의 장인 호밥의 족속으로 미디안 족속이었다(민 10:29). 따라서 이 집안은 겐 족속의 일파로(삿 1:16; 4:18-22; 대상 2:55), 일찍부터 이스라엘 백성과 같이 살아왔다(삼상 27:10; 30:29). 이 레갑 족속은 하나님을 충성되게 섬긴 족속이었다(삿 4:11, 17-23; 5:24-31). 이들은 또 사치한 생활을 하지 않았고, 장막에 거하면서 유목 생활을 해왔다.

"그들을 여호와의 집 한 방으로 데려다가 포도주를 마시게 하라"는 말은 예레미야가 당시 예루살렘에 있던 대부분의 레갑인들을 한 방으로 데려갔는데, 그러므로 그들을 데리고 간 방도 큰 방으로 추측된다(Cheyne, Thompson). 여호와께서 예레미야로 하여금 그들을 한 방으로 데리고 가서 포도주를 마시게 한 것은 포도주를 마시는 안 마시는지를 시험하기 위함이었다.

렘 35:3. 이에 내가 하바시냐의 손자요 예레미야의 아들인 야아사냐와 그의 형제와 그의 모든 아들과 모든 레갑 사람들을 데리고.

예레미야는 여호와의 명령을 받고 "하바시냐의 손자요 예레미야의 아들인 야아사냐와 그의 형제와 그의 모든 아들과 모든 레갑 사람들을 데리고" 여호와의 집으로 갔다는 것이다.

여기 "야아사냐"는 레갑인의 족장으로 보이며 그의 아비는 예레미야 선지자와 동명이인이었다. 선지자 예레미야가 레갑 족속 모두를 데리고 성전으로 간 것으로 보아 레갑인의 수가 그렇게 많은 숫자는 아니었을 것으로 보인다.

렘 35:4. 여호와의 집에 이르러 익다랴의 아들 하나님의 사람 하난의 아들들의 방에 들였는데 그 방은 고관들의 방 곁이요 문을 지키는 살룸의 아들 마아세야의 방 위더라.

나 예레미야는 그들, 곧 하바시냐의 손자요 예레미야의 아들인 야아사냐와 그의 형제와 그의 모든 아들과 모든 레갑 사람들을 데리고(3절) 주님의 성전으로 안내하여, 익다랴의 아들로서 하나님의 사람(선지자를 뜻하는 말이다, 왕상 12:22)인 하난의 아들들이 쓰는 방으로 들어가게 하였다. 그 방은 고관들의 방 곁에 붙어 있고, 살룸의 아들 문지기 마아세야의 방 위에 있었다.

예레미야가 이와 같이 레갑인의 온 족속을 성전 방들 중에서도 가장 큰 방으로 데리고 간 것은 이 부분에서 말하는 상징적 예언을 공개적이며, 공정하게 행하기 위함이었을 것이다(Calvin, Thompson).

렘 35:5. 내가 레갑 사람들의 후손들 앞에 포도주가 가득한 종지와 술잔을 놓고 마시라 권하매.

거기서 나 예레미야가 레갑 가문 사람들에게 포도주가 가득 찬 사발과 잔들을 내놓고 포도주 마시기를 그들에게 권했다.

예레미야가 이렇게 술을 권한 것은 여호와의 명령에 순종한 것이었다. 예레미야는 그들이 포도주 마시는 것을 원한 것이 아니라, 하나님의 말씀을 따라 그들의 정절을 시험하기 위해 행한 것이었다.

렘 35:6-7. 그들이 이르되 우리는 포도주를 마시지 아니하겠노라 레갑의 아들 우리 선조 요나답이 우리에게 명령하여 이르기를 너희와 너희 자손은 영원히 포도주를 마시지 말며, 너희가 집도 짓지 말며 파종도 하지 말며 포도원을 소유하지도 말고 너희는 평생 동안 장막에 살아라 그리하면 너희가 머물러 사는 땅에서 너희 생명이 길리라 하였으므로.

6-7절은 레갑 가문 사람들이 포도주를 마시지 아니한 일과 그 이유를 말하고 있다. 즉, "우리 레갑 자손들은 포도주를 마시지 않습니다. 우리의 조상 레갑의 아들 요나답께서 우리에게 분부하셨습니다. 너희는 포도주를 마시지 말라. 너희뿐만 아니라 너희 자손도 포도주를 마셔서는 안 된다. 그리고 너희는 집도 짓지 말고, 곡식의 씨도 뿌리지 말고, 포도나무도 심지 말고, 포도원도 소유하지 말라. 너희는 언제까지나 장막에서만 살라고 하셨습니다. 그렇게 하면 너희가 머물러 사는 땅에서 장수를 누릴 것이라 말했기 때문입니다"라고 대답했다.

조상의 명령에도 최선을 다해 순종한 레갑 자손들을 통해 우리는 오늘 영원하신 하나님의 바른 말씀을 따라 순종하는 바른 생활을 해야 할 것이다.

렘 35:8-10. 우리가 레갑의 아들 우리 선조 요나답이 우리에게 명령한 모든 말을 순종하여 우리와 우리 아내와 자녀가 평생 동안 포도주를 마시지 아니하며, 살 집도 짓지 아니하며 포도원이나 밭이나 종자도 가지지 아니하고, 장막에 살면서 우리 선조 요나답이 우리에게 명령한 대로 다 지켜 행하였노라.

8-10절은 레갑인들이 선조 요나답이 명령한 생활 방식을 따랐다는 것을 진술한다. 6-7절 주해를 참조하라. 레갑인들은 그들의 선조 요나답이 이런 생활 방식을 명령한 이래 약 250년간이나 그 방식대로 살아왔다는 것이다. 참으로 본받을만한 족속이 아닐 수 없다.

렘 35:11. 그러나 바벨론의 느부갓네살 왕이 이 땅에 올라왔을 때에 우리가 말하기를 갈대아인의 군대와 수리아인의 군대를 피하여 예루살렘으로 가자 하고 우리가 예루살렘에 살았노라.

본 절은 레갑인의 후손들이 유다 국경 지방에서 살지 않고, 예루살렘으로 피난 와서 사는 이유를 말하고 있다. 그 이유는 바벨론 왕 느부갓네살이 유다 나라에 쳐들어왔을 때, 우리 레갑의 후손들은 바벨론 군대와 시리아(아람) 군대를 피하여 예루살렘으로 들어가야 하겠다고 결정해서 지금까지도 예루살렘에 사는 것이라고 말했다.

바벨론 왕이 유다를 침공한 것은 유다 왕 여호야김이 바벨론을 배반했기 때문이다. 레갑인들은 유다 국경 광야에서 사는 중에 바벨론 군대가 유다를 침입하니 정착 생활을 하지 않던 레갑인들은 비교적 쉽게 방위 도시 예루살렘으로 피난할 수 있게 된 것이다. 아마도 그들은 그냥 그 촌락에 살지 않고, 예루살렘으로 피난하게 된 선택에 대해 선조를 기쁘게 하지 못한 행동으로 생각한 것처럼 보인다. 이렇게 피난 와서 사는 것도 선조에게 죄송한 일인데, 어떻게 포도주 마시는 불순종까지 할 수 있겠느냐는 생각으로 포도주를 당연히 거부한 것으로 보인다.

E. 여호와께서 유다의 불순종을 책망하시다(35:12-17)

렘 35:12. 그 때에 여호와의 말씀이 예레미야에게 임하여 이르시되.

문장 초두의 "그 때에"란 말은 '레갑인들이 예레미야가 권한 포도주를 마시지 않고 거부한 때'를 지칭한다. 바로 그 시간에 여호와의 말씀이 예레미야에게 임한 것이다. 여호와께서는 13절 이하의 말씀을 주신다.

렘 35:13. 만군의 여호와 이스라엘의 하나님께서 이와 같이 말씀하시니라 너는 가서 유다 사람들과 예루살렘 주민에게 이르기를 너희가 내 말을 들으며 교훈을 받지 아니하겠느냐 여호와의 말씀이니라.

나 만군의 여호와 이스라엘의 하나님이 말씀한다. 너 예레미야는 유다 사람과 예루살렘의 주민에게 나가서 이렇게 말하여라. 너희 유다 주민들은 나 여호와의 교훈을 받아들일 수도 없고, 나의 말에 순종할 수도 없느냐(32:33)고 책망하신다. 본 절 초두의 "만군의 여호와"의 주해를 위해 2:19 주해를 참조하라.

렘 35:14. 레갑의 아들 요나답이 그의 자손에게 포도주를 마시지 말라 한 그 명령은 실행되도다 그들은 그 선조의 명령을 순종하여 오늘까지 마시지 아니하거늘 내가 너희에게 말하고 끊임없이 말하여도 너희는 내게 순종하지 아니하도다.

예레미야는 유다 사람들과 예루살렘 주민에게 이르기를 레갑의 아들 요나답이 그의 자손에게 포도주를 마시지 말라고 명령한 명령은 이렇게 엄수되고 있다. 그 자손은 조상이 내린 명령에 순종해서 지금까지 포도주를 전혀 마시지 않는데, 너희 유다 자손들은 나 여호와가 수없이 거듭하여 말해도 내 말을 듣지 않았다(7:13; 25:3)고 하신다.

렘 35:15. 내가 내 종 모든 선지자를 너희에게 보내고 끊임없이 보내며

이르기를 너희는 이제 각기 악한 길에서 돌이켜 행위를 고치고 다른 신을 따라 그를 섬기지 말라 그리하면 너희는 내가 너희와 너희 선조에게 준 이 땅에 살리라 하여도 너희가 귀를 기울이지 아니하며 내게 순종하지 아니하였느니라.

나 여호와가 내 종 선지자들을 모두 너희에게 보냈고, 또 계속해서 보내면서 권고했다. 각자 자신의 악한 길에서 돌아서고, 행실을 고치고, 다른 신들을 섬기지 말라 했다. 그래야만 내가 너희와 너희 조상에게 준 땅에서, 너희가 살게 될 것이라고 말했다. 그러나 너희는 내 말에 귀를 기울이지도 않았고, 나의 말을 듣지도 않았다고 하신다.

오늘 여호와의 말씀이 우리 심령의 주체가 되시면, 우리의 주체가 되시는 말씀이 우리를 인도하여 하나님의 말씀대로 살게 되는 것이다(시 1:1-3).

렘 35:16. 레갑의 아들 요나답의 자손은 그의 선조가 그들에게 명령한 그 명령을 지켜 행하나 이 백성은 내게 순종하지 아니하도다.

본 절은 레갑인들이 그 선조 요나답이 명령한 것도 순종했는데, 유다 백성들은 여호와께서 명령하신 것도 순종하지 않았다는 것을 말씀하신다. 본 절은 14-15절의 반복이다.

렘 35:17. 그러므로 만군의 여호와 이스라엘의 하나님께서 이와 같이 말씀하시니라 보라 내가 유다와 예루살렘의 모든 주민에게 내가 그들에게 대하여 선포한 모든 재앙을 내리리니 이는 내가 그들에게 말하여도 듣지 아니하며 불러도 대답하지 아니함이니라 하셨다 하라.

본 절은 여호와께서 그의 말씀을 불순종한 유다 백성에게 재앙을 내리시겠다는 내용이다. 즉, 만군의 하나님이요 이스라엘의 하나님인 나 여호와가 말한다. 나 여호와가 유다와 예루살렘의 모든 주민에게 예고한(32:26-30; 34:17-22) 모든 재앙을 그대로 내리겠다. 그 이유는 나 여호와가 그들에게 말을 해도 그들이 듣지 않았고, 내가 그들을 불러도 그들이 대답하지 않았기 때문이라고 하신다.

F. 여호와께서 레갑 족속에게 복을 약속하시다(35:18-19)

렘 35:18. 예레미야가 레갑 사람의 가문에게 이르되 만군의 여호와 이스라엘의 하나님께서 이와 같이 말씀하시기를 너희가 너희 선조 요나답의 명령을 순종하여 그의 모든 규율을 지키며 그가 너희에게 명령한 것을 행하였도다.

본 절은 예레미야가 만군의 여호와께서 레갑 족속에게 칭찬하신 말씀을 전한다. 즉, 레갑인들이 선조 요나답의 명령에 순종한 것을 칭찬하신다.

오늘 우리는 사람들의 칭찬보다는 여호와의 칭찬을 기대하면서 살아야 하겠다.

렘 35:19. 그러므로 만군의 여호와 이스라엘의 하나님께서 이와 같이 말씀하시니라 레갑의 아들 요나답에게서 내 앞에 설 사람이 영원히 끊어지지 아니하리라 하시니라.

본문 초두의 "그러므로"란 말은 결과를 말하는 접속사로 '레갑인들이 하나님으로부터 대우받을 일을 했기 때문에'라는 뜻이다. 그러므로 '내 앞에 설 레갑 사람이 영원히 끊어지지 아니하리라'고 여호와께서 말씀 하신다. 다시 말해 레갑인들이 하나님으로부터 귀중히 대우받을 것이라는 뜻이다. 즉, 레갑 족속이 계속적으로 하나님을 섬기는 자들이 될 것이라는 의미이다.

한편 B.C. 586년 유다 멸망 이후 레갑 족속의 행방은 분명하지 않다. 다만 귀환 이후 예루살렘 재건 때 분문(糞門)은 벧학게림 지방을 다스리는 레갑 족속이 중수한 것으로 나타난다(느 3:14). "벧학게림"은 예루살렘 남쪽 34km 지점에 위치한 곳으로 오늘날의 '레멧 라헬'(Remet Rahel)에 해당한다.

제 36 장

G. 예레미야가 바룩으로 하여금 예언을 베끼게 하고 전파하게 함 (36:1-10)

1-3절은 여호와께서 예레미야로 하여금 예레미야의 예언을 기록하라는 명령을 내리셨고, 4-10절은 여호와의 예언을 기록하라는 명령을 내리셨다.

<바룩이 여호와의 성전에서 두루마리를 낭독하다>

렘 36:1. 유다의 요시야 왕의 아들 여호야김 제사년에 여호와께로부터 예레미야에게 말씀이 임하니라 이르시되.

유다의 요시야 왕의 아들 여호야김(주전 609-598년 통치)이 유다 왕이 된 지 4년째 되는 해(주전 605년)에, 여호와께로부터 예레미야에게 말씀이 임했다. 여기 여호와께로부터 예레미야에게 말씀이 임한 때를 기록한 것은 이 일이 역사적 사실이라는 것을 증명하는 것이다. 예레미야가 이 역사적인 때 여호와의 예언을 기록하라는 명령을 받은 것은 유다 백성들의 회개를 촉진하기 위함이었다.

렘 36:2. 너는 두루마리 책을 가져다가 내가 네게 말하던 날 곧 요시야의 날부터 오늘까지 이스라엘과 유다와 모든 나라에 대하여 내가 네게 일러 준 모든 말을 거기에 기록하라.

여호와께서 예레미야에게 지금까지의 예언을 기록하라는 명령을 내리신다. 즉, "너 예레미야는 두루마리(파피루스의 두루마리)를 구해다가, 나 여호와가 너 예레미야에게 말한 날(예레미야가 부름 받은 요시야 왕의 13년)부터 곧 요시야의 시대부터 오늘날까지(여호야김 4년인 주전 605년까지

약 22년간) 나 여호와가 이스라엘과 유다와 세계 만민을 두고 너에게 말한 모든 말을 그 두루마리에 기록하라"고 명하신다. 예언의 내용은 이스라엘을 위한 예언과 유다와 열방을 위한 예언이었다.

렘 36:3. 유다 가문이 내가 그들에게 내리려 한 모든 재난을 듣고 각기 악한 길에서 돌이키리니 그리하면 내가 그 악과 죄를 용서하리라 하시니라.

예언을 기록하라 하신 목적(2절)은 유다의 회개를 목적한 것이었다. 여호와께서 내리시려는 모든 재난을 듣고, 각자 악한 길에서 돌이킬지도 모른다는 것이었다. 그들이 돌이키기만 하면 여호와께서 유다 백성들의 악과 죄를 용서할 것이라고 하신다.

2절에서는 "이스라엘과 유다와 모든 나라"를 언급하신 여호와께서는 3절에 와서는 이스라엘은 빼시고, 유다만을 언급하신다. 왜냐하면 이스라엘은 이미 망했기 때문에 언급하지 않으신 것이고, 지금 당장 급한 것은 유다였기 때문에 유다만 언급하신 것으로 보인다.

렘 36:4. 이에 예레미야가 네리야의 아들 바룩을 부르매 바룩이 예레미야가 불러 주는 대로 여호와께서 그에게 이르신 모든 말씀을 두루마리 책에 기록하니라.

기록을 명령받은 예레미야는 네리야의 아들 바룩을 불렀다. 바룩이 예레미야가 불러주는 대로 여호와께서 예레미야에게 불러주신 모든 예언의 말씀을 두루마리 책에 기록했다.

"예레미야가 불러 주는 대로 여호와께서 그에게 이르신 모든 말씀을 두루마리 책에 기록하니라"는 말은 '예레미야가 하나하나 불러주는 대로, 즉 여호와께서 예레미야에게 말씀하신 모든 말씀을 바룩이 두루마리 책에 기록했다'는 것이다.

렘 36:5-6. 예레미야가 바룩에게 명령하여 이르되 나는 붙잡혔으므로 여호

와의 집에 들어갈 수 없으니, 너는 들어가서 내가 말한 대로 두루마리에 기록한 여호와의 말씀을 금식일에 여호와의 성전에 있는 백성의 귀에 낭독하고 유다 모든 성읍에서 온 자들의 귀에도 낭독하라.

그런 다음 예레미야가 바룩에게 명령하기를, "나는 시위대 뜰에 갇혀있어 여호와의 성전에 들어갈 수 없게 되었으니 바룩 당신이 금식일(9절 참조)에 여호와의 성전으로 들어가서, 내가 불러 준 대로 기록한 두루마리에서 여호와의 말씀을 백성에게 낭독하여 들려주시오. 유다의 여러 성읍에서 온 모든 사람에게 그 말씀을 낭독하여 들려주시오"라고 했다.

예레미야가 바룩에게 이렇게 부탁한 것은 여호와의 예언을 듣는 사람들이 혹시 회개할지 모르기 때문이었다.

렘 36:7. 그들이 여호와 앞에 기도를 드리며 각기 악한 길을 떠나리라 여호와께서 이 백성에 대하여 선포하신 노여움과 분이 크니라(It may be that their plea for mercy will come before the LORD, and that every one will turn from his evil way, for great is the anger and wrath that the LORD has pronounced against this people-ESV).

"바룩이 성전에 들어가서 여호와의 예언을 백성들에게 낭독해주면 그들이 혹시 여호와 앞에 엎드려 기도드리면서 저마다 악한 길에서 돌아올는지도 모르는 일이오. 왜냐하면 주님께서 이 백성에게 쏟으시겠다고 말씀하신 진노와 노여움이 너무 크기 때문이오"라고 말한다.

유다가 회개해야 할 이유는 하나님께서 말씀하신 진노가 임할 것이기 때문이라는 것이다. 오늘도 우리가 회개하면서 살아야 하는 이유는 진노를 받지 않아야 하기 때문이다.

렘 36:8. 네리야의 아들 바룩이 선지자 예레미야가 자기에게 명령한 대로 하여 여호와의 성전에서 책에 있는 여호와의 모든 말씀을 낭독하니라.

네리야의 아들 바룩이 선지자 예레미야가 자기에게 명령한 대로 여호와의 성전으로 들어가서 두루마리에 있는 여호와의 모든 말씀을 낭독했다.

예레미야를 대신해서 예언을 낭독하는 바룩의 용기도 대단했다(26절). 예레미야가 감금될 정도의 당시 상황이라면 그 예언을 낭독하는 바룩도 감금될 분위기였을 것이다. 그러므로 그때 바룩이 예레미야의 명령을 받들어 예언을 낭독한다는 것은 큰 용기가 필요한 일이었다.

렘 36:9. 유다의 요시야 왕의 아들 여호야김의 제오년 구월에 예루살렘 모든 백성과 유다 성읍들에서 예루살렘에 이른 모든 백성이 여호와 앞에서 금식을 선포한지라.

본 절은 6절의 바룩이 금식일에 예언서를 낭독한 것을 다시 설명한 것이다. 즉, 요시야의 아들 여호야김이 유다 왕이 된 지 오년 째 되는 해인 9월에, 예루살렘의 모든 주민과 유다의 여러 성읍들에서 예루살렘으로 들어온 모든 백성에게 여호와 앞에서 금식하라는 선포가 내려졌다.

정상적인 금식일은 7월 10일이었는데, 9월에 금식일을 선포하는 것은 비상 상황임을 알려준다. 바벨론이 침략한다는 소문으로 인해 갑자기 금식을 선포한 것으로 보인다. 이런 때 예레미야가 받은 예언을 바룩이 낭독하게 된 것은 아주 좋은 기회였다. 왜냐하면 이런 때에 회개가 일어날 수 있는 가능성이 있기 때문이다.

렘 36:10. 바룩이 여호와의 성전 위뜰 곧 여호와의 성전에 있는 새 문 어귀 곁에 있는 사반의 아들 서기관 그마랴의 방에서 그 책에 기록된 예레미야의 말을 모든 백성에게 낭독하니라(Then, in the hearing of all the people, Baruch read the words of Jeremiah from the scroll, in the house of the LORD, in the chamber of Gemariah the son of Shaphan the secretary, which was in the upper court, at the entry of the New Gate of the LORD's house-ESV)**.**

바룩이 여호와의 성전으로 들어가서, 모든 백성이 듣는 데서 예레미야가 불러준 여호와의 말씀을 기록한 두루마리를 낭독하였다. 그가 두루마리를 낭독한 곳은 서기관 사반의 아들 그마랴의 방이었고, 그 방은 여호와의 성전 새 대문(the New Gate) 입구의 위뜰에 있었다.

"여호와의 성전에 있는 새 문 어귀"란 곳은 예레미야가 끌려가서 재판을 받은 곳이었다(26:10). 이는 성전 동편에 있었고, 그 안에 넓은 방이 있었다(왕상 6:36; 7:12). 그곳에서는 보통 대중 집회가 있었다.

여기 바룩이 예레미야가 받은 여호와의 예언을 낭독할 때의 장소를 기록한 것은 여호와의 예언 낭독 자체가 역사적인 사실임을 증거 하려는 것이다. 예루살렘 성전에는 안뜰과 바깥들이 있었는데, 안뜰은 제사장들이 설교하는 곳으로 '제사장의 뜰'이라고도 하고, 지대가 높아 '위뜰'이라고도 했다. 또한 바깥뜰은 백성들이 제사장의 설교를 듣던 곳으로 '백성의 뜰'이라고도 부른다. 그리고 '새 문'은 남 유다의 제 11대 왕인 요담이 성전의 윗문을 건축하였기에 붙여진 이름이었다(왕하 15:35).

"사반의 아들 서기관 그마랴"는 예레미야를 구출한 아히감의 형제로 보인다(Cheyne, Thompson). 그리고 "그마랴"는 여호야김의 개인 비서요, 국무장관격의 인물이었다(K.&D.). 이런 고관의 방을 바룩이 예언서를 읽는 장소로 사용했으니 바룩의 신분을 짐작할 수가 있고, 또 그마랴 일가의 예레미야에 대한 적극적인 협조를 알 수 있는 것이다. 금식일에 이런 장소와 방에서 바룩이 읽은 예레미야의 예언은 큰 감명과 두려움을 유다 백성들에게 주었을 것으로 보인다(이상근).

H. 여호야김 왕이 예언의 두루마리를 불사르다(36:11-26)

<바룩이 고관 앞에서 두루마리를 낭독하다>

렘 36:11. 사반의 손자요 그마랴의 아들인 미가야가 그 책에 기록된 여호와의 말씀을 다 듣고.

바룩이 성전으로 들어가서 서기관 사반의 아들 그마랴의 방에서(10절)

예레미야가 건네준 두루마리를 읽을 때 사반의 손자요 방주인이었던 그마랴의 아들인 미가야가 가장 민감하게 그 책에 기록된 여호와의 말씀에 반응을 보였다.

이 미가야는 바룩이 예레미야의 심판의 예언을 들을 때 회개했다고 볼 수 있을 것이다. 사람이 하나님의 말씀을 들으면 회개하게 되는 것이다.

렘 36:12. 왕궁에 내려가서 서기관의 방에 들어가니 모든 고관 곧 서기관 엘리사마와 스마야의 아들 들라야와 악볼의 아들 엘라단과 사반의 아들 그마랴와 하나냐의 아들 시드기야와 모든 고관이 거기에 앉아 있는지라.

미가야가 예레미야의 예언을 다 듣고, 왕궁에 내려가서(왕궁이 성전에 비해 낮은 곳에 있었으니 내려갔다고 묘사되어 있다, 26:10) 서기관의 방으로 들어갔는데, 마침 그 곳에는 모든 고관들이 모여 있었다. 곧 서기관 엘리사마와 스마야의 아들 들라야(엘리사마와 시드기야는 그마랴의 친근한 동료들)와 악볼(요시야 당시 성전에서 율법책이 발견되었을 때, 요시야 왕의 명령으로 여선지자 훌다에게 하나님의 뜻을 묻기 위해 보내졌던 다섯 사람 중의 한 사람이었다, 왕하 22:12, 14)의 아들 엘라단(여호야김이 우리야를 체포하기 위해 애굽으로 파송한 사람이었고, 26:20)과 사반의 아들 그마랴와 하나냐의 아들 시드기야 등 모든 고관들이 앉아 있었다. 여기 사람 이름을 기록할 때 부친의 이름을 함께 기록한 것을 통해 본 절의 사건이 역사적인 사건임을 드러낸다.

렘 36:13. 미가야가 바룩이 백성의 귀에 책을 낭독할 때에 들은 모든 말을 그들에게 전하매.

미가야가 바룩이 백성에게 책을 낭독하여 들려줄 때에 들은 모든 말을 그들에게 전해 주었다.

렘 36:14. 이에 모든 고관이 구시의 증손 셀레먀의 손자 느다냐의 아들

여후디를 바룩에게 보내 이르되 너는 백성의 귀에 낭독한 두루마리를 손에 가지고 오라 네리야의 아들 바룩이 두루마리를 손에 가지고 그들에게로 오니.

그 때에 모든 고관들이 구시의 증손 셀레먀의 손자 느다냐의 아들 여후디를 바룩에게 보내면서 이르기를, "너 여후디는 백성들의 귀에 낭독했던 두루마리를 손에 가지고 오라"고 부탁했다. 그랬더니 네리야의 아들 바룩이 두루마리를 손에 들고, 부탁한 그들에게 왔다는 것이다.

여후디의 이름 앞에 증조부와 조부와 부친의 이름이 언급된 것은 그가 매우 존귀한 인물임을 말해준다. 여기 조부와 부친의 이름은 유다인의 이름으로서 순수한 고유 명사이고, 증조부 구시는 별명으로 보인다. 아마도 증조부의 이름이 별명으로 기록된 것을 보면 그가 구스 사람의 후손이기 때문으로 보인다(Keil). 이방인이 개종한 경우, 3대 이후에는 여호와의 총회에 들어갈 수 있었으므로(신 23:8) 여후디가 관직을 얻는 것에는 아무런 장애도 없었을 것이다. 아무튼 방백들이 이러한 여후디를 통해 바룩을 불렀다는 사실은 예레미야가 방백들에게 선지자로 인정을 받았다는 증거가 된다고 할 수 있을 것이다(그랜드 종합 주석).

렘 36:15. 그들이 바룩에게 이르되 앉아서 이를 우리 귀에 낭독하라 바룩이 그들의 귀에 낭독하매.

그 고관들이 바룩에게 말하기를 이르되, "그대 바룩은 앉아서 우리에게 그 두루마리를 낭독하여 들려주시오"라고 했고, 바룩이 그들에게 낭독하여 들려주었다.

고관들이 바룩을 대하는 것을 보면 아주 정중히 대한 것을 볼 수 있다. 그들이 이렇게 바룩을 정중히 대한 이유는 바룩의 신분이 높았기 때문이다(4절 주해 참조). 게다가 미가야의 보고를 통해 그들은 이미 예레미야의 예언에 감동을 받았기 때문일 것이다.

렘 36:16. 그들이 그 모든 말씀을 듣고 놀라 서로 보며 바룩에게 이르되 우리가 이 모든 말을 왕에게 아뢰리라.

그 고관들이 그 말씀을 다 듣고 나서 큰 충격을 받고 감동을 받았다. 이유는 유다가 죗값으로 바벨론 군대의 손에 붙인 바 된다는 예언 때문이었다. 그래서 그들은 서로 쳐다보며 바룩에게 말하기를, "우리가 이 말씀을 모두 임금님께 꼭 아뢰어야 하겠다"고 말한다. 왕에게 말하겠다는 것은 자기들의 최고 책임자에게 말하여 이 사실을 알리겠다는 의미이다.

렘 36:17. 그들이 또 바룩에게 물어 이르되 너는 그가 불러 주는 이 모든 말을 어떻게 기록하였느냐 청하노니 우리에게 알리라.

고관들은 왕에게 고하기 전에 좀 더 내용을 알아본 뒤, 보고하고자 했다. 그래서 바룩에게 물어보기를, "너 바룩은 예레미야가 불러주는 이 모든 말을 어떻게 붓으로 기록했느냐 부탁하노니 우리에게 좀 더 알려다오"라고 했다. 바룩의 대답은 18절에 나온다.

렘 36:18. 바룩이 대답하되 그가 그의 입으로 이 모든 말을 내게 불러 주기로 내가 먹으로 책에 기록하였노라.

바룩이 그 고관들에게 대답하기를, "예레미야 선지자께서 나 바룩에게 이 말씀을 모두 불러 주셨고, 나는 그것을 모두 받아서, 먹으로 이 두루마리에 받아썼다"고 대답했다.

렘 36:19. 이에 고관들이 바룩에게 이르되 너는 가서 예레미야와 함께 숨고 너희가 있는 곳을 사람에게 알리지 말라 하니라.

그래서 고관들이 바룩에게 이르기를, "너 바룩은 가서 예레미야와 함께 숨고, 당신들(바룩과 예레미야)이 있는 곳을 사람들에게 알리지 마시오"라고 부탁했다. 아무튼 고관들은 예레미야의 예언에서 큰 충격을 받았고, 예레미야에게 동정적으로 나온 것이다.

20-26절. 여호야김이 예언서를 소각하다.

<왕이 두루마리를 태우다>

렘 36:20. 그들이 두루마리를 서기관 엘리사마의 방에 두고 뜰에 들어가 왕께 나아가서 이 모든 말을 왕의 귀에 아뢰니.

그리고 고관들이 그 두루마리를 서기관 엘리사마의 방에 두고, 왕궁의 안 뜰로 들어가서 왕에게 이르러, 자기들이 들은 모든 말을 왕에게 전하였다.

고관들이 두루마리를 가지고 왕 앞에 나아가지 않고, 서기관 엘리사마의 방에 두고 왕 앞에 나아가서 왕께 보고한 것은 왕의 반응을 보려한 것이었다.

렘 36:21. 왕이 여후디를 보내어 두루마리를 가져오게 하매 여후디가 서기관 엘리사마의 방에서 가져다가 왕과 왕의 곁에 선 모든 고관의 귀에 낭독하니.

본 절은 여호야김 왕이 고관들의 보고를 받고 난 후 측근자 여후디를 보내어 두루마리를 가져오게 하여 왕과 왕의 곁에 있던 모든 고관들이 듣는 가운데 낭독하게 했다는 내용이다.

렘 36:22. 그 때는 아홉째 달이라 왕이 겨울 궁전에 앉았고 그 앞에는 불 피운 화로가 있더라.

그 때는 아홉째 달(태양력으로는 12월로 겨울철이었다)이어서, 왕이 겨울 별관(왕의 궁전 앞에는 겨울 별관과 여름 별관이 있었다, 암 3:15)에 머물렀으며, 왕 앞에는 불 피운 난로가 놓여 있었다. 겨울 별관의 난방은 화로(火爐)로 충당했다.

렘 36:23. 여후디가 서너 쪽을 낭독하면 왕이 면도칼로 그것을 연하여 베어 화로 불에 던져서 두루마리를 모두 태웠더라(As Jehudi read three or four columns, the king would cut them off with a knife and throw them into the fire in the fire pot, until the entire scroll was consumed in the fire that was in the fire pot-ESV).

그런데 여후디가 그 두루마리에서 서너 쪽(columns, 여기서 "쪽"이라고 하면 두루마리 중 특정 내용을 구분해 주는 표시로 보인다. Cheyne)을 읽어 내려갈 때마다, 왕은 여후디가 읽은 부분을 서기관의 칼(면도칼)로 잘라 내어서, 난로의 불에 던져 넣었다. 이런 식으로 하여 왕은 결국 온 두루마리를 난로 불에 태워버리고 말았다.

여호야김 왕이 악하게 여호와의 예언이 기록된 두루마리를 모두 불태웠지만, 여호와의 예언 자체는 불태울 수 없었다. 오늘날에도 수많은 사람들이 하나님의 말씀이 담긴 성경을 밟을 수는 있겠지만, 하나님의 말씀을 밟을 수는 없는 일이다.

여호야김은 그의 아비 요시야가 율법이 담긴 책을 발견했을 때, 옷을 찢고 회개한 것(왕하 22:11-20)과는 완전히 다른 반응, 즉 불신앙의 반응을 보인다.

렘 36:24. 왕과 그의 신하들이 이 모든 말을 듣고도 두려워하거나 자기들의 옷을 찢지 아니하였고.

또 충격적인 사실은 왕과 그의 신하들 모두가 이 말씀(예레미야가 여호와로부터 받은 예언의 말씀)을 다 듣고 나서도 결코 두려워하거나 슬퍼하면서 자기들의 옷을 찢지 않았다는 것이다.

여기 왕과 그의 신하들이란 사람들은 하나님의 예언의 말씀을 듣고 마땅히 회개해야 하는데, 회개하지 않고 오히려 강팍하게 되었다. 안타깝게도 이들은 성전 서기관 방에서 예언을 들었던 서기관들과는 아주 대조적이었다(15-16절).

렘 36:25. 엘라단과 들라야와 그마랴가 왕께 두루마리를 불사르지 말도록 아뢰어도 왕이 듣지 아니하였으며.

엘라단과 들라야와 그마랴가 왕에게 그 두루마리를 태우지 말도록 간청까지 했으나, 왕은 그들의 말을 귀담아 듣지 않았다. 이 세 신하들(엘라단, 들라야, 그마랴)은 왕궁의 서기관 엘리사마의 방에 모였던 방백들이었다. 이들은 예언의 말씀에 감동되었던 경건한 고관들이었다(12절). 하지만 이렇게 강퍅한 왕에게는 아무리 간청해도 소용이 없는 일이었다.

렘 36:26. 왕이 왕의 아들 여라므엘과 아스리엘의 아들 스라야와 압디엘의 아들 셀레먀에게 명령하여 서기관 바룩과 선지자 예레미야를 잡으라 하였으나 여호와께서 그들을 숨기셨더라.

여호야김 왕이 왕자 여라므엘을 비롯하여 아스리엘의 아들 스라야와 압디엘의 아들 셀레먀에게 명령하여 서기관 바룩과 예언자 예레미야를 체포하라고 하였다. 그러나 주님께서 그들을 숨기셨다.

여호야김 왕이 이때 30세(왕하 23:36)이므로, 장성한 아들이 있을 수 없는 상황이다. 그래서 본 절의 "왕의 아들 여라므엘"이란 말은 성립되기 어렵다. 따라서 "왕의 아들"이 아니라 "왕족 방백"이라고 해야 할 것으로 보인다(K.&D., Lange). 아무튼 왕은 왕의 심복들 몇 명을 보내어 바룩과 예레미야를 잡고자 했으나 잡지 못했다. 여호와께서 그들을 숨기셨으니 아무리 왕이라 하더라도 그들을 잡을 수가 없었다. 여호와께서 숨기신 사람들을 왕이 어떻게 잡을 수 있겠는가.

I. 예레미야가 다시 왕에게 심판 예언을 하고 예언을 베끼게 함(36:27-32)

<예레미야가 말씀을 다시 쓰다>

렘 36:27. 왕이 두루마리와 바룩이 예레미야의 입을 통해 기록한 말씀을 불사른 후에 여호와의 말씀이 예레미야에게 임하니라 이르시되.

예레미야가 바룩에게 불러 주고 바룩이 받아 쓴 그 두루마리를 왕이 태운 뒤에 여호와께서 예레미야에게 다음 절과 같이 다시 기록하라고 하신다.

여호야김이 두루마리를 불살랐다 해서 하나님의 말씀이 없어진 것은 아니었다. 여호야김 만이 하나님의 심판을 받는 것뿐이다.

렘 36:28. 너는 다시 다른 두루마리를 가지고 유다의 여호야김 왕이 불사른 첫 두루마리의 모든 말을 기록하고.

너 예레미야는 다시 다른 두루마리를 구해다가 유다 왕 여호야김이 태워 버린 첫째 두루마리에 기록하였던 모든 말씀을 그 위에 다시 기록하라고 하신다. 그리고 그 위에 덧붙여서 많은 말을 첨가했다(32절).

렘 36:29. 또 유다의 여호야김 왕에 대하여 이와 같이 말하기를 여호와의 말씀에 네가 이 두루마리를 불사르며 말하기를 네가 어찌하여 바벨론의 왕이 반드시 와서 이 땅을 멸하고 사람과 짐승을 이 땅에서 없어지게 하리라 하는 말을 이 두루마리에 기록하였느냐 하도다(And concerning Jehoiakim king of Judah you shall say, Thus says the LORD, You have burned this scroll, saying, "Why have you written in it that the king of Babylon will certainly come and destroy this land, and will cut off from it man and beast?"-ESV).

본 절은 바룩이 다시 기록한 말씀 중 처음 두루마리에는 기록되지 않았으나 특별히 첫 번째 두루마리를 불태운 여호야김의 악행에 대해 지적하는 말씀이다. 여호야김은 바벨론 군대가 예루살렘과 유다를 멸망시킬 것이라는 예언을 무척이나 싫어했고, 이 예언 때문에 예레미야를 핍박했으며, 이 예언이 기록된 두루마리까지 불태워 버렸다.

렘 36:30. 그러므로 여호와께서 유다의 왕 여호야김에 대하여 이와 같이 말씀하시니라 그에게 다윗의 왕위에 앉을 자가 없게 될 것이요 그의 시체는 버림을 당하여 낮에는 더위, 밤에는 추위를 당하리라.

본 절 초두의 "그러므로"(therefore)란 말은 앞 절의 '여호야김 왕이 예레미야의 예언이 기록된 두루마리를 불태웠기 때문에'란 뜻이다. 여호야김 왕이 두루마리를 불태운 일 때문에 여호와께서 여호야김 왕에 대해 두 가지 벌을 내리신다는 내용이다. 첫째는 "그에게 다윗의 왕위에 앉을 자가 없게 될 것이라"[21]는 것이고, 둘째는 그가 죽으면 그의 시체는 버림을 당하여 매장되지 못한 채 낮에는 더위, 밤에는 추위를 당한다고 하신다.

여호와의 말씀을 대적하는 사람들은 옛날이나 지금이나 비참하게 됨을 알 수 있다. 여호와의 말씀은 바로 여호와와 같은 존재이다.

렘 36:31. 또 내가 그와 그의 자손과 신하들을 그들의 죄악으로 말미암아 벌할 것이라 내가 일찍이 그들과 예루살렘 주민과 유다 사람에게 그 모든 재난을 내리리라 선포하였으나 그들이 듣지 아니하였느니라.

여호야김에 대한 벌은 30절로 끝나지 않고, 본 절에도 계속된다. 즉, 여호와께서 여호야김과 그의 자손과 신하들을 그들의 죄악(두루마리를 불사른 죄악)으로 말미암아 벌하신다는 것이다. 여호와께서 일찍이 여호야김과 그 자손들과 예루살렘 주민과 유다 사람에게 그 모든 재난을 주시겠다고 하신대로 재앙을 내리시겠다고 하신다. 이렇게 재앙을 내리신다고 하셨는데도 그들이 여호와의 말씀을 듣지 않았다는 것이다.

렘 36:32. 이에 예레미야가 다른 두루마리를 가져다가 네리야의 아들 서기관 바룩에게 주매 그가 유다의 여호야김 왕이 불사른 책의 모든 말을 예레미야가 전하는 대로 기록하고 그 외에도 그 같은 말을 많이 더 하였더라.

본 절 초두의 "이에"(then)란 말은 '여호야김이 두루마리를 불살랐기에'라는 뜻이다. 여호야김이 두루마리를 불살랐기에 예레미야는 다른 새 두루마리를 가져다가 네리야의 아들 서기관 바룩에게 건네주니 바룩이 유다의 여호야김 왕이 불살라버린 책의 내용의 말을 예레미야가 불러주는 대로 모두 다시 기록했다. 그리고 "그 외에도 그 같은 말을 많이 더 하였다"는

21) 여호야김은 왕위에 올랐으나 3개월 후에 바벨론 포로가 되어 바벨론에서 죽었고(왕하 24:8-17), 귀환 후에도 여호야김의 자손이 왕위를 회복하지 못했다.

것이다. 여기 첫 번째 두루마리에 없던 것으로 더 첨가된 것이 무엇이냐를 두고 추측이 많으나 아마도 시드기야 시대 예언이 더 첨가되고, 또 애굽에서의 예언이 첨가되어 현재의 예레미야서가 성립된 것으로 본다. 하나님의 말씀은 아무리 없애려 해도 소용이 없다. 오히려 더 흥왕하고, 왕성해지는 법이다.

제 37 장

J. 시드기야가 예레미야에게 기도해 주기를 청원하다(37:1-5)

시드기야는 사자들을 보내어 예레미야에게 기도해 줄 것을 요청했고(1-5절), 예레미야는 그 사자들에게 바벨론 군이 다시 와서 예루살렘을 함락시킬 것이라고 답한다(6-10절).

<느부갓네살이 시드기야를 유다 왕으로 삼다>

렘 37:1. 요시야의 아들 시드기야가 여호야김의 아들 고니야의 뒤를 이어 왕이 되었으니 이는 바벨론의 느부갓네살 왕이 그를 유다 땅의 왕으로 삼음이었더라.

본 절은 시드기야가 왕위에 오르게 된 역사적 사건을 기록한 것이다. 바벨론 왕 느부갓네살은 여호야김(시드기야의 형인데 재난으로 죽었다)의 아들 고니야(여호야긴 왕이 3개월 만에 바벨론의 느부갓네살에게 체포되었다)를 대신하여 요시야의 아들 시드기야를 유다 땅의 왕으로 앉혔다는 것이다.

고니야, 즉 여호야긴 왕이 왕위에 오른 지 3개월 만에 바벨론 왕 느부갓네살에게 체포되어 갈 때, 태후와 왕후 그리고 많은 벼슬아치들과 백성들, 또 성전과 왕궁의 보물이 바벨론으로 옮겨졌다(왕하 24:8-17). 그 때 여호야긴의 삼촌인 시드기야가 느부갓네살에 의해 유다의 왕이 되었다.

유다가 이렇게 통째로 외국에 의해서 주물러 진 것은 여호와 하나님을 배반한 탓이었다. 이들이 여호와만 굳세게 의지했더라면 외국의 세력에 좌지우지 되어 흔들릴 필요가 전혀 없는 것이다.

렘 37:2. 그와 그의 신하와 그의 땅 백성이 여호와께서 선지자 예레미야에게

하신 말씀을 듣지 아니하니라.

유다 나라 전체는 여호와의 말씀을 불순종하는 분위기였다. 즉, 시드기야와 또 시드기야의 신하들과 그 땅의 백성들이 여호와께서 선지자 예레미야를 통하여 전하신 말씀을 듣지 않았다(왕하 24:29-30; 대하 36:11-13)는 것이다.

3-5절. 시드기야가 두 신하를 예레미야에게 보내어 기도를 요청한다. 이 요청은 시드기야의 두 번째의 기도 요청이었다. 첫 번째는 느부갓네살이 예루살렘을 포위한 초기였고(21:1-10, 주전 588년), 두 번째는 그 중에 애굽의 원군이 온다는 소문을 듣고 바벨론 군대가 잠시 포위망을 푼 때였다.

렘 37:3. 시드기야 왕이 셀레먀의 아들 여후갈과 마아세야의 아들 제사장 스바냐를 선지자 예레미야에게 보내 청하되 너는 우리를 위하여 우리 하나님 여호와께 기도하라 하였으니.

시드기야 왕이 셀레먀의 아들 여후갈과 마아세야의 아들 제사장 스바냐를 예언자 예레미야에게 보내어서, 자기들을 도와 그들의 여호와 하나님께 기도를 드려 달라고 청하였다.

시드기야가 첫 번째로 기도를 요청했을 때는 바스훌과 스바냐를 보내서 요청했다(21:1-2). 또 그는 첫 번째와 마찬가지로 히스기야 왕이 이사야 선지자에게 기도를 요청하여 산헤립에게서 예루살렘이 구원받았던 큰 이적을 기대 했을 것으로도 보인다(37장). 그러나 시드기야가 자신을 히스기야 왕과 비교하거나 동일시할 수는 없었다. 왜냐하면 히스기야 왕은 남북이 분할 된 후 남쪽 유다 왕국 최선의 왕으로서 진실한 신앙과 겸손으로 여호와 하나님께 간구했던 인물이기 때문이다. 그러나 시드기야 왕은 그 자신의 불신앙과 악을 회개하지 않았고, 또 예레미야의 예언을 믿지도 않으면서 위급한 상황에 닥치니까 혹시나 하는 생각에서 좋은 일을 기대한 것뿐이었다.

시드기야 왕이 자기 자신은 여호와를 믿지 않기 때문에 기도 하지 못하면서 다급하니까 예레미야에게 사람을 보내서 기도를 부탁하는 것은 순전히 세속적 태도이다. 오늘도 자신은 기도하지 못하면서 남들에게 기도를 부탁하는 사람들이 많이 있다. 기도 응답을 받지 못한다.

렘 37:4. 그 때에 예레미야가 갇히지 아니하였으므로 백성 가운데 출입하는 중이었더라.

예레미야가 시드기야 왕의 기도를 부탁받았을 때는 아직 옥에 갇히지 않았으므로 백성들 가운데 자유롭게 다닐 수 있는 때였다. 예레미야는 조금 후에 감옥에 갇히게 된다(13-14, 17; 38:14).

렘 37:5. 바로의 군대가 애굽에서 나오매 예루살렘을 에워쌌던 갈대아인이 그 소문을 듣고 예루살렘에서 떠났더라.

애굽 왕 바로(주전 590-571년 통치, 44:30)의 군대가 이미 애굽에서 출동했고, 예루살렘을 포위했던 바벨론 군대는 그 소식을 듣고 예루살렘에서 퇴각한 때였다. 시드기야 왕은 군대의 장관을 애굽으로 보내어 원군(援軍)을 요청했다. 바로는 시드기야의 요청에 응답하여 군대를 파송했던 것이다. 바벨론 군대는 애굽 군대를 대적하기 위해 일단 예루살렘 포위망을 풀었고, 그 사실이 유다 백성들에게는 조그마한 소망을 준 것도 사실이었을 것이다. 갈그미스 대전(주전 605년) 이후 감히 국경 밖을 나오지 못했던 애굽 군(36:1 주해 참조)은 이때 비로소 출병을 시도한 것이었다. 이때는 주전 588년 여름이었을 것이다(Thompson). 이때 바로의 군대는 예루살렘까지는 오지 못하고 곧 되돌아갔으며, 바로의 군대는 뒤에 다시 예루살렘을 포위했다. 시드기야 왕이 바로에게 원군을 요청하지 말고, 여호와 하나님께 도움을 요청했더라면 바벨론 군을 일찍이 물리칠 수 있었을 것이다. 여호와 하나님을 믿지 못하고, 세상의 원군이나 요청하는 왕은 참으로 약하기 그지없는 왕이다.

K. 예레미야는 갈대아(바벨론)가 예루살렘을 불사르리라고 하다(37:6-10)

렘 37:6. 여호와의 말씀이 선지자 예레미야에게 임하여 이르시되.

여호와께서는 바벨론 군대가 예루살렘을 불사르리라는 말씀을 하시기 위해서 예레미야에게 말씀을 주신다. 애굽 군대는 자기 땅으로 돌아가고, 바벨론 군대가 예루살렘을 포위해서 멸망시킨다는 말씀이었다.

렘 37:7. 이스라엘의 하나님 여호와께서 이와 같이 말씀하시니라 너희를 보내어 내게 구하게 한 유다의 왕에게 아뢰라 너희를 도우려고 나왔던 바로의 군대는 자기 땅 애굽으로 돌아가겠고.

나 여호와 이스라엘의 하나님이 말한다. 너희를 보내어 나 예레미야에게 물어 보도록 한 유다 왕에게 너희는 이렇게 전하여라. 너희 유다를 도우려고 출동한 바로의 군대는 제 나라 애굽으로 돌아갈 것이다.

시드기야 왕이 회개하고 여호와께 기도했더라면 반드시 바벨론을 퇴치할 수 있었을 터인데, 겨우 애굽에 원군이나 요청하는 약한 왕이었으니 별수 없이 패배할 수밖에 없었다.

렘 37:8. 갈대아인이 다시 와서 이 성을 쳐서 빼앗아 불사르리라.

갈대아인(바벨론 군)이 다시 와서 이 예루살렘 성을 쳐서 빼앗아 불사를 것이라고 하신다. 본 절의 예언 성취로 주전 586년에 다시 돌아온 바벨론에 의하여 유다가 완전히 함락되었다(왕하 25:18, 21).

렘 37:9. 여호와께서 이와 같이 말씀하시니라 너희는 스스로 속여 말하기를 갈대아인이 반드시 우리를 떠나리라 하지 말라 그들이 떠나지 아니하리라.

나 여호와가 말한다. 너희는 바벨론 군대가 틀림없이 너희 유다에게서 떠나갈 것이라고 생각함으로써, 너희 자신을 속이지 말라. 그들은 절대로 떠나지 않을 것이다. 유다 백성들이 회개하므로 바벨론 군대가 떠나는 것이지, 막연히 기대만한다고 해서 바벨론 군대가 떠나는 것은 아니라는 것이다.

렘 37:10. 가령 너희가 너희를 치는 갈대아인의 온 군대를 쳐서 그 중에 부상자만 남긴다 할지라도 그들이 각기 장막에서 일어나 이 성을 불사르리라.

너희 유다를 공격하는 바벨론 군대 전체를 너희 유다 군대가 물리쳐서 오직 바벨론 군인들 중 부상병들만 남긴다 하여도, 그들 바벨론 군은 각자의 장막에서 떨치고 일어나 나와서, 이 예루살렘 도성을 불 질러 버릴 것이라고 하신다. 시드기야 왕이나 유다의 백성들이 온전히 통회하므로 회개하기 전에는 바벨론 군대가 절대로 물러가지 않는 것이 여호와의 뜻이었다.

L. 예레미야가 옥에 갇혔다가 놓여 감옥 뜰에 갇히다(37:11-21)

<예레미야를 붙잡아 가두다>

렘 37:11. 갈대아인의 군대가 바로의 군대를 두려워하여 예루살렘에서 떠나매.

바벨론 군대가 바로의 군대를 두려워하여 예루살렘에서 잠시 철수했다는 것이다.

렘 37:12. 예레미야가 베냐민 땅에서 백성 가운데 분깃을 받으려고 예루살렘을 떠나 그리로 가려 하여.

예레미야가 집안의 상속재산을 물려받기 위해서, 예루살렘을 떠나 베냐민 땅으로 가려고 길을 떠났다.

애굽의 원병이 온다는 소식 때문에 바벨론의 군대가 예루살렘에 대한 포위망을 풀고 잠시 물러나자 예레미야는 예루살렘을 떠나 고향인 베냐민 땅으로 떠나려고 한 것이다. 예레미야가 예루살렘을 떠나 베냐민 땅으로 간 것은 아나돗의 세습 토지를 유산으로 받기 위해서였다고 본다(RSV,

Targum, Theodoret, Hyatt).

렘 37:13. 베냐민 문에 이른즉 하나냐의 손자요 셀레먀의 아들인 이리야라 이름하는 문지기의 우두머리가 선지자 예레미야를 붙잡아 이르되 네가 갈대아인에게 항복하려 하는도다.

예레미야가 베냐민 문(베냐민 땅으로 통하는 문)에 이르렀을 때에, 그 곳에 한 수문장(문지기의 우두머리)이 있었는데, 그는 하나냐의 손자이며 셀레먀의 아들로서 이리야라고 하는 사람이었다. 이리야가 예언자 예레미야를 붙들고 말하기를, "당신은 지금 바벨론 군인들에게 투항하러 가고 있소"라고 물었다.

렘 37:14. 예레미야가 이르되 거짓이다 나는 갈대아인에게 항복하려 하지 아니하노라 이리야가 듣지 아니하고 예레미야를 잡아 고관들에게로 끌어 가매.

이리야의 이 엉터리 말을 듣고, 예레미야가 "그렇지 않소. 나는 바벨론 진영으로 투항하러 가는 사람이 아니오"라고 해명하였으나, 이리야는 그 말을 듣지 않고, 예레미야를 체포하여 고관들에게로 데려갔다.

렘 37:15. 고관들이 노여워하여 예레미야를 때려서 서기관 요나단의 집에 가두었으니 이는 그들이 이 집을 옥으로 삼았음이더라.

고관들은 예레미야에게 화를 내며 그를 때린 다음에, 서기관 요나단의 관저에 있는 감옥에 예레미야를 감금시켰다. 그 때에는 그 집이 감옥으로 사용되었기 때문이다. 그 옥중에서도 웅덩이에 가둔 것이다(16절).

렘 37:16. 예레미야가 뚜껑 씌운 웅덩이에 들어간 지 여러 날 만에.

그 곳에는 뚜껑 씌운 웅덩이가 있었는데, 예레미야는 거기에 들어가서 오랫동안 갇혀 있었다. 이 토굴에는 햇빛이 들어오지 않으므로 예레미야는 건강을 해쳤을 것이다. 그 때 왕이 예레미야를 불렀다.

렘 37:17. 시드기야 왕이 사람을 보내어 그를 이끌어내고 왕궁에서 그에게 비밀히 물어 이르되 여호와께로부터 받은 말씀이 있느냐 예레미야가 대답하되 있나이다 또 이르되 왕이 바벨론의 왕의 손에 넘겨지리이다.

시드기야 왕이 사람을 보내어 예레미야를 왕궁으로 데려와서 그에게 "여호와께서 무슨 말씀을 하신 것이 없습니까?"라고 은밀히 물었을 때에, 예레미야가 "있습니다"라고 대답하였다. 그리고 예레미야가 계속해서 말하였다. "임금님께서는 바벨론 왕의 손아귀에 들어가실 것입니다"라고 대답해 주었다.

렘 37:18. 예레미야가 다시 시드기야 왕에게 이르되 내가 왕에게나 왕의 신하에게나 이 백성에게 무슨 죄를 범하였기에 나를 옥에 가두었나이까.

예레미야는 시드기야 왕에게, "저 예레미야가 임금님이나 임금님의 신하들에게나 이 백성에게 무슨 죄를 지었다고 저를 감옥에 가두어 두셨습니까?"라고 말했다.

렘 37:19. 바벨론의 왕이 와서 왕과 이 땅을 치지 아니하리라고 예언한 왕의 선지자들이 이제 어디 있나이까.

그리고 예레미야가 계속해서 말하기를, "바벨론 왕이 이 유다 땅을 치러 오지 않을 것이라고 임금님께 예언하던 임금님의 예언자들은 지금 어디에 있습니까?"라고 말했다. 그들 거짓 예언자의 예언이 빗나갔으므로, "지금 그 예언이 어디 있느냐?"고 질문하는 것이다.

렘 37:20. 내 주 왕이여 이제 청하건대 내게 들으시며 나의 탄원을 받으사 나를 서기관 요나단의 집으로 돌려보내지 마옵소서 내가 거기에서 죽을까 두려워하나이다.

"그러니 이제 부디 저 예레미야의 소원을 들어주시기 바랍니다. 높으신 임금님, 부디 저의 간구를 받아 주셔서, 저를 다시 서기관 요나단의 집으로 돌려보내지 말아 주십시오. 거기에 가면 그 웅덩이에서 살아나올 수가 없습니다"라고 탄원한다.

렘 37:21. 이에 시드기야 왕이 명령하여 예레미야를 감옥 뜰에 두고 떡 만드는 자의 거리에서 매일 떡 한 개씩 그에게 주게 하매 성중에 떡이 떨어질 때까지 이르니라 예레미야가 감옥 뜰에 머무니라.

예레미야의 탄원을 듣고 시드기야 왕이 예레미야를 웅덩이로 보내지 않고, 감옥 뜰에 두고 매일 떡 만드는 자의 거리에서 떡 한 개씩 그에게 주도록 해서 성중에 떡이 떨어질 때까지 예레미야가 감옥 뜰에 머무르면서 지나게 되었다. 이렇게 감옥 뜰에 갇힌 것도 하나님의 섭리였다. 왜냐하면 만약 그가 석방되었더라면 그의 대적들에게서 해를 입었을 수도 있기 때문이다.

제 38 장

M. 예레미야가 예언한고로 진흙구덩이에 던져지다(38:1-6)

예레미야는 시위대 뜰에 갇혀 있으면서도 계속해서 예언을 했다. 네 명의 고관들은 그를 죽이기 위해 그를 진흙 구덩이에 던진다.

<예레미야가 구덩이에 갇히다>

렘 38:1. 맛단의 아들 스바댜와 바스훌의 아들 그다랴와 셀레먀의 아들 유갈과 말기야의 아들 바스훌이 예레미야가 모든 백성에게 이르는 말을 들은즉 이르기를.

네 명의 고관들(맛단의 아들 스바댜, 바스훌의 아들 그다랴, 셀레먀의 아들 유갈, 말기야의 아들 바스훌은 시드기야 왕의 심복들이었다)은 예레미야를 죽이기 위해 예레미야가 모든 백성에게 이르는 말을 자세히 들었다. 첫 번째 인물은 분명히 알 수 없고, 둘째의 "바스훌"은 예레미야를 착고에 채운 사람일 것이며(20:1-6), 바스훌의 아들 "그다랴"(40:5; 왕하 25:22)는 아니었다. 세 번째의 "유갈"은 37:3에 언급된 인물이었고, 넷째의 바스훌은 21:1의 인물이었다. 예레미야는 당시 시위대(물을 가두어 두는 웅덩이) 뜰의 옥에 있으면서 찾아오는 사람들에게 자유롭게 예언했고, 그 때의 방백들은 그 예레미야의 예언을 탐문했다. 그 방백들은 예레미야를 정죄하기 위해 죄목을 찾고 있었다(이상근).

렘 38:2. 여호와께서 이와 같이 말씀하시되 이 성에 머무는 자는 칼과 기근과 전염병에 죽으리라 그러나 갈대아인에게 항복하는 자는 살리니 그는 노략물을 얻음 같이 자기의 목숨을 건지리라.

본 절의 내용은 21:9의 반복으로 예레미야가 예언한 내용이었다. 21:9의 내용의 주해를 참조하라.

렘 38:3. 여호와께서 이와 같이 말씀하시니라 이 성이 반드시 바벨론의 왕의 군대의 손에 넘어가리니 그가 차지하리라 하셨다 하는지라.

본 절은 35:2의 반복이다. 그 주해를 참조하라. 예레미야는 충성된 예언자로서 똑같은 것을 예언했다. 즉, "이 예루살렘 성이 반드시 바벨론의 왕의 군대의 손에 넘어가리니 그가 차지하리라"는 내용의 예언이었다.

렘 38:4. 이에 그 고관들이 왕께 아뢰되 이 사람이 백성의 평안을 구하지 아니하고 재난을 구하오니 청하건대 이 사람을 죽이소서 그가 이같이 말하여 이 성에 남은 군사의 손과 모든 백성의 손을 약하게 하나이다.

예레미야가 예루살렘의 평안을 구하지 아니하고 예루살렘이 바벨론 왕의 손에 넘어간다고 예언하자 네 사람의 고관들이 왕에게 이렇게 권했다. 이 사람(예레미야)은 마땅히 사형에 처해야 합니다. 그가 이런 말을 해서, 아직도 이 예루살렘 성에 남아 있는 군인들의 사기와 온 백성의 사기를 떨어뜨리고 있습니다. 이 사람은 참으로 이 백성의 평안을 구하지 않고, 오히려 재앙을 재촉하고 있다고 보고한다.

렘 38:5. 시드기야 왕이 이르되 보라 그가 너희 손 안에 있느니라 왕은 조금도 너희를 거스를 수 없느니라 하는지라.

시드기야 왕은 네 명 고관들의 권고를 듣고 이르기를, "보라 그가 너희 손 안에 있느니라 왕은 조금도 너희를 거스를 수 없느니라"고 말한다. 즉, "보라! 예레미야가 너희 처분에 달려 있느니라. 나 시드기야 왕은 조금도 너희를 거스를 수가 없느니라"고 말함으로써 예레미야를 이 네 사람들의 처분에 맡긴다는 것이었다. 시드기야 왕은 참으로 나약한 사람이었고, 비겁한 왕이었다.

렘 38:6. 그들이 예레미야를 끌어다가 감옥 뜰에 있는 왕의 아들 말기야의 구덩이에 던져 넣을 때에 예레미야를 줄로 달아내렸는데 그 구덩이에는 물이 없고 진창뿐이므로 예레미야가 진창 속에 빠졌더라.

그래서 그 고관들이 예레미야를 붙잡아서, 왕자 말기야의 집에 있는 웅덩이에 집어넣었다. 그 웅덩이는 근위대의 뜰 안에 있었으며, 사람들은 예레미야를 밧줄에 매달아 웅덩이 속으로 내려 보냈는데, 그 물웅덩이 속에 물은 없었지만, 진흙이 있어서 예레미야가 진흙 속에 빠지게 되었다.

본 절의 구덩이는 반석을 파서 만든 구덩이로 물을 저장하는 곳이었다. 당시 예루살렘의 주택마다 이 웅덩이가 없는 집이 거의 없었다. 예레미야가 던져진 웅덩이는 깊어서 그를 줄로 달아 내릴 정도였다. 그 때 그곳에 물은 없었고, 진흙뿐이었다. 요세푸스(Josephus)에 의하면 그 때 진창이 예레미야의 목까지 올라왔다고 한다. 애 3:55, 57에 의하면 예레미야가 그 구덩이에서 기도하고 있을 그 때 하나님께서 가까이 오셔서 말씀하시기를 "두려워하지 말라"고 하셨다는 것이다(박윤선).

N. 환관 에벳멜렉이 시드기야에게 고하여 예레미야를 구출하다(38:7-13)

에벳멜렉은 구스인이었고, 또 환관이었다. 환관은 성적 불구자(신 23:1)로 궁중에서 특히 궁녀들을 관할하는 직책이었다(왕상 22:9; 왕하 9:32; 24:15; 25:19; 대상 28:1).

렘 38:7. 왕궁 내시 구스인 에벳멜렉이 그들이 예레미야를 구덩이에 던져 넣었음을 들으니라 그 때에 왕이 베냐민 문에 앉았더니.

왕궁의 내시 구스 사람 에벳멜렉이라고 하는 한 환관이 있었는데, 그는 사람들이 예레미야를 물웅덩이에 집어넣었다는 소식을 들었다. 그 때에 왕은 베냐민 문 안에 머물러 있었다.

렘 38:8. 에벳멜렉이 왕궁에서 나와 왕께 아뢰어 이르되.

에벳멜렉이 예레미야의 소식을 듣고, 왕궁에서 바깥으로 나와 베냐민 문에 앉아 있는 왕에게 가서 다음과 같이 고했다.

렘 38:9. 내 주 왕이여 저 사람들이 선지자 예레미야에게 행한 모든 일은 악하니이다 성 중에 떡이 떨어졌거늘 그들이 그를 구덩이에 던져 넣었으니 그가 거기에서 굶어 죽으리이다 하니.

베냐민 문에 앉아 있는 왕을 찾아간 에벳멜렉은 왕에게 이렇게 고한다. 즉, "내 주 임금님이시여! 저 사람들이 예언자 예레미야에게 한 일들은 모두 악한 것뿐입니다. 그들이 예레미야를 물웅덩이 속에 집어넣었으니 그가 그 속에서 굶어 죽을 수밖에 더 있습니까. 이래서야 되겠습니까? 성 안에는 더 이상 먹을 것이 없습니다"라고 고했다. 이때 유다 사람들이 심히 강퍅한데 비해서 이방인 환관 구스인은 유다 사람들이 예레미야에게 행한 악행을 염려했다.

렘 38:10. 왕이 구스 사람 에벳멜렉에게 명령하여 이르되 너는 여기서 삼십 명을 데리고 가서 선지자 예레미야가 죽기 전에 그를 구덩이에서 끌어내라 (Then the king commanded Ebed-melech, the Ethiopian, "Take thirty men with you from here, and lift Jeremiah the prophet out of the cistern before he dies-ESV).

그 때에 에벳멜렉의 탄원을 듣고 왕이 구스 사람 에벳멜렉에게 이렇게 명령하였다. 너 에벳멜렉은 군인들 삼십 명을 데리고 가서, 선지자 예레미야가 죽기 전에 어서 그를 그 물웅덩이 속에서 끌어올리라고 명령했다. 여기 30명을 3명의 오기로 보는 견해(RSV, Ewald, Hitzig)가 있으나, 본문 말씀 그대로 30명으로 보면서 구원을 완전히 달성하기 위한 조치였다는 해석도 있다(ESV, K.&D.). 아무래도 30명으로 보는 것이 옳을 것이다. 이유는 네 사람의 방해공작을 감안해서이다.

렘 38:11. 에벳멜렉이 사람들을 데리고 왕궁 곳간 밑 방에 들어가서 거기에서 헝겊과 낡은 옷을 가져다가 그것을 구덩이에 있는 예레미야에게 밧줄로 내리며.

에벳멜렉이 그 30명 사람들을 데리고 왕궁의 곳간 밑 방(의복 창고)으로 들어가서 해어지고 찢어진 옷 조각들을 꺼내어 밧줄에 매달아서, 웅덩이 속에 있는 예레미야에게 내려 주었다. 에벳멜렉은 참으로 주도면밀했다. 만약 밧줄만 내려주면 예레미야의 몸에 상처가 날 터이니 해어지고 찢어진 옷 조각들을 밧줄에 매달아서 웅덩이 아래로 내려 보낸 것이다. 오늘 우리도 세심하게 남을 돌보아야 할 것이다.

렘 38:12. 구스인 에벳멜렉이 예레미야에게 이르되 당신은 이 헝겊과 낡은 옷을 당신의 겨드랑이에 대고 줄을 그 아래에 대시오 예레미야가 그대로 하매(Then Ebed-melech the Ethiopian said to Jeremiah, "Put the rags and clothes between your armpits and the ropes." Jeremiah did so-RSV, ESV)**.**

에티오피아 사람 에벳멜렉이 예레미야에게, "옷 조각들을 겨드랑이와 밧줄 사이에 대십시오"라고 말했다. 예레미야는 에벳멜렉의 말을 듣고 그대로 실행하였다. 옷 조각들을 예레미야의 겨드랑이와 밧줄 사이에 두면 밧줄로 인한 상처를 받지 않을 수 있는 것이다.

예레미야는 자기 힘으로는 밧줄을 잡고 구덩이에서 올라올 힘이 없었으므로, 밧줄을 의지하여 올라온 것으로 보인다. 거기에서 한 동안 먹을 것이 없어 먹지 못했으니 무슨 힘이 있겠는가. 에벳멜렉은 예레미야의 형편을 잘 알고, 헌 옷 가지들과 밧줄을 내려 보내어 예레미야를 구출한 것이다.

렘 38:13. 그들이 줄로 예레미야를 구덩이에서 끌어낸지라 예레미야가 시위대 뜰에 머무니라.

사람들이 밧줄을 끌어당겨서 예레미야를 웅덩이 속에서 끌어올렸다.

이렇게 해서 예레미야는 시위대 뜰 안에서 지내게 되었다. 구출 받은 예레미야는 원래 갇혀있던 시위대(물통, 물탱크, 저수지) 뜰에 머물게 되었고, 또 매일의 떡 배급도 받으면서(37:21), 예루살렘이 함락될 때까지 거기에서 지냈다(38:28).

O. 예레미야가 시드기야에게 비밀히 예언하다(38:14-28)

14-23절. 예레미야가 시드기야 왕에게 항복을 권하다.

<시드기야가 예레미야에게 묻다>
렘 38:14. 시드기야 왕이 사람을 보내어 선지자 예레미야를 여호와의 성전 셋째 문으로 데려오게 하고 왕이 예레미야에게 이르되 내가 네게 한 가지 일을 물으리니 한 마디도 내게 숨기지 말라.

시드기야 왕이 사람을 보내어 선지자 예레미야를 여호와의 성전 셋째 문(왕궁에서 성전으로 들어가는 셋째 문인 듯) 입구로 데려왔다. 그리고 왕은 예레미야에게 묻기를, "나 시드기야가 그대 예레미야에게 한 가지를 묻겠으니, 아무것도 나에게 숨기지 마시오"라고 말했다.

여기 시드기야가 예레미야를 향하여 "한 마디도 숨기지 말라"는 말을 한 것을 보면 시드기야 왕은 예레미야를 아주 진실한 선지자로 알았던 것이 드러난다. 그리고 시드기야는 진실한 여호와의 예언을 듣고 싶어 했던 것을 알 수 있다. 그러나 시드기야 왕이 진실을 알고자한 것은 사실이나 진실 앞에서 순종하지 않았던 것이 근본적으로 잘못된 문제였다.

렘 38:15. 예레미야가 시드기야에게 이르되 내가 이 일을 왕에게 아시게 하여도 왕이 결코 나를 죽이지 아니하시리이까 가령 내가 왕을 권한다 할지라도 왕이 듣지 아니하시리이다(Jeremiah said to Zedekiah, If I tell you, will you not surely put me to death? And if I give you counsel, you will not listen to me-RSV, ESV).

그러자 예레미야가 시드기야 왕에게 대답하기를, "저 예레미야가 만일 숨김없이 말씀드린다면, 임금님께서는 저를 죽이실 것입니다. 또 제가 임금님께 말씀을 드려도 임금님께서는 저의 말을 들어주시지 않을 것입니다"라고 했다.

예레미야는 이미 과거에 여러 차례 왕에게 여호와의 예언을 말씀드렸으나 듣지 않은 것(21:4-10; 32:4; 34:2-6)을 감안하고, 왕으로부터 다짐을 받는 예레미야이다. 즉, 예레미야는 그가 전하는 말씀에 대한 왕의 순종이 있어야 할 것이라고 다짐한다. 또 한 가지 다짐은 여호와의 말씀을 전한 후에 시드기야 왕이 듣지 않을 것이라고 확신한다는 것이었다. 다시 말해 분명히 순종하시라는 것이었다.

렘 38:16. 시드기야 왕이 비밀히 예레미야에게 맹세하여 이르되 우리에게 이 영혼을 지으신 여호와께서 살아 계심을 두고 맹세하노니 내가 너를 죽이지도 아니하겠으며 네 생명을 찾는 그 사람들의 손에 넘기지도 아니하리라 하는지라.

시드기야 왕은 예레미야에게 은밀히 맹세하기를, "우리에게 목숨을 주신 여호와의 살아 계심을 두고 맹세하는데, 나 시드기야는 그대를 죽이지도 않겠고, 그대의 목숨을 노리는 저 사람들의 손에 그대를 절대로 넘겨주지도 않겠소"라고 약속한다.

렘 38:17. 예레미야가 시드기야에게 이르되 만군의 하나님이신 이스라엘의 하나님 여호와께서 이와 같이 말씀하시되 네가 만일 바벨론의 왕의 고관들에게 항복하면 네 생명이 살겠고 이 성이 불사름을 당하지 아니하겠고 너와 네 가족이 살려니와.

시드기야 왕이 예레미야를 죽이지도 않겠고, 예레미야의 목숨을 노리는 저 사람들의 손에 절대로 넘겨주지도 않겠다고 약속하니(16절), 본 절에서는 예레미야가 사실을 말한다. 즉, 당신 시드기야 왕께서 바벨론 왕이 보낸 고관들에게 항복하면(21:8-10; 27:12; 38:2-3), 왕도 살겠고 이 예루살렘 성이 불타지도 않아서 시드기야 왕과 가족 전체가 살 것이라고 말해준다.

렘 38:18. 네가 만일 나가서 바벨론의 왕의 고관들에게 항복하지 아니하면 이 성이 갈대아인의 손에 넘어가리니 그들이 이 성을 불사를 것이며 너는 그들의 손을 벗어나지 못하리라 하셨나이다.

예레미야는 하나님께서 주신 말씀을 계속한다. 즉, 당신 시드기야 왕이 만일 바벨론 왕의 고관들에게 항복하면 당신과 가족 전체가 살게 되지만(17절), 본 절에서는 당신 시드기야 왕께서 바벨론 왕의 고관들에게 항복하지 아니하면 이 예루살렘 성이 바벨론 군대에게 넘어갈 것이라고 말해준다.

렘 38:19. 시드기야 왕이 예레미야에게 이르되 나는 갈대아인에게 항복한 유다인을 두려워하노라 염려하건대 갈대아인이 나를 그들의 손에 넘기면 그들이 나를 조롱할까 하노라 하는지라.

시드기야 왕이 예레미야에게 말하기를 만일 자신이 바벨론의 고관들에게 항복하는 경우 한 가지 크게 두려워하는 것이 있다고 말한다. 그것은 먼저 바벨론 군대에게 항복한 유다 사람을 두려워한다는 것이었다. 자신이 항복하는 경우 갈대아인이 시드기야 왕 자신을 먼저 항복한 유다 사람에게 넘겨주어 자신으로 하여금 조롱당하게 하지 않을까 생각한다는 것이었다. 먼저 항복한 유다 사람들은 친 바벨론 파인데 비해 시드기야 왕은 친 애굽파로 분류되니 친 바벨론 파였던 그 유다 사람들이 자신을 조롱할 것은 뻔한 일이라는 것이었다.

렘 38:20. 예레미야가 이르되 그 무리가 왕을 그들에게 넘기지 아니하리이다 원하옵나니 내가 왕에게 아뢴 바 여호와의 목소리에 순종하소서 그리하면 왕이 복을 받아 생명을 보전하시리이다.

예레미야가 말하기를, "바벨론 군대에게 먼저 항복한 유다 무리의 손에 넘어가지 않을 것입니다. 부디 제가 임금님께 전하여 드린 주님의 말씀에 순종하십시오. 그래야 임금님께서 형통하시고, 임금님의 목숨도 구하실 것이라(17절 참조)"고 말해준다.

렘 38:21. 그러나 만일 항복하기를 거절하시면 여호와께서 내게 보이신 말씀대로 되리이다.

그러나 만일 시드기야 왕께서 바벨론에 항복하지 않으시면 여호와 하나님께서 나 예레미야에게 말씀하신 대로 될 것이라고 말해준다. 본 절은 18절을 반복한 것이다. 이런 중대한 국면에 시드기야와 같은 임금이 나라를 다스리고 있다는 것은 참으로 그 나라에 큰 불행이다.

렘 38:22. 보라 곧 유다 왕궁에 남아 있는 모든 여자가 바벨론 왕의 고관들에게로 끌려갈 것이요 그 여자들은 네게 말하기를 네 친구들이 너를 꾀어 이기고 네 발이 진흙에 빠짐을 보고 물러갔도다 하리라.

본 절 초두의 "보라!"라는 말은 본 절 내용이 아주 중요하니 잘 관찰하라는 뜻이다. 즉, "보십시오! 유다의 왕궁에 남아 있는 모든 여인들이 모두 바벨론 왕의 고관들에게로 끌려가면서 '우리가 믿는 도끼에 발을 찍혔다'라고 탄식하며 말할 것입니다. 또 '당신 친구들(거짓 선지자들과 바벨론에 대항하여 결사 항전을 주장한 친 애굽파 방백들을 지칭한다)이 당신 시드기야 왕을 속이고 멋대로 행동하다가, 시드기야 왕이 진창에 빠지니, 왕을 버리고 떠났다'라고 말할 것이라 했다.

렘 38:23. 네 아내들과 자녀는 갈대아인에게로 끌려가겠고 너는 그들의 손에서 벗어나지 못하고 바벨론 왕의 손에 잡히리라 또 네가 이 성읍으로 불사름을 당하게 하리라 하셨나이다.

본 절은 문자적으로 성취된 예언이다. 예루살렘이 함락되었을 때, 시드기야 왕의 왕비들과 자녀들은 바벨론 군대의 포로가 되고, 시드기야 왕은 도망쳤으나 체포되어 당시 립나에 있던 바벨론 왕 느부갓네살 앞으로 끌려가서 그의 목전에서 그의 아들들은 죽임을 당하고, 그의 눈은 뽑혔으며 사슬로 결박되어 바벨론으로 끌려가고 말았다(39:6-7; 왕하 25:3-7). 참으로 상상하기 어려운 최후였다. 하나님의 말씀을 거절하고, 거역한 죄의 결과를 시드기야 왕은 톡톡히 받고 말았다.

렘 38:24. 시드기야가 예레미야에게 이르되 너는 이 말을 어느 사람에게도 알리지 말라 그리하면 네가 죽지 아니하리라.

본 절은 지금껏 자신과 예루살렘 운명에 대한 예언의 내용을 경청한 시드기야 왕이 지금까지의 대화 내용을 비밀에 붙여줄 것을 예레미야에게 부탁하는 말이다. 시드기야 왕이 이렇게 부탁한 것은 지금까지 전한 예레미야의 충고가 헛되게 되었다는 것을 뜻하고, 그가 아직까지도 하나님의 진노보다 방백들의 시선을 더 두려워하고 있음을 보여준다고 하겠다. 여기 "네가 죽지 아니하리라"는 말은 예레미야의 생명 보전에 대한 시드기야의 약속이다. 힘이 다 빠져버린 시드기야의 약속이 무슨 소용이 있겠는가.

렘 38:25. 만일 고관들이 내가 너와 말하였다 함을 듣고 와서 네게 말하기를 네가 왕에게 말씀한 것을 우리에게 전하라 우리에게 숨기지 말라 그리하면 우리가 너를 죽이지 아니하리라 또 왕이 네게 말씀한 것을 전하라 하거든.

본 절도 역시 시드기야 왕이 예레미야에게 한 말이다. 즉, "만일 고관들이 와서 나 시드기야가 당신과 말하였다는 말을 듣고, 예레미야 당신에게 말하기를, '예레미야 당신이 시드기야 왕에게 말한 것을 우리들(고관들)에게 전하시오. 우리에게 한 가지 말씀도 숨기지 마시오. 그리하면 우리(고관들)가 당신 예레미야를 죽이지 아니할 것이요. 또 그뿐만 아니라 시드기야 왕이 예레미야 당신에게 말씀한 것을 우리에게 말해 주시오'라고 말하거든 다음과 같은 말을 해주시오"라고 했다.

렘 38:26. 그들에게 대답하되 내가 왕 앞에 간구하기를 나를 요나단의 집으로 되돌려 보내지 마소서 그리하여 거기서 죽지 않게 하옵소서 하였다 하라 하니라.

당신 예레미야는 내가 시드기야 왕 앞에 간구하기를, "나 예레미야를 요나단의 집으로 되돌려 보내지 마옵소서. 그리하여 요나단의 집에서 죽지 않게 하옵소서라는 말을 했다고만 하시오"라고 했다. 예레미야는 이전에 이와 같이 시드기야 왕께 구한 일이 있었다(37:20).

고관들이 와서 예레미야에게 와서 시드기야 왕과 예레미야 사이에 무슨 대화가 있었느냐고 물을 때 본 절과 같이 대답하라는 것은 아주 엉뚱한 발상이었다. 다시 말해 시드기야 왕은 예레미야와의 대화 내용을 달리 꾸며 방백들(고관들)의 반발을 피하고자 한 것이었다.

렘 38:27. 모든 고관이 예레미야에게 와서 물으매 그가 왕이 명령한 모든 말대로 대답하였으므로 일이 탄로되지 아니하였고 그들은 그와 더불어 말하기를 그쳤더라.

과연 모든 고관들이 예레미야에게 와서 시드기야와 예레미야 사이의 대화 내용에 대해서 물을 때에 예레미야는 왕이 자기에게 명령한 그 말대로만 그들에게 대답하니 두 사람 사이의 이야기 내용은 전혀 탄로되지 않았고, 대신들은 예레미야에게 더 이상 말하기를 그쳤다는 것이다.

여기 예레미야의 태도가 옳으냐는 문제가 있다. 다시 말해 예레미야가 사실을 은폐한 것이 옳으냐는 문제이다. 예레미야의 거짓말을 두고 몇 가지 견해가 있는데, 1) 첫째로 예레미야가 진실을 말할 수 없는 입장이 되어 거짓말을 한 것이 아니라, 시드기야와의 약속을 지키기 위해 하는 수 없이 그렇게 처신했다는 것이다(Matthew Henry). 다시 말해 상황윤리적인 입장 때문에 그랬다는 주장이다. 2) 둘째로 예레미야가 거짓말을 한 것은 예레미야의 연약함 때문에 된 것이니 율법에 비추어보면 나쁘다는 견해이고, 3) 셋째로 하나님 나라의 원리에서 본 입장이 있다. 그 중에

지지를 받을만한 견해는 3)번의 견해로 예레미야의 거짓말은 더 큰 하나님 나라의 원칙을 지키기 위한 하나님 나라 백성의 지혜에 해당한다는 견해이다. 이는 마치 기생 라합이 하나님 나라의 구현을 위해 자기 민족을 배반하는 거짓말을 했지만 이 거짓말로 기생 라합이 구원을 받았고, 또 예수님의 족보에도 들어가는 계기가 되었다는 사실과 같은 것(수 2:5)으로 보는 것이다(그랜드 종합 주석).

렘 38:28. 예레미야가 예루살렘이 함락되는 날까지 감옥 뜰에 머물렀더라.

예레미야는 예루살렘이 바벨론 군대에 의해서 함락되는 날까지 시위대 뜰(38:13, 물탱크, 저수지)에 있었다(32:2; 37:21). 예루살렘이 함락된 것은 시드기야 왕 11년 4월 9일이며, 주전 586년 때의 일이었다(39:2; 왕하 25:3). 유다의 죄악은 결국 멸망을 초래하고 말았다.

제 39 장

P. 예루살렘은 함락되고 유다 왕과 백성은 포로가 되다(39:1-10)

39장은 예루살렘이 함락된 일(1-10절), 에레미야의 동정이 기록된 일(11-14절), 에벳멜렉에 대한 예언(15-18절) 등이 진술되어 있다.

<예루살렘이 함락되다(52:4-16; 왕하 25:1-12)>

렘 39:1. 유다의 시드기야 왕의 제구년 열째 달에 바벨론의 느부갓네살 왕과 그의 모든 군대가 와서 예루살렘을 에워싸고 치더니.

유다 왕 시드기야(주전 597-586년 통치) 제 구년(주전 588년이었고, 10월은 태양력으로는 다음해 1월이었다)에 바벨론 왕 느부갓네살이 그의 모든 군대를 거느리고, 예루살렘을 치러 올라와서 도성을 포위했다. 52:4-7(왕하 25:1-4)의 기사를 보면 10월 10일로 기록되어 있다. 또 그 성에 대하여 진을 치고 있었고, 사면으로 흉벽을 쌓았다고 기록되어 있다.

렘 39:2. 시드기야의 제십일년 넷째 달 아홉째 날에 성이 함락되니라 예루살렘이 함락되매.

시드기야 제 11년 4월 9일에 마침내 성벽이 뚫리고 말았다. 예루살렘의 포위 기간은 1년 6개월이었다. 유다 백성이 죄를 자복하지 않고, 회개하지 않으니 여호와께서는 약속대로 유다에게 멸망을 주신 것이다.

렘 39:3. 바벨론의 왕의 모든 고관이 나타나 중문에 앉으니 곧 네르갈사레셀과 삼갈네부와 내시장 살스김이니 네르갈사레셀은 궁중 장관이며 바벨론의 왕의 나머지 고관들도 있더라.

바벨론 왕의 고관들이 모두 성 안으로 들어와서 중앙 대문에 앉았으니 네르갈사레셀(바벨론 이름 네르갈사루술의 히브리식 이름이다. 이 사람은 느부갓네살의 사위였다)과 삼갈르보(이 이름은 "숨길나부"라는 이름의 변형으로 보며, 그의 이름은 "네보"이다)와 환관장(당시 국가의 최고직의 하나로 간주되었다) 살스김은 13절의 "느부사스반"의 오기로 추측된다(Hitzig, Lange, Hyatt). 랍사리스와 다른 박사장(요직이었다) 네르갈사레셀 곧 랍막과 바벨론 왕이 보낸 다른 고관들도 모두 앉아 있었다. 본 절은 52장과 왕하 24장에는 없는 기록이다.

여기 "중문"이란 곳은 예루살렘의 저지대와 동북 고지대로 나누어진 곳에 위치한 문으로 성전 전체를 관장할 수 있는 곳이다. 이들 바벨론의 방백들은 성읍의 뒤처리를 맡아 하기 위해 성안으로 들어와 중문에 앉은 것이었다(이상근).

렘 39:4. 유다의 시드기야 왕과 모든 군사가 그들을 보고 도망하되 밤에 왕의 동산 길을 따라 두 담 샛문을 통하여 성읍을 벗어나서 아라바로 갔더니.

유다 왕 시드기야와 그의 모든 군인들이 쳐들어오는 바벨론 군대를 보고, 모두 도망하였다. 유다 군인들은 밤에 왕의 동산 길을 통과하여, 두 성벽을 잇는 통로를 지나 아라바(요르단 계곡) 쪽으로 도망해 갔다. 아마 왕이 성을 빠져나온 통로는 비밀 통로이므로, 바벨론 군대가 알지 못한 길이었을 것이다(Thompson). 52:7; 왕하 25:4 참조.

렘 39:5. 갈대아인의 군대가 그들을 따라 여리고 평원에서 시드기야에게 미쳐 그를 잡아서 데리고 하맛 땅 립나(리블라)에 있는 바벨론의 느부갓네살 왕에게로 올라가매 왕이 그를 심문하였더라.

그러나 바벨론 군대가 시드기야 일당을 추격하여, 여리고 평원에서 시드기야를 사로잡아, 하맛 땅의 립나(하맛의 남방 10km 지점에 위치해 있음)로 끌고 가서, 바벨론 왕 느부갓네살 앞에 세워 놓았다. 바벨론 왕이 시드기야를 신문하였다. 시드기야 왕은 여리고 평원에서 체포되어 느부갓네살 앞에 끌려갔을 때 예레미야의 예언이 기억났을 것이다. 예레미야가 그렇게 여러 번 권했을 때, 그 예언대로 순종했더라면 좋았을 것이라 생각했을 것이다. 그러나 때는 너무 늦고 만 것이었다.

렘 39:6-7. 바벨론의 왕이 립나에서 시드기야의 눈 앞에서 그의 아들들을 죽였고 왕이 또 유다의 모든 귀족을 죽였으며, 왕이 또 시드기야의 눈을 빼게 하고 바벨론으로 옮기려고 사슬로 결박하였더라.

바벨론 왕은 립나에서 시드기야의 아들들을 시드기야가 보는 앞에서 죽였고, 바벨론 왕은 유다의 귀족들도 모두 처형하였다. 그리고 바벨론 왕은 시드기야의 두 눈(아들들이 죽는 것을 본 두 눈)을 뺀 다음에, 바벨론으로 끌고 가려고, 그를 쇠사슬로 묶었다. 예레미야의 예언은 생각 이상으로 가혹하게 성취되었다(32:4; 34:3; 38:23).

렘 39:8. 갈대아인들이 왕궁과 백성의 집을 불사르며 예루살렘 성벽을 헐었고.

바벨론 군인들은 왕궁과 백성들의 집들에 불을 지르고, 예루살렘의 성벽들도 허물어 버렸다. 52:13에서는 성전도 불살랐다고 기록한다. 본 절은 성안의 모든 건물이 불탔는데, 예레미야가 일찍이 예언한 대로 되었다(21:10; 34:2; 38:23). 이와 같이 예루살렘 성을 불태운 것은 성이 함락되고 한 달 후에 시위대장 느부사라단이 와서 행한 일이었다. 때는 느부갓네살 왕(주전 605-562년 통치)의 제위 후 19년 5월 10일이었다(52:12; 왕하 25:8). 예언은 항상 그대로 성취된다.

렘 39:9. 사령관 느부사라단이 성중에 남아 있는 백성과 자기에게 항복한 자와 그 외의 남은 백성을 잡아 바벨론으로 옮겼으며.

그런 다음에 파수대장 느부사라단은 왕을 대신해서 아직도 성 안에 남아 있는 백성들과 자기에게 항복한 사람들과 그 밖에 남은 백성을 바벨론으로 옮겨갔다. 이 작업이 소위 586년의 바벨론 포로 작업이었고, 주전 606년 여호야김 때의 제1차 포로(왕하 24:1-2; 대하 36:6-7), 주전 597년의 여호야긴 때의 제2차 포로(왕하 24:8-17; 대하 36:10)에 이은 제3차 포로 시기에 이뤄졌다.

유다 백성들이 이렇게 여러 차례 포로로 끌려갈 때, 회개하여 여호와 하나님을 의지했다면, 유다 백성들은 더 이상 포로로 끌려가지 않았을뿐더러 이미 끌려갔던 백성들도 일찍이 돌아올 수 있었을 것이다.

렘 39:10. 사령관 느부사라단이 아무 소유가 없는 빈민을 유다 땅에 남겨 두고 그 날에 포도원과 밭을 그들에게 주었더라.

파수대장 느부사라단이 아무 소유가 없는 가난한 자들을 유다 땅에 남겨 두고, 그날에 포도원과 밭을 그들에게 주면서 경작하게 했다.

Q. 느부갓네살이 예레미야를 보호하라고 하다(39:11-14)

바벨론 왕 느부갓네살이 예레미야를 선대했다. 바벨론 왕의 신하들은 예레미야를 옥에서 빼내어 그다랴의 집에서 편히 살게 했다.

<예레미야가 석방되다>

렘 39:11-12. 바벨론의 느부갓네살 왕이 예레미야에 대하여 사령관 느부사라단에게 명령하여 이르되, 그를 데려다가 선대하고 해하지 말며 그가 네게 말하는 대로 행하라.

바벨론 왕 느부갓네살은 예레미야의 처우를 두고, 파수대장 느부사라단에게 다음과 같이 명령한다. "너 느부사라단은 예레미야를 데려다가 잘 보살펴 주어라. 너 느부사라단은 예레미야를 조금도 해치지 말고, 오직 그가 너 느부사라단에게 요구하는 대로 그에게 해주라"고 명령한다.

느부갓네살은 예레미야를 친 바벨론 파로 인정하여 그를 이용하려는 생각을 가지고 있었을 것이나, 예레미야는 친 바벨론 파가 아니고 오직 여호와 하나님의 예언만 따르는 사람이었다. 오늘 주의 종들은 이쪽저쪽 편에 들 필요가 없고, 다만 여호와의 말씀에만 순종하는 사람들이 되어야 할 것이다.

렘 39:13. 이에 사령관 느부사라단과 내시장 느부사스반과 궁중 장관 네르갈사레셀과 바벨론 왕의 모든 장관이(So Nebuzaradan the captain of the guard, Nebushazban the Rab-saris, Nergal-sar-ezer the Rab-mag, and all the chief officers of the king of Babylon-RSV, ESV)**.**

바벨론 왕 느부갓네살이 예레미야를 선대하라는 명령에 따라(12절), 사령관 느부사라단과, 느부사스반 곧 랍사리스와, 네르갈사레셀 곧 랍막과, 바벨론 왕이 보낸 다른 고관들 모두가 사람을 보내어 다음 절에 진술된 바와 같이 예레미야를 선대했다는 것이다.

하나님의 말씀을 그대로 예언한 예레미야를 세상 사람들은 어쩔 수 없이 선대하게 되는 것이다.

렘 39:14. 사람을 보내어 예레미야를 감옥 뜰에서 데리고 사반의 손자 아히감의 아들 그다랴에게 넘겨서 그를 집으로 데려가게 하매 그가 백성 가운데에 사니라.

근위대 뜰에서 예레미야를 데려다가 사반(요시아 왕의 종교 개혁에 협조한 자, 왕하 22:12)의 손자요 아히감(여호야김 시대에 예레미야를 위기에서 구원한 사람, 40:5)의 아들인 그다랴(그다랴가 총독으로 임명된 것은 그가 바벨론 군에게 항복했기 때문일 것이다)에게 넘겨서 그를 집으로 돌아가게 하였다. 그래서 예레미야는 백성 가운데서 살게 되었다.

R. 에벳멜렉이 복을 받다(39:15-18)

<여호와께서 에벳멜렉에게 구원을 약속하시다>

렘 39:15. 예레미야가 감옥 뜰에 갇혔을 때에 여호와의 말씀이 그에게 임하니라 이르시되.

예레미야가 여전히 근위대 뜰(감옥 뜰) 안에 갇혀 있을 때에, 여호와께서 그에게 이렇게 말씀하신 적이 있었다. 이 사건은 예레미야가 네 명의 친애굽파 간신들에 의해서 진흙 구덩이에 던져지게 된 것을 구스인 환관 에벳멜렉이 구출하여 예레미야가 시위대 뜰에 돌아왔을 때의 일이었을 것으로 보인다(38:7-13, 28).

렘 39:16. 너는 가서 구스인 에벳멜렉에게 말하기를 만군의 여호와 이스라엘의 하나님의 말씀에 내가 이 성에 재난을 내리고 복을 내리지 아니하리라 한 나의 말이 그 날에 네 눈앞에 이루리라.

너 예레미야는 저 구스 사람 에벳멜렉에게 가서 다음과 같이 전하여라. 나 만군의 여호와 이스라엘의 하나님이 말한다. 보라, 내가 이 도성에 복이 아니라 재앙을 내리겠다고 선포하였는데, 이제 내가 한 그 말을 이루겠다. 이 일이 바로 그 날에 네가 보는 앞에서 일어날 것이다. 이 예언은 예루살렘이 함락되기 직전에 주어진 예언이었다.

렘 39:17. 여호와의 말씀이니라 내가 그 날에 너를 구원하리니 네가 그 두려워하는 사람들의 손에 넘겨지지 아니하리라.

여호와께서 말씀하시기를 바로 그 날(예루살렘이 함락되는 날)에 내가 너를 건져내어 네가 두려워하는 사람들의 손(바벨론 사람들의 손)에 들어가지 않도록 하겠다.

렘 39:18. 내가 반드시 너를 구원할 것인즉 네가 칼에 죽지 아니하고 네가 노략물 같이 네 목숨을 얻을 것이니 이는 네가 나를 믿었음이라 여호와의 말씀이니라 하시더라.

여호와께서 말씀하시기를 오히려 나 여호와가 너 에벳멜렉을 반드시 구해서, 네가 칼에 죽지 않게 하겠다. 네가 나 여호와를 의지하였기 때문에 내가 너의 생명을 너에게 상으로 주겠다고 하신다.

많은 유다 사람들이 멸망하는 상황에서 이방인인 에벳멜렉이 구원받는다는 본문의 약속은 구원이 민족이나 종족이나 어떤 조건에 의하지 아니하고, 오직 믿음에 있다(롬 1:17)는 이신칭의의 원리가 신, 구약 전체를 꿰뚫는 진리임을 확실하게 확인시켜 주고 있다.

VII. 예루살렘 함락 후의 예레미야가 경험한 일들(40:1-45:5)

A. 유다에서(40:1-43:7)

제 40 장

1. 느부사라단이 예레미야를 석방하다(40:1-6)

예레미야가 다른 백성과 함께 바벨론으로 끌려가다가 라마에서 석방되다. 그런 다음 미스바로 가서 총독 그다랴 아래 거하게 되다.

렘 40:1. 사령관 느부사라단이 예루살렘과 유다의 포로를 바벨론으로 옮기는 중에 예레미야도 잡혀 사슬로 결박되어 가다가 라마에서 풀려난 후에 말씀이 여호와께로부터 예레미야에게 임하니라.

본 절을 좀 더 쉽게 번역해보면 "근위대장(경호대장) 느부사라단이 라마에서 예레미야를 석방한 뒤에, 주님께서 예레미야에게 말씀하셨다. 그 때에 예레미야는 바벨론으로 포로로 끌려가는 예루살렘과 유다의 모든 포로와 함께 수갑을 차고 끌려가고 있었다"라고 번역된다(표준 새 번역).

그런데 본 절의 "예레미야도 잡혀 사슬로 결박되어 가다가 라마에서" 라는 본문이 39:14("그가 백성 가운데에 사니라")라는 말씀과의 조화가 문제가 된다는 것이다. 그래서 1) 혹자는 본 절이 앞선다는 견해를 말한다. 즉, "예레미야는 다른 백성과 함께 라마까지 끌려갔다가 석방되어 돌아와서 백성 가운데에 살고 있다"고 보는 견해를 말한다(Cheyne). 2) 혹자는 39:14이 앞서고 오늘 우리 본문이 뒤에 선다고 보는 견해다. 즉, "예레미야는 바벨론 왕의 우대로 시위대 뜰에서 석방되고 백성 중에 살다가 다른 백성과 함께 일단 라마까지 간 후에 석방되었다"(K&D, 이상근)는 견해를 발표한 것이다. 이 두 개의 견해 중에 글의 앞뒤 순서로 보아 2)번의 견해를 택해둔다.

"라마"라는 곳은 예루살렘 북쪽 8.5km 지점으로 포로들의 집합소였다.

이곳까지는 예레미야도 함께 끌려왔으나 이곳에서 포로들을 선별하는 현장에서 예레미야는 석방된 것으로 보인다.

본 절의 "말씀이 여호와께로부터 예레미야에게 임하니라"는 구절에서 문제가 되는 것은 여호와께로부터 예레미야에게 임한 말씀이 없다는 것이 문제이다. 해결책으로 1) 예레미야가 받은 말씀이 없어졌거나 다른 부분에 삽입되었을 것이라는 견해(Cheyne, 이상근, 그랜드 종합 주석)인데, 예언의 말씀이 없어졌다는 견해는 바람직하지 못하다. 2) 40-45장의 예언 전체를 지칭한다는 견해(K.&D. Lange), 3) 2절 이하의 사건을 지칭한다는 견해(Thompson, 박윤선, 옥스퍼드 원어 성경 대전, 호크마 주석)이다. 이 세 견해 중에 2)번, 3)번의 견해는 비중이 비슷해서 어느 견해가 옳다고 단정할 수는 없으나 3)번의 견해를 택해둔다.

렘 40:2-3. 사령관이 예레미야를 불러다가 이르되 네 하나님 여호와께서 이 곳에 이 재난을 선포하시더니, 여호와께서 그가 말씀하신 대로 행하셨으니 이는 너희가 여호와께 범죄하고 그의 목소리에 순종하지 아니하였으므로 이제 이루어졌도다 이 일이 너희에게 임한 것이니라.

경호대장 느부사라단이 예레미야를 석방시키면서 한 말이다. 경호대장이 예레미야를 데려다 놓고 다음과 같이 말했다. "그대 예레미야의 하나님이신 여호와께서 이곳에 이런 재앙을 내리시겠다고 선언하시더니, 이제 그대로 하셨소. 여호와께서 말씀하신 그대로 하신 것이오. 유다인들이 여호와께 죄를 짓고 그분의 말씀에 순종하지 않아서, 이런 재앙을 그대들이 불러온 것이오"라고 했다.

경호대장이 어떻게 예레미야가 한 여호와의 말씀을 빈틈없이 외웠을까. 아마도 예레미야가 유다인들에게 여러 번 말한 것이니 경호대장 느부사라단의 귀에도 그대로 들어갔을 것으로 보인다.

렘 40:4. 보라 내가 오늘 네 손의 사슬을 풀어 너를 풀어 주노니 만일

네가 나와 함께 바벨론으로 가는 것을 좋게 여기거든 가자 내가 너를 선대하리라 만일 나와 함께 바벨론으로 가는 것을 좋지 않게 여기거든 그만 두라 보라 온 땅이 네 앞에 있나니 네가 좋게 여기는 대로 옳게 여기는 곳으로 갈지니라 하니라.

본 절은 경호대장 느부사라단이 예레미야에게 마음대로 할 수 있는 자유를 선언하는 말이다. 즉, "그러나 이제 보시오. 내가 지금 그대의 두 팔에 채워진 수갑을 풀어 주겠소. 그대가 만일 나와 함께 바벨론으로 가는 것을 좋게 여기면 함께 갑시다. 내가 그대를 보살펴 주겠소. 그러나 나와 함께 바벨론으로 가는 것을 좋게 여기지 않으면, 가지 않아도 괜찮소. 이 땅 어디든지, 그대가 보기에 적당하고 마음에 드는 곳이 있으면, 그 곳으로 가시오"라고 말하는 것이었다.

예레미야는 바벨론으로 가서 우대를 받을 수도 있었지만, 그는 자기 민족을 택하여 그다랴에게로 가기를 원했다. 참으로 민족을 사랑하는 애국자였다.

렘 40:5. 예레미야가 아직 돌이키기 전에 그가 다시 이르되 너는 바벨론의 왕이 유다 성읍들을 맡도록 세운 사반의 손자 아히감의 아들 그다랴에게로 돌아가서 그와 함께 백성 가운데 살거나 네가 옳게 여기는 곳으로 가거나 할지니라 하고 그 사령관이 그에게 양식과 선물을 주어 보내매.

예레미야가 아직 돌아가려고 하지 않으니까, 경호대장 느부사라단은 예레미야에게 계속 말을 이어갔다. "그대 예레미야가 이곳에 머물기를 원하면, 사반의 손자요 아히감의 아들인 그다랴(39:14)에게로 돌아가서 그와 함께 동족과 더불어 사시오. 그는 바벨론 왕께서 유다 땅의 총독으로 세우신 사람이오. 혹 그것도 싫으면, 어디든지, 그대가 보기에 적당한 곳으로 찾아가시오"라고 말한 것이다. 이렇게 두 가지를 말하면서, 경호대장은 예레미야에게 길에서 먹을 양식과 선물(일용품)을 주어서 보냈다. 여호와 하나님은 예레미야에게 느부사라단을 통하여 큰 선물을 주셨다(1:8, 19; 15:20-21).

렘 40:6. 예레미야가 미스바로 가서 아히감의 아들 그다랴에게로 나아가서 그 땅에 남아 있는 백성 가운데 그와 함께 사니라.

예레미야는 미스바로 가서 아히감의 아들 그다랴를 찾아가 그다랴와 그 땅에 남아 있는 동족과 함께 살았다. 예레미야는 모세가 고난을 택했던 것처럼 하나님의 백성과 함께 고난 받기를 선택했다(히 11:25-26).

본 절의 "미스바"란 곳은 베냐민 땅이었고, 예루살렘 서북쪽 7km 지점에 있는 고원 지대로 정치와 종교의 중심지였으며, 특히 사무엘이 백성을 다스렸던 곳이다(삿 20:1-3; 삼상 7:15-16; 10:17).

2. 그다랴가 유다 패잔병에게 바벨론을 섬기라 권하다(40:7-12)

7-12절은 바벨론 왕이 그다랴를 유다의 총독으로 세웠다는 진술이다. 여기 저기 흩어져 있던 군대 장관들과 또 인근 나라들로 도피해 있던 유다 백성들이 그다랴에게 모여들면서 국가 재건에 서광이 비쳐졌다는 진술이다.

<유다 총독 그다랴(왕하 25:22-24)>

렘 40:7. 들에 있는 모든 지휘관과 그 부하들이 바벨론의 왕이 아히감의 아들 그다랴에게 그 땅을 맡기고 남녀와 유아와 바벨론으로 잡혀가지 아니한 빈민을 그에게 위임하였다 함을 듣고.

본 절은 들판에서 부하들과 함께 있는 모든 군 지휘관들은 바벨론 왕이 아히감의 아들 그다랴를 이 땅의 총독으로 삼고(39:10), 남자와 여자와 어린 아이들뿐 아니라, 그 땅의 빈민 가운데서 바벨론으로 끌려가지 않은 사람들을 그에게 맡겼다는 소식을 들었다.

그다랴의 조부 사반은 요시야 왕의 종교개혁을 도운 큰 정치인이었고(왕하 22:9), 그다랴의 부친 아히감은 예레미야를 위기에서 구출한 의인이었다(26:24). 그리고 그다랴 자신은 돈독한 신앙과 고결하고도 관대한 인격의 소유자로 희귀한 큰 정치가로 바벨론과 유다의 남은 백성 사이를 잘 조정하여 국가 재건의 서광을 비친 사람이었다(이상근).

렘 40:8. 그들 곧 느다냐의 아들 이스마엘과 가레아의 두 아들 요하난과 요나단과 단후멧의 아들 스라야와 느도바 사람 에배의 아들들과 마아가 사람의 아들 여사냐와 그들의 사람들이 미스바로 가서 그다랴에게 이르니.

본 절은 그다랴에게 모여온 "들에 있는 군대 장관들"(전절)을 진술한 것이다. 본 절과 병행구인 왕하 25:23에는 "요나단"의 이름이 없다. 그리고 본 절의 "이스마엘"은 왕족으로 그다랴를 암살하여 국운을 망친 악한 자였다(41:1-3). "요나단"은 이스마엘의 흉계를 고했고(40:15), 그다랴를 암살한 후로는 이스마엘을 추격했다(41:11). 후일에는 남은 백성을 이끌고 애굽으로 이주했다(43:1-7). 아마도 "요나단"은 그의 형제 요하난과 함께 행동했을 것이다. 그리고 "느도바"는 베들레헴의 서쪽 지역에 있고, 엘라 계곡의 입구에 있다(스 2:21; 느 7:26; 대상 2:54). 그리고 "마아가"는 수리아 지방에 있고, 헬몬산 부근에 있으며(삼하 10:6), "여사냐"는 42:1의 인물과는 별개의 인물이다. 본 절의 "그들의 사람들"이란 말은 위에 기록된 군대 장관들의 부하들이다(박윤선, 이상근).

렘 40:9. 사반의 손자 아히감의 아들 그다랴가 그들과 그들의 사람들에게 맹세하며 이르되 너희는 갈대아 사람을 섬기기를 두려워하지 말고 이 땅에 살면서 바벨론의 왕을 섬기라 그리하면 너희에게 유익하리라.

사반의 손자요 아히감의 아들인 그다랴가 지휘관들과 그들의 부하들에게 이렇게 맹세하였다. "여러분들은 바벨론 사람 섬기는 것을 두려워하지 마시오. 여러분은 이 땅에 살면서 바벨론 왕을 섬기시오. 그러면 모든 일이 다 잘될 것이오."라고 말해 주었다. 본 절의 그다랴의 말은 예레미야의 예언과 일치한다(38:17, 20). 분명히 그다랴는 예레미야의 예언을 신임했고, 예레미야를 존경한 것으로 보인다. 그러나 당시 친애굽파 인사들은 무조건 바벨론에 항거하는 것을 애국으로 선동했으며, 따라서 예레미야를 매국노처럼 대우했다. 아마도 그다랴의 정견이 예레미야와 똑같은 노선인 것을 알고, 이스마엘 등은 그다랴에게 살의(殺意)를 품었을 것으로 보인다.

렘 40:10. 보라 나는 미스바에 살면서 우리에게로 오는 갈대아 사람을 섬기리니 너희는 포도주와 여름 과일과 기름을 모아 그릇에 저장하고 너희가 얻은 성읍들에 살라 하니라.

본 절은 그 땅 총독으로 세움 받은 그다랴는 계속해서 미스바에 살면서 그곳에 찾아오는 바벨론의 군대 장관이나 고관들을 섬기겠다는 것이었다. 그다랴는 바벨론과 유다 백성 사이를 잘 조정하고, 백성들에게 유익하도록 그들을 설득해갔다. 그다랴는 "너희는 포도주와 여름 과일과 기름을 모아 그릇에 저장하고 너희가 얻은 성읍들에 살라."고 설득했다.

렘 40:11. 모압과 암몬 자손 중과 에돔과 모든 지방에 있는 유다 사람도 바벨론의 왕이 유다에 사람을 남겨 둔 것과 사반의 손자 아히감의 아들 그다랴를 그들을 위하여 세웠다 함을 듣고.

모압 자손들(롯의 자손들)과 암몬 자손들(롯의 자손들)과 에돔 자손들(에서의 자손들)과 그밖에 여러 나라에 흩어져 있는 모든 유다 사람들노 바벨론 왕이 유다 땅에 사람들을 남겨 두었으며, 사반의 손자요 아히감의 아들인 그다랴를 그들의 총독으로 세워 두었다는 소문을 듣고 유다 땅으로 돌아왔다는 것이다.

렘 40:12. 그 모든 유다 사람이 쫓겨났던 각처에서 돌아와 유다 땅 미스바에 사는 그다랴에게 이르러 포도주와 여름 과일을 심히 많이 모으니라.

그래서 여기저기 흩어져 있던 유다 사람들도, 모두 자기들이 살던 곳에서 돌아와서, 유다 땅 미스바의 그다랴에게로 몰려들었다. 그리고 그들은 포도주와 여름 과일을 아주 많이 모았다. 그다랴를 중심으로 한 유다 사람들은 잘 되어가고 있었다. 그런데 2개월 후, 중요한 역할을 담당했던 지도자 그다랴가 암살당한다.

3. 요하난이 그다랴에 대한 이스마엘의 살해 음모를 고발하다(40:13-16)

이스마엘이 그다랴를 암살하려 한다는 것을 요하난이 고했고, 요하난이 이스마엘을 죽이겠다고 했으나 그다랴 총독은 그 말을 막고 허락하지 않았다.

<그다랴 총독을 죽이다(왕하 25:25-26)>

렘 40:13. 가레아의 아들 요하난과 들에 있던 모든 군 지휘관들이 미스바에 사는 그다랴에게 이르러.

그런데 가레아의 아들 요하난을 비롯하여 들판에 있던 그의 동료 군 지휘관들(8절 참조)이 이스마엘이 그다랴를 죽이려는 음모를 꾸민다는 소문을 듣고 이를 그다랴에게 알리기 위해 모두 미스바의 그다랴에게 모여들었다.

렘 40:14. 그에게 이르되 암몬 자손의 왕 바알리스가 네 생명을 빼앗으려 하여 느다냐의 아들 이스마엘을 보낸 줄 네가 아느냐 하되 아히감의 아들 그다랴가 믿지 아니한지라.

본 절은 요나단이 암몬 왕과 이스마엘이 공모하여 그다랴를 암살하려는 음모를 사전에 감지하고 고발하는 내용이다. 즉, 그다랴에게 이렇게 말하기를, "암몬 사람의 왕 바알리스가 총독님의 목숨을 빼앗으려고 느다냐의 아들 이스마엘을 보냈다는 사실을 총독님은 모르십니까?"라고 했다. 그러나 아히감의 아들 총독 그다랴는 그들의 말을 믿지 않았다.

암몬은 오랫동안 유다와 적대 관계였기 때문에(삼상 11장; 삼하 10-12장; 대하 26:8) 유다 나라가 재건되는 것을 원하지 않았을 것이다. 게다가 이스마엘은 왕족으로서(41:1), 단지 귀족의 자손에 불과한 그다랴가 유다의 총독으로 뽑힌 것에 불만을 품었을 것이다. 그런고로 암몬 왕과 뜻이 맞은 이스마엘은 그다랴의 암살을 도모하게 된 것이다. 총독 그다랴는 불행히도 요하난의 말을 믿지 않고 묵살함으로써 돌이킬 수 없는 운명을 맞이하게 되었다.

우리가 세상에 사는 동안에는 세상인심 돌아가는 것을 잘 알기 위하여 그리스도를 철저히 의지해야 할 것이다. 그리스도를 의지할 때 그리스도는 우리의 방패가 되어 주신다.

렘 40:15. 가레아의 아들 요하난이 미스바에서 그다랴에게 비밀히 말하여 이르되 청하노니 내가 가서 사람이 모르게 느다냐의 아들 이스마엘을 죽이게 하라 어찌하여 그가 네 생명을 빼앗게 하여 네게 모인 모든 유다 사람을 흩어지게 하며 유다의 남은 자로 멸망을 당하게 하랴 하니라.

본 절은 요하난이 총독 그다랴에게 이스마엘의 암살 음모를 밝히면서 자신이 그를 죽여 버리는 것을 허락해 달라고 요청하는 내용이다. 즉, 그 뒤에 가레아의 아들 요하난은 미스바에서 그다랴에게 은밀하게 이렇게 말하는 것이었다. "제가 아무도 모르게 가서 느다냐의 아들 이스마엘을 죽이겠으니 허락해 주십시오. 이스마엘이 총독님을 살해하면 지금 총독님 곁으로 모여들고 있는 모든 유다 사람이 다시 흩어지게 되고, 현재 이렇게 살아남은 유다 사람들마저 멸망하고 말 것이니까요."라고 말했다.

렘 40:16. 그러나 아히감의 아들 그다랴가 가레아의 아들 요하난에게 이르되 네가 이 일을 행하지 말 것이니라 네가 이스마엘에 대하여 한 말은 진정이 아니니라 하니라.

그러나 아히감의 아들 총독 그다랴는 가레아의 아들 요하난에게 이렇게 대답한다. "그대가 그런 일을 해서는 안 되오. 그대가 이스마엘에 대하여 한 말은 사실일 리(理)가 없소."라고 했다.

우리가 유다 총독 그다랴처럼 세상에서 위험한 일을 당하지 않기 위해서는 그리스도께 우리의 신변을 맡겨야 할 것이다. 우리의 신변을 그리스도에게 맡기면 그리스도께서 놀랍게 지켜주신다. 눈동자처럼 지켜주시라고 기도하는 것이 최선의 기도이다.

제 41 장

4. 이스마엘이 반란을 일으키다(41:1-10)

1-3절은 이스마엘이 그다랴를 죽이는 내용이고, 4-10절은 이스마엘 일당이 순례자 70명을 죽이는 내용이다.

렘 41:1. 일곱째 달에 왕의 종친 엘리사마의 손자요 느다냐의 아들로서 왕의 장관인 이스마엘이 열 사람과 함께 미스바로 가서 아히감의 아들 그다랴에게 이르러 미스바에서 함께 떡을 먹다가.

예루살렘이 함락된 후 3개월, 즉 그다랴가 총독이 된 후 2개월(왕하 25:3, 8), 그리고 그 해 일곱째 달이 되었을 때에 엘리사마의 손자이며 느다냐의 아들로서, 왕족이며 왕의 종친(왕의 자손)이기도 한 이스마엘이 부하 열 사람과 함께 아히감의 아들 그다랴를 만나러 미스바로 갔다. 그리고는 그들은 미스바에서 그다랴와 함께 식사를 했다.

"함께 떡을 먹었다"는 말은 그다랴가 이스마엘과 그의 일행을 초대하여 식탁을 베푼 것이다. 이스마엘은 그다랴의 식사 대접을 받으면서 그를 죽이는 아주 악한 행동을 한 것이다(시 41:9).

렘 41:2. 느다냐의 아들 이스마엘과 그와 함께 있던 열 사람이 일어나서 바벨론의 왕의 그 땅을 위임했던 사반의 손자 아히감의 아들 그다랴를 칼로 쳐죽였고.

느다냐의 아들 이스마엘이 자기가 데리고 온 부하 열 명과 함께 일어나서 바벨론 왕이 그 땅의 총독으로 세운 사반의 손자이며, 아히감의 아들인 그다랴를 칼로 쳐 죽였다.

그다랴는 이스마엘을 아주 신임하고 있었으니, 이스마엘 일당은 아주 쉽게 그다랴를 죽일 수 있었을 것이다. 이스마엘과 그의 일당은 그들을 아주 신뢰하고 있던 그다랴에 대한 배신행위를 한 것이고, 그다랴를 총독으로 세운 바벨론에 대한 반역을 한 것이며, 그다랴를 중심으로 모인 백성들, 즉 계속된 혼란 속에 이제 겨우 안정을 되찾아가던 유다 백성들을 위기에 빠뜨린 행동을 한 것이다. 귀환 후의 유대인들은 그다랴의 죽음을 슬퍼해서 7월 3일을 금식일로 정했다(슥 8:9).

렘 41:3. 이스마엘이 또 미스바에서 그다랴와 함께 있던 모든 유다 사람과 거기에 있는 갈대아 군사를 죽였더라.

이스마엘은 그다랴만 죽인 것이 아니라, 미스바에서 그다랴와 함께 있던 모든 유다 사람(이 사람들은 10절의 유다인을 제외한 사람들이다)과 거기에 있던 갈대아 군사(그다랴의 경호 군인들)도 죽였다. 이제 이스마엘 일당이 반바벨론파인 것이 더욱 분명해졌다.

렘 41:4. 그가 그다랴를 죽인 지 이틀이 되었어도 이를 아는 사람이 없었더라.

그다랴가 살해된 이튿날까지도 그의 죽음을 아무도 알지 못했다는 것이다. 이렇게 일이 탄로되지 않았던 이유는 그다랴를 죽이는 일을 철저히 비밀리에 행했기 때문이다. 이스마엘은 그다랴의 측근까지 모두 살해함으로써 그의 반역적 행동을 철저하게 은폐한 것이었다. 이러한 반역 행위를 은폐하려는 그의 계획은 70인의 순례자를 살해하는 것으로까지 비화되었다(5-10절).

렘 41:5. 그 때에 사람 팔십 명이 자기들의 수염을 깎고 옷을 찢고 몸에 상처를 내고 손에 소제물과 유향을 가지고 세겜과 실로와 사마리아로부터 와서 여호와의 성전으로 나아가려 한지라.

본 절에서 80명의 사람들은 예루살렘의 함락과 예루살렘 성전의 소실을 애도하기 위해 나아온 순례자들이었다(신 12:5-6). 이들 80명의 동작은 슬픔을 표시하는 행위였다(스 9:3). 그러나 이들이 "수염을 깎고, 몸에 상처를 내는 것"은 율법에 금지된 일이었다(레 19:27-28; 신 14:1). 이들은 여호와께 드릴 "소제물과 유향"을 준비하여 왔다.

"세겜과 실로와 사마리아"는 모두 멸망하기 이전의 북 왕국 이스라엘의 주요 성읍들이다. 이는 본 절의 순례자들이 모두 북 왕국 10지파에서 모여든 자들임을 알 수 있다. 이들은 북 왕국이 멸망하고 남 왕국의 영향력이 북 이스라엘의 일부 지역에까지 그 영향력을 미치던 요시야(주전 640-609년) 당시 여호와 신앙을 받아들여 하나님을 섬긴 듯하다(Lange). "세겜"은 예루살렘 북쪽 약 8km 지점에 위치한다. "실로"는 예루살렘 북쪽 30km 지점에 위치한 곳으로 사사 시대 종교의 중심지였다. "사마리아"는 북 왕국 이스라엘의 수도였다.

렘 41:6. 느다냐의 아들 이스마엘이 그들을 영접하러 미스바에서 나와 울면서 가다가 그들을 만나 아히감의 아들 그다랴에게로 가자 하더라.

그런데 느다냐의 아들 이스마엘과 그 일당이 이들 순례자들을 맞으려고 미스바에서 나와서 계속 울면서 가다가 마침내 그들을 만나자, "아히감의 아들 그다랴에게로 갑시다."라고 말했다.

이들 이스마엘 일당과 같은 사람들에게 오늘 우리도 속지 않기 위해서는 계속해서 그리스도를 의지하면서 사는 수밖에 없다. 우리가 그리스도를 의지하면서 살면 절대로 그런 사기꾼들에게 속지 않을 것이다.

렘 41:7. 그들이 성읍 중앙에 이를 때에 느다냐의 아들 이스마엘이 자기와 함께 있던 사람들과 더불어 그들을 죽여 구덩이 가운데에 던지니라.

그 순례자들이 미스바 성 한복판쯤에 들어오니 느다냐의 아들 이스마엘이 자기와 같이 있는 부하들과 함께 그들을 살해하여 물웅덩이(물을 보관하고 있던 웅덩이) 속에 던져 넣었다는 것이다. 이렇게 악한 이스마엘 일당이 그 땅의 남은 백성들을 휩쓸고 있으니, 예레미야의 "나쁜 무화과" 예언(24장)이 그대로 성취되었다고 할 수 있다. 악한 이스마엘과 그의 일당들이 이렇게 사람들을 악하게 죽인 이유는 아마도 순례자들이 그다랴에게 호의적인 사람들이었거나, 아니면 이들을 통해 그다랴의 암살 사건이 백일하에 퍼지는 것을 방지하기 위한 것이었던 것으로 보인다.

렘 41:8. 그 중의 열 사람은 이스마엘에게 이르기를 우리가 밀과 보리와 기름과 꿀을 밭에 감추었으니 우리를 죽이지 말라 하니 그가 그치고 그들을 그의 형제와 마찬가지로 죽이지 아니하였더라.

그런데 그들 80명 가운데 10사람이 이스마엘에게 애걸하였다. 즉, 그들은 "우리가 밀과 보리와 기름과 꿀을 밭에 숨겨 두었으니 제발 살려 주십시오."라고 애원했다. 그래서 이스마엘이 그들을 일행과 함께 죽이지 않고 살려 주었다. 80명 중 70명은 죽임을 당하고, 10명은 이스마엘에게 뇌물을 주고 죽임을 면하게 되었다. 이스마엘 일당은 물욕도 있었던 것으로 보인다.

렘 41:9. 이스마엘이 그다랴에게 속한 사람들을 죽이고 그 시체를 던진 구덩이는 아사 왕이 이스라엘의 바아사 왕을 두려워하여 팠던 것이라 느다냐의 아들 이스마엘이 그가 쳐죽인 사람들의 시체를 거기에 채우고.

본 절은 이스마엘 일당이 사람들을 죽이고 던져 넣는 구덩이의 정체에 대해 말한다. 즉, 이스마엘이 사람들을 쳐서 죽이고 그 시체를 모두 던져 넣은 물웅덩이는, 아사 왕이 이스라엘 왕 바아사를 저지하려고 파 놓은 물웅덩이였는데, 느다냐의 아들 이스마엘이 그 곳을 시체로 가득 채웠다는 것이다. 이 구덩이는 성이 포위되었을 때를 대비하여 파 놓은 것으로 70명의 시체를 넉넉히 넣을 수 있었던 것이다(38:6).

렘 41:10. 미스바에 남아 있는 왕의 딸들과 모든 백성 곧 사령관 느부사라단이 아히감의 아들 그다랴에게 위임하였던 바 미스바에 남아 있는 모든

백성을 이스마엘이 사로잡되 곧 느다냐의 아들 이스마엘이 그들을 사로잡고 암몬 자손에게로 가려고 떠나니라.

이스마엘이 총독에 직속된 유다인들은 이틀 전에 이미 살해했고, 이제는 이스마엘이 미스바에 남아 있는 모든 백성과 공주들(시드기야 왕의 딸들과 그 외 왕족의 딸들)을 포로로 사로잡았다. 그들은 모두 근위대장 느부사라단이 아히감의 아들 그다랴에게 맡겨 놓은, 미스바에 남아 있는 백성들이었다. 그런데 느다냐의 아들 이스마엘은 그들을 포로로 사로잡아서 암몬 자손(롯의 둘째 딸의 후손들이다)에게로 떠나갔다.

이 암몬 족속은 이스라엘의 숙적으로서 이스라엘을 항상 침략했다(삿 3:13; 10:6, 9, 18; 삼상 11:1-11; 삼하 10-12장; 대상 19장; 20:1-3; 대하 20:1-30; 왕하 24:2; 25:25). 본 절에서도 역시 암몬과 합세한 이스마엘의 운동이 총독 그다랴를 통한 하나님의 사역을 크게 방해했다는 것을 지적한다.

5. 요하난이 이스마엘을 치려고 일어나다(41:11-18)

렘 41:11. 가레아의 아들 요하난과 그와 함께 있는 모든 군 지휘관이 느다냐의 아들 이스마엘이 행한 모든 악을 듣고.

가레아의 아들 요하난과 그와 함께 있는 모든 군대 장관이 느다냐의 아들 이스마엘이 저지른 모든 범죄 소식을 전하여 들었다. 완전 범죄란 세상에 없다. 왜냐하면 하나님께서 반드시 드러내 주시기 때문이다.

렘 41:12. 모든 사람을 데리고 느다냐의 아들 이스마엘과 싸우러 가다가 기브온 큰 물 가에서 그를 만나매.

요하난이 그와 함께 있는 모든 군대 장관과 함께 모든 부하들을 다 거느리고 느다냐의 아들 이스마엘을 치기 위해 뒤쫓아 갔다. 요하난 일행은 기브온에 있는 큰 못 근처에서 이스마엘을 만났다.

여기 '기브온'은 미스바 서남쪽 5km 지점에 위치해 있다. 이곳의 "큰 물 가"는 작은 호수 정도의 크기로 요압 군대와 아브넬 군대가 혈투를 벌인 곳이었다(삼하 2:13). 요하난과 그의 추격군은 이곳 못 가에서 이스마엘을 만났다.

렘 41:13. 이스마엘과 함께 있던 모든 백성이 가레아의 아들 요하난과 그와 함께 있던 모든 군 지휘관을 보고 기뻐한지라.

이스마엘에게 끌려가다시피 하던 모든 사람들이 공포 속에서 불안에 떨다가 가레아의 아들 요하난과 그와 함께 온 모든 원군(援軍) 지휘관들을 보고 아주 기뻐하였다.

오늘 우리는 공포 속에서 불안에 떨면서 살 필요가 없다. 우리의 구주되시는 예수 그리스도께 호소하면 풀어주시고 해방시켜주시며 기쁨을 주신다.

렘 41:14. 이에 미스바에서 이스마엘이 사로잡은 그 모든 백성이 돌이켜 가레아의 아들 요하난에게로 돌아가니.

그러므로 미스바 호숫가에서 이스마엘에 사로 잡혀 불안에 떨고 있던 모든 백성이 갑자기 돌이켜 가레아의 아들 요하난 편으로 돌아갔다.

사람들은 세상에 살면서 이스마엘 같은 살인마와 동행할 필요가 없다. 탈출할 기회를 타서 탈출하거나 아니면 그리스도께 구하여 자유를 얻어 살아야 한다.

렘 41:15. 느다냐의 아들 이스마엘이 여덟 사람과 함께 요하난을 피하여 암몬 자손에게로 가니라.

그러나(but) 느다냐의 아들 이스마엘은 부하 여덟 명과 함께 요하난 앞에서 도주하여 암몬 사람에게로 넘어갔다. 이스마엘은 원래 10사람과 함께 있었다(1절). 그러나 미스바 호숫가에서 이스마엘이 느슨한 틈을 타서 요하난 쪽으로 올 때 두 사람이 요하난 쪽으로 합류해서 본 절에서는 이스마엘 쪽에 8명만 남은 것으로 진술되었다. 결국 이스마엘이 패잔병이 된 셈이다.

렘 41:16. 가레아의 아들 요하난과 그와 함께 있던 모든 군 지휘관이 느다냐의 아들 이스마엘이 아히감의 아들 그다랴를 죽이고 미스바에서 잡아간 모든 남은 백성 곧 군사와 여자와 유아와 내시를 기브온에서 빼앗아 가지고 돌아와서.

본 절은 요하난 일당이 이스마엘을 죽이는 데는 실패했으나 그들이 잡아간 모든 남은 백성들(군사와 여자와 유아와 내시)을 기브온에서 빼앗아 가지고 돌아온 일을 진술하고 있다. 이들 중에는 예레미야와 바룩도 있었던 것으로 보인다.

렘 41:17. 애굽으로 가려고 떠나 베들레헴 근처에 있는 게롯김함에 머물렀으니.

요하난 일당(모든 지휘관 포함)이 미스바로 돌아가지 않고, 베들레헴 근처에 있는 게롯김함에 와서 머문 이유는 이곳에서 애굽으로 가려고 했기 때문이다. 여기 "베들레헴"은 예루살렘을 중심으로 보아 남방 8km 지점의 고원 성읍이고, "게롯김함"은 '김함의 거처'란 뜻의 장소이다. "김함"이란 사람은 피난 중의 다윗 왕을 선대한 길르앗 사람 바실래의 아들이었다. 다윗은 바실래의 선대에 보답하기 위해 그의 아들 김함을 피난 중의 귀로에 데리고 왔다(삼하 19:37-40). 아마 다윗이 이 부근 땅을 그에게 주어 살게 했을 것이다(이상근).

렘 41:18. 이는 느다냐의 아들 이스마엘이 바벨론의 왕이 그 땅을 위임한 아히감의 아들 그다랴를 죽였으므로 그들이 갈대아 사람을 두려워함이었더라.

여기 문장 초두의 "이는"(because)이란 말은 이유를 말하는 접속사로 요하난 일당이 애굽으로 가려고 떠나 베들레헴 근처에 있는 게롯김함에 머무른 이유를 말하고 있다. 즉, 바벨론 왕이 아히감의 아들 그다랴를 그 땅의 총독으로 세워 놓았는데, 느다냐의 아들 이스마엘이 그를 죽였기 때문에, 그들은 바벨론 사람들이 두려웠을 것이다.

유다 민족의 말로(末路)는 예레미야의 예언대로(24장) 그 남은 백성까지도 더욱 불행해지는 비참으로 떨어지고 말았다. 선한 지도자 그다랴는 암살되었고, 이스마엘은 남은 백성을 모조리 살해해 버렸으며, 요하난도 결국은 하나님을 배반하고 말았다. 하나님을 반역한 민족은 모두 이렇게 비참하게 된다.

제 42 장

6. 요하난파(派)가 예레미야에게 하나님의 뜻을 알기 원함(42:1-6)

<백성이 예레미야에게 기도를 간구하다>

렘 42:1. 이에 모든 군대의 지휘관과 가레아의 아들 요하난과 호사야의 아들 여사냐와 백성의 낮은 자로부터 높은 자까지 다 나아와.

본 절 초두의 "이에"(then)란 말은 '그 다음으로'란 뜻으로 '그 다음으로 나머지 백성의 명단'을 열거한다는 뜻이다. 그 다음으로 나머지 백성의 명단으로는 모든 군 지휘관들(40:8)과 가레아의 아들 요하난과 호사야의 아들 여사냐(43:2에는 "아사야"로 기록되어 있다)와 가장 낮은 사람으로부터 가장 높은 사람에 이르기까지 온 백성이 예레미야에게 모여 와서 여호와께 중보의 기도를 드려달라는 청원을 했다는 것이다.

렘 42:2. 선지자 예레미야에게 이르되 당신은 우리의 탄원을 듣고 이 남아 있는 모든 자를 위하여 당신의 하나님 여호와께 기도해 주소서 당신이 보는 바와 같이 우리는 많은 사람 중에서 남은 적은 무리이니.

"선지자께서는 부디 우리의 간구를 받아 주시고 여기에 남아 있는 우리 모두를 위하여 선지자님의 하나님이신 여호와께 기도를 드려 주십시오. 선지자께서 지금 보시는 바와 같이 우리는 많은 사람 가운데서 이제 우리만 겨우 남아 있을 뿐입니다."라고 말하는 것이었다.

많은 사람은 바벨론으로 잡혀갔고, 또 그 후에도 많은 사람이 죽어 우리가 유다 땅에 있지 못하고 이곳으로 와 있으니 우리를 위하여 기도해 달라는 것이었다. 그러나 이들이 유다 땅에 머물지 않고, 여기에 와서 예레미야에게 기도를 부탁한 것은 잘못한 일이었다. 우리는 항상 하나님의 뜻에 어긋나지 않게 살아야 할 것이다.

그리고 이들의 신앙, 즉 예레미야에게 "당신의 하나님"께 기도해달라는 부탁을 하는 신앙은 잘못된 것임을 알 수 있다. 응당 자기들도 하나님을 믿고, 하나님께 직접 기도하는 삶을 살아야 했다. 우리는 하나님을 우리 하나님으로 믿고, 기도를 드려야 할 것이다.

렘 42:3. 당신의 하나님 여호와께서 우리가 마땅히 갈 길과 할 일을 보이시기를 원하나이다.

"그러니 선지자의 하나님이신 여호와께서 우리가 가야 할 길과 우리가 해야 할 일을 우리에게 알려 주시도록 기도해주십시오."라고 부탁한다. 유다 땅에 머물러야 할 것인지 애굽 땅으로 이주해야 할 것인지 알려주시라는 것이었다.

렘 42:4. 선지자 예레미야가 그들에게 이르되 내가 너희 말을 들었은즉 너희 말대로 너희 하나님 여호와께 기도하고 무릇 여호와께서 너희에게 응답하시는 것을 숨김이 없이 너희에게 말하리라.

예언자 예레미야가 그들에게 대답하기를, "내가 잘 알아들었습니다. 여러분의 간청대로 내가 여러분의 하나님이신 여호와께 기도를 드리고, 여호와께서 응답하시는 것을 아무것도 숨기지 않고, 모두 여러분에게 알려 드리겠습니다."라고 말한다.

여기서 특기할 것은 백성들은 예레미야에게 "당신의 하나님 여호와"께 기도를 부탁한다고 했는데(3절), 예레미야는 본 절에서 "너희 하나님 여호와께 기도하겠다"고 말하는 것이다. 예레미야는 여호와 하나님께서 바로 이 백성들의 하나님도 되신다는 것을 의도적으로 강조하여 말한 것이다. 비록 이들이 하나님을 잘 공경하지는 못한다고 해도 하나님은 언약의 하나님이신 것을 밝혀둔다.

그리고 또 한 가지 특기할 사항은 "여호와께서 너희에게 응답하시는 것을 숨김없이 너희에게 말하리라."고 말한 것인데, 예레미야의 이 말은 그들의 뒷말을 막는 방패와 같은 역할을 하는 말인 것이다.

렘 42:5. 그들이 예레미야에게 이르되 우리가 당신의 하나님 여호와께서 당신을 보내사 우리에게 이르시는 모든 말씀대로 행하리이다 여호와께서는 우리 가운데에 진실하고 성실한 증인이 되시옵소서.

그들이 예레미야에게 이르기를, "여호와께서 우리 가운데 진실하고 신실한 증인이심을 알고, 우리는 정말로 선지자님의 하나님이신 여호와께서 선지자님을 보내셔서 우리에게 전하여 주시는 말씀대로 반드시 행동할 것입니다."라고 했다.

백성들은 "여호와께서 당신을 보내사 우리에게 이르시는 모든 말씀대로 행하리이다."라는 뜻의 말을 본 절에서도 말하고, 또 다음 절에서도 말했지만, 백성들은 너무 쉽게 이 맹세를 저버렸다(43:2). 약속해 놓고 어기는 자가 아주 많은 것을 볼 수 있다.

"여호와께서는 우리 가운데에 진실하고 성실한 증인이 되시옵소서."라고 서약한 것은 여호와를 증인으로 알고 서약한다는 뜻이다. 서약을 한다는 것은 그 말을 그대로 지키지 않을 경우 벌을 받겠다는 것을 의미한다. 따라서 함부로 서약하는 것은 진실하지 않은 태도이다.

렘 42:6. 우리가 당신을 우리 하나님 여호와께 보냄은 그의 목소리가 우리에게 좋든지 좋지 않든지를 막론하고 순종하려 함이라 우리가 우리 하나님 여호와의 목소리를 순종하면 우리에게 복이 있으리이다 하니라.

이들은 "우리 백성들이 당신(선지자)을 여호와 우리의 하나님께 보내어 기도하라고 하는 것은 여호와의 응답이 좋든지 나쁘든지 간에 우리가 그 말씀에 순종하려 하기 위함입니다. 여호와 우리 하나님의 말씀에 순종하면 우리가 복을 받을 것이라고 믿습니다."라고 말한다.

본 절의 "우리가 당신을 우리 하나님 여호와께 보낸다."는 말은 "우리가 당신 예레미야로 하여금 여호와께 대신 기도하도록 부탁한다."는 뜻이다. 백성들 자신들도 여호와께 기도하면서 예레미야에게 대표 기도를 부탁하는 것은 좋은 일이지만, 자기들은 기도하지 않으면서 대신 기도를 부탁하는 일은 오늘도 많이 있다. 이런 사람들은 여호와의 응답이 실제로 와도 순종은 없다.

그리고 이들이 "그의 목소리가 우리에게 좋든지 좋지 않든지를 막론하고 순종한다."고 했는데, 사실 여호와의 좋지 않은 목소리는 없다. 왜냐하면 여호와의 응답은 항상 좋은 법이기 때문이다. 따라서 어떤 내용이 담긴 응답이라도 우리에게는 복이 되는 것임을 알아야 한다.

그리고 그들은 "우리가 우리 하나님 여호와의 목소리를 순종하면 우리에게 복이 있으리이다."라고 말했으면서도 여호와의 목소리를 순종하지 않았다(43:2). 오늘 우리는 주님의 어떤 음성이라도 순종해야 할 것이다.

7. 예레미야가 요하난파에게 애굽으로 가지 말라 하다(42:7-18)

<여호와의 말씀>

렘 42:7. 십일 후에 여호와의 말씀이 예레미야에게 임하니.

백성들이 예레미야를 통해 하나님께 부탁한 기도의 응답이 기도 시작 후 10일이 지난 뒤에 예레미야에게 있었다는 것이다. 왜 이렇게 오랜 시간이 걸렸느냐는 문제가 있다. 1) 예레미야 자신이 자신의 생각을 버리고 기도하면서 여호와의 응답을 기다리기 위해 오랜 시간이 필요했다는 견해(Hitzig, Hyatt, 이상근), 2) 백성들 때문에 오랜 시간이 필요했다는 견해(K.&D., 박윤선, 그랜드 종합 주석)로서, 백성들을 모두 모으고, 냉정하게 여호와의 계시를 듣도록 하는데 시일이 필요했다고 보는 것이다(K.&D.). 그 때에 해외로 도피하려고 서두르는 민중에 대한 하나님의 적절한 처사였다. 하나님은 그들이 애굽으로 가지 않고 유다 땅에 머물러 살기를 원하신 것이다.

그들에게 필요한 것은 침착한 마음으로 하나님의 지시를 순종하는 일이다. 그들은 자꾸만 어디로 가려고만 애쓸 것이 아니라 기다릴 줄 알아야만 될 것이었다(박윤선). 두 개의 견해 중에 2)번의 견해가 더 타당하다.

렘 42:8-9. 그가 가레아의 아들 요하난과 그와 함께 있는 모든 군 지휘관과 백성의 낮은 자로부터 높은 자까지 다 부르고, 그들에게 이르되 너희가 나를 보내어 너희의 간구를 이스라엘의 하나님 여호와께 드리게 하지 아니하였느냐 그가 이렇게 이르니라.

8-9절은 예레미야가 자신에게 기도를 부탁한 사람들을 다 모으고 말하기를 기도 응답이 왔다는 것을 말한다. 즉, 예레미야가 가레아의 아들 요하난과 그와 함께 있는 모든 군 지휘관들과 온 백성들을 다 부르고, "여러분이 나를 여호와 이스라엘의 하나님께 보내어 여러분의 간구를 전하게 했는데, 여호와 이스라엘의 하나님께서 다음과 같이 말씀하십니다."라고 전한다.

백성들이 함께 들어야 오해가 없을 것이기 때문에 모두를 모아 놓고 기도 응답을 전하는 것이다.

렘 42:10. 너희가 이 땅에 눌러 앉아 산다면 내가 너희를 세우고 헐지 아니하며 너희를 심고 뽑지 아니하리니 이는 내가 너희에게 내린 재난에 대하여 뜻을 돌이킴이라(If you will remain in this land, then I will build you up and not pull you down; I will plant you, and not pluck you up; for I repent of the disaster which(that) I did to you-ESV)**.**

본 절부터 마지막 절까지는 여호와께서 예레미야에게 남은 백성들을 위해 주신 기도 응답의 내용이다. 즉, "너희 유다 백성이 이 유다 땅에 그대로 머물러 살면, 나 여호와가 너희를 허물지 않고 세울 것이며, 내가 너희를 뽑지 않고 심겠다. 나 여호와가 너희에게 재앙을 내렸으나 이제는 내가 뜻을 돌이켰다."고 하신다.

본 절의 "내가 너희를 세우고 헐지 아니하며"란 말씀과 "너희를 심고 뽑지 아니한다."는 말씀은 동의절로서 유다 나라를 세워주시겠다는 뜻의 말씀이다.

그렇게 하시는 이유는 "내가 너희에게 내린 재난에 대하여 뜻을 돌이켰기" 때문이라고 하신다. 즉, '나 여호와가 너희 유다 나라에 내린 재난에 대하여 뜻을 돌이켰기' 때문이라는 것이다.

렘 42:11. 여호와의 말씀이니라 너희는 너희가 두려워하는 바벨론의 왕을 겁내지 말라 내가 너희와 함께 있어 너희를 구원하며 그의 손에서 너희를 건지리니 두려워하지 말라.

본 절은 여호와께서 유다의 남은 백성들에게 바벨론을 두려워하지 말라고 하신다. 즉, "지금 너희 유다가 두려워하고 있는 그 바벨론 왕을 두려워하지 말라. 내가 너희와 함께 있으면서 너희를 구원하여 주고, 그의 손에서 너희를 건져내려고 하니(1:8; 사 43:5), 너희는 바벨론 왕을 두려워하지 말라."고 하신다.

"내가 너희와 함께 있겠다."는 말은 "여호와께서 남은 유다 백성들과 함께 있겠다."는 뜻이다. 우리 인간들에게 이 말씀보다 더 좋은 복은 없는 것이다.

"너희를 구원하며"라는 말과 "그의 손에서 너희를 건지리니"라는 말은 동의절로 '여호와께서 바벨론 왕의 손에서 유다 나라를 구원해주시겠다.'는 뜻이다.

렘 42:12. 내가 너희를 불쌍히 여기리니 그도 너희를 불쌍히 여겨 너희를 너희 본향으로 돌려보내리라 하셨느니라.

본 절도 역시 여호와께서 예레미야를 통하여 유다의 남은 백성들에게 하신 말씀이다. 즉, "나 여호와가 너희 유다 백성들에게 자비를 베풀 것이니, 바벨론 왕도 너희를 불쌍히 여겨서, 너희를 고향 땅으로 되돌려 보내게 하겠다."고 하신다.

본 절의 "내가 너희를 불쌍히 여기리니 그도 너희를 불쌍히 여겨"란 말은 "나 여호와가 너희 유다 나라 백성들을 불쌍히 여길 것이니 바벨론 왕도 너희 유다 나라 백성들을 불쌍히 여기게 할 것"이란 뜻이다. 세상은 모두 하나님의 하시는 뜻대로 되는 것이다.

렘 42:13-14. 그러나 만일 너희가 너희 하나님 여호와의 말씀을 복종하지 아니하고 말하기를 우리는 이 땅에 살지 아니하리라 하며, 또 너희가 말하기를 아니라 우리는 전쟁도 보이지 아니하며 나팔 소리도 들리지 아니하며 양식의 궁핍도 당하지 아니하는 애굽 땅으로 들어가 살리라 하면 잘못되리라.

그런데도 너희가 나 여호와 너희 하나님의 말에 순종하지 아니하고, 이 유다 땅에 머물러 살지 않겠다고 해서 애굽 땅으로 들어가야만 전쟁도 겪지 않고, 비상 나팔 소리도 들리지 않고, 먹을 것이 있어서 굶주리지 않아도 되니, 애굽 땅으로 가서 거기에서 살겠다고 하는도다.

구약은 일찍부터 애굽으로 내려가는 것을 경계하여 왔다(신 17:16; 사 30:2; 31:1 등 참조). 사람 생각은 애굽으로 가서 살면 좋을 것처럼 보이지만, 실제로 하나님은 유다 민족이 애굽으로 가는 것을 특별한 뜻이 있지 않는 한(예:야곱이 애굽의 총리가 된 요셉에게 내려갈 때 등) 원치 않으셨다. 그러므로 유다 민족은 애굽으로 가지 말아야 하는 것이다.

렘 42:15. 그러므로 너희 유다의 남은 자여 이제 여호와의 말씀을 들으라 만군의 여호와 이스라엘의 하나님께서 이와 같이 말씀하시되 너희가 만일 애굽에 들어가서 거기에 살기로 고집하면.

그러므로 여호와께서 말씀하시기를 "유다의 남은 자들이여! 이제 너희는 여호와의 말씀을 들으라."고 신신 당부하신다. 만약 유다 민족이 애굽에 들어가서 살기로 해서 들어가게 되면 다음 절과 같은 비참한 일이 생길 것이라고 경고하신다.

렘 42:16. 너희가 두려워하는 칼이 애굽 땅으로 따라가서 너희에게 미칠 것이요 너희가 두려워하는 기근이 애굽으로 급히 따라가서 너희에게 임하리니 너희가 거기에서 죽을 것이라.

유다 민족이 애굽으로 들어가면 칼이 애굽 땅으로 들어가서 유다 민족에게 미칠 것이고, 또 유다 민족이 두려워하는 굶주림이 생겨서 애굽에서 죽을 것이라고 하신다.

렘 42:17. 무릇 애굽으로 들어가서 거기에 머물러 살기로 고집하는 모든 사람은 이와 같이 되리니 곧 칼과 기근과 전염병에 죽을 것인즉 내가 그들에게 내리는 재난을 벗어나서 남을 자 없으리라.

여호와께서는 유다 민족 중 애굽으로 들어가서 살기로 고집하는 사람은 모두 칼과 기근과 전염병(전란의 결과, 27:13; 35:17)에 죽어서 남을 자가 없을 것이라고 하신다.

렘 42:18. 만군의 여호와 이스라엘의 하나님께서 이와 같이 말씀하시되 나의 노여움과 분을 예루살렘 주민에게 부은 것 같이 너희가 애굽에 이를 때에 나의 분을 너희에게 부으리니 너희가 가증함과 놀램과 저주와 치욕거리가 될 것이라 너희가 다시는 이 땅을 보지 못하리라 하시도다.

본 절도 역시 여호와의 말씀으로 유다 민족이 애굽으로 들어가서 살면 유다 민족이 유다 땅에서 당했던 것처럼 애굽 땅에서 똑같은 일을 당할 것이라고 하신다. 그래서 유다 민족의 남은 자들이 다시는 유다 땅을 볼 수 없을 것이라고 하신다.

8. 예레미야가 요하난파의 외식을 책망하다(42:19-22)

렘 42:19. 유다의 남은 자들아 여호와께서 너희를 두고 하신 말씀에 너희는 애굽으로 가지 말라 하셨고 나도 오늘 너희에게 경고한 것을 너희는

분명히 알라.

본 절은 여호와께서 유다의 남은 자들에게 절대로 애굽으로 가지 말라 하셨고, 예레미야 자신도 유다 민족에게 유다 땅으로 들어가지 말라고 부탁한다.

렘 42:20. 너희가 나를 너희 하나님 여호와께 보내며 이르기를 우리를 위하여 우리 하나님 여호와께 기도하고 우리 하나님 여호와께서 말씀하신 대로 우리에게 전하라 우리가 그대로 행하리라 하여 너희 마음을 속였느니라.

유다의 남은 백성들은 꼭 애굽으로 가려는 결심을 마음속으로 해놓고서 혹시 여호와께서 자기들을 애굽으로 가라고 하실지 모른다는 생각으로 예레미야에게 중보의 기도를 부탁하면서 우리를 위하여 우리 하나님 여호와께 기도하고 우리 하나님 여호와께서 말씀하신 대로 우리에게 전하라 우리가 그대로 행하리라고 말한 것이라는 것이다. 유다 땅에서 살 생각은 아예 하지 않으면서 예레미야에게 중보의 기도를 부탁한 형편이니(5-6절), 자기들 자신을 속인 사람들이라는 것이다.

오늘도 이 땅에는 자기들을 속이면서 사는 사람들이 많이 있다. 속으로는 이미 어떻게 할 것을 스스로 결정해 놓고, 목사 앞에 상담 받으러 오는 사람들이 있는 것을 볼 수 있다. 그런 사람들은 자신의 뜻과 다른 목사의 상담 내용은 전혀 거들떠보지 않고, 결국에는 자기들이 원하는 뜻대로 결정하는 것을 볼 수 있다.

렘 42:21. 너희 하나님 여호와께서 나를 보내사 너희에게 명하신 말씀을 내가 오늘 너희에게 전하였어도 너희가 너희 하나님 여호와의 목소리를 도무지 순종하지 아니하였은즉.

예레미야는 유다의 남은 백성들에게 여호와께서 나(예레미야)에게 말씀하신 것을 내(예레미야)가 오늘 여러분에게 전하였어도 여러분이 여러분의 하나님 여호와의 목소리를 도무지 순종하지 아니하였은즉 결과는 다음 절과 같이 될 것이라는 것이다. 그리고 43:1-3에 나타나고 있다.

렘 42:22. 너희가 가서 머물려고 하는 곳에서 칼과 기근과 전염병에 죽을 줄 분명히 알지니라.

예레미야는 당신들(유다의 남은 백성들)이 가서 살려고 가는 애굽에서 칼과 기근과 전염병에 걸려서 죽을 줄 분명히 알라(17절)고 말해준다.

제 43 장

9. 요하난이 부하들을 거느리고 애굽으로 가다(43:1-7)

<예레미야가 애굽으로 가다>

렘 43:1. 예레미야가 모든 백성에게 그들의 하나님 여호와의 말씀 곧 그들의 하나님 여호와께서 자기를 보내사 그들에게 이르신 이 모든 말씀을 말하기를 마치니.

예레미야가 모든 남은 백성들에게 여호와께서 응답하신 말씀 곧 그들의 하나님 여호와께서 예레미야 자신을 보내셔서 그들에게 일러주신 모든 말씀을 마친 다음에 다음 절과 같이 요하난 등이 예레미야의 말을 거부했다는 것이다. 그들로서는 뻔한 일을 감행한 것이었다.

렘 43:2. 호사야의 아들 아사랴와 가레아의 아들 요하난과 모든 오만한 자가 예레미야에게 말하기를 네가 거짓을 말하는도다 우리 하나님 여호와께서 너희는 애굽에 살려고 그리로 가지 말라고 너를 보내어 말하게 하지 아니하셨느니라.

남은 백성들 중에 특별히 오만한 아사랴(42:1의 여사냐)와 요하난(남은 백성들의 지도자)과 모든 오만한 지도자들이 예레미야에게 말하기를 예레미야 당신이 거짓을 말했다고 우겨댔다. 즉, 우리 하나님 여호와께서 너희 유다 백성들이 애굽에 살려고 애굽으로 가지 말라고 예레미야를 보내어 절대로 말씀하지 아니하셨느니라 고 했다.

하나님께서는 유다의 남은 자들이 애굽에 가서 살지 말라고 말씀하신 일이 없는데, 예레미야가 그런 거짓말을 했다는 것으로 결론 내는 것이다.

그들은 예레미야로 하여금 중보 기도를 하도록 부탁해 놓고는 예레미야를 통한 하나님의 말씀이 자기들의 마음에 들지 않는다고 예레미야를 거짓말쟁이로 만들어 버리고 만 것이다. 참으로 그들은 오만한 자들임에 틀림없다.

렘 43:3. 이는 네리야의 아들 바룩이 너를 부추겨서 우리를 대적하여 갈대아 사람의 손에 넘겨 죽이며 바벨론으로 붙잡아가게 하려 함이라(but Baruch the son of Neriah has set you against us, to deliver us into the hand of the Chaldeans, that they may kill us or take us into exile in Babylon-RSV, ESV)**.**

아사랴와 요하난과 모든 오만한 자들이 예레미야를 거짓말쟁이로 몰더니(2절), 이제 본 절에서는 예레미야가 이렇게 거짓말을 하게 된 데는 예레미야의 비서 바룩(36:4, 32)이 예레미야를 부추겨가지고 우리 유다의 남은 자들을 대적해서 갈대아 군사들의 손에 넘겨 죽이며, 바벨론 나라로 붙잡아 가려고 한다는 것이었다.

억지도 너무 지나친 억지였다. 세상 사람들은 자기들 마음에 들지 않으면 이렇게 억지를 부린다. 양심이 마비된 사람들이다.

렘 43:4. 이에 가레아의 아들 요하난과 모든 군 지휘관과 모든 백성이 유다 땅에 살라 하시는 여호와의 목소리를 순종하지 아니하고.

본 절은 유다의 남은 백성들(가레아의 아들 요하난, 모든 군 지휘관, 모든 백성들)이 유다 땅에 거하라 하시는 여호와의 목소리를 순종하지 않았다는 것을 말한다.

이런 때 여호와의 기도 응답대로 하자고 목소리를 내는 사람이 있어야 했다. 참으로 부패한 사회였다.

렘 43:5-6. 가레아의 아들 요하난과 모든 군 지휘관이 유다의 남은 자 곧 쫓겨났던 여러 나라 가운데에서 유다 땅에 살려 하여 돌아온 자, 곧 남자와

여자와 유아와 왕의 딸들과 사령관 느부사라단이 사반의 손자 아히감의 아들 그다랴에게 맡겨 둔 모든 사람과 선지자 예레미야와 네리야의 아들 바룩을 거느리고.

5-6절은 가레아의 아들 요하난과 모든 군 지휘관들이 바벨론 포로로 잡혀가지 않은 모든 유다 사람들 심지어 예레미야와 비서 바룩까지 다 끌어 모아서 애굽으로 갈 준비를 한 것을 진술한다. 여기 요하난과 군 지휘관들이 여러 곳에서 끌어 모은 유다 사람들은 여러 나라에 흩어져 살다가 유다 땅에서 살려고 돌아온 유다의 살아남은 사람들이다. 그런데 이 살아남은 모든 남자와 여자, 즉 어린 아이들과 공주들과 근위대장 느부사라단이 사반의 손자요 아히감의 아들인 그다랴에게 맡겨 놓은 모든 사람과 예언자 예레미야와 네리야의 아들 바룩까지 데리고 애굽으로 떠나갈 준비를 마친 것을 진술하고 있다.

여기 예언자 예레미야와 네리야의 아들 바룩까지 데리고 애굽으로 함께 떠나갈 준비를 마친 것을 보면 이때에 예레미야와 바룩이 왜 애굽으로 끌려갔는가 하는 의문이 생긴다. 이에 대한 견해는 몇 가지가 있다. 1) 처음에는 예레미야와 바룩이 강제로 끌려가다가 일단 출발한 후에는 고난의 동족과 동고동락하기 위해 간 것으로 보는 견해(이상근), 2) 인솔자인 요하난과 군 지휘관이 예레미야를 참 선지자로 인정하고 있었기 때문에 그를 담보로 하나님의 은혜를 받으려고 끌고 간 것으로 보는 견해(그랜드 종합주석), 3) 6절 마지막의 단어 "거느리고"라는 말은 히브리 원문에는 "잡아갔다"(וַיִּקַּח)는 뜻의 단어로 히브리 원문에는 5절 초두에 놓여 있어 인솔자인 요하난과 군 지휘관들이 예레미야와 바룩을 강제로 잡아갔다는 뜻으로 보는 견해(박윤선) 등이 있다. 이들 세 개의 견해 중에 3)번의 견해가 가장 합리적인 견해로 보인다. 예레미야와 바룩은 강제로 끌려 애굽으로 내려갔으므로 그들 자신들의 죄책(罪責)은 없는 것이다.

렘 43:7. 애굽 땅에 들어가 다바네스에 이르렀으니 그들이 여호와의 목소리

를 순종하지 아니함이러라.

가레아의 아들 요하난과 모든 군 지휘관들이 바벨론 포로로 잡혀가지 않은 모든 유다 사람들 심지어 예레미야와 비서 바룩까지 다 끌어 모아서 애굽으로 갈 준비를 하고(5-6절), 애굽 땅에 들어가 다바네스에 이르렀다는 것이다. 그들은 여호와의 목소리를 순종하지 않았다. 다시 말해 이들은 게롯김함(41:17)을 떠나 애굽 땅에 들어가 애굽의 삼각주 동편에 있는 국경 도시인 현재의 텔 다프네(Tell Dafneh, 2:16)에 도착했다.

B. 애굽에서(43:8-45:5)

1. 예레미야가 애굽이 바벨론에게 정복될 것을 예언하다(43:8-13)

예레미야는 애굽에 도착하자마자 하나님의 말씀을 듣게 되는데, 이는 유다 민족이 하나님의 명을 거슬러 애굽으로 피난 온 것이 죄였음을 알려주는 신호였다.

렘 43:8. 다바네스에서 여호와의 말씀이 예레미야에게 임하여 이르시되.

애굽의 다바네스에 도착한 후 여호와의 말씀이 예레미야에게 임했다는 것이다. 다바네스는 국경 도시였으므로 유다 민족이 애굽에 들어서자마자 예레미야는 바로 여호와의 말씀을 듣게 된 것이다. 애굽으로 온 것이 죄였음을 알려준 것이었다.

렘 43:9 너는 유다 사람의 눈 앞에서 네 손으로 큰 돌 여러 개를 가져다가 다바네스에 있는 바로의 궁전 대문의 벽돌로 쌓은 축대에 진흙으로 감추라 (Take in your hands large stones and hide them in the mortar in the pavement that is at the entrance to Pharaoh's palace in Tahpanhes, in the sight of the men of Judah-ESV).

여호와께서 말씀하시기를, "너 예레미야는 유다 사람들이 보는 앞에서 너의 손으로 큰 돌들을 날라다가 다바네스에 있는 바로의 궁전 대문 앞의 포장된 광장을 파고 그 돌들을 묻으라."고 하신다. 여기 바로의 궁전은 별궁으로 왕이 국경의 군사 시설을 시찰할 때 사용했을 것이다.

렘 43:10. 그리고 너는 그들에게 말하기를 만군의 여호와 이스라엘의 하나님께서 이와 같이 말씀하시되 보라 내가 내 종 바벨론의 느부갓네살 왕을 불러오리니 그가 그의 왕좌를 내가 감추게 한 이 돌들 위에 놓고 또 그 화려한 큰 장막을 그 위에 치리라.

"그런 다음에 너 예레미야는 유다 사람들에게 이렇게 말하여라. 나 만군의 여호와 이스라엘의 하나님이 말씀하시기를 내가 사람을 보내어 나의 종 바벨론 왕 느부갓네살(25:9; 27:6 주해 참조)을 불러오겠다. 그러면 바벨론 왕은 내가 묻어 놓은 이 돌들 위에 자기의 보좌를 차려 놓고, 그 위에 화려한 큰 장막을 칠 것이라"고 하신다.

렘 43:11. 그가 와서 애굽 땅을 치고 죽일 자는 죽이고 사로잡을 자는 사로잡고 칼로 칠 자는 칼로 칠 것이라.

여호와께서 계속해서 말씀하시기를 바벨론 왕이 이 땅에 와서 이 땅을 치면 염병에 걸려 죽을 자는 염병에 걸려 죽게 하고, 포로로 끌려갈 자는 포로로 끌려가게 하며, 칼에 맞아 죽을 자는 칼에 맞아 죽게 할 것이라고 하신다.

렘 43:12. 내가 애굽 신들의 신당들을 불지르리라 느부갓네살이 그들을 불사르며 그들을 사로잡을 것이요 목자가 그의 몸에 옷을 두름 같이 애굽 땅을 자기 몸에 두르고 평안히 그 곳을 떠날 것이며.

그리고 "나 여호와는 애굽의 신전들에 안치되어 있는 신당들에 불을 지르리라. 느부갓네살이 그 신상들을 태우거나 전리품으로 가져 갈 것이다. 그는 마치 목자가 자기 옷에서 벌레를 잡아내듯이 애굽 땅을 말끔히 털고,

아무런 저항도 받지 않은 채 그 곳에서 평안히 떠나갈 것이라."고 하신다.

본 절의 "내가"와 "느부갓네살"과 "목자"가 동격으로 묘사되어 있는 것은 여호와 하나님께서 하시는 일이나 느부갓네살이 하는 일이 동일하다는 것을 보여준다. 그리고 "목자"라는 말은 느부갓네살이 목자의 역할을 한다는 것을 말한다. 느부갓네살은 쉽게 애굽을 침략한 후에 쉽게, 그리고 평안히 애굽을 떠나간다는 것이다.

렘 43:13. 그가 또 애굽 땅 벧세메스의 석상들을 깨뜨리고 애굽 신들의 신당들을 불사르리라 하셨다 할지니라 하시니라(He shall break the obelisks of Heliopolis which is in the land of Egypt, and the temples of the gods of Egypt he shall burn with fire-RSV, ESV)**.**

하나님께서는 느부갓네살이 애굽 땅에 있는 벧세메스(태양 신전-표준새 번역)[22]의 돌기둥들을 부수고, 애굽 땅의 신전들을 불살라 버릴 것이라고 하신다.

여기서 느부갓네살이 참으로 애굽을 침략했느냐는 문제를 두고 몇 가지 견해가 있다. 1) 침략한 적이 없었다는 견해(Hitzig, Graf, Duncker), 2) 바벨론 비문에 나타난 바, 느부갓네살의 37년(주전 568-567년)에 애굽 왕 "아마시스, Amasis(주전 570-526년 통치)를 정복하여 많은 노획물을 얻었다고 하는 견해(Thompson, Ryrie, 이상근), 3) 이 예언은 바사 왕 고레스의 아들 캄비세스(Cambyses II세, 주전 529-521년 통치)에 의해 성취되었다는 견해(Cheyne), 4) 요세푸스의 역사서에는 그가 예루살렘을 정복한 후 5년에(주전 581년) 애굽을 침략하여 애굽 왕 호브라를 죽였으며 애굽에 살던 유다인들을 바벨론으로 사로잡아 갔다고 한다(Josephus Antt. X, 9:7; K.&D., 박윤선). 이 견해들 중 4)번의 견해를 취해 둔다.

---

22) 벧세메스(태양신전-표준 새 번역): 카이로의 동북쪽 10km에 있고 현재의 이름은 "텔후스(Tel-Hush)"라 한다.

제 44 장

2. 애굽의 유다인들에게 유다 황폐의 원인이 우상 숭배에 있다고 말함(44:1-14)

애굽에 있는 유다인들에게 유다의 멸망이 우상 숭배와 직결됨을 밝히며, 멀리 이방 땅에 와서도 계속해서 우상 숭배의 죄를 짓는 것에 대해 강하게 경계한다.

<애굽의 유다 사람에게 하신 말씀>

렘 44:1. 애굽 땅에 사는 모든 유다 사람 곧 믹돌과 다바네스와 놉과 바드로스 지방에 사는 자에 대하여 말씀이 예레미야에게 임하니라 이르시되.

본 절의 말씀은 여호와께서 애굽 땅에 살고 있는 모든 유다 사람들, 곧 믹돌과 다바네스와 놉과 바드로스 지방에 살고 있는 유다 사람들에게 전하라고 예레미야에게 하신 말씀이다. 애굽의 "믹돌"(Migdol)은 지중해에서 멀지 않은 국경 도시이다(43:7; 겔 29:10; 30:6). 그리고 "다바네스"는 지금 예레미야가 거하는 도시이며(43:7), "놉"(Noph)은 "몹"(Moph)의 변형으로 "멤피스"를 뜻한다. 그리고 "바드로스"(Pathros)는 '남쪽의 땅'이라는 뜻으로 애굽의 상부에 위치한 성읍이었다. 예레미야는 이들 성읍에 살고 있는 유다인들에게 여호와의 말씀을 전해야 했다. 왜냐하면 이들의 회개가 필요했기 때문이다. 이들의 죄악은 3절 이하에 진술되어 있는 바와 같이 우상을 숭배한 것이었다.

렘 44:2. 만군의 여호와 이스라엘의 하나님께서 이와 같이 말씀하시니라 너희가 예루살렘과 유다 모든 성읍에 내린 나의 모든 재난을 보았느니라 보라 오늘 그것들이 황무지가 되었고 사는 사람이 없나니.

나 만군의 여호와 이스라엘의 하나님이 말한다. "나 여호와가 예루살렘과 유다의 모든 성읍에 내린 모든 재앙을 너희 유다인들이 분명히 보았느니라. 보라! 그 성읍들은 오늘날 아무도 살지 못하는 폐허가 되어버리고 말았다."고 하시며, 회개하라고 말씀하신다. "만군의 여호와"에 대하여 2:19 주해 참조.

렘 44:3. 이는 그들이 자기나 너희나 너희 조상들이 알지 못하는 다른 신들에게 나아가 분향하여 섬겨서 나의 노여움을 일으킨 악행으로 말미암음이라.

그 예루살렘과 유다 성읍들이 모두 황무지가 된 이유는 그 유다인들이 자기들이나 너희 이곳에 온 유다인들도 그리고 너희 조상들도 알지 못하는 다른 신들에게 제물을 살라 바치며 섬김으로써, 나 여호와를 노하게 한 죄를 저질렀기 때문이라고 하신다.

렘 44:4. 내가 나의 모든 종 선지자들을 너희에게 보내되 끊임없이 보내어 이르기를 너희는 내가 미워하는 이 가증한 일을 행하지 말라 하였으나.

나 여호와가 내 모든 종 선지자들을 너희 유다인들에게 보냈고, 또 끊임없이 보내어 이르기를 너희 유다인들은 나 여호와가 미워하는 이 가증한 우상 숭배를 하지 말라고 말했으나 듣지 않았다는 것이다(7:13, 25; 25:4; 26:5; 29:19; 35:15). 본 절은 하나님의 열심과 유다인의 열심히 대조되고 있다. 유다인들의 끊임없는 반역은 말릴 수 없는 죄악이었다.

렘 44:5. 그들이 듣지 아니하며 귀를 기울이지 아니하고 다른 신들에게 여전히 분향하여 그들의 악에서 돌이키지 아니하였으므로.

본 절은 유다인들의 불순종이 아주 심했던 것을 진술한다. 그들은 여전히 우상 숭배를 하면서 악에서 돌이킬 줄 몰랐다고 하신다.

렘 44:6. 나의 분과 나의 노여움을 쏟아서 유다 성읍들과 예루살렘 거리를

불살랐더니 그것들이 오늘과 같이 폐허와 황무지가 되었느니라.

그러므로(therefore), 즉 위와 같은 우상 숭배의 죄로 인해 나 여호와가 나의 타오르는 분노를 쏟아서, 유다의 성읍들과 예루살렘의 거리들을 불태웠기에 그 곳들이 모두 오늘날과 같이 폐허와 황무지로 바뀌어 버렸다(42:18)고 하신다. 악한 우상 숭배 죄는 모든 것들의 황폐를 부른다.

렘 44:7. 만군의 하나님 이스라엘의 하나님 여호와께서 이와 같이 말씀하셨느니라 너희가 어찌하여 큰 악을 행하여 자기 영혼을 해하며 유다 가운데에서 너희의 남자와 여자와 아이와 젖 먹는 자를 멸절하여 남은 자가 없게 하려느냐.

만군의 하나님 이스라엘의 하나님 여호와께서 말씀하시기를 너희 유다 민족이 어찌하여 큰 죄악인 우상 숭배를 하여 각자 자신들의 영혼들을 해하며 또 너희 유다의 남자와 여자와 아이들과 젖 먹는 어린 자들을 죽여서 남은 자들이 없게 할 작정이냐고 하신다. 지금까지 행한 죄악으로 망한 것만으로 충분한 것이지 어찌 더 망하려는 것이냐고 질문하시는 것이다.

렘 44:8. 어찌하여 너희가 너희 손이 만든 것으로 나의 노여움을 일으켜 너희가 가서 머물러 사는 애굽 땅에서 다른 신들에게 분향함으로 끊어 버림을 당하여 세계 여러 나라 가운데에서 저주와 수치 거리가 되고자 하느냐.

너희 유다 백성은 왜 너희 자신들의 손으로 만든 우상으로 나 여호와를 노엽게 하며, 너희가 머물려고 들어가는 애굽 땅에서까지 다른 신들에게 제물을 살라 바쳐서 너희 자신을 멸절시키며, 세상 만민에게 저주와 조롱의 대상이 되려고 하는 것이냐(42:18)고 물으신다.

렘 44:9. 너희가 유다 땅과 예루살렘 거리에서 행한 너희 조상들의 악행과 유다 왕들의 악행과 왕비들의 악행과 너희의 악행과 너희 아내들의 악행을

잊었느냐.

본 절은 여호와께서 유다 백성들에게 그들이 유다 땅과 예루살렘 거리에서 우상 숭배 한 일을 잊었느냐고 물으신다. 우리는 우리가 과거에 행한 우상 숭배의 악행을 잊지 말고, 여호와의 말씀에 순종해야 할 것이다.

렘 44:10. 그들이 오늘까지 겸손하지 아니하며 두려워하지도 아니하고 내가 너희와 너희 조상들 앞에 세운 나의 율법과 나의 법규를 지켜 행하지 아니하느니라.

여호와께서는 유다 백성들이 오늘까지도 우상 숭배 한 일을 회개하지 않았고, 겸손하지도 않았으며, 하나님을 경외하지 않았으므로 여호와께서 유다의 조상들 앞에 세운 모든 법을 행하지 않았다고 책망하신다.

렘 44:11. 그러므로 만군의 여호와 이스라엘의 하나님께서 이와 같이 말씀하시니라 보라 내가 얼굴을 너희에게로 향하여 환난을 내리고 온 유다를 끊어 버릴 것이며.

여호와께서는 유다 백성들이 오늘까지도 우상 숭배의 죄를 회개하지 아니하면서 겸손하지도 아니했고 하나님을 두려워하지도 아니했으며 여호와께서 유다의 조상들 앞에 세운 모든 법을 행하지 않았기(10절) 때문에 만군의 여호와 이스라엘의 하나님께서 말씀하시기를, "나 여호와가 여호와의 얼굴을 직시(直視)하여 심판을 내리시겠다."는 것이며, "애굽으로 온 유다 민족에게 재앙을 내려 멸하시겠다."고 하신다. 참으로 비참한 이야기이다.

렘 44:12. 내가 또 애굽 땅에 머물러 살기로 고집하고 그리로 들어간 유다의 남은 자들을 처단하리니 그들이 다 멸망하여 애굽 땅에서 엎드러질 것이라 그들이 칼과 기근에 망하되 낮은 자로부터 높은 자까지 칼과 기근에 죽어서 저주와 놀램과 조롱과 수치의 대상이 되리라.

여호와께서 또 애굽 땅에 머물러 살기로 작정하고, 애굽으로 들어간 유다의 남은 자들을 전쟁의 화로 없애버리시겠다고 하신다. 그래서 저들(유다 사람들)을 애굽 땅에서 저주와 놀램과 조롱과 수치의 대상이 되게 하겠다고 하신다.

렘 44:13. 내가 예루살렘을 벌한 것 같이 애굽 땅에 사는 자들을 칼과 기근과 전염병으로 벌하리니.

여호와께서 성전이 존재하는 예루살렘도 벌하셔서 유다 민족을 바벨론의 포로로 잡혀가게 하셨는데, 이들(유다 민족)이 애굽 땅에 가서도 여전히 우상 숭배를 하므로 전쟁의 화(칼, 기근, 전염병)를 당하게 하시겠다고 하신다. 그 어디서나 살 길은 회개밖에 없는 것이다.

렘 44:14. 애굽 땅에 들어가서 거기에 머물러 살려는 유다의 남은 자 중에 피하거나 살아 남아 소원대로 돌아와서 살고자 하여 유다 땅에 돌아올 자가 없을 것이라 도망치는 자들 외에는 돌아올 자가 없으리라 하셨느니라 (so that none of the remnant of Judah who have come to live in the land of Egypt shall escape or survive or return to the land of Judah, to which they desire to return to dwell there; for they shall not return, except some fugitives-ESV)**.**

유다에서 살아남은 사람들 중에서 애굽 땅에 살려고 들어간 자들은 살아남거나 죽음을 모면할 사람이 하나도 없을 것이라 하신다. 그들이 유다 땅으로 돌아가서 살기를 갈망하지만, 실제로 돌아갈 사람이 아무도 없을 것이라고 하신다. 즉, 몇 명의 피난민들을 제외하고는 아무도 돌아가지 못하게 된다.

본 절의 문제는 애굽 땅에 살려고 들어간 유다인들 중에는 살아남거나 죽음을 모면할 사람이 하나도 없을 것이라고 묘사해 놓고는 본 절에 또 "몇 명의 피난민들을 제외하고는 아무도 돌아가지 못할 것이라"는 말이 조화를 이루지 못한다는 문제를 두고 해결하려는 시도가 몇 가지가 있다.

1) "몇 명의 피난민들을 제외하고는 아무도 돌아가지 못할 것이라"는 말은 히브리 원문(맛소라 사본)에만 있고, 70인역(LXX)에는 없다는 견해로서 이 견해의 입장에서는 그런 묘사가 없는 것이 옳다는 것이다. 그러나 원문에 있는 것을 가지고 없다고 말하는 것은 불합리한 주장으로 보인다. 2) 이 문구는 후대의 필사자들의 설명구였는데, 원문에 자리를 잡았을 것이라는 견해(Lange, Hitzig, Nicholson, Thompson), 3) 본 절의 말씀은 이후 70년이 지나서 유다 민족이 바벨론에서 귀환하는 일에서 성취된 것이라는 견해(Calvin, 이상근), 4) 유랑민(流浪民) 몇 명을 제외하고는 극히 소수의 사람들이 유다 땅으로 돌아간 것을 말한다는 견해(K.&D., Bright, 그랜드 종합주석), 이 4개의 견해 중에 4)번의 견해가 문맥(28절)으로 볼 때 가장 합리적인 견해로 보인다. 다시 말해 몇몇 사람들이 애굽에 전란(戰亂)이 나기 전에 회개하고, 유다 땅으로 돌아갈 사람들이 있을 것이라는 견해이다. 그러므로 이 견해를 채택한다.

3. 유다인들의 고집(44:15-19)

유다 백성들은 예레미야의 예언에 강력히 반발하여 하늘 여신을 숭배할 것을 계속 주장한다. 이렇게 주장한 계층은 여인들이었다.

렘 44:15. 그리하여 자기 아내들이 다른 신들에게 분향하는 줄을 아는 모든 남자와 곁에 섰던 모든 여인 곧 애굽 땅 바드로스에 사는 모든 백성의 큰 무리가 예레미야에게 대답하여 이르되(Then all the men who knew that their wives had offered incense to other gods, and all the women who stood by, a great assembly, all the people who dwelt in Pathros in the land of Egypt, answered Jeremiah-RSV, ESV)**.**

자기 아내들이 다른 신들(하늘의 여왕, 17절)에게 제물을 살라 바친다는 것을 아는 모든 남편들과 그 곳에 서 있던 모든 여인들, 곧 애굽 땅 바드로스(애굽 상부에 위치함)에 사는 온 백성의 큰 무리가 예레미야에게 반발하였다.

본 절에 보면 두 그룹의 사람들이 예레미야의 예언에 반항하는 것을 볼 수 있다. 한 그룹은 자기 아내들이 다른 신들(하늘의 여왕, 17절)에게 제물을 살라 바친다는 것을 아는 모든 남편들, 또 한 그룹은 그 곳에 서 있던 모든 여인들이었다. 이 두 그룹(남편들, 아내들)이 예레미야의 말씀 사역에 반발했다. 예레미야의 예언 사역에 반발한 이유는 17절에 있다. 그 이유는 우상 숭배를 하던 시절에 잘 살았기 때문인 것이다. "바드로스"는 '남쪽의 땅'이라는 뜻으로 애굽 상부 지역의 성읍이었다(1절 참조).

렘 44:16. 네가 여호와의 이름으로 우리에게 하는 말을 우리가 듣지 아니하고.

두 그룹(남편들, 아내들)은 예레미야가 여호와의 이름으로 자기들에게 하는 말을 듣지 않겠다고 한다. 그들은 완고하기 그지없는 사람들이었다. 완고한 자들은 끝까지 완고하다. 완고한 자들은 여호와의 말씀을 귀 기울여 듣지 않는다.

렘 44:17. 우리 입에서 낸 모든 말을 반드시 실행하여 우리가 본래 하던 것 곧 우리와 우리 선조와 우리 왕들과 우리 고관들이 유다 성읍들과 예루살렘 거리에서 하던 대로 하늘의 여왕에게 분향하고 그 앞에 전제를 드리리라 그 때에는 우리가 먹을 것이 풍부하며 복을 받고 재난을 당하지 아니하였더니.

예레미야가 전하는 여호와의 말씀을 듣지 아니하고(16절), 자기들 각자의 입에서 낸 모든 말을 반드시 실행하겠다는 것이다. 그들은 "우리가 본래 하던 것, 곧 우리와 우리 선조와 우리 왕들과 우리 고관들이 유다 성읍들과 예루살렘 거리에서 하던 대로 하늘의 여왕에게 분향하고 그 앞에 전제를 드리겠다."고 하는 것이다. 여기 "하늘 여신"이란 말은 7:18의 "하늘 황후"를 지칭한다. "하늘의 여왕"(מְלֶכֶת הַשָּׁמַיִם)이란 앗수르와 바벨론에서 온 종파신(宗派神)이었는데, 이는 여신으로서 자연계의 생식력을 주장한다고 여겼다. 이 여신을 위한 예배 행위가 유다에서는 특별히 므낫세 왕 때에 성행했다(왕하 21:5). 유다 백성들은 하늘 여신에게 제사를 드림으로 자식들을 많이 얻기를 소원했다. 이렇게 애굽에 온 유다인들이 하늘의 여왕을 섬기려는 이유는 유다인들이 유다에 있을 때에는 먹을 것이 풍부했고, 복을 받았으며, 재앙을 당하지 아니했다는 것이다. 이렇게 느낀 것은 유다인들이 과거에 대해 느끼는 착각이었다. 완악한 유다 사람들이 과거를 잘못 추억한 것이었다.

렘 44:18. 우리가 하늘의 여왕에게 분향하고 그 앞에 전제 드리던 것을 폐한 후부터는 모든 것이 궁핍하고 칼과 기근에 멸망을 당하였느니라 하며.

본 절의 "하늘의 여왕에게 분향하고 그 앞에 전제 드리던 것을 폐한 후부터 모든 것이 궁핍해졌다."는 유다인들의 말은 요시야 왕의 종교개혁이 있은 후(왕하 23:4-25)에는 모든 식품에 가난해졌다는 말이다. 그리고 요시야 왕의 종교개혁 후에 "칼과 기근에 멸망을 당했다."고 보는 것이다. 그들이 유다에 있을 때 그런 현상을 느낀 것은 아마도 요시야 왕이 므깃도 전투에서 전사하고, 유다 나라가 혼란에 빠진 현상을 가리킬 것으로 보인다(왕하 23:28-30, 주전 609년). 그들은 여전히 착각에 빠져 그렇게 느꼈다고 말한다. 그래서 유다인들은 애굽에 와서도 그런 느낌을 버리지 않고, 우상 숭배를 하겠다는 것이다.

오늘도 택함을 받지 않은 사람들은 여전히 세상의 그 무엇을 섬겨야 잘 될 줄 알고, 그 무엇이라도 붙잡아 섬긴다. 누군가가 하나님의 말씀을 힘 있게 외쳐야 할 것이다.

렘 44:19. 여인들은 이르되 우리가 하늘의 여왕에게 분향하고 그 앞에 전제를 드릴 때에 어찌 우리 남편의 허락이 없이 그의 형상과 같은 과자를 만들어 놓고 전제를 드렸느냐 하는지라.

유다의 여인들은 이르기를, "하늘 여신에게 제물을 살라 바치고 그에게 술 제물을 바칠 때에 남편들 모르게 그것을 했겠습니까?(민 30:6-7) 그리고 그 여신의 모습대로 빵을 만들어 바치며 술 제물을 바칠 때에 우리 여인들이 남편들 모르게 그것을 했겠습니까?"라고 했다. 여인들은 다 남편들이 아는 중에 하늘 여신에게 분향하고, 제주를 부었으며, 여신의 모양을 새긴 과자를 만들어 그 앞에 놓고 술을 부었다는 것이다. 그런데 왜 예레미야가 참견이냐는 것이다.

4. 예레미야가 유다인들과 애굽인들에게 임박한 벌을 경고하다(44:20-30)

예레미야는 과거 유다에서 우상 숭배의 죄 때문에 그들이 망한 것같이(20-23절) 이제는 애굽에서 그들의 우상 숭배 때문에 망할 것이라고 말한다(24-30절).

렘 44:20. 예레미야가 남녀 모든 무리 곧 이 말로 대답하는 모든 백성에게 일러 이르되.

예레미야가 남녀 모든 무리 곧 자기에게 다음과 같이 반항한 남자와 여자와 온 백성에게 말하였다. 결국 애굽에 거하는 유다인 전체가 예레미야에게 반항했고, 우상 숭배에 빠졌다. 그들은 애굽에 올 때 강제적으로 예레미야를 납치해 왔다(43:6).

잠언(격언,[23] 금언,[24] 지혜로운 조언)은 히브리 지혜 문학에 속하며, 솔로몬이 남긴 수많은 잠언들(357개)을 수록하고 있다. 본서의 내용은 지혜를 예찬한 일(1-9장), 솔로몬의 잠언 집(10:1-22:16), 지혜 있는 자들의 잠언들(22:17-24:34), 히스기야 때에 편집된 솔로몬의 잠언집(25-29장), 그리고 부록(30-31장) 등 5부로 나누어져 있다.

I. 지혜를 예찬하다 1-9장

---

23) 격언: 사리에 꼭 맞아 인생을 위한 교훈이나 경계가 되는 짧은 말을 뜻한다.

24) 금언: 생활의 본보기가 될 만한 귀중한 내용의 짧은 어구들을 지칭한다. 금언을 경구라는 낱말로 바꾸어 말할 수 있다.

1-9장은 잠언의 제1집(지혜의 예찬)으로 제2집인 "솔로몬의 잠언 모음집(10:1-22:16)의 서론 역할을 한다(Toy). 잠언은 원래 그 성격상 독립적이고 조직적으로 구성된 것은 아니지만, 이 부분(1-9장)은 "지혜의 예찬"이란 제목으로 묶을 수 있는 19항목들이 있다. 그러나 보다 이해를 돕기 위해 이 부분을 4부로 나눈다. 즉, 지혜의 예찬(1:1-3:26), 지혜자의 대인 관계(3:27-4:19), 지혜자의 자기 수호(4:20-7:27) 및 지혜자의 탁월성(8-9장)으로 구분한다(이상근).

A. 지혜를 예찬하다 1:1-3:26

이 부분은 서론(1:1-7), 악한 친구와 짝하지 말고 멀리하라(1:8-19), 지혜를 가까이 하라(1:20-33), 지혜를 얻는 방법은 무엇인가(2:1-9), 지혜의 유익은 무엇인가(2:10-22), 여호와를 경외하라(3:1-12), 지혜의 존귀함을 알라(3:13-16) 등으로 구분된다.

렘 44:21. 너희가 너희 선조와 너희 왕들과 고관들과 유다 땅 백성이 유다 성읍들과 예루살렘 거리에서 분향한 일을 여호와께서 기억하셨고 그의 마음에 떠오른 것이 아닌가.

예레미야는 유다인들이 과거에 유다에 거하고 있을 때 왕들과 고관들과 유다 땅 백성들이 유다 성읍들과 예루살렘 거기에서 하늘 여신에게 분향한 사실을 여호와께서 기억하시고 이렇게 징벌을 내리신 것이라고 말한다.

렘 44:22. 여호와께서 너희 악행과 가증한 행위를 더 참을 수 없으셨으므로 너희 땅이 오늘과 같이 황폐하며 놀램과 저줏거리가 되어 주민이 없게 되었나니.

예레미야는 애굽의 유다인들에게 말하기를, "여호와께서 여러분들의 악한 소행(우상 숭배)을 보시다가 더 이상 참을 수가 없으셨고, 여러분이 한 역겨운 일(우상 숭배)을 보시다가 더 이상 견딜 수가 없으셨기 때문에 오늘과 같이 유다 나라를 황폐케 하셨고, 주민이 없는 폐허로 바꾸어 놓으시며, 놀라움과 저주의 대상이 되게 하셨다(44:6, 8)."고 말한다. 결코 유다 나라는 유다인들의 주장대로 우상 숭배로 복을 받은 것(17절)이 아니라, 오히려 우상 숭배로 인해 저주를 받아 망한 것이라고 규명한다.

렘 44:23. 너희가 분향하여 여호와께 범죄하였으며 여호와의 목소리를 순종하지 아니하고 여호와의 율법과 법규와 여러 증거대로 행하지 아니하였으므로 이 재난이 오늘과 같이 너희에게 일어났느니라.

예레미야는 유다인 여러분이 다른 신들에게 제물을 살라 바쳐서 여호와께 죄를 짓고, 여호와께 순종하지 않고, 여호와의 율법과 율례와 규정대로 살지 않았기 때문에, 오늘날과 같이 여러분에게 이런 재앙이 닥쳐 온 것이라고 말한다. 예레미야는 유다인의 불행의 원인이 그들의 우상 숭배에 있다고 규정한다.

렘 44:24. 예레미야가 다시 모든 백성과 모든 여인에게 말하되 애굽 땅에서 사는 모든 유다 사람이여 여호와의 말씀을 들으라.

예레미야가 다시 모든 백성과 특히 모든 여인에게 말하기를, "애굽 땅에서 사는 모든 유다 백성들 여러분! 여호와의 말씀을 들으시오."고 외친다. 여기 남녀가 섞여 있지만 특히 예레미야는 특히 여성들을 중심에 두고 말한다. 이유는 그들이 하늘 여신을 섬기는 일에 열심이었기 때문이다.

렘 44:25. 만군의 여호와 이스라엘의 하나님께서 이와 같이 말씀하시되 너희와 너희 아내들이 입으로 말하고 손으로 이루려 하여 이르기를 우리가 서원한 대로 반드시 이행하여 하늘의 여왕에게 분향하고 전제를 드리리라 하였은즉 너희 서원을 성취하며 너희 서원을 이행하라 하시느니라.

만군의 여호와 이스라엘의 하나님께서 이렇게 말씀하시기를, "너희와 너희 아내들은 입으로 서약한 것은 꼭 실천하는 자들인데 너희는 서약한 그대로 꼭 하고야 말겠다고 했고, 너희는 하늘 여신에게 제물을 살라 바치고, 또 그에게 술 제물을 바치겠다고 말했으니, 너희의 서약을 지키려면 지키고, 너희의 서약을 실천하려면 실천해보라."고 하신다. 기어코 우상 숭배를 하려면 하라는 여호와의 부탁이었다.

렘 44:26. 그러므로 애굽 땅에서 사는 모든 유다 사람이여 여호와의 말씀을 들으라 여호와께서 말씀하시되 보라 내가 나의 큰 이름으로 맹세하였은즉 애굽 온 땅에 사는 유다 사람들의 입에서 다시는 내 이름을 부르며 주 여호와의 살아 계심을 두고 맹세하노라 하는 자가 없으리라.

그러므로(therefore) 애굽 땅에 사는 유다 사람들아! 너희는 모두 나 여호와의 말씀을 들어라. 나 여호와가 말하기를 나 여호와가 나의 큰 이름을 걸고 맹세한다. 애굽 온 땅에 살고 있는 어떤 유다 사람이든지, 이제 이후로는 여호와의 살아 계심을 두고 맹세한다 하면서 나의 이름을 부르지 못하게 하겠다고 하신다. 여호와의 살아계심을 두고 맹세할 사람이 다 죽어 없어질 것이라는 뜻이다.

렘 44:27. 보라 내가 깨어 있어 그들에게 재난을 내리고 복을 내리지 아니하리니 애굽 땅에 있는 유다 모든 사람이 칼과 기근에 망하여 멸절되리라.

이제는 나 여호와가 그들을 지켜볼 것이다. 그들에게 재앙을 내리려고 지켜볼 것이다(1:12; 31:28). 그래서 애굽 땅에 있는 모든 유다 사람이 멸종될 때까지, 전쟁과 기근으로 그들을 죽이겠다(12절)고 하신다.

렘 44:28. 그런즉 칼을 피한 소수의 사람이 애굽 땅에서 나와 유다 땅으로 돌아오리니 애굽 땅에 들어가서 거기에 머물러 사는 유다의 모든 남은 자가 내 말과 그들의 말 가운데서 누구의 말이 진리인지 알리라.

전쟁을 피하여 애굽 땅을 피하여 유다 땅으로 돌아갈 사람의 수는 매우 적을 것이다(14절). 애굽 땅에 머물기 위하여 내려간 유다의 살아남은 모든 사람이 나의 말과 저희들의 말 가운데서 누구의 말대로 되었는가를 알게 될 것이다.

렘 44:29. 여호와의 말씀이니라 내가 이 곳에서 너희를 벌할 표징이 이것이라 내가 너희에게 재난을 내리리라 한 말이 반드시 이루어질 것을 그것으로 알게 하리라(This shall be the sign to you, declares the LORD, that I will punish you in this place, in order that you may know that my words will surely stand against you for harm-ESV).

여호와께서 말씀하시기를 이것이 너희에게 징표가 될 것이니, 곧 내가 이곳에서 너희를 벌하여 너희에게 재앙이 있을 것이라고 한 나의 말이 분명히 성취되는 것을 너희가 알게 될 것이라고 하신다.

여기서 나타날 표징(sign)은 유다 백성이 의지하던 애굽 왕 호브라를 여호와께서 바벨론 왕 느부갓네살에게 붙이시는 것이다(Calvin).

렘 44:30. 보라 내가 유다의 시드기야 왕을 그의 원수 곧 그의 생명을 찾는 바벨론의 느부갓네살 왕의 손에 넘긴 것 같이 애굽의 바로 호브라 왕을 그의 원수들 곧 그의 생명을 찾는 자들의 손에 넘겨 주리라 여호와께서 이와 같이 말씀하셨느니라.

보라! 나 여호와가 말하기를 내가 유다 왕 시드기야를 그의 목숨을 노리고 있던 그의 원수 바벨론 왕 느부갓네살의 손에 넘겨 주었던 것과 똑같이 애굽 왕 바로 호브라(Pharoh-Hophra, 주전 589-570년 통치)도 그의 목숨을 노리고 있던 그의 원수들인 백성들의 손에 넘겨주겠다고 하신다.

"바로 호브라" 곧 "호브라"(Hophra)라는 이름의 뜻은 '태양신은 오래 참는다'는 뜻의 이름으로 애굽 제26왕조(王朝) 제4대 왕이다. 그는 주전 589-570년까지 19년간 애굽을 통치했다. 호브라는 주전 588년 바벨론의 느부갓네살 왕이 예루살렘을 침공하여 포위했을 때 유다 왕 시드기야의 요청으로 원군(援軍)을 이끌고 출전했으나 바벨론 군대가 그를 대적하기 위해 예루살렘 포위를 풀자 곧 철수하기도 했다(37:5이하; 겔 17:15, 17). 호브라의 최후에 대해서는 본서에만 예언되었는데, 그는 리비아에서의 군사적인 패배와 그 일로 인한 애굽 내의 반란, 곧 주전 570년 왕족 아마시스[25]와의 내전에서 전사했다. 그리고 느부갓네살은 이 혼란을 틈타 주전 568-567년 사이에 애굽을 침략함으로써 예레미야의 예언은 성취되었다.

---

25) "아마시스"에 대해서는 역사가 헤로더터스(Herodotus)가 말하는 것이 있다. 헤로더터스에 의하면 호브라는 주전 570년에 그의 왕위를 잃었는데, 그 경위를 보면 그가 장군들 중에 아마시스(Amasis)라는 자를 군부 내에 일어나고 있던 반란을 진압하기 위해 보냈는데, 오히려 그 군대가 아마시스와 결탁해 그를 바로(애굽 왕)로 추대했다. 아마시스는 호브라와 싸워 이기고 그를 옥에 가두었다. 얼마 후에 아마시스는 호브라를 그의 죽음을 요구하는 애굽 사람들에게 넘겨주어 그들이 그를 교살(목매어 죽임)시켰다는 것이다(Herodotus 2. 161-163, 169).

제 45 장

5. 예레미야가 바룩을 위로하다(45:1-5)

본 장은 바룩이 비탄에 빠져 있을 때(1-3절), 예레미야가 바룩을 위로하는 예언이다(4-5절).

<여호와께서 바룩에게 구원을 약속하시다>

렘 45:1. 유다의 요시야 왕의 아들 여호야김 넷째 해에 네리야의 아들 바룩이 예레미야가 불러 주는 대로 이 모든 말을 책에 기록하니라 그 때에 선지자 예레미야가 그에게 말하여 이르되.

유다의 요시야 왕의 아들 여호야김(주전 609-598년 통치)이 유다 왕이 된 지 제4년째 되는 해(주전 605년)에[26], 여호와께로부터 예레미야에게 말씀이 임했는데(36:1 주해), 이 때 네리야의 아들 바룩이 예레미야가 불러 주는 대로 이 모든 말을 책에 기록했다. 그 예언의 말씀을 여호야김이 불태웠으므로 재차 기록했다(36장 참조). 바로 그 때에 선지자 예레미야가 바룩에게 다음과 같이 말했다는 것이다. 1-5절은 예레미야의 충성된 비서이자 본서의 대필자였던 바룩(Baruch)에게 주는 메시지로 백성들이 당할 심판으로 인해 슬퍼하는 바룩을 위로하기 위해 기록되었다.

렘 45:2-3. 바룩아 이스라엘의 하나님 여호와께서 네게 이같이 말씀하셨느니라. 네가 일찍이 말하기를 화로다 여호와께서 나의 고통에 슬픔을 더하셨으니 나는 나의 탄식으로 피곤하여 평안을 찾지 못하도다.

---

26) 이때는 바룩이 예레미야의 예언을 두루마리에 기록한 때로 바벨론의 제1차 예루살렘 침략이 있기 직전이었다.

"이스라엘의 하나님 여호와께서 그대 바룩에게 전하라고 하시면서, 나 예레미야에게 이런 말씀을 하셨소. 여호와께서는 그대(바룩)가 언젠가 여호와께서 나(바룩)의 고통에 슬픔(민족의 고통에 슬픔)을 더하셨으니, 나는 이제 꼼짝없이 죽게 되었구나. 나는 탄식으로 기진하였고, 마음 평안할 날이 없다고 말한 것을 기억하고 계시오"라고 전했다.

렘 45:4. 너는 그에게 이르라 여호와께서 이와 같이 말씀하시기를 보라 나는 내가 세운 것을 헐기도 하며 내가 심은 것을 뽑기도 하나니 온 땅에 그리하겠거늘.

"여호와께서는 나 예레미야에게 바룩에게 전하라고 하시면서, 이렇게 말씀하셨소. 나 여호와가 말하는데 나 여호와는 내가 세운 것을 헐기도 하고, 내가 심은 것을 뽑기도 한다. 온 세상을 내가 이런 주권을 가지고 다스린다"고 하셨소. 이와 같은 하나님의 주권적 심판은 전 세계에 미쳐 아무도 거역하지 못한다고 하신다(25:15-26).

렘 45:5. 네가 너를 위하여 큰 일을 찾느냐 그것을 찾지 말라 보라 내가 모든 육체에 재난을 내리리라 그러나 네가 가는 모든 곳에서는 내가 너에게 네 생명을 노략물 주듯 하리라 여호와의 말씀이니라.

"네가 이제 큰 일을 찾고 있느냐? 그만 두어라. 이제 내가 모든 사람에게 재앙을 내릴 터인데 너만은 내가 보호하여, 네가 어디로 가든지, 너의 목숨만은 건져 주겠다"고 하신다.

오늘 사회 분위기가 죄악으로 우울할 때 지나친 큰 일을 찾아서는 안 될 것이다. 지나친 편함을 찾고, 또 지나치게 맛있는 것을 찾으며, 지나친 행복을 찾아 동분서주하는 일을 금해야 할 것이다(시 131:1-3). 우리는 그저 살아 있는 것으로 만족해야 할 것이다.

VIII. 열방에 대한 하나님의 예언(46:1-51:64)

제 46 장

1. 애굽이 유브라데에서 패할 것이라고 예언하다(46:1-12)

애굽 군대가 갈그미스 전투에서 바벨론 왕 느부갓네살에게 패배할 것이라고 예언하다.

<애굽에 관한 여호와의 말씀>

렘 46:1. 이방 나라들에 대하여 선지자 예레미야에게 임한 여호와의 말씀이라.

본 절은 열방에 대한 예언(46-51장) 전체에 대한 서언이다. 이런 형식은 14:1; 47:1; 49:34에도 나타난다.

렘 46:2. 애굽에 관한 것이라 곧 유다의 요시야 왕의 아들 여호야김 넷째 해에 유브라데 강 가 갈그미스에서 바벨론의 느부갓네살 왕에게 패한 애굽의 왕 바로느고의 군대에 대한 말씀이라.

애굽 왕 바로느고의 군대에 대한 말씀이라는 것이다. 때는 유다 나라 요시야 왕의 아들 여호야김 왕 넷째 해(주전 605년)에 일어난 일로서 그 장소는 유브라데 강 가 갈그미스에서 바벨론의 느부갓네살 왕에게 패전한 애굽의 왕 바로느고의 군대에 대한 말씀이라는 것이다. 여호야김 4년은 특별히 여호야김이 예레미야의 예언서를 불태운 해이기도 했다(36:1).

본 절의 "바로느고"(Pharaoh-Necho II, 주전 610-595년 통치)는 고대 애굽의 제26왕조(王朝)의 여섯째 왕이었다. 바로느고는 헤로도터스(Herodotus)에 의하면 국내적으로는 토목 공사를 일으켜 운하를 파며, 국외적으로는 국비를 강화하여 원정을 시도하는 등, 기울어진 애굽의 세도를 크게 진홍시킨 애굽 중흥의 왕이었다. 그는 유다 왕 요시야를 므깃도에서 전사시켰고, 그의 아들 여호아하스 왕위를 폐하며, 친 애굽파인 여호야김을 왕위에 올려 유다를 애굽에 예속화시켰다(왕하 29:35). 그러나 그는 갈그미스[27)]에서 느부갓네살에게 패함으로 그의 패권도 꺾여지고 말았다(이상근).

렘 46:3-4. 너희는 작은 방패와 큰 방패를 예비하고 나가서 싸우라. 너희 기병이여 말에 안장을 지워 타며 투구를 쓰고 나서며 창을 갈며 갑옷을 입으라.

3-4절의 진술은 애굽의 중무장을 보여주는 말로 그 시대에 가장 유력하게 사용되던 무장이다. 애굽은 그 시대에 군비에 있어서 첨단을 걸으면서 교만했다. 특히 바로느고는 유다의 요시야 왕을 죽이고, 유다를 속국으로 만든 뒤에 애굽을 대적할 나라가 없는 듯이 교만했다. 그런고로 하나님께서는 이제 도전적으로 말씀하신다. 교만하게 군사 행동을 하려면 해보라고 하신다. 교만한 자는 하나님께서는 반드시 물리치신다(잠 16:18; 약 4:6).

렘 46:5. 여호와의 말씀이니라 내가 본즉 그들이 놀라 물러가며 그들의 용사는 패하여 황급히 도망하며 뒤를 돌아보지 아니함은 어찜이냐 두려움이 그들의 사방에 있음이로다.

여호와께서 말씀하시기를, "나 여호와가 보고 있는 저 현상이 무엇이냐?

---

27) 갈그미스: 갈그미스는 하란 서쪽에 있으므로(창 11:31) "우르"에서 떠난 아브라함이 그리로 지났을 듯하다. 이 도성은 독립된 무역 중심지(Mari, Alalah)로서 주전 18세기의 자료 속에서 처음으로 언급되었다. 그러나 후기에는 애굽의 투트모시스 3세가 자기 영토임을 주장했다. 주전 1110년, 이니 테숩(Ini-Tesup) 왕의 통치를 받기 전까지 이곳은 수십 년간 헷 족속의 요새지대였다. 주전 717년에는 사르곤 2세가 그곳의 왕인 피시리(Pisiris)를 패망시키고 왕 대신 앗수르인 총독으로 대치시켰다(사 10:9). 주전 609년 애굽의 느고 2세가 이 도성을 탈환하려고 므깃도 골짜기를 지나 침입해 왔으며(대하 35:20), 요시야 왕은 이 애굽 군을 방어하려다 뜻을 이루지 못하고 전사했다(대하 35:21-24). 결국에는 그의 군대가 이곳을 바벨론 공격을 위한 발판이 되는 군사 기지로 만들었다. 그러나 주전 605년 5-6월에 느부갓네살 2세가 바벨론 군을 이끌고 불시에 이 도성으로 진군해 왔으며, 이 전쟁에서 느부갓네살이 갈그미스 부근에서 바로느고 군을 격파하였다(46:2). 결과적으로 바벨론 서방의 통치권을 장악하게 되었다. 1912년과 1914년의 발굴에서 헷 족속의 조각품과 확 트인 성(成) 비트 힐라니(bit hilani)가 있었던 낮은 성터, 그리고 전쟁의 잔여물, 후기 바벨론의 점령을 뒷받침해 주는 증거물이 발굴되었다(참조: PEB; ISBE).

애굽 군들이 모두 놀라서 뒤로 도망치고 있구나. 애굽 군들의 용사들마저도 격파되어, 겁에 질려서, 뒤도 돌아보지 않고, 정신없이 도망하고 있구나."라고 하신다. 결국은 여호와께서 교만한 애굽 군대를 파하신 것이었다.

렘 46:6. 발이 빠른 자도 도망하지 못하며 용사도 피하지 못하고 그들이 다 북쪽에서 유브라데 강 가에 넘어지며 엎드러지는도다.

여호와께서 계속해서 말씀하시기를 발이 빠른 애굽 군이 달아나지 못하고, 용사도 도망하지 못하는구나. 애굽 군들은 저 북녘 유프라데 강 가(갈그미스)에서 비틀거리다가 쓰러져 죽는구나. 이곳에서 애굽 군은 대패를 당하고 말았다.

렘 46:7. 강의 물이 출렁임 같고 나일 강이 불어남 같은 자가 누구냐.

본 절은 애굽 군대가 교만하다는 것을 진술한다(사 8:7-8). 본문의 나일 강은 해마다 여름이 되면 범람하여 주변 광야를 휩쓸었다. 그처럼 애굽 군대는 나일 강처럼 불어 오르고 범람한다는 것이다. 다시 말해 애굽 군대는 나일 강의 물결처럼 주위의 각처를 무서운 기세로 세력을 펼쳐서 휩쓸고 있다는 것이다.

렘 46:8. 애굽은 나일 강이 불어남 같고 강물이 출렁임 같도다 그가 이르되 내가 일어나 땅을 덮어 성읍들과 그 주민을 멸할 것이라.

본 절의 "그"라는 말은 '애굽의 바로느고'를 지칭한다. 애굽 왕의 호언장담은 심했다. 그는 전투를 벌이기도 전에 이미 승리를 얻은 것처럼 교만한 발언을 하고 있는 것이다.

렘 46:9. 말들아 달려라 병거들아 정신없이 달려라 용사여 나오라 방패 잡은 구스 사람과 붓 사람과 활을 당기는 루딤 사람이여 나올지니라 하거니와.

본 절은 애굽의 바로느고의 진격 명령이다. 애굽 왕의 진격 명령은 먼저 애굽 군인들에게 내리고, 다음으로는 애굽 주위 나라에서 끌어내온 용병들에게 내린다. 애굽 군인들에게 내린 진군 명령은 "말들아 달려라 병거들아 정신없이 달려라 용사여 나오라"는 것이다. 말들을 탄 기병들에게 달리라고 명령하고, 병거들에게 정신없이 달리라고 명령을 내린다. 그런 다음 용사들에게 나오라고 명령한다. 애굽의 보병은 여러 가지 무기로 무장하고 기병과 병거 뒤를 따랐다. 그리고 그 뒤에 방패 잡은 구스 사람과 붓 사람과 활을 당기는 루딤 사람을 나오라고 명령했다. 여기 "구스"라는 나라는 '에디오피아인'으로 나일 강을 따라 애굽의 상류 지방에 위치했다. 그리고 "붓인"은 홍해 연안에 살고 있던 푼트(Punt) 족으로 추측된다. 그리고 "루딤인"은 애굽 서쪽에 살고 있던 '리비아'(Lybia)인을 지칭한다.

렘 46:10. 그 날은 주 만군의 여호와께서 그의 대적에게 원수 갚는 보복일이라 칼이 배부르게 삼키며 그들의 피를 넘치도록 마시리니 주 만군의 여호와께서 북쪽 유브라데 강 가에서 희생제물을 받으실 것임이로다.

그 날은 만군의 여호와 하나님께서 원수들(애굽 군대들)에게 복수하시는 날이다. 그 날은 여호와께서 원수(애굽 군인들)를 갚으시는 날이다. 여호와의 칼이 그들을 삼켜서 배부를 것이며, 그들의 피로 흠뻑 젖을 것이다. 그날은 만군의 여호와 하나님께서 북녘 땅 유프라테스 강 가로 오셔서 희생제물을 잡으시는 날이다.

본 절 초두의 "그 날"(that day)이란 애굽 군이 출전하여 유브라데 강 가에서 바벨론 군과 전쟁을 시작하여 패배한 때를 말한다(사 2:12; 13:6, 9; 암 5:18, 20; 습 1:7, 14; 욜 2:1, 11). 그 어떤 한 날을 말하는 것이 아니라 애굽 군이 바벨론 군에게 패배하는 날을 지칭한다.

본 절의 "여호와께서 그의 대적에게 원수 갚는 보복일이라"는 말씀은 '여호와께서 바벨론 편을 들어 애굽에 원수 갚는 복수일'이라는 것이다. 여기 "그의 대적"이라는 묘사는 애굽이 여호와의 대적이라는 뜻이다. 애굽은 므깃도에 유다 나라의 왕 요시야를 살해했다. 요시야 왕은 선한 왕으로서 유다 민족을 옳은 길로 인도하기 위해 종교개혁을 했다. 하나님께서는 요시야의 개혁을 통하여 그의 뜻을 이루시려는 것을 좌절시킨 애굽에 대하여 신원하시지 않을 수 없으셨다.(박윤선) "만군의 여호와" 주해를 위해 2:19 주해를 참조하라.

"주 만군의 여호와께서 북쪽 유브라데 강 가에서 희생제물을 받으실 것임이로다"라는 말씀은 '바벨론 군과 유브라데 강 가에서 애굽 군과 전투가 일어날 때 애굽 군이 수없이 많이 살해되었는데, 그 애굽 군의 죽음이 여호와에게는 곧 희생제물로 바쳐지는 것'으로 본 말씀이다.

렘 46:11. 처녀 딸 애굽이여 길르앗으로 올라가서 유향을 취하라 네가 치료를 많이 받아도 효력이 없어 낫지 못하리라.

처녀 딸 애굽이여! 길르앗 산지(요단 강 동편 바산 지대)로 올라가서 유향을 취해서 상처가 난 곳에 발라 보아라. 네가 아무리 많은 약을 써 보아도 너에게는 백약이 무효일 것이다. 네가 아무리 상처를 치료해 보려 해도 헛수고만 하는 것이다. 애굽의 패배는 되돌릴 수 없는 패배가 될 것을 말하는 것이다.

여기 애굽을 "처녀 딸"이라고 부른 이유는 '평안한 가운데 부요하게 곱게 지낸 애굽의 국운을 생각하여 부른 이름'이다.

그리고 "길르앗"은 요단 강 동편 지방을 이름인데, 갈릴리 바다의 남쪽에서부터 아르논 강(Arnon)까지 144km쯤 뻗친 그 북쪽은 삼림(森林)이 울창하고 나무에서 나는 유향을 많이 저장하고 있다.

여기 "유향"은 약 재료로 애굽의 상처는 약으로 아무리 치료할 수가 없다는 뜻이다. 애굽은 이 예언대로 결국은 느부갓네살 왕의 정복을 당한 이후 항상 약소국으로 남게 되었다. 애굽은 주전 525년에 다시 파사 나라에 정복되어 100년 동안 그 속국(屬國)으로 있었고, 그 후에 잠시 독립했으나 파사 왕국이 무너지고 뒤이어 일어난 헬라에게 복속(服屬)되었다. 그리고 그 뒤에는 로마, 아라비아, 터키, 프랑스, 영국 등 여러 나라에 복속되었다.

애굽은 이렇게 여러 나라의 지배를 받으면서 약한 나라로 지나게 되었다(겔 30:12, 13).

렘 46:12. 네 수치가 나라들에 들렸고 네 부르짖음은 땅에 가득하였나니 용사가 용사에게 걸려 넘어져 둘이 함께 엎드러졌음이라.

애굽의 수치스러운 소문이 세계 많은 나라들에 퍼졌고, 애굽의 부르짖음이 온 세상에 가득하게 되었으며, 너의 용사들마저 서로 부딪쳐 함께 쓰러져 죽었으므로, 너의 울부짖는 소리가 온 땅에 가득하게 되었다는 것이다. 애굽이 이렇게 약화된 것은 하나님의 원수 역할을 감당했기 때문이다.

오늘날도 세상의 개인이나 어떤 국가도 하나님을 거스르는 경우 맥을 추지 못하고 계속해서 약한 상태로 살아간다는 것을 기억하고 하나님을 거슬러서는 안 될 것이다.

2. 느부갓네살이 애굽으로 원정할 것이라고 예언하다(46:13-26)

<느부갓네살이 애굽을 치리라>

렘 46:13. 바벨론의 느부갓네살 왕이 와서 애굽 땅을 칠 일에 대하여 선지자 예레미야에게 이르신 여호와의 말씀이라.

본 절은 13-26절의 표제로 사용된다. 즉, 바벨론 왕 느부갓네살이 애굽 땅을 칠 일에 대하여 여호와께서 선지자 예레미야에게 이르신 여호와의 말씀이시다.

렘 46:14. 너희는 애굽에 선포하며 믹돌과 놉과 다바네스에 선포하여 말하기를 너희는 굳건히 서서 준비하라 네 사방이 칼에 삼키웠느니라.

너희는 애굽 전국에 알리고, 또 믹돌에서 외치며, 멤피스와 다바네스에도 외쳐서 알려라. 너희는 이렇게 전하여라. 너희는 어서 방어 태세를 갖추어라. 사방에서 전쟁이 일어나서 너희를 삼킬 것이라고 하여라.

"믹돌"(Migdol)은 지중해에서 멀지 않은 국경 도시이고(43:7; 겔 29:10; 30:6), "놉"(Noph)은 "몹"(Moph)의 변형이며, "멤피스"를 뜻한다. 그리고 "다바네스"는 지금 예레미야가 거하는 도시이다(43:7). 이들 도시들에게 바벨론의 침략에 대비하라는 것이다. 그러나 그 모든 대비가 소용없을 것이라고 한다. 왜냐하면 바벨론의 군대가 너무 강해서 사방의 나라들이 모두 정복당했기 때문이라는 것이다.

렘 46:15. 너희 장사들이 쓰러짐은 어찌함이냐 그들이 서지 못함은 여호와께서 그들을 몰아내신 까닭이니라(Why have(are) your mighty ones face down? They do not stand Because the LORD thrust him(them) down-ESV)**.**

어찌하여 너의 힘센 장사들(Valient men)이 꺼꾸러졌느냐? 여호와께서 그들을 메어치셨기 때문에 그들이 서서 견딜 수가 없었다는 것이다. 어찌하여 애굽의 장자들이 바벨론 앞에서 쓰러졌느냐는 것이다. 여호와께서 그렇게 되게 하셨기 때문에 거꾸러졌고, 더 이상 서 있을 수가 없었기 때문에 몰아내졌다고 한다. 어떤 국가나 개인이나 여호와께서 쓰러뜨리시게 하시면 별 수 없이 쓰러진다.(시 127:1)

렘 46:16. 그가 많은 사람을 넘어지게 하시매 사람이 사람 위에 엎드러지며 이르되 일어나라 우리가 포악한 칼을 피하여 우리 민족에게로, 우리 고향으로 돌아가자 하도다.

여호와께서 애굽의 많은 용병들이 비틀거리고 쓰러져 죽게 하시매(9절 참조), 용병들이 서로 말하기를 어서 일어나서, 우리 민족에게로 돌아가자, 우리 고향으로 돌아가자 했다는 것이다. 여호와께서 패하게 하시니 모든 용병들도 별수 없이 엎드러지면서 그런 말밖에 할 수 없었다는 것이다.

렘 46:17. 그들이 그 곳에서 부르짖기를 애굽의 바로 왕이 망하였도다 그가

기회를 놓쳤도다(Call the name of Pharaoh, king of Egypt, 'Noisy one who lets the hour go by'-ESV).

이제는 애굽의 용병들이 '애굽의 왕 바로를 기회를 놓친 떠버리'라고 부르라고 말한다.

애굽의 용병들이 애굽 군대가 망하고 와해되었을 때, 애굽 왕 바로를 공연히 큰소리나 치는 떠버리라고 불러야 한다고들 했다는 것이다. '애굽의 왕 바로는 회개할 기회를 놓친 떠버리 외에 아무 것도 아니라'고 떠든 것이다. 사람 중에도 이렇게 실속 없는 떠버리가 있다. 우리는 여호와 하나님을 참으로 의지하여 실속 있는 사람들이 되어야 할 것이다.

렘 46:18. 만군의 여호와라 일컫는 왕이 이르시되 나의 삶으로 맹세하노니 그가 과연 산들 중의 다볼 같이, 해변의 갈멜 같이 오리라.

나 만군의 여호와라는 왕(8:19; 10:7; 48:15; 51:57; 민 23:21; 신 33:5; 시 5:2; 사 6:5; 습 3:15; 슥 14:9; 말 1:14)이 나의 삶을 두고 맹세하는데, 그(바벨론의 느부갓네살 왕)가 산들 사이에 우뚝 솟은 다볼 산(해발 550km)과 같고, 지중해 연안에 높이 솟은 갈멜 산(518km)과 같이 애굽을 향해 진격해 오리라는 것이다.

렘 46:19. 애굽에 사는 딸이여 너는 너를 위하여 포로의 짐을 꾸리라 놉이 황무하며 불에 타서 주민이 없을 것임이라(Prepare yourselves baggage for exile, O inhabitants of Egypt! For Memphis shall become a waste, a ruin, without inhabitant-RSV, ESV).

딸 애굽의 백성아! 너희는 짐을 꾸려서 잡혀 갈 때 여러 가지를 넣어가지고 다닐 보따리를 준비하여라. 애굽의 수도 멤피스가 바벨론의 침공으로 말미암아 황무지로 바뀌어서 아무도 살 수 없는 폐허가 될 것이라고 하신다.

"애굽에 사는 딸"이란 말은 '애굽의 주민들'을 지칭한다. 이는 마치 시온 딸이라 하면 시온 주민을 의미함과 같다(4:31; 사 37:22; 미 1:13).

"너는 너를 위하여 포로의 짐을 꾸리라"는 말은 애굽 주민들은 바벨론의 침략으로 말미암아 포로로 잡혀가게 되었으니, 포로로 잡혀갈 때 빈손으로 가지 않고 이것저것 넣어가지고 다닐 보따리를 준비하라는 뜻이다.

본 절의 "놉"이란 말은 하(下)애굽의 수도 멤피스(Memphis)를 가리키는 말이다. 수도가 황무하게 되었다는 말은 말 그대로 애굽 전체가 망하게 되었다는 것을 뜻한다.

렘 46:20. 애굽은 심히 아름다운 암송아지일지라도 북으로부터 쇠파리 떼가 줄곧 오리라.

심히 예쁜 암송아지 같은 애굽이 이제부터는 북녘에서 마구 몰려오는 쇠파리 떼에 괴롭힘 당하는 신세가 될 것이라는 뜻이다.

"북으로부터 쇠파리 떼가 줄곧 오리라"는 말은 북녘에서 마구 몰려오는 바벨론의 침략을 염두에 둔 표현이다.

렘 46:21. 또 그 중의 고용꾼은 살진 수송아지 같아서 돌이켜 함께 도망하고 서지 못하였나니 재난의 날이 이르렀고 벌 받는 때가 왔음이라(Even her hired soldiers in her midst are like fattened calves; yes, they have turned and fled together; they did not stand, for the day of their calamity has come upon them, the time of their punishment-ESV)**.**

돈으로 사서 들여온 용병들(구스인, 붓인, 루딤인 등, 9절)은 살진 송아지들이다. 파멸의 날이 다가오고 징벌의 시각이 다가오면, 그들마저도 버티지 못하고 돌아서서 다 함께 달아날 것이다.

"살진 수송아지 같다"는 말은 외국의 용병들도 애굽인들이나 마찬가지로 애굽의 풍요로움에 젖어 살진 수송아지 같이 되었다는 것이다. 그 용병들은 바벨론의 침략이 닥치면 자기 나라로 도망할 생각만 하고 멈추지 않는다는 것이다.

렘 46:22. 애굽의 소리가 뱀의 소리 같으리니 이는 그들의 군대가 벌목하는 자 같이 도끼를 가지고 올 것임이라(She makes a sound like a serpent gliding away; for her enemies march in force, and come against her with axes like those who fell trees-RSV, ESV).

본 절은 패배한 애굽 사람들이 뱀과 같이 숨을 죽이고 사는 신세로 전락할 것임을 표현한 것이다. 즉, 애굽의 원수들인 바벨론이 군대를 거느리고 밀어닥치며, 그들이 벌목하는 사람들처럼 도끼를 들고 애굽을 치러 들어오면, 애굽은 소리를 내며 도망치는 뱀처럼 달아날 것이라는 뜻이다.

"애굽의 소리가 뱀의 소리 같다"는 것은 애굽 군대가 바벨론 군대 앞에서 도망하는 것이 마치 벌목하는 자 앞에서 도망하는 뱀과 같다는 뜻이다. 뱀이 소리를 내면서 도망하는데, 벌목 군들(바벨론 군대)이 도끼를 들고 이를 추격한다는 것이다. 고대의 군인들은 도끼를 들고 전쟁을 했다는 것이다.

오늘도 하나님과 원수가 되면 벌목 군들 앞에 쫓겨 다니는 뱀의 신세가 된다는 것을 알아야 할 것이다.

렘 46:23. 여호와의 말씀이니라 그들이 황충보다 많아서 셀 수 없으므로 조사할 수 없는 그의 수풀을 찍을 것이라(They shall cut down her forest, declares the LORD, though it is impenetrable, because they are more numerous than locusts; they are without number-ESV).

여호와께서 말씀하시기를 그 숲(애굽 백성의 숫자 비유)이 들어설 수 없이 빽빽하다 하여도, 그들(바벨론 군대)의 수가 메뚜기 떼보다도 많고, 헤아릴 수 없이 많으므로, 그들이 그 숲의 나무들(애굽 군인들)을 모두 잘라 버릴 것이다. 이렇게 애굽 백성을 죽일 수 있는 이유는 바벨론 군이 보다 많아 황충이 떼와 같았기 때문이다. 황충이는 항상 많은 수를 상징한다(출 10:4; 신 28:38; 나 3:15).

여기 "그들이 황충보다 많아서 셀 수 없다"는 표현은 '바벨론 군대의 숫자가 황충보다 많다'는 뜻이다. 다시 말해 바벨론 군대의 무수한 병력과 위력을 비유적으로 나타낸 표현이다.

"조사할 수 없는 그의 수풀을 찍을 것이라"는 말은 '비록 애굽 군대의 숫자가 조사할 수 없이 많다고 해도 바벨론 군대의 힘이 더 세니 애굽 군대의 많음을 찍을 것이라'는 뜻이다. 중요한 것은 하나님께서 바벨론 편을 들어서 싸우시니 애굽 군대는 패할 수밖에 없다는 것이다. 전쟁은 여호와께 속한 것이다. 다시 말해 여호와께서 이기게 하시는 쪽이 이긴다는 뜻이다.

렘 46:24. 딸 애굽이 수치를 당하여 북쪽 백성의 손에 붙임을 당하리로다.

딸 애굽이라는 표현은 11절의 "처녀 딸"이란 표현과 같은 것이다. 그곳 주해를 참조하라. "수치를 당한다"는 말은 '전쟁에 패한다'는 뜻이다. 그리고 "북녘 백성의 손에 붙임을 당한다"는 표현은 '바벨론 군대의 손에 패배를 당한다'는 뜻이다.

렘 46:25. 만군의 여호와 이스라엘의 하나님께서 말씀하시니라 보라 내가 노의 아몬과 바로와 애굽과 애굽 신들과 왕들 곧 바로와 및 그를 의지하는 자들을 벌할 것이라.

만군의 여호와 이스라엘의 하나님께서 말씀하시기를, "보라! 내가 테에베의 신 아몬에게 벌을 내리고, 바로와 애굽과 그 나라의 신들이나 왕들에게도 벌을 내리고, 바로 뿐만 아니라 그를 의지하는 사람들에게도 벌을 내리겠다"고 하신다.

"노"란 말이 무엇이냐를 두고 견해가 갈린다. 1) 알렉산드리아라는 견해(Calvin, 박윤선), 2) 애굽 상류지방의 수도 '테에베'(Thebes)라는 견해(K.&D., Rosenmueller, Dathe, Nicholson, 이상근, 그랜드 종합 주석, 호크마주석). 이 두 견해 중에 2)번의 견해를 택해둔다.

본 절의 "아몬"이란 말은 테에베의 수호신이었으나 주전 1900년부터는 애굽 전체의 주신(主神)으로 부각되었다.

본 절의 "바로와 및 그를 의지하는 자들을 벌할 것이라"라는 말은 애굽에서 제일 높은 왕과 또 그 애굽을 의지하는 자들을 벌한다는 뜻이다. 우리는 잘못된 사람을 의지하는 일이 매우 위험한 것을 알아 아주 높으신 하나님만을 의지해야 한다. 하나님을 의지하면 절대로 벌을 받지 않는다.

본 절은 애굽이 망한다는 것을 드러내고 있다. 애굽과 애굽 왕과 애굽의 신들이 망한다는 것을 드러낸다. 우리는 세상을 의지해서는 안 될 것이다.

렘 46:26. 내가 그들의 생명을 노리는 자의 손 곧 바벨론의 느부갓네살 왕의 손과 그 종들의 손에 넘기리라 그럴지라도 그 후에는 그 땅이 이전 같이 사람 살 곳이 되리라 여호와의 말씀이니라.

나 여호와가 그들(애굽인들)의 목숨을 노리는 바벨론 왕 느부갓네살과 그 부하들의 손에 그들(애굽인들)을 넘겨주겠다. 그러나 그런 다음에는 그 땅에 다시 예전처럼 사람이 살게 될 것이라고 하신다. 겔 29:13-16은 애굽이 바벨론에 패망한 후 40년 후에 복구되되 아주 미약한 나라가 될 것을 예언한다.

3. 이스라엘(야곱)을 위로하다(46:27-28)

<이스라엘을 구원하리라>

렘 46:27. 내 종 야곱아 두려워하지 말라 이스라엘아 놀라지 말라 보라 내가 너를 먼 곳에서 구원하며 네 자손을 포로된 땅에서 구원하리니 야곱이 돌아와서 평안하며 걱정 없이 살게 될 것이라 그를 두렵게 할 자 없으리라.

나의 종 야곱아! 너는 두려워하지 말라. 이스라엘아! 너는 무서워하지 말라. 내가 너를 먼 곳에서 구원하여 데려오고, 포로로 잡혀 간 땅에서 너의 자손을 구원할 것이니, 야곱이 고향으로 돌아와서 평안하고 안정되게 살 것이며, 아무런 위협도 받지 않고 살게 될 것이라고 하신다.

본 절의 "야곱"이라는 이름과 "이스라엘"이란 이름은 똑같은 뜻이다. 야곱은 본래의 이름이고, 이스라엘은 야곱이 하나님을 만나 고쳐진 이름이다. 하나님은 이스라엘 민족을 향하여 두려워하지 말라. 또 놀라지 말라고 위로 하신다. 이유는 그 다음에 나온다. 여호와께서 야곱 민족을 먼 곳에서 구원하여 데려오고, 포로로 잡혀 간 바벨론 땅에서 너의 자손을 구원할 것이기 때문이며, 또 야곱이 고향으로 돌아와서 평안하고 안정되게 살되, 아무런 위협도 받지 않고 살게 될 것이기 때문이라는 것이다. 결국 구원은 하나님께 있는 것이고, 평안은 하나님께 있는 것이다. 27-28절의 말씀은 12:14-17; 30:10-11절과 문자적으로 거의 같다.

렘 46:28. 여호와의 말씀이니라 내 종 야곱아 내가 너와 함께 있나니 두려워하지 말라 내가 너를 흩었던 그 나라들은 다 멸할지라도 너는 사라지지 아니하리라 내가 너를 법도대로 징계할 것이요 결코 무죄한 자로 여기지 아니하리라 하시니라.

여호와께서 말씀하시기를 나의 종 야곱아! 너는 두려워하지 말라! 내가 너와 함께 있겠다. 내가 너를 좇아 여러 나라로 흩어 버렸지만, 이제는 내가 그 모든 나라를 멸망시키겠다. 그러나 너를 내가 멸망시키지 않고, 법에 따라서 징계하겠다. 나는 절대로, 네가 벌을 면하게 하지는 않겠다고 하신다.

본 장에서 애굽의 멸망에 대하여 예언하다가 27-28절에 와서는 야곱에 대해 위로하시는 것은 야곱을 괴롭히던 열방의 멸망과 야곱과 밀접한 관계가 있음을 보여준 것이다.

제 47 장

4. 블레셋이 애굽에 의해 망할 것을 예언하다(47:1-7)

블레셋 사람들은 지중해 연안 지역에 거주하는 이스라엘 최대의 적이었다. 애굽의 라암세스 3세(Ramses III, 주전 1205-1175) 때 그들은 애굽을 침략했으나 실패하고 귀로에 지중해 해안 지대에 정착했다. 블레셋은 이스라엘의 숙적으로 사울 왕이 블레셋과의 전쟁에서 전사했고(삼상 21장), 다윗이 정복했으며(삼하 8:1), 여호람 시대에 반역했고(대하 21:16-17), 웃시야 왕이 정복했으며(대하 26:6-7), 아하스 시대에 다시 반역했다(대하 28:18).

본 장의 내용은 북방에서 오는 세력으로 말미암아 블레셋이 진멸을 당한다는 내용이다.

<블레셋 사람을 유린하시는 날>

렘 47:1. 바로가 가사를 치기 전에 블레셋 사람에 대하여 선지자 예레미야에게 임한 여호와의 말씀이라.

바로가 가사를 치기 전에 여호와께서 블레셋 사람을 두고 선지자 예레미야에게 주신 여호와의 말씀이라는 것이다.

"바로가 가사를 치기 전"이 언제냐를 두고 견해가 갈린다. 1) 바로가 므깃도에서 요시야에게 승리(주전 609년)한 후, 주전 608년경으로 보는 견해(Herodotus, Duncker, Lange), 2) 바로가 갈그미스에서 느부갓네살에게 패배를 당한 때(주전 605년)로 보는 견해, 아마도 바로가 갈그미스로 가는 길로 보는 견해(Hitzig, K.&D., Cheyne), 이 두 견해 중에 2)번의 견해를 취해둔다. 그 때 여호와의 말씀이 예레미야에게 임한 것으로 본다.

렘 47:2. 여호와께서 이와 같이 말씀하시되 보라 물이 북쪽에서 일어나 물결치는 시내를 이루어 그 땅과 그 중에 있는 모든 것과 그 성읍과 거기에 사는 자들을 휩쓸리니 사람들이 부르짖으며 그 땅 모든 주민이

울부짖으리라.

여호와께서 말씀하시기를, "보라! 북녘(바벨론)에서부터 물이 불어 올라서, 범람하는 강물이 되어 땅과 땅 위에 있는 모든 것(블레셋의 성읍과 사람들)을 휩쓸며 흐르고, 성읍과 그 주민을 다 같이 휩쓸고 지나갈 것이다(46:8; 사 28:18; 겔 26:19; 단 11:10). 모든 사람이 살려 달라고 울부짖으며, 그 땅의 모든 주민이 통곡할 것이라"고 하신다.

렘 47:3. 군마의 발굽 소리와 달리는 병거 바퀴가 진동하는 소리 때문에 아버지의 손맥이 풀려서 자기의 자녀를 돌보지 못하리니.

군마들의 요란한 말발굽 소리와 덜컹거리며 달려오는 병거들의 소란한 바퀴소리에 아버지들은 손이 풀려서 자식들을 돌보지 못할 것이라고 하신다.

"군마의 발굽 소리와 달리는 병거 바퀴가 진동하는 소리"라는 말은 '바벨론 군대 기병의 말굽 소리와 전차 소리'를 뜻한다.

"아버지의 손맥이 풀려서 자기의 자녀를 돌보지 못한다"는 말은 블레셋 민족이 바벨론의 군대 앞에서 공포심에 사로 잡혀 어쩔 수 없이 될 것을 지칭한다. 사 49:15 참조. 이 말은 블레셋 사람들에게 극심한 환란이 닥치게 된 것을 의미한다.

렘 47:4. 이는 블레셋 사람을 유린하시며 두로와 시돈에 남아 있는 바 도와줄 자를 다 끊어 버리시는 날이 올 것임이라 여호와께서 갑돌 섬에 남아 있는 블레셋 사람을 유린하시리라(because of the day that is coming to destroy all the Philistines, to cut off from Tyre and Sidon every helper that remains. For the LORD is destroying the Philistines, the remnant of the coastland of Caphtor-RSV, ESV).

블레셋 사람들이 바벨론 군대 앞에서 공포심에 사로 잡혀 어쩔 수 없이 될(3절) 이유는 여호와께서 블레셋 사람들을 모두 진멸시키시고, 두로와 시돈에 남아있는 도와줄 자마저도 모두 끊어 버릴 날이 올 것이기 때문이다.

여호와가 갑돌 섬(크레타 섬)에 남아있는 블레셋 사람들을 멸망시킬 것이라고 하신다.

"두로와 시돈에 남아 있는 바 도와 줄 자를 다 끊어 버리시는 날이 올 것이라"는 말은 '베니게의 양대 도시에 남아 있는 자 블레셋을 도와줄 자들을 끊어버리시는 날이 올 것이라'는 뜻이다. 아마도 블레셋과 베니게는 서로 동맹 관계에 있던 것으로 보인다. 그리고 바벨론은 블레셋을 침략했을 때 베니게도 동시에 침략한 것으로 보인다.

"갑돌 섬에 남아 있는 블레셋 사람을 유린하시리라"는 말은 '갑돌 섬은 블레셋 사람들의 출신지인 그레데 섬(창 10:14; 신 2:23)을 가리키는 표현(Lange, Nicholson)으로 여호와께서 블레셋 족속을 완전히 멸망시키실 것을 예언한 것이다.

렘 47:5. 가사는 대머리가 되었고 아스글론과 그들에게 남아 있는 평지가 잠잠하게 되었나니 네가 네 몸 베기를 어느 때까지 하겠느냐.

가사(블레셋의 5대 도시 중 하나이다)는 슬픔에 겨워(16:6; 41:5) 머리털을 밀었고, 아스글론(블레셋의 5대 도시 중 하나이다)은 말문이 막혀 있다. 아낙 자손과 그 남은 골짜기들아! 너희가 언제까지 몸에 상처를 내며(몸의 살을 베는 것은 죽은 자를 위한 애통의 표시로 율법에 금지되어 있으나 이방에서는 시행되고 있었다) 통곡하려느냐? 아무튼 큰 죽음과 그로 말미암은 슬픔이 블레셋 나라에 가득했다는 표현이다.

렘 47:6. 오호라 여호와의 칼이여 네가 언제까지 쉬지 않겠느냐 네 칼집에 들어가서 가만히 쉴지어다.

아! 여호와께서 보내신 바벨론의 칼아! 너 바벨론의 칼이 언제까지 살육을 계속하려느냐? 제발 너의 칼집으로 들어가서 가만히 머물러 있길 바라지만 말을 들을는지는 의문이구나. 본 절의 말은 블레셋 사람들이 바벨론의 침략이 끝나기를 바라는 탄식이다.

렘 47:7. 여호와께서 이를 명령하셨은즉 어떻게 잠잠하며 쉬겠느냐 아스글론과 해변을 치려하여 그가 정하셨느니라 하니라.

본 절은 여호와께서 바벨론의 칼을 향하여 블레셋을 찌르라고 하셨는데, 어떻게 바벨론의 칼이 잠잠하며 쉬겠느냐는 것이다. 여호와께서 아스글론(블레셋의 5대 도시 중 하나)과 해변을 치려하여 여호와께서 명령하셨는데, 어떻게 쉬게 하겠느냐고 하신다(겔 25:16 참조).

제 48 장

5. 모압[28])이 심판을 받을 것이다(48:1-6)

모압에 대한 예언은 사 15-16장; 겔 25:8-11; 암 2:1-3; 습 2:8-10 등에도 보인다.

<모압의 멸망>

렘 48:1. 모압에 관한 것이라 만군의 여호와 이스라엘의 하나님께서 이와 같이 말씀하시되 오호라 느보여 그가 유린당하였도다 기랴다임이 수치를 당하여 점령되었고 미스갑이 수치를 당하여 파괴되었으니.

"모압에 관한 것이라"(concerning Moab)는 말씀은 48장의 모압에 관해서 말하기 위한 표제이다. 그리고 "만군의 여호와 이스라엘의 하나님께서 이와 같이 말씀하시되"라는 말은 모압에 대해서도 역시 만군의 여호와 이스라엘의 하나님께서 말씀하신다는 뜻이다. 여호와께서 선지자 예레미야를 통하여 모압에 대하여 말씀하신다는 것이다. 본 절에 나오는 세 도시(느보, 기랴다임, 미스갑)들은 각각 모압을 대표하는 도시들이다. 도시 하나 하나의 멸망을 말하는 것은 바로 모압 전체의 멸망을 말하는 것이다. 그런고로 "느보가 유린당하였도다", "기랴다임이 수치를 당하여 점령되었고", "미스갑이 수치를 당하여 파괴되었다"는 세 마디 말씀은 동의어들로서 모압의 멸망을 뜻한다. 위의 세 동사가 모두 과거 동사로 쓰인 것은 앞으로 확실하게

28) "모압": 롯의 큰 딸로 말미암은 민족으로 사해 동편에 거주하게 되었다. 여기 사해 동편이란 남쪽은 "제렌"(Zered) 강, 북쪽은 "아르논"(Arnon) 강 서쪽으로는 사해, 동쪽으로는 사막이 있다. 이스라엘이 가나안 땅에 정착한 후 모압 땅은 르우벤과 갓 지파의 영토가 되었고(민 32:33-38), 분국 후에는 북 왕국 이스라엘의 속국이 되었다가(민 32:33-38), 반역하기도 했다(왕하 1:1). 모압은 주전 582년 경 느부갓네살에게 포로가 되었고, 바사 왕 고레스에 의해 해방 받았다. 이런 과정은 이스라엘과 똑같은 과정을 밟았다.

진행될 것을 말하기 위해 과거 동사가 사용되었다. 모압이 망한 것은 미래의 일이로되 망할 것이 너무 확실하니 과거 동사, 즉 예언적 확신(prophetic assurance)을 드러내기 위해 과거사로 기록된 것이다.

모압이 이렇게 수치를 당하고 망하는 일은 우연한 사건이 아니라 이스라엘 백성의 숙적이었기 때문에(민 22:24) 일어난 일이다. 모압 민족은 여러 세기를 두고 이스라엘과 원수 되어 왔다(삿 3:12-30; 삼상 14:47; 삼하 8:2; 왕하 3:4-27; 13:20). 신약에서도 성도들과 원수를 맺는 개인이나 단체나 국가는 이처럼 망하는 것을 볼 수 있다.

"느보"는 느보산 가까이에 있는 성읍인데, 사해의 북쪽 끝에서 동쪽으로 20km 지점에 위치해 있다(민 32:3). "기랴다임"은 아르논(Arnon) 강의 북쪽 17km 지점에 위치한 성읍이고, "미스갑"은 산지(山地)라는 뜻으로 위의 두 도시를 포함하는 지방 이름이다.

렘 48:2. 모압의 찬송 소리가 없어졌도다 헤스본에서 무리가 그를 해하려고 악을 도모하고 이르기를 와서 그를 끊어서 나라를 이루지 못하게 하자 하는도다 맛멘이여 너도 조용하게 되리니 칼이 너를 뒤쫓아 가리라.

본 절도 역시 모압이 망할 것을 진술한다. 모압을 찬송하는 소리가 없어질 것이라고 한다. 모압이 이처럼 망해야 하는 이유는 1절에 기록되어 있다(사 16:6 참조).

본 절에 등장하는 두 도시(헤스본, 맛멘)도 역시 모압을 대표하는 도시들이다. "헤스본에서 무리가 그를 해하려고 악을 도모하고 이르기를 와서 그를 끊어서 나라를 이루지 못하게 하자 하는도다"는 말도 역시 모압이 망한다는 것을 보여주는 말이다. 여기 "헤스본"이란 곳은 모압의 국경 도시로 바벨론 군대가 모압을 정복하기 전에 거기서 전략(戰略)을 꾸밀 것이라고 한다. 이 전략은 다름 아니라 모압으로 하여금 나라를 이루지 못하게 하겠다는 전략이었다. 이 작전은 유효하여 결국 모압은 국가 형태를 갖추지 못하게 되었다.

그리고 "맛멘"('적막'이란 뜻이 있다)이란 도시는 느보산 주변에 있었던 도시였는데 선지자는 그 도시가 이름의 뜻처럼 장래에 적막하게 될 것이라고 말한다. 한 나라나 개인이나 망하는 것은 죄악 때문임을 보여준다.

렘 48:3. 호로나임에서 부르짖는 소리여 황폐와 큰 파멸이로다.

본 절도 역시 한 도시(호로나임)의 멸망을 들어 모압의 멸망을 말한다. 호로나임은 소알 가까이에 있는 도시인데 평원지대(平原地帶)이다. 호로나임에서 울부짖는 비명 소리가 들려온다는 말은 모압에서 비명 소리가 들려온다는 뜻이다. 그 비명 소리란 '나라가 황폐되고 말았구나,' '파괴되었구나'라고 외치는 소리이다. 모압이 교만했고, 이스라엘과 원수가 되었으니 망하지 않을 수 없었다.

렘 48:4. 모압이 멸망을 당하여 그 어린이들의 부르짖음이 들리는도다 (Moab is destroyed; her little ones have made a cry-ESV).

'모압이 파괴되었다'라고 울부짖는 어린 아이들의 부르짖는 소리가 들리는구나.

여기 "어린이들"의 뜻이 무엇이냐를 두고 견해가 갈린다. 1) '소알'이라는 도시라고 보는 견해(창 13:10; 19:30; LXX, RSV, Ewald, Thompson, Cheyne, 공동번역, 이상근), 2) 작은 성읍이라는 견해(Hitzig), 3) '어린 아이들'을 지칭한다는 견해(KJV, NASB, NIV, ESV, 표준 새 번역, 바른성경, Calvin, 박윤선, 그랜드 종합 주석)인데, 세 가지 견해 중에 3)번의 견해가 가장 타당한 것으로 보인다. 본 절의 의미는 심지어 아이들까지 모압이 망한 줄 알고 부르짖게 될 것이라는 뜻이다. 모압의 멸망이 확실하니 어린 아이들까지 슬피 부르짖는다는 것이다.

렘 48:5. 그들이 루힛 언덕으로 올라가면서 울고 호로나임 내리막 길에서 파멸의 고통스런 울부짖음을 듣는도다.

본 절은 사 15:5과 매우 유사하다. "루힛"이라는 곳은 '소알'과 모압 '알'의 중간 지대에 있던 곳이다. 모압이 멸망해서 피난민들이 남쪽으로 가는데 루힛 언덕으로 올라가고, 혹은 호로나임으로 내려가면서 운다는 것이다. 이처럼 모압의 멸망은 온 국민에게 슬픔을 주었다.

렘 48:6. 도망하여 네 생명을 구원하여 광야의 노간주나무 같이 될지어다 (Flee! Save yourselves! You will be like a juniper in the desert!-ESV)**.**

너희는 도망하여 목숨이나 건져라. 사막의 노간주나무(로뎀나무의 일종)와 같은 신세나 되어라! 본 절의 "노간주나무"는 로뎀나무와 같은 나무로서 아무 소용이 없고 열매도 없는 나무이니 이 나무는 매우 불행하게 사는 사람을 비유한다(17:5, 6 참조). 모압이 바벨론에 의하여 망해서 모압 사람들은 각처에 흩어져 아주 불행하게 될 것이라는 뜻이다.

6. 모압이 심판을 받을 이유(48:7-46)

(1) 모압이 자기 힘을 믿었기 때문이다(48:7-10)

렘 48:7. 네가 네 업적과 보물을 의뢰하므로 너도 정복을 당할 것이요 그모스는 그의 제사장들과 고관들과 함께 포로되어 갈 것이라.

모압아, 네가 너의 손으로 만든 업적들과 너의 많은 보물들을 의지하였으므로 너 모압도 정복당할 것이다. 그모스 신(神-모압의 신, 민 21:29; 삿 11:24)도 자기를 섬기던 제사장들과 고관들과 함께 포로로 끌려갈 것이다. 모압의 제사장이 그모스 신을 가지고 도망하다가 제사장과 방백들 그리고 그모스 모두 포로가 된다는 것이다. 구약 시대에는 피난길에 우상을 가지고 가는 것이 하나의 상례였다(사 46:1-2; 암 5:25).

하나님께서는 성도들이 하나님 이외에 다른 것들을 섬기는 것을 극히 미워하신다. 그런고로 하나님께서는 사람이 하나님 외에 섬기는 것들을 없애버리시기도 하고, 때론 우상 숭배하는 자들 자체를 없애버리시기도 하신다.

렘 48:8. 파멸하는 자가 각 성읍에 이를 것인즉 한 성읍도 면하지 못할 것이며 골짜기가 멸망하였으며 평지는 파멸되어 여호와의 말씀과 같으리로다.

여호와께서 말씀하시기를 모압을 멸망시키는 자가 각 성읍마다 쳐들어올 것이며, 어떤 성읍도 이것을 피할 수는 없을 것이라고 하신다. 모든 골짜기는 폐허가 되고, 평지도 황폐하게 될 것이라고 하신다.

결국 모압은 전멸을 당하여 한 성읍도 멸망을 면치 못할 것이라 하신다.

렘 48:9. 모압에 날개를 주어 날아 피하게 하라 그 성읍들이 황폐하여 거기에 사는 자가 없으리로다.

여호와께서 말씀하시기를 모압 국민에게 각각 두 날개를 주어 날아서 환란을 피하게 해보라. 그 성읍들이 황폐하여 그 성읍들에 사는 자가 없으리로다.

모압인들은 전란을 피할 길이 없다는 것이다. 꼼짝없이 전란을 모두 당해야 한다는 것이다.

렘 48:10. 여호와의 일을 게을리 하는 자는 저주를 받을 것이요 자기 칼을 금하여 피를 흘리지 아니하는 자도 저주를 받을 것이로다.

본 절은 바벨론 군인들에게 여호와께서 사명을 주셨으니 잘 감당하라는 부탁의 말씀이다. 즉, 여호와의 일을 정성을 다하여 하지 않는 사람은 저주를 받을 것이고, 칼을 휘둘러 모압 사람을 죽이지 않는 사람은 저주를 받을 것이라고 하신다. 사람을 죽이는 일까지도 여호와께서 맡기셨으면 부지런히 해야 한다. 그런데 하나님께서 선한 일을 맡기셨다면, 그 일을 게을리 해서는 결코 안 될 것이다.

(2) 스스로 안전할 것이라고 여겼기 때문이다(48:11-13)

<모압이 황폐하였다>

렘 48:11. 모압은 젊은 시절부터 평안하고 포로도 되지 아니하였으므로 마치 술이 그 찌끼 위에 있고 이 그릇에서 저 그릇으로 옮기지 않음 같아서 그 맛이 남아 있고 냄새가 변하지 아니하였도다.

모압인들은 일찍부터 포로로 끌려가 본 적 없이 안전하게 살았기에, 마치 이 그릇 저 그릇에 옮겨 담지 않은 포도주, 즉 찌꺼기가 곱게 가라앉은 맑은 포도주와 같다는 것이다. 좋은 맛과 향이 그대로 변함없이 남아있는 포도주와 같다는 것이다.

술은 같은 한 그릇에서 오래 보존하면 그 찌꺼기 때문에 술맛이 더욱 좋게 되지만 그릇을 옮기게 되면 맛이 쓰게 되고 변질이 되는 이치를 나타내는 말씀이다. 즉, 모압의 위치는 침략군이 왕래하는 곳으로부터 멀어 외국의 침략을 받지 않았고, 넓은 평야에서 식량도 넉넉히 생산되어 잘 살아온 것이 마치 같은 한 그릇에서 그 찌꺼기 위에 있는 술과 같았던 것이다(이상근).

렘 48:12. 그러므로 여호와께서 말씀하시니라 날이 이르리니 내가 술을 옮겨 담는 사람을 보낼 것이라 그들이 기울여서 그 그릇을 비게 하고 그 병들을 부수리니.

여기 "그러므로"란 말은 결과를 말하는 접속사로 모압이 일찍부터 안전하게 살고 포로로 끌려가 본 일이 없어서 맛이 그대로 남아 있고 향기가 변하지 않은 포도주와 같았으므로, 여호와께서 말씀하시기를 날이 이를 것이니 여호와께서 술을 옮겨 담을 바벨론 군대를 보낼 것이라고 하신다. 그래서 바벨론 군이 모압을 기울여서 그릇을 비게 하고, 병들을 부수게 할 것이라고 하신다. 모압의 죄로 말미암아 여호와께서는 바벨론 군을 보내어 모압을 망하게 하신다는 것이다.

렘 48:13. 이스라엘 집이 벧엘을 의뢰하므로 수치를 당한 것 같이 모압이 그모스로 말미암아 수치를 당하리로다.

본 절은 모압 멸망의 원인을 드러내는 구절이다. 즉, 이스라엘 백성이 벧엘에서 금송아지 우상을 의지하다가 수치를 당한 것같이 모압이 그모스신 때문에 망할 것이라고 한다. "벧엘"의 뜻은 '하나님의 집'이라는 뜻이었고, 예루살렘 북쪽 19km 지점에 위치해 있었다. 바로 이곳에서 북 왕국의 창설자인 여로보암이 금송아지를 만들어 백성들로 하여금 숭배하게 만들었고(왕상12:28-33), 그 우상 숭배가 이스라엘 열왕들에게 계승되어 마침내 그들을 앗수르에 망하게까지 하였던 것이다(암 4:4; 7:10-13 참조).

(3) 자기의 무력을 의지했기 때문이다(48:14-25)

렘 48:14. 너희가 어찌하여 말하기를 우리는 용사요 능란한 전사라 하느냐.

너희가 어떻게 우리는 영웅들이요, 전투에 능한 군인들이라고 말할 수 있느냐? 모압은 스스로의 힘을 자랑하고 있었다. 그런고로 모압은 망할 수밖에 없었다. 교만한 사람들은 망하게 되어 있다.

렘 48:15. 만군의 여호와라 일컫는 왕께서 이와 같이 말하노라 모압이 황폐하였도다 그 성읍들은 사라졌고 그 선택 받은 장정들은 내려가서 죽임을 당하니.

본 절은 모압이 하나님의 심판을 받을 것이라는 예언이다. 즉, 만군의 여호와께서 이와 같이 말씀하시기를 모압과 그 성읍들을 멸망시킬 자가 쳐들어오면, 모압의 성읍들이 황폐하게 되고 또 모압의 젊은이들 가운데서 뽑힌 용사들이 살육을 당할 것이라는 예언이다. 누가 하나님의 심판에서 제외될 수 있겠는가! "만군의 여호와라 일컫는 왕"의 주해를 위해 46:8주해 참조.

렘 48:16. 모압의 재난이 가까웠고 그 고난이 속히 닥치리로다.

모압에 대한 하나님의 심판이 아주 가까웠음을 예고하고 있다. 그러나 우리는 하나님께서 작정하신 일들은 아무리 먼 장래에 있는 일이라도 반드시 이루어질 것이므로 매우 유의해야 한다. 본 절과 유사한 내용이 신 32:35; 사 13:22에 등장한다.

렘 48:17. 그의 사면에 있는 모든 자여, 그의 이름을 아는 모든 자여, 그를 위로하며 말하기를 어찌하여 강한 막대기, 아름다운 지팡이가 부러졌는고 할지니라.

본 절은 모압의 파멸이 너무 심할 것이므로 주위에 있는 모든 민족들이 모압을 위로해야 할 정도로 모압이 비참해질 것이라고 말한다. 즉, 모압의 모든 이웃 민족들아! 모압의 명성을 아는 모든 사람들아! 너희는 모압을 위로 하며, 이렇게 부르짖어라(46:14). '그 막강하던 막대기! 그 화려하던 모압의 왕권이! 어찌하여 이렇듯 꺾이고 말았는가!'라고 위로하라는 것이다.

렘 48:18. 디본에 사는 딸아 네 영화에서 내려와 메마른 데 앉으라 모압을 파멸하는 자가 올라와서 너를 쳐서 네 요새를 깨뜨렸음이로다.

본 절은 모압 주민들이 영화에서 내려와 메마른 땅에 앉으라고 말한다. 즉, 딸 디본(모압을 대표하는 도시이다)의 주민아, 너희는 그 영광스러운 곳에서 내려와서, 메마른 맨 땅에 앉아라. 모압을 멸망시키는 바벨론이 너 디본(모압)을 치러 올라와서, 너의 요새들을 무너뜨렸다는 것이다.

본 절의 "디본"은 아르논(Arnon)강 북쪽 7km, 사해 동쪽 22km에 위치한 모압의 큰 성읍이다. 그리고 "딸"이란 말은 '주민'(시 48:11; 사 3:16; 겔 16:57)을 뜻한다.

렘 48:19. 아로엘에 사는 여인이여 길 곁에 서서 지키며 도망하는 자와 피하는 자에게 무슨 일이 생겼는지 물을지어다.

본 절은 모압 사람들이 바벨론 침략군의 침략에 관심이 있어서 피난민에게 전쟁의 현황을 묻는 것을 말한다. 모압은 이제 망하게 되었다는 것을 보여준다.

"아로엘"은 아르논 강가에 위치하여 있는 모압 남방의 지방이다. 아로엘의 주민들은 이곳으로 오는 많은 피난민들에게 전세가 어떻게 되었는지 묻고 있다는 것이다. 그만큼 모압의 전세가 불리한 입장에 있음을 보여주는 것이다.

렘 48:20. 모압이 패하여 수치를 받나니 너희는 울면서 부르짖으며 아르논 가에서 이르기를 모압이 황폐하였다 할지어다.

본 절은 모압이 패하여 수치를 받는다는 것을 말한다. 즉, 모압이 수치를 당하였다. 모압이 어이없게도 함락되었다. 통곡하며 울부짖으며, 아르논 강가의 사람들에게 이르기를 모압이 멸망하였다고 알리라고 한다.

렘 48:21-24. 심판이 평지에 이르렀나니 곧 홀론과 야사와 메바앗과 디본과 느보와 벧디불라다임과 기랴다임과 벧가물과 벧므온과 그리욧과 보스라와 모압 땅 원근 모든 성읍에로다.

심판이 모압의 평지에 이르렀다는 것이다. 모압 대부분의 평지는 사해 동편에 펼쳐진 고원 지대에 위치해 있다. 평지 11곳의 이름이 등장한다.

"홀론"은 성경에서 이곳에만 나타나 더 알 수 없다. "야사"는 디본과 메데바 사이에 위치해 있다. "메바앗"은 '야사'와 함께 나타나므로 그 주위에 있는 성읍으로 보인다(수 13:18; 21:37; 대상 6:79). "디본"은 아르논(Arnon) 강의 북쪽 7km, 사해 동쪽 22km에 위치한 모압의 큰 성읍이다. "느보"는 느보산 가까이에 있는 성읍인데 사해의 북쪽 끝에서 동쪽으로 20km 지점에 위치해 있다(민 32:3). 아르논(Arnon) 강 북쪽 7km, 사해 동쪽 22km에 위치한 모압의 큰 성읍이다. "벧디불라다임"은 이곳에만 나타나는 곳으로 '두 무화과의 집'이라는 뜻이다. "기랴다임"은 아르논(Arnon) 강 북쪽 17km 지점에 위치한 성읍이다. "벧가물"은 메바앗의 남쪽에 위치해 있다. "벧므온"은 헤스본에서 가까이 위치해 있다. "그리욧"은 모압의 옛 수도인 '알'(Ar)로 보인다. "보스라"는 모압의 옛 수도였다(49:13). 11곳에 심판이 이르렀다는 것은 모압 전체에 심판이 이르렀다는 것을 뜻한다.

48:25. 모압의 뿔이 잘렸고 그 팔이 부러졌도다 여호와의 말씀이니라.

위와 같이 모압의 뿔이 잘렸고, 모압의 팔이 부러졌다! 나 여호와의 말이다. 뿔이라는 말과 팔이라는 말은 모두 권력과 힘을 상징한다. 이제 모압의 권력과 힘은 꺾어졌다는 것을 뜻한다.

(4) 하나님과 선민을 멸시했기 때문이다(48:26-46)

<모압이 조롱거리가 되리라>

렘 48:26. 모압으로 취하게 할지어다 이는 그가 여호와에 대하여 교만함이라 그가 그 토한 것에서 뒹굴므로 조롱거리가 되리로다.

모압이 나 여호와를 거슬러 교만하였으니, 모압에게 취하도록 술을 먹여, 마침내 그가 토한 것 위에 뒹굴어, 조롱거리가 되게 하라고 하신다.

모압은 우상 숭배를 한데다가(13절) 하나님께 교만하기까지 했으니 망하는 것은 시간 문제였다. 우상 숭배를 하면 하나님을 모시지 못한 심령이 되는 것이 되므로, 하나님께 대한 교만한 태도가 따라오는 것은 매우 자연스러운 귀결이다. 이렇게 모압이 교만했으니 마치 술을 마신 자가 취하여 토한 뒤에 그 위에 뒹굴어서 조롱거리가 되는 꼴이 되는 것이다.

렘 48:27. 네가 이스라엘을 조롱하지 아니하였느냐 그가 도둑 가운데에서 발견되었느냐 네가 그를 말할 때마다 네 머리를 흔드는도다.

여호와께서는 모압을 향하여 너 모압이 이스라엘을 조롱하지 않았느냐고 하신다. 과거 이스라엘이 앗수르에 포로로 끌려갈 때, 모압은 이스라엘을 조롱한 일이 있었다(2:26 주해 참조). 이스라엘이 모압인들의 것을 도둑질하다가 모압인들에게 들킨 것도 아니었는데 조롱했다는 것이다. 너 모압은 이스라엘을 말할 때마다 네 머리를 흔들지 않았느냐고 하신다.

모압이 이스라엘 국가를 조롱하는 일, 혹은 성도 개인을 조롱하는 일은 반드시 벌을 받게 된다.

렘 48:28. 모압 주민들아 너희는 성읍을 떠나 바위 사이에 살지어다 출입문 어귀 가장자리에 깃들이는 비둘기 같이 할지어다(Leave the cities, and dwell in the rock, O inhabitants of Moab! Be like the dove that nests in the sides of the mouth of a gorge-RSV, ESV)**.**

본 절은 모압 민족이 바벨론 군대의 침략에 의해서 사로 잡혀갈 것을 비유적으로 말한다. 즉, 모압 백성들아! 너희는 성읍들을 떠나서 바위 틈새 속에서 자리를 잡고 살라. 깊은 협곡의 어귀에 둥지를 틀고 사는 비둘기처럼 그렇게 살라고 하신다. "바위 사이"나 "협곡의 어귀"에 거한다는 말은 본토를 떠나 사방으로 흩어져 불안하게 사는 것을 가리킨다.

오늘 우리는 우리의 환경이 좋다고 해도 하나님만 의지하고 살아야 한다. 하나님을 의지하지 않고 우상을 숭배하면서 교만하게 살다가는 불안한 삶을 살게 된다는 것을 알아야 한다.

렘 48:29. 우리가 모압의 교만을 들었나니 심한 교만 곧 그의 자고와 오만과 자랑과 그 마음의 거만이로다(We have heard of the pride of Moab-he is very proud-of his loftiness, his pride, and his arrogance, and the haughtiness of his heart-RSV, ESV)**.**

본 절은 사 16:6과 유사하다. 본 절은 여호와께서 모압인들이 심히 교만하다고 하신다. 즉, 우리는 모압인들이 교만하다는 소문을 들었다. 모압이 매우 교만하고 자만하며, 또 오만하며 거만을 떤다는 것을 우리는 들었다. 여기 "교만"의 동의어들이 나열되어 있다. 교만은 패망의 선봉인데, 모압이 교만하므로 자연적으로 패망할 수밖에 없는 것이다(잠 16:18).

렘 48:30. 여호와의 말씀이니라 내가 그의 노여워함의 허탄함을 아노니 그가 자랑하여도 아무 것도 성취하지 못하였도다(I know his insolence, declares the LORD; his boasts are false, his deeds are false-ESV).

여호와께서 말씀하시기를 나 여호와가 모압의 무례함을 아노니, 그의 자랑도 거짓이며 행위도 거짓임을 안다고 하신다.

무례한 자, 외람된 자는 아무리 자랑해보아도 그 자랑은 거짓이고, 그 행위를 성취하지 못한다. 외람된 자는 평생 성취하는 것이 없다.

렘 48:31. 그러므로 내가 모압을 위하여 울며 온 모압을 위하여 부르짖으리니 무리가 길헤레스 사람을 위하여 신음하리로다.

그러므로 나 예레미야가 모압을 위하여 통곡하고, 모압의 모든 백성을 생각하여 애곡하겠다. 길헤레스의 주민을 생각하여 슬피 울겠다고 한다.

모압이 망하게 되니 선지자 예레미야가 울어주겠다고 한다. 예레미야는 길헤레스(여기 이 도시는 모압을 대리하는 도시이다) 주민들을 생각하며 슬피 울겠다는 것이다. "길헤레스"는 아르논(Arnon) 강의 남쪽으로 30km, 사해 동쪽으로 13km 지점에 있는 도시를 이름이다. 본 절의 내용은 모압이 망하여 비참하게 될 것이라는 예언의 말씀이다.

렘 48:32. 십마의 포도나무여 너의 가지가 바다를 넘어 야셀 바다까지 뻗었더니 너의 여름 과일과 포도 수확을 탈취하는 자가 나타났으니 내가 너를 위하여 울기를 야셀이 우는 것보다 더하리로다.

본 절은 포도의 명산지인 십마를 위한 애통으로 사 16:8과 병행한다. 즉, 십마(Sibmah)의 포도나무야! 나 예레미야는 야셀을 생각하여 우는 것보다 십마 너를 생각하여 더 많이 울고 있다. 너의 덩굴은 사해를 건너 야셀에까지 뻗어 나갔다. 그런데 파멸시키는 자가 너의 여름 과일과 포도송이에 밀어닥쳤구나.

이곳 십마는 포도나무로 유명했는데 여기까지 바벨론 군대가 침략해 모압의 주요 산업인 포도밭을 황폐하게 만든다는 것이다. 그런데 포도의 주산지인 십마에게 임한 피해가 주변 성읍인 야셀이 입은 피해보다 더 하리라는 것은 모압의 전체 도시가 파괴될 것에 대한 고도의 수사학적인 표현이라고 할 수 있다.

"십마"(Sibmah)는 헤스본 서북쪽 2km 지점에 있고, "야셀"은 헤스본의 북쪽 20km 지점에 있었다. 십마 일대는 비옥한 농경지로 그 포도원의 미관에 대해서 가지가 야셀까지 미치는 큰 포도나무에 비한 것이다. 본 절의 "야셀 바다"는 야셀에 있었던 호수를 가리킬 것으로 보인다. 아무튼 선지자는 야셀을 위하여 애곡하고 십마를 위하여 더욱 애곡했다(이상근).

렘 48:33. 기쁨과 환희가 옥토와 모압 땅에서 빼앗겼도다 내가 포도주 틀에 포도주가 끊어지게 하리니 외치며 밟는 자가 없을 것이라 그 외침은 즐거운 외침이 되지 못하리로다.

모압 사람들이 하나님을 인하여 즐거워할 줄은 모르고, 그 땅의 산물인 포도의 수확을 인하여 즐거워하였다. 그런고로 기쁨과 즐거움이 옥토와 모압 땅에서 사라져 버렸다. 나 여호와가 포도주 틀에서 포도주가 그치게 하였으니 환호하며 밟는 자가 없을 것이라고 하신다. 즉, 그 환호가 기쁨의 환호가 되지 못할 것이라고 하신다. 이제 모압이 멸망하니 그 땅에서 포도를 밟는 자도 없고, 그 외치는 즐거운 소리도 없다는 것이다. 본 절은 사 16:6-10과 병행한다.

렘 48:34. 헤스본에서 엘르알레를 지나 야하스까지와 소알에서 호로나임을 지나 에글랏 셀리시야에 이르는 지역에 사는 사람들이 소리를 내어 부르짖음은 니므림의 물도 황폐하였음이로다.

본 절은 모압의 각처에서 고통의 부르짖음이 들린다는 것을 말하는 것으로 사 15:4-6과 병행한다. 그곳 주해를 참조하라. 헤스본과 엘르알레에서 부르짖는 소리가 야하스에까지 들린다. 소알에서부터 호로나임에 이르기까지, 다시 거기서 에글랏 셀리시야에 이르는 지역에 사는 사람들이 소리를 내어 모두들 아우성을 치고 있다. 니므림 샘들도 메마른 땅으로 바뀌었기 때문이다.

이렇게 여러 곳에서 고통의 부르짖음이 난다는 것은 모압 전체가 고통 때문에 부르짖는다는 것을 의미한다. 우리가 고통을 제거하려면 죄를 자복하고 여호와만 바라보고 부르짖는 삶을 살아야 할 것이다.

렘 48:35. 여호와의 말씀이라 모압 산당에서 제사하며 그 신들에게 분향하는 자를 내가 끊어버리리라.

본 절은 사 15:2; 16:12의 병행구절이 된다. 본 절은 모압이 망하는 이유가 우상 숭배에 있음을 말하고 있다. 여호와께서 말씀하시기를 나 여호와가 모압의 산당에 올라가서 신들(모압의 주신-主神-인 그모스와 그 외의 신들)에게 제물을 살라 바치는 자들을 완전히 없애 버리겠다고 하신다.

<모압이 벌 받을 해>

렘 48:36. 그러므로 나의 마음이 모압을 위하여 피리 같이 소리 내며 나의 마음이 길헤레스 사람들을 위하여 피리 같이 소리 내나니 이는 그가 모은 재물이 없어졌음이라.

본 절은 사 16:11과 병행한다. 그곳 주해를 참조하라. 본 절 초두의 "그러므로"란 말은 결과를 말하는 접속사로 35절이 원인을 말한다면, 본 절이 결과를 말해준다. 35절에서는 모압 사람들이 우상 숭배 하는 것을 말하고, 본 절에서는 그 결과로 모압 사람들이 바벨론의 침략으로 재물이 없어져서 슬퍼한다는 것을 말한다.

본 절을 쉽게 풀어보면 그러므로 나 예레미야의 마음이 모압 때문에 슬픈 소리가 나는 피리(장례식에서 슬픔을 표시하기 위하여 부는 악기)처럼 탄식하며, 나의 마음이 길헤레스(31절 주해 참조)의 주민 때문에도 슬픈 소리가 나는 피리처럼 탄식한다고 말한다. 이는 모압이 남겨 놓은 재물이 온전히 사라졌기 때문이다.

렘 48:37. 모든 사람이 대머리가 되었고 모든 사람이 수염을 밀었으며 손에 칼자국이 있고 허리에 굵은 베가 둘렸고.

본 절은 사 15:2-3과 병행한다. 그곳 주해를 참조하라. 본 절의 네 가지 행위(대머리가 되게 하는 일, 수염을 미는 일, 손에 칼자국을 내는 일, 허리에 굵은 베를 두르는 일 등)는 심한 슬픔을 드러내는 행위들이다. 모압인들에게 이렇게 큰 신화가 있었던 것은 그들에게 닥쳐올 전화(戰禍)가 너무 클 것이기 때문이다.

렘 48:38. 모압의 모든 지붕과 거리 각처에서 슬피 우는 소리가 들리니 내가 모압을 마음에 들지 않는 그릇 같이 깨뜨렸음이라 여호와의 말씀이니라.

본 절은 사 15:3과 병행한다. 여호와께서 말씀하시기를 모압인들의 여러 집 지붕들(평평하여 사람들이 모이기 좋은 곳)에 올라가 슬피 우는 소리를 내며, 또 여기 저기 각처에서 슬피 우는 소리가 들리는데, 그 이유는 여호와께서 모압을 마음에 들지 않는 그릇처럼 깨뜨렸기 때문이라고 하신다. 사람은 누구나 여호와의 마음에 들어야 하는 것이다.

렘 48:39. 어찌하여 모압이 파괴되었으며 어찌하여 그들이 애곡하는가 모압이 부끄러워서 등을 돌렸도다 그런즉 모압이 그 사방 모든 사람의 조롱거리와 공포의 대상이 되리로다.

"어쩌다가 모압이 이렇게 망하였는가! 그들이 통곡하는구나! 어쩌다가 모압이 이렇게 수치스럽게 등을 돌리고 달아나게 되었는가? 그러므로 모압은 자기의 모든 이웃에게 조롱과 놀라움의 대상이 되어 버리고 말았구나!"라고 하신다. 모압의 멸망은 모든 나라들에게 하나님의 심판에 대한 두려움을 갖게 해준다는 것이다.

렘 48:40. 이는 여호와의 말씀이니라 보라 그가 독수리 같이 날아와서 모압 위에 그의 날개를 펴리라(For thus says the LORD: Behold, one shall fly swiftly like an eagle, and spread his wings against Moab-ESV).

본 절 초두에는 이유 접속사(כִּי)가 나타나서 전 절의 이유를 본 절이 제공하고 있음을 나타낸다. 다시 말해 전 절에서는 모압이 망하게 된 것을 말했는데, 그 이유가 본 절에 기록되어 있는 것이다. 본 절은 모압의 원수가 독수리처럼 날아와서 날개를 펼 것이라는 한다. 즉, 여호와께서 말씀하시기를 보라! 원수가 독수리처럼 날아와서, 모압 위에 두 날개를 펼칠 것이기 때문이라고 하신다(신 28:49). 다시 말해 바벨론이 모압을 침략할 것이라고 하신다.

렘 48:41. 성읍들이 점령을 당하며 요새가 함락되는 날에 모압 용사의 마음이 산고를 당하는 여인 같을 것이라.

모압의 성읍들이 바벨론의 점령을 당하며, 견고한 요새가 바벨론 군의 함락을 당하는 날에 모압 용사들의 마음이 해산의 고통을 당하는 여인들 같을 것이라고 한다.

렘 48:42. 모압이 여호와를 거슬러 자만하였으므로 멸망하고 다시 나라를 이루지 못하리로다.

모압 나라가 여호와를 거슬러 자만했으므로(13, 29절) 멸망당할 것이고, 멸망당한 후에는 결단코 다시 나라를 이루지 못할 것이라는 예언이다.

렘 48:43. 여호와의 말씀이니라 모압 주민아 두려움과 함정과 올무가 네게 닥치나니.

여호와께서 말씀하시기를 모압 주민들아! 바벨론의 침략으로 말미암아 두려움과 함정과 올무(짐승을 잡기 위해 설치해 놓는 기구)가 모압에게 닥칠 것이라고 하신다. 43-44절은 사 24:17-18과 병행한다.

렘 48:44. 두려움에서 도망하는 자는 함정에 떨어지겠고 함정에서 나오는 자는 올무에 걸리리니 이는 내가 모압이 벌 받을 해가 임하게 할 것임이라 여호와의 말씀이니라.

여호와께서 말씀하시기를 외적의 침략을 받아 두려워서 도망하는 자는 도망하는 중에 함정 속으로 떨어지질 것이고, 함정에 떨어진 것을 알고 함정에서 나오는 자는 올무에 걸릴 것이니, 일이 이렇게 되는 이유는 여호와께서 모압으로 벌 받을 해가 임하게 할 것이기 때문이라고 하신다. 모압인들이 하나님의 심판을 받아 멸망당하게 된다는 말씀이다.

렘 48:45. 도망하는 자들이 기진하여 헤스본 그늘 아래에 서니 이는 불이 헤스본에서 나며 불길이 시혼 가운데 나서 모압의 살쩍과 떠드는 자들의 정수리를 사름이로다.

여호와께서 말씀하시기를 모압의 피난민들이 기진하여 헤스본의 그늘 속에 서서 쉬려고 하니, 불이 헤스본 성벽의 그늘 속에서 나와서, 불길의 불꽃이 시혼 왕궁에서 나와서 모압인들의 살쩍(이마)과 떠드는 자들의 머리 꼭대기(모압의 모든 지방들을 총칭한다)를 살라 버려서 제대로 쉬지도 못하게 만든다고 하신다. 본 절은 민 21:28-29; 24:17과 유사하다.

렘 48:46. 모압이여 네게 화가 있도다 그모스의 백성이 망하였도다 네 아들들은 사로잡혀 갔고 네 딸들은 포로가 되었도다.

본 절의 "모압"이란 말과 "그모스의 백성"(그모스 신을 섬기는 백성)이란 말은 동의어로 모압 백성을 일컫는 말이다. 그리고 **"화가 있도다"**라는 말과 **"망하였도다**"라는 말은 동의어로 바벨론 침략에 의하여 모압이 망했다는 뜻이다. 그리고 "네 아들들은 사로잡혀 갔고"란 말과 "네 딸들은 포로가 되었도다"란 말은 동의어로 모두 모압의 멸망을 표현한다.

(5) 모압이 회복될 것이다(48:47)

렘 48:47. 그러나 내가 마지막 날에 모압의 포로를 돌려보내리라 여호와의 말씀이니라 모압의 심판이 여기까지니라.

그러나 여호와께서 말씀하시기를 훗날(메시아 시대를 지칭한다, 23:20)에 나 여호와는 사로잡혀 간 모압의 포로를 돌아오게 하겠다(그리스도의 복음으로 돌아오겠다는 뜻이다)고 하신다. 모압을 심판하는 말씀이 여기까지라고 하신다.

제 49 장

6. 암몬이 심판 받을 것이다(49:1-6)

암몬 족속은 롯의 작은 딸을 통하여 퍼진 자손들이다(창 19:38). 그들이 살던 영토는 요단 강 동편이었다. 역시 이스라엘 갓 지파의 동편에서 살고 있었다(수 3:24-27).

이스라엘의 사사시대에 암몬 족속은 이스라엘을 18년간이나 침략했다가 입다에 의해 격퇴되었다(삿 10:7; 11:4-33). 이스라엘의 사울 시대에는 암몬 왕 나하스가 침입했다가 사울에게 격퇴 당했다(삼상 2장). 다윗 시대에 들어와서는 암몬 족속은 다윗의 신하를 모욕해서 양국간에 전쟁까지 일어났으나 다윗의 신하 요압에게 패배당했다(삼하 10장). 솔로몬 시대에 암몬 족속은 이스라엘의 지배를 받았고(왕상 4:13-19), 여호사밧 시대에 암몬은 모압과 함께 유다를 침입했다(대하 20장). 이스라엘이 아람의 압제를 받고 있을 때 암몬은 이스라엘을 괴롭혔고(암 1:13-15), 이스라엘이 앗수르의 포로가 되었을 때 암몬 족속은 이스라엘의 갓 지파와 르우벤 지파의 영토를 빼앗았으며(왕하 15:29; 대하 5:26), 앗수르를 추종하는 중에 번창했다. 또 바벨론 군이 강성하여 유다 나라를 칠 때 암몬 족속은 바벨론 군 휘하에서 유다를 쳤다(왕하 24:2). 예루살렘이 바벨론 군에 의해 함락되었을 때에 암몬 족속은 기뻐했다(겔 25:1-7, 박윤선, 이상근). 그리고 총독 그다랴 암살을 배후에서 추진했다(40:14).

암몬 나라의 수도는 랍바였고(2절), 그들의 민족 신은 말감이었다(3절; 왕상 11:5, 33). 이스라엘 나라나 유다 나라는 이런 불륜의 암몬 족속 때문에 시달림을 당했다. 이스라엘이나 유다가 여호와 하나님을 더욱 의지하라는 신호와 같은 존재였다.

<암몬이 받을 심판>

렘 49:1. 암몬 자손에 대한 말씀이라 여호와께서 이와 같이 말씀하시되 이스라엘이 자식이 없느냐 상속자가 없느냐 말감이 갓을 점령하며 그 백성이 그 성읍들에 사는 것은 어찌 됨이냐.

"암몬 자손에 대한 말씀이라"는 말씀은 이 부분(1-6절)의 표제이다.

"이스라엘이 자식이 없느냐 상속자가 없느냐"는 말씀은 암몬 족속이 이스라엘의 갓 지파의 땅을 점령한 것을 지탄하는 여호와의 말씀이다.

"말감"(מַלְכָּם)은 흔히 '밀곰'(Milcom)으로 번역되고 '그들의 왕'이라는 뜻이며, 암몬의 신(神)을 지칭한다(왕상 11:5). 이 '말감' 신은 아들을 불태워 죽이는 면에 있어서는 '몰렉' 신과 동일시된다(32:35; 왕상 11:7). 이 말감 신은 이스라엘에도 큰 영향을 끼쳤다(레 18:21; 20:2-3; 왕상 11:5; 왕하 23:10; 암 5:26). 본 절에서는 '말감'을 의인화하여 말감이 갓 지파 지역을 점령했음을 표현하시며, 여호와께서 지탄하신다. 이스라엘에도 상속자가 있는데, 왜 암몬 족속이 갓 지파가 살아야 하는 곳에 살고 있느냐고 하시는 것이다.

렘 49:2. 여호와의 말씀이니라 그러므로 보라 날이 이르리니 내가 전쟁 소리로 암몬 자손의 랍바에 들리게 할 것이라 랍바는 폐허더미 언덕이 되겠고 그 마을들은 불에 탈 것이며 그 때에 이스라엘은 자기를 점령하였던 자를 점령하리라 여호와의 말씀이니라.

여호와께서 말씀하시기를, "보라! 그 날이 온다. 그 때에는 나 여호와가 암몬 백성이 사는 랍바(암몬 나라의 수도-현재 요르단 나라의 수도인 암만이다)에 전쟁의 소리가 들리게 하겠다. 그러면 랍바가 폐허 더미로 변할 것이고, 그에 딸린 성읍들은 불에 타버릴 것이며 이스라엘은 빼앗겼던 자기 땅을 다시 돌려받게 될 것이라"고 하신다.

"그 때에 이스라엘은 자기를 점령하였던 자를 점령하리라"는 말은 갓 지파가 다시 자기가 살던 곳으로 돌아온다는 뜻이다.

렘 49:3. 헤스본아 슬피 울지어다 아이가 황폐하였도다 너희 랍바의 딸들아 부르짖을지어다 굵은 베를 감고 애통하며 울타리 가운데에서 허둥지둥할지어다 말감과 그 제사장들과 그 고관들이 다 사로잡혀 가리로다.

아이 성(암몬의 한 성읍이었을 것임)이 멸망하였으니, 헤스본아! 슬프게 울어라. 랍바의 딸들아(랍바의 시민들)! 울부짖어라. 굵은 베 옷을 몸에 걸치고 애곡하여라. 이리 뛰고 저리 뛰며 몸부림 쳐라. 너희의 신 말감이 포로로 끌려가고, 말감을 섬기던 제사장들과 고관들도 다 함께 포로로 끌려갈 것이다.

"헤스본"은 본래 아모리 족속의 땅(민 21:26)이었으나 후에 암몬이 점령했다.

"울타리 가운데에서 허둥지둥할지어다"라는 말은 바벨론 침략군이 침략했을 때 울타리들 사이에 숨어서 도망하라는 뜻이다.

렘 49:4. 패역한 딸아 어찌하여 골짜기 곧 네 흐르는 골짜기를 자랑하느냐 네가 어찌하여 재물을 의뢰하여 말하기를 누가 내게 대적하여 오리요 하느냐.

"너 패역한 딸 암몬아!(3:14; 31:22 참조) 네가 어찌하여 너의 비옥한 골짜기들(물산이 풍부한 골짜기를 지칭한다)을 자랑하느냐? 너의 골짜기들은 이미 고갈되어 말라 버리고 말았다. 네가 어찌하여 재물을 의지하여(암몬 족속들은 재물을 의지하여 큰소리치며 살았다) 누가 나를 치러 올 수가 있겠느냐?"라며 뽐내느냐!

렘 49:5. 주 만군의 여호와의 말씀이니라 보라 내가 두려움을 네 사방에서 네게 오게 하리니 너희 각 사람이 앞으로 쫓겨 나갈 것이요 도망하는 자들을

모을 자가 없으리라.

여호와께서 말씀하시기를, "보라! 나 여호와가 암몬의 사방에서 무서운 적들을 데려다가 너를 치게 하겠다! 그렇게 되면 너의 암몬 백성이 제각기 흩어져 도망할 것이고, 도주하는 사람들이 너무 많아서 아무도 일일이 모을 수 없을 것이라"고 하신다. "주 만군의 여호와"란 말의 주해를 위해서는 2:19주해 참조.

렘 49:6. 그러나 그 후에 내가 암몬 자손의 포로를 돌아가게 하리라 여호와의 말씀이니라.

여호와께서 말씀하시기를, "그러나 암몬이 포로가 되어 끌려간 후에 나 여호와가 암몬 자손의 포로를 돌려보내리라"고 하신다. 여호와의 말씀대로 암몬의 회복은 바사 왕 고레스에 의해 이루어졌다.

7. 에돔이 심판을 받을 것이다(49:7-22)

이 부분(7-22절)의 내용은 에돔이 심판 받을 일(7-13절)과 에돔 심판의 이유가 그들의 교만 때문이었음을 밝혀준다(14-22절).

본문의 9-10절은 옵 5-6절과 병행하고, 14-16절은 옵 1-4절과 병행한다.

에돔은 야곱의 형이었던 에서의 자손이다(창 36:1, 8-9). 에돔 족속은 사해 남쪽 끝에서 아카바(Aquba) 만에 이르는 약 170km에 달하는 광야 지대, 고원과 험준한 산악들의 지대에 거하였다.

야곱과 에서 간의 불화는 창세기에 소개되고 있는데, 그 자손들 사이에도 불화할 때가 많았다. 다윗 시대에는 에돔을 지배했고(삼하 8:13-14), 솔로몬은 에돔인 하닷 때문에 어려움을 당했다(왕상 11:14-22). 이스라엘과 유다가 모압과 전쟁할 때 에돔은 이스라엘 편에 섰으며(왕하 3:9), 여호람 시대에 에돔은 반역했다(왕하 8:20-22). 아마샤는 에돔 군을 격멸했고(왕하 14:7), 웃시야는 그 영토를 에돔까지 확장했으며(왕하 14:22), 아하스 시대에 에돔은 그 영토의 대부분을 회복했다(왕하 16:6). 에돔의 심판은 사 34장; 겔

35장; 말 1:2-4에도 나타나 있다.

<에돔이 받을 심판>

렘 49:7. 에돔에 대한 말씀이라 만군의 여호와께서 이와 같이 말씀하시되 데만에 다시는 지혜가 없게 되었느냐 명철한 자에게 책략이 끊어졌느냐 그들의 지혜가 없어졌느냐.

"에돔에 대한 말씀이라"는 말은 이 부분(7-22절)의 표제이다.

"데만에 다시는 지혜가 없게 되었느냐"는 말은 '에돔 남방의 성읍 데만에 다시는 지혜가 없게 되었느냐'는 뜻으로 '하나님의 심판 앞에서는 에돔에 다시는 지혜가 소용없이 되었다'는 뜻이다. 인간이 자기 지혜를 믿어 하나님을 무시하며 살다가는 그가 결국 하나님의 심판을 받아 그 지혜가 소용없이 된다는 것을 말한다.

렘 49:8. 드단 주민아 돌이켜 도망할지어다 깊은 곳에 숨을지어다 내가 에서의 재난을 그에게 닥치게 하여 그를 벌할 때가 이르게 하리로다.

드단 거민은 아브라함과 그의 후처 그두라 사이에서 출생한 욕산의 아들 드단의 후손(창 25:3)으로, 시간이 지남에 따라 에돔 족속에 편입되어 살았던 것으로 추정된다(대상 1:9, 32). 이 후손은 에돔 남단에 살았으며 상거래에 능했던 것으로 추정된다(25:23; 겔 25:13). 이들에게까지 하나님의 심판 경고가 주어진 것은 에돔에 대한 하나님의 심판이 전국적인 것임을 나타내는 것이다.

렘 49:9. 포도를 거두는 자들이 네게 이르면 약간의 열매도 남기지 아니하겠고 밤에 도둑이 오면 그 욕심이 차기까지 멸하느니라.

본 절은 에돔을 대적하는 원수들이 와서 완전히 멸할 것을 예언하는 것이다. 즉, 만일 포도를 거두어 가는 자들이 네게 온다고 하여도 그들이 열매를 조금은 남겨놓지 않겠으며, 도둑들이 밤에 들더라도 원하는 것들만 가져가지 않겠느냐고 하신다. 에돔의 원수는 아무것도 남김없이 에돔을 멸한다는 의미이다.

렘 49:10. 그러나 내가 에서의 옷을 벗겨 그 숨은 곳이 드러나게 하였나니 그가 그 몸을 숨길 수 없을 것이라 그 자손과 형제와 이웃이 멸망하였은즉 그가 없어졌느니라.

그러나 나 여호와는 에서를 발가벗기고 그의 피신처를 드러내어 숨을 수 없게 할 것이다. 그의 자손과 형제와 이웃이 다 멸망하고 그도 없어질 것이다.

본 절은 에돔이 원수에 의해 완전히 약탈당한다는 것을 말한다. 에돔에 대한 침략은 바벨론이 시작했고, 마카비 시대를 거쳐 로마에 의해 완전히 망하는 것으로 마무리 되었다.

렘 49:11. 네 고아들을 버려도 내가 그들을 살리리라 네 과부들은 나를 의지할 것이니라.

위(9-10절)와 같이 에돔은 국가로서는 완전히 없어질 것이지만 그 나라의 고아들과 과부들은 여호와께서 보호하시겠다고 약속하신다. 즉, 에돔의 고아들은 나 여호와에게 남겨 두어라. 내가 그들을 돌보아 주겠다. 에돔의 과부들도 나를 의지하고 살 수가 있을 것이다. 여호와께서는 진노 중에도 긍휼을 기억하신다(합 3:2).

렘 49:12. 여호와께서 이와 같이 말씀하시니라 보라 술잔을 마시는 습관이 없는 자도 반드시 마시겠거든 네가 형벌을 온전히 면하겠느냐 면하지 못하리니 너는 반드시 마시리라(For thus says the LORD: If those who did not deserve to drink the cup must drink it, will you go unpunished? You shall not go unpunished, but you must drink-RSV, ESV).

여호와께서 이와 같이 말씀하시기를, "보라! 이 잔(여호와의 심판)을 마시도록 판결을 받지 않은 백성(유다 백성)도 꼼짝없이 이 잔(여호와의 심판)을 마셨는데, 하물며 너 에돔이 벌을 받지 않고 벗어나려고 하느냐? 너는 절대로 벌을 면할 수가 없다. 너는 그 잔을 마셔야만 한다"고 하신다.(본절과 25:29 유사함)

렘 49:13. 여호와의 말씀이니라 내가 나를 두고 맹세하노니 보스라가 놀램과 치욕 거리와 황폐함과 저줏거리가 될 것이요 그 모든 성읍이 영원히 황폐하리라 하시니라.

본 절의 "여호와의 말씀이니라 내가 나를 두고 맹세하노니"란 말씀은 '여호와께서 확실하게 맹세하신다'는 뜻이다. "맹세"란 더 크신 존재의 이름을 걸고 맹세하는 법인데, 여호와께서는 자신보다 더 큰 이가 없으므로 여호와 자신의 이름으로 맹세하시는 것이다. 그런고로 여호와의 맹세야말로 확실한 맹세이고, 변할 수 없는 맹세라는 것이다.

여호와께서는 "보스라가 놀램과 치욕 거리와 황폐함과 저줏거리가 될 것이요 그 모든 성읍이 영원히 황폐하리라"고 확실하 게 말씀하신다. 여기 "보스라"는 에돔의 북쪽에 있던 도시였는데 한 때 에돔의 수도(창 36:33; 사 34:6; 63:1; 암 1:12)였다. 현재는 폐허의 도시로 남아 있다. 높은 암석 위에 서 있었던 요새지였으나 하나님의 심판으로 황폐화되어 놀램과 치욕 거리와 저줏거리가 되어 버리고 말았다(25:9). 모든 것이 하나님의 심판 앞에서는 견딜 수 없는 것이다.

렘 49:14. 내가 여호와에게서부터 오는 소식을 들었노라 사절을 여러 나라 가운데 보내어 이르시되 너희는 모여와서 그를 치며 일어나서 싸우라.

나 예레미야가 여호와께서 세계 만민에게 특사를 파견하시면서 하시는 말씀을 들었는데, 여호와께서 하시는 말씀이 너희 여러 나라 군인들은 모여와서 에돔을 치며 일어나서 싸우라는 것이었다.

본 절의 "사절을 여러 나라 가운데 보내어 이르시되"라는 말씀은 '여호와께서 천사들을 여러 나라 가운데 보내어 이르셨다'는 뜻으로 여호와께서 에돔을 멸망시키려고 여러 나라의 군인들을 동원하셨다는 것을 볼 수 있다. 에돔이 하나님을 무시하는 범죄를 저지르니 별 수 없이 여호와의 심판을 받는다는 것이다(7절).

여기 "너희는 모여와서 그를 치며"라는 말과 "일어나서 싸우라"는 말은 동의절이다. 너희 여러 나라 군인들은 싸움 준비를 하고 에돔을 치며 일어나서 싸움 준비를 하고 싸우라는 것이다. 여호와의 명령에 의해 전쟁은 일어나는 것이다. 14-16절은 옵 1:1-4과 병행한다.

렘 49:15. 보라 내가 너를 여러 나라 가운데에서 작아지게 하였고 사람들 가운데에서 멸시를 받게 하였느니라.

본 절 초두의 "보라!"란 말은 본 절이 아주 중요한 내용을 담고 있으니 유의하라는 뜻이다. 그리고 여기 "내가 너를 여러 나라 가운데에서 작아지게 하였고"란 말과 "사람들 가운데에서 멸시를 받게 하였느니라"는 구절은 동의절이다. 여호와께서 에돔을 여러 나라 가운데서 작은 존재로 만드셨고, 여러 사람 가운데서 멸시 천대를 받게 하셨다는 뜻이다.

렘 49:16. 바위 틈에 살며 산꼭대기를 점령한 자여 스스로 두려운 자인 줄로 여김과 네 마음의 교만이 너를 속였도다 네가 독수리 같이 보금자리를 높은 데에 지었을지라도 내가 그리로부터 너를 끌어내리리라 이는 여호와의 말씀이니라.

본 절은 여호와께서 에돔을 낮은 데로 끌어내리시겠다는 말씀이다. 그 이유는 에돔이 스스로에 대해 "두려운 자인 줄로 여기고(굉장한 자인 줄로 착각하고) 교만했기 때문이다. 교만하면 별 수 없이 낮아지는 것이다(잠 16:18).

렘 49:17. 에돔이 공포의 대상이 되리니 그리로 지나는 자마다 놀라며 그

모든 재앙으로 말미암아 탄식하리로다(Edom shall become a horror. Everyone who passes by it will be horrified and will hiss because of all its disasters-RSV, ESV).

에돔이 난공불락(공격하기가 어려워 좀처럼 함락되지 아니함)의 요새지였으니 만큼 공포스러운 존재였으나 바벨론 군에 의해 망한 뒤에는 에돔을 지나는 자마다 놀라게 되며, 그들이 받은 재앙을 보면서 코웃음 치고 비웃는다는 것이다. 세상에서 하나님의 심판이 닿지 않는 곳이 어디에 있을까!

렘 49:18. 여호와께서 말씀하시니라 소돔과 고모라와 그 이웃 성읍들이 멸망한 것 같이 거기에 사는 사람이 없으며 그 가운데에 머물러 살 사람이 아무도 없으리라.

여호와께서 말씀하시기를, "소돔과 고모라와 그 이웃 도시들(아드마와 스보임)이 유황불로 멸망한 것 같이 에돔에 사는 사람이 없게 될 것이며, 에돔 가운데 머물러 살 사람이 아무도 없게 될 것이라"고 하신다. 이 예언은 그대로 성취되어 에돔과 그 수도였던 페트라가 완전히 멸망해서 그 자취가 오랫동안 알려지지 않았다. 그러다가 19세기에 탐험대에 의해서 그 폐허가 발견되었다.

렘 49:19. 보라 사자가 요단 강의 깊은 숲에서 나타나듯이 그가 와서 견고한 처소를 칠 것이라 내가 즉시 그들을 거기에서 쫓아내고 택한 자를 내가 그 위에 세우리니 나와 같은 자 누구며 나와 더불어 다툴 자 누구며 내 앞에 설 목자가 누구냐.

본 절 초두의 "보라!"란 말은 본 절의 내용이 아주 중요한 것이니 유심히 관찰하라는 것이다. 즉, 사자가 요단 강가의 깊은 숲 속으로부터 뛰어나와서, 푸른 목장으로 달려들듯이, 나 여호와도 갑자기 에돔으로 달려들어서, 그 주민을 몰아내고, 내가 택한 지도자를 그 위에 세우겠다. 누가 나 여호와와 같다(출 15:11)는 말이냐? 감히 나에게 따지며 대들 수 있는 자가 누구이며

(욥 9:19), 나에게 맞설 수 있는 목자가 누구냐고 하신다.

렘 49:20. 그런즉 에돔에 대한 여호와의 의도와 데만 주민에 대하여 결심하신 여호와의 계획을 들으라 양 떼의 어린 것들을 그들이 반드시 끌고 다니며 괴롭히고 그 처소로 황폐하게 하지 않으랴.

그러므로 너희는 여호와가 에돔을 두고 세운 계획을 들어보고, 데만(에돔의 대표 성읍) 주민에 대하여 결심하신 여호와의 생각을 들어 보라! 양 떼 가운데서 아주 어린 것들이 그들을 끌고 다니며 괴롭히고, 온 목장을 황무하게 하지 않겠느냐고 하신다. 본 절의 "양 떼의 어린 것들을 그들이 반드시 끌고 다니며"(אִם־לֹא יִסְחָבוּם צְעִירֵי הַצֹּאן)란 말은 '양 떼의 어린 것들이 그들(에돔 백성들)을 반드시 끌어간다'는 말로 번역된다. 다시 말해 '양 떼의 어린 것들과 같은 약한 세력도 에돔 민족을 사로잡아 갈 수 있다'는 뜻이다. 일이 이렇게 된 이유는 여호와께서 에돔을 멸망시키려고 뜻을 정하셨기 때문이다. 하나님은 약한 것을 가지고도 강한 것을 부끄럽게 하실 수 있다.

렘 49:21. 그들이 넘어지는 소리에 땅이 진동하며 그가 부르짖는 소리는 홍해에 들리리라.

에돔 나라가 넘어지는 소리가 땅을 흔들고, 그들의 울부짖는 소리가 홍해에까지 들릴 것이라고 한다.

에돔 나라는 작은 나라이지만 그 지리가 험준하기 때문에 외국의 세력이 그때까지 에돔을 침략하기 어려웠다. 그런데도 불구하고 이제 불원한 장래에 에돔이 바벨론 군 앞에 넘어지게 되면 각국은 놀라게 될 것이다. 에돔 민족이 넘어지면서 슬피 부르짖는 소리는 멀리 홍해에까지 들릴 것이라고 하신다.

렘 49:22. 보라 원수가 독수리 같이 날아와서 그의 날개를 보스라

위에 펴는 그 날에 에돔 용사의 마음이 진통하는 여인 같이 되리라 하시니라.

본 절 초두의 "보라!"라는 말은 본 절의 내용이 아주 중요하니 조심해서 관찰하라는 뜻으로 알라는 것을 말한다. "보스라"라는 말은 13절에 나온다. 그 주해를 참조하라. 에돔의 원수가 독수리처럼 날아와서, 보스라(에돔을 대표하는 도시) 위에 두 날개를 펼칠 것이니, 그 날에는 에돔 용사들의 마음이 해산하는 여인의 마음과 같이 공포에 사로잡힐 것이라는 뜻이다.

8. 다메섹이 심판을 받을 것이다(49:23-27)

본문의 내용은 다메섹의 멸망을 예언하는 것이다. 다메섹은 수리아 또는 아람 왕국의 수도이며, 또 여기 하맛과 아르밧이 함께 나타남으로 23-27절은 아람에 대한 예언으로 보아야 할 것이다. 아람은 이스라엘의 북방에 위치한 강국이며, 또 이스라엘의 원수 국가로 그들과의 접촉이 아주 빈번했다(왕상 20:22; 왕하 5장; 9:14-15; 10:32-33; 12:17-18; 14:23-29; 16:5-9). 여기 예언은 바벨론 왕 느부갓네살에 의한 다메섹의 멸망을 지칭하는 것으로 그것은 예루살렘 멸망 후 5년인 주전 581년에 성취되었다(Josephus, 이상근).

<다메섹이 받을 심판>

렘 49:23. 다메섹에 대한 말씀이라 하맛과 아르밧이 수치를 당하리니 이는 흉한 소문을 듣고 낙담함이니라 바닷가에서 비틀거리며 평안이 없도다.

"다메섹에 대한 말씀이라"는 말씀은 23-27절을 위한 표제이다. "다메섹"은 현재도 같은 이름으로 계승되고 있는데, 수리아의 수도이며, 세계의 가장 오랜 도시의 하나로 건재하고 있다. 다메섹은 "수리아" 또는 "아람"의 대명사였다.

그리고 "하맛과 아르밧이 수치를 당하리니"란 말은 하맛은 아르밧과 함께 북부 아람 지방의 도시 국가였다. 다메섹 북방 180km 지점, 오론테스 강변에 있으며 현재는 '하마'(Hamah)라는 이름으로 불리는데, 아직도 여전히 중요한 도시로 존재한다. 솔로몬 시대에는 이스라엘의 영토였다(왕상 4:21-24; 대하 8:4).

그리고 "아르밧"은 하맛처럼 작은 도시 국가로서, 두 이름은 항상 함께 나타나며, 운명도 함께 했다. 하맛은 북쪽 34km에 위치했고, 현재는 '텔 엘팓'(Tell Erfad)이라 한다. 역시 솔로몬 시대에는 이스라엘의 영토였다(왕하 18:34; 19:13; 사 10:9; 36:19).

그리고 "바닷가에서 비틀거리며 평안이 없도다"는 말은 다메섹 부근에 바다가 없음으로 해석에 어려움이 있다. 그러나 이를 비유적으로 취급하여 적의 침략을 받아 인심이 바다처럼 동요하는 것이라는 해석(Calvin, Lange)을 유력한 것으로 받아들인다.

렘 49:24. 다메섹이 피곤하여 몸을 돌이켜 달아나려 하니 떨림이 그를 움켜잡고 해산하는 여인 같이 고통과 슬픔이 그를 사로잡았도다.

본 절의 "다메섹이 피곤하다"는 말은 '다메섹이 바벨론의 침략을 받아 패배를 당하여 약해지고 피곤해졌다'는 뜻이다.

그리고 "떨림이 그를 움켜잡고 해산하는 여인 같이 고통과 슬픔이 그를 사로잡았다"는 말은 '해산하는 여인의 고통과 슬픔처럼 바벨론이 다메섹의 거민들을 떨리도록 사로잡았다'는 뜻이다.

렘 49:25. 어찌하여 찬송의 성읍, 나의 즐거운 성읍이 버린 것이 되었느냐 (How is the famous city not forsaken, the city of my joy!-ESV).

한때 다메섹이 찬송의 성읍이었을지라도, 그리고 내 즐거움의 도시였을지라도 어찌 버림을 받지 않겠느냐?

"찬송의 성읍"이란 말은 문맥을 보아 다메섹을 두고 하는 말인데 "나의 즐거운 성읍"이란 말과 동의어로 사용되었다. 다메섹이 과거에 너무 아름다웠기 때문에 이렇게 찬송의 성읍, 즐거움의 성읍이라고 불린 것이다.

"어찌하여...버린 것이 되었느냐"는 말은 제아무리 다메섹이 과거에 찬송의 성읍, 나의 즐거운 성읍이라고 불렸을지라도 범죄를 했으니 하나님께서 아끼지 않으시고 버리셨다는 것이다. 죄를 지으면 모든 아름다운 것, 즐거운 것들도 버림이 된다는 것을 말하는 것이다.

렘 49:26. 이는 만군의 여호와의 말씀이니라 그런즉 그 날에 그의 장정들은 그 거리에 엎드러지겠고 모든 군사는 멸절될 것이며(Therefore her young men shall fall in her squares, and all her soldiers shall be destroyed in that day, declares the LORD of hosts-ESV)**.**

그러므로 여호와께서 말씀하시기를 다메섹의 청년들이 광장에서 쓰러지고 모든 다메섹의 병사들이 그 날에 전멸될 것이라고 하신다.

본 절 초두의 "그러므로"(therefore)라는 낱말은 결과를 나타내는 접속사로 다메섹이 죄를 지은고로(25절) 다메섹의 군인들이 엎드러지고, 모든 군사가 멸절될 것을 말한다. 죄를 지으면 국운이 기울어진다는 것을 보여준다.

렘 49:27. 내가 다메섹의 성벽에 불을 지르리니 벤하닷의 궁전이 불타리라.

나 여호와가 다메섹의 성벽에 불을 지를 것이니 벤하닷의 궁전이 불타리라고 하신다. 다시 말해 다메섹은 전멸한다는 것이다.

여기 "벤하닷"이란 말은 '하닷의 아들'이란 뜻인데, "하닷"이란 말은 아람인들이 숭배하던 폭풍의 신(神)이었다(이 신은 가나안 신의 '바알'에 해당하는 신이었다).

9. 게달과 하솔이 심판을 받을 것이다(49:28-33)

28-33절은 사막 지방에 살던 게달과 하솔에게 준 예언으로 바벨론 군에 의해 멸망한다는 내용이다.

<게달과 하솔이 받을 심판>

렘 49:28. 바벨론의 느부갓네살 왕에게 공격을 받은 게달과 하솔 나라들에 대한 말씀이라 여호와께서 이와 같이 말씀하시되 너희는 일어나 게달로 올라가서 동방 자손들을 황폐하게 하라.

"바벨론의 느부갓네살 왕에게 공격을 받은 게달과 하솔 나라들에 대한 말씀이라"는 말은 28-33절의 표제이다.

여기 "게달"은 이스마엘의 자손으로(창 25:13) 암몬 동쪽에 있어서(사 42:11) 에돔과 바벨론 사이 광야에 살면서 천막생활을 영위하던 민족이었다. 이 민족은 양 떼를 많이 거느렸고, 활 쏘는 기술로 유명했다. 구약에 자주 등장하던 민족이었다(2:10; 사 21:16-17; 42:11; 60:7).

그리고 "하솔" 민족은 아라비아 광야에서 성벽과 성문도 없이 모여 사는 촌락 생활을 한 것으로 본다. 그리고 본 절의 "동방 자손"은 가나안 동방의 족속들을 칭하는 말이었다. 이들을 하나님께서는 그냥 두시지 않고 바벨론의 느부갓네살 왕을 보내셔서 게달과 하솔 등 가나안 동방의 족속들(삿 6:3)을 멸하게 하셨다.

렘 49:29. 너희는 그들의 장막과 양 떼를 빼앗으며 휘장과 모든 기구와 낙타를 빼앗아다가 소유로 삼고 그들을 향하여 외치기를 두려움이 사방에 있다 할지니라.

"그들의 장막과 양 떼를 빼앗으며 휘장과 모든 기구와 낙타를 빼앗아다가 소유로 삼으라"는 말은 유목민들, 즉 '게달과 하솔 주민들의 장막과 양 떼를 빼앗으며 휘장과 모든 기구와 낙타를 빼앗아다가 소유로 삼으라'는 뜻이다. 죄인들이 하나님의 벌을 받을 때는 그들이 의지하던 모든 것들이 완전히 빼앗긴다는 뜻이다.

그리고 "그들 유목민들을 향하여 외치기를 두려움이 사방에 있다"고 말하라고 하신다.

렘 49:30. 여호와의 말씀이니라 하솔 주민아 도망하라 멀리 가서 깊은 곳에 살라 이는 바벨론의 느부갓네살 왕이 너를 칠 모략과 너를 칠 계책을 세웠음이라.

여호와께서 말씀하시기를 하솔 주민들아! 도망하라. 다시 말해 멀리 도망가서 깊은 곳에 가서 살라(8절 주해 참조). 이유는 바벨론의 느부갓네살 왕이 하솔 거민들을 칠 모략을 세웠고, 하솔 거민들을 칠 계획을 세웠기 때문이라고 하신다.

렘 49:31. 여호와의 말씀이니라 너는 일어나 고요하고도 평안히 사는 백성 곧 성문이나 문빗장이 없이 홀로 사는 국민을 치라.

여호와께서 말씀하시기를, "바벨론 군대는 일어나 고요하고도 평안히 살고 있는 백성(삿 18:7, 27-28; 겔 38:11 참조) 곧 성문이나 성문의 빗장도 없이 홀로 잘 지내고 있는 하솔 국민들을 치라"고 하신다.

렘 49:32. 그들의 낙타들은 노략물이 되겠고 그들의 많은 가축은 탈취를 당할 것이라 내가 그 살쩍을 깎는 자들을 사면에 흩고 그 재난을 여러 곳에서 오게 하리라 여호와의 말씀이니라.

"그들의 낙타들은 노략물이 되겠고, 그들의 많은 가축은 탈취를 당할 것이라"는 말은 '하솔 주민들의 낙타들은 노략을 당할 것이고, 그들의 가축은 탈취를 당할 것이라'는 뜻이다.

"내가 그 살쩍을 깎는 자들을 사면에 흩는다"는 말은 '여호와께서 그 살쩍을 깎는 자들(9:26; 25:23 주해 참조)을 사면으로 두루 흩어버리겠다'는 뜻이다. 다시 말해 아라비아에 사는 부족들 가운데 머리를 짧게 깎는 풍속을 가진 사람들이 있는데 그들을 뜻하는 말이다.

"그 재난을 여러 곳에서 오게 하리라"는 말은 '하솔 거민들이 사방으로 재난을 당하게 되도록 하신다'는 의미이다.

렘 49:33. 하솔은 큰 뱀의 거처가 되어 영원히 황폐하리니 거기 사는 사람이

나 그 가운데에 머물러 사는 사람이 아무도 없게 되리라 하시니라.

하솔은 영영 황폐한 곳이 되어(9:11; 10:22 주해 참조; 사 13:21-22) 시랑과 이리 떼의 소굴로 변하게 되고, 그 곳에 다시는 정착하는 사람이 없을 것이며, 그 곳에 머무르는 사람도 없을 것이라고 하신다.

10. 엘람이 심판을 받고(49:34-38) 회복될 것이다(49:39)

34-38절에서는 엘람이 바벨론에 의해 멸망당한다는 내용이다. 엘람은 셈족에 속했는데(창 10:22), 파사만의 동쪽과 북쪽 땅을 점령하고 살았다. 그 수도는 수산 성이었고(느 1:1; 에 1:2, 5; 단 8:2), 바벨론의 동쪽에 위치하고 있었다. 아브라함이 살던 때의 엘람 왕은 그돌라오멜이었다(창 14:1-11). 엘람은 여러 세기를 통하여 앗수르와 바벨론과 같은 큰 나라들과 싸웠고, 주전 640년경 앗수르의 앗슐바니발(주전 668-627년 통치)에게 정복당했다.

엘람과 이스라엘과의 관계는 앗수르가 히스기야를 공략했을 때, 엘람은 앗수르의 맹방(盟邦-동맹국)이 되었고(사 22:6), 메대 바사 군이 바벨론을 칠 때에는 메대 편에 가담하고 있었다가(사 21:2-6) 결국은 메대와 합방했다.

<엘람이 받을 심판>

렘 49:34. 유다 왕 시드기야가 즉위한 지 오래지 아니하여서 엘람에 대한 여호와의 말씀이 선지자 예레미야에게 임하여 이르시되.

본문은 시드기야(주전 597-586년 통치)가 유다 왕이 되어 다스리기 시작할 무렵에 엘람(Elam-셈의 아들 엘람의 후손들이 세운 나라이다)을 두고 여호와께서 선지자 예레미야에게 하신 말씀이다.

엘람인들은 활을 잘 쏘는 것으로 알려져 있는데(사 22:6), 이웃 나라의 족속들에게 매우 난폭하고 잔인하게 대한 것으로 알려졌다(겔 32:24).

렘 49:35. 만군의 여호와가 이같이 말하노라 보라 내가 엘람의 힘의 으뜸가는 활을 꺾을 것이요.

만군의 여호와께서 "보라! 나 여호와가 엘람인들의 활 쏘는 것을 꺾을 것이라"고 말씀하신다. 엘람인들의 활을 꺾는다는 것은 그들의 멸망을 뜻한다.

렘 49:36. 하늘의 사방에서부터 사방 바람을 엘람에 오게 하여 그들을 사방으로 흩으리니 엘람에서 쫓겨난 자가 가지 않는 나라가 없으리라.

본 절은 엘람 사람들이 하나님의 강력한 심판을 받아 열방으로 흩어지게 될 것을 예언한 것이다. 즉, 여호와께서 말씀하시기를 하늘의 사방에서 나온 사방의 바람(이는 하나님의 심판을 언급하는 것이다)을 엘람으로 몰아다가 그들을 사방으로 흩어 버리겠다. 그러면 엘람에서 쫓겨난 사람들이 여러 나라로 유배되어 갈 것이라고 하신다. 하나님께서는 엘람의 심판 도구로 바벨론 군을 사용하셨다.

렘 49:37. 여호와의 말씀이니라 내가 엘람으로 그의 원수의 앞, 그의 생명을 노리는 자의 앞에서 놀라게 할 것이며 내가 재앙 곧 나의 진노를 그들 위에 내릴 것이며 내가 또 그 뒤로 칼을 보내어 그들을 멸망시키리라.

여호와께서 말씀하시기를, "나 여호와가 엘람 나라로 그의 원수 앞에서, 그의 생명을 노리는 자 앞에서 놀라게 할 것이며, 나 여호와가 재앙 곧 나 여호와의 진노를 엘람 위에 내릴 것이며 나 여호와가 또 망해버린 엘람 뒤로 칼을 보내어 그들을 멸망시키리라"고 하신다.

렘 49:38. 내가 나의 보좌를 엘람에 주고 왕과 고관들을 그 곳에서 멸하리라 여호와의 말씀이니라.

여호와께서 말씀하시기를, "나 여호와가 나의 보좌를 엘람에 베풀고 엘람의 왕과 엘람의 고관들을 그 곳에서 심판해버리겠다"고 하신다. 이로써 엘람은 자국민의 통치자를 잃었고, 국권을 빼앗기고 말았다.

렘 49:39. 그러나 말일에 이르러 내가 엘람의 포로를 돌아가게 하리라 여호와의 말씀이니라.

34-38절에서는 엘람이 망하는 것을 예언했으나 본 절에서는 말일에나 여호와가 엘람의 포로를 돌아가게 하리라고 하신다. 이 예언대로 오순절 성령 강림 때에는 엘람인들도 참여하여 성령의 충만을 받았다(행 2:9). 성령을 충만히 받는 것 이외에 구원에 동참한다는 말은 더 있을 수 없다. 성령을 충만히 받는다는 것은 하나님과 완전히 연합한다는 것을 뜻한다.

제 50 장

11. 바벨론의 멸망이 유다의 구원이 된다(50:1-10)

1-10절은 이스라엘이 바벨론 포로에서 돌아올 것을 예언하고(1-5절), 이스라엘 민족이 바벨론으로부터 나올 것을 권면한다(6-10절).

<바벨론이 받을 심판>

렘 50:1. 여호와께서 선지자 예레미야에게 바벨론과 갈대아 사람의 땅에 대하여 하신 말씀이라.

본 절은 50-51장의 표제이다. 본 절의 "바벨론"이란 말은 나라 이름이면서 또 동시에 바벨론 나라의 수도 이름이기도 하다. 그리고 "갈대아"라는 말은 유브라데와 티그리스 강 유역의 지방명이다.

렘 50:2. 너희는 나라들 가운데에 전파하라 공포하라 깃발을 세우라 숨김이 없이 공포하여 이르라 바벨론이 함락되고 벨이 수치를 당하며 므로닥이 부스러지며 그 신상들은 수치를 당하며 우상들은 부스러진다 하라.

2-3절은 바벨론이 망한 것을 열방에 공포하라고 부탁하는 말이다. 여기 "나라들 가운데에 전파하라"는 말, "공포하라"는 말, "깃발을 세우라(군대가 진군할 때 군기를 앞세우라는 뜻이다)"는 말, "숨김이 없이 공포하여 이르라"는 말들은 모두 동의어들이다. 바벨론이 망하게 된 것을 세상에 널리널리 알리라는 것이다.

"바벨론이 함락되었다"는 말, "벨('주'라는 뜻)이 수치를 당했다"는 말, "므로닥(바벨론의 주신으로 신들의 머리)이 부스러졌다"는 말, "그 신상들은 수치를 당했다"는 말, "우상들은 부스러졌다"는 말들은 모두 같은 의미로서 바벨론이 망했다는 것을 뜻하는 말이다.

렘 50:3. 이는 한 나라가 북쪽에서 나와서 그를 쳐서 그 땅으로 황폐하게 하여 그 가운데에 사는 자가 없게 할 것임이라 사람이나 짐승이 다 도망할 것임이니라(For out of the north a nation has come up against her, which shall make her land a desolation, and none shall dwell in it; both man and beast shall flee away-ESV).

바벨론이 망하게 된(2절) 이유는 북녘에서 한 민족이 침략하여(메대, 바사가 바벨론을 침략하여) 바벨론을 쳐서 그 땅을 황무지로 만들 것이기 때문에 거기에 사는 사람이 아무도 없다는 것이다. 사람과 짐승이 사라질 것이라고 하신다.

렘 50:4. 여호와의 말씀이니라 그 날 그 때에 이스라엘 자손이 돌아오며 유다 자손도 함께 돌아오되 그들이 울면서 그 길을 가며 그의 하나님 여호와께 구할 것이며(In those days and in that time, declares the LORD, the people of Israel and the people of Judah shall come together, weeping as they come; and they shall seek the LORD their God-ESV).

여호와께서 말씀하시기를, "그 날 그 때에 그들 이스라엘 자손이 돌아오며, 유다 자손도 함께 돌아올 것이다. 그들이 귀환하면서 울며 올 것이고, 여호와 그들의 하나님을 찾게 될 것이라"고 하신다.

본 절의 "그 날 그 때에 이스라엘 자손이 돌아오며 유다 자손도 함께 돌아온다"는 말은 '바벨론이 멸망하는 그 때 이스라엘 자손과 유다 자손이 함께 돌아온다'는 것이다. 메대 바사의 고레스 왕이 바벨론을 멸하고, 유다 백성에게 해방을 선포하여 유다 백성이 귀환하게 된다.

"그들이 울면서 그 길을 간다"는 말은 '이스라엘 자손과 유다 자손이 하나님의 은혜에 감격하여 울면서 귀환한다'는 것이다. 바벨론으로부터 해방되어 돌아오는 것이 하나님의 은혜인 것을 알게 된 그들은 울면서 귀환하는 것이다. 오늘 우리 역시 하나님의 은혜를 깨달아 항상 감사가 넘치는 삶을 살아야 할 것이다.

"그의 하나님 여호와께 구할 것이라"는 말은 '그들의 심령에 감사가 있으니 여호와께 기도할 마음이 생겼다'는 뜻이다. 강퍅한 마음 가지고는 기도하지 못한다.

렘 50:5. 그들이 그 얼굴을 시온으로 향하여 그 길을 물으며 말하기를 너희는 오라 잊을 수 없는 영원한 언약으로 여호와와 연합하라 하리라(They shall ask the way to Zion, with faces turned toward it, saying, 'Come, let us join ourselves to the LORD in an everlasting covenant that will never be forgotten'-ESV).

이스라엘 백성들과 유다 백성들은 시온으로 가는 길을 물어 보며, 이곳을 바라보며 찾아올 것이다. 돌아온 그들은 나 여호와와 언약을 맺을 것이다. 절대로 파기하지 않을 영원한 언약을 맺고 나와 연합할 것이다.

바벨론에서 돌아오는 백성들은 눈물을 흘리며 예루살렘을 향하여 행진하면서 말하기를, "여호와와 영원한 연합을 맺자. 바벨론으로 포로되어 가기 전에는 자기들 쪽에서 언약을 깨뜨려서 포로가 되어 갔지만, 이제는 새로운 마음으로 언약을 맺고 영원히 깨뜨리지 말자"고 하는 것이다.

<바벨론에서 도망하라 갈대아 땅에서 나오라>

렘 50:6. 내 백성은 잃어 버린 양 떼로다 그 목자들이 그들을 곁길로 가게 하여 산으로 돌이키게 하였으므로 그들이 산에서 언덕으로 돌아다니며 쉴 곳을 잊었도다.

6-10절은 바벨론이 망했으니 고레스의 명을 받들어 유다인들은 빨리 바벨론에서 빠져나와 고국으로 돌아가라고 권면한다.

본 절은 유다 백성이 목자들(왕들, 방백들, 제사장들, 선지자들, 백성의 지도자들)의 잘못으로 우상 숭배를 하여 여호와를 잃어 버린 양 떼가 되어 곁길로 가게 되어 이 산 저 산으로 방황하게 되었고, 그래서 결국 양 떼들이 쉴 곳(시 23:2)을 얻지 못했다는 것이다.

우상 숭배를 하면 결코 만족이 없다. 오늘도 돈을 좋아하고 명예를 좋아하며, 세상 것을 좋아하는 사람들은 도무지 만족을 얻지 못하고 세상에서 방황하게 마련이다. 그런 사람들은 갈수록 목이 마른 채 세상에서 허송세월을 보내기 마련이다.

렘 50:7. 그들을 만나는 자들은 그들을 삼키며 그의 대적은 말하기를 그들이 여호와 곧 의로운 처소시며 그의 조상들의 소망이신 여호와께 범죄하였음인즉 우리는 무죄하다 하였느니라.

여기 "그들을 만나는 자들이 그들을 삼킨다"는 말은 '우상 숭배를 하는 유다 백성을 만나는 바벨론 군대들이 유다인들을 삼킨다'는 뜻이다. 우상 숭배를 하는 사람들은 세상의 다른 원수들(마귀 포함, 세상 원수들)한테 삼킴을 당하는 것이다.

그리고 "그의 대적은 말하기를 그들이 여호와 곧 의로운 처소시며 그의 조상들의 소망이신 여호와께 범죄하였은즉 우리는 무죄하다 하였다"는 말은 '유다 민족의 대적인 바벨론 군대가 말하기를 유다 민족이 여호와께 범죄해서 이렇게 그들이 포로가 되어 고생하는 것이지 자기들은 아무 죄가 없다고 한다'는 것이다. 바벨론 군대도 유다 민족이 범죄한 사실을 알았다는 것이다.

렘 50:8. 너희는 바벨론 가운데에서 도망하라 갈대아 사람의 땅에서 나오라 양 떼에 앞서가는 숫염소 같이 하라.

"너희는 바벨론 가운데에서 도망하라"는 말과 "갈대아 사람의 땅에서 나오라"는 말은 동의절로 쓰여 바벨론 나라가 망했으니 유다 민족은 빨리 그곳에서 해방되어 나오라고 권면하는 것이다.

그리고 "앞서가는 숫염소 같이 하라"는 말은 아침에 목자가 양의 우리의 문을 열면 숫양이 먼저 뛰어 나오는 것처럼 바벨론이 망해서 바벨론 문이 열렸으니 유다 민족은 빨리 바벨론으로부터 뛰쳐나오라는 권면의 말이다. 꽉 갇혀 있는 상태에서 오래 남아 있을 필요가 없는 것이다. 나올 길이 열리면 빨리 나와야 하는 것이다.

렘 50:9. 보라 내가 큰 민족의 무리를 북쪽에서 올라오게 하여 바벨론을 대항하게 하리니 그들이 대열을 벌이고 쳐서 정복할 것이라 그들의 화살은 노련한 용사의 화살 같아서 허공을 치지 아니하리라.

본 절 초두의 "보라!"는 말은 본 절이 아주 중요한 구절이니 유의해서 보라고 권면하는 말이다. 본 절의 내용은 나 여호와가 큰 민족의 무리인 메대와 바사 군대를 바벨론으로 올라오게 해서 바벨론을 대항하게 할 것이니 그 큰 민족의 군대가 대열을 벌이고 바벨론을 쳐서 정복할 것이라. 메대 바사의 화살은 노련한 용사의 화살이니 결단코 허공을 치지 아니할 것이라고 하신다. 여호와 하나님께서 메대 바사를 들어서 바벨론 나라를 치시므로 패하게 하신다는 것이다.

렘 50:10. 갈대아가 약탈을 당할 것이라 그를 약탈하는 자마다 만족하리라 여호와의 말씀이니라.

여호와께서 갈대아 나라(바벨론 나라)가 메대와 바사 군에 의해서 약탈을 당할 것이라고 하신다. 또한 바벨론 군대를 약탈하는 나라마다 바벨론의 풍부함에 아주 만족함을 얻을 것이라고 말씀하신다.

12. 바벨론이 수치를 당함이 유다의 영광이 됨(50:11-20)

11-20절은 바벨론이 수치를 당하고(11-16절), 유다 민족은 고국으로 귀환하여 영광을 얻는다는 내용이다(17-20절).

<바벨론의 멸망>

렘 50:11. 나의 소유를 노략하는 자여 너희가 즐거워하며 기뻐하고 타작하는 송아지 같이 발굽을 구르며 군마 같이 우는도다.

본 절은 바벨론의 교만을 지적하는 말이다. 한때 바벨론이 고대 근동의 패권을 차지해서 유다를 비롯한 주변 민족들을 정복할 수 있었던 것은 그들을 범죄한 열방의 심판 도구로 삼으신 하나님의 섭리였다. 그런데 바벨론은 이 사실을 전혀 모르고 길들여지지 않은 야생마처럼 스스로의 힘에 도취되어 주변 국가의 정복민들을 마구 살육하며, 주변 국가의 정복을 단지 그들 능력의 결과로만 알고 교만했다. 그 결과 그들 바벨론도 그들이 열방에 행한 것과 동일한 방법으로 심판을 받게 된 것이다.

오늘 우리도 여호와 하나님께서 사용하시는 도구임을 깨달아, 하나님께 항상 감사드리고, 겸손하게 쓰임 받는 자가 되어야 한다.

렘 50:12. 그러므로 너희의 어머니가 큰 수치를 당하리라 너희를 낳은 자가 치욕을 당하리라 보라 그가 나라들 가운데의 마지막과 광야와 마른 땅과 거친 계곡이 될 것이며.

본 절의 "너희의 어머니가 큰 수치를 당하리라"는 말과 "너희를 낳은 자가 치욕을 당하리라"는 말은 동의절로 바벨론 제국이 멸망하여 열방들 앞에서 수치를 당하게 될 것임을 예언한 것이다.

여기 "그가 나라들 가운데의 마지막과 광야와 마른 땅과 거친 계곡이 될 것이라"는 말은 바벨론이 심판을 받아 열방 가운데 꼬리가 되며 광야와 같이 완전히 황폐화가 될 것을 말씀하신다. 바벨론이 이렇게 망하고 열방의 마지막이 되는 것은 하나님 앞에 교만했던 탓이다. 교만은 패망의 선봉(잠 16:18)이라는 말씀을 우리는 너무도 자주 간과하고, 잊어버린다.

렘 50:13. 여호와의 진노로 말미암아 주민이 없어 완전히 황무지가 될 것이

라 바벨론을 지나가는 자마다 그 모든 재난에 놀라며 탄식하리로다.

"여호와의 진노로 말미암아 주민이 없어 완전히 황무지가 될 것이라"는 말은 하나님의 진노로 말미암아 두 가지 현상이 일어난다는 것을 뜻한다. 즉, 하나는 바벨론에 주민이 없어진다는 것이고, 또 하나는 바벨론이 완전히 황무지가 될 것이라는 예언이다(19:18; 49:17).

그리고 "바벨론을 지나가는 자마다 그 모든 재난에 놀라며 탄식하리로다"는 말은 여호와의 진노로 바벨론이 황무지가 되었기 때문에 바벨론을 지나가는 사람마다 바벨론이 당한 그 모든 재난에 소스라치게 놀랄 것이라고 하신다.

렘 50:14. 바벨론을 둘러 대열을 벌이고 활을 당기는 모든 자여 화살을 아끼지 말고 쏘라 그가 여호와께 범죄하였음이라.

"바벨론을 둘러 대열을 벌이고 활을 당기는 모든 자"는 '바벨론을 공격하는 메대와 바사 군대'를 말한다.

"화살을 아끼지 말고 쏘라"는 말은 '공격 무기를 아끼지 말고 공격하라'는 뜻이다.

"그가 여호와께 범죄하였음이라"는 말은 바벨론이 여호와께 교만했다는 뜻이고, 또 유다 민족을 심히 학대했다는 뜻이다. 인간을 학대하는 것도 하나님께 대한 범죄로 간주된다.

렘 50:15. 그 주위에서 고함을 지르리로다 그가 항복하였고 그 요새는 무너졌고 그 성벽은 허물어졌으니 이는 여호와께서 그가 행한 대로 그에게 내리시는 보복이라 그가 행한 대로 그에게 갚으시는도다.

여기 "그 주위에서 고함을 지르리로다"는 말은 '바벨론을 둘러싸고 고함을 치라'는 뜻이다.

그리고 "그가 항복하였고 그 요새는 무너졌고 그 성벽은 허물어졌다"는 말은 '바벨론이 이미 메대와 바사에에게 항복했고 바벨론의 요새도 무너졌으며 성벽도 허물어졌다'고 말한다.

"이는(for) 여호와께서 그가 행한 대로 그에게 내리시는 보복이라 그가 행한 대로 그에게 갚으시는도다"는 말은 바벨론이 메대 바사에게 항복하고, 그들의 요새와 성벽이 무너지며 허물어진 이유는 여호와께서 바벨론이 행한 대로 보복하시기 때문이라는 것이다. 하나님께서 바벨론이 행한 대로 벌하시니 바벨론은 망할 수밖에 없다는 것이다.

렘 50:16. 파종하는 자와 추수 때에 낫을 잡은 자를 바벨론에서 끊어 버리라 사람들이 그 압박하는 칼을 두려워하여 각기 동족에게로 돌아가며 고향으로 도망하리라(Cut off from Babylon the sower, and the one who handles the sickle in time of harvest; because of the sword of the oppressor, every one shall turn to his own people, and every one shall flee to his own land-RSV, ESV).

본 절의 "파종하는 자와 추수 때에 낫을 잡은 자를 바벨론에서 끊어 버리라"는 말은 '바벨론에서 농사에 종사하던 외국인 농사꾼들을 끊어버리라'는 것이다. 한 나라에서 농사꾼들을 끊어버리는 것은 한 나라를 망하게 하는 것이다.

그리고 "사람들이 그 압박하는 칼을 두려워하여 각기 동족에게로 돌아가며 고향으로 도망하리라"는 말은 '외국에서 올 농사꾼들이 그 압박하는 칼을 두려워하여 각기 자기 나라로 돌아가며 고국으로 도망한다'는 것이다. 이렇게 되면 바벨론은 망하는 수밖에 없는 것이다.

<이스라엘을 돌아오게 하리라>

렘 50:17. 이스라엘은 흩어진 양이라 사자들이 그를 따르도다 처음에는 앗수르 왕이 먹었고 다음에는 바벨론의 느부갓네살 왕이 그의 뼈를 꺾도다.

17-20절은 바벨론이 망함에 따라 그곳에 포로가 되어 살던 이스라엘이

귀환하고 하나님의 용서를 받아 영화를 누린다는 내용이다.

본 절은 이스라엘이 사자들에게 쫓겨서 흩어진 양이 되었다는 내용이다. 처음에는 앗수르 왕이 이스라엘을 양처럼 잡아먹었고, 그 다음에는 바벨론 왕이 마침내 유다의 뼈까지 먹어 치웠다는 것이다.

렘 50:18. 그러므로 만군의 여호와 이스라엘의 하나님이 이와 같이 말하노라 보라 내가 앗수르의 왕을 벌한 것 같이 바벨론의 왕과 그 땅을 벌하고.

그러므로 나 만군의 여호와 이스라엘의 하나님이 말하노니 내가 앗수르 왕에게 벌을 내렸듯이 바벨론 왕과 그의 나라에도 벌을 내리겠다고 하신다.

앗수르는 주전 612년에 바벨론에게 망했고, 바벨론은 주전 539년에 메대와 바사에게 멸망당했다. 그러므로 본 예언은 앗수르가 멸망당한 후와 바벨론의 멸망 이전 시기에 주어진 것으로 보아야 한다. "만군의 여호와"를 위한 주해는 2:19주해를 참조하라.

렘 50:19. 이스라엘을 다시 그의 목장으로 돌아가게 하리니 그가 갈멜과 바산에서 양을 기를 것이며 그의 마음이 에브라임과 길르앗 산에서 만족하리라.

여호와께서 말씀하시기를, "내가 친히 목자가 되어 이스라엘을 그의 목장, 곧 그들의 옛 땅으로 데려다 놓을 것이니, 그들이 갈멜(가나안의 북부 지방을 지칭하며 요단 동서로 전개되는, 가나안에서 제일가는 비옥한 초원이다)과 바산(요단 동편의 최북단에 위치하면서 아주 비옥한 목초지이다)에서 풀을 뜯고, 에브라임 산지(북 왕국 이스라엘의 지도적 지파의 땅으로 목장이 좋았다)와 길르앗(요단 강 동편의 넓은 고원 지대로 좋은 목장이었다)에서 마음껏 먹게 해서 만족하게 할 것이라"고 하신다. 여호와의 회복은 이처럼 우리에게 가장 큰 만족감을 주신다.

렘 50:20. 여호와의 말씀이니라 그 날 그 때에는 이스라엘의 죄악을 찾을지라도 없겠고 유다의 죄를 찾을지라도 찾아내지 못하리니 이는 내가 남긴 자를 용서할 것임이라.

여호와께서 말씀하시기를, "그 날이 오고 그 때가 되면, 나 여호와가 살아남게 한 사람들을 용서할 것이니, 이스라엘의 허물을 아무리 찾아도 찾지 못하고, 유다의 죄를 아무리 찾아도 발견하지 못할 것이라(31:34; 시 103:12; 겔 33:10-20; 36:26-29; 미 7:18-19; 엡 5:26-27)"고 하신다.

세상 사람들 중에는 성도들의 허물을 찾아 비난하려고 애쓰는 자들이 있다(1:9; 2:4, 5; 슥 3:1, 3; 롬 2:15; 계 12:10). 여기 남은 자의 죄 용서는 신약 시대 성도들의 죄를 용서하실 예표가 된다. 오늘 우리의 죄는 예수 그리스도께서 그의 십자가에서 해결하셨으니 아무도 찾을 수가 없는 것이다.

13. 바벨론의 권세가 무너지다(50:21-28)

<여호와께서 바벨론을 심판하시다>

렘 50:21. 이는 여호와의 말씀이니라 너희는 올라가서 므라다임의 땅을 치며 브곳의 주민을 쳐서 진멸하되 내가 너희에게 명령한 대로 다하라.

여호와께서 말씀하시기를, "너 바사의 연합군은 므라다임 땅으로 쳐 올라가고, 브곳 주민이 사는 곳으로 쳐 올라가거라. 너는 그들을 칼로 쳐 죽이고, 뒤쫓아 가서 남김없이 진멸시켜라. 내가 너에게 명한 모든 것을 그대로 하여라"고 하신다. 여기 "므라다임"은 유브라데 강과 티그리스 강이 만나는 지역으로 현재는 '마트 마라팀'(Mat Marratim)인데 바벨론 땅을 상징한다. 그리고 "브곳"은 티그리스의 동편 지역으로 현재는 아카디안 푸쿠두(Akkadian Puqudu)인데 역시 바벨론을 상징하는 것으로 본다(K.&D.).

"내가 너희에게 명령한 대로 다하라"는 말은 하나님께서 메대 바사에게 바벨론을 치라는 사명을 주신 대로 다 수행하라는 뜻이다.

렘 50:22. 그 땅에 싸움의 소리와 큰 파멸이 있으리라.

바벨론 땅에 전쟁의 환란이 있으리라는 예언이다.

렘 50:23. 온 세계의 망치가 어찌 그리 꺾여 부서졌는고 바벨론이 어찌 그리 나라들 가운데에 황무지가 되었는고.

세상을 쳐부수던 쇠망치(바벨론 지칭)가 어쩌다가 이렇게 깨지고 부서지게 되었는가? 바벨론이 어쩌다가 이렇게 세계 만민이 놀라도록 비참하게 되었냐는 말이다.

바벨론이 한때는 세상을 쳐부수던 쇠망치 방망이였는데, 이제 유다가 회개했으니 방망이 역할의 바벨론은 더 이상 쓸모가 없게 되었다는 뜻이다.

렘 50:24. 바벨론아 내가 너를 잡으려고 올무를 놓았더니 네가 깨닫지 못하여 걸렸고 네가 여호와와 싸웠으므로 발각되어 잡혔도다.

여호와께서 말씀하시기를, "바벨론아! 나 여호와가 너 바벨론을 잡으려고 올무를 놓았더니 네가 그 올무를 올무인줄 깨닫지 못하여 걸렸고, 너 바벨론이 여호와 하나님과 싸웠으므로 발각되어 잡히고 말았도다"라고 말씀하신다.

본 절의 "내가 너를 잡으려고 올무를 놓았더니"란 말은 '여호와께서 죄악이 관영한 바벨론을 벌하시되 올무를 놓아 잡듯이 하셨다'는 뜻이다. 회개할 줄 모르고 죄만 짓는 자들은 장차 하나님의 벌이 자신에게 임함을 모른다. 그러나 하나님께서는 그들이 알지 못하는 사이에 그들을 잡으실 방침을 세우고 계신다. 때가 이르면 범죄자들은 자기들도 모르는 사이에 돌연히 거쳐 넘어져 피할 길이 없이 된다.

"네가 여호와와 싸웠다"는 말씀은 '바벨론이 여호와와 싸웠다'는 뜻인데, 바벨론이 하나님의 백성을 지나치게 압제한 사실을 가리킨다(슥 1:15). 하나님께서는 이스라엘이나 유다 민족을 보호하려 하시는데, 바벨론은 이스라엘이나 유다를 교만하게 압제하니 그것이야말로 하나님께 대적하는 죄를 범하는 것이다.

렘 50:25. 여호와께서 그의 병기창을 열고 분노의 무기를 꺼냄은 주 만군의 여호와께서 갈대아 사람의 땅에 행할 일이 있음이라.

여호와께서 그의 무기고를 여시고, 진노를 나타내는 병기를 꺼내신 것(메대 바사 군대)은 만군의 여호와께서 갈대아인의 땅에서 할 일(바벨론 땅을 쳐부수실 일))이 있기 때문이라고 하신다.

렘 50:26. 먼 곳에 있는 너희는 와서 그를 치고 그의 곳간을 열고 그것을 곡식더미처럼 쌓아 올려라 그를 진멸하고 남기지 말라.

먼 곳에 있는 너희(메대 바사 군대)는 바벨론으로 와서 바벨론의 곳간을 열고 그 나라의 곡식 창고들을 열어젖혀라. 전리품을 낟가리처럼 쌓아 놓고, 완전히 진멸시켜라. 그 나라에 아무것도 남겨 놓지 말라고 하신다.

렘 50:27. 그의 황소를 다 죽이라 그를 도살하려 내려 보내라 그들에게 화 있도다 그들의 날, 그 벌 받는 때가 이르렀음이로다.

황소 같은 바벨론의 장정들을 모조리 쳐 죽여라. 그들을 도살장으로 데려가거라. 그들에게 화가 미쳤다. 그들의 날, 그들이 벌 받을 때(46:21; 수 6:21; 11:11, 20)가 닥쳐왔기 때문이라고 하신다.

렘 50:28. 바벨론 땅에서 도피한 자의 소리여 시온에서 우리 하나님 여호와의 보복하시는 것, 그의 성전의 보복하시는 것을 선포하는 소리로다(A voice! they flee and escape from the land of Babylon, to declare in Zion the vengeance of the LORD our God, vengeance for his temple-ESV).

본 절은 바벨론에서 도피해서 나와 예루살렘에 도착한 귀환의 선발대가 외치는 소리이다. 즉, 여호와께서 바벨론에 복수하시되 그 성전 때문에 복수하신 것이라는 외침이었다(15절; 51:11 참조). 본 절 해석을 다시 써보면 들어라! 바벨론 땅에서 살아 도망쳐 나온 자들의 소리를! 여호와의 성전을 짓밟은 자들에게 여호와 하나님께서 복수하심을 알리는 소리를 들어 보라고 말한다.

14. 바벨론의 교만이 거꾸러지다(50:29-32)

렘 50:29. 활 쏘는 자를 바벨론에 소집하라 활을 당기는 자여 그 사면으로 진을 쳐서 피하는 자가 없게 하라 그가 일한 대로 갚고 그가 행한 대로 그에게 갚으라 그가 이스라엘의 거룩한 자 여호와를 향하여 교만하였음이라.

너희 메대 바사 군대는 활 쏘는 사람들을 불러다가 바벨론을 향해 활을 당겨라. 그들이 이스라엘의 거룩한 하나님, 여호와 앞에서 오만하게 행동하였으니 너희는 바벨론 도성을 포위하고 쳐라. 아무도 빠져 나가지 못하게 하라. 너희는 그들의 소행대로 보복하여 주라. 그들이 하였던 것과 똑같이 너희도 그들에게 갚아 주라고 하신다.

"그가 이스라엘의 거룩한 자 여호와를 향하여 교만하였음이라"는 말은 '바벨론이 이스라엘의 거룩하신 자 여호와를 향하여 교만하게 행동했던 것이 죄라'는 뜻이다.

오늘도 여호와의 성도들이나 여호와의 종들을 향해서 교만하게 행동하는 사람들이 많이 있다. 그들은 바로 여호와를 향하여 교만하게 행동하는 것이다. 이런 교만한 자들의 말년은 참으로 비참한 것을 볼 수 있다.

렘 50:30. 그러므로 그 날에 장정들이 그 거리에 엎드러지겠고 군사들이

멸절되리라 여호와의 말씀이니라.

바벨론이 이스라엘에게 교만했으므로 바벨론의 종말의 날에 장정들이 그 거리에 엎드러질 것이고, 군사들이 멸절되리라고 여호와께서 말씀하신다. 본 절 주해를 위해 49:26 주해를 참조하라.

렘 50:31. 주 만군의 여호와의 말씀이니라 교만한 자여 보라 내가 너를 대적하나니 너의 날 곧 내가 너를 벌할 때가 이르렀음이라.

만군의 여호와 하나님께서 말씀하시기를 너 오만한 자(바벨론을 지칭하시는 말이다)야, 내가 너 바벨론을 치겠다. 너의 망하는 날 곧 네가 벌을 받을 때가 왔다는 것이다. 교만한 자는 반드시 망한다.

렘 50:32. 교만한 자가 걸려 넘어지겠고 그를 일으킬 자가 없을 것이며 내가 그의 성읍들에 불을 지르리니 그의 주위에 있는 것을 다 삼키리라.

여호와께서 말씀하시기를, "교만한 바벨론이 걸려 넘어지겠고 바벨론을 일으킬 자가 없을 것이며 나 여호와가 바벨론의 성읍들에 불을 지르리니 그의 주위에 있는 것들을 다 삼켜버리리라"고 하신다.

아무튼 교만한 자는 그를 돕는 자 없어 망하는 법이다.

15. 하나님께서 바벨론에게 칼을 보내시다(50:33-40)

렘 50:33. 만군의 여호와께서 이와 같이 말씀하시니라 이스라엘 자손과 유다 자손이 함께 학대를 받는도다 그들을 사로잡은 자는 다 그들을 붙들고 놓아 주지 아니하리라.

만군의 여호와께서 말씀하시기를, "이스라엘 자손과 유다 자손이 다 함께 억압을 받고 있다. 그들을 포로로 잡아간 자들이 모두 그들을 단단히 붙잡아 두고, 보내 주기를 거절하였다"는 것이다.

바벨론의 문제는 유다 백성을 지나치게 학대했다는 것이다.

렘 50:34. 그들의 구원자는 강하니 그의 이름은 만군의 여호와라 반드시 그들 때문에 싸우시리니 그 땅에 평안함을 주고 바벨론 주민은 불안하게 하리라.

유다 민족의 구속자 여호와는 강하시니, 그 이름은 만군의 여호와이시다. 여호와께서 반드시 유다인들의 탄원을 듣고 싸워서 그 땅을 평안하게 하겠으나 바벨론 주민들은 불안하게 할 것이라고 하신다.

"그들의 구원자"란 말은 '그들의 구속자'라는 뜻으로 이 말은 '구속해주시는 분,' '보복해주시는 분,' '가장 가까운 친족'을 뜻한다. 구속자는 그의 가까운 친척이 잃은 재산을 돌려주며 가까운 친척이 피살된 경우 원수를 갚아주는 역할을 한다. 이 구속자 여호와는 강하셔서 이스라엘의 구속을 달성하시며 그들의 원한을 풀어주신다.

"만군의 여호와"란 말의 주해를 위해 2:19 주해를 참조하라.

렘 50:35. 여호와의 말씀이니라 칼이 갈대아인의 위에와 바벨론 주민의 위에와 그 고관들과 지혜로운 자의 위에 떨어지리라.

35-38절에는 "칼"(전쟁을 상징하는 말)이라는 낱말이 5번 나타난다. 칼이 갈대아인의 위, 바벨론 주민의 위, 자랑하는 자의 위, 용사 위에, 말들 위에, 병거들 위, 여러 민족 위, 보물들 위에 떨어지리라고 하신다. 전쟁의 영향이 여러 부류에 임한다는 것이다.

렘 50:36. 칼이 자랑하는 자의 위에 떨어지리니 그들이 어리석게 될 것이며 칼이 용사의 위에 떨어지리니 그들이 놀랄 것이며.

칼이 점쟁이들을 치니 그들이 어리석은 자들이 될 것이다. 그리고 칼이 그 땅의 용사들(군인들)을 치니, 그들이 공포에 떨 것이다.

렘 50:37. 칼이 그들의 말들과 병거들과 그들 중에 있는 여러 민족의 위에 떨어지리니 그들이 여인들 같이 될 것이며 칼이 보물 위에 떨어지리니 그것이 약탈되리라.

칼이 그들의 말들과 병거들과 그들 가운데 있는 모든 외국 군대를 칠 것이니, 그들이 모두 무기력해질 것이다. 칼이 그 땅의 보물 창고를 치니, 보물이 모두 약탈을 당할 것이다.

렘 50:38. 가뭄이 물 위에 내리어 그것을 말리리니 이는 그 땅이 조각한 신상의 땅이요 그들은 무서운 것을 보고 실성하였음이니라.

본 절은 문자적으로 성취되었다는 것이다. 즉, 가뭄이 땅의 물을 칠 것이니 물이 말라 버릴 것이다. 고레스가 바벨론을 함락했을 때, 못을 만들어 성 안으로 들어가는 유브라데 강의 물줄기를 돌렸기 때문에 수로가 마르고 수비군은 쉽게 항복했다는 것이다(Herodotus). 그리고 바벨론은 온갖 우상을 섬기는 나라이니, 그 땅에 사는 사람들이 그 끔찍스러운 우상들 때문에 미쳐 버릴 것이라고 한다. 결국 바벨론의 죄는 31절의 교만과 본 절의 우상 숭배였음을 알 수 있다.

렘 50:39. 그러므로 사막의 들짐승이 승냥이와 함께 거기에 살겠고 타조도 그 가운데에 살 것이요 영원히 주민이 없으며 대대에 살 자가 없으리라.

바벨론의 교만(31절)과 우상 숭배(38절) 때문에 바벨론 도성에서는 사막의 짐승들과 이리들이 함께 살고, 타조들도 그 안에서 살게 될 것이다. 그 곳에 다시는 사람이 살지 않을 것이며, 그 곳에는 영영 정착하는 사람이 없을 것이라고 하신다.

렘 50:40. 여호와의 말씀이니라 하나님께서 소돔과 고모라와 그 이웃 성읍들을 뒤엎었듯이 거기에 사는 사람이 없게 하며 그 가운데에 머물러 사는

사람이 아무도 없게 하시리라.

여호와께서 소돔과 고모라가 그 이웃 성읍들과 함께 멸망하였을 때와 같이, 바벨론 도성에도 다시는 정착하여 사는 사람이 없을 것이며, 그 곳에 머무르는 사람이 없을 것이라고 말씀하신다. 이런 예언들은 언젠가 반드시 이루어진다. 본 절 주해를 위해 49:18 주해 참조.

16. 바벨론이 북쪽의 원수에 의해 파멸됨(50:41-46)

렘 50:41. 보라 한 민족이 북쪽에서 오고 큰 나라와 여러 왕이 충동을 받아 땅 끝에서 일어나리니.

본 절 초두에는 "보라!"란 말이 있어 본 절이 아주 중요한 내용이라는 것을 알린다. "한 민족이 북쪽에서 온다"고 말씀한다. 이는 '메대 바사가 북쪽에서 바벨론을 치러 온다'는 뜻이다. 그리고 "큰 나라와 여러 왕이 충동을 받아 땅 끝에서 일어날 것이라"고 말한다. '큰 나라들과 여러 왕들이 고레스 왕의 충동을 받아 땅 끝, 북쪽에서 바벨론을 치러 일어날 것이라'는 예언이다. 6:22-24 주해 참조.

한 나라의 흥망성쇠는 결코 우연히 일어나는 것이 아니고, 여호와의 손에서 일어나는 것이다.

렘 50:42. 그들은 활과 투창을 가진 자라 잔인하여 불쌍히 여기지 아니하며 그들의 목소리는 바다가 설레임 같도다 딸 바벨론아 그들이 말을 타고 무사 같이 각기 네 앞에서 대열을 갖추었도다.

"그들은 활과 투창을 가진 자라 잔인하여 불쌍히 여기지 아니하며 그들의 목소리는 바다가 설레임 같다"는 말은 '메대 바사 군은 활과 창으로 무장하였고, 그들의 성품은 잔인하며 무자비하고, 그들은 바다처럼 요란한 소리를 내는 군인들이라'는 것이다.

본 절의 "딸 바벨론아"라는 말은 메대 바사 군에 비하면 바벨론 군은 심히 약해졌으며 지쳐있다는 뜻이다. 그리고 "그들이 말을 타고 무사 같이 각기 네 앞에서 대열을 갖추었도다"는 말은 '그들 메대 바사 군대가 전열을 갖춘 전사와 같이 너 바벨론을 치러 온다'는 예언이다.

렘 50:43. 바벨론의 왕이 그 소문을 듣고 손이 약하여지며 고통에 사로잡혀 해산하는 여인처럼 진통하는도다.

바벨론 왕이 메대 바사 군이 무장을 하고 바벨론을 치러 온다는 소식을 듣고, 두 팔에 맥이 풀렸고 해산의 고통을 하는 여인처럼 불안으로 괴로워한다는 것이다. 바벨론은 행한 대로 받는 순서를 가지게 되었다.

렘 50:44. 보라 사자가 요단의 깊은 숲에서 나타나듯이 그가 와서 견고한 처소를 칠 것이라 내가 즉시 그들을 거기에서 쫓아내고 택한 자를 내가 그 자리에 세우리니 나와 같은 자 누구며 출두하라고 나에게 명령할 자가 누구며 내 앞에 설 목자가 누구냐.

본 절도 심히 중요하다는 것을 알리기 위해 "보라!"란 말이 등장한다. 사자가 요단 강가의 숲 속에서 뛰쳐나와서 푸른 목장으로 달려들 듯이, 나(여호와의 힘을 대변하는 메대 바사 군대)도 갑자기 바벨론으로 달려들어서, 바벨론 주민을 몰아내고, 나 여호와가 택한 지도자(고레스 왕)를 그곳에 세우겠다. 나 여호와와 같은 자가 누구며, 나 여호와로 더불어 다툴 자가 누구며, 나 여호와에게 맞설 목자가 누구이겠느냐고 말씀하신다. 하나님과 다툴 자는 세상에 아주 없다. 44-46절은 49:19-21(바벨론이 에돔을 칠 것이라는 예언)의 반복이다.

렘 50:45. 그런즉 바벨론에 대한 여호와의 계획과 갈대아 사람의 땅에 대하여 품은 여호와의 생각을 들으라 양 떼의 어린 것들을 그들이 반드시 끌어가고 그들의 초장을 황폐하게 하리니.

그런즉 너희는 나 여호와가 바벨론 도성을 두고 세운 계획을 듣고, 바벨론 사람들의 땅을 두고 가진 나 여호와의 생각을 들어 보라. 바벨론의 양

때 가운데서 아주 어린 것들까지 메대 바사 군에게 끌려갈 것이니 온 목장이 황무지가 될 것이라고 하신다.

렘 50:46. 바벨론이 약탈 당하는 소리에 땅이 진동하며 그 부르짖음이 나라들 가운데에 들리리라 하시도다.

바벨론이 메대 바사 군대에 의하여 함락되는 소리가 땅을 흔들 것이고, 그 소리가 세계 만민에게 들릴 것이라고 하신다.

제 51 장

17. 하나님께서 바벨론을 파괴할 자를 보내심(51:1-6)

<바벨론을 멸하시는 여호와>

렘 51:1. 여호와께서 이와 같이 말씀하시되 보라 내가 멸망시키는 자의 심령을 부추겨 바벨론을 치고 또 나를 대적하는 자 중에 있는 자를 치되.

여호와께서 이같이 말씀하시기를, "보라! 나 여호와가 바벨론을 멸망시키는 고레스의 마음을 격동시켜 바벨론을 칠 것이고, 또 나 여호와를 대적하는 바벨론 주민들을 칠 것이라"고 하신다.

고레스 왕이 바벨론을 친 것은 결코 우연한 일이 아니라 여호와께서 고레스 왕을 격동시켜 바벨론을 치게 하신 것이다.

렘 51:2. 내가 타국인을 바벨론에 보내어 키질하여 그의 땅을 비게 하리니 재난의 날에 그를 에워싸고 치리로다.

나 여호와가 외국 군대를 바벨론으로 보내어 키질하여(키로 곡식 따위를 까부르는 일, 사 30:24) 그 바벨론 땅을 말끔히 쓸어내게 하리니 재앙의 날이 오면 그들이 사방에서 몰려와서 그 땅을 에워싸고 치게 할 것이라고 하신다.

하나님께서 쓰시는 나라(메대 바사 연합군) 앞에서는 아무리 강한 바벨론이라도 겨와 같다는 것이다.

렘 51:3. 활을 당기는 자를 향하며 갑옷을 입고 일어선 자를 향하여 쏘는 자는 그의 활을 당길 것이라 그의 장정들을 불쌍히 여기지 말며 그의 군대를

전멸시켜라(Let not the archer bend his bow, and let him not stand up in his armor. Spare not her young men; devote to destruction all her army-ESV)**.**

바벨론 군대가 활을 당기지 못하게 하고, 갑옷을 입지 못하게 하라. 너희 공격군은 바벨론의 젊은이를 무자비하게 죽이고, 그 모든 군대를 진멸시키라고 하신다.

실제로 침략군의 공격은 너무 빨라 바벨론의 수비군은 저항할 수도 없었다는 것이다. 하나님께서 쓰시는 군대를 어떻게 당하랴.

렘 51:4. 무리가 갈대아 사람의 땅에서 죽임을 당하여 엎드러질 것이요 관통상을 당한 자가 거리에 있으리라.

바벨론 사람들이 자기들 땅에서 메대 바사 군의 칼에 죽임을 당하여 엎드러질 것이요 자기들이 사는 거리에서 연합군의 창에 관통상을 입어 죽을 것이라고 하신다.

렘 51:5. 이스라엘과 유다가 이스라엘의 거룩하신 이를 거역하므로 죄과가 땅에 가득하나 그의 하나님 만군의 여호와에게 버림받은 홀아비는 아니니라 (For Israel and Judah have not been forsaken by their God, the LORD of hosts, but the land of the Chaldeans is full of guilt against the Holy One of Israel-RSV, ESV)**.**

비록 이스라엘과 유다가 이스라엘의 거룩하신 분을 거역해서 그들의 땅에 죄가 가득차긴 했으나 자기들의 하나님 만군의 여호와에게 버림을 받은 것은 아니었다는 것이다. "이스라엘의 거룩하신 이"란 말에 대해서는 50:29 주해 참조.

그들이 포로의 땅에서 고난을 받고 나면 다시 고국으로 돌아가게 되므로 잠시 징계를 받는 것이라고 표현한 것이다. 그들은 결코 하나님에 의해 이혼을 당한 것은 아니었다.

렘 51:6. 바벨론 가운데서 도망하여 나와서 각기 생명을 구원하고 그의 죄악으로 말미암아 끊어짐을 보지 말지어다 이는 여호와의 보복의 때니 그에게 보복하시리라.

너희는 바벨론에서 탈출하여, 각자 자기의 목숨을 건져라. 바벨론의 죄악 때문에 너희까지 함께 죽지 말라. 이제 주님께서 바벨론을 그가 받아야 마땅한 대로 보복하실 것이다. 바벨론의 멸망은 그들의 죄(50:2, 29, 33)에 대한 여호와의 보복이었다.

18. 금잔이 깨어지다(51:7-10)

렘 51:7. 바벨론은 여호와의 손에 잡혀 있어 온 세계가 취하게 하는 금잔이라 뭇 민족이 그 포도주를 마심으로 미쳤도다.

바벨론은 여호와의 손에 잡혀 있는 금잔(하나님의 진노의 술을 담은 잔)이었다. 거기에 담긴 포도주가 온 세계를 취하게 만들었다. 세계 만민이 그 포도주를 마시고 미쳐 버렸다고 말한다. 그러나 이제는 바벨론이 바로 그 잔, 즉 하나님의 심판의 잔을 마시게 되었다고 하신다.

렘 51:8. 바벨론이 갑자기 넘어져 파멸되니 이로 말미암아 울라 그 상처를 위하여 유향을 구하라 혹 나으리로다.

바벨론이 갑자기 쓰러져 망하였다. 실로 바벨론은 앗수르 제국을 능가하는 대제국이었으나 느부갓네살(주전 605-562년 통치) 시대를 절정으로 그의 자손 3대(주전 539년)에서 멸망했다. 그를 애도하여 통곡하라는 것이었다. 혹시 그가 나을지 모르니, 유향을 가져다가 그 상처에 발라 보라고 빈정거리는 것이다.

렘 51:9. 우리가 바벨론을 치료하려 하여도 낫지 아니한즉 버리고 각기 고향으로 돌아가자 그 화가 하늘에 미쳤고 궁창에 달하였음이로다.

우리가 바벨론을 치료하려고 하였으나 낫지 않으니, 이제는 바벨론을 버리고, 각자 가나안 땅으로 돌아가자. 바벨론의 죗값으로 재앙이 하늘에까지 닿았고, 창공에까지 미쳤다고 대답하면서 손을 떼는 것이다.

렘 51:10. 여호와께서 우리 공의를 드러내셨으니 오라 시온에서 우리 하나님 여호와의 일을 선포하자.

여호와께서 우리의 의로움을 밝히 드러내셨으니, 어서 시온으로 가서 여호와 우리의 하나님께서 하신 일을 선포하자.

본 절의 "여호와께서 우리 공의를 드러내셨다"는 말씀은 '이스라엘과 유다 앞에서 바벨론이 망했으니 여호와께서 이스라엘과 유다가 옳다고 인정하셨다'는 뜻이다. 이스라엘과 유다는 포로 생활을 통해 그들의 죗값을 치르고, 이제는 무죄하게 된 사실(50:20)을 여호와께서 이스라엘과 유다가 옳다고 인정하셨다는 것으로 표현하신다.

그리고 "시온에서 우리 하나님 여호와의 일을 선포하자"는 말은 '이제는 시온으로 가서 여호와께서 이루어주신 크신 구원을 널리 선포하자'는 것이다.

19. 여호와께서 메대사람을 보내셔서 바벨론을 보수하심(51:11-14)

렘 51:11. 화살을 갈며 둥근 방패를 준비하라 여호와께서 메대 왕들의 마음을 부추기사 바벨론을 멸하기로 뜻하시나니 이는 여호와께서 보복하시는 것 곧 그의 성전을 위하여 보복하시는 것이라.

너희 메대와 바사 연합군은 화살촉을 갈고, 방패를 잡아라. 여호와께서 메대 왕들의 마음을 움직이셔서 바벨론을 멸하기로 뜻을 세우셨다. 이것은 여호와께서 여호와의 성전을 무너뜨린 자들에 대한 복수라고 하신다.

본 절의 "메대 왕들의 마음을 부추기셨다"는 말은 여호와께서 메대 왕들만을 부추기셔서 바벨론을 공격한 듯이 묘사된 것이 문제가 된다. 이에 대한 부분을 더 다뤄보면, "메대"는 바벨론과 바사 중간에 위치한 강력한 왕국으로 바사 왕 고레스는 주전 550년경 메대를 정복하여 메대-바사 연합군을 조직했다. 그래서 두 나라 이름은 흔히 함께 등장한다. 본문의 경우 이때 이스라엘과 유다 백성에게는 "바사"보다는 "메대"라는 이름이 더 알려진 것, 고레스의 휘하 장군들이 메대인들이었던 것(Herodutus)이 지적되기도(Cheyne) 한다. 그리고 여기 "메대 왕들"이란 메대 장군들을 가리킬 것이라(이상근)고 보인다.

여기 "그의 성전을 위하여 보복하시는 것이라"는 말은 바벨론이 예루살렘의 성전을 불태운데 대해 하나님께서 복수하셨다는 뜻이다(50:28 주해 참조).

렘 51:12. 바벨론 성벽을 향하여 깃발을 세우고 튼튼히 지키며 파수꾼을 세우며 복병을 매복시켜 방비하라 이는 여호와께서 바벨론 주민에 대하여 말씀하신 대로 계획하시고 행하심이로다.

너희 공격군은 바벨론 도성의 성벽을 마주 보며 공격 신호의 깃발을 올려라. 그리고 경계를 강화하여라. 또 보초를 세우고 복병을 매복시켜라. 그렇게 해야 할 이유는 여호와께서 바벨론 백성에게 하시기로 계획하신 것을 말씀하신 그대로 이루실 것이기 때문이다.

렘 51:13. 많은 물 가에 살면서 재물이 많은 자여 네 재물의 한계 곧 네 끝이 왔도다.

큰 물 유브라데 강가에 살면서 보물을 많이 가진 바벨론이여!(52:12-13, 17-23; 왕하 24:13) 너의 종말이 다가왔다(그들이 빼앗아온 재물들을 도로 빼앗길 날이 이르렀다는 뜻). 너의 목숨이 끊어질 때가 되었다.

렘 51:14. 만군의 여호와께서 자기의 목숨을 두고 맹세하시되 내가 진실로 사람을 메뚜기 같이 네게 가득하게 하리니 그들이 너를 향하여 환성을

높이리라 하시도다(The LORD of hosts has sworn by himself: Surely I will fill you with men, as many as locusts, and they shall raise the shout of victory over you-RSV, ESV).

만군의 여호와께서 스스로(by himself) 맹세하셨는데 나 여호와가 메뚜기 떼처럼 많은 숫자의 군대로 너를 공격하게 할 것이니, 그들이 너를 이겨 승리의 환호를 할 것이라고 하신다.

"만군의 여호와께서 자기의 목숨을 두고 맹세하셨다"는 말은 '만군의 여호와께서 스스로 맹세하셨다'는 뜻이다. 만군의 여호와께서는 맹세하실 때 자신보다 더 크신 분이 없어 스스로 맹세하셨다는 것이다.

그리고 "내가 진실로 사람을 메뚜기 같이 네게 가득하게 하리니"란 말에 대한 해석을 두고 견해가 갈린다. 1) 바벨론의 인구가 황충이처럼 많다는 견해로 보는 편(K.&D., Ewald, Cheyne, 이상근), 2) 바벨론을 치는 바사 연합군의 공격군이 황충이처럼 많다는 것으로 보는 견해(Hitzig, Graf, Thomson, 박윤선, 그랜드 종합 주석, 호크마 주석)이다. 두 견해 중에 2)번의 견해가 더 타당한 듯이 보인다. 여호와께서는 바벨론에 대한 공격에서 바사 연합군을 헤아릴 수 없이 많이 들이닥치게 하겠다고 맹세하셨다는 것이다. 그래서 그 연합 군인들이 바벨론을 이겨 승리의 환호를 할 것이라는 뜻이다.

20. 우상은 하나님을 대항하지 못한다(51:15-19)

15-19절은 여호와의 무한 권능과 우상의 무한 무능함을 비교한다.

<여호와를 찬양하다>

렘 51:15. 여호와께서 그의 능력으로 땅을 지으셨고 그의 지혜로 세계를 세우셨고 그의 명철로 하늘들을 펴셨으며.

본 절은 여호와의 무한 권능을 말한다. 즉, 여호와께서 그의 권능으로 땅을 만드셨고, 지혜로 땅 덩어리를 고정시키셨고, 명철로 하늘을 펼치셨다고 하신다. 본 절은 10장 12절과 문자적으로 같다.

렘 51:16. 그가 목소리를 내신즉 하늘에 많은 물이 생기나니 그는 땅 끝에서 구름이 오르게 하시며 비를 위하여 번개를 치게 하시며 그의 곳간에서 바람을 내시거늘.

본 절은 여호와의 섭리를 말한다. 즉, 여호와께서 명령하시면 하늘에서 물이 생기고, 땅 끝에서 먹구름이 올라온다. 여호와께서는 번개를 일으켜 비를 내리시며, 바람 창고에서 바람을 내보내신다고 하신다. 본 절은 10:13과 같다.

렘 51:17. 사람마다 어리석고 무식하도다 금장색마다 자기가 만든 신상으로 말미암아 수치를 당하나니 이는 그 부어 만든 우상은 거짓이요 그 속에 생기가 없음이라.

본 절은 사람들이 우상을 만든다고 말한다. 즉, 사람은 너무나 어리석고 무식하다. 그래서 금속을 부어서 만든 신상들은 거짓이요 그것들 속에 생명이 없으니 금장색마다 자기들이 만든 신상 때문에 모두 수치를 당하고야 만다. 금속을 부어서 만든 신상들은 속임수요, 그것들 속에는 생명이 없다고 하신다. 본 절은 10장14절과 같다.

렘 51:18. 그것들은 헛된 것이요 조롱거리이니 징벌하시는 때에 멸망할 것이나.

본 절은 우상의 허무함을 진술한다. 즉, 우상들은 헛된 것으로 조롱거리에 지나지 않아서, 벌 받을 때에는 모두 멸망할 수밖에 없다고 한다.

렘 51:19. 야곱의 분깃은 그와 같지 아니하시니 그는 만물을 지으신 분이요 이스라엘은 그의 소유인 지파라 그의 이름은 만군의 여호와시니라.

본 절은 15-19절의 결론이다. 하나님의 위대하심(15-16절)과 우상의 허무함(17-18절)을 대조한 후 나온 결론이다. 하나님은 이스라엘의 하나님이시라는 의미에서 야곱의 분깃이라고 표현한다. 즉, 야곱의 분깃이신 여호와는 모든 우상들과는 전혀 다르시다. 그분은 만물의 조성자이시요, 이스라엘을 당신의 소유로 삼으신 분이시다. 그분의 이름은 만군의 여호와이시라고 하신다. 본 절은 10장 16절과 같다.

21. 방망이가 부서지다(51:20-24)

20-24절에서는 바벨론이 여호와의 철퇴로 사용되었으나 결국에는 그 자신이 멸망을 당하고야 말았다고 말한다.

<바벨론은 여호와의 철퇴>

렘 51:20. 여호와께서 이르시되 너는 나의 철퇴 곧 무기라 나는 네가 나라들을 분쇄하며 네가 국가들을 멸하며.

본 절은 바벨론이 과거에 여호와의 철퇴로 사용되어 여러 나라들을 부서뜨리고 국가들을 멸한 사실을 회상시킨다. 즉, 너 바벨론은 나 여호와의 철퇴요, 나의 무기였다. 나 여호와는 너 바벨론을 시켜서 뭇 민족을 산산이 부수었고, 뭇 나라를 멸망시켰다고 하신다.

"너는 나의 철퇴 곧 무기라"는 말을 두고 해석이 갈린다. 1) 여기 "너"라는 나라는 '메대 바사'라고 하는 견해(Hitzig), 2) 이스라엘이라고 하는 견해(Ewald, Cheyne), 3) 바벨론이라고 보는 견해(Jerome, Calvin, K.&D., Graf, Lange, Thomson, 박윤선, 이상근, 그랜드 종합 주석)이다. 위 세 가지의 견해들 중에서는 3)번의 견해가 문맥에 맞는 것으로 보인다. 50장 23절은 바벨론을 온 세계의 방망이로 묘사하고 있다.

렘 51:21. 네가 말과 기마병을 분쇄하며 네가 병거와 병거대를 부수며.

본 절은 바벨론이 무기로서 하는 일을 언급한다. 즉, 나 여호와는 바벨론을 시켜서 말과 기병들을 산산이 부수었고, 병거와 병거 군대를 산산이 부수었다고 하신다.

렘 51:22. 네가 남자와 여자를 분쇄하며 네가 노년과 유년을 분쇄하며 네가 청년과 처녀를 분쇄하며.

나 여호와는 남자와 여자를 부수었고 노년과 유년을 부수었으며 청년과 처녀를 부수었다고 하신다.

22절의 말씀은 바벨론이 하나님의 도구로 사용되어 여러 다른 나라들의 생명과 재산을 분쇄한 사실을 말한다.

렘 51:23. 네가 목자와 그 양 떼를 분쇄하며 네가 농부와 그 멍엣소를 분쇄하며 네가 도백과 태수들을 분쇄하도록 하리로다.

나 여호와는 목자와 양 떼도 산산이 부수었고, 농부와 소도 산산이 부수었으며, 총독과 지방 장관들도 산산이 부수었다고 하신다.

23절도 역시 바벨론이 하나님의 도구로 사용되어 그들과 다른 많은 나라들의 생명과 재산을 분쇄한 사실을 말한다.

렘 51:24. 너희 눈 앞에서 그들이 시온에서 모든 악을 행한 대로 내가 바벨론과 갈대아 모든 주민에게 갚으리라 여호와의 말씀이니라.

본 절은 바벨론이 여호와의 선민에게 행한 대로 복수를 받게 된다는 것을 말씀한다. 여호와께서 말씀하시기를, "나 여호와가 바벨론 땅과 바벨론 백성에게 원수를 갚겠다. 그들이 시온에 와서 저지른 모든 죄악을, 너희가 보는 앞에서, 나 여호와가 그들에게 갚아 주겠다"고 하신다.

너무 심하게 하면 반드시 복수를 당한다는 것이 성경의 증언이다.

22. 멸망의 산이 파괴되다(51:25-26)

<바벨론이 황무지가 되리라>

렘 51:25. 여호와의 말씀이니라 온 세계를 멸하는 멸망의 산아 보라 나는 네 원수라 나의 손을 네 위에 펴서 너를 바위에서 굴리고 너로 불 탄 산이

되게 할 것이니.

여호와께서 말씀하시기를, “온 세계를 멸하던 멸망의 산 바벨론아!(바벨론이 열방 위에 군림했기 때문에 산이라고 부른다) 보라 나 여호와는 네 원수라! 나 여호와의 손을 너 바벨론 위에 펴서 너 바벨론을 바위 위에서 굴려 떨어뜨리고 너 바벨론으로 하여금 불에 타버린 산이 되게 할 것이라”고 하신다.

과거에는 바벨론이 무수한 나라들을 불태웠으나 이제는 바벨론이 불타는 신세가 된다는 것이다.

렘 51:26. 사람이 네게서 집 모퉁잇돌이나 기촛돌을 취하지 아니할 것이요 너는 영원히 황무지가 될 것이니라 여호와의 말씀이니라.

바벨론이 너무 심히 타서 사람들이 바벨론이 탄 자리에서 쓸 만한 돌 하나도 취하지 못할 것이고, 바벨론은 이제 영원히 황무지가 될 것이라고 하신다.

바사 왕 고레스가 바벨론에 들어갈 때에는 별 저항을 받지 않고 평온하게 입성했으나, 바벨론은 그 후에 반역하여 다리오 대왕의 무서운 공격을 받았고, 그리스 시대를 겪은 후에는 완전 폐허가 되었다(이상근).

23. 바벨론이 패전하다(51:27-32)

27-32절은 열방을 동원하여 바벨론을 치라고 명령한다.

렘 51:27. 땅에 깃발을 세우며 나라들 가운데에 나팔을 불어서 나라들을 동원시켜 그를 치며 아라랏과 민니와 아스그나스 나라를 불러 모아 그를 치며 사무관을 세우고 그를 치되 극성스런 메뚜기 같이 그 말들을 몰아오게 하라.

여호와께서는 열방에 명령을 내려 바벨론을 칠 준비를 하라고 명령하신다. 즉, 너희는 온 땅에 공격 신호의 깃발을 올려라. 만방에 나팔을 불어서,

바벨론을 치는 싸움에 세상 만민을 동원하여라. 아라랏과 민니와 아스그나스와 같은 나라들을 불러다가, 바벨론을 쳐라. 너희는 바벨론을 칠 사령관을 세우고, 군마들을 메뚜기 떼처럼 몰고 오게 하라고 명령하신다.

"아라랏과 민니와 아스그나스 나라를 불러 모아 그를 치며 사무관을 세우고 그를 치라"는 말은 당시 메대의 속국들(현재의 아르메니아 족속들)을 불러 모아 바벨론을 치라는 것이고, 또 지도자를 세워 바벨론을 치라는 말이다.

렘 51:28. 뭇 백성 곧 메대 사람의 왕들과 그 도백들과 그 모든 태수와 그 관할하는 모든 땅을 준비시켜 그를 치게 하라(Prepare the nations for war against her, the kings of the Medes, with their governors and deputies, and every land under their dominion-RSV, ESV)**.**

너희 바사 왕들은 세상 만민, 곧 메대의 왕들(11절 주해 참조)과 그 땅의 총독들과 모든 지방 장관들(23절 주해 참조)과 그들이 지배하는 모든 속국들을 동원하여 바벨론을 치라고 하신다.

렘 51:29. 땅이 진동하며 소용돌이치나니 이는 여호와께서 바벨론을 쳐서 그 땅으로 황폐하여 주민이 없게 할 계획이 섰음이라(The land trembles and writhes in pain, for the LORD's purposes against Babylon stand, to make the land of Babylon a desolation, without inhabitant-RSV, ESV)**.**

땅이 진동하고 뒤틀리고 있는데 그 이유는 여호와께서 바벨론 땅을 아무도 살지 못할 황무지로 만들려는 계획이 그대로 섰기 때문이라고 하신다.

본 절의 "땅이 진동하며 소용돌이친다"는 말은 메대 바사군의 침략을 받은 바벨론의 고통이 아주 지대함을 비유적으로 묘사하는 말이다.

그리고 "그 땅으로 황폐하여 주민이 없게 할 계획이 섰음이라"는 말은 바벨론의 멸망이 하나님의 변함없는 계획이라는 뜻이다. 하나님은 결코 계획하심 없이 무턱대고 일을 시행하시는 것은 아니라는 것을 드러내신 말이다.

렘 51:30. 바벨론의 용사는 싸움을 그치고 그들의 요새에 머무르나 기력이 쇠하여 여인 같이 되며 그들의 거처는 불타고 그 문빗장은 부러졌으며.

본 절은 바벨론 군이 전쟁에 패해서 사기를 잃은 모습을 보여주고 있다. 즉, 바벨론 군의 용사들은 싸우는 것을 포기했고, 그저 산성에 들어앉아 있기만 하려고 했다. 그들은 힘이 빠져서, 여인들처럼 되어 버리고 말았다. 바벨론 사람들의 집들은 불에 타고, 성문의 빗장들도 부러지고 말았다는 것이다.

렘 51:31. 보발꾼은 보발꾼을 맞으려고 달리며 전령은 전령을 맞으려고 달려가 바벨론의 왕에게 전하기를 그 성읍 사방이 함락되었으며.

당시 걸어서 급한 소식을 전하던 바벨론의 보발꾼들이 다른 보발(步撥)꾼들을 맞으려고 달리며, 전령이 전령을 맞으려고 달려가 바벨론 왕에게 전하기를 그 성읍 사방이 함락되었다고 전했다는 것이다. 전혀 함락될 수 없다고 생각했던 바벨론 성이 메대 바사 군에 의하여 급작스럽게 함락을 당하자 성 사방에서 보발꾼들이 달려와 이 소식을 바벨론 왕에게 전한 것이다.

바벨론이 함락될 때 바벨론 왕은 나보니두스(Nabonidus, 주전 556-539년)였으나 그는 왕위에 오른 즉시 모든 권한을 그의 아들 벨사살(Belshazzal)에게 넘겨주고 정치, 군사적인 이유로 바벨론을 떠나 있었기 때문에 실제적인 왕권은 벨사살이 행사했다.

렘 51:32. 모든 나루는 빼앗겼으며 갈대밭이 불탔으며 군사들이 겁에 질렸더이다 하리라.

보발꾼들과 전령들이 왕에게 전하는 소식은 "모든 나루를 빼앗겼으며 갈대밭이 불에 탔으며 군사들이 겁에 질렸더이다"라는 소식이었다.

여기 갈대밭은 성을 방어하기 위해 성 주위에 파 놓은 연못을 말하는데, 이것이 갈대밭으로 불리게 된 것은 여기에 갈대가 무성하게 자라났기 때문이다.

24. 이스라엘의 호소에 대하여 하나님께서 답변하시다(51:33-40)

33-40절은 바벨론의 멸망을 진술했는데, 바벨론의 멸망은 그들이 예루살렘에서 행한 일에 대한 복수라는 것이다.

<여호와께서 이스라엘을 위하여 보복하시다>

렘 51:33. 만군의 여호와 이스라엘의 하나님께서 이와 같이 말씀하시되 딸 바벨론은 때가 이른 타작 마당과 같은지라 멀지 않아 추수 때가 이르리라 하시도다.

만군의 여호와 이스라엘의 하나님께서 말씀하시기를, "딸 바벨론은 때가 이른 타작 마당(심판 마당)과 같다. 농부가 타작 마당의 곡식을 밟듯이, 군대가 들어가서 그들을 짓밟을 것이다. 이제 곧 그 마당에서 타작을 할 때가 올 것이라"고 하신다. 본 절은 이제 바벨론이 연합군의 발에 밟히게 되었다는 것을 말한다.

렘 51:34. 바벨론의 느부갓네살 왕이 나를 먹으며 나를 멸하며 나를 빈 그릇이 되게 하며 큰 뱀 같이 나를 삼키며 나의 좋은 음식으로 그 배를 채우고 나를 쫓아내었으니.

예루살렘 거민들이 "과거에 바벨론 왕 느부갓네살이 유다를 먹었고, 유다를 멸망시켰으며(39:1-10; 52:1-16), 빈 그릇처럼 만들어 놓았다고 복수를 기원하고 있다. 그리고 바벨론이 바다의 괴물처럼 유다를 삼켜 버렸고, 맛있는 음식처럼 유다를 먹어 제 배를 채우고는 유다를 버렸다"고 말한다.

렘 51:35. 내가 받은 폭행과 내 육체에 대한 학대가 바벨론에 돌아가기를 원한다고 시온 주민이 말할 것이요 내 피 흘린 죄가 갈대아 주민에게로

돌아가기를 원한다고 예루살렘이 말하리라.

본 절 역시 예루살렘 주민들이 바벨론한테 당한 것에 대해 보복되기를 바라는 말이다. 즉, 예루살렘 주민들이 바벨론에게 당한 폭행을 그대로 바벨론에게 갚아 주시라고 호소해야 할 것이다. 바벨론이 우리 유다의 피를 흘렸으니 그들에게 그대로 갚아 주시라고 예루살렘이 호소해야 할 것이라고 한다.

우리 성도들은 자신이 직접 복수하는 자가 아니라 여호와 하나님께 보복을 부탁하는 자이다.

렘 51:36. 그러므로 여호와께서 이와 같이 말씀하시되 보라 내가 네 송사를 듣고 너를 위하여 보복하여 그의 바다를 말리며 그의 샘을 말리리니.

예루살렘 주민들이 바벨론 왕이 예루살렘에 와서 피 흘린 죄를 보복해주시기를 기원했으므로(35절), 여호와께서 본 절과 같이 말씀하신다. "보라! 나 여호와가 유다의 송사를 듣고 유다를 위하여 보복하여 바벨론의 바다(유브라데 강)를 말리고 바벨론의 샘을 말리겠다"고 하신다. 여호와께서 바벨론에게 이렇게 보복해주심으로 바벨론은 함락되고 말았다.

이 예언은 바사 왕 고레스가 유브라데 강의 물줄기를 변경하여 바벨론을 함락시킴으로 성취되었다고 한다.

렘 51:37. 바벨론이 돌무더기가 되어서 승냥이의 거처와 혐오의 대상과 탄식 거리가 되고 주민이 없으리라.

본 절 또한 예루살렘 주민들의 보복의 음성을 들으시고(35절), 여호와께서 바벨론에게 보복하시겠다는 말씀이다. 즉, 바벨론이 폐허 더미로 변하고, 여우 떼의 굴혈이 되며, 아무도 살 수 없는 곳이 될 것이다.

렘 51:38. 그들이 다 젊은 사자 같이 소리지르며 새끼 사자 같이 으르렁거리며.

바벨론이 모두 젊은 사자같이 소리를 지르며 새끼 사자 같이 으르렁거릴 것이라고 하신다. 바벨론이 과거와는 전혀 다른 모습이 되어 죽음을 눈앞에 둔 짐승처럼 된다는 것이다. 하나님의 간섭으로 바벨론이 메대 바사 군대 앞에서 꼼짝없이 당하게 된다는 것이다.

렘 51:39. 열정이 일어날 때에 내가 연회를 베풀고 그들이 취하여 기뻐하다가 영원히 잠들어 깨지 못하게 하리라 여호와의 말씀이니라.

여호와께서 바벨론이 승리하여 스스로를 축하하며 그들이 술에 취하여 기뻐하다가 영원히 잠들어 깨지 못하게 하겠다고 말씀하신다. 바사 왕 고레스가 바벨론을 침략했을 때, 바벨론 왕과 지도자들은 승리의 축하연을 베풀고 있었다는 것이다(Herodotus).

한참 흥청망청하다가 갑자기 망하는 것도 하나님의 간섭에 의한 것이다. 하나님의 간섭이 아니라면 그렇게 갑자기 망할 수가 없다.

렘 51:40. 내가 그들을 끌어내려서 어린 양과 숫양과 숫염소가 도살장으로 가는 것 같게 하리라.

본 절은 여호와께서 바벨론을 끌어내려서 종말을 고하게 하신다는 예언이다. 바벨론이 홍에 겨워 올라갔을 때 여호와께서 메대 바사 군대를 보내셔서 끌어내시며 끝내게 하셨다.

25. 패전한 바벨론의 참상(51:41-44)

<바벨론의 파멸을 노래하다>

렘 51:41. 슬프다 세삭이 함락되었도다 온 세상의 칭찬 받는 성읍이 빼앗겼도다 슬프다 바벨론이 나라들 가운데에 황폐하였도다.

어쩌다가 세삭이 함락되었는가! 어쩌다가 온 세상의 자랑거리인 바벨론이 정복되었는가! 어쩌다가 바벨론이 세상 만민 앞에 참혹한 형상을 보이게 되었는가!

본 절의 "세삭"이란 이름이나 "온 세상의 칭찬 받는 성읍"이란 말은 모두 '바벨론'을 지칭한다(25:26 주해 참조). 바벨론이 "함락되었도다," "빼앗겼도다," "황폐하였도다"라는 단어들은 모두 동의어들로서, 바벨론이 고레스 왕의 군대에게 함락되었고, 성들을 빼앗겼으며, 나라가 황폐하게 되었다는 뜻이다.

렘 51:42. 바다가 바벨론에 넘침이여 그 노도 소리가 그 땅을 뒤덮었도다.

본 절의 "바다"라는 말을 두고 견해가 갈린다. 1) '유브라데 강'이라는 견해(Cheyne), 2) 고레스 왕이 이끄는 '침략군'이라는 견해(Calvin, K.&D., Thompson, 박윤선, 이상근, 그랜드 종합 주석)인데, 2)번의 견해가 더 타당하게 보인다. 메대 바사 군대의 힘이 바벨론 군대의 힘보다 힘이 넘친다는 뜻이다. 그리고 메대, 바사 군대의 노도 소리가 바벨론 땅을 뒤덮었다는 의미이다.

렘 51:43. 그 성읍들은 황폐하여 마른 땅과 사막과 사람이 살지 않는 땅이 되었으니 그리로 지나가는 사람이 없도다.

바벨론의 성읍들은 황폐하여 마른 땅이 되어 버렸고, 사람이 살 수 없는 땅이 되어 버렸다는 것이다. 그래서 지나는 사람이 없는 쓸쓸한 땅이 되었다는 것이다. 37절 주해 참조.

렘 51:44. 내가 벨을 바벨론에서 벌하고 그가 삼킨 것을 그의 입에서 끌어내리니 민족들이 다시는 그에게로 몰려가지 아니하겠고 바벨론 성벽은 무너졌도다.

나 여호와가 직접 바벨론의 신(바벨론의 주신 므로닥) 벨에게 벌을 내리겠고, 바벨론이 삼켰던 것을 그의 입에서 토하여 내게 할 것이다. 뭇 민족이 다시는 그에게 몰려들지 않을 것이다. 바벨론 도성의 성벽(31절 주해 참조)

이 무너지고 말았다.

26. 유다가 바벨론으로부터 해방되다(51:45-46)

렘 51:45. 나의 백성아 너희는 그 중에서 나와 각기 여호와의 진노를 피하라.

여호와께서는 "나의 백성아 너희는 그 중에서 나오라"고 하신다(50:8; 51:6 참조). 즉, '나의 백성 이스라엘아! 바벨론에서 나오라고 명령하시는 것'이다. '이미 바벨론은 망했으니 바벨론 땅에서 더 지체할 필요 없이 바벨론 땅에서 나오라'는 명령이다.

그리고 "각기 여호와의 진노를 피하라"고 하신다. 한 시간 더 있으면 한 시간 더 있는 것만큼 진노를 당하게 되는 것이니 빨리 그곳에서 나와 진노를 피하라는 것이다.

렘 51:46. 너희 마음을 나약하게 말며 이 땅에서 들리는 소문으로 말미암아 두려워하지 말라 소문은 이 해에도 있겠고 저 해에도 있으리라 그 땅에는 강포함이 있어 다스리는 자가 다스리는 자를 서로 치리라.

본문은 유다 민족을 포함한 이스라엘 민족 전체에게 너희는 이 바벨론 땅에서 들리는 소문에 낙담하거나 두려워하지 말라. 이 해에는 이런 소문이 떠돌고, 저 해에는 저런 소문이 떠도는 법이다. 온 나라에 폭력이 판을 치겠고, 통치자들이 서로 싸운다는 소문도 들릴 것이라고 하신다. 하나님의 명령을 순종하려 할 때 다른 것은 거들떠 볼 필요가 없는 것이다

27. 바벨론의 멸망을 열국과 만물이 기뻐하다(51:47-49)

렘 51:47. 그러므로 보라 날이 이르리니 내가 바벨론의 우상들을 벌할 것이라 그 온 땅이 치욕을 당하겠고 그 죽임 당할 자가 모두 그 가운데에 엎드러질 것이며.

유다 민족을 포함한 이스라엘 민족 전체가 바벨론에서 들리는 소문에 두려워하지 않아야(46절) 함으로 여호와께서는 바벨론의 우상들을 벌할 것이라고 하신다. 바벨론의 우상들을 벌할 때 바벨론 온 땅이 치욕을 당하게 할 것이고, 죽임을 당할 모든 생명체가 바벨론 가운데에서 엎드러지게 하실 것이라고 하신다. 44절 주해 참조.

렘 51:48. 하늘과 땅과 그 안에 있는 모든 것이 바벨론으로 말미암아 기뻐 노래하리니 이는 파멸시키는 자가 북쪽에서 그에게 옴이라 여호와의 말씀이니라.

여호와께서 말씀하시기를 하늘과 땅과 그 안에 있는 모든 것들이 바벨론으로 말미암아 기뻐 노래할 것이라는 것이다. 이유는 바벨론을 파멸시키는 메대 바사 군이 북쪽에서 바벨론을 파멸하기 위해 오고 있기 때문이라고 한다(11절, 28절 참조).

렘 51:49. 바벨론이 이스라엘을 죽여 엎드러뜨림 같이 온 세상이 바벨론에서 죽임을 당하여 엎드러지리라(Babylon must fall for the slain of Israel, just as for Babylon have fallen the slain of all the earth-ESV)**.**

세상 사람들(이스라엘 사람들, 유다 사람들)이 바벨론 때문에 칼에 죽은 것과 같이, 이제는 바벨론이 이스라엘 사람을 칼로 죽인 죄로 죽임을 당할 차례라는 것이다. 즉, 이제는 바벨론이 이스라엘인을 죽인 죄로 복수를 당할 차례가 되었다는 내용이다.

28. 바벨론의 죄가 가져올 최후적 결론(51:50-58)

<여호와께서 바벨론에 보복하시다>

렘 51:50. 칼을 피한 자들이여 멈추지 말고 걸어가라 먼 곳에서 여호와를 생각하며 예루살렘을 너희 마음에 두라.

칼을 피한 이스라엘 사람들과 유다 사람들이여! 지체하지 말고, 어서 예루살렘을 향하여 바벨론에서 떠나거라. 너희는 먼 곳에서라도 여호와를 생각하고, 예루살렘을 마음속에 두라고 말한다.

렘 51:51. 외국인이 여호와의 거룩한 성전에 들어가므로 우리가 책망을 들으며 수치를 당하여 모욕이 우리 얼굴을 덮었느니라.

이방 사람들이 여호와의 성전에 들어가 짓밟았으므로 우리가 책망을 들었으며 수치를 당하였고, 모욕이 우리 얼굴을 덮어 견딜 수 없었느니라(애 1:10; 겔 33:10).

렘 51:52. 보라 날이 이르리니 내가 그 우상들을 벌할 것이라 부상자들이 그 땅에서 한숨을 지으리라 여호와의 말씀이니라.

문장 초두의 "보라!"라는 말은 본 절을 주의해 보아야 한다고 알려준다. 여호와께서 말씀하시기를, "그 날이 오고 있다. 그 날에 나 여호와가 바벨론의 신상들에게 벌을 내릴 것이며, 온 나라에서 칼에 찔린 자들이 신음할 것이라"고 하신다.

렘 51:53. 가령 바벨론이 하늘까지 솟아오른다 하자 높은 곳에 있는 피난처를 요새로 삼더라도 멸망시킬 자가 내게로부터 그들에게 임하리라 여호와의 말씀이니라.

여호와께서 말씀하시기를, "가령 바벨론이 하늘에까지 올라가서 높은 곳에 있는 피난처를 요새로 삼더라고 바벨론을 멸망시킬 메대 바사 군이 나 여호와로부터 그들에게 임하여 그들을 파괴하리라"고 하신다. 인간이 아무리 스스로를 방어한다 하더라도 하나님께서 지켜주시지 않으면 인간의 모든 노력은 헛될 뿐이다.

<바벨론이 황폐하리라>

렘 51:54. 바벨론으로부터 부르짖는 소리가 들리도다 갈대아 사람의 땅에 큰 파멸의 소리가 들리도다.

바벨론에서 파멸 중의 부르짖는 소리와 갈대아 땅에서 큰 파멸의 소리가 들린다.

렘 51:55. 이는 여호와께서 바벨론을 황폐하게 하사 그 큰 소리를 끊으심이로다 원수는 많은 물 같이 그 파도가 사나우며 그 물결은 요란한 소리를 내는도다.

54절의 바벨론으로부터 부르짖는 소리가 들리는 이유(for)는 여호와께서 바벨론을 황폐하게 하사 바벨론이 스스로 내고 있는 교만한 큰 소리를 끊으시기 위해서 나게 하는 소리이다. 원수는 많은 물처럼 그 파도가 사나우며, 그 물결은 요란한 소리를 내고 있는 것이라고 한다. 원수의 큰 소리 때문에 바벨론의 교만한 소리는 더 이상 들리지 않게 되었다는 것이다.

렘 51:56. 곧 멸망시키는 자가 바벨론에 이르렀음이라 그 용사들이 사로잡히고 그들의 활이 꺾이도다 여호와는 보복의 하나님이시니 반드시 보응하시리로다.

바벨론의 교만의 소리가 끊어진 이유는 파멸시키는 메대 바사 군이 바벨론에 이르렀기 때문이다. 바벨론의 용사들은 사로잡히고, 바벨론의 활은 꺾였다. 여호와는 복수의 하나님이시니 반드시 보복해주실 것이라고 하신다.

렘 51:57. 만군의 여호와라 일컫는 왕이 이와 같이 말씀하시되 내가 그 고관들과 지혜 있는 자들과 도백들과 태수들과 용사들을 취하게 하리니 그들이 영원히 잠들어 깨어나지 못하리라.

만군의 여호와라 일컬음 받는 왕(2:19)께서 이와 같이 말씀하시기를, “나 여호와가 바벨론의 고관들과 지혜 있는 자들(박수와 술객과 점쟁이와 술사 등)과 도지사들(governors)과 지도자들과 용사들로 하여금 하나님의 진노의 술에 취하게 하리니 그들이 영원히 잠들어 깨어나지 못하리라"고 하신다.

렘 51:58. 만군의 여호와께서 이와 같이 말씀하시니라 바벨론의 성벽은 훼파되겠고 그 높은 문들은 불에 탈 것이며 백성들의 수고는 헛될 것이요 민족들의 수고는 불탈 것인즉 그들이 쇠잔하리라.

만군의 여호와께서 "바벨론 도성의 두꺼운 성벽도 완전히 허물어지고, 그 높은 성문들도 불에 타 없어질 것이다. 뭇 민족의 수고가 헛된 일이 되고, 뭇 나라의 노고가 잿더미가 되어 모두 지칠 것이다"고 말씀하신다.

역사가 헤로도투스(Herodotus)의 기록에 의하면 여러 추측들이 가능하다. 대체로 그 성의 길이는 약 70km, 성벽은 내벽의 높이가 7m, 외벽은 3m, 높이는 약 100m(이는 곳곳에 있던 망대의 높이를 말할 것이다), 이런 높고 넓은 견고한 성벽이 무너지고 만 것이다. 바벨론 성벽은 다리오 왕의 제2차 공격 때 무너진 것으로 본다(이상근). 이렇게 견고하게 쌓아 놓았으니 이것이 무너질 것인가 하고 교만했던 것이다.

"그 높은 문들은 불에 탈 것이며"란 말을 보면 도무지 손상되지 않을 문들로 여겼던 듯하다. 사방 성벽에 25개씩, 도합 100개의 문들이 있었다. 분명히 이 성을 쌓는데 엄청난 노동력이 들어갔을 것이다. 그러나 이 성이 불에 타게 되므로, 그 모든 수고가 다 수포로 돌아간 것이다.

"만군의 여호와"의 주해를 위해 2:19 주해 참조하라.

29. 예레미야가 스라야를 통해 바벨론의 멸망을 예언함(51:59-64)

<예레미야가 바벨론에 예언을 전하다>

렘 51:59. 유다의 시드기야 왕 제사년에 마세야의 손자 네리야의 아들 스라야가 그 왕과 함께 바벨론으로 갈 때에 선지자 예레미야가 그에게 말씀을

명령하니 스라야는 병참감이더라.

본 절부터 64절까지는 바벨론에 대한 심판 예언(50, 51장)의 결론에 해당된다. 이 부분은 예레미야가 스라야에게 바벨론에 가서 바벨론에 대한 심판 예언을 읽은 다음 그 예언이 기록된 책을 유브라데 강에 던져 넣으라고 명령한 사실을 보도하고 있다.

여기 "유다의 시드기야 왕 제사년"이라면 주전 593년이다. 이때는 시드기야가 주변국들과 동맹을 맺고 바벨론에 대적하려고 할 때이다. 시드기야가 여기서 바벨론으로 간 것은 바벨론과 싸우려는 동맹 모의가 발각되어 바벨론 왕에게 소환 당했기 때문이다(27:1 주해를 참조하라).

"스라야"는 예레미야의 예언을 대필한 바룩의 형제였다(32:12). 스라야의 직책인 "병참감"이란 왕의 여행과 관련된 모든 일들을 주관하는 직책으로 보인다(Cheyne, Rosenmueller).

렘 51:60. 예레미야가 바벨론에 닥칠 모든 재난 곧 바벨론에 대하여 기록한 이 모든 말씀을 한 책에 기록하고.

예레미야는 바벨론에 임할 이 모든 재앙 곧 바벨론을 두고 선포한 이 모든 말씀을 한 권의 책(50-51장)으로 기록했다. 큰 나라 바벨론의 멸망을 예언하고, 책에 기록할 사람은 예레미야밖에 없다. 그만큼 하나님의 일에 용감했다. 기록은 물론 바룩이 했을 것이다.

렘 51:61-62. 스라야에게 말하기를 너는 바벨론에 이르거든 삼가 이 모든 말씀을 읽고, 말하기를 여호와여 주께서 이 곳에 대하여 말씀하시기를 이 땅을 멸하여 사람이나 짐승이 거기에 살지 못하게 하고 영원한 폐허가 되리라 하셨나이다 하라 하니라.

그리고 예레미야는 스라야에게 말하였다. "보좌관께서 바벨론 도성으로 가거든, 이 말씀을 반드시 다 읽고, 여호와여! 여호와께서 친히 이 곳을 두고 말씀하시기를, 이 곳에는 아무것도 살 수 없도록 멸망시켜서, 이 곳을 사람도 짐승도 살 수 없는, 즉 영원한 폐허로 만들겠다고 하셨습니다"라는 말을 하라고 했다.

렘 51:63. 너는 이 책 읽기를 다한 후에 책에 돌을 매어 유브라데 강 속에 던지며.

예레미야는 스라야에게 이 책 읽기를 다 한 후에 책에 돌을 매어 유브라데 강 속에 던지면서 다음과 같이 말하라고 부탁한다.

렘 51:64. 말하기를 바벨론이 나의 재난 때문에 이같이 몰락하여 다시 일어서지 못하리니 그들이 피폐하리라 하라 하니라 예레미야의 말이 이에 끝나니라.

스라야가 전해야 하는 말은 바벨론이 하나님의 재난 때문에 이처럼 몰락하여 다시 일어서지 못하고, 피폐할 것이란 사실이다. 예레미야는 여기까지 말하고 그의 말을 끝냈다. 52장은 그것이 역사적인 부록임으로 여기 예언과는 구별된다. 이 52장은 예레미야의 예언의 확실성을 입증하기 위해 바룩이 첨가한 것으로 보인다.

IX. 부록-예루살렘이 함락되다(52:1-34)

52장은 역사적 부록으로 이 부록 기록의 목적은 예레미야 예언의 성취를 언급하기 위한 것이다. 본장은 왕하 24:18-25:30과 거의 문자적으로 같다. 다만 25:22-26만 생략되었는데, 이는 그다랴의 암살 사건 관련 내용으로 본서에서 이미 언급했기 때문이다(40-41장).

본장의 내용은 시드기야 왕의 종말(1-11절), 예루살렘과 성전이 파멸된 일(12-14절), 백성이 포로로 끌려가고 성전 기명이 약탈된 일(15-23절), 제사장들과 지도자들이 죽임 당한 일(24-27a), 사로잡힌 자들의 수효(27b-30), 여호야긴 왕이 석방된 일(31-34절) 등이 진술되어 있다.

제 52 장

A. 시드기야 왕의 종말(52:1-11)

1. 시드기야 왕의 악한 정치(52:1-3)

<시드기야의 배반과 죽음(왕하 24:18-25:7)>

렘 52:1. 시드기야가 왕위에 오를 때에 나이가 이십일 세라 예루살렘에서 십일 년 동안 다스리니라 그의 어머니의 이름은 하무달이라 립나인 예레미야의 딸이더라.

"시드기야가 왕위에 오를 때에 나이가 이십일 세라"고 했다. 시드기야는 왕명이었고, 그의 본명은 "맛다니야"였다(왕하 24:17). 시드기야는 바벨론의 느부갓네살 왕에 의해 왕위에 올랐는데, 주전 597-586년까지 약 11년 동안을 통치했다.

그는 요시야 왕의 아들로 그의 형 여호아하스(3개월 간 통치), 여호야김(11년간 통치), 조카 여호야긴(3개월 간 통치)에 이어 왕이 되었다.

"그의 어머니의 이름은 하무달이라 립나인 예레미야의 딸이더라"고 말한다. 하무달은 또 여호아하스의 모친이었다(왕하 23:31).

렘 52:2. 그가 여호야김의 모든 행위를 본받아 여호와 보시기에 악을 행한지라

시드기야가 "여호야김의 모든 행위를 본받아 여호와 보시기에 악을 행했다"는 것이다. 역사상의 선한 왕을 본받지 않고, 악한 왕의 행위를 본받아 불행하게 된 것이다. 여호야김은 시드기야의 열조, 특히 므낫세의 죄를 본받았고(왕하 23:37-24:4), 또 예레미야의 예언서를 불태우기까지 했다(36장). 시드기야는 예레미야를 통한 여호와의 말씀을 청종치 않고 불순종하여, 결국 끝까지 바벨론에 항거하다가 나라를 망치고 말았다.

렘 52:3. 여호와께서 예루살렘과 유다에게 진노하심이 그들을 자기 앞에서 쫓아내시기까지 이르렀더라. 시드기야가 바벨론 왕을 배반하니라.

시드기야가 여호와 보시기에 악을 행한(2절) 이유는 여호와께서 예루살렘과 유다에 진노하셔서, 그들을 자기 앞에서 쫓아내시기에 이르렀기 때문이다. 시드기야가 바벨론 왕에게 반란을 일으켰다는 것이다.

2. 바벨론이 침략하다(52:4-7)

렘 52:4. 시드기야 제구년 열째 달 열째 날에 바벨론 왕 느부갓네살이 그의 모든 군대를 거느리고 예루살렘을 치러 올라와서 그 성에 대하여 진을 치고 주위에 토성을 쌓으매.

시드기야의 통치 9년(주전 588년) 10월(태양력 12월경) 10일에 바벨론 왕 느부갓네살과 그의 모든 군대가 예루살렘을 치러 올라와서 예루살렘 성을 향해 진을 치고 그 사면을 포위하는 담을 쌓았다는 것이다. 39:1 주해 참조.

렘 52:5. 그 성이 시드기야 왕 제십일년까지 포위되었더라.

바벨론 군대가 예루살렘 성을 포위한 기간은 만 1년 6개월간이었다.

렘 52:6. 그 해 넷째 달 구일에 성중에 기근이 심하여 그 땅 백성의 양식이 떨어졌더라.

그해 4월 9일에 그 성 안에 기근이 심하여 그 땅의 백성들은 먹을 것이 떨어지게 되었다는 것이다. 39:2 주해 참조. 주후 70년 로마군에 의한 예루살렘 함락 때의 원인 역시 양식의 핍절이었다.

렘 52:7. 그 성벽이 파괴되매 모든 군사가 밤중에 그 성에서 나가 두 성벽 사이 왕의 동산 곁문 길로 도망하여 갈대아인들이 그 성읍을 에워쌌으므로 그들이 아라바 길로 가더니.

예루살렘 성벽이 파괴되자 모든 군사들이 밤중에 예루살렘 성에서 나가 두 성벽 사이 왕의 동산 곁문 길로 도망하여 갈대아인들이 예루살렘 성읍을 에워쌌으므로 모든 군사들이 아라바 길(왕하 14:25)로 도망했다는 것이다. 7-11절은 39:4-7과 거의 유사하다. 그 주해를 참조하라.

3. 시드기야 왕이 형벌을 받다(52:8-11)

렘 52:8. 갈대아 군대가 그 왕을 뒤쫓아 가서 여리고 평지에서 시드기야를 따라 잡으매 왕의 모든 군대가 그를 떠나 흩어진지라.

그러나 갈대아 군대(바벨론 군대)가 왕을 뒤쫓아 요단 강가의 요충지인 여리고 평지에서 시드기야를 따라잡으니 그의 모든 호위병들이 그를 떠나 흩어졌다는 것이다. 호위병들은 왕이 평안할 때는 왕을 지켰다. 그러나 왕이 정작 어려움에 처했을 때, 그들 모두는 도망치고 말았다. 39:5 주해 참조.

렘 52:9. 그들이 왕을 사로잡아 그를 하맛 땅 리블라에 있는 바벨론 왕에게로 끌고 가매 그가 시드기야를 심문하니라.

갈대아 군사들이 시드기야 왕을 사로잡아 그를 하맛 땅 리블라에 있는 바벨론 느부갓네살 왕에게로 끌고 가니 바벨론 왕이 시드기야를 심문했다는 것이다. 39:5 주해 참조.

렘 52:10. 바벨론 왕이 시드기야의 아들들을 그의 눈 앞에서 죽이고 또 리블라에서 유다의 모든 고관을 죽이며.

이 두 가지 벌(바벨론 왕이 시드기야의 아들들을 그의 눈 앞에서 죽인 일, 또 리블라에서 유다의 모든 고관을 죽인 일)은 너무 심한 벌이었다. 39:6 주해 참조.

렘 52:11. 시드기야의 두 눈을 빼고 놋사슬로 그를 결박하여 바벨론 왕이 그를 바벨론으로 끌고 가서 그가 죽는 날까지 옥에 가두었더라.

본 절의 세 가지 벌(시드기야의 두 눈을 뺀 일, 놋사슬로 그를 결박한 일, 바벨론 왕이 그를 바벨론으로 끌고 가서 그가 죽는 날까지 옥에 가둔 일)도 혹독한 벌이었다. 이는 하나님을 반역한 자들이 받는 벌이다.

B. 예루살렘과 성전이 파멸되다(52:12-14)

<여호와의 성전이 헐리다(왕하 25:8-17)>

렘 52:12. 바벨론의 느부갓네살 왕의 열아홉째 해 다섯째 달 열째 날에 바벨론 왕의 어전 사령관 느부사라단이 예루살렘에 이르러.

바벨론 왕 느부갓네살 제19년(주전 605-562년 통치)은 시드기야가 왕으로 지낸지 11년째, 즉 주전 586년이었고, 제5월 10일은 예루살렘 성이 함락된 날(4월 9일)로부터 꼭 한 달째였다. 바벨론 왕은 시위대 장관인 느부사라단을 예루살렘으로 보내어 예루살렘의 뒤처리를 맡긴 것이다.

렘 52:13-14. 여호와의 성전과 왕궁을 불사르고 예루살렘의 모든 집과 고관들의 집까지 불살랐으며 사령관을 따르는 갈대아 사람의 모든 군대가 예루살렘 사면 성벽을 헐었더라.

본 절과 14절은 느부사라단이 예루살렘에 이르러 행한 일을 진술한 것이다. 즉, 13절은 느부사라단이 여호와의 성전과 왕궁과 예루살렘의 모든 건물 곧 큰 건물을 모두 불태워 버렸다. 그리고 14절은 느부사라단이 지휘하는 바벨론의 모든 군대를 시켜 예루살렘의 사면 성벽을 모두 헐어 버렸다. 39:8 주해 참조.

C. 백성이 포로로 끌려가고 성전 기명이 약탈되다(52:15-23)

렘 52:15-16. 사령관 느부사라단이 백성 중 가난한 자와 성중에 남아 있는 백성과 바벨론 왕에게 항복한 자와 무리의 남은 자를 사로잡아 갔고 가난한 백성은 남겨 두어 포도원을 관리하는 자와 농부가 되게 하였더라.

15, 16절은 사령관 느부사라단이 취한 행동을 보여준다. 15절은 느부사라단이 백성들(가난한 자들, 성중에 남아 있는 백성들, 바벨론 왕에게 항복한 자들, 무리의 남은 자들)을 사로잡아 갔다. 29:9주해 참조.

그리고 16절은 15절의 가난한 자 측에도 들지 못한 아주 가난하고 천한 자들을 남겨 두어 포도원을 관리하는 자와 농부가 되게 했다. 29:10 주해 참조.

렘 52:17. 갈대아 사람은 또 여호와의 성전의 두 놋기둥과 받침들과 여호와의 성전의 놋대야를 깨뜨려 그 놋을 바벨론으로 가져갔고.

바벨론 군대는 여호와의 성전에 있는 놋쇠 기둥(이는 장식용이었다, "야긴"과 "보아스"라는 이름의 놋기둥이었다)과 받침대(10개였다), 그리고 여호와의 성전에 있는 놋 바다(10규빗 직경의 원형으로 높이가 5규빗, 둘레는 30규빗, 왕상 7:23-26)를 부수어서, 모든 놋쇠를 바벨론으로 가져갔다는 것이다. 바벨론 군사들이 이런 기물들을 깨뜨린 것은 놋을 취하여 가져가기 위함이었다.

렘 52:18. 가마들과 부삽들과 부집게들과 주발들과 숟가락들과 섬길 때에 쓰는 모든 놋그릇을 다 가져갔고.

바벨론 군대가 가마들과 부삽들과 부집게들과 주발들과 숟가락들과 섬길 때에 쓰는 모든 놋그릇을 다 가져갔다. 이런 기구들은 제사를 드릴 때 사용하는 기구들이었다. 왕상 7:40, 45, 49-50 주해 참조.

렘 52:19. 사령관은 잔들과 화로들과 주발들과 솥들과 촛대들과 숟가락들과

바리들 곧 금으로 만든 물건의 금과 은으로 만든 물건의 은을 가져갔더라.

사령관은 잔들, 화로들, 대야들, 솥들, 등잔대들, 숟가락들, 바리들(놋쇠로 만든 여자의 밥그릇), 즉 금으로 만든 것은 금이라고 하여 가져갔고, 은으로 만든 것은 은이라고 하여 가져갔다(왕상 7:50참조). 바벨론인들이 이 기구들을 가져간 것은 금과 은을 원했기 때문이다.

렘 52:20. 솔로몬 왕이 여호와의 성전을 위하여 만든 두 기둥과 한 바다와 그 받침 아래에 있는 열두 놋 소 곧 이 모든 기구의 놋 무게는 헤아릴 수 없었더라.

19절은 바벨론 사람들이 금과 은을 가져간 것을 말했는데, 본 절은 놋(銅)에 대해 말한다. 즉, 솔로몬 왕이 여호와의 성전을 지을 때 만들어 놓은 놋쇠로 만든 두 기둥과 큰 놋대야 하나와 놋 받침대 밑에 있는 놋쇠로 만든 소 모형(模型) 열둘을 모두 가져갔다. 바벨론 사람들이 가져간 이 모든 기구의 놋쇠는 그 무게를 달아 볼 수 없을 정도로 많았다.

렘 52:21. 그 기둥은 한 기둥의 높이가 십팔 규빗이요 그 둘레는 십이 규빗이며 그 속이 비었고 그 두께는 네 손가락 두께이며.

기둥 한 개의 높이는 18규빗(8.1m)이고(왕상 7:15 참조), 둘레가 12규빗(5.4m)이며, 기둥 속은 비어 있었는데, 놋쇠 두께는 손가락 네 개의 너비였다. 놋 기둥 두 개의 이름은 "야긴"과 "보아스"로 불렸다(왕상 7:21; 대하 3:15).

렘 52:22. 기둥 위에 놋머리가 있어 그 높이가 다섯 규빗이요 머리 사면으로 돌아가며 꾸민 망사와 석류가 다 놋이며 또 다른 기둥에도 이런 모든 것과 석류가 있었더라.

본 절은 놋을 녹여 부어서 기둥머리를 만들어 기둥 꼭대기에 두었다는 것을 말한다. 즉, 기둥 위에는 놋으로 만든 머리가 있었고, 머리 하나의 높이는 다섯 규빗이었으며, 그 머리 둘레에 돌아가며 그물과 석류 장식이 있었는데, 그 모두가 놋으로 되어 있었다. 두 번째 기둥에도 이런 것들과 석류 장식이 있었다.

렘 52:23. 그 사면에 있는 석류는 아흔여섯 개요 그 기둥에 둘린 그물 위에 있는 석류는 도합이 백 개이었더라.

그물에 사방으로 매달린 석류는 모두 백 개였는데, 밖에서 보이는 것은 아흔 여섯 개였다. 왕상 7:20 참조.

D. 제사장들과 지도자들이 죽임 당하다(52:24-27a)

립나에서 피살된 유다의 지도자들의 숫자를 언급하다(24-27a).

<유다 백성이 바벨론으로 사로잡혀 가다(왕하 25:18-21, 27-30)>

렘 52:24. 사령관이 대제사장 스라야와 부제사장 스바냐와 성전 문지기 세 사람을 사로잡고.

바벨론 느부사라단이 유다의 대제사장 스라야(힐기야의 손자요, 아사랴의 아들이며, 스라야의 아들은 여호사닥이었다, 대상 6:13-15)와 부제사장 스바냐(29:24-32; 37:3의 인물로 보임)와 성전 문지기 세 사람(성전의 높은 지위자들, 35:4)을 체포해 갔다는 것이다. 이들이 잡혀서 죽게 된 것도 예레미야를 통한 예언의 성취이다(15:2).

렘 52:25. 또 성 안에서 사람을 사로잡았으니 곧 군사를 거느린 지휘관 한 사람과 또 성중에서 만난 왕의 내시 칠 명과 군인을 감독하는 군 지휘관의 서기관 하나와 성 안에서 만난 평민 육십 명이라.

본 절은 바벨론 군대가 예루살렘 성 안에서 유다 사람들을 잡은 것에 대해 언급한다. 즉, 느부사라단이 예루살렘 성 안에서 체포한 사람은 군대를 통솔하는 내시 1명, 도성 안에 그대로 남은 왕의 심부름꾼 7명, 그 땅의 백성을 군인으로 징집하는 권한을 가진 군대 참모장 1명, 도성 안에 남은 그 땅의 백성 60명(이들은 국민의 대표자들을 지칭할 것이다)이었다는 것이다.

렘 52:26-27a. 사령관 느부사라단은 그들을 사로잡아 립나에 있는 바벨론의 왕에게 나아가매 바벨론의 왕이 하맛 땅 립나에서 다 쳐 죽였더라.

바벨론의 사령관 느부사라단은 그들을 체포하여, 립나에 머물고 있는 바벨론 왕에게 데리고 가서 다 쳐 죽였다. 쳐 죽임을 당하기까지 죄를 지은 것은 어리석기 그지없는 일이었다.

E. 사로잡힌 자들의 수효(52:27b-30)

렘 52:27b-30. 이와 같이 유다가 사로잡혀 본국에서 떠났더라, 느부갓네살이 사로잡아 간 백성은 이러하니라 제칠년에 유다인이 삼천이십삼 명이요, 느부갓네살의 열여덟째 해에 예루살렘에서 사로잡아 간 자가 팔백삼십이 명이요, 느부갓네살의 제이십삼년에 사령관 느부사라단이 사로잡아 간 유다 사람이 칠백사십오 명이니 그 총수가 사천육백 명이더라.

27b-30절에 기록된 바 세 번에 걸쳐 바벨론으로 끌려간 유다인 포로의 숫자는 이렇다. 여기 참고로 느부갓네살 왕 통치 기간은 주전 605-562년이었다.

느부갓네살 왕 제7년(주전 598년)에 3,023명.

느부갓네살 왕 제18년(주전 587년)에 832명.

느부갓네살 왕 제23년(주전 582년)에 745명이 끌려가게 되어 도합 4,600명의 사람들이 끌려갔다.

그런데 문제는 첫째 느부갓네살 7년 이전에 여호야김(주전 609-598년 통치) 3년(주전 606년)에 포로로 끌려간 유다인들이 있는 것으로 본다(왕하 24:1-4; 대하 36:6-7). 이때의 포로를 제1차 포로들로 본다면 본 절의 느부갓네살 왕 7년의 경우는 제2차가 되는 셈이다. 여기 제1차 포로에 있어 느부갓네살 왕 7년의 경우는 왕하 24:12-14에는 “8년”으로 되어 있고, 또 그 때 여호야긴의 포로 때 수효는 10, 800명인 것이다. 연대의 차이는 바벨론과 유다의 연대의 차이라는 해석이 있고, 인원수의 차이에 대하여는 큰 수(數)는 포로민 전체수이고, 작은 수(數)는 남자 장정의 숫자라는 해석이 있다.

또 여기 "제7년"을 "제17년"(주전 588년)으로 보고, 그 때는 시드기야 왕의 재위 9년으로 느부갓네살이 예루살렘을 포위한 초기(52:4)라는 유력한 견해가 있다(K.&D., Ewald, Cheyne). 이 견해를 따르면 위의 인원수의 문제는 자동 해소되는 것이다.

제2차 포로에 있어 느부갓네살의 "제18년"(주전 587년도)도 왕하 25:8에는 "제19년"(주전 586년)으로 되어 있고, 그것은 예루살렘의 최종적 멸망이었으므로 포로의 숫자가 너무 적다는 지적이 있다. 그렇다면 이 숫자는 역시 남자만의 숫자로 볼 수 있을 것이다.

제3차 포로에 있어 느부갓네살의 "제23년"(주전 582년)은 규정하기 어려운 연대이다. 잘 알려지지 않은 반바벨론 폭동이 있었거나 그다랴 암살 사건(41장) 후의 포로라고 추측된다.

포로민의 4,600명도 너무 작은 수효이다. 그러나 여기에 정확한 숫자로 표시한 것은 어떤 통계에 의한 것임이 분명하다. 아마도 어떤 통계적 집계에 의한 것으로 보인다(이상근).

F. 여호야긴 왕이 석방되다(52:31-34)

렘 52:31. 유다 왕 여호야긴이 사로잡혀 간 지 삼십칠 년 곧 바벨론의 에윌므로닥 왕의 즉위 원년 열두째 달 스물다섯째 날 그가 유다의 여호야긴 왕의 머리를 들어 주었고 감옥에서 풀어 주었더라.

유다 왕 여호야긴(여호야김의 아들)이 18세에 등극하여 불과 3개월간의 통치 끝인 주전 597년, 느부갓네살에게 포로로 잡혀 바벨론으로 끌려갔고, 그때 태후와 왕후 그리고 백관들과 공인 등 1만 명이 함께 포로가 되어 끌려갔는데, 막대한 양의 보물 또한 바벨론에 빼앗겼다(왕하 24:8-17).

"에윌므로닥이 왕위에 오른 그 해 12째달 25일에" 에윌므로닥

(Evil-Merodach)(주전 561-560년 통치) 왕의 원년 그가 유다 왕 여호야긴에게 특사를 베풀어서, 그를 옥에서 석방해주었다는 것이다. 여기 "25일"이 왕하 25:27에는 "27일"로 되어 있다. 아마도 사본 기자의 착오였을 것이다. "12월"은 태양력으로 다음해 2월경이다. 에윌므로닥은 그의 즉위 초에 여호야긴을 석방했다. 그것은 새로 부임한 왕의 즉위를 축하하며 죄수를 석방시켜주는 때의 기회였을 것이다. 에윌므로닥은 불과 수개월간의 짧은 통치 후에 그의 매부였던 "네리그릿살"(Neriglissar, 주전 560-556년 통치)에게 암살당하고 말았다.

"그가 유다의 여호야긴 왕의 머리를 들어 주었고 감옥에서 풀어 주었더라"는 에윌므로닥은 유다의 여호야긴 왕을 용서하고 우대의 표적으로 감옥에서 풀어주었다는 것이다(창 40:13, 20).

렘 52:32. 그에게 친절하게 말하고 그의 자리를 그와 함께 바벨론에 있는 왕들의 자리보다 높이고.

그는 여호야긴에게 친절하게 대접하여 주면서 그와 함께 바벨론에 있는 다른 왕들의 자리보다 더 높은 자리를 그에게 주었다.

여기 바벨론에 있는 왕들의 자리보다 높였다는 말은 아마도 여호야긴 왕처럼 포로가 되어 온 다른 여러 나라의 왕들보다 높은 자리를 주었다는 뜻일 것이다.

렘 52:33. 그 죄수의 의복을 갈아 입혔고 그의 평생 동안 항상 왕의 앞에서 먹게 하였으며.

에윌므로닥은 여호야긴의 죄수의 의복을 갈아 입혔고, 남은 생애 동안 늘 왕과 한 상에서 먹게 해주었다.

느부갓네살은 여호야긴을 37년간이나 옥에 가두어 두었는데, 그 아들이 왕이 되어 여호야긴을 석방시켜 주었고, 은혜의 대접을 해준 것이다. 이것을 통해 배울 수 있는 것은 우리가 오직 하나님께 은혜를 구하며 살아야 된다는 사실이다.

렘 52:34. 그가 날마다 쓸 것을 바벨론의 왕에게서 받는 정량이 있었고 죽는 날까지 곧 종신토록 받았더라.

여호야긴의 날마다 쓸 것은 그가 죽을 때까지 매일 일정하게, 그의 일생 동안 끊이지 않고, 바벨론 왕이 여호야긴에게 대주었다.

여호야긴 왕 자신은 바벨론 왕의 식탁에서 함께 먹는 정량이 있었고 또 죽는 날까지 받았는데, 그와 그의 가족에게 필요한 일용품들이 끊임없이 공급되었다는 것이다. 즉, 에윌므로닥이 암살당한 이후에도 여호야긴은 계속적으로 필수품을 공급받을 수 있었다.

여호야긴이 이렇게 대접 받는 것을 통해 유다 민족은 '때가 되면 우리들 역시 하나님의 은혜를 받게 된다'는 사실을 생각해야 했다. 왜냐하면 이 사건은 하나님의 은혜의 신호이기 때문이다.

-예레미야 주해 끝-

예레미야 애가 주해

Exposition of Lamentations

■ 총 론

1. "예레미야 애가"라는 명칭은 어떻게 해서 생겼나

"예레미야 애가" 히브리어 원전의 명칭은 히브리어 성경의 관례를 따라 "아가"(אֵיכָה)이다. 그리고 주전 3세기의 70인역(LXX)의 명칭은 "예레미야의 눈물"(Threnoi)이다. 그리고 주후 4세기의 라틴역(Vulgate)의 명칭은 "예언자 예레미야의 애가인 눈물"(Threni, id est lamentationes Jeremiae prophetae)이다. 한편 영어 성경들은 70인역과 시리아역(Syriac), 벌게이트역(Vulgate)을 따라 비탄, 애도라는 뜻의 "Lamentation"이나 "The Lamentation of Jeremian"를 제목으로 삼았다. 현대 한글판 개역개정판의 "예레미야 애가"라는 명칭은 영어 성경의 관례에서 기인한 것이다.

2. 예레미야 애가의 저자는 누구인가

본서의 저작자는 예레미야이다. 그렇게 주장할 수 있는 이유는 본서의 문체가 예레미야서의 문체와 같다는 데 있다. 예를 들면 압박을 받은 "처녀 유다"(בַּת־יְהוּדָה), 혹은 "딸 내 백성"(בַּת־עַמִּי)이라는 낱말이 두 책에 다 있으며(애 1:15; 렘 8:21), 선지자가 "눈물을 흘린다"는 낱말(애 1:16; 2:11; 렘 9:1; 13:17)이 두 책에 다 있고, "두려움이 사방에 둘렸다"는 낱말도 두 책에 다 있다(애 2:22; 렘 6:25). 그리고 하나님께서 신원하여 주시기를 원한다는 사상도 두 책에 다 나와 있다(애 3:59; 렘 11:20). 이 밖에도 많은 구절들이 두 책에 똑같이 있어서 서로 통하고 있다(애 1:2; 렘 30:14; 애 1:8-9; 렘 13:22, 26; 애 2:11; 3:48; 4:10과 렘 6:14; 8:11; 애2:14; 4:13; 렘 2:8; 5:31; 애 3:14과 렘 20:7; 애 3:15, 19; 렘 9:15; 23:15; 애 3:47; 렘 48:43; 애 3:52; 렘 26:11; 애 4:21; 렘 25:15;

49:12; 애 5:16; 렘 13:18). 그 뿐 아니라 예루살렘 멸망을 기뻐하는 모든 이방 나라들에도 하나님의 벌이 임한다는 사상이 두 책에 공통적으로 나오고 있다(애 1:5; 8:14, 18; 3:42; 4:6, 22; 5:7, 16; 렘 14:7; 16:10-12; 17:1-3).

본서가 예레미야의 저술임을 반대하는 비평가들의 이론은 성립될 수 없다고 보아야 한다. 비평가들은 말하기를 1) 예레미야에서는 바벨론을, 유다를 벌하시는 하나님의 도구로 보았는데(렘 51:20), 애가에서는 바벨론을 하나님의 벌 받을 자로 보았으므로(애 4:21; 3:59, 66), 이 두 책의 저자를 동일인으로 보기 어렵다는 것이다. 그러나 비평가들의 이 주장은 잘못된 주장이다. 왜냐하면 하나님의 섭리에 있어서 바벨론은 유다를 심판하시기 위한 하나님의 도구라고 할 수 있으나, 바벨론 사람들이 교만하여 하나님의 벌이 그들에게도 임한다는 것 또한 상충됨 없는 진리이기 때문이다. 2) 또 비평가들은 말하기를 애가의 저자가 예레미야라면 바벨론이 유다를 침략한 것 때문에 애가의 저자가 예레미야라면 바벨론이 유다를 침략한 것 때문에 애가 저자(예레미야)가 애굽의 도움을 바라보았다는데(애 4:17), 그것은 예레미야서의 사상과 배치된다는 것이다(렘 37:7-8). 그러나 애 4:17말씀은 예레미야 자신이 애굽의 도움을 바라본다는 의미의 말씀이 아니고, 단지 저자가 유다 나라의 그릇된 사상을 대신 표현하는 입장을 취한 것뿐이다.

그런고로 위의 반대설은 성립되지 못한다. 본서의 저자가 예레미야라는 것은 옛 전통도 말하고 있으니, 곧 모든 고대역문(古代譯文)들과 교부들의 증거이다(박윤선).

본서의 예레미야 저작설의 증거는 여러 가지로 나타난다.

1) 70인역(LXX)의 본서에 대한 서문은 예레미야가 멸망한 예루살렘의 폐허 위에 애가를 읊었음을 분명히 기록하면서 본서를 시작하고 있다.

2) 유다인 역사가 요세푸스(Josephus, A.D. 37-96?)의 저작 및 탈굼, 탈무드, 벌게이트 역본 등이 한결같이 전승에 의지하여 예레미야의 본서

저작권을 지지하고 있다(Cheyne).

3) 오리겐 힐러리, 제롬 등 수많은 고대의 교부들, 18세기까지의 거의 모든 교회 지도자들이 본서에 대한 예레미야의 저작을 인정하고 있다(Schultz).

4) 예레미야서와 본서와의 사이에 나타나는 다음과 같은 압도적인 유사성이 본서에 대한 예레미야의 저작권을 인정하고 있다(Young). a) 두 책이 예루살렘의 패망 원인을 보는 관점이 동일하다는 것이다. 즉, 두 책 모두가 예루살렘의 멸망은 더 이상 돌이킬 수 없이 타락한 선민 유다 공동체에 대한 하나님의 징계의 심판으로 야기된 것으로 보고 있다는 점이다(렘 14:7; 애 1:5, 8; 3:42). b) 바벨론 왕 느부갓네살에 대항하려 했던 반바벨론 동맹에 대한 불신이 두 책 모두에서 짙게 나타나고 있다(렘 2:18; 3:36; 37:5-10; 애 1:2, 19; 4:17).

3. 애가의 저작 연대는 언제인가

본서가 언제 저작되었나를 따지는 연대는 예루살렘과 유다 나라가 멸망한(주전 586년) 후 오래지 않을 때로 본다(K.&D.). 본서의 기록 연대는 당연히 주전 586년의 예루살렘 멸망 이후 그리고 예레미야가 죽음으로써 사역을 종결한 주전 580년경 사이의 어느 시기일 것이다(Young).

4. 애가의 기록 목적은 무엇인가

애가는 예루살렘의 비극적인 멸망을 되새기려는 목적에서 기록한 것이 아니라 하나님의 준엄하신 심판의 근본 목적이 무엇인가를 알리기 위해 기록되었다. 다시 말해 유다 백성들로 하여금 과거의 뼈저린 과오를 돌아보게 함으로써 앞으로 어떤 상황에 처하더라도 여호와 신앙을 버리지 않도록 하기 위해 기록되었다. 따라서 본서는 단지 과거의 슬픔에 대한 묘사만 있는 것이 아니라 미래에 대한 희망의 빛을 보여줌으로써 새로운 비전을 제시한다.

5. 본서는 무엇을 말하고 있는가

본서는 유다 나라의 멸망에 대한 애통과 탄식을 담고 있다. 제1장은 황폐한 예루살렘, 제2장은 여호와의 진노, 제3장은 애통하는 선지자, 제4장은 포위당한 백성, 제5장은 백성을 위한 기도로 분류된다.

6. 애가에도 그리스도의 예표가 보이는가

애가에도 고난당하신 그리스도의 예표가 보인다. 예레미야는 자신을 "나는 여호와의 분노의 매(바벨론을 통하여 주신 매)로 인하여 고난을 당해 본 사람이라"(3:1)고 말한다. 우리는 이러한 표현으로부터 예레미야가 자신을 고난당하신 선민 유다 민족 가운데 하나님은 물론 하나님 앞에서 그들의 죄악을 대표자로 인식하고 있었음을 알 수 있다. 예레미야의 이러한 자기 인식은 그가 하나님 앞에서 온 인류의 대표자로서 택한 백성의 죄를 짊어지고, 고난당하신 메시아 예수 그리스도를 예표하는 자임을 알 수 있다.

또한 하나님의 심판으로 굴욕과 패망에 처한 이스라엘(이 말 속에는 유다라는 말도 들어간다)의 회복을 하나님께 간구하는 예레미야의 모습을 통해서는 성도의 죄를 대신 지시고, 아버지 앞에 서신 그리스도의 중보(仲保) 사역을 잘 드러내고 있다고 볼 수 있다.

■ 내용분해

【예레미야 애가】

I. 예루살렘이 황폐화되다(1:1-22)
  A. 유다의 패망에 대한 예레미야의 탄식(1:1-11)
  B. 유다의 패망에 대한 유다 민족의 탄식(1:12-22)
II. 여호와의 진노(2:1-22)
  A. 여호와의 심판(2:1-10)
  B. 패망한 유다 민족이 당한 비극 설명(2:11-13)
  C. 유다의 패망 원인은 거짓 선지자들에게 있다(2:14)
  D. 지나가는 자와 원수들의 비웃음(2:15-16)
  E. 백성들은 여호와께로 돌아가야 한다(2:17-19)
  F. 백성들이 기도하다(2:20-22)
III. 애통하는 예레미야(3:1-66)
  A. 예레미야의 탄식(3:1-18)
  B. 예레미아의 소망(3:19-39)
  C. 예레미야의 자복(3:40-41)
  D. 예레미야의 기도(3:42-66)
IV. 포위당한 유다(4:1-22)
  A. 화려했던 유다가 떨어져버린 사실을 탄식하다(4:1-2)
  B. 기근의 참상을 탄식하다(4:3-10)
  C. 예루살렘이 망한 것을 탄식하다(4:11-12)
  D. 유다의 멸망은 거짓 선지자들의 죄 때문이라고 함(4:13)
  E. 유다 민족의 참상(4:14-16)

F. 유다가 외국을 의존했던 것이 허사였다(4:17-18)

G. 바벨론의 침략 상황(4:19-20)

H. 하나님의 최후 위로(4:21-22)

V. 예레미야가 유다를 위해 기도하다(5:1-22)

A. 예레미야가 자복의 기도를 드리다(5:1-18)

B. 예레미야가 마지막 기도를 드리다(5:19-22)

예레미야 애가 주해

제 1 장

I. 예루살렘이 황폐화되다(1:1-22)

A. 유다의 패망에 대한 예레미야의 탄식(1:1-11)

<예루살렘의 슬픔>

애 1:1. 슬프다 이 성이여 전에는 사람들이 많더니 이제는 어찌 그리 적막하게 앉았는고 전에는 열국 중에 크던 자가 이제는 과부 같이 되었고 전에는 열방 중에 공주였던 자가 이제는 강제 노동을 하는 자가 되었도다(How lonely sits the city that was full of people! How like a widow has she become, she who was great among the nations! She who was a princess among the provinces has become a slave-ESV).

"아, 슬프다. 예전에는 사람들이 많아서 붐비더니, 이제는 이 도시가 어찌 이리 사람들도 없이 적막하게 주저앉아 있는가! 예전에는 뭇 나라 가운데 으뜸이더니 이제는 과부의 신세처럼 외롭게 앉아 있게 되었고, 예전에는 모든 나라 가운데 여왕이더니 이제는 종의 신세처럼 처량하게 되어 버렸다"고 예레미야는 슬퍼한다.

애 1:2. 밤에는 슬피 우니 눈물이 뺨에 흐름이여 사랑하던 자들 중에 그에게 위로하는 자가 없고 친구들도 다 배반하여 원수들이 되었도다.

이 도성이 여인처럼 밤새도록 서러워 통곡하니, 뺨에 눈물 마를 날이 없고, 예전에 이 여인을 사랑하던 남자 가운데 그를 위로하여 주는 남자가 이제는 하나도 없구나, 친구는 모두 그를 배반하여 원수가 되어버렸다고 말한다.

애 1:3. 유다는 환난과 많은 고난 가운데에 사로잡혀 갔도다 그가 열국 가운데에 거주하면서 쉴 곳을 얻지 못함이여 그를 핍박하는 모든 자들이 궁지에서 그를 뒤따라 잡았도다.

유다 백성들이 고통과 고된 노역에 시달리다가 여러 곳으로 잡혀갔는데, 이제는 뭇 나라에 흩어져서 쉴 곳을 찾지 못하고 있음이여, 뒤쫓는 모든 자들이 막다른 골목에서 그를 덮쳐잡는구나.

다윗 시대의 인구는 남자 장정만 150만 명(삼하 24:9, 인구 전체는 약 600만 명)이었는데 그 많은 사람들이 뿔뿔이 흩어진 백성이 된 것이다(Calvin, Rosenmueller). 그 많은 수가 바벨론에 잡혀갔고, 또 애굽으로도 잡혀갔다.

애 1:4. 시온의 도로들이 슬퍼함이여 절기를 지키려 나아가는 사람이 없음이로다 모든 성문들이 적막하며 제사장들이 탄식하며 처녀들이 근심하며 시온도 곤고를 받았도다.

유다 백성들이 여러 나라로 잡혀가니 도로들에 사람들이 왕래를 하지 않게 되니 도로들이 슬퍼하고 있는 것 같이 보이는구나. 그 뿐만 아니라 외국에 사는 유다 사람들도 절기를 지키러 예루살렘 성전에 오지 않게 되니 예루살렘 성문이 적막하기 그지없게 되었다. 제사장들은 할 일이 없어 탄식하며 처녀들까지 근심하며 시온 성 자체가 곤고한 분위기가 되었다고 마음 아파한다.

그러므로 "제사장들이 탄식하며 처녀들이 근심하며 시온도 곤고를 받았도다"고 말한다. 제사를 드리지 못하는 형편이 되었고, 제사를 드리는 축제 분위기에서 처녀들이 춤을 추었는데(렘 31:13; 시 68:26) 이제는 그 분위기가 완전히 없어지니 처녀들조차 근심에 잠겨버리고 말았고, 예루살렘 전체가 곤고하게 되었다는 것이다.

애 1:5. 그의 대적들이 머리가 되고 그의 원수들이 형통함은 그의 죄가 많으므로 여호와께서 그를 곤고하게 하셨음이라 어린 자녀들이 대적에게 사로잡혔도다.

유다 백성들의 대적들이 우두머리가 되고(신 28:44), 원수들이 번영한다. 유다 백성들의 허물이 많으니 여호와께서 그에게 고통을 주신 것이다. 어른들의 죄가 많으니 아이들마저 원수들이 보는 앞에서 사로잡혀 끌려가고 말았다는 것이다.

애 1:6. 딸 시온의 모든 영광이 떠나감이여 그의 모든 지도자들은 꼴을 찾지 못한 사슴들처럼 뒤쫓는 자 앞에서 힘없이 달아났도다.

딸처럼 약해진 도성 시온은 그가 누리던 모든 영광을 잃었고, 시온의 지도자들은 뜯을 풀을 찾지 못한 사슴처럼 되어서, 뒤쫓는 자들에게 맥을 추지 못한 채 달아나고 말았구나.

애 1:7. 예루살렘이 환난과 유리하는 고통을 당하는 날에 옛날의 모든 즐거움을 기억하였음이여 그의 백성이 대적의 손에 넘어졌으나 그를 돕는 자가 없었고 대적들은 그의 멸망을 비웃는도다.

예루살렘이 고통을 겪는 날에, 그리고 고난을 겪는 날에, 다윗 시대와 솔로몬 시대의 그 모든 찬란했던 것을 회상하는구나. 우리 백성이 대적의 손에 잡혀도 돕는 사람이 없었고, 바벨론 대적은 예루살렘이 망하는 것을 보며 비웃는구나.

애 1:8. 예루살렘이 크게 범죄함으로 조소거리가 되었으니 전에 그에게 영광을 돌리던 모든 사람이 그의 벗었음을 보고 업신여김이여 그는 탄식하며 물러가는도다.

예루살렘이 그렇게 우상 숭배를 하고 하나님을 떠나는 죄를 짓더니, 마침내 조롱거리가 되었구나. 그를 떠받들던 자가 모두 예루살렘의 벌거벗은 모습을 보고 그를 업신여기며, 이제 한숨지으며 물러가고 말았구나.

애 1:9. 그의 더러운 것이 그의 옷깃에 묻어 있으나 그의 나중을 생각하지 아니함이여 그러므로 놀랍도록 낮아져도 그를 위로할 자가 없도다 여호와여 원수가 스스로 큰 체하오니 나의 환난을 감찰하소서.

유다의 더러운 죄들이 자기 치마에 묻어있으나(레 15:19-24 참조) 유다는 자기의 훗날 벌 받을 일을 생각지 아니하고 있어서 그가 놀랍도록 낮아져도 그를 위로하는 자가 없습니다. 여호와시여! 원수가 잘난 체하고 있으니, 유다의 환난을 돌아보소서!.

애 1:10. 대적이 손을 펴서 그의 모든 보물들을 빼앗았나이다 주께서 이미 이방인들을 막아 주의 성회에 들어오지 못하도록 명령하신 그 성소에 그들이 들어간 것을 예루살렘이 보았나이다.

유다의 대적 바벨론 군사들이 손을 펴서 예루살렘의 모든 보물을 빼앗아 갔습니다. 여호와께서 이방인들을 막아 여호와의 성회에 들어오지 말라고 명하신 것(신 23:3)을 무시하고, 그 성소에 들어와 성전의 보물을 약탈하여 간 것(왕하 25:13-17)을 예루살렘이 보았습니다. 이렇게 이방인 바벨론 군사들이 성전에 들어와 보물을 탈취해 간 것은 선지자 예레미야에게 견딜 수 없는 고통의 일이었다.

애 1:11. 그 모든 백성이 생명을 이으려고 보물로 먹을 것들을 바꾸었더니 지금도 탄식하며 양식을 구하나이다 나는 비천하오니 여호와여 나를 돌보시옵소서.

유다의 모든 백성들이 먹고 살려고 보물로 먹을 것들을 바꾸어 놓았더니 지금도 탄식하며 양식을 구합니다. 여호와시여! 나는 비천하고 비천하오니 나를 돌보시옵소서!

B. 유다의 패망에 대한 유다 민족의 탄식(1:12-22)

12-22절은 예루살렘을 의인화해서 예루살렘의 고난을 호소하고 있다.

애 1:12. 지나가는 모든 사람들이여 너희에게는 관계가 없는가 나의 고통과 같은 고통이 있는가 볼지어다 여호와께서 그의 진노하신 날에 나를 괴롭게 하신 것이로다.

예루살렘을 지나가며 예루살렘을 바라보는 모든 사람들이여! 예루살렘이 이렇게 된 것이 너희에게는 아무 관계도 없더냐? 내게 임한 슬픔과 같은 슬픔이 있는지 살펴보아라! 내가 이렇게 슬퍼하는 것은 여호와께서 그분의 맹렬한 진노의 날에 나를 괴롭게 하셨기 때문이라.

애 1:13. 높은 곳에서 나의 골수에 불을 보내어 이기게 하시고 내 발 앞에 그물을 치사 나로 물러가게 하셨음이여 종일토록 나를 피곤하게 하여 황폐하게 하셨도다.

"높은 곳에서 나의 골수에 불을 보내어 이기게 하셨다"는 말은 '하나님께서 하늘에서 유다인의 골수에 불을 보내어 이기게 하셨다'는 뜻이다. 유다 민족이 당한 고통은 위에서부터 온 것이어서, 즉 하나님께서 주셨기에 피할 수 없다는 뜻이다.

"내 발 앞에 그물을 치사 나로 물러가게 하셨다"는 말은 '하나님께서 유다 백성들 앞에 그물을 치셔서 유다 백성들이 피할 수 없이 고난을 당하게 하셨다'는 뜻이다.

"종일토록 나를 피곤하게 하여 황폐하게 하셨도다"라는 말은 '하나님께서 유다 백성들을 종일토록 피곤하게 하여 쇠퇴하게 만드셨다'는 뜻이다. 유다 백성은 하나님의 재앙을 받게 되어 병들어 곤비하게 된 것이다.

애 1:14. 내 죄악의 멍에를 그의 손으로 묶고 얽어 내 목에 올리사 내 힘을 피곤하게 하셨음이여 내가 감당할 수 없는 자의 손에 주께서 나를 넘기셨도다(My transgressions were bound into a yoke; by his hand they were fastened together; they were set upon my neck; he caused my strength to fail; the Lord gave me into the hands of those whom I cannot withstand-RSV, ESV).

여호와께서 유다 민족의 죄악들을 한 개의 멍에로 묶어 여호와의 손으로 유다 민족의 머리에 올려놓으셔서 유다 민족의 힘을 피곤하게 만들어주셨다는 것이다. 그리고 하나님께서 유다 민족이 감당할 수 없는 바벨론 군대의 손에 유다 민족을 넘기셔서 그들로 하여금 고난을 받게 하셨다는 것이다. 모든 것을 하나님께서 하셨으니 유다 민족은 피할 수 없는 것이다.

애 1:15. 주께서 내 영토 안 나의 모든 용사들을 없는 것 같이 여기시고 성회를 모아 내 청년들을 부수심이여 처녀 딸 유다를 내 주께서 술틀에 밟으셨도다.

여호와께서 유다 영토인 예루살렘 안의 모든 용사들을 없는 것 같이 여기시고, 바벨론 군대를 모아 예루살렘 청년들을 모두 죽게 하심이여! 약한 딸 유다 민족을 우리의 여호와께서 술틀에 밟아 짓이기시고 말았다고 하신다.

애 1:16. 이로 말미암아 내가 우니 내 눈에 눈물이 물 같이 흘러내림이여 나를 위로하여 내 생명을 회복시켜 줄 자가 멀리 떠났음이로다 원수들이 이기매 내 자녀들이 외롭도다.

15절의 젊은 청년들이 여호와의 징벌로 말미암아 죽임 당하게 된 것을 인하여 예레미야 선지자가 끊임없이 울고 있는데, 유다 민족을 위로하여 유다 민족의 생명을 회복시켜 줄 자가 멀리 떠나고 만 것처럼 느껴지고 있다는 것이다. 유다 민족의 원수들이 이기니 예루살렘 백성들은 쓸쓸하고 처량하기 그지없이 되었다는 의미이다.

애 1:17. 시온이 두 손을 폈으나 그를 위로할 자가 없도다 여호와께서 야곱의 사방에 있는 자들에게 명령하여 야곱의 대적들이 되게 하셨으니 예루살렘은 그들 가운데에 있는 불결한 자가 되었도다.

시온이 두 손을 펴서 위로받기를 바랐으나, 예루살렘을 위로하는 사람이 아무도 없구나. 주님께서 사방에 있는 적들을 시켜서 이스라엘(유다를 포함하여)을 치게 하셨으니, 사람들은 예루살렘을 더러운 성 여기듯 하여 멀리 하는구나(8절 참조).

애 1:18. 여호와는 의로우시도다 그러나 내가 그의 명령을 거역하였도다 너희 모든 백성들아 내 말을 듣고 내 고통을 볼지어다 나의 처녀들과 나의 청년들이 사로잡혀 갔도다.

여호와는 의로우신데 유다는 여호와의 말씀을 거역하여 죄를 지었도다. 너희 모든 백성들아, 나 예레미야의 말을 듣고 내 고통을 보아라. 나의 처녀들과 청년들(유다 백성들)이 포로로 잡혀가게 되었구나.

"여호와는 의로우시도다 그러나 내가 그의 명령을 거역하였도다"라는 말은 유다 민족을 대리하여 예레미야가 토하는 말이다. 예레미야는 유다 민족이 당하는 비극을 깊이 탄식하며 슬퍼하면서도 그러한 재앙을 내리는 일의 주권자이신 여호와께서 의로우시다는 확신에 대해서는 추호도 의심하지 않는 아주 신실한 믿음을 보이고 있다. 이는 곧 예루살렘 함락이라는 대재앙이 유다 백성들의 죄악의 형벌이므로 이에 대해서 결코 하나님을 원망할 수 없다는 고백으로서 심판의 당위성을 인정하며 선언하는 것이다(렘 12:1; 신 32:4). 동시에 유다 백성들에게 회개를 촉구하는 선지자의 고백이다.

"너희 모든 백성들아 내 말을 듣고 내 고통을 볼지어다"란 말은 예레미야는 유다 민족을 대표하여 하나님께서 내리신 예레미야의 고통을 보라고 권한다. 예레미야는 당시에 엄청난 고통을 느끼고 있었던 것이다. 그의 고통은 바로 유다 민족이 지은 범죄를 느끼는 고통이고, 유다 민족이 재앙을 만난 고통이었다.

"나의 처녀들과 나의 청년들이 사로잡혀 갔다"는 말은 유다 민족이 바벨론으로 사로잡혀 갔다는 말이다. 예레미야는 유다 민족의 어떤 한 부류만 아니라 유다 민족 전체가 포로로 잡혀 간 것을 알고 심각한 고통을 느낀 것이었다. 오늘 우리 역시 민족이 타락한 것을 보고, 심각한 고통에 눌리지 않을 수 없는 것이다.

애 1:19. 내가 내 사랑하는 자들을 불렀으나 그들은 나를 속였으며 나의 제사장들과 장로들은 그들의 목숨을 회복시킬 그들의 양식을 구하다가 성 가운데에서 기절하였도다.

본 절은 유다에 바벨론 침략이 임했을 때, 유다를 실망시킨 두 그룹이 있었음을 말해준다. 즉, 유다가 애인들을 불렀으나 그들은 유다를 배신하였고, 제사장들과 장로들은 목숨을 연명하려고 먹을 것을 찾다가, 성 안에서 기절하고 말았다는 것이다.

"내가 내 사랑하는 자들을 불렀으나 그들은 나를 속였다"는 말은 유다가 바벨론의 침략을 당했을 때 유다는 자신들을 구원할 줄로 알고 애굽의 원병(援兵)을 불렀으나 애굽 군대는 바벨론 군이 즉시 대항하자 도망하고 말았다(렘 34:11 주해 참조). 유다가 사랑하는 애굽 군을 불렀으나 싸워주지 않고 도망하고 말았으니 유다를 속이고 만 것이다. 오늘 우리는 하나님의 도움 없이는 아무도 우리를 도울 자 없음을 알아야 할 것이다.

"나의 제사장들과 장로들은 그들의 목숨을 회복시킬 그들의 양식을 구하다가 성 가운데에서 기절하였다"는 말은 거짓 선지자들의 꼬임에 빠졌던 거짓된 제사장들과 거짓된 장로들은 나라가 도탄에 빠졌을 때, 자기들이 먹고 살겠다고 양식을 구하다가 결국 성 가운데에서 기절하고 말았다는 것이다. 우리가 여호와를 분명히 찾으면 여호와께서 책임을 지시고, 우리에게 일용할 양식과 노후 대책도 해결해 주신다. 그러므로 하나님 안에서 진정한 문제가 없다.

애 1:20. 여호와여 보시옵소서 내가 환난을 당하여 나의 애를 다 태우고 나의 마음이 상하오니 나의 반역이 심히 큼이니이다 밖에서는 칼이 내 아들을 빼앗아 가고 집 안에서는 죽음 같은 것이 있나이다(Behold(Look), O LORD, for I am in distress, my stomach churns; my heart is wrung within me, because I have been very rebellious. In the street the sword bereaves; in the house it is like death-ESV).

예루살렘은 지나가는 자들에게 부르짖다가(12-19절), 이제는 여호와께 간구한다. 여호와께 자신의 영혼을 드러내어 여호와께서 예루살렘의 고난을 돌아보아 주시기를 간구하는 것이다. 즉, "여호와여! 나의 절망을 살펴 주십시오. 애간장이 다 녹습니다. 내가 주님을 얼마나 자주 거역하였던가를 생각하면, 심장이 터질 것 같이 아픕니다. 거리에는 칼의 살육이 있고, 집 안에는 사망이 있습니다"고 한다.

본문의 "나의 애를 다 태우고 나의 마음이 상한다"는 말에서 "태운다"에 해당하는 히브리어 '메아 하마르'(מֵעַי חֳמַרְ)의 문자적 의미는 '끓어오르다', '뒤틀리다'라는 뜻이다. 그리고 마음이 "상하다"(הפך)는 말은 '매우 심하게 요동치다'라는 뜻이다. 따라서 우리는 본문을 통해 선민의 구원의 보증이자 안전의 외형적 상징이었던 예루살렘 성과 성전이 이방 군대에게 짓밟힌 사실이 유다 백성들에게 얼마나 큰 충격을 주었는지를 짐작할 수가 있다.

"밖에서는 칼이 내 아들을 빼앗아 가고 집 안에서는 죽음 같은 것이 있나이다"라는 말은 예루살렘 성이 느부갓네살의 공격을 받았을 때 포위를 뚫고 자유를 위해 도망치려 했던 사람들은 칼에 쓰러졌다. 또한 성에 남아 있던 사람들은 기근으로 죽었고, 전염병으로 죽었다(K.&D., Lange).

애 1:21. 그들이 내가 탄식하는 것을 들었으나 나를 위로하는 자가 없으며

나의 모든 원수들은 내가 재난 당하는 것을 듣고 주께서 이렇게 행하신 것을 기뻐하나이다 그러나 주께서 그 선포하신 날을 이르게 하셔서 그들이 나와 같이 되게 하소서.

예루살렘의 적들이 예루살렘의 신음 소리를 듣지만, 아무도 예루살렘을 위로하지 않습니다. 내 모든 원수들이, 내가 재앙을 받는다는 소식을 듣고, 이것이 바로 여호와께서 하신 일임을 알고서 즐거워합니다(7절). 남의 고난을 기뻐하는 자들은 벌을 받습니다(잠 24:7). 그러므로 여호와께서 선포하신 그 날이 이르게 해주셔서(렘 25:17-26), 그들이 나와 같은 꼴이 되게 하소서.

바울 사도는 다른 교회나 개인이 복을 받는 것을 보고 주님께 감사를 드렸다. 오늘 우리 역시 다른 이들이 복을 받는 것을 보면 감사를 하고, 혹시라도 다른 이들이 고난당하는 것을 보면 기도해 주어야 한다.

애 1:22. 그들의 모든 악을 주 앞에 가지고 오게 하시고 나의 모든 죄악들로 말미암아 내게 행하신 것 같이 그들에게 행하옵소서 나의 탄식이 많고 나의 마음이 병들었나이다.

"예루살렘의 모든 적들의 모든 악을 주 앞에 가지고 오게 하시고 나의 모든 죄악들로 말미암아 내게 행하신 것 같이 그들에게 행하옵소서"란 말은 '예루살렘의 모든 적들의 모든 사악함이 여호와 앞에 드러나게 해주시고, 여호와께서 내 모든 죄를 다스리신 것처럼, 그들의 죄도 다스려 주십시오'라는 소원이다.

쉽게 말해서 내 죄가 이렇게 드러나서 내 탄식이 많고, 내 마음이 병든 것처럼 적들의 모든 악도 여호와 앞에 드러나 그들도 역시 탄식이 많고, 마음이 병들게 해주시라는 소원이다(롬 12:19 참조).

제 2 장

II. 여호와의 진노(2:1-22)

A. 여호와의 심판(2:1-10)

<예루살렘에 대한 여호와의 진노>

애 2:1. 슬프다 주께서 어찌 그리 진노하사 딸 시온을 구름으로 덮으셨는가 이스라엘의 아름다움을 하늘에서 땅에 던지셨음이여 그의 진노의 날에 그의 발판을 기억하지 아니하셨도다.

아, 슬프다. 주님께서 어찌 그리 진노하셔서(3, 6, 21, 22절) 시온 도성 사람들의 앞길을 캄캄하게 하셨는가? 어찌하여 이스라엘의 영광인 예루살렘(사 64:10-11)을 하늘에서 멸망의 자리인 땅으로 던지셨는가? 여호와께서 진노하신 날에, 그의 성전조차도 기억하지 아니하시다니!

애 2:2. 주께서 야곱의 모든 거처들을 삼키시고 긍휼히 여기지 아니하셨음이여 노하사 딸 유다의 견고한 성채들을 허물어 땅에 엎으시고 나라와 그 지도자들을 욕되게 하셨도다(The Lord has swallowed up without mercy all the habitations of Jacob; in his wrath he has broken down the strongholds of the daughter of Judah; he has brought down to the ground in dishonor the kingdom and its rulers-RSV, ESV)**.**

여호와께서 노하셔서, 야곱의 모든 보금자리들을 사정없이 파멸하셨고(출 15:12; 민 16:30-32), 유다의 모든 요새들을 무너뜨려 땅에 엎으셨으며, 나라와 통치자들을 포로가 되게 하사 욕보이셨도다.

애 2:3. 맹렬한 진노로 이스라엘의 모든 뿔을 자르셨음이여 원수 앞에서 그의 오른손을 뒤로 거두어 들이시고 맹렬한 불이 사방으로 불사름 같이 야곱을 불사르셨도다.

여호와께서 타오르는 진노로 이스라엘(유다)의 힘을 모두 꺾으셨음이여, 원수 앞에서 이스라엘을 지키시는 오른손을 뒤로 거두시고(시 17:7; 18:35; 사 41:10), 주위의 모든 것을 삼키는 불꽃처럼 야곱(유다)을 불사르셔서 잿더미로 변케 하셨도다.

애 2:4. 원수 같이 그의 활을 당기고 대적처럼 그의 오른손을 들고 서서 눈에 드는 아름다운 모든 사람을 죽이셨음이여 딸 시온의 장막에 그의 노를 불처럼 쏟으셨도다.

우리가 여호와의 원수나 되는 것처럼 여호와께서 우리를 향해 활을 당기셔서, 우리가 대적이나 되는 것처럼 오른손을 들고 나서시더니, 보기에 건장한 사람을 다 죽이셨고(1:7, 10-11), 도성 시온의 장막에 불같은 노여움을 쏟으셨도다.

애 2:5. 주께서 원수 같이 되어 이스라엘을 삼키셨음이여 그 모든 궁궐들을 삼키셨고 견고한 성들을 무너뜨리사 딸 유다에 근심과 애통을 더하셨도다.

여호와께서 이스라엘(유다)의 원수라도 되신 것처럼, 유다를 삼키셨고, 모든 궁궐들을 삼키셨으며, 성채를 부서뜨리셔서, 유다의 도성에 신음과 애통을 더하셨도다. 이처럼 유다의 죄는 하나님의 공격이 강행되도록 한 것이다.

애 2:6. 주께서 그의 초막을 동산처럼 헐어 버리시며 그의 절기를 폐하셨도다 여호와께서 시온에서 절기와 안식일을 잊어버리게 하시며 그가 진노하사 왕과 제사장을 멸시하셨도다.

여호와께서는 초막(booth-하나님의 임재의 상징적 처소인 예루살렘 성전을 지칭한다)을 들에 있는 원두막(garden)처럼 부수시고, 회막(회막도 역시 하나님의 임재의 상징적 처소인 예루살렘 성전을 지칭한다)도 그렇게 허무셨다. 그리고 여호와께서 시온에서 명절과 안식일을 없애셨다. 그리고 진노하셔서 왕과 제사장을 멸시하셨다는 것이다.

"주께서 그의 초막을 동산처럼 헐어 버리셨다"는 말은 성막은 거룩한 시설이지만 유대인들은 그것을 하나님보다 더 중요시하여 그것으로 만족하게 여겼다(렘 7:4). 성막을 이렇게 취급할 바에는 그 존재조차 필요하지 않으므로 하나님께서는 그것을 "초막같이" 여겨 서슴지 않고 헐어버리셨다는 것이다.

"여호와께서 시온에서 절기와 안식일을 잊어버리게 하셨다"는 말은, 곧 하나님과 유다 백성들과의 관계의 단절을 의미하는데, 이 말이 본 절에서는 유다가 절기와 안식일을 지키지 못할 정도로 극심한 파멸에 이르렀다는 것을 뜻한다.

애 2:7. 여호와께서 또 자기 제단을 버리시며 자기 성소를 미워하시며 궁전의 성벽들을 원수의 손에 넘기셨으매 그들이 여호와의 전에서 떠들기를 절기의 날과 같이 하였도다.

여호와께서 당신의 제단도 버리셨고, 당신의 성소도 역겨워하셨다. 궁전 성벽을 원수들의 손에 넘기셨으니, 마치 유다인들이 잔칫날 기쁨으로 떠들듯 여호와의 성전에서 그 원수들이 즐거운 함성을 지르고 있다는 것이다.

본 절의 "여호와께서 또 자기 제단을 버리시며 자기 성소를 미워하셨다"는 말의 의미는 하나님께서 성소 자체를 미워하신 것이 아니라, 그 성소 안에서 행해진 가식적 제사를 심히 미워하셨다는 뜻이다. 즉, 우상 숭배를 하면서, 공의는 저버린 채 형식적인 절기만을 지키는 식의 제사를 하나님은 미워하신다는 것이다(사 1:10-17 참조).

"그들이 여호와의 전에서 떠들기를 절기의 날과 같이 하였다"는 말은 유다인들은 절기에 떠들고 훤화하는 것이 특색이었다(사 30:29; 암 5:23).

이제 유다인들은 죽고 쫓기는 중에 이방인 군사들이 성전을 점령하여, 그들이 유다인들의 절기 때처럼 떠든다는 것이다.

애 2:8. 여호와께서 딸 시온의 성벽을 헐기로 결심하시고 줄을 띠고 무너뜨리는 일에서 손을 거두지 아니하사 성벽과 성곽으로 통곡하게 하셨으매 그들이 함께 쇠하였도다.

여호와께서 시온 도성의 성벽을 헐기로 작정하시고, 다림줄을 대시고, 성벽이 무너질 때까지 손을 떼지 않으시고 계속해서 허무셨다. 여호와께서 망대와 성벽들을 통곡하게 하시니 그것들이 다 함께 울었다는 것이다.

애 2:9. 성문이 땅에 묻히며 빗장이 부서져 파괴되고 왕과 지도자들이 율법 없는 이방인들 가운데에 있으며 그 성의 선지자들은 여호와의 묵시를 받지 못하는도다.

여호와께서 성문들을 땅바닥으로 무너져 내리게 하셨고 빗장들을 꺾으셨다. 왕과 지도자들은 뭇 민족 가운데로 흩어져버렸고(왕하 24:12; 25:6-7), 율법이 없어졌으며, 예언자들도 여호와께로부터 계시를 받지 못하는 입장이 되었다.

예언자들이 여호와께로부터 묵시를 받지 못한다는 것이야말로 국가적으로 매우 비참한 일이 아닐 수 없다.

애 2:10. 딸 시온의 장로들이 땅에 앉아 잠잠하고 티끌을 머리에 덮어쓰고 굵은 베를 허리에 둘렀음이여 예루살렘 처녀들은 머리를 땅에 숙였도다.

시온 도성의 장로들은 땅에 주저앉아 할 말을 잃어버렸고, 머리 위에 흙먼지를 뒤집어썼으며, 허리에 굵은 베를 두르고 있었다. 그리고 예루살렘의 처녀들은 땅에 머리를 떨구고 있다(수 7:6; 삼하 13:19; 욥 2:12).

예루살렘 도성의 장로들이나 일반 시민들이 다 같이 묵묵히 땅에 앉아 슬픔의 자세를 취하고 있다는 것이다.

B. 패망한 유다 민족이 당한 비극 설명(2:11-13)

애 2:11. 내 눈이 눈물에 상하며 내 창자가 끊어지며 내 간이 땅에 쏟아졌으니 이는 딸 내 백성이 패망하여 어린 자녀와 젖 먹는 아이들이 성읍 길거리에 기절함이로다.

내 백성의 도성이 망하여 아이들과 젖먹이들이 기근으로 성 안 길거리에서 기절하니, 나의 눈이 눈물로 상하고, 창자가 들끓으며, 간이 땅에 쏟아지는 것 같다(1:20)고 말하는 선지자이다.

여기 "어린 자녀와 젖 먹는 아이들이 성읍 길거리에 기절한다"는 말은 어린 자녀와 젖 먹는 아이들이 기근으로 정신이 흐려져 예루살렘 길거리에서 방황하고, 쓰러진다는 의미이다. 이것을 예언하는 선지자의 눈에서는 눈물이 계속 흘러나와 눈이 상하고, 창자가 끊어지며, 간이 땅에 쏟아지는 것 같은 고통이 있다고 상반 절에서 말한다.

애 2:12. 그들이 성읍 길거리에서 상한 자처럼 기절하여 그의 어머니들의 품에서 혼이 떠날 때에 어머니들에게 이르기를 곡식과 포도주가 어디 있느냐 하도다.

"젖먹이들이 성읍의 거리에서 부상당한 자처럼 생기를 잃고, 어미의 품속에서 숨이 꺼져가면서 곡식과 포도주는 어디 있습니까?"라고 어머니에게 계속해서 묻는다는 것이다.

젖먹이들이 굶어서 죽어가는 모습은 어른들에게 가장 큰 죄책감을 불러일으켰을 것이다.

애 2:13. 딸 예루살렘이여 내가 무엇으로 네게 증거하며 무엇으로 네게 비유할까 처녀 딸 시온이여 내가 무엇으로 네게 비교하여 너를 위로할까 너의 파괴됨이 바다 같이 크니 누가 너를 고쳐 줄소냐.

약해지고 약해진 예루살렘아! 너를 무엇에 견주며, 너를 무엇에 비교하랴? 약해진 시온아! 너를 무엇에 비겨서 위로하랴? 네 상처가 바다처럼 큰데, 누가 너를 낫게 할 수 있겠느냐?

여기 "무엇으로 네게 비유할까 처녀 딸 시온이여 내가 무엇으로 네게 비교하여 너를 위로할까"란 말은 약해진 예루살렘을 무엇과 비교해서 예루살렘을 위로하고 싶은데, 마땅히 비교할 만한 것이 없다는 것이다. 예루살렘이 약해진 것은 아주 특별하다는 뜻이다.

C. 유다의 패망 원인은 거짓 선지자들에게 있다(2:14)

애 2:14. 네 선지자들이 네게 대하여 헛되고 어리석은 묵시를 보았으므로 네 죄악을 드러내어서 네가 사로잡힌 것을 돌이키지 못하였도다 그들이 거짓 경고와 미혹하게 할 것만 보았도다.

"네 선지자들이 너를 위한답시고 거짓되고 속이는 이상을 보았으므로, 그들이 네 죄악을 드러내어 너의 포로된 것을 돌이키지 못했고, 오히려 네게 대하여 거짓 경고와 미혹하게 할 것만 보았다"고 예레미야는 말한다.

말씀의 사역자는 백성들로 하여금 여호와에게 회개하게 하도록(U-turn) 해야 하고, 또 여호와를 잘 믿을 수 있도록 바르게 말씀을 분별하여 전해야 하는데, 이렇게 거짓 선지자들처럼 거짓되고, 엉뚱한 말만 전한다면 그 백성은 망한다.

D. 지나가는 자와 원수들의 비웃음(2:15-16)

애 2:15. 모든 지나가는 자들이 다 너를 향하여 박수치며 딸 예루살렘을 향하여 비웃고 머리를 흔들며 말하기를 온전한 영광이라, 모든 세상 사람들의 기쁨이라 일컫던 성이 이 성이냐 하며.

지나가는 모든 나그네들이 다 너 예루살렘 성을 보고서 손뼉을 치며, 또 도성 예루살렘을 보고서 머리를 내저으며 빈정거리며, 이 성이 바로 세상 사람들이 더없이 아름다운 성이요 온 누리의 기쁨이라 칭하던 그 성이냐 하며 비웃는다(렘 18:16; 19:8; 욥 27:23; 시 22:17; 사 37:22; 마 27:39).

예루살렘 성이 이토록 비웃음 당하는 이유는 유다 민족의 죄 때문이었다. 오늘도 여전히 우리가 우리의 죄를 자복하며 주께 돌아온다면 여호와께서는 분명히 아름다운 세상을 허락하신다. 그러나 죄의 자복함 없이, 죄를 감추며, 죄로 장성케 한다면, 여호와께서는 그 반대의 일, 즉 멸망의 일을 우리게 행할 것임에 틀림없다.

애 2:16. 네 모든 원수들은 너를 향하여 그들의 입을 벌리며 비웃고 이를 갈며 말하기를 우리가 그를 삼켰도다 우리가 바라던 날이 과연 이 날이라 우리가 얻기도 하고 보기도 하였다 하도다.

네 모든 유다의 원수들이, "이를 갈며, 너 유다를 보고서 입을 열어 빈정거린다(시 35:16; 37:12). 우리가 유다를 삼켰다. 이것이 바로 우리들이 기다리던 그 날이 아닌가! 우리가 이제 드디어 그것을 보았구나"라는 것이다.

누가 우리를 향하여 비웃음 친다면 그것은 십중팔구 우리의 죄 때문이다. 그것이 아니라면 그 비웃음으로 우리를 겸손하게 하시려는 주의 크신 계획이다.

E. 백성들은 여호와께로 돌아가야 한다(2:17-19)

애 2:17. 여호와께서 이미 정하신 일을 행하시고 옛날에 명령하신 말씀을 다 이루셨음이여 긍휼히 여기지 아니하시고 무너뜨리사 원수가 너로 말미암아 즐거워하게 하며 네 대적자들의 뿔로 높이 들리게 하셨도다.

"여호와께서는 이미 뜻하신 것을 이루셨고, 여호와께서는 오래 전에 선포하신 심판의 말씀을 다 이루셨음이여! 여호와께서 너 유다를 사정없이 부수시고, 네 원수가 유다를 이기고 즐거워하게 하시며, 네 대적자들의 기세가 한껏 뽐내게 하셨도다"라는 말씀이다.

오늘 우리 대적들의 기세가 높아지는 것은 우연히 된 것이 아니라, 우리가 하나님을 멀리 떠났기에 생긴 현상이다. 그런 때에 우리는 더욱 분발하여 여호와 하나님을 가까이 해야 하는 것이다.

애 2:18. 그들의 마음이 주를 향하여 부르짖기를 딸 시온의 성벽아 너는 밤낮으로 눈물을 강처럼 흘릴지어다 스스로 쉬지 말고 네 눈동자를 쉬게 하지 말지어다.

"시온 도성에 사는 유다인들아! 큰소리로 여호와께 부르짖어라. 밤낮으로 눈물을 강물처럼 펑펑 흘려라. 쉬지 말고 울부짖어 기도하여라. 네 눈에서 눈물이 그치지 못하게 하라"는 말씀은 한없이 여호와 하나님께 부르짖으라는 뜻이다.

애 2:19. 초저녁에 일어나 부르짖을지어다 네 마음을 주의 얼굴 앞에 물 쏟듯 할지어다 각 길 어귀에서 주려 기진한 네 어린 자녀들의 생명을 위하여 주를 향하여 손을 들지어다 하였도다.

자다가도 초저녁에 일어나 부르짖어라. 물을 쏟아 놓듯, 여호와 앞에 네 마음을 쏟아 부르짖어라. 거리의 여러 어귀에서, 굶주려 쓰러진 네 아이들을 살려 달라고, 여호와에게 손을 들어 빌어서 응답 받아라.

F. 백성들이 기도하다(2:20-22)

애 2:20. 여호와여 보시옵소서 주께서 누구에게 이같이 행하셨는지요 여인들이 어찌 자기 열매 곧 그들이 낳은 아이들을 먹으오며 제사장들과 선지자들이 어찌 주의 성소에서 죽임을 당하오리이까.

여호와여! 살펴주시옵소서. 여호와께서 예전에 사람을 이렇게 다루신 적이 있으십니까? 어떤 여자들이 자기들이 낳은 자식들을 잡아먹는단 말입니까? 어찌 여호와의 성전에서 제사장과 예언자가 맞아 죽을 수 있단 말입니까?

우리 가정이나 교회에 찾아온 어려움 앞에서 우리가 그 어려움을 모두 다 내 일처럼 발 벗고 기도하면 여호와께서 얼른 해결해 주신다.

애 2:21. 늙은이와 젊은이가 다 길바닥에 엎드러졌사오며 내 처녀들과 내 청년들이 칼에 쓰러졌나이다 주께서 주의 진노의 날에 죽이시되 긍휼히 여기지 아니하시고 도륙하셨나이다.

늙은이와 젊은이가 모두 길바닥에 쓰러졌고, 유다의 처녀들과 총각들이 칼에 맞아 넘어졌습니다(1:4, 18; 2:10; 5:11 참조). 여호와께서 분노하신 날에, 그들을 긍휼히 여기지 아니하시고 사정없이 베어 죽이셨습니다.

유다 백성들은 많은 국민들이 죽은 것을 인하여 여호와 하나님께 기도하고 있다. 이렇게 깊은 상처를 받고라도 기도하면 큰 위로가 오는 법이다.

애 2:22. 주께서 내 두려운 일들을 사방에서 부르시기를 절기 때 무리를 부름 같이 하셨나이다 여호와께서 진노하시는 날에는 피하거나 남은 자가 없나이다 내가 낳아 기르는 아이들을 내 원수가 다 멸하였나이다.

여호와께서 내가 두려워하는 바벨론 군인들을, 마치 명절에 사람을 초대하듯, 사방에서 불러들이셨습니다(1:15; 2:7). 그래서 여호와께서 분노하시는 날에, 피하거나 살아남은 사람이 아무도 없었습니다. 내가 사랑으로 낳아 고이 기른 아이들을 내 원수들이 모두 죽였습니다(렘 31:15).

제 3 장

III. 애통하는 예레미야(3:1-66)

본 장은 예레미야가 그의 민족을 대표하여 유다의 멸망에 대하여 가장 심히 애통하는 것을 기록하고 있다. 본 장은 예레미야의 탄식(1-18절), 그의 소망(19-39절), 그의 자복(40-54절), 및 그의 기도를 기술하고 있다(55-66절).

본 장의 시(詩)는 1, 2장의 시와 같이 알파벳 순서의 시로 되어 있다. 3절씩의 묶음으로 되어 있으며, 같은 글자로 시작한다. 다시 말해 1, 2, 3절은 히브리어 알파벳 첫 글자로 시작하고, 4, 5, 6절은 히브리어 알파벳의 두 번째 글자로 시작한다.

A. 예레미야의 탄식(3:1-18)

자신의 고난을 유다 민족의 고난과 동일시하고 있다.

<진노, 회개, 소망>

애 3:1. 여호와의 분노의 매로 말미암아 고난당한 자는 나로다.

나는 여호와의 분노의 매(바벨론을 통하여 주신 매)로 인하여 고난을 당해 본 사람이다.

1절은 "나로다"(אֲנִי)로 시작하고, 2절은 "나를"(אוֹתִי)로 시작하며, 3절은 "나를 침"(אַךְ)으로 시작한다. 1, 2, 3절 모두가 히브리어 알파벳의 첫 글자(א)로 시작한다.

여기 예루살렘의 멸망을 통하여 선지자 자신이 받은 심각한 고통이 토로되고 있다. 즉, 예레미야는 예루살렘 멸망을 통하여 가장 고통 받은 사람은 바로 자신이라고 말한다.

애 3:2. 나를 이끌어 어둠 안에서 걸어가게 하시고 빛 안에서 걸어가지 못하게 하셨으며.

여호와께서 나를 이끄셔서 빛도 없는 캄캄한 곳에서 헤매게 하시고, 빛 안에서 걸어가지 못하게 하셨다. 여호와께서는 예레미야를 개인적으로, 그리고 가정적으로, 국가적으로 슬픔과 고통 속에서 살게 하셨다. 하나님께로부터 예레미야는 결혼까지 금지 당했다(렘 16:2).

애 3:3. 종일토록 손을 들어 자주자주 나를 치시는도다(surely against me he turns his hand again and again the whole day long-RSV, ESV)**.**

참으로 여호와께서 종일토록 거듭거듭 그분의 손을 들어 나를 치셨다. 여호와께서 예레미야를 치신 것은 첫째, 종일토록 계속해서 치셨고, 둘째, 손을 교대하시면서 예레미야를 치신 것이었다. 예레미야는 여호와에게 흠씬 얻어맞은 것이다.

애 3:4. 나의 살과 가죽을 쇠하게 하시며 나의 뼈들을 꺾으셨고.

여호와께서 내 살과 가죽을 약하게 하시며, 내 뼈를 꺾으셨도다. 순서대로 말해보면 뼈를 꺾으셨고, 살을 쇠하게 하셨으며, 가죽도 쇠하게 하신 것이었다. 예레미야의 육신은 성한 데가 하나도 없는 정도였다. 이렇게 육신의 성한 데가 없었으니, 영혼의 심히 상한 것은 말할 것도 없었을 것이다.

애 3:5. 고통과 수고를 쌓아 나를 에우셨으며(he has besieged and enveloped me with bitterness and tribulation-RSV, ESV)**.**

여호와께서 고통과 고난으로 나 예레미야를 포위하고, 에워싸셨다는 것이다. 바벨론 군대가 유다를 포위한 데서 느낀 고통의 비유였을 것으로 보인다.

애 3:6. 나를 어둠 속에 살게 하시기를 죽은 지 오랜 자 같게 하셨도다.

여호와께서는 나를 죽은 지 오래된 사람처럼 흑암 가운데 거하게 하셨도다. 본 절은 시 143:3과 거의 같다. 여기 어둠이라는 것은 죽은 자가 머무는 세계를 가리킨다(사 5:14; 암 9:2). 예레미야는 자신이 오래 전에 죽어서 음부에 거하는 것 같다고 느낀 것이다.

애 3:7. 나를 둘러싸서 나가지 못하게 하시고 내 사슬을 무겁게 하셨으며.

여호와께서는 나를 죽은 지 오래된 사람처럼 흑암 가운데 거하게 하셨고, 또 나를 담으로 둘러싸서 바깥세상으로 나가지 못하게 하셨으며(삿 16:21; 욥 16:6; 시 22:1-2), 내 사슬을 무겁게 하셨다는 것이다.

애 3:8. 내가 부르짖어 도움을 구하나 내 기도를 물리치시며.

내가 부르짖어 여호와께 도움을 구하는 기도를 드렸으나 여호와께서 내 기도를 물리치시고 들어주시지 않으셨도다. 그러나 해방에 대한 예레미야의 기도는 70년이 지난 후, 바벨론이 멸망함으로 이루어졌다. 하나님의 뜻대로 하는 우리의 기도는 반드시 이루어지고야 만다.

애 3:9. 다듬은 돌을 쌓아 내 길들을 막으사 내 길들을 굽게 하셨도다.

여호와께서 다듬은 돌들을 견고하게 쌓아 내가 나갈 길들을 막으셔서 내 길들을 굽게 하셨다는 것이다. 즉, 현재의 곤경은 우연한 것이 아니라 하나님의 확실한 작정에서 유래했다는 것이다. 우리의 길이 막히면 그것은 우연한 것이 아니니 우리의 죄를 자복하여 길을 뚫어야 할 것이다.

애 3:10. 그는 내게 대하여 엎드려 기다리는 곰과 은밀한 곳에 있는 사자 같으사.

예레미야에게 여호와는 엎드려 기다리는 곰(호 13:8)과 은밀한 곳에 숨어 있다가 먹잇감을 덮치는 사자(욥 10:16; 시 10:19; 17:12; 렘 4:7; 5:6; 49:19; 50:44)와 같다는 것이다.

오늘 우리에게도 갑자기 개인적으로나 가정적으로나 교회적으로 재앙이 닥칠 때, 이를 우연의 결과로 여기지 말고, 하나님께서 보내시는 신호로 알아, 우리 자신을 돌아보고 죄를 자복하여 간절함으로 기도해야 할 것이다.

애 3:11. 나의 길들로 치우치게 하시며 내 몸을 찢으시며 나를 적막하게 하셨도다(he turned aside me my steps and tore me to pieces; he has made me desolate-ESV)**.**

여호와께서 "나의 길들로 치우치게 하셨다"는 말은 '여호와께서 유다 민족의 경영을 틀리게 인도하셨다'는 뜻이다. 우리가 경영한 것이 잘못되어 갈 때, 혹시 우리가 하나님의 길에서 벗어난 것은 아닌지 살펴야 할 것이다.

"내 몸을 찢으셨다"는 말은 '여호와께서 내 몸을 산산이 찢으셔서 참으로 고통스럽게 느껴졌다'는 뜻이다. 우리가 혹시 무슨 일을 만나 심한 고통을 느끼면 여호와 앞에서 나 자신을 살피는 기회로 삼아야 할 것이다.

"나를 적막하게 하셨다"는 말은 '여호와께서 유다 민족을 심각한 환난에 처하게 하시고 도움의 손길마저 끊어지게 하셨다'는 것을 뜻한다. 오늘 우리 개인이나 가정이나 교회가 아주 난감한 환경을 만나는 경우, 인간적인 해결 방법을 모색하기 전에, 먼저 여호와 앞에서 내 자신에 대해서 살필만한 무엇이 있는지를 정직히 돌아본다면 길이 열리는 것을 반드시 경험할 수 있을 것이다.

애 3:12. 활을 당겨 나를 화살의 과녁으로 삼으심이여.

여호와께서 자기 활을 당기셔서 나를 화살을 위한 과녁으로 삼으셨다는 것이다. 그러므로 여호와께서 나 자신을 목표하여 화살을 쏘시려는 것처럼 보이시면 우리는 신속하게 우리 자신들을 살피는 것이 급선무이다. 그래서 여호와께서 우리를 향하신 화살을 내려놓으시고, 우리를 한없이 위로하시며, 긍휼히 여기시게 해야 하는 것이다.

애 3:13. 화살통의 화살들로 내 허리를 맞추셨도다.

여호와께서 자기 활을 당기셔서 나를 화살의 과녁으로 삼으시려 하실 때(12절), 우리가 빨리 우리 자신을 살피지 않고, 똑같은 죄를 여상히 여기며 계속해서 죄악 가운데 거한다면 마침내 여호와께서 여호와의 화살통의 화살들로 우리의 허리(심장)를 맞추시고야 마신다(욥 16:12, 13 참조)는 것이다. 우리의 허리는 우리의 급소에 해당하는 곳이다.

애 3:14. 나는 내 모든 백성에게 조롱거리 곧 종일토록 그들의 노랫거리가 되었도다.

내 백성이 모두 나를 조롱하고 온종일 노랫거리를 삼고 놀려댄다는 것이다(욥 30:9; 렘 20:7 참조). 우리가 주위의 조롱을 받는다면 대부분 나의 주변인들이 잘못된 것이 아닌 경우가 많다. 따라서 우리는 그 때에 바로 나 자신이 여호와 앞에서 나쁜 것, 즉 잘못된 것은 없는지 자신을 살펴 빨리 여호와께로 돌아가야 할 것이다.

애 3:15. 나를 쓴 것들로 배불리시고 쑥으로 취하게 하셨으며.

여호와께서 나를 쓴 것으로 배부르게 하시고, 쑥으로 취하게 하셨다는 것이다. 여기 쓴 것들이나 쑥은 모두 쓰디쓴 음식을 뜻하는 것으로 문장의 반복을 시도하여 뜻을 강조하고자 하는 어투이다. 쓴 것들이나 쑥은 성경에서 비애, 고난, 역경, 심한 재난 등을 상징하는 말로 쓰인다(렘 9:15; 23:15; 계 8:15 참조).

그리고 "배불리시다"라는 말과 "취하게 하시다"는 말은 동의어로 사용되어 음식 혹은 음료를 충분하게 취한 상태를 뜻하는 것으로 유다 민족이 바벨론의 침략으로 재앙을 충분히 당했다는 것을 나타낸다. 우리가 재앙을 많이 당하는 경우 우리 자신들을 즉시 돌아보아 하나님의 긍휼을 넘치게 받는 사람들로 변화 되어야 할 것이다.

애 3:16. 조약돌로 내 이들을 꺾으시고 재로 나를 덮으셨도다.

여호와께서 나로 하여금 자갈을 먹게 하셔서 내 이를 부수셨고, 재로 나를 덮으셨다는 뜻이다.

대부분의 학자들은 본문을 "돌이 섞인 음식물을 먹다가 이를 상했다"는 의미로 이해한다(K.&D., Cheyne, Lange, Barlow, 박윤선, 이상근).

그리고 "여호와께서 재로 나를 덮으셨다"는 말은 '여호와께서 나를 재로 누르셨다'란 뜻으로 본다. 그래서 탈무드(Talmud)에는 '유다인을 재에 눌린 백성이라'고 했다는 것이다.

애 3:17. 주께서 내 심령이 평강에서 멀리 떠나게 하시니 내가 복을 내어버렸음이여.

여호와께서 내 심령에서 평안을 빼앗으시니 나는 행복을 잊어버리고 말았다는 것이다.

본 절의 "평강"이란 말과 "복"이란 말은 동의어인 셈이다. 원래 "평강"이란 말은 평안함, 안전함, 건강, 번영, 행복, 화해 등 다양하나 본 절에서는 복이라는 말과 동의어로 사용되고 있다. 만일 우리에게 평강이 없다면 복이 없는 것이니 우리 자신을 살피고 평강을 기원해야 할 것이다.

애 3:18. 스스로 이르기를 나의 힘과 여호와께 대한 내 소망이 끊어졌다 하였도다.

평강과 복이 사라지니(17절), 나에게서는 이제 나오는 게 탄식뿐이다. 내게서는 힘도 사라졌고, 여호와께 두었던 마지막 소망마저 끊어졌다. 참으로 비참한 말로가 되었다. 예루살렘의 멸망을 바라보며 안타까워하는 선지자가 내뱉는 탄식의 극치로 보인다.

B. 예레미야의 소망(3:19-39)

애 3:19. 내 고초와 재난 곧 쑥과 담즙을 기억하소서(Remember my affliction and my wanderings, the wormwood and the gall!-ESV)**.**

"내 고통과 끝없는 방황, 곧 쑥과 쓸개즙을 여호와여 기억하소서"라고 선지자는 기도한다. 즉, 예레미야는 여호와를 향하여 자기가 가지고 있는 그의 고난을 기억해 주시라는 기도를 드린다. 우리의 기도 중에도 우리의 고난을 기억해주시기를 위해 끊임없이 기도해야 한다.

애 3:20. 내 마음이 그것을 기억하고 내가 낙심이 되오나(My soul continually remembers it and is bowed down within me-ESV)**.**

"내(예레미야) 자신의 영혼이 끊임없이 바벨론으로 인한 고난과 재난을 잊을 수 없으므로, 울적한 마음을 가눌 길이 없사오니 기억해 주옵소서"라는 기도를 드리는 것이다. 무엇인가 끊임없이 기억될 때, 그것이 기도가 되도록 해야 한다.

애 3:21. 이것을 내가 내 마음에 담아 두었더니 그것이 오히려 나의 소망이 되었사옴은.

그러나 마음속으로 곰곰이 생각하며 오히려 소망을 가지게 되었다는 것이다. 절망 속에서도 예레미야에게 한 소망이 생긴 것이다. 절망은 계속 절망만을 불러오는 것은 아니다. 절망 뒤에는 소망이 생긴다는 것이다.

애 3:22. 여호와의 인자와 긍휼이 무궁하시므로 우리가 진멸되지 아니함이니이다.

예레미야는 바벨론의 침략으로 유다가 완전히 망한 듯해도 여호와의 인자와 긍휼이 무궁하시므로 우리 유다가 진멸되지 아니한다고 말한다. 오늘 우리도 아주 망할 것 같은 환경을 만나더라도 우리가 아주 망하지는 않는다는 것이다. 그 이유는 우리에게 망하지 않는 것에 대한 근거가 있는 것이 아니라, 여호와께 그 근거가 있기 때문이라는 것이다. 즉, 여호와께 모든 인자와 긍휼이 있기 때문이다.

애 3:23. 이것들이 아침마다 새로우니 주의 성실하심이 크시도소이다.

여호와의 인자와 긍휼이 아침마다 새롭게 선지자에게 임함으로 선지자는 여호와의 성실하심이 크다고 간증한다.

"주의 성실하심이 크시도소이다"라는 말은 22절에서 거론되었던 하나님의 자비와 긍휼은 영원토록 변함없이 지속된다는 것이다. 예레미야는 이러한 하나님의 변함없는 선하신 성품에 근거하여 하나님께 유다 백성들의 회복을 호소하고, 유다 백성들에게는 하나님의 구원을 앙망하고 회개할 것을 권유하고 있다. 이렇게 하나님의 선한 성품이 영원히 지속된다는 사실은 우리가 일시적으로 범죄 하였을 때에도 용서를 구하며 하나님께 나아갈 수 있는 근거가 된다.

애 3:24. 내 심령에 이르기를 여호와는 나의 기업이시니 그러므로 내가 그를 바라리라 하도다.

예레미야 선지자가 자기의 심령에 이르기를, '여호와는 나의 기본 재산이시니 그러므로 내가 그를 바랄 수 있다'고 말한다.

여호와께서 유다의 기업이시니 그들은 여호와께 넉넉히 소망을 둘 수 있다는 것이다(민 18:20; 시 16:5-6; 73:26; 142:6).

애 3:25. 기다리는 자들에게나 구하는 영혼들에게 여호와는 선하시도다.

여호와께서는 여호와를 기다리는 사람에게나 여호와를 찾는 사람에게 복을 주신다는 것이다.

우리는 여호와께서 여호와를 기다리는 자들에게나 구하는 자들에게 선하심에 진실로 감사함으로, 그 분 자신과 그 분께 있는 것을 무한히 구해야 할 것이다.

애 3:26. 사람이 여호와의 구원을 바라고 잠잠히 기다림이 좋도다(It is good that one should wait quietly for the salvation of the LORD-RSV, ESV).

사람이 여호와의 구원을 바라고 잠잠히 기다림이 좋은 일이라는 것이다. 우리는 요란하게 살 필요가 없다. 조용히 여호와를 기다림이 좋은 삶이다.

애 3:27. 사람은 젊었을 때에 멍에를 메는 것이 좋으니.

사람은 젊어서 멍에를 메는 것이 좋은 일이라는 것이다.

"멍에를 멘다"는 것은 '고난의 멍에를 메고 고생한다'는 뜻이다. 사람은 젊었을 때에 하나님께서 주시는 고생스러운 훈련을 잘 견뎌야 한다. 젊어서 고난의 멍에를 메는 가운데서 고난이 무엇인지를 배우고 인생이 무엇인지를 배우며 인내의 힘을 길러서 성공의 기틀을 닦는 것이 필요하다(시 119:71; 히 12:7-11 참조).

애 3:28. 혼자 앉아서 잠잠할 것은 주께서 그것을 그에게 메우셨음이라.

사람이 혼자 앉아서 잠잠해야 하는 이유는 여호와께서 그 멍에를 그에게 지우셨기 때문이다.

우리가 혼자 앉아서 조용히 기도하면서 여호와께서 하시는 일을 바라볼 것은 여호와께서 그 멍에를 메우셨기 때문이다. 필자가 40대 초반에 교회의 부흥을 위하여 설교하면서, "우리가 잠잠히 기다리며, 여호와께서 역사하시는 것을 바라보자"고 설교했을 때, 성격이 강한 어떤 청년이 "우리가 가만있으면 어떻게 하냐"고 강하게 반발하는 것을 보았다. 우리가 지금 뛰어도 모자란 판에 잠잠하면 되겠느냐고 대드는 것을 경험했다. 참으로 그 청년은 뛰는 청년이었다. 많은 일을 엉망으로 만들어 놓았다. 비참해진 것이다. 우리가 여호와를 앞지르면 안 되는 것이다.

애 3:29. 그대의 입을 땅의 티끌에 댈지어다 혹시 소망이 있을지로다.

"그대의 입을 티끌에 대고 살아보아라. 혹시 소망이 있을지도 모른다"는 말씀이다. 입을 놀리지 말고 입을 티끌에 대고 여호와만 바라보고 살면(시 72:9; 사 49:23; 미 7:17) 새 소망을 얻게 된다는 것이다. 말을 너무 많이 하는 것보다는 잠잠히 여호와만 바라보고 사는 것이 훨씬 더 소망적인 삶이라는 뜻이다.

애 3:30. 자기를 치는 자에게 뺨을 돌려대어 치욕으로 배불릴지어다.

"때리려는 사람에게 뺨을 내주고, 욕을 하려는 사람의 말을 기꺼이 들으라"는 것이다.

우리는 우리를 때리고 싶어 하는 자들에게 그냥 뺨을 내주라는 것이다. 그리고 우리를 향하여 욕하고 싶어 하는 사람들의 욕을 그냥 들어주라는 것이다. 다시 말해 욕으로 배를 부르게 하라는 것이다. 그러는 중에 복이 임한다는 의미이다.

애 3:31. 이는 주께서 영원하도록 버리지 아니하실 것임이며.

본 절 초두에는 이유 접속사(כִּי)가 있어 본 절이 30절의 이유를 제공하고 있음을 알려준다. 즉, 우리를 치는 자에게 뺨을 내어주고, 욕하기를 원하는 자에게로부터 돌아서지 말고, 그냥 욕으로 배를 채우는(30절) 이유는 여호와께서 우리를 영원토록 버리지 않으시기 때문이라는 것이다. 우리는 세상에서 사람들의 욕을 그냥 먹어야 할 것이다.

애 3:32. 그가 비록 근심하게 하시나 그의 풍부한 인자하심에 따라 긍휼히 여기실 것임이라.

이유 접속사(כִּי)가 있는 본 절 또한 30절의 이유를 제공하고 있다. 즉, 우리가 우리를 치는 자에게 뺨을 내어주고, 욕하기를 원하는 자로부터 돌아서지 않으며, 그냥 욕으로 배를 채워야 하는(30절) 이유는 여호와께서 우리를 비록 근심하게 하시지만 그의 풍부하신 인자하심에 따라 우리를 긍휼히 여기시고 돌보아 주실 것이기 때문이다.

애 3:33. 주께서 인생으로 고생하게 하시며 근심하게 하심은 본심이 아니시로다.

본 절 초두에 있는 이유 접속사(כִּי)를 통해 본 절 역시 30절의 이유를 알린다고 볼 수 있다. 즉, 우리가 우리를 치는 자에게 뺨을 내어주고, 욕하기를 원하는 자로부터 돌아서지 말고, 그냥 욕으로 우리의 배를 채우는(30절) 이유는 여호와께서 인생으로 고생하게 하시며, 근심하게 하심이 여호와의 본심이 아니시기 때문이라는 것이다. 여호와께서 인생으로 하여금 무한 고생만 하게 하심이 아니라는 것이다. 인생의 징계를 끝내시고 복을 주시려는 것임을 알아야 하는 것이다.

애 3:34. 세상에 있는 모든 갇힌 자들을 발로 밟는 것과.

34-36절까지의 본동사는 36절 끝에 있다. 즉, 34-36절에 진술되어 있는 것은 "주께서 기쁘게 보시는 것이 아니라"는 것이다. 본 절의 "세상에 있는 모든 갇힌 자들을 발로 밟는 것"은 여호와께서 기쁘게 여기시는 것이 아니니 어떤 시간이 가면 끝날 일이라는 것이다. 이방인들이 유다인들을 마구 발로 밟는 것 같은 일은 여호와께서 기쁘게 여기시는 것이 아니므로 여호와께서 끝내실 것이라는 말이다.

애 3:35. 지존자의 얼굴 앞에서 사람의 재판을 굽게 하는 것과.

본 절의 동사도 36절 끝에 있다. 즉, "지존자의 얼굴 앞에서 사람의 재판을 굽게 하는 것"도 "여호와께서 기쁘게 보시는 것이 아니라"(36절 끝)는 것이다.

구약 시대에 이스라엘인들이나 유다인들은 재판장 앞에서 재판 받는 것은 곧 하나님 앞에서 재판 받는 것으로 여겼다(출 21:6; 22:8). 그러므로 재판장이 사람의 재판을 잘못하는 것은 사람 앞에만 잘못하는 것이 아니라, 지존자(여호와 하나님)의 얼굴 앞에서 재판을 굽게 하는 것을 의미한다. 오늘도 역시 재판장이 재판을 잘못하는 것은 여호와께서 기쁘게 보시는 것이 아니라는 것이다. 그런고로 여호와께서 언제인가 그 굽어진 재판을 바로 해 주시는 날이 있다는 것을 알아야 할 것이다. 오늘날 혹시 재판이 잘못되었다고 여기는 성도가 있다면 참으면서 그 재판이 고쳐지기를 여호와께 구해야 할 것이다.

애 3:36. 사람의 송사를 억울하게 하는 것은 다 주께서 기쁘게 보시는 것이 아니로다(to subvert a man in his lawsuit, the Lord does not approve-ESV). 소송에서 사람을 억울하게 만드는 것은 다 주께서 기뻐하지 아니하신다는 것이다.

우리는 사람을 억울하게 만들어서는 안 될 것이다. 이유는 그런 일을 여호와께서 기뻐하시지 않기 때문이다. 여호와께서 기뻐하시지 않으시는 것을 시도하면 큰일 나는 줄 알아야 한다. 우리가 혹시 억울하게 송사를 당한다면 참고 견디는 중에 여호와 하나님의 간섭을 받아야 할 것이다.

애 3:37. 주의 명령이 아니면 누가 이것을 능히 말하여 이루게 할 수 있으랴.

여호와께서 명령하신 것이 아니라면 누가 이것을 말하여 이루게 하겠느냐? 세상의 모든 일이 여호와 하나님의 명령에 의해서 이루어지는 것이란 뜻이다. 그러니까 여호와의 뜻이 아니라면 그 어떤 불행도 이루어지 않는 것이다.

애 3:38. 화와 복이 지존자의 입으로부터 나오지 아니하느냐.

"화(禍)와 복이 가장 높으신 여호와의 말씀에서 생기는 것이 아니냐?"는 말씀이다.

여호와께서는 지극히 높으신 곳에 계시면서 세상만사를 주관하신다는 것이 성경의 증언이다(욥 2:10; 사 45:7; 암 3:6). 만사의 성패가 모두 여호와의 손에 달려 있음을 깨달아, 오직 여호와께 부르짖어 얻어야 할 것이다.

애 3:39. 살아 있는 사람은 자기 죄들 때문에 벌을 받나니 어찌 원망하랴.

"살아 있는 사람이 자기 죄로 벌을 받아놓고 어찌 원망할 수 있느냐?"고 하신다.

우리는 벌을 받을 때 바로 내 죄로 벌을 받는 줄 알아서 죄를 자복해야 할 것이다. 모든 일이 내 자신이 어떤가에 따라 화가 오기도 하고, 복이 오기도 하는 것이다.

C. 예레미야의 자복(3:40-41)

40-54절까지는 주어가 1인칭 복수로 되어 있어 예레미야 선지자가 동족과 자신을 동일시하여 동족의 죄를 자복하고 있다.

애 3:40. 우리가 스스로 우리의 행위들을 조사하고 여호와께로 돌아가자.

"우리 모두가 지나온 길을 돌이켜 살펴보고, 여호와께 우리 모두 돌아가자"는 것이다.

"우리의 행위들을 조사한다"는 말은 '우리의 지난날의 행위들을 살핀다'는 뜻이다. 혹시 무슨 죄가 없는지를 검토하는 것을 뜻한다. 죄가 있는 것을 알게 되면 죄를 낱낱이 고백해야 하는 것이다.

"여호와께로 돌아가자"는 말은 '여호와께 귀의하여 여호와의 뜻대로 살자'는 뜻이다.

애 3:41. 우리의 마음과 손을 아울러 하늘에 계신 하나님께 들자.

하늘에 계신 하나님께 우리의 마음을 열고 눈을 들며 손을 들어서 기도하자는 뜻이다. 손을 들어 기도하든지 손을 들지 않던지 손을 드는 마음으로 우리는 기도를 드려야 한다.

D. 예레미야의 기도(3:42-66)

애 3:42. 우리의 범죄함과 우리의 반역함을 주께서 사하지 아니하시고.

우리가 여호와를 거역하여 죄를 지었고, 여호와께서는 우리를 용서하지 않으셨다는 것이다.

유다가 범죄하므로 유다가 파멸되어 아직도 여호와께서 용서하시지 않으셨다는 것이다. 그래서 예레미야는 여호와께 용서의 기도를 기원하는 것이다.

애 3:43. 진노로 자신을 가리시고 우리를 추격하시며 죽이시고 긍휼을 베풀지 아니하셨나이다(You have wrapped yourself with anger and pursued us, slaying without pity-ESV).

여호와께서 진노하시므로 자신을 가리시고, 우리를 쫓으시며 죽이셨고, 긍휼히 여기지 아니하셨다는 것이다.

"여호와께서 진노로 자신을 가리셨다"는 말은 '여호와께서 진노하셨기 때문에 사람들이 여호와를 만날 수가 없었다'는 뜻이다.

"우리를 추격하셨다"는 말은 '여호와께서 유다 백성을 진노로 뒤쫓으시면서 몰아내셨다'는 것이다. 여호와께서 유다 백성을 뒤쫓으시면서 죽이신 것이 결국 긍휼을 베풀지 아니하신 것이다. 많은 죄가 있는 곳에 이런 비참함이 나타난다.

애 3:44. 주께서 구름으로 자신을 가리사 기도가 상달되지 못하게 하시고.

여호와께서 구름으로(우리의 죄악 때문에) 자신을 가리시어 우리의 기도가 주께 이르지 못하게 하셨다는 것이다.

오늘 우리의 기도는 죄 때문에 상달되지 않는 것이다. 우리는 먼저 우리의 죄를 자복해야 하는 것이다. 우리와 하나님 사이를 가로 막는 것이 아무것도 없어야 된다.

애 3:45. 우리를 뭇 나라 가운데에서 쓰레기와 폐물로 삼으셨으므로.

여호와께서 우리를 뭇 민족 가운데서 쓰레기와 폐물 더미로 만드셨다는 것이다.

하나님을 믿어야 할 성도가 죄를 짓고, 여호와를 찾지 않으면 뭇 민족 중에서 더더욱 쓰레기 취급을 받게 된다. 사실은 바벨론도 쓰레기였지만, 여호와께서 바벨론을 유다 민족의 청결제로 삼으셔서 유다 민족을 정화하시는 데 사용하셨다.

애 3:46. 우리의 모든 원수들이 우리를 향하여 그들의 입을 크게 벌렸나이다.

"우리의 모든 대적이 우리를 보고서 입을 열어 놀려댔다"는 것이다.

유다의 모든 대적 역시 쓰레기들이요 폐물들이었으나, 유다를 정화시키는 재료로 여호와께서 삼으셔서, 그들이 입을 크게 벌려 유다를 공격하고, 비난하게 하신 것이다. 따라서 유다 민족은 이방들과 자신을 비교할 것이 아니라, 하나님 앞에서 자신들이 거룩한 백성임을 인지하며 그에 맞게 살아야 했다.

애 3:47. 두려움과 함정과 파멸과 멸망이 우리에게 임하였도다.

"우리 유다에게 임한 것은 두려움과 함정과 파멸과 멸망이었다"는 것이다. 모두 무서운 것들이었다. 본 절은 렘 48:43과 유사하다.

애 3:48. 딸 내 백성의 파멸로 말미암아 내 눈에는 눈물이 시내처럼 흐르도다.

내 백성의 도성이 파멸된 것을 보니 나의 눈에서는 눈물이 시냇물처럼 흐른다는 것이다(1:16; 렘 14:17과 유사하다).

애 3:49. 내 눈에 흐르는 눈물이 그치지 아니하고 쉬지 아니함이여.

걷잡을 수 없이 쏟아지는 내 눈물은 그칠 줄을 모르고 쉬지 않고 흐른다는 것이다. 눈물의 예언자의 면모가 보인다.

애 3:50. 여호와께서 하늘에서 살피시고 돌아보실 때까지니라.

여호와께서 하늘에서 내려다보시고 돌아보실 때까지 눈물이 흐를 것이라는 뜻이다.

예레미야의 눈에서 흐르는 눈물은 여호와께서 유다 민족을 돌아보실 때까지 흐른다는 것이다. 예레미야의 울부짖는 기도는 쉬지 않고, 계속될 것이라는 뜻이다.

애 3:51. 나의 성읍의 모든 딸들을 내 눈으로 보니 내 심령이 상하는도다.

도성 예루살렘에 사는 모든 거민들이 겪은 일들을 직접 내 눈으로 보니 내 마음은 슬픔을 가눌 길이 없다는 것이다(1:4, 18; 2:10, 21참조).

애 3:52. 나의 원수들이 이유없이 나를 새처럼 사냥하는도다.

나의 원수들이 까닭 없이 새처럼 나를 심히 쫓는다고 말한다.

유다가 과거에 유다의 원수들을 해친 적이 없었는데, 그 원수들이 이유도 없이 유다를 쫓고 있다는 것이다.

애 3:53. 그들이 내 생명을 끊으려고 나를 구덩이에 넣고 그 위에 돌을 던짐이여.

나의 원수들이 나를 산 채로 구덩이에 처넣고, 돌로 막아서 못 나오게 하였다고 말한다.

예레미야는 과거에 당했던 경험이 있었는데(렘 37:14-16; 38:4), 이제는 유다의 원수들이 유다를 산 채로 구덩이에 처넣고 돌로 막아 못나오게 해서 죽이려고 한다고 말한다. 예레미야는 지금 유다 민족이 외국인들한테서 그런 박해를 당한다는 것을 말한다.

애 3:54. 물이 내 머리 위로 넘치니 내가 스스로 이르기를 이제는 멸절되었다 하도다.

"물이 내 머리 위로 넘쳤으므로, 나는 이제 죽었구나"라고 생각하였다는 것이다.

예레미야는 과거에 물이 없는 구덩이에 빠져서 혼이 난 경험이 있었는데(시 69:2; 88:17 참조), 이제는 전혀 다른 환경 즉, 물이 내 머리 위로 넘치니 내가 스스로 이르기를 이제는 아주 죽었다고 생각될 만큼의 어려움을 만났다는 것을 말한다. 예레미야는 유다 민족이 이제는 과거 예레미야의 경험을 하고 있다고 말하는 것이다.

55-66절. 예레미야는 유다 민족을 대신하여 민족의 구원을 위해 기도한다.

애 3:55. 여호와여 내가 심히 깊은 구덩이에서 주의 이름을 불렀나이다.

여호와여! 내 자신이 그 깊고 깊은 구덩이 밑바닥에서 여호와의 이름을 불렀다고 말한다.

예레미야가 깊고 깊은 구덩이 밑바닥에서 여호와의 이름을 불렀으니 처절한 심정으로 불렀다는 것을 뜻한다(시 88:6; 130편 참조). 53절 주해 참조.

애 3:56. 주께서 이미 나의 음성을 들으셨사오니 이제 나의 탄식과 부르짖음에 주의 귀를 가리지 마옵소서.

"여호와께서 이미 내 음성을 들으신 일이 있사오니 이제 앞으로도 나의 탄식과 나의 울부짖음에 귀를 기울여 주셔서 구원해 주시옵소서"라고 울부짖는다.

우리가 우리 죄를 자복하고 여호와께 부르짖으면 틀림없이 여호와께서는 우리의 기도에 응답하신다.

애 3:57. 내가 주께 아뢴 날에 주께서 내게 가까이 하여 이르시되 두려워하지 말라 하셨나이다.

"내가 여호와께 부르짖을 때에 여호와께서 내게 가까이 오셔서 두려워하지 말라고 격려하신 적도 있으셨으니 이제 나의 부르짖음을 들어주옵소서" 라고 간절히 부르짖는다.

애 3:58. 주여 주께서 내 심령의 원통함을 풀어 주셨고 내 생명을 속량하셨나이다.

"여호와여! 여호와께서 내 원한을 풀어 주셨고, 또 내 목숨을 건져 주셨다(렘 31:11)"고 예레미야는 회상하면서 여호와께 구원을 호소한다.

애 3:59. 여호와여 나의 억울함을 보셨사오니 나를 위하여 원통함을 풀어주옵소서.

"여호와여! 여호와께서 내가 당한 억울함을 확실히 보셨으니 내 원통함을 풀어주옵소서"라고 부르짖는다.

여호와께서 우리의 원통함을 풀어주시는 것은 아주 쉬운 일이다. 우리가 간절히 죄를 자복하면서 부르짖기만 하면 우리에게는 한없이 무거운 문제일지라도 그것이 여호와께는 아무 것도 아님을 우리는 기억해야 한다.

애 3:60. 그들이 내게 보복하며 나를 모해함을 주께서 다 보셨나이다.

"유다의 원수들이 나를 보복한 일과 나에게 해를 끼친 일을 다 보시고 알고 계신다"고 예레미야 선지지가 말하며, 그런고로 그들의 악을 응징해달라고 기도하는 것이다.

애 3:61-62. 여호와여 그들이 나를 비방하며 나를 모해하는 모든 것, 곧 일어나 나를 치는 자들의 입술에서 나오는 것들과 종일 나를 모해하는 것들을 들으셨나이다.

61-62절은 유다의 원수들(바벨론 군)이 유다를 비방하고 해를 끼치는 말을 여호와께서 들으셨다는 것을 진술한다(47절). 즉, "여호와여! 여호와께

서는, 유다의 원수들이 나(예레미야)를 두고 하는 모든 야유와 음모를 들으셨고, 내 원수들이 온종일 나를 헐뜯고 모함하는 말을 들으셨으니 저희를 응징하여 주소서"라고 기도한다.

애 3:63. 그들이 앉으나 서나 나를 조롱하여 노래하는 것을 주목하여 보옵소서.

"유다의 원수들이 앉아 쉴 때나 서서 일할 때나 언제나 나를 조롱하여(시 139:2; 사 37:38) 노래하는 것(욥 30:9; 시 69:12)을 주목하여 보시고, 그들을 응징하여 주옵소서"라고 기도한다.

오늘도 남을 항상 조롱하는 것을 그치지 않고, 노래 부르듯 하는 사람들이 있다. 비참한 결말을 재촉하는 사람들이다.

애 3:64. 여호와여 주께서 그들의 손이 행한 대로 그들에게 보응하사.

"여호와여! 주께서 바벨론이 행한 대로 저희에게 갚아주옵소서(렘 18:23; 20:12 주해 참조)"라고 기도한다.

유다 민족이 당하는 슬픔과 비참함이 유다 사람들이 지은 죄의 결과이기는 하지만, 선지자는 유다 민족의 심판 도구인 바벨론의 죄에 대해서도 하나님께서 유다 민족과 동일하게 적용해 주시기를 위해 간절히 기도한다.

애 3:65. 그들에게 거만한 마음을 주시고 그들에게 저주를 내리소서.

"예레미야는 유다의 원수인 바벨론에게 거만한 마음을 주시고, 그들에게 저주를 내리시라"고 기도한다.

여호와께서 바벨론에게 거만한 마음을 주시지 않아도 가만히 두면 자연적으로 거만해진다. 그러니까 예레미야는 바벨론에게 겸손한 마음을 주시라고 기도하지 않으면 바벨론은 자연적으로 교만한 마음이 되는 것을 알고 있다. 바벨론이 거만한 마음이 되면 그들에게 저주를 내리시라고 기도하는 것이다.

애 3:66. 주께서 진노로 그들을 뒤쫓으사 여호와의 하늘 아래에서 멸하소서.

예레미야는 여호와께서 진노로 그들을 뒤쫓으사 여호와의 하늘 아래에서 살 수 없게 하여 주시라고 기도하는 것이다(미 7:8-10 참조).

여기 "주께서 진노로 그들을 뒤쫓으사"(You will pursue them in anger-ESV)라는 말은 '여호와께서 진노 중에 그들 바벨론 군을 뒤쫓아 가시라'는 뜻이다. 다시 말해 유다 백성이 바벨론의 침략군에 의해 진노를 당한 대로 바벨론 군도 여호와의 진노 중에 당하게 해주시라는 것이다.

그리고 "여호와의 하늘 아래에서 멸하소서"라는 말은 '지상뿐 아니라 여호와께서 창조하신 우주 안의 모든 영역에서 그들이 살지 못하게 멸해 주시라'는 뜻이다.

제 4 장

IV. 포위당한 유다(4:1-22)

A. 화려했던 유다가 떨어져버린 사실을 탄식하다(4:1-2)

<멸망 후의 예루살렘>

애 4:1. 슬프다 어찌 그리 금이 빛을 잃고 순금이 변질하였으며 성소의 돌들이 거리 어귀마다 쏟아졌는고.

"아, 슬프다! 어찌하여 금이 빛을 잃고, 어찌하여 순금이 변색하였으며, 성전의 허물어진 돌들이 여러 거리 어귀에 쏟아져 버렸는가?"

예레미야의 이 묘사에 대해 몇 가지 견해가 있다. 1) 유다의 종교 지도자들을 가리킨다는 견해, 2) 성전의 보물들을 가리킨다는 견해(Thenius, Noyes, Ellison, 박윤선, 호크마 주석), 3) 예루살렘 시민들을 가리킨다는 견해(K.&D., Lange, Meek, 이상근, 그랜드 종합 주석)이다. 문맥(2절)을 살필 때 3)번의 견해가 가장 나아 보인다. 유다 왕국의 옛 영광을 이제는 찾아볼 수 없어서 예레미야가 슬픔을 표시한 것으로 보인다.

애 4:2. 순금에 비할 만큼 보배로운 시온의 아들들이 어찌 그리 토기장이가 만든 질항아리 같이 여김이 되었는고.

예레미야는 순금만큼이나 고귀했던 시온의 영광스러운 백성들이, 어찌하여 토기장이들이 빚은 질그릇 정도로나 여김을 받게 되었는지(렘 19:10)를 탄식한다.

순금과 질그릇은 여러 면에서 너무도 큰 차이가 있다. 오늘 우리도 순금과 같은 귀한 존재가 될 수 있길 소망한다.

B. 기근의 참상을 탄식하다(4:3-10)

애 4:3. 들개들도 젖을 주어 그들의 새끼를 먹이나 딸 내 백성은 잔인하여 마치 광야의 타조 같도다.

들개들도 제 새끼들에게 젖을 물려 키우는데, 내 백성은 잔인하여 사막의 타조처럼 새끼들을 마구 대한다는 것이다.

"들개들도 젖을 주어 그들의 새끼를 먹인다"는 말은 잔인한 맹수로 알려진 들개들도 제 새끼들에게 젖을 먹여 기르는데, 예루살렘의 백성들은 타조처럼 그 자식들을 돌보지 않는다는 것이다(2;20; 4:10). "타조"는 알을 낳고는 그 알을 돌보지 않는다. 그래서 타조의 알은 다른 동물의 밥이 되기도 하고, 혹은 모래의 열로 부화되기도 한다. 이로 인해 자식을 무정하게 대하는 어른들을 향해서 타조 같다는 격언까지 생겼다(욥 39:13-16). 아무튼 예루살렘이 바벨론 군의 포위 중 극한 기근을 만나 부모의 정까지 잃게 된 것이다. 들개나 타조나 도진개진 짐승이지만, 들개는 새끼들을 먹이고, 타조는 새끼들을 먹이지 않는 큰 차이가 있는 것이다. 사람도 잔인하면 타조 같은 인생이라고 칭함을 받는 것이다.

애 4:4. 젖먹이가 목말라서 혀가 입천장에 붙음이여 어린 아이들이 떡을 구하나 떼어 줄 사람이 없도다.

젖먹이들이 젖을 마시지 못해 목말라서 혀가 입천장에 붙어버렸고, 어린 아이들이 먹을 것을 구하여 예루살렘 거리를 헤매나 떡을 줄 사람이 없도다(2:11-12 주해 참조).

애 4:5. 맛있는 음식을 먹던 자들이 외롭게 거리거리에 있으며 이전에는 붉은 옷을 입고 자라난 자들이 이제는 거름더미를 안았도다.

맛있는 음식이 아니면 입에 대지도 않던 자들이 이제는 외롭게 이 거리 저 거리에 있으며, 비단옷이 아니면 몸에 걸치지도 않던 자들이 쓰레기더미에서 뒹구는 신세가 되었구나.

"이전과 이제"가 이렇게 틀릴 수가 있다는 것은 기막힌 전환이 아닐 수 없다. 우리는 하루하루 나아지는 신세가 되어야 할 것이다.

애 4:6. 전에 소돔이 사람의 손을 대지 아니하였는데도 순식간에 무너지더니 이제는 딸 내 백성의 죄가 소돔의 죄악보다 무겁도다.

예전에 저 소돔 성이 사람의 손을 대지 않아도 하나님의 유황불로 순식간에 무너졌는데, 내 백성의 도성이 지은 죄악은 소돔 성의 죄악보다 더 크다고 한다.

즉, 지금까지는 소돔 성의 죄악이 죄악의 표본이었는데, 이제는 예루살렘의 죄가 그보다 더 큰 것의 대명사가 되었다고 말한다.

예루살렘의 죄가 더 크다는 말은 참으로 기막힌 말이다. 그러면 오늘날 이 세상의 죄악은 어느 정도 크다고 할 수 있을까. 혹시 유황불이 닥치기도 전, 유황 연기의 냄새만 와도 무너질 정도의 세상이 된 것은 아닌지. 왜냐하면 아이들을 때려죽이는 세상이 되었으니 말이다.

애 4:7. 전에는 존귀한 자들의 몸이 눈보다 깨끗하고 젖보다 희며 산호들보다 붉어 그들의 윤택함이 갈아서 빛낸 청옥 같더니.

본 절은 존귀한 자들의 이전 모습을 말하고, 8절은 존귀한 자들의 지금 모습을 말한다. 그렇다면 여기 존귀한 자들이 누구냐는 데는 견해가 갈린다. 1) 젊은이들을 뜻한다는 견해(Meek), 2) "존귀한 자"(נְזִירֶ)는 '헌신한 나실인'(민 6:2)을 뜻한다는 견해(Calvin, 박윤선), 3) 방백 또는 존귀한 자를 뜻한다는 견해(K.&D., Noyes, Cheyne, 이상근)이다. 이 견해들 중에서 3)번의 견해가 문맥에 더 부합하다. 즉, 전에는 유다 민족이 존귀함이 있었고, 유다 민족이 눈보다 깨끗했으며 젖보다 희었고, 산호들보다 붉어 그들의 윤택함이 갈아서 빛낸 청옥 같았다는 것이다.

애 4:8. 이제는 그들의 얼굴이 숯보다 검고 그들의 가죽이 뼈들에 붙어 막대기 같이 말랐으니 어느 거리에서든지 알아볼 사람이 없도다.

본 절은 예전의 존귀한 자들의 얼굴이 이제는 숯보다 더 검게 되었고, 살갗과 뼈가 영양실조로 맞붙어서 막대기처럼 말랐으니, 거리에서 그들을 알아보는 이가 없게 되었다(욥 2:12; 19:20; 30:30; 시 102:5 참조)는 것이다.

오늘 우리는 어제보다는 오늘, 더 좋아지는 사람들이 되어야 할 것이다.

애 4:9. 칼에 죽은 자들이 주려 죽은 자들보다 나음은 토지 소산이 끊어지므로 그들은 찔림 받은 자들처럼 점점 쇠약하여 감이로다.

침략군의 칼에 죽은 사람이 영양실조로 죽은 사람보다는 차라리 낫겠다는 의미의 말이다. 즉, 칼에 찔려 죽은 사람이 먹거리가 없어서 서서히 굶어 죽어가는 사람보다 더 낫겠다는 것이다. 왜냐하면 영양실조로 죽는 사람은 칼에 찔려 바로 죽는 사람에 비하여 더 오래도록 고통하며, 고생하는 것이 지속되기 때문이다.

예레미야 선지자가 오죽하면 두 죽음을 비교하겠는가. 실제로 칼에 죽는 죽음도 고통스럽고, 아픈 것이 당연한데, 이 죽음이 굶어죽는 것보다는 더 낫다는 것을 말하고 있으니 말이다. 죄의 결과로 인한 상황의 심각성을 느끼기에 충분한 비교 표현이다.

애 4:10. 딸 내 백성이 멸망할 때에 자비로운 부녀들이 자기들의 손으로 자기들의 자녀들을 삶아 먹었도다.

내 백성 유다의 도성 예루살렘이 망할 때에, 자애로운 어머니들이 제 손으로 자식들을 잡아 삶아서 먹었다는 것이다(2:20주해 참조; 사 49:15).

참으로 무서운 일이고, 무서운 죄의 결과로 온 일이다. 죄를 얼마나 미워해야 하는지를 알 수 있다.

C. 예루살렘이 망한 것을 탄식하다(4:11-12)

애 4:11. 여호와께서 그의 분을 내시며 그의 맹렬한 진노를 쏟으심이여 시온에 불을 지르사 그 터를 사르셨도다.

여호와께서 그의 분을 내시며, 그의 맹렬한 진노를 쏟으셔서 시온에 불을 질러 그 기초를 사르셨다는 것이다.

이 말씀은 바벨론의 시위대 장관 느부사라단이 예루살렘을 불살랐던 것(왕하 25:8-10)을 통해 성취되었음을 볼 수 있다. 우리의 생애에는 이런 불행한 일이 없도록 우리의 죄를 자복하면서 살아야 할 것이다.

애 4:12. 대적과 원수가 예루살렘 성문으로 들어갈 줄은 세상의 모든 왕들과 천하 모든 백성이 믿지 못하였었도다.

"유다의 대적들과 원수들이 예루살렘 성문으로 쳐들어갈 줄을 세상 어느 왕들과 세상 어느 민족들이 믿었겠는가!"

전혀 믿지 못했던 일들이 일어났다는 것이다. 따라서 우리는 죄악이 많은 곳에 이런 일이 벌어진다는 사실을 말씀을 통해 믿고, 꼭 기억해야만 한다.

D. 유다의 멸망은 거짓 선지자들의 죄 때문이라고 함(4:13)

애 4:13. 그의 선지자들의 죄들과 제사장들의 죄악들 때문이니 그들이 성읍 안에서 의인들의 피를 흘렸도다.

그러나 이런 일이 실제로 일어나고 말았으니, 이런 일이 일어난 것은 예언자들이 죄를 짓고 제사장들이 악한 일을 실행해서 성 안에서 의로운 사람들이 살해되었기 때문이다.

여기 "선지자들의 죄들"이란 선지자들이 하나님의 참 계시를 받지 않고, 마음대로 거짓 예언을 한 것이다(2:9, 14; 렘 6:13; 23:11; 26:7; 사 28:7).

그리고 "제사장들의 죄"란 저들이 제물을 탐하여 형식적인 제사를 드린 죄를 말한다. 오늘날에도 목사들 중 참 말씀을 전하지 않고, 물질과 명예를 탐하여 엉뚱한 일을 행하여 교회를 어지럽히는 목사들이 있다.

그리고 "그들이 성읍 안에서 의인들의 피를 흘렸다"는 말은 그들이 진정한 예언자를 박해하며 죽였다는 뜻이다.

E. 유다 민족의 참상(4:14-16)

애 4:14. 그들이 거리거리에서 맹인 같이 방황함이여 그들의 옷들이 피에 더러워졌으므로 그들이 만질 수 없도다.

선지자들과 제사장들(전절)이 맹인들처럼 거리를 헤맸지만 피로 부정을 탄 몸이기에 아무도 그들의 옷자락을 만지려 하지 않았다는 것이다.

저들이 의인을 죽였으므로 저들의 옷이 피에 더러워진 채 거리를 방황하며 걷게 되었던 것이다. 선지자들과 제사장들의 옷자락을 만질 수도 없을 정도라면, 그들의 옷이 참으로 더러워졌다는 것을 알 수 있다.

애 4:15. 사람들이 그들에게 외쳐 이르기를 저리 가라 부정하다, 저리 가라, 저리 가라, 만지지 말라 하였음이여 그들이 도망하여 방황할 때에 이방인들이 말하기를 그들이 다시는 여기서 살지 못하리라 하였도다.

사람들이 저들 선지자들과 제사장들이 의인을 죽였음을 보고, 외쳐 이르기를 "비켜라, 더럽다! 비켜라, 물러서라!"고 소리쳤다. 이런 말들은 이스라엘에서 나환자들에게 하는 말이었다. 그래서 그들은 쫓겨나므로 도망쳤고, 결국 그들은 떠돌이가 되었다. 본 절은 그들이 뭇 민족 가운데서, 다시는 안주할 곳을 찾지 못할 것이라고 말한다.

애 4:16. 여호와께서 노하여 그들을 흩으시고 다시는 돌보지 아니하실 것이니 그들이 제사장들을 높이지 아니하였으며 장로들을 대접하지 아니하였음이로다(The LORD himself has scattered them, he will regard them no more; no honor was shown to the priests, no favor to the elders-ESV)**.**

본 절은 여호와께서 유다 종교 지도자들을 이방의 포로로 잡혀 가게 하신 것을 묘사한 것이다. 즉, 여호와께서 노하여 그들(거짓 선지자들, 거짓 제사장들)을 흩으시고 다시는 그들을 돌아보지 아니하실 것이니, 유다 백성들은 더 이상 제사장들을 높이지도 아니하며 장로들에게 호의도 갖지 아니하였다는 것이다.

본 절의 "여호와께서 노하여 그들을 흩으시고 다시는 돌보지 아니하실 것이라"는 말은 '여호와께서 진노하셔서 그들(거짓 선지자들과 거짓 제사장들)을 흩으시고 다시는 돌보지 아니하시는 것은 아주 당연한 징벌이라'는 뜻이다. 왜냐하면 그들이 범죄하므로 백성들을 잘못 인도했고, 결과적으로 이들은 예루살렘 함락의 원인 제공자들이기 때문이다. 그러므로 예루살렘 멸망의 장본인격인 이 책임자들에 대해서 여호와 하나님께서 벌하시는 것은 아주 타당하고, 당연한 일이었다.

그리고 "그들이 제사장들을 높이지 아니하였으며 장로들을 대접하지 아니하였음이로다"라는 말은 '그들 백성들이 여호와의 징벌을 받은 거짓 선지자들과 거짓 제사장들을 벌써 대접하지 않았다'는 것이다. 여기 "선지자들" 대신에 '장로들'이 나타난다. 이 장로들은 백성들의 '어른들'을 가리키고 백성들의 지도자들이었다.

오늘도 거짓된 지도자들은 백성들에게 존경 받지 못할 뿐더러, 여호와로부터도 징벌을 받는다.

F. 유다가 외국을 의존했던 것이 허사였다(4:17-18)

유다가 헛되이 세상 나라를 바라보다가 절망했다는 것이다(17-18절).

애 4:17. 우리가 헛되이 도움을 바라므로 우리의 눈이 상함이여 우리를 구원하지 못할 나라를 바라보고 바라보았도다.

행여 누가 도와주지나 않을까하고 눈이 빠지게 기다리다가 우리는 지쳐 버리고 말았다. 우리를 구해 주지도 못할 세상 나라들을 부질없이 기다리다가 우리의 마음만 상하고 말았다는 것이다.

유다가 바벨론의 침략을 당하여 하나님을 의지하지 않고, 애굽의 도움을 기대하며 기다린 것은 백번 허사였다. 실제로 애굽이 유다를 돕는다고 출병(出兵)까지 했지만, 그들은 유다에게 아무런 도움이 못되었다(렘 37:5-10 주해 참조). 유다의 애굽을 향한 열망이 전적으로 다 헛되었다는 것을 보게 된다.

애 4:18. 그들이 우리의 걸음을 엿보니 우리가 거리마다 다 다닐 수 없음이여 우리의 끝이 가깝고 우리의 날들이 다하였으며 우리의 종말이 이르렀도다.

바벨론 침략자들이 우리의 길목마다 지키니 우리는 한길도 마음 놓고 다닐 수가 없구나. 우리 예루살렘의 끝 날이 눈앞에 다가 왔다. 우리의 날수가 찼구나. 드디어 끝 날이 왔으니 하는 말이다. 바벨론 군은 드디어 시드기야 왕 11년 4월 9일에 유다를 함락시킨 것이다(왕하 25:1; 렘 37:1-11; 39:1).

G. 바벨론의 침략 상황(4:19-20)

애 4:19. 우리를 뒤쫓는 자들이 하늘의 독수리들보다 빠름이여 산꼭대기까지도 뒤쫓으며 광야에서도 우리를 잡으려고 매복하였도다.

우리를 쫓는 바벨론 군은 빠르기가 하늘의 독수리보다도 빠르고, 또 높은 데도 없어 산꼭대기까지 우리를 쫓아오며, 사막에 숨어서 우리를 노리고 있다.

유다 왕과 군사가 도망하는데 바벨론 군의 추격이 독수리보다 빨라 유다 왕과 군사가 모두 체포되고 말았다(렘 39:4-5; 52:7-11).

애 4:20. 우리의 콧김 곧 여호와께서 기름 부으신 자가 그들의 함정에 빠졌음이여 우리가 그를 가리키며 전에 이르기를 우리가 그의 그늘 아래에서

이방인들 중에 살겠다 하던 자로다.

여호와께서 기름 부어 세우신 우리의 왕, 우리의 숨결, 만국 가운데서 그 그늘 아래 깃들어 살리라 했는데 그마저 원수들의 함정에 빠져 잡히고 말았구나. 본 절은 시드기야 왕에 대한 표현들인데 바벨론 왕에게 잡힌 것을 묘사하는 것이었다. "우리의 콧김"이란 말은 '왕이 전 국민의 생명의 근원'이란 뜻이다.

"여호와께서 기름 부으신 자"란 말은 '메시아'란 뜻인데 구약에서는 예언자, 제사장, 및 왕에게 기름을 부어 성별해서 백성을 다스리게 했고, 이들은 하나님과 인간 사이의 중보자이시며 장차 오실 이의 그림자들이었다. 유다 백성들은 시드기야 왕의 힘을 의지하고 열국 중에서 떳떳하게 살려고 한 것이다.

"그들의 함정에 빠졌음이여"란 말은 시드기야 왕이 바벨론 군에게 체포되었다는 뜻이다(1:13; 시 7:15).

H. 하나님의 최후 위로(4:21-22)

애 4:21. 우스 땅에 사는 딸 에돔아 즐거워하며 기뻐하라 잔이 네게도 이를지니 네가 취하여 벌거벗으리라.

우스(에돔 국경의 성읍, 욥 1:1; 렘 25:20) 땅에 사는 딸 에돔아(에돔의 거민들아), 너희들은 유다가 망할 때 기뻐하며 즐거워했다(시 137편; 사 34장; 렘 49:7-22). 그러니 지금도 기뻐하려면 해보려무나. 유다가 지금 받는 멸망의 잔이 이제 네게도 내릴 것이니, 너도 별 수 없이 취하여 벌거벗을 날이 올 것이다. 에돔은 유다의 이웃 나라들로 여기 한몫 끼인 것이다.

남이 잘 안 될 때 좋아하는 것은 앞으로 큰일 날 일이다. 우리는 남이 안 될 때 좋아할 것이 아니라 긍휼의 심정을 가져야 한다.

애 4:22. 딸 시온아 네 죄악의 형벌이 다하였으니 주께서 다시는 너로 사로잡

혀 가지 아니하게 하시리로다 딸 에돔아 주께서 네 죄악을 벌하시며 네 허물을 드러내시리로다.

수도 예루살렘아! 이제 너는 지은 죄의 형벌을 다 받았으니, 여호와께서 다시는, 네가 사로잡혀 가지 않게 하실 것이다[29]. 유다의 원수 에돔아! 여호와께서 네 죄악을 벌하시며, 네 죄를 밝혀내실 것이다.

29) 이 예언은 바벨론 포로의 70년이 차서 바벨론의 포로민의 귀환에서 일단 응했고(렘 25:12), 메시아 왕국에서 완전히 성취될 것이다.

제 5 장

V. 예레미야가 유다를 위해 기도하다(5:1-22)

A. 예레미야가 자복의 기도를 드리다(5:1-18)

예레미야는 주격은 항상 “우리”를 사용하여 자신을 그의 백성과 일치시키고 있는 것이다. 본장의 내용은 1) 백성을 위한 자복 기도(1-18절), 구원의 호소(19-22)로 구성되어 있다.

<긍휼을 바라는 기도>

애 5:1. 여호와여 우리가 당한 것을 기억하시고 우리가 받은 치욕을 살펴보옵소서.

여호와여! 우리가 엄청난 어려움을 당한 것을 기억해 주시고, 우리가 큰 치욕을 당한 것을 살펴보아 주옵소서(시 74:2, 18). 아무튼 유다가 어려움을 당했을 때 여호와 하나님께 호소할 수 있었던 것은 유다 민족의 특권이었다.

애 5:2. 우리의 기업이 외인들에게, 우리의 집들도 이방인들에게 돌아갔나이다.

우리가 유산으로 받은 가나안 땅(창 12:7; 13:15-17; 수 13:1-14)이 바벨론에게 넘어가 버렸고, 우리 집이 이방인들에게 넘어갔습니다. 본 절은 우리의 치욕의 내용을 드러내는 말이다.

애 5:3. 우리는 아버지 없는 고아들이오며 우리의 어머니는 과부들 같으니.

대부분의 청장년들은 전쟁에 나가 죽거나 포로가 되어(왕하 24:14-16; 25:11), 각 가정들에 아버지가 없어졌고 부인들은 과부가 되고 말았다.

이때 시인 예레미야는 아직 유다 땅에서 이 글을 쓰고 있음을 알 수 있다.

애 5:4. 우리가 은을 주고 물을 마시며 값을 주고 나무들을 가져오며(We must pay for the water we drink, the wood we get must be bought-RSV, ESV).

우리 우물에서 물을 마시는데도 돈을 내야 했고, 우리 나무인데도 값을 치러야 가져 왔습니다.

아직도 유다 백성들은 가나안 땅에 머물고 있는데도 땅을 바벨론이 점령하고 있어서 우물물도 돈을 사서 마셔야 했고, 유다 민족의 나무인데도 돈을 치러야 나무를 가져올 수 있었다는 것이다.

애 5:5. 우리를 뒤쫓는 자들이 우리의 목을 눌렀사오니 우리가 기진하여 쉴 수 없나이다(Our pursurers are at our necks; we are weary, we are given no rest-ESV).

우리를 쫓는 자가 우리 목을 누르므로 우리가 힘이 들어 우리에게 평온이 없습니다.

바벨론 점령군이 유다 백성들을 압제하는 탓에 백성들은 극히 힘이 들어 우리에게는 평온이 없다는 것이다.

애 5:6. 우리가 애굽 사람과 앗수르 사람과 악수하고 양식을 얻어 배불리고자 하였나이다.

먹거리를 얻어 배를 채워보려고, 애굽과도 손을 잡아 보았고 앗수르와도 손을 잡아 보았으나 허사였습니다.

오늘날 우리는 우리의 양식이나 평안을 위해서 세상 그 어느 나라나 세력과 손을 잡으려는 행위가 모두 헛된 일이라는 사실을 반드시 알아야 한다.

애 5:7. 우리의 조상들은 범죄하고 없어졌으며 우리는 그들의 죄악을 담당하

였나이다.

우리의 조상들이 죄를 짓고 바벨론과의 전쟁에서 죽어 버렸고, 우리가 조상들의 죄를 짊어지고 바벨론 군의 통치 아래 허덕이고 있다는 것이다.

본 절의 '우리들'이라도 조상들이 지은 죄를 자복하면 좋으련만 본 절의 '우리들' 역시 하나님께 회개하지 않고, 그냥 지내고 있다.

애 5:8. 종들이 우리를 지배함이여 그들의 손에서 건져낼 자가 없나이다.

바벨론의 종들이 우리의 통치자가 되어 우리를 지배하고 있으므로 그들 손에서 우리를 구해 줄 이가 없다는 것이다.

바벨론이 유다를 다스리기 위하여 바벨론 당국에서 유다 통치를 위하여 종들을 임명해서 유다를 통치하고 있는데, 임명된 그들이 유다 민족을 가혹하게 지배했다는 것이다. 즉, 그 종들이 어찌나 강하게 통치하는지 그들의 손에서 유다 민족을 건져낼 자가 없다는 것이다.

애 5:9. 광야에는 칼이 있으므로 죽기를 무릅써야 양식을 얻사오니.

기근에 시달린 유다 백성이 광야에 나가 양식을 얻으려면 베드윈과 같은 유목민들이 휘두르는 칼이 있으므로, 만일 유다 백성들이 양식을 얻으러 광야에 나가려면 목숨을 걸어야 한다는 것이었다. 아무튼 죗값으로 유다인들은 일용할 양식도 변변히 얻을 수 없었다.

죽기를 무릅써야 양식을 얻는다는 것은 비참한 일이 아닐 수 없다. 오늘 우리는 여호와께 일용할 양식 주시기를 기도하여 구한 양식을 얻을 수 있다는 사실이 실로 지극한 복이 아닐 수 없다.

애 5:10. 굶주림의 열기로 말미암아 우리의 피부가 아궁이처럼 검으니이다.

굶기를 밥 먹듯 하다가 우리의 살갗은 불길에 그슬린 듯 까맣게 변색되고 말았다는 것이다(4:8).

우리 민족도 1940-50년대를 지나면서 수많은 보릿고개를 지나는 중 얼굴색이 좋은 사람이 별로 없었다. 우리 민족은 1960년대 이후 예수님을 만나 엄청난 복을 받아 얼굴이 그때 이후에야 윤택하기 시작했다.

애 5:11. 대적들이 시온에서 부녀들을, 유다 각 성읍에서 처녀들을 욕보였나이다.

바벨론 대적들이 시온을 점령하고 부녀들을 욕보였고, 또 유다 각 성읍들에서 처녀들을 욕보였다는 것이다. 한 나라가 어떤 나라의 침략을 받으면 점령국 남자들에 의해 피점령국 여자들이 어려움과 수치를 당하게 되는 일이 허다했다.

애 5:12. 지도자들은 그들의 손에 매달리고 장로들의 얼굴도 존경을 받지 못하나이다.

바벨론 군이 유다의 지도자들을 매달아서 죽였고, 장로(노인)들은 천대를 했다는 것이다.

이런 형벌들은 고대 앗수르와 바벨론에 공통적으로 있었던 일이라고 한다(Cheyne). 그러니 이런 일이 발생하지 않도록 죄를 범하지 않아야 할 것이다.

애 5:13. 청년들이 맷돌을 지며 아이들이 나무를 지다가 엎드러지오며(Young men are compelled to grind at the mill; and boys stagger under loads of wood-RSV, ESV).

청년들은 이방인의 압박을 받아 맷돌을 갈게 하며, 아직 청년기에 이르지 못한 아이들은 나뭇짐을 지고 나르다가 힘에 겨워 비틀거린다는 것을 두고 해석에 견해가 갈린다. 1) 이를 치욕적인 일로 보는 견해(Rosenmueller, Meek, 이상근), 2) 이를 중노동이라고 보는 견해(K.&D., Lange, 박윤선, 그랜드 종합 주석)로 나뉘는데, 이 두 견해 중에 2)번의 견해가 더 타당한 것으로 보인다.

애 5:14. 노인들은 다시 성문에 앉지 못하며 청년들은 다시 노래하지 못하나이다.

이제 시온 성이 바벨론 군에게 점령되었으니 성문[30]에서 장로들이 재판하는 일도 없고(창 19:1; 룻 4:11; 시 69:12; 단 2:49; 암 5:12), 소년들이 노래하고 즐기는 일도 없다는 것이다(1:4 참조).

애 5:15. 우리의 마음에는 기쁨이 그쳤고 우리의 춤은 변하여 슬픔이 되었사오며.

우리 마음에는 기쁨이 그쳤고 우리의 춤이 변하여 슬픔으로 바뀌었다고 말한다.

죄는 우리의 마음에서 기쁨을 사라지게 하고 춤이 변하여 슬픔으로 바뀌게 한다.

애 5:16. 우리의 머리에서는 면류관이 떨어졌사오니 오호라 우리의 범죄 때문이니이다.

면류관(영광과 권위의 표시임)이 우리의 머리에서 떨어졌으니 이는 슬프게도 우리가 죄를 지었기 때문(3:39-42 참조)이라고 말한다.

죄는 한 나라의 국운을 쇠퇴하게 하여 주권을 잃고 이방 나라의 속국이 되게 한다는 것이다.

애 5:17. 이러므로 우리의 마음이 피곤하고 이러므로 우리 눈들이 어두우며.

바로 우리의 죄 때문(앞 절)에 우리의 마음이 피곤하고 우리의 영적 안목이 어두워지고 말았다(1:13)고 말한다.

우리의 죄는 우리의 마음에 힘을 잃게 하고 영적으로 맹인이 되게 한다.

---

30) 성문은 재판만 하는 곳이 아니라 도시 장로들이 정치를 하는 곳이었다. 그런데 점령군에게 점령되었으니 성문에서 아무 일도 할 수 없게 된 것이다.

애 5:18. 시온 산이 황폐하여 여우가 그 안에서 노나이다.

시온 산이 거칠어져서 여우들만 거기서 득실거린다는 것이다.

시온 산은 예루살렘과 성전이 있는 곳이니 거기에 국민들이 있어야 하고, 예배자들이 있어야 하는데 여우들이 득실거린다고 하니 참으로 슬픈 일이었다.

B. 예레미야가 마지막 기도를 드리다(5:19-22)

예레미야가 유다의 회복을 위해 마지막으로 호소한다.

애 5:19. 여호와여 주는 영원히 계시오며 주의 보좌는 대대에 이르나이다.

여호와시여! 여호와는 영원히 계시며 여호와의 보좌는 대대로 이를 것이라고 말한다.

예루살렘 성전이 바벨론 군에 의해서 파괴되었다 해도 여호와 하나님은 영원히 계시고, 그의 보좌도 영원히 있어서 끊임없이 인간 세상을 다스리실 것이다. 예레미야는 이런 영원하신 하나님 앞(시 93:2; 102:12; 103:19)에서 황폐해버린 유다와 유다의 성전이 회복되기를 간구하고 있다(시 39:7; 74:12).

애 5:20. 주께서 어찌하여 우리를 영원히 잊으시오며 우리를 이같이 오래 버리시나이까.

예레미야는 여호와께서 어찌하여 우리를 영원히 잊으시며, 우리를 이같이 오래 버리시느냐고 질문한다.

예레미야의 이 질문을 두고, 이 질문을 예레미야의 원망 여부로 견해가 갈린다. 1) 예레미야의 이 질문은 예레미야가 여호와를 신앙하면서도 여호와를 원망하는 것으로 보는 견해(이상근), 2) 유다 나라가 황폐해진 것을 보고 슬퍼하는 의미에서 이런 질문을 한 것이지 원망한 것은 아닌 것으로 보는 견해(박윤선)로 갈린다. 이 두 견해 중에 2)번의 견해가 바른 것으로 본다. 예레미야가 여호와 하나님을 원망했을 것으로 여겨지지 않는 이유는 예레미야가 이미 범죄한 유다의 포로 기간을 70년으로 예언했고, 포로 기간 이후의 회복에 대해서도 예언(렘 25:12; 29:12)했기 때문이다. 따라서 유다를 향한 하나님의 심판과 회복에 대해 예언했던 예레미야가 본 절에서 하나님을 향해 원망했을 이유가 매우 희박해 보인다.

애 5:21. 여호와여 우리를 주께로 돌이키소서 그리하시면 우리가 주께로 돌아가겠사오니 우리의 날들을 다시 새롭게 하사 옛적 같게 하옵소서 (Restore us to yourself, O LORD, that we may be restored! Renew our days as of old!-ESV)**.**

여호와여! 우리를 여호와께로 돌이키소서. 그리하시면 우리가 여호와께로 돌아갈 것이니 우리의 날들을 옛날처럼 새롭게 하소서.

예레미야는 여호와를 향해 기도하기를 우리가 여호와께로 돌아가도록 돌이켜 주시라고 호소한다. 인간들이 아무리 돌아가기를 바라여도 여호와께서 돌아가도록 힘을 주시지 않으면 불가능한 것이다. 회개는 하나님의 전적 도우심이 있을 때만 가능하다. 따라서 하나님의 도우심으로 인간은 회개의 복을 누릴 수 있다. 본 절의 "돌이킴"(שׁוּב)이라는 말은 '회개'란 말이다. 영어로 표현하면 U-turn한다는 뜻이다. 우리는 여호와를 향하여 180도로 돌아서야 하는 것(U-turn)이다.

"우리의 날들을 다시 새롭게 하사 옛적 같게 하옵소서"란 말은 광명의 새 시대를 주시라는 것이다. 갱신의 새 시대가 돌아오게 해주시라는 기도이다. 공동번역은 본 절을 해석하는 중에 '우리를 예전처럼 잘 살게 해주시라'는 말로 번역했다. 그러나 갱신의 새 시대가 돌아오기를 기도한 것으로 보는 것이 더 나을 것이다.

애 5:22. 주께서 우리를 아주 버리셨사오며 우리에게 진노하심이 참으로 크시니이다.

"여호와께서 우리를 아주 버리시는 것입니까? 우리에게서 진노를 풀지 않으시렵니까?"라는 본 절이다.

유다 민족이 바벨론에 사로잡혀 간 동안에는 하나님께서 유다 민족을 버리신 것과 같다는 의미이다(박윤선). 유다 민족들은 그들의 회당에서 본서를 낭독할 때는 일단 마지막 절(22절)까지 읽은 후에 다시 21절을 반복하여 읽었다고 한다(이상근). 이유는 본 절의 노래가 아주 절망적인 어조로 끝나기 때문이라는 것이다. 그러나 이는 다만 마지막으로 하나님 앞에 회복을 위해 아주 강하게 호소하는 말로 보아야 할 것이다.

-예레미야 애가 주해 끝-

예레미야·애가 주해

2021년 6월 1일 초판 1쇄 인쇄
2021년 6월 15일 초판 1쇄 발행
지은이 | 김수홍
발행인 | 박순자
펴낸곳 | 도서출판 언약
주 소 | 수원시 영통구 중부대로 271번길 27-9, 102동 1303호
전 화 | 070-7518-9725
E-mail | kidoeuisaram@naver.com
등록번호 | 제374-2014-000006호

정가 30,000원

* 독자의 의견을 기다립니다.

ISBN : 979-11-952332-0-5 (04230)(세트)
ISBN : 979-11-89277-16-1 (04230)